# 克拉玛依

# 独山子年鉴

# （2021）

中国共产党独山子区委员会史志办(区档案馆)　编

**图书在版编目（CIP）数据**

克拉玛依独山子年鉴.2021／中国共产党独山子区委员会史志办（区档案馆）编.—北京：方志出版社，2022.12

ISBN 978-7-5144-5284-6

Ⅰ.①克… Ⅱ.①中… Ⅲ.①区（城市）—克拉玛依—2021—年鉴 Ⅳ.①Z524.54

中国版本图书馆CIP数据核字（2023）第117063号

责任编辑：李静
责任校对：刘玉霞
责任印制：梅中英
出 版 者：方志出版社
地　　址：北京市朝阳区潘家园东里9号（国家方志馆4层）
邮　　编：100021
网　　址：http://www.zgfzcb.cn
发　　行：方志出版社图书营销中心（010-67110500）
印　　刷：山东黄氏印务有限公司
开　　本：889毫米×1194毫米 1/16
印　　张：28.5
字　　数：841千字
版　　次：2022年12月第1版
印　　次：2022年12月第1次印刷
定　　价：220.00元

·版权所有 侵权必究·

（如有印装质量问题，请与我社图书营销中心联系）

# 《克拉玛依独山子年鉴》（2021）编纂委员会


主　　　任：张建彬

常务副主任：刘恒毅

副　主　任：王晓佳

委　　　员：薛金玲　路向东　尚可高　张朝君　雷志慧　赵　亮
刘祥东　任　婕　胡　刚　吴　军　王德华　白　洁
王继军　陈　敏　杨国胜　周　剑　吴　艳　李鸿欣
陈振新　段劲松　刘文英　马　斌　刘　浩　李　霞
葛本亮　庄建江　张有发　刘克勤　王尚峰　贾龙宽
董　芹　徐　峰　周　涛　刘　鹏　李瑞荣　肖　军
胡新明　邢　剑　白　琼　任士才　张德莲　孙云鹏
李　鹏　黄晓斌　甘　衡　王云沛　梁　毅　王　涛
刘　玮　王兴平　郑玉华　邓　菲　凌迎新　谢　斌
吴玉喜　高　澍　许　斌　耿　炜　李远波


# 《克拉玛依独山子年鉴》（2021）编辑部


主　编：王晓佳

副主编：刘文英　张　健

编　审：薛金玲　任　婕　胡　刚　吴　军　王继军　陈振新

审　定：尹文忠　刘保宏　陈　鹏　张　静　苏晓龙

编　辑：黄银凤　马　志　于洪波　刘晓玲

编　务：杨　娜　杨光明　孟凡海　彭　沛

# 《克拉玛依独山子年鉴》（2021）撰稿人员名单

（按姓氏笔画排列）

丁义杰　丁红梅　丁晓霞　丁韶鹏　刁秋琳　于　奇　于洪波　于海壮　于海波　卫　华　马云龙
马文君　马　宁　马伟英　马　君　马思宇　马莎莎　马莺飞　马晓慧　马梓尧　马　锐　马　媛
马　燕　王　艺　王少轩　王文玫　王文祺　王玉梅　王立娟　王亚平　王亚楠　王　成　王成刚
王兴平　王丽娜　王　玮　王林槐　王京兰　王珍珍　王虹林　王思慧　王香莉　王圆圆
王　娟（第一中学）　王　娟（第五幼儿园）　王　乾　王　雪　王雪梅　王　敏　王鸿梅　王惠颖
王景秀　王　强（中心派出所）　王　强（第二社区居委会）　王　媛　王意军　王　静　王翠静
王震震　王　燕　王　璐　木叶赛尔·阿不力克木　牛　卉　毛小燕　毛　芮　乌玉红　文小伟
文　霞　方　屹　方　晔　尹　非　孔令荣　艾尔兰·哈巴台　艾尔江古丽·库尔曼拜　石　伟
石志霞　石克奇　石德光　占　飞　卢　秀　帅萍萍　叶　文　田吉东　田　涛　史　飞　史飞月
史忠东　冉　娥　生　斌　付宗燕　付剑锋　付桂兰　付晓英　代　莉　包秀珍　冯　凯　冯　慧
冯　磊　兰东红　司玲玲　奴尔沙拉·叶尔克巴依　吉佳丽　再努热·麦麦提伊力　毕达丽汗·木扎塔尔
毕鸿彬　师海燕　曲凯丽　吕依洁　朱玉龙　朱　伟　朱　娜　朱　琳　朱喜霞　朱富强
伊力哈木·阿地力　庄冬梅　刘玉娟　刘华荣　刘庆羽　刘远芳　刘芮芮　刘　利　刘秀芳　刘宏伟
刘阿虎　刘　杰　刘　凯　刘　佳　刘宝龙　刘相东　刘捍英　刘晓霞　刘　浩　刘继新　刘　萍
刘　彬　刘梓叶　刘清瑞　刘晶晶　刘湘芸　刘　强　刘　静　闫信竹　闫照宏　安　幸　安金锋
祁燕燕　许　千　许林梅　许　燕　孙士博　孙卫东　孙华忠　孙红祝　孙　丽　孙建玲　孙　敏
孙新华　买吉丽　麦德尔汗·赛力汗　严　坤　苏大伟　苏文宋玉　杜　春　杜晓玉　杜　娟
杜雪根　李小雪　李少华　李　月　李文祥　李帅军　李立红　李红玲　李进鹏　李　纳　李茂龙
李昊沅　李昊泽　李国荣　李明盛　李佳欢　李佩佩　李学寨　李建峰　李玲玲　李星娥　李思儒
李胚胚　李艳艳　李莎莎　李桂峰　李　涛　李　菲　李梓宁　李　敏（第十四社区居委会）
李　敏（第五社区居委会）　李淑婷　李　博　李雅琪　李　翔　李锡金　李　静　李翠英　李　璇
李德瑞　杨凤莲　杨光明　杨芳馨　杨　建　杨峰涛　杨　航　杨浩镭　杨　娟　杨　甜　杨甜甜

杨惠文 杨　斐 杨　霞 时秋波 吴人杰 吴宇哲 吴　阳 何建芳 何　艳 何　银 何　蕾
谷玉环 邹　军 况晓曼 库勒孜热·朱马克地 宋长轩 宋　涛 宋海落 张万明 张文雷
张　龙 张　帆 张苗苗 张国庆 张国彬 张　明 张　凯 张春秀 张　玲 张玲玲 张　茜
张战伟 张胜超 张　艳 张　峰 张　钰 张铁诚 张家瑄 张硕昌 张雪梅 张琳琳 张　蓉
张楠楠 张　静（区人大常委会） 张　静（第一小学） 张慧敏 张　黎 张德莲 陆　佳 陆　萍
阿力木江·阿不都热依木 阿依努热·胡加布都拉 阿斯古丽·泽耀东 陈一波 陈元杰 陈发儒
陈　红 陈丽丽 陈宝宏 陈建兵 陈思霖 陈顺平 陈　亮 陈晓凤 陈　娟 陈　骋 陈　琳
陈　琼 陈强龙 陈　鹏 陈新蓉 陈　瑶 努尔孜亚·吐尔孙哈孜 努尔斯曼·阿布力孜 邵宏伟
林　欢 林妍君 欧冰涛 欧阳军 迪力亚尔·地力木拉提 罗永玲 罗易文 罗　洁 罗浩然
罗彩红 罗涵宇 金文华 周　艺 周　军 周　妍 周　佳 周　炜 周春霞 周思萌 周晓晨
周峰松 周雪海 周常远 周　敏 周　颖 郑红霞 郑　娜 郑　琰 孟庆超 孟丽丽 赵平利
赵岢君 赵佳丽 赵　亮 赵婧文 赵　媛 郝小辉 胡小杰 胡长鸿 胡　仙 胡红山 胡明毅
胡超雯 胡　静 胡　睿 柯　静 柳　燕 段　培 侯文利 侯可可 侯　谚 施亚杰 姜子进
姜云基 姜　松 洪雪飞 祝秀健 姚亚宁 姚新冬 勇　鹏 秦利娜 秦　琳 秦禄德 聂青林
聂智凯 格　力 贾　燕 夏正良 夏浩东 顾　伟 柴　绪 钱齐惠子 钱　悦 徐　欣
徐剑虹 徐剑锋 徐晓婷 徐　菡 殷亚玲 高小凤 高云筱 高丙勇 高旭锐 郭玉祥 郭珊珊
郭姝丽 郭靳雪 郭　楷 郭　源 郭　慧 唐军刚 唐　凯 唐　琪 唐　强 涂新娟 陶　飞
陶　红 黄咏梅 黄金晖 黄建国 黄　亮 黄继虎 黄银凤 黄　琳 曹江涛 曹宪富 曹晓磊
曹雪莹 曹福兰 曹　静 戚风文 龚义人 龚树鹏 龚露丽 常国权 常　鸣 崔　乐 崔丽洁
崔　佳 崔钰彤 崔　晶 梁天安 梁旭蕙 寇　云 隋　强 彭李飘雪 彭媛媛 葛亚丽
董永明 董　岚 董君颖 董凌飞 蒋元章 蒋英侠 蒋定建 蒋彦瑜 蒋　博 蒋潇晖 韩文艳
韩玉珍 程　诚 程　涛 程　静 鲁兰英 鲁会泽 鲁　燕 谢荣喻 蓉曾丽 雷　涛 窦春伟
蔡进前 裴娟娟 鲜　艳 鲜继蓉 廖菊香 谭云祥 谭群芳 樊振远 薛　菲 薛新萍 薄思琦
戴　芸 戴明涛 戴建瑞 戴新艳 魏捷抒

# 编辑说明

一、《克拉玛依独山子年鉴》以马克思列宁主义、毛泽东思想、邓小平理论、“三个代表”重要思想、科学发展观、习近平新时代中国特色社会主义思想为指导，坚持辩证唯物主义和历史唯物主义的立场、观点和方法，在中国共产党独山子区委员会领导下，由独山子区人民政府主办、中共独山子区委史志办（区档案馆）承编的地方综合性文献。

二、《克拉玛依独山子年鉴》创办于2010年，逐年出版。旨在全面、系统、真实记录独山子区域内经济社会发展的基本情况，为社会各界提供真实可靠的信息和数据资料，为独山子区经济建设、政治建设、文化建设、社会建设、生态文明建设服务，为广大读者服务。

三、《克拉玛依独山子年鉴》（2021）是第12卷，采用分类编辑法，由类目、分目、条目三部分组成，部分分目增设二、三级分目，以条目为基本表现形式，条目标题统一加蓝色【】。

四、《克拉玛依独山子年鉴》（2021）主要记载2020年度独山子区在经济、政治、文化、社会、生态文明建设等方面取得的新发展、新成果、新经验。设专记、大事记、区情概览、中国共产党独山子区委员会、独山子区人民代表大会、独山子区人民政府、中国人民政治协商会议独山子区委员会、纪检监察、人民团体、法治、军事、城区建设与管理、交通运输、邮政·通信、生态环保、经济监督管理、脱贫攻坚、炼油化工、地方企业、商贸·农业、旅游、金融、科学技术、教育、文化体育、卫生健康、社会保障、社会生活、安全生产和应急管理、街道·社区、先进人物·荣誉、附录32个类目。随文插排相关图片，卷首设专题图片。

五、《克拉玛依独山子年鉴》（2021）对框架结构进行大幅度调整，取消特载类目，增设专记、纪检监察（下设重要会议、廉政教育、监督执纪、巡视巡察4个分目）、脱贫攻坚（下设产业项目扶贫、教育支援、医疗支援、保障改善民生4个分目）、地方企业（设6个分目）4个类目。在中国共产党独山子区委员会类目中增设党校教育分目，将纪检监察分目升格为类目；将信息督查、机要保密分目合并为综述分目；将组织工作分目下设的组织建设、干部队伍建设、“访惠聚”驻村工作3个二级分目升格为一级分目，取消组织工作分目，取消“不忘初心，牢记使命”主题教育二级分目；将宣传工作分目下设的思想文化建设、精神文明建设二级分目升格为一级分目，取消宣传工作分目；将统战工作分目下设的党外人士基本情况、民族团结工作二级分目升格为一级分目，更名为统一战线、民族团结，取消统战工作分目；将网络信息分目更名为网信管理，增加党史地方志分目。在独山子区人民代表大会类目增设议案建议征集办理分目，将代表工作分目更名为代表人事，增加自身建设分目。将独山子区人民政府类目中的政务督查分改为综述分目，将人力资源管理分目更名为人事管理，将信访工作分目更名为信访事务，将民族宗教事务管理分目移至社会生活类目，更名为民族宗教事务。将中国人民政治协商会议独山子区委员会类目中的提案工作分目更名为提案征集办理，将议政协商分目更名为协商议政，将社情民意与监督分目更名为民主监督。将群众团体类目更名为人民团体，将区残疾人联合会、区慈善协会分目移至社会生活类目，更名为残疾人事业、慈善事业。在法治类目中增设法治政府建设分目，将政法与综合治理分目更名为政法委与综合治理、审判分目更名为法院；将公共安全分目中的公安二级分目升格为一级分目，下设综述、基层治安管理二级分目，取消公共安全分目，将交通安全二级分目移至交通运输类目为分目，更名为公安交通管理。将军事类目中的退役军人事务分目移至武装警察分目后，将人民武装分目更名为独山子区人民武装部、武装警察分目更名为武警克拉玛依支队机动大队。取消城区建设与管理类目中的公共设施建设分目，将内容合并至城区建设分目；取消建筑业分目，将内容移至地方企业类目；将园林绿化分目移至生态环保类目。将交通运输类目中行政管理分目下设的行业管理、道路运输管理、路政管理、公路管理二级分目升格为一级分目，取消行政管理分目，将升格后的行业管理分目更名为交通运输管理，将石化运输分目整体移至炼油化工类目，更名为产品运输分目。将生态环境类目更名为生态环保，增设污水处理及园林绿化分目。将经济监督管理类目中发展改革与物价管理分目更名为经济宏观调控，增设经济发展服务分目，取消食品药品安全监管、质量技术监管、消费维权分目，将内容与市场监督管理分目合并，将个体经济管理分目更名为民营经济管理。为表述完整，脱贫攻坚类目中部分内容时限有超限。将石油化工类目更名为炼油化工，调整为工程设计与监理、工程建设、生产经营、产品销售、产品运输 5 个分目，产品运输分目下设道路运输、铁路运输、管道运输 3 个二级分目。地方企业类目设 6 个分目，为原经济监督管理类目中建筑业分目内容。在旅游类目中增设旅游设施建设、旅游活动 2 个分目，将综述、旅游景点分目更名为旅游行政管理及旅游资源，旅游行政管理分目放旅游类目最后一个分目。将科学技术类目中气象监测、地震监测分目移至安全生产和应急管理类目，在石化行业科研分目增设独山子石化公司研究院二级分目。将教育类目中初等教育、中等教育分目合并为基础教育，取消原学前教育、初等教育、中等教育 3 个分目下的综述，将高等教育更名为高等职业教育。将文化·体育类目更名为文化体育，将文体管理分目更名为综述，增设文体活动、公共文化资源分目，公共文化资源分目下设公共图书馆、新华书店、展览（博物）馆、独库公路博物馆 4 个二级分目，将党史地方志分目移至中国共产党独山子区委员会类目，将文化艺术分目更名为文学艺术，将大众传媒分目更名为传媒。在卫生健康类目中增设疫情防控分目，将卫生医疗管理分目更名为综述。在社会保障类目中增设劳动争议仲裁分目，将劳动保障与监察分目更名为劳动监察。将社会生活类目中公共就业管理与服务分目更名为就业服务，取消殡葬服务分目，将内容与社会事务分目合并，将老龄事业分目中的二级分目综述、养老服务合并更名为为老服务，增加慈善事业、残疾人事业、民族宗教事务分目。将应急管理类目更名为安全生产和应急管理，增设气象监测、地震监测、企业消防分目，将综述、安全生产监管分目更名为应急救援、安全生产。将先进人物、荣誉 2 个类目合并为先进人物·荣誉类目，下设先进人物、荣誉 2 个分目。在附录类目中增设文献分目，取消文件辑录、优秀宣传报道分目。

六、《克拉玛依独山子年鉴》（2021）所使用的单位名称，在组织机构及领导名录篇目中使用全称，在正文中首次出现使用全称，并括注简称，其后用简称。如“新疆维吾尔自治区”“中国共产党独山子区委员会”“独山子区人民代表大会常务委员会”“独山子区人民政府”“中国人民政治协商会议独山子区委员会”“中国共产党独山子区纪律检查委员会（独山子区监察委员会）”“中国石油天然气集团公司”“中国石油天然气股份有限公司”“中国共产党中国石油天然气股份有限公司独山子分公司委员会”“中国石油天然气股份有限公司独山子石化分公司”等，分别简称为“自治区”“区委”“区人大常委会”“区政府”“区政协”“区纪委监委”“中石油集团公司”“中石油股份公司”“独山子石化公司党委”“独山子石化公司”等。

七、《克拉玛依独山子年鉴》（2021）数据计量单位均使用法定计量单位，涉及全区国民经济和社会发展全局的数据均与区统计局统计公报口径一致，区统计局未予统计或未予提供的数据则采用各供稿单位提供数据。

八、《克拉玛依独山子年鉴》（2021）涉及专业用语，出现频率较少的在出现时进行括注说明，出现频率较多的在正文中首次出现时进行括注说明，其后使用简称，并收录进附录类目名词解释分目中。

九、《克拉玛依独山子年鉴》（2021）所用资料均由各撰稿单位提供，并经各单位内部三审、保密审查，全书内容经《克拉玛依独山子年鉴》编纂委员会和克拉玛依市委史志办（市档案馆）审定，具有权威性。

十、《克拉玛依独山子年鉴》（2021）配备双重检索系统，书前有详细目录，书后配有索引，索引按照主题词首字汉语拼音音序排列。

# 克拉玛依市独山子区行政区划图

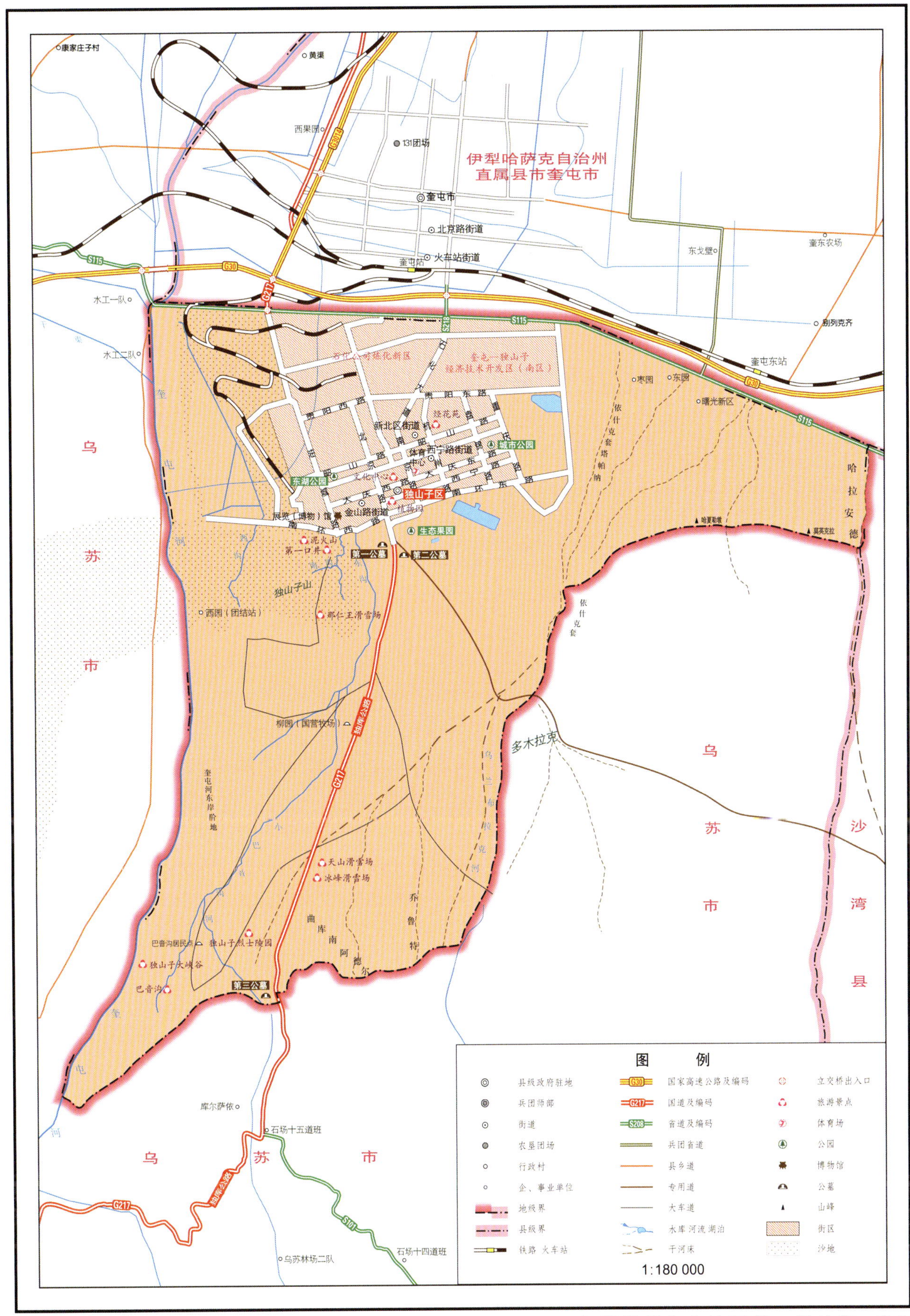


新S（2019）187号

新疆维吾尔自治区第二测绘院　编制

# 2020·数字独山子

|  |  |  |  |
|---|---|---|---|
| 地区生产总值 | 191.28 亿元 | 良级天数 | 225 天 |
| 第一产业增加值 | 0.4 亿元 | 轻度污染天数 | 28 天 |
| 第二产业增加值 | 157.15 亿元 | 中度污染天数 | 18 天 |
| 第三产业增加值 | 33.73 亿元 | 重度污染天数 | 3 天 |
| 原油加工量 | 709.29 万吨 | 城市生活污水处理率 | 96.1% |
| 乙烯产量 | 141 万吨 | 生活垃圾无害化处理率 | 100% |
| 地方财政收入 | 10.98 亿元 | 建成区绿化覆盖率 | 45.16% |
| 地方财政支出 | 27.61 亿元 | 固定电话用户 | 14245 户 |
| 旅游收入同比恢复 | 38% | 移动电话用户 | 103689 户 |
| 全社会固定资产投资 | 35.32 亿元 | 4G 移动电话用户 | 63219 户 |
| 社会消费品零售总额 | 14.94 亿元 | 私家车保有量 | 21638 辆 |
| 年末金融机构人民币存款余额 | 91.09 亿元 | 全日制大中专院校及中小学、幼儿园 | 20 所 |
| 居民储蓄存款余额 | 65.76 亿元 | 在校学生（不含克拉玛依职业技术学院） | 13305 人 |
| 城镇居民人均可支配收入 | 4.54 万元 | 图书馆藏书 | 45.8 万册 |
| 环境空气质量 | | | |
| 优级天数 | 58 天 | | |

# 2020·荣誉独山子

独山子石化公司被复评为全国文明单位

新疆友好集团独山子金盛时尚百货分公司团支部被评为全国五四红旗团支部

第二小学少先队大队被评为2020年度全国优秀少先队集体

区政府机关联合办公区被命名为全国节约型公共机构示范单位

区科协科普大篷车项目被授予全国科普大篷车项目“明星车队”称号

区关心下一代工作委员会被评为全国“中华魂”（爱我中华）主题教育活动先进集体

独山子石化公司被命名为全国“安康杯”竞赛安全文化宣传工作先进示范单位

区人力资源和社会保障局被授予自治区人民满意的公务员集体称号

独山子志愿者协会、独山子石化公司乙烯厂聚烯烃一联合车间被评为自治区抗击新冠肺炎疫情先进集体

新北区街道第十七社区党委被评为自治区先进基层党组织

独山子石化公司乙烯厂净化水联合车间、新北区街道办被评为2020年度自治区“民族团结一家亲”和民族团结联谊活动先进集体

独山子石化公司、区委办、区政府办、区检察院、区委宣传部、区税务局、区财政局、区人力资源和社会保障局、区城市管理局、奎屯公路管理局独山子分局、金山路街道办、西宁路街道办、新北区街道办、第二社区居委会、第三社区居委会、第四社区居委会、第十一社区居委会、第十二社区居委会、第十三社区居委会被评为2020年度自治区文明单位

第一中学、第三中学、第一小学、第二小学、第五小学、第六小学、第一幼儿园、第六幼儿园被评为2020年度自治区文明校园

西宁路街道办被命名为第三批自治区“扫黄打非”进基层示范点

第一小学被授予自治区“扫黄打非”基层示范标兵称号

武警新疆总队克拉玛依支队机动大队（驻独山子区）被评为武警新疆总队“四铁”先进大队

武警新疆总队克拉玛依支队机动大队二中队（驻独山子区）被评为武警新疆总队“四铁”先进中队

独山子石化公司乙烯厂乙烯一联合车间、炼油厂第一联合车间、热电厂除灰车间、研究院合成树脂应用研究所被评为中石油集团公司先进集体

独山子石化公司总经理办公室秘书科（史志办）被评为中石油集团公司史志工作先进集体

独山子石化公司信息网络公司情报档案中心被评为中石油集团公司档案工作先进集体

新疆寰球公司第七党支部被命名为中国寰球工程有限公司示范党支部

新疆寰球公司第六党支部被评为中国寰球工程有限公司优秀党支部

新疆寰球公司工艺室、新疆寰球公司独山子石化公司炼油及乙烯优化调整项目部被评为中国寰球工程有限公司先进集体

2020 年 3 月 8 日，区法院首次实施网上开庭审理案件　（王文玫　摄）

2020 年 3 月 11 日，区市场监督管理局开展药品安全监督检查　（同毓梅　摄）

2020 年 3 月 17 日，区访办组织“访惠聚”驻村工作队新队长在第十七社区居委会开展《新疆的反恐、去极端化斗争与人权保障》《新疆的若干历史问题》《新疆的职业技能教育培训工作》白皮书宣讲活动 （张延钊　摄）

2020 年 4 月 7 日，区交警大队在东方花园小区商业街开展夜查酒驾行动 （李秦　摄）

2020 年 5 月 12 日，区消防救援大队、应急管理局、地震局、农业和水务局等单位在武昌路市场门前以“提高基层应急能力，筑牢防灾救灾的人民防线”为主题，举办全国第十二个防灾减灾日宣传活动

（李秦　摄）

2020 年 5 月 13 日，区市场监督管理局在明珠市场开展夜市食品安全专项检查　（谷伟　摄）

2020 年 7 月 10 日，区公共就业服务中心在职业培训学校进行应届高校毕业生就业培训

（王艳　摄）

2020 年 9 月 17 日，区消防救援大队检查快递物流园消防安全工作　（李秦　摄）

2020 年 1 月 2 日，第十四社区志愿者加尔肯·扎马别克（右一，退休教师）在社区活动室指导各族居民学习剪纸艺术（木合塔尔·木沙　摄）

2020 年 1 月 5 日，区书法家协会在第十五社区居委会开展“我们的中国梦——文化进万家”迎新春写春联“民族团结一家亲”活动，将书写的春联赠送给各族居民（董喆　摄）

2020 年 1 月 14 日，第十四社区居委会与“访惠聚”驻村工作队在社区活动室联合举办“民族团结一家亲”——迎新年，品春味，蒸花馍主题活动（木合塔尔·木沙 摄）

2020 年 6 月 8 日，第十三社区党群服务中心在东方花园小区门前商圈举办“民族团结一家亲”“美食美客”舌尖上的美食展（谷伟 摄）

2020 年 1 月 15 日，独山子区在南广场举办迎新春社火巡展（同毓梅　摄）

2020 年 4 月 11 日，独山子区在大峡谷举办“拥抱春天，放飞梦想”首届风筝比赛（种玉忠　摄）

2020 年 6 月 12 日，独山子区举行独库公路博物馆开馆仪式（帕尔哈提　摄）

2020 年 6 月 13 日晚，独山子区在独库大本营游客服务中心广场举办“荒野之旅，独库有路”独库之夜大型文艺晚会，独库公路旅游宣传推广大使——著名音乐人黄征（右二）现场首次演唱克拉玛依本土音乐人何江、赵磊创作的歌曲《牧云独库》（种玉忠　摄）

2020 年 9 月 26—27 日，“心灵四季，美丽中国”全国自驾游业务培训班在独山子区文化中心开班

（种玉忠　摄）

2020 年 9 月 26 日，独山子区在独库大本营游客服务中心西侧举办“荒野之旅，独库有路”自行车比赛

（种玉忠　摄）

2020 年 11 月 14 日，自治区部分美术教师在独山子区创艺空间举办小幅作品巡回展

（种玉忠　摄）

2020 年 6 月 12 日，独山子区独库公路博物馆建成投用　（王云　摄）

2020 年 9 月 19 日，独山子大峡谷地轨循环滑道项目建成投用，全长 850 米，一次可同时容纳 30 辆滑车和 60 名游客　（康熙　摄）

2020 年 10 月 25 日，独山子区在生活垃圾填埋场举行生活、医废、餐厨、污泥“四废”协同处理项目开工奠基仪式　（同毓梅　摄）

2020 年，独山子区改扩建污水处理厂　（康熙　摄）

2020 年，独山子区改建南京路，同时修缮路两侧商铺　　（邢媛媛　摄）

2020 年，独山子区改扩建东湖公园动物园　　（谷伟　摄）

2020 年，独山子区在全区试点安置 214 套新型分类垃圾箱。图为区城市管理局工作人员给居民介绍垃圾分类知识 （谷伟　摄）

2020 年，独山子区天源水务公司水厂主体工程建设完工，运行后将通过先进工艺设备解决全区水质较硬问题 （种玉忠　摄）

2020年3月27日，独山子区个体工商户复工复产办理政府贴息贷款

（谷伟　摄）

2020年4月1日，独山子石化公司与新疆塔城地区沙湾工业园区管委会举行战略合作协议签字仪式，加强企地互联互通和经贸合作

（尼加提·迪里木拉提　摄）

2020年5月10日，天利高新股份公司在20万吨/年EVA项目施工现场举行开工仪式，项目建成后，独山子将成为自治区产业链最齐全的聚烯烃生产基地

（李秦　摄）

2020年7月11日，独山子石化公司金沟河引水工程试运行供水成功，此项工程将对独山子石化公司科学优化生产用水和今后发展起到积极推动作用

（李志强　摄）

2020年11月10日，独山子石化公司9万吨/年聚苯乙烯GPPS单元扩能改造项目建成中交，反应转化率提高至100%，产品等级进一步提高，实现经济效益最大化

（吴长占　摄）

2020年，独山子石化公司塔里木石化分公司建设60万吨/年乙烷制乙烯工程　（王珺　摄）

2020年5月17日，独山子区在市民广场举行“文旅融合·美好生活”2020年“中国旅游日”新疆克拉玛依独山子区分会场活动启动仪式（张杰　摄）

2020年6月12日，新疆独库公路旅游营销联盟在独山子区玛依塔柯酒店举办独库公路旅游资源推介暨自驾游行业高峰论坛（种玉忠　摄）

2020 年 6 月 13 日，独山子区在独库公路零公里处举行“荒野之旅，独库有路”独库公路通车仪式

（沈久泉　摄）

2020 年 6 月 21 日，游客参观独库公路博物馆　（林青　摄）

2020 年 12 月 26 日，独山子区在冰峰滑雪场启动“冰雪独山子”冬季旅游活动

（种玉忠　摄）

2020年3月11日，独山子石化公司通过自主技术创新，仅用6小时首次实现国际上不同催化剂茂金属产品连续转产。图为技术人员及操作工在进行不同催化剂茂金属产品连续转产　（吴长占　摄）

2020年5月17日，天云公司与中国石油大学（华东）安全环保与节能技术中心在独山子签订环保产业与研究战略协议，共同研发推广运用粉煤灰生产固井水泥项目　（天云公司　供）

2020年7月12日，独山子石化公司乙烯厂聚烯烃二联合车间转产聚烯烃新产品LL6209AA，助力公司走高端化、系列化、品牌化新产品开发之路　（于文亮　摄）

2020年7月16日，独山子石化公司热电厂卢友华劳模创新工作室开展提高锅炉热效率，降低飞灰含碳量技术攻关，年创效300多万元。图为卢友华劳模创新工作室人员在进行技术攻关研讨　（同毓梅　摄）

2020 年，独山子区晟通热力公司封闭集中供热煤场，加强扬尘污染源监管

（张蓉　摄）

2020 年，独山子石化公司封闭热电厂储煤场，治理粉尘，保护环境

（林青　摄）

2020 年，独山子石化公司建设固废处理装置，使废水、废气、废渣等污染物处理率、外排烟气合格率均达 100%，打造绿色、无味工厂

（吴长占　摄）

2020 年，独山子石化公司建设环保二套酸性水汽提装置 （刘天顺 摄）

2020 年，独山子石化公司建设外排废水减排及回收利用重点环保设备 （林青 摄）

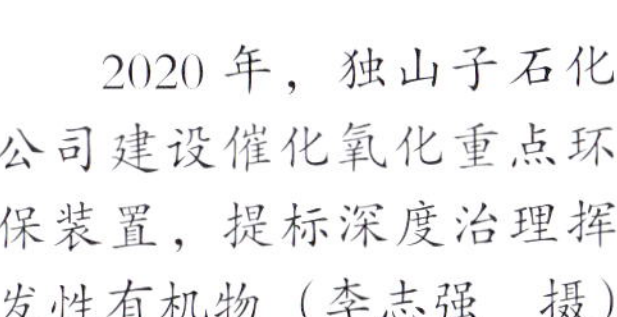

2020 年，独山子石化公司建设催化氧化重点环保装置，提标深度治理挥发性有机物（李志强 摄）

2020 年，因新冠肺炎病毒在全国蔓延，2 月及 8 月，独山子区实施居民居家封闭管理。

2 月 23 日，第十六社区大学生志愿者茹菲娜·哈力布拉提（左）给居民送生活物品　（李志强　摄）

2 月 26 日，第十九社区居委会工作人员及区机关服务社区干部为天悦佳苑小区居民倾倒生活垃圾　（李昂　摄）

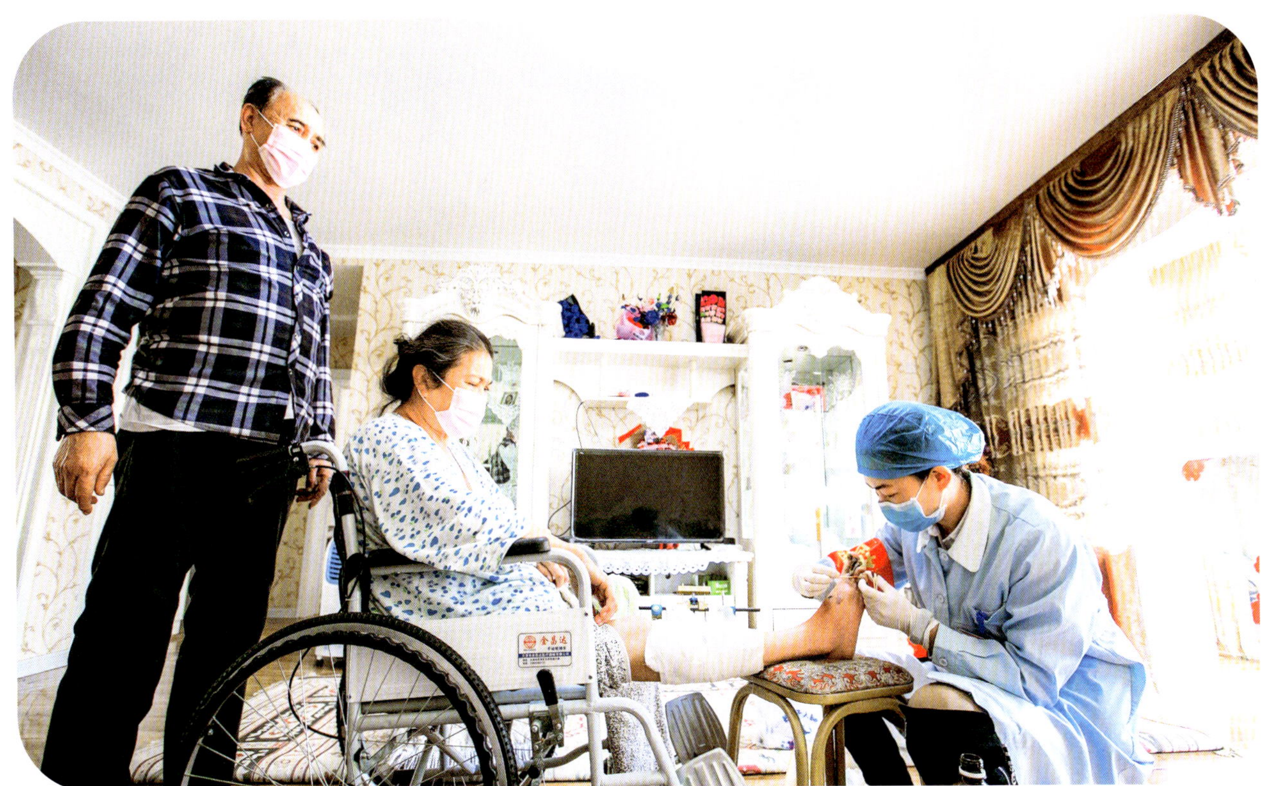

2 月 26 日，独山子人民医院医务人员上门为患者换药　（薛梦娇　摄）

7 月 22 日，独山子人民医院新冠病毒核酸检测实验室工作人员加班加点为全区居民做核酸检测　（姜苗苗　摄）

7月24—28日，独山子人民医院、壹昇堂中医医院工作人员加班加点为防疫一线工作人员熬制5万多袋预防用中草药 （王艳　摄）

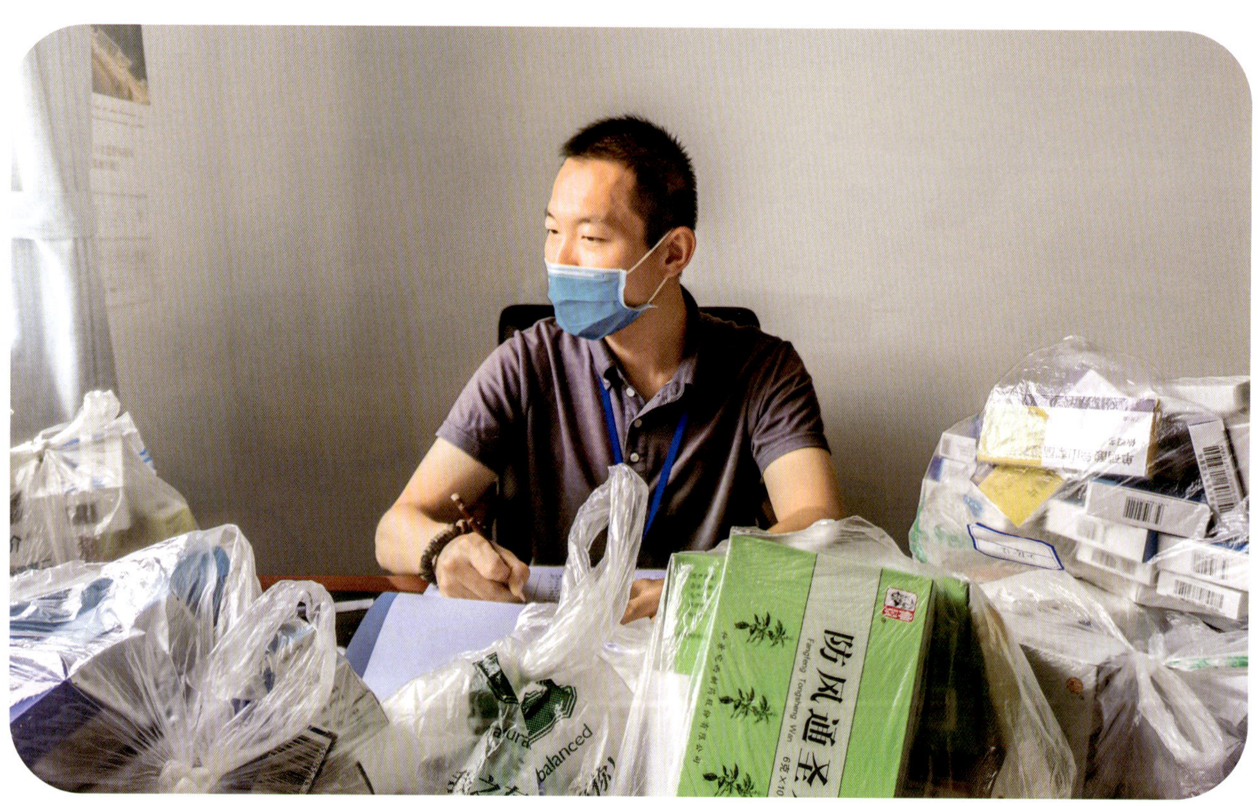


8月6日，第二社区居委会工作人员分拣为居民采购的药品 （王强　摄）

8 月 12 日，独山子区物流园工作人员对快递包裹及设施进行消杀　　（侯冬　摄）

9 月 7 日，第十二社区居委会收到 82 岁居民赠送的锦旗，感谢疫情防控期间工作人员每天为其送饭、送关爱　　（同毓梅　摄）

2020年5月30日，独山子石化公司在新疆喀什地区泽普县奎依巴格乡萨依艾日克村举行7乡8村小学运动场和食堂捐赠项目交接仪式

（吾布力哈斯木·卡德尔　摄）

2020年6月24日，独山子区为新疆喀什地区疏勒县捐赠14台冷链运输车　（万小寒　摄）

2020 年 9 月 1 日，独山子石化公司驻新疆喀什地区叶城县西合休乡亚尔阿格孜村“访惠聚”工作队帮助村民修建蔬菜种植大棚 （李志强　摄）

2020 年 9 月 22 日，区武装部实施精准扶贫，给第八社区低保户家庭捐赠小型三轮货车，助其就业 （同毓梅　摄）

2020年2月4日，独山子人民医院派出6名护理人员参加新疆第二批支援武汉医疗队

（田媛媛　供）

2020年2月26日，独山子石化公司组织党员突击队向其他省市抢运抗击新冠肺炎疫情生产医疗物资所需化工原料

（种玉忠　摄）

2020年3月3日，独山子石化公司根据国务院应对新冠肺炎疫情联防联控机制医疗物资保障组调度安排，开始研发熔喷布专用料，用4天研发成功。图为研发人员在做实验　（帕尔哈提　摄）

2020 年 5 月 9 日，区卫健委开展母亲节暨“幸福工程——救助贫困母亲行动”宣传活动，收到救助贫困母亲捐款 1.9 万多元 （杨浩泽　摄）

2020 年 6 月 12 日，区慈善协会设立“红色油城，英雄之路”公益基金，资助独库公路筑路老兵及烈士家属重返独库公路祭奠牺牲的战友或亲人。图为去独库公路祭奠牺牲的战友或亲人的筑路老兵及烈士家属在参观独库公路博物馆 （帕尔哈提　摄）

# 目　录

## 专　记



## 大事记



## 区情概览

### 基本地情



### 经济社会发展

## 中国共产党独山子区委员会

### 综 述



### 重要会议



### 领导调研



### 组织建设



### 干部队伍建设



### “访惠聚”驻村工作

#### 区“访惠聚”驻村工作



#### 独山子石化公司“访惠聚”驻村工作

## 思想文化建设



## 精神文明建设



## 统一战线



## 民族团结



## 机构编制



## 网信管理



## 机关党建



## 党史地方志

## 老干部管理



## 党校教育



# 独山子区人民代表大会

## 重要会议



## 视察与调研



## 执法检查



## 代表工作



## 议案建议征集办理



## 自身建设



# 独山子区人民政府

## 综　述

## 重要会议



## 领导调研



## 政务服务



## 人事管理



## 信访事务



## 机关事务管理



# 中国人民政治协商会议
# 独山子区委员会

## 重要会议



## 专题调研

### 协商议政



### 提案征集办理



### 民主监督



## 纪检监察

### 重要会议



### 廉政建设



### 监督执纪



### 巡视巡察



## 人民团体

### 独山子区总工会



### 共青团独山子区委员会

## 独山子区妇女联合会



## 独山子区科学技术协会



## 独山子区工商业联合会（商会）



## 独山子区社会科学界联合会



# 法　治

## 政法委与综合治理



## 法治政府建设

## 公　安

### 综　述



### 基层治安管理

#### 西宁路派出所



#### 中心派出所



#### 北京路派出所



## 检　察



## 法　院



## 司法行政

# 军　事

## 独山子区人民武装部



## 武警克拉玛依支队机动大队



## 退役军人事务



# 城区建设与管理

## 城区规划



## 城区建设



## 城区管理



## 供　水

## 供　电



## 供　热



## 供　气



## 房产管理



## 物业管理

### 物业服务企业管理



### 物业服务公司选介

#### 康景物业公司



#### 安居乐物业公司



#### 安泉物业公司



#### 天睦物业公司

至信物业公司



# 交通运输

## 交通运输管理



## 公安交通管理



## 道路运输管理



## 路政管理



## 公路管理



## 城市客运

### 城市公交



### 长短途客运

### 出租车营运



## 邮政·通信

### 邮政服务



### 电信服务



### 联通服务



### 移动服务



## 生态环保

### 综　述



### 环境监管



### 污水处理



### 石化企业污染防治

#### 独山子石化公司污染防治

## 天利集团污染防治



## 天利高新污染防治



## 园林绿化



# 经济监督管理

## 经济宏观调控



## 经济发展服务



## 国有资产监督管理



## 自然资源管理

## 财　政



## 税　务



## 统　计



## 审　计



## 市场监督管理

### 民营经济管理



### 烟草销售管理



## 脱贫攻坚

### 产业项目扶贫



### 教育支援



### 医疗支援



### 保障改善民生



## 炼油化工

### 工程设计与监理



### 工程建设



### 生产经营

## 产品销售



## 产品运输

### 道路运输



### 铁路运输



### 管道运输



# 地方企业

## 天利集团



## 天利高新

## 炼建公司



## 天鼎集团公司



## 城建开发公司



## 北方建设集团独山子分公司



# 商贸·农业

## 商 贸

### 综 述



### 商贸服务企业选介

#### 穗丰粮贸公司



#### 吉利化工集团

### 顺奥汽车公司



### 民生商贸公司



### 天地农牧公司



## 农 业

### 综 述



### 水 务



### 畜牧养殖



## 旅 游

### 旅游资源

## 旅游设施建设



## 旅游服务企业选介

### 天联旅行社



### 康辉旅行社独山子分公司



### 冰峰旅行社



### 冰峰滑雪场



## 旅游活动



## 旅游行业管理



# 金 融

## 银 行

### 工行独山子支行



### 农行独山子支行

## 中行独山子区支行



## 建行独山子支行



## 昆仑银行



## 邮政储蓄银行



# 保险·证券

## 中国人寿独山子支公司



## 太平洋寿险独山子支公司



## 新华人寿独山子支公司



## 人保财险独山子支公司



## 太保财险独山子支公司



## 平安财险独山子支公司

### 中华财险独山子支公司



### 华融证券



# 科学技术

## 科技管理



## 石化行业科研

### 独山子石化公司科技信息处



### 独山子石化公司研究院



# 教　育

## 综　述



## 学前教育

### 第一幼儿园

## 第二幼儿园



## 第三幼儿园



## 第四幼儿园



## 第五幼儿园



## 第六幼儿园



## 第七幼儿园



## 第八幼儿园



## 第九幼儿园



## 创新外国语学校

## 天天幼儿园



# 基础教育

## 第一小学



## 第二小学



## 第五小学



## 第六小学



## 第七小学



## 第一中学



## 第二中学

### 第三中学



## 高等职业教育



# 文化体育

## 综　述



## 文体活动



## 公共文化资源

### 公共图书馆



### 新华书店



### 展览（博物）馆



### 独库公路博物馆

## 企业文化



## 文学艺术



## 档　案

### 地方档案



### 企业档案



## 传　媒



# 卫生健康

## 综　述



## 卫生监督



## 疾病预防控制

## 社区卫生服务



## 医疗服务



## 生育服务



## 疫情防控

### 区疫情防控



### 独山子石化公司疫情防控



# 社会保障

## 劳动监察

## 劳动争议仲裁



## 住房保障



## 医疗保障



## 社会保险



## 社会救助



# 社会生活

## 离退休管理

### 区属离退休管理



### 独山子石化公司离退休管理



### 家属退休管理



## 就业服务

### 人力资源服务

## 劳务派遣



# 社会事务



# 社会组织



# 老龄事业

## 为老服务



## 老年大学



## 关心下一代工作



# 残疾人事业



# 慈善事业

## 民族宗教事务



# 安全生产和应急管理

## 安全生产



## 应急救援



## 气象监测



## 地震监测



## 消防救援



## 企业消防



# 街道·社区

## 街　道

### 金山路街道



### 西宁路街道

### 新北区街道



## 社　区

### 第一社区



### 第二社区



### 第三社区



### 第四社区



### 第五社区

## 第六社区



## 第七社区



## 第八社区



## 第九社区



## 第十社区



## 第十一社区

## 第十二社区



## 第十三社区



## 第十四社区



## 第十五社区



## 第十六社区



## 第十七社区



## 第十八社区



## 第十九社区

# 先进人物·荣誉

## 先进人物

### 全国劳动模范



### 全国青年岗位能手标兵



### 全国敬老爱老助老模范人物



### 全国民政系统抗击新冠肺炎疫情优秀城乡社区工作者



### 自治区优秀共产党员



### 自治区抗击新冠肺炎疫情先进个人



## 荣　誉

### 集体荣誉



### 个人荣誉



# 附　录

## 组织机构及领导名录

### 中国共产党独山子区委员会及所属机构



### 独山子区人民代表大会

## 独山子区人民政府及所属机构



## 中国人民政治协商会议独山子区委员会



## 区政府派出机关



## 人民（群众）团体及协会



## 公检法机关及所属机构

## 非独山子区直管机构



## 地方企业



## 驻区单位



## 社区居民自治组织

## 文　献



## 调研报告选录



## 名词解释

# 专 记

## 多措并举 推进精准防控

### ——2020 年独山子区疫情防控工作专记

2020 年 1 月，新冠肺炎疫情突袭武汉，独山子区委、区政府及时成立疫情防控工作领导小组，下设专项工作组及守好“三道门”和“八项监测预警机制”工作专班，严格落实自治区党委“四个不发生”“四早”“坚决管住、优质服务”等系列安排部署，全面落实“外防输入、内防反弹”防控策略，从细处入手，从实处着力，始终做到不松懈、不麻痹、不放松、不厌战，全力抓好隔离、检测、流调等疫情防控重点任务，全力打赢疫情防控阻击战。

#### 一、高度重视，切实做到守土有责、守土负责、守土尽责

针对疫情防控严峻形势，区委、区政府坚决扛起主体责任，统一思想，提高站位，加强组织领导，保障工作落实。一是强化组织机构。因时因势设立来新疆返新疆、综合防控（隔离、流调、检测、社会面防控）、社区防控、医疗救治、生活和医疗物资保障、企事业机关（企业、机关事业）、项目建设和招商引资、学校工作、大培训、检查指导、关心关爱服务等 19 个专项组，每个专项组安排一名常委任组长，确保疫情防控全面到位、处置高效。二是强化战时状态。坚持每日召开防疫指挥部研判分析会，研判解决问题，安排部署工作，推动措施落地。三是强化贯彻执行。及时召开区委常委（扩大）会议，第一时间传达上级要求，研究完善常态化疫情防控各专项工作方案，细化工作措施，明确职责分工，层层压实责任。

#### 二、突出重点、科学有序，点面结合抓好疫情防控工作

（一）始终坚持“四个严格”，把牢“外防输入”大门

一是严格检查站进出管理。按上级要求动态调整防控措施，确定“东站通行人员和客车，西站通行货车，南站双向管制”分流措施，确保人员、物资运输流转顺畅。建立公安检查站与机关企事业单位、社区等协调联动机制，运用大数据提前摸排拟来独返独人员信息，做好拟来独返独人员摸排，劝导群众“不出门、少出门”。全年，检查车辆 203 万台次，其中运送生产、生活物资车辆 11 万辆次，审核检查站推送疆（境）外来独山子区人员 38316 人次。

二是严格海鲜和进口肉类管理。暂停海鲜和进口肉进入独山子区，并对所有海产品进行全覆盖检测，该下架的下架，该封存的封存、该销毁的销毁，阻断风险传播。同时，加大食品安全监督抽查，指导食品经营户落实索证索票，建立购销台账，确保食品可追溯。全年，下架国产海鲜 1530.6 千克、冻肉类产品 2378.8 千克、进口海鲜 460.9 千克、进口肉类 2941.8 千克。

（二）切实做到“八个抓好”，严格“内防反弹”措施

一是抓好隔离工作。选定 8 家宾馆作为集中医学观察隔离点，集中观察人员由专人专车“面对面”交接、“点对点”转运，坚决落实非常住居民严禁进入，避免跨区流动。对中高风险地区旅居史人员、上级和

外地推送及自行排查出的二、三层密接人员，坚决落实集中隔离措施，确保“应隔尽隔”。加强隔离点管理服务，每个隔离点配备15人以上服务人员，严格落实消毒消杀、垃圾和污水按要求处理等防控措施。对集中医学观察人员实时健康监测、心理疏导，保证每人每天80元伙食标准，切实落实“吃好、睡好、上中药”要求。全年，1626人次接受集中医学观察，4人接受医学观察，无疫情感染者。

二是抓好双抗和核酸检测工作。抽调独山子人民医院、社区卫生服务中心、民营医院、诊所、药房等239名医务人员组建双抗和核酸检测采样队伍，配备120人开展样本检测工作，对各类重点人员做到应检尽检，对核酸检测超过七天人员做好再检测工作，定期开展全覆盖核酸检测，确保区内安全。全年，开展全民核酸检测8轮，检测113.7万人次。

三是抓好流调工作。把公安大数据+疾控+社区三者有效结合，抽调人员专门针对密接人员“三圈”开展流调工作，第一时间发现，第一时间落实管控举措。同时，对有重点地区旅居史人员进行再筛查、再摸排，确保不漏一人。通过推送人员流调和大数据分析，既追踪源头，又查找传播链尾，坚决做到不断链、不漏人。全年，对发热门诊、隔离病房4160人次开展流调（流行病学调查），推送流调人员协查函238人次。

四是抓好社区防控。两次封闭式管理期间，对19个社区71个小区严格落实“坚决管住、优质服务”要求，明确除必须参与疫情防控工作的公职人员、应急保障人员、重点企业生产运转必需人员外，其余人员均以家庭为单位居家休息。各社区组建临时党支部，统筹社区工作人员、“访惠聚”工作队和下沉干部、志愿者等力量，积极开展小区巡逻、门岗值守和物资配送、应急事项处置等服务群众工作；宣传项防控措施，落实到每一个单元、每一户居民。各社区除指挥部执勤和生产生活物资保障、消防抢险、维稳、企业上下班车辆外，其余车辆禁止通行。

五是抓好重点场所管控。学校、养老院、监所、医院、机关事业单位、企业、宾馆酒店、商超、市场等公共场所严格落实扫码测温、防疫消杀等措施，日常做好“戴口罩、勤洗手、常通风”等防疫防护措施。深入开展爱国卫生运动，全力做好“大消杀”和垃圾大清运工作，每日规范处理医疗、生活垃圾，严防疫情蔓延和扩散。针对性开展消杀等相关业务培训，在卫生系统内开展专业技能大练兵，确保每名专业技术人员掌握基本知识、基本技能、基本方法，提高消杀工作人员防范意识和处突本领。全年，配备专业消杀人员22人、消杀分队人员784人，实施常态消杀单位420多家、场所点位5000多个；配备消杀专用车2辆、改装储备车3辆、自动和手动喷雾消杀器材及各类消毒防护用品30多套；培训行业领域工作人员及消杀人员7840多人次。

六是抓好科学救治。按照秋冬季新冠疫情常态化医疗救治方案，严格规范完善预检分诊、发热门诊、隔离病房标准化建设。加强医护人员防护措施，预防院内感染工作，预检分诊、发热门诊等防控重点区域医护人员全部标准化防护穿戴，加大换班频次，并调配高水平医护人员到发热门诊坐班。对门急诊、住院患者严格落实各项筛查措施，特别是对所有住院患者全部进行核酸及双抗检查。加强重点预防治疗工作，成立中医医疗救治组，配制中药预防汤剂，优先保障留观人员和街道、社区、公安、医疗以及独山子石化公司等一线工作人员应服尽服。疫情防控封闭式管理期间，独山子人民医院、壹昇堂中医医院熬制5万多袋中草药送到防疫一线工作人员手中。

七是抓好秋冬季防疫储备。多方争取，积极调入、购入口罩、手套、测温仪、消毒药具等医疗物资，扩增核酸检测设备，加快核酸试剂等医疗防疫物资储备，快速提升独山子人民医院、疾控中心PCR实验室检测能力。

八是加强信息化管理。依托信息化手段，从底数摸排、人员登记、现场采样、样本送检到结果查询全流程信息化管理，确保人人采样信息可溯源，核酸检测结果等新冠疫情防控工作所有数据均可在区“红色家园”、市城易服务平台及国家核酸检测平台上实时查询。

## 三、用心用情、强化保障，全力做好服务群众工作

区委、区政府始终坚持以人民为中心，精心精细精准做好疫情期间服务管理工作。

一是全力解决群众困难诉求。发布“共产党员靠前线”红色号召令和“红细胞”党员倡议书，动员各级党组织和党员干部在疫情防控一线争当先锋、争作表率。区机关490多名党员干部到社区报道，520多名志愿者进入社区，各社区成立临时党支部和党员突击队。制定疫情期间志愿者、联户长管理办法，按照“一户一册”“一人一册”要求，为居家观察户建立关爱小组，主动摸排收集老弱病残等特殊群体困难诉求，为孤、寡、老、弱、病、残、孕家庭送医、送

药、送餐，确保第一时间帮扶到位。3 部热线电话 24 小时全天候服务，按照“集中受理、分类处置、统一协调、部门联动、一事一结”机制，针对群众咨询、求助、投诉、举报和建议，耐心细致接听解答，主动解决处理。全年，处理、答复、解决来电 3 万多件，收集解决困难诉求 5300 多件，发放救助金 32.1 万元，清运居家休息人员生活垃圾 1520.58 吨。

二是强化各类物资保障。拓宽渠道购置防护用品，积极采购、储备防护物资和医疗救治药品。对于医用防护服、口罩等专业医疗设备，尽一切努力保障供应；对民用防护物资加大存量，保障各单位、各社区群众测温仪、口罩和消毒液供应；做好疫情专项药材储备，保障群众日常药品需求。封闭式管理期间，加强与周边地区沟通协调，积极推动米面油、肉蛋奶、蔬菜瓜果、日用百货储备和供应，全力保障居民家中“菜篮子”，并且对肉、蛋、禽、蔬菜等农副产品进行价格监测和公示，坚决打压各类哄抬物价违法行为。

三是强化舆论宣传引导。通过横幅、海报、宣传单、宣传手册、社区大喇叭、各类 LED 电子屏、官方微信公众号、抖音等宣传媒体，及时发布最新疫情信息和防控工作情况，宣传疫情防控、物资保障供应、防疫常识、复工复产信息等，教育引导广大居民科学防疫。区卫健委组织专业人员编制居民健康防护小贴士、中药方剂、口罩使用指南等手册，发放给居民。拍摄制作《幸得有你，山河无恙，向独山子区支援武汉的白衣天使致敬》抗疫护士归来宣传片、《航拍独山子：静谧中彰显万众齐心抗疫的磅礴力量》防疫宣传片、《相信明天》防疫宣传歌曲 MV 等，宣传报道医护工作者、社区工作者、公安干警、志愿者等防疫一线先进典型人物。全年，发放宣传单、海报、宣传手册等 15 万份，发布防疫常识、复工复产及疫情防控图文信息等 1250 篇次，发送宣传短信 10 万多条，制作发布抖音作品 20 多部、短视频 281 条，宣传报道先进典型人物 59 人次。

### 四、强化督导、压实责任，确保各项工作落实到位

按照自治区党委“在大战大考中考验作风、锤炼作风、转变作风”要求，组织动员各级各部门和每一名党员干部坚决打起主体责任，以优良作风狠抓各项部署落实。

一是强化联点帮扶抓落实。发挥五级示范引领作用，区四套班子主动带头、冲在一线，帮助 19 个联点社区、87 家联点企业第一时间举一反三抓好自治区、市两级督导检查反馈问题和自查发现问题整改落实，及时解决困难诉求，推动“坚决管住、优质服务”各项措施落到实处。

二是强化预案培训抓落实。高度重视疫情防控突发、紧急、敏感等异常特殊情况应急处理工作，13 个专项组分别制订工作预案，规范工作标准和流程，印发《独山子区各场所疫情防控工作要求》《独山子区复工复产复学疫情防控指导手册》《关于依法严厉打击疫情防控期间相关违法行为的通告》，分行业分领域常态化开展疫情防控培训演练，确保人人都清楚，人人能实操，全面提升干部群众防疫抗疫能力。全年，针对 20 多家行业领域主管部门，举办集中培训演练 860 多场次，参加培训演练 1 万多人次。

三是强化工作统筹抓落实。坚持一手抓疫情防控、一手抓稳定发展，围绕稳定不出事、疫情不反弹、脱贫有成效、发展高质量四句话，在抓好常态化疫情防控前提下，统筹推进经济社会发展各项工作。全年，根据优惠政策减免税费 4.1 亿元，发放企业贷款 171 笔 2.69 亿元，个体工商户贷款 395 笔 2898.3 万元。

### 五、积极参与，助力防疫，彰显社会责任

独山子人民医院在新冠肺炎疫情防控期间，组织预检分诊、发热门诊、发热留观医院等医护人员 156 人次组成 11 支医疗队，分 14 批派往湖北省武汉市，新疆乌鲁木齐市、和田地区、克拉玛依市参加疫情防控工作，得到各方好评。

## 精准施策　务求实效

### ——2020 年独山子区脱贫攻坚工作专记

### 一、加强组织，铸实主心骨

独山子区制定《协作扶贫 2020 年工作实施方案》，明确职责分工，建立扶贫机构和协调工作机制，推进独山子区与新疆喀什地区疏勒县《协作扶贫合作

框架协议》落实，编制协作扶贫工作运行大表，挂图作战，召开2次专题会议，安排部署协作扶贫工作。3个街道党工委与疏勒县10个乡村党支部开展基层党建共建活动，签订携手奔小康协议；疏勒县亚曼牙乡党支部代表到独山子区与西宁路街道党工委就协作扶贫工作互相交流，取长补短。区领导3次到疏勒县实地考察调研，通过联席会议，共商协作扶贫项目，对实施过程中出现的问题认真分析、明确措施、及时解决，推进送医、送教、产业合作等项目落地生根。在新冠肺炎疫情防控期间，向疏勒县捐赠12.5万元用于购买连花清瘟胶囊，助力疏勒县抗击疫情；六一儿童节之际，各街道办积极与疏勒县结对帮扶乡镇联系，动员社区居民为疏勒县儿童捐赠各类物资287箱，同时送去节日问候和祝福；西宁路街道党工委组织开展"情暖2020脱贫攻坚——暖冬行动衣物捐赠"活动，组织社区居民向疏勒县捐赠一批衣物，帮助困难群众过冬。

## 二、强投入，当好"军需官"

1. 产业扶贫。双方经过协调沟通，商定2020年协作扶贫项目，为疏勒县人民医院、巴合齐乡和亚曼牙乡卫生院赠送配套12台价值220万元医疗设备，该项目的实施从根本上解决疏勒县医疗设备老旧、工作效率低下问题。投入280万元为疏勒县乡镇购置14辆冷链销售物流车，进一步推动疏勒县蔬菜生产、销售、加工体系构建，充分解决蔬菜采购、运输、销售过程中不能自然保鲜，造成产品销售受阻、价格较低、效益低下等实际问题。

2. 消费扶贫。独山子区制订消费扶贫方案，组织57家单位在"832"平台购买疏勒县农副产品81.45万元；引导各大商超设立疏勒农副产品专柜，帮助疏勒县拓宽销售市场。

3. 劳务协作。区委、区政府先后投资295万元，维修、改扩建疏勒县富余劳动力转移到独山子就业人员宿舍、餐厅等，出台子女就学享受义务教育、随迁落户等优惠政策，营造良好生活（居住）环境。根据转移就业人员掌握国家通用语言实际情况，组织开展国家通用语言水平培训，利用集中授课每月组织开展各类文化活动，不断提高转移就业人员国家通用语言水平，增强其幸福感、归属感，激发工作热情。截至年底，44对夫妻融入社区居住，41名子女就学。

通过各种"输血"式帮扶投入，不但为疏勒县精准脱贫攻坚输入新鲜血液，做好"军需官"工作，也让独山子区居民享受到来自疏勒的优质农产品。

## 三、强监督，管好钱袋子

落实关于协作扶贫资金投入不少于财政公共预算收入0.5%的要求，2020年投入601万元财政资金用于区内协作扶贫。积极争取上级专项财政资金和区财政资金扶持，确保扶贫资金按时足额到位，做到专储、专账、专管、专用。6月，选派审计工作组前往疏勒县开展扶贫资金使用情况专项审计，进一步规范协作扶贫资金使用，严防扶贫领域腐败问题。

## 四、强整改，打好脱贫攻坚战

区扶贫办组织各成员单位学习自治区第六巡视组脱贫攻坚专项巡视"回头看"及成效考核反馈意见，对照其他地州、县市存在问题，认真梳理独山子区2016—2019年协作扶贫工作，开展自检自查，举一反三理出问题清单，自查问题8项，以问题为导向，明确整改措施、整改时限和责任人，挂图作战形成整改台账，做到靶向治疗。

## 五、强队伍，打造脱贫铁军

1. 干部支援。发挥扶贫专班作用，选派2名干部远赴疏勒县开展协作扶贫工作，通过沟通、实地走访、现场考察，掌握疏勒县扶贫现状和社情民意，做到精准把握；监督区内对口扶贫工作落实情况，协助疏勒县扶贫办验收扶贫项目；把区委、区政府的决策指示及时准确反馈给疏勒县，发挥桥梁纽带作用。

2. 医疗帮扶。独山子人民医院选派2批6名业务骨干前往疏勒县开展医疗扶贫工作，根据疏勒县卫健委需求，在疏勒县人民医院、维吾尔医医院开展为期3个月专科知识讲座、临床教学、技术操作培训等，得到疏勒县卫健委肯定。医疗扶贫期间，检查2350多人次，完成各类手术24台，为当地医生开展各类教学培训20场次，开展下乡义诊活动7场次，受众1.5万人次。

3. 教育帮扶。独山子区选派24名优秀教师分2批前往疏勒县开展送教活动，就课堂教学、促进教师专业成长、提高教学质量等方面对疏勒县教师开展精准帮扶，举办讲座12场，授课3次，开展教学研讨活动3次，听课教师1190人次。疏勒县也选派24名教师到独山子区各学校进行为期一个月跟班学习。

4. 社会帮扶。区民政局指导悦伴湾社会工作站参与脱贫攻坚，承接中央财政疏勒县阿拉力乡监护困境儿童关爱发展示范项目，投入60.7万元，帮扶因监护缺失而陷入困境儿童100人；定期开展儿童角活动，帮助家庭掌握子女正面教养方法。同时开展"授农以渔、带农致富"畜牧养殖技术培训，采用理论培训+实训实做+参观考察等方式，重点对90名务农人员进行农作物种植和畜牧养殖最新技术培训，带动农民致富。

通过各类人才支援、社会帮扶，夯实扶贫工作基础，提供人才保障，在当地打造一只“永不走”的队伍。

## 以项目化管理推进市域社会治理现代化

### ——2020年独山子区市域社会治理工作专记

独山子区将市域社会治理工作与城市基层党建有机结合，坚持和完善共建共治共享的社会治理格局总要求，将原区、街、社指挥调度体系及工作运转机制进一步向下延伸，积极探索创新符合实际、贴近人民需求、体现地方特色的市域社会治理新路子，形成“社区—网格—楼栋—单元—户—人”协同共治工作机制，不断丰富每一层级可以指挥调度的资源力量，以点带面，全面推进市域社会治理现代化工作。

**一、强化制度保障，坚持党建引领**

独山子区制定下发试点工作方案及措施，将责任压实到区委、区政府各部门及区、街、社三级综治中心，把制度优势转化为治理效能。为充分发挥党组织、党员模范引领作用，市域社会治理与城市基层党建有机结合，以城市基层党建项目化管理强力推进，确保市域社会治理在党建引领下保持生机活力。将社区党群服务中心进一步延伸至网格，在网格内部打造市域社会治理以及城市基层党建实体阵地，把党的旗帜插在网格上，利用组织优势，密切联系社区大党委成员单位和辖区党员，共同服务基层社会治理，真正做到共建共治共享。

紧扣以人民为中心的发展思想，紧盯网格化服务管理、法治宣传教育等重点工作，探索建立“社区—网格—楼栋—单元—户—人”的协同共治工作机制，把党和政府各项工作举措、惠民利民措施真正落实到每位居民，消除社区层面向下延伸的管理空白和模糊地带，提升基层社会治理能力和水平。

**二、全民协同共治，服务民生为本**

独山子区以居民“自治”为切入点，以网格党组织为载体，以网格党组织和大党委成员单位、辖区党员之间双向任务清单为抓手，将城市基层党建、市域社会治理各项任务指标细化量化，充分调动大党委成员单位、辖区企业商户、居民党员、平安志愿者等多种社会力量参与基层社会治理。通过建立考核积分体系，持续对项目、任务完成情况进行跟踪问效，确保责任到人。

街道社区按照城市基层党建“一街一特、一社一品”要求，以项目化管理推动市域社会治理工作，形成街道社区各自品牌特色。如，第十五社区利用小区物业办公用房建设“网格屋”，采取网格长、业委会轮值坐班形式，将便民利民服务送到居民身边，同时也让“网格屋”成为居民反映问题、提出诉求、化解矛盾的场所。

不断探索城市智能化管理、精细化治理工作。在“红色家园”微信小程序建立“一网通办”模块，实现生育服务证办理、残疾人证申领、老年人特殊生活补贴申请等服务事项网上办理，公示社会救助、爱心助残、劳动保障等民生服务事项办理须知，让居民实实在在享受到治理能力现代化带来的便利。

## 强化央企责任担当　打赢抗疫物资产运攻坚战

### ——2020年独山子石化公司疫情防控物资保供专记

2020年初，新型冠状肺炎病毒在全国蔓延，口罩成为防疫必需品，全国各地闹起“口罩荒”，各地医院医用防护用品也严重短缺。

**一、克服困难，开足马力生产防疫物资原料**

独山子石化公司生产的聚丙烯，正是制做口罩和医用防护用品的原材料。按照党中央、国务院批示精神和中石油集团公司安排部署，独山子石化公司挑起防疫物资供应的重担，快速反应、优先排产、优先生产、优先外运聚丙烯产品，全力保障市场需求。

独山子石化公司聚烯烃一联合车间是生产防疫物资原材料聚丙烯 S2040 的主阵地，为了助力疫情防控，所有在岗人员精心操作，认真巡检，严控产品质量。正在休假的员工也纷纷终止休假提前上班，全力保障生产。车间领导、技术干部吃住在厂，争分夺秒，全力攻关，连续十多天接连攻克切刀磨损、缓冲罐故障等难题，将聚丙烯产量由每小时 23 吨提升至 26 吨，每天可以多生产 1800 万只口罩原料。

提高负荷不久，关键设备频频出现报警故障，解决故障的唯一方法就是快速切换筛网，而更换筛网速度影响平稳生产。为了生产更多原材料，公司决定在原有生产线基础上，将另外一条生产线也转产聚丙烯，开足马力生产防疫物资原料。该生产线转产目标牌号产品尚属首次，聚烯烃一联合车间上下一心，加班加点，克服困难，精准控制各项参数，最终顺利生产出合格品。聚丙烯装置实现两条线并行生产，累计产量达每小时 68 吨。

### 二、分秒必争，研发抗疫急需熔喷布专用料

年初，生产口罩、防护服、手术帽、消毒帷布等医疗用品熔喷布在全国市场上极度短缺，价格一路飙升，且供不应求，导致许多口罩生产企业难以为继。3 月 3 日，中石油集团公司紧急部署独山子石化公司研究院研发聚丙烯熔喷布专用料（该专用料是制造口罩中间过滤层的主要原料，能过滤细菌，阻止病毒传播），当晚，研究院组建熔喷布专用料研发 5 人攻关项目组。

为尽早研发成功，研发团队查资料、寻思路、定方案、着手实验，片刻不停。一次又一次推研实验，攻克一个又一个瓶颈。为消除熔融指数测试无法满足原料超高流动性要求瓶颈，研发团队人员在充满液体过氧化物刺鼻气味的实验室中，一待就是七八个小时……3 月 6 日，研发团队攻克熔指测试难关；3 月 7 日凌晨，研发团队终于找到解决造料困难和流动性不够问题的方法，试验成功。历过四天四夜的努力，完成熔喷布专用料阶段性研发，掌握产品生产技术，为公司组建熔喷布专用料生产线打下坚实基础。

### 三、想方设法，出色完成抗疫物质运输任务

2 月，为了将生产医疗用品所需化工原料及时运至全国其他省市，独山子石化公司组织党员成立装卸人员突击队，各科室领导干部带头加入突击队，吃住装卸现场，抢运抗击新冠肺炎疫情所需化工原料。同时，协调奎屯货运中心 101 位装卸人员集中在独山子居住，提供免费食宿；交通管控期间，为节约上下班时间，公司还免费提供通勤车辆。得知装卸队急需塑胶手套，立刻设法调集，优先供装卸队使用。领导们经常到装卸队驻地，帮助解决所需酒精、消毒液、测温枪等物质；了解到装卸队任务紧张时，无法按时吃饭，给装卸队送来 2 台微波炉，保证装卸人员随时吃到热的饭菜。得知装卸队一名家在伊犁的员工父亲病危，多方协调，帮助其办理相关手续，使其及时回到病危父亲身边。3 月份，奎屯货运中心独山子装卸队给独山子石化公司写来一封印着 149 个“红手印”的感谢信。

3 月 18 日，独山子石化公司收到国务院应对新冠肺炎疫情联防联控机制医疗物资保障组发来的感谢信，感谢独山子石化公司面对新冠肺炎疫情识大体、顾大局，自觉服从国务院应对新型冠状病毒性肺炎联防联控机制医疗物资保障组调度安排，努力克服用工短缺、物流停运、成本上涨等困难，加班加点奋战在医疗物资生产保障一线，出色完成国务院医疗保障组下达的多项紧急调拨任务，为疫情防控做出突出贡献……”

## 助力提质增效　推进绿色发展

——2020 年独山子石化公司环境治理和保护工作专记

2020 年 11 月 21 日，由中国环境报社、环境经济杂志社、中国环境报理事会主办的首届环境经济年会在北京举行，独山子石化公司被授予 2020 年度环境社会责任企业称号。这是独山子石化公司继获得首批国家环境友好企业、全国环境优美工厂、全国绿色发展典范企业、全国石油和化工行业节能减排先进单位、自治区污染减排先进企业、中石油集团公司环保先进单位、全国绿色企业管理奖等荣誉后，获得的又

一殊荣。

独山子石化公司在千万吨炼油百万吨乙烯工程建设之时，就积极践行环保理念，同步投资16亿元，配套建成硫黄回收、污水场、脱硫除尘等环保设施，保证清洁生产。截至2020年，独山子石化公司有专业环保队伍数百人、各类环保设施230座，实施网格化环保在线监测，形成大气、水体、土壤多维立体保护框架，“三废”实现集中化、系列化、标准化处理，排放指标全部纳入公司监测之中及上级主管部门和公众视野之内，新《中华人民共和国环境保护法》《中华人民共和国大气污染防治法》和“气十条”“水十条”“土十条”等法规标准，已融入公司日常生产中。

## 一、主要污染物排放量大幅降低

“十二五”时期，投入14亿元，占当期固定资产投资的32%，有计划有重点地实施电厂锅炉等污染减排及节能环保项目48项。

“十三五”以来，公司先后实施《奎—独—乌区域大气污染联防联控工作方案》《克拉玛依市2017年大气污染防治实施方案》《奎—独—乌区域大气污染治理攻坚方案（2018—2020）》，对热电厂锅炉烟气提标、催化裂化再生烟气脱硫脱硝、硫黄回收装置尾气提标、炼化装置加热炉低氮燃烧、污水处理系统提标等21项重大环保工程，均按计划进行改造。投入19亿元，实施环保整治项目90多项，利用先进环保技术，加大污染治理力度。投入23.8亿元，实施VOCs治理措施40多项；减排火炬气1.34万吨/年，进行油气回收设施改造，年累计回收油品8000吨。2019年，VOCs排放量较2016年减排2588吨，减排率38%；二氧化硫、氮氧化物、COD、氨氮主要污染物排放量，在“十二五”基础上再降79%、22%、79%、87%，独山子区实现$PM_{2.5}$、$PM_{10}$双降。

## 二、油品质量升级工作快速推进

实施油品升级战略，大力提供绿色能源，开展清洁生产审核，有效防治源头污染，坚持升级换代，共享绿色成果，坚持信息公开，主动接受监督。

独山子石化公司是中国石油高品质成品油生产企业，是自治区内成品油市场重点供应源。按照国家加快成品油质量升级要求，变顺应政策为主动出击，投资约13亿元，改造、新建5套装置，国三、国四、国五汽柴油比国家要求提前数月实现升级目标，提前安排生产。目前，具有108万吨/年国六汽油加工能力，378万吨/年国六柴油加工能力，实现清洁能源生产。产品投放市场后，汽车尾气二氧化硫较国二、国三标准分别减排1.8万吨/年、0.27万吨/年，有效减轻汽车尾气对环境和人体健康造成的危害，取得较好环境和经济效益。

## 三、炼化老旧装置停产关闭

独山子石化公司自千万吨炼油百万吨乙烯工程2009年投产以来，先后关闭炼油老区3套蒸馏、60万吨/年延迟焦化、20万吨/年糠醛精制、40万吨/年丙烷脱沥青、40万吨/年催化汽油加氢异构、60万吨/年加氢裂化等16套装置。2019年建成投用5万吨/年硫黄回收装置，停用老区4000吨/年硫黄回收及酸性水汽提装置，不断获取绿色发展容量。2016—2020年，节能19.54万吨标准煤，节水397.26万吨，多次被中石油集团公司评为节能节水先进单位。

## 四、节能减排工作收效明显

2018年以来，对污水回用措施开展技术攻关、运行优化，污水回用率达50%以上。2020年，实施外排废水回用项目，投用后外排污水由650立方米/小时降至200立方米/小时，其余污水全部回用，污水回用率提高至75%，不仅减少废水排放，每天还可节省新水近1.1万立方米。制订并实施节能降耗各项措施，降低动力实物量，减少氢气成本，优化重整运行，提高加热炉热效率等具体措施，实现节能增效。

## 五、工厂区环境绿化美化

独山子石化公司始终坚持绿化与建设同规划、同设计、同施工、同使用，在炼化新区种植白蜡、黄金树、樟子松、云杉、红叶海棠等植物达81种，形成四季常青的园林工厂景观及272万平方米生态绿色屏障，使“花园工厂”名副其实。

主动接受社会各界监督，环保监测数据及时上传自治区、市环保部门和中石油集团公司在线监控平台，定期上传自治区重点企业自行监测信息发布平台。每年组织一次“公众开放日”活动，举行“绿色发展”主题新闻发布会，邀请各大媒体、周边城市及社会各界代表进厂参观，实地了解情况，感受企业绿色发展成就，看到石化公司坚定不移贯彻新发展理念，以高水平治理环境、促进企业高质量发展的行动。

# 大事记

## 1月

6日　独山子石化公司召开2020年安全环保工作会议。

10日　独山子区举办“风景这边独好”百家旅游企业走进独山子冬春旅游推介会，自治区旅行社协会、60多家旅游企业及新闻媒体、涉旅企业150多人出席会议。

11日　独山子区汽车摩托车运动协会在独山子游客集散中心举行成立仪式。

13日　独山子区“不忘初心、牢记使命”主题教育总结会在区机关二楼会议厅召开。

18日　独山子区以“新气象，新起点，新征程”为主题举办2020年春节晚会。

同日　独山子区以“欢乐中国年，和谐独山子”为主题在市民广场举办第三十六届花灯展。

18—20日　政协独山子区第七届委员会第五次全体会议召开。

19日　独山子区在玛依塔柯时代广场举办“我们的中国梦·文化进万家——社火闹春春意浓，文化惠民暖人心”“民族团结一家亲”社火迎新春活动。

同日　独山子石化公司四届三次职代会及2020年工作会议在机关二楼会议厅召开。

19—21日　独山子区第十四届人民代表大会第五次会议召开。

25日　独山子区召开新冠肺炎疫情防控指挥部全体会议，落实防疫措施，启用集中医学观察点。

同月　独山子区足球协会代表新疆到内蒙古呼伦贝尔市参加第十四届全国冬季运动会雪地足球赛获得男子丙组第五名。

## 2月

1日　自治区疫情防控督导组一行到独山子区检查指导工作。

4日　独山子人民医院选派6名护理人员参加新疆第二批支援武汉抗击新冠肺炎医疗队，驰援武汉。

7—8日　市政协主席、党组副书记包尔汉·卡哈尔，市委副书记宋宏利一行到独山子区调研疫情防控期间独山子石化公司倒班人员工上下班管理情况，研究部署疫情防控工作。

9日　市委副书记、市长王刚一行到独山子区检查指导疫情防控措施落实情况。

11日　自治区奎—独—乌区域疫情防控督导组一行到独山子人民医院、疾控中心、集中医学观察点、第六社区等地督导检查疫情防控工作。

14日　自治区人大常委会党组书记、主任肖开提·依明到独山子石化公司调研疫情防控工作。

20日　区公共就业服务中心举办“战疫情，稳就业”春风行动网络招聘会，13家企业提供就业岗位450多个，网络点击量2800多人次。

24日　市委副书记、市长王刚一行到独山子区第十六社区、尚客优酒店等地检查指导疫情防控工作。

26日　市委书记、人大常委会主任赵文泉一行到独山子石化公司、克拉玛依职业技术学院、尚客优集中医学观察点、第十二社区调研指导疫情防控工作。

27—28 日　市委副书记、市长王刚一行到独山子区西九公里检查站、克拉玛依职业技术学院等地检查指导疫情防控工作，就独山子石化公司疫情防控工作召开座谈会，与“三地四方”疫情防控指挥部组长会面，交流疫情防控工作。

## 3 月

2 日　自治区副主席赵青一行到独山子石化公司调研疫情防控及生产经营情况。

7 日　独山子石化公司全密度聚乙烯装置在国际上首次实现不同催化剂茂金属产品连续转产。

同日　独山子石化公司根据中石油集团公司安排部署，历时 4 天完成口罩熔喷布专用料研发工作。

8 日　区法院首次进行网上开庭，法官、人民陪审员、书记员与公诉人、被告人等通过智能法庭平台完成庭审各环节，确保疫情防控、案件审理工作两不误。

13 日　区财政局、工信局、经济发展中心联合召开独山子区银企对接会，搭建政府、银行、企业之间沟通交流平台，助力全区中小企业经济发展。

17 日　区检察院发布对生产、销售劣质柴油污染环境的张某刚、张某涛等人提起民事公益诉讼公告。这是市首次提起环境污染公益诉讼案，被自治区检察院列为典型案例。

18 日　国务院应对新冠肺炎疫情联防联控机制医疗物资保障组给独山子石化公司发来感谢信，对独山子石化公司克服重重困难，争分夺秒，夜以继日，出色完成抗疫物资紧急调拨任务，为疫情防控做出突出贡献表示感谢。

19 日　独山子区发放全市首批 3 笔个体工商户复工复产小额信用贷款。

同日　区自然资源分局向自治区第三次全国国土调查办公室提交新疆生产建设兵团第七师跨行政区域进行第三次全国国土调查，造成调查数据重复的举证材料，解决独山子区与兵团第七师界线重合问题。

同日　市委书记、人大常委会主任赵文泉一行到独山子独库大本营、妇幼保健医院、延安路、北京路改造等项目施工现场及南疆富余劳动力转移就业人员安置点开展调研工作。

19—26 日　独山子石化公司副书记麦麦提·伊力一行到新疆喀什地区泽普县调研，了解公司驻村“访惠聚”工作队 2019 年“惠民生”项目实施情况，2020 年拟实施项目准备情况及需要解决的困难。

20 日　区公共就业服务中心举办春季大型招聘会，参加企业 47 家，提供就业岗位 1034 个，网络点击量 5953 人次。

同日　自治区发改委经济研究院到独山子区调研“十四五”规划纲要编制工作。

23 日　中共独山子区第十届纪律检查委员会第五次全体会议召开。

28 日　新疆环境保护科学研究院一行 5 人到独山子区人民检察院鉴定评估生态环境损害案修复费用，明确诉讼请求具体数额。

31 日　区教育局根据教育部关于 2020 年全国高考延期一个月举行的公告，将高考时间定为 7 月 7—8 日。

## 4 月

1 日　独山子石化公司与新疆塔城地区沙湾工业园区管委会在独山子玛依塔柯宾馆举行战略合作协议签字仪式，双方就金沟河引水工程输水线路穿越沙湾工业园哈拉干德区事宜达成一致意见。

10 日　市委书记、人大常委会主任赵文泉一行到独山子石化公司调研疫情防控、生活生产等工作情况，到独山子区南疆富余劳动力转移就业人员安置点查看人员安置及生活补助发放情况。

11 日　独山子区开展 2020 年春季义务植树暨四月份主题公益日活动。

同日　独山子区以“拥抱春天，放飞梦想”为主题，在独山子大峡谷举办首届风筝比赛。

13 日　独山子区开通网上老年大学，设舞蹈、音乐、摄影、书画、美食、养生、运动、历史、旅行等 10 多门课程（视频教学），学员可通过手机在家学习。

13—15 日　自治区复学工作督导组一行到独山子区检查、指导复学工作。

14 日　独山子区迎接援鄂抗疫护士归家，拍摄制作《幸得有你，山河无恙，向独山子区支援武汉的白衣天使致敬》大型宣传片。

15 日　自治区人大常委会副主任王永明一行到独山子石化公司、独山子人民医院实地调研疫情防控工作。

20 日　区总工会成立法律服务站，建立工会法律顾问制度，聘请专业律师在舒特工贸有限公司、吉利化工集团、格林森建设工程有限公司试点开展全方位法律服务。

23 日　独山子区联合支付宝公司推出“春暖花开，大美油城”电子消费券，第一批投放 300 万元电子消费券，开启独山子五一消费嘉年华活动。

27 日　独山子区在东湖公园花卉基地举办第十届郁金香文化旅游节，首次实施免门票、预约、错峰、限流入园措施。

## 5 月

1 日　区医保局将城镇职工医药费审核报销业务下沉至 3 个街道办。

同日　区公共就业服务中心开展“百日千万网络”招聘专项行动，参加企业 36 家，提供就业岗位 360 个，网络点击量 1446 人次。

2 日　自治区人社厅、市人社局一行 3 人到独山子区调研指导疫情防控期间稳定劳动关系工作情况，指导企业做好疫情防控期间复工复产和维护职工合法权益、稳定劳动关系等工作。

3 日　区自然资源分局完成独山子区与奎屯市、乌苏市、沙湾县第三次全国国土调查数据接边。

6 日　独山子区闲置物品交易市场在武昌路市场开市，设置交易大棚 25 个，每日 20 点开始，22 点 30 分结束。

8 日　新疆喀什地区疏勒县派出 24 名中小学教师到独山子区学习 1 个月。

9 日　区卫健委在武昌路市场南门开展母亲节暨“幸福工程——救助贫困母亲行动”宣传活动，收到救助贫困母亲捐款 1.9 万多元。

9—15 日　独山子区选派 15 名中小学、幼儿园骨干教师到新疆喀什地区疏勒县开展为期 7 天送教活动。

10 日　天利高新股份有限公司在顺丁橡胶厂北侧施工现场举行 20 万吨/年 EVA 项目开工仪式。

12 日　独山子区首个退役军人红色教育基地在区退役军人事务局落成，并正式对外开放。

17 日　独山子区在市民广场以“文旅融合，美好生活”为主题，举行 2020 年中国旅游日新疆克拉玛依市独山子区分会场活动启动仪式。

同日　新疆天云石油化工有限公司与中国石油大学（华东）安全环保与节能技术中心在独山子区签订环保产业与研究战略合作协议，共同开展粉煤灰生产固井水泥项目研发推广工作。

20 日　独山子石化公司总经理任立新一行到新疆伊犁哈萨克自治州察布查尔锡伯自治县开展定点扶贫工作调研，实地调研红花产业园、塔兰奇食品厂和生态扶贫经济林，了解扶贫项目落实情况。

22 日　市检察院党组书记张辉一行到独山子区调研指导扫黑除恶工作。

25 日　市委书记、人大常委会主任赵文泉及区委书记张建彬一行调研独山子区疫情防控、复工复产等工作。

同日　自治区党委督查室一行到独山子区政务服务中心检查政务服务工作。

26 日　独山子人民医院核酸检测 PCR 实验室建成投入使用。

同日　中石油集团公司党组书记、董事长、总经理李凡荣一行到独山子石化公司调研，参观炼油和化工控制中心，了解公司生产经营、提质增效、风险管控等情况，并听取总经理汇报工作。

30 日　独山子石化公司与新疆喀什地区泽普县举行 7 乡 8 村小学运动场和食堂捐建交接仪式。

同日　独山子区 23 个退役军人服务中心（站）“一站一委”牌匾悬挂完成。

## 6 月

1 日　新疆消防总队及自治区第四督导组一行到独山子区天利实业集团公司等石油石化企业督导检查消防安全工作。

3 日　区科协在第二小学举办“挑战自我，超越梦想”庆六一科技竞赛活动。

3—5 日　独山子区与市广播电视台合作，开展“大美独库欢乐购”直播带货活动。3 位区委区政府领导在“来撒来撒”直播间为特色地产、旅游品牌代言。

6 日　阿拉山口市市委书记狄永江一行到独山子区调研旅游及地方经济发展等工作。

同日　独山子区依托“红色家园”小程序正式运行掌上党群服务中心。

9 日　独山子区“创艺空间”被命名为自治区华侨联合会“侨胞之家”及“中国侨联文化交流基地”，并正式挂牌。

同日　独山子区联合支付宝公司投放第二期价值300万元电子消费券。

11日　自治区地方志编纂委员会党组书记廖运建一行4人到独山子区督查调研依法治志情况和“两全目标”完成情况。

同日　独山子区各街道成立社会事务（统计）服务中心。

12日　独山子区举行独库公路博物馆开馆仪式，邀请全国46名独库公路筑路老兵参加开馆仪式及独库公路通车仪式。

同日　独山子区慈善协会设立“红色油城，英雄之路”公益基金，资助独库公路筑路老兵及烈士家属重返独库公路祭奠牺牲战友或亲人。

同日　区公共就业服务中心开展“百日千万网络”招聘行动——独山子区旅游住宿业网络专场招聘会，参加企业12家，提供就业岗位106个，网络点击量2169个。

同日　独山子区在玛依塔柯酒店举办2020年独库公路旅游资源推介暨自驾游行业高峰论坛，来自浙江、江苏、山东、上海、福建、安徽等省市30多家旅游企业及自治区内外新闻媒体120多人参加论坛。

13日　独山子区在独库公路零公里处举行2020“荒野之旅，独库有路”独库公路通车仪式。

同日　独山子区在独库大本营游客服务中心广场举办“荒野之旅，独库有路”——独库之夜大型文艺晚会，由国内知名主持人主持，独库公路旅游宣传推广大使黄征在晚会上首唱由本土音乐人创作的歌曲《牧云独库》，央视相关网媒全程直播晚会。

19日　独山子区协作扶贫考察交流组一行到新疆喀什地区疏勒县考察独山子区协作扶贫项目，考察交流3天。

20日　独山子区召开第七次全国人口普查领导小组会议。

23日　中共独山子区委党校（区行政学校）成立。

24日　独山子区为新疆喀什地区疏勒县捐赠14台冷链运输车，缓解疏勒县蔬菜销售运输难题。

28日　国家粮食和物资储备局新疆局书记戴文辉一行到独山子国家石油储备库调研。

29日　独山子石化公司总经理任立新到新疆伊犁州察布查尔县参加中石油集团公司定点帮扶视频调研会，向中石油集团公司董事长、总经理等领导汇报察布查尔县脱贫攻坚工作落实情况。

30日　自治区人大常委会副主任王永明，市委书记、人大常委会主任赵文泉一行到独山子调研天利高新EVA项目，参观独库大本营、独库博物馆。

## 7月

1日　著名歌手、独库公路旅游宣传推广大使黄征演唱的由克拉玛依本土音乐人创作的歌曲《牧云独库》MV在全国上线。

2日　独山子区红十字会成立，在区慈善协会机关（区慈善捐助中心）挂牌。

4日　独山子区在独库大本营游客服务中心广场举办曳步舞交流大赛，来自独山子区、奎屯市、乌苏市和沙湾县7支曳步舞团180名队员参加。

11日　独山子石化公司金沟河引水工程建成投用。

27日　独山子人民医院组建医护团队到乌鲁木齐支援新冠肺炎疫情防控工作。

## 8月

4日　市委书记、人大常委会主任赵文泉一行到独山子区集中医学观察点、独山子人民医院、第二社区居委会调研指导疫情防控工作。

14—17日　自治区人大常委会党组书记、主任肖开提·依明带领自治区督导组到独山子区调研检查疫情防控工作，并向自治区党委报送独山子区疫情防控工作专报。

26日　独山子区承办第七届新疆创新创业大赛（克拉玛依赛区）暨第五届克拉玛依创新创业大赛，全市76家企业参赛。

31日　自治区人大常委会党组书记、主任肖开提·依明带领自治区督导组一行到独山子区公安检查站、金盛超市、辉煌世纪SOHO综合楼建设工地、老掌柜餐厅等地检查指导疫情防控及复工复产工作。

## 9月

3—10日　区公共就业服务中心联合奎屯市公共就业服务中心在“金三角”（奎屯市、乌苏市、独山子区）招聘网上举办“金三角”地区“就业服务不打烊，网上招聘不停歇”网络招聘会暨2020年金秋网上招聘会，网络点击量2万多人次，用工单位收到求职简历4260多份，达成就业意向400多人。

9日　独山子区在第三中学大会厅举办第三十七个教师节座谈会。

11日　中石油集团公司决定将新疆塔里木油田分公司管理的塔里木石化分公司（不含编织袋厂）、乙烯工程建设项目部及化工业务管理相关人员整体划转独山子石化公司，塔里木石化分公司作为独山子石化公司二级特类单位管理。

14日　独山子石化公司与区政府签署退休人员社会化移交委托管理协议。

17日　区委史志办协助市委史志办开发利用科走访抗美援朝老兵周起均、莫定才、黄声才、李良山，收集抗美援朝口述史料及其他资料。

20日　区统计局举行中国统计开放日暨第七次全国人口普查宣传月启动仪式。

23日　市委书记、人大常委会主任赵文泉一行到独山子石化公司座谈石油石化生产发展、疫情防控等工作。

25—26日　上海市人社局劳动人事争议仲裁专家团一行7人到独山子区开展劳动人事争议仲裁调研和帮扶共建工作。

26日　自治区文化和旅游厅党组副书记、副厅长陈乃敏一行到独山子区独库大本营调研指导工作。

同日　独山子区承办的“心灵四季，美丽中国”全国自驾旅游培训班在玛依塔柯酒店开班，来自全国各地文化和旅游行政管理部门负责人及自驾游房车露营行业协会主要负责人150多人参加。

同日　独山子区在独库大本营游客服务中心举行“荒野之旅，独库有路”2020年自行车比赛。

27日　自治区工信厅党组成员、副厅长王文明一行到独山子区调研经济发展工作。

28日　自治区“七五”普法规划评估验收组对独山子区“七五”普法工作进行检查验收。

30日　独山子区在市民广场举办为期3天的泥火山电音节。

## 10月

3日　市委书记、人大常委会主任赵文泉一行到独山子区天利高新、天利实业集团、区卫健委（疾控中心）、创意空间等单位调研指导疫情防控工作。

13日　区政府党组（扩大）会议审议并原则同意《克拉玛依市天利恒华石化有限公司整体变更设立股份有限公司方案》《新疆天利石化股份有限公司（筹）国有股权管理方案》，同意继续委托独山子石化公司对新疆天利石化控股集团有限公司（原新疆独山子天利实业总公司）和新疆天云石油化工有限公司进行监管。

17日　独山子区邀请自治区宣讲团在文化中心举办第三次中央新疆工作座谈会精神宣讲报告会。

17—27日　独山子区开展2020年秋季义务植树造林活动，种植乔灌木7.42万株，参与1.4万多人。

18日　独山子区天源水务公司水厂主体建设完工，运行后将通过先进工艺设备解决全区水质较硬问题。

22日　区法院“法官工作室”实现各社区全覆盖。

25日　独山子石化公司与中国地方铁路协会在独山子玛依塔柯酒店召开工作座谈会。

同日　独山子区在生活垃圾填埋场举行生活、医废、餐厨、污泥“四废”协同处理项目开工奠基仪式。

26日　独山子区四套班子领导为抗美援朝老兵颁发中国人民志愿军抗美援朝出国作战70周年纪念章。全年颁发纪念章51枚。

27日　独山子区在小微企业创业孵化基地与四川德阳市高新区召开交流座谈会，并签订德阳市高新区—独山子区深化科技创新战略合作协议。

同日　独山子区新疆天云石油化工有限公司与石河子大学在独山子签订共同开发粉煤灰改良土壤相关技术科研合作意向协议。

28日　团区委举行区青年志愿者联盟和区青年创业联盟成立仪式，并召开区青年组织暨第一次会员代表大会。

31日　独山子区五分钟便利店在靓园小区举行开业仪式，15家五分钟便利店在各社区正式开业。全年在全区范围开设33家五分钟便利店，区财政补贴19.29万元。

## 11月

1日零时　独山子区第七次全国人口普查入户登

记工作正式开始，426 名普查员、普查指导员入户逐人逐项登记普查信息。

5 日　独山子区组织开展学习贯彻第三次中央新疆工作座谈会基层宣讲培训活动，邀请市委讲师团成员潘勇勇授课，各党（工）委分管领导、驻社区“访惠聚”工作队第一书记、便民服务站负责人、基层骨干宣讲员及草根宣讲员代表 60 多人参加培训。

8 日　区晟通热力公司集中供热封闭煤场建成投用，除尘、脱硫、脱硝均达标排放。

10 日　独山子石化公司新建 9 万吨/年聚苯乙烯 GPPS 单元扩能改造项目中交。

11 日　自治区发改委副主任李建山一行到独山子石化公司、国家原油储备基地调研。

13 日　独山子区首台征信查询机落户昆仑银行，填补独山子区个人信用报告自助查询服务空白。

18 日　独山子区在独库公路博物馆举行独库旅游创业园揭牌仪式。

同日　市委副书记、市长王刚一行到独山子区召开防震减灾现场会。

同日　自治区团委组织青年企业家考察团一行 27 人到独山子区进行经济考察，参观调研独山子石化公司、天利集团、小微企业孵化基地、独山子大峡谷、独库小镇自驾车营地及展览（博物）馆等地。

19 日　区公共就业服务中心开展首场线上招聘会抖音专场直播活动。

21 日　新疆喀什地区疏勒县县委副书记祁世军一行 6 人到独山子区开展协作扶贫考察交流活动。

同日　区政府党组成员、副区长戴震坤一行到新疆喀什地区疏勒县考察调研，并迎接自治区协作扶贫考核工作。

22 日　自治区药品监督管理局医疗器械监管处处长卡迪尔·吐尔洪一行 7 人到独山子区开展无菌和植入性医疗器械监管飞行检查。

同日　经十届区委常委会第二百八十三次会议研究，决定成立区文联，提名王继军为区文联主席、王惠颖为区文联副主席。

## 12 月

9 日　主管信访工作副市长阿合买提·巴拉提及市信访局副局长赵亮一行 3 人到独山子区开展大督查、大接访、大调研活动。

11 日　由市委史志办主持的《中国共产党独山子简史（1938—2012）》评审会在独山子区文化中心召开，各区史志专家参加，《中国共产党独山子简史（1938—2012）》顺利通过评审。

14 日　独山子区政务服务“好差评”系统在政务服务中心建成试运行。

21 日　市委书记、人大常委会主任赵文泉一行到独山子区检查文明城市创建整改工作开展情况，并召开座谈会。

22 日　独山子区温暖环卫工人“暖心饺”公益活动，收到 2642 家单位和个人捐款 17 万元。

同日　区总工会户外劳动者服务站正式挂牌启用。

24 日　市委常委、纪委书记、监委主任何震一行 5 人到独山子区纪委监委调研。

25 日　独山子区在玛依塔柯酒店举办 2020—2021 年独库公路冬春旅游资源交流会。来自自治区旅游协会、阿克苏地区、博州、巴州、塔城地区、阿勒泰地区、伊犁州、石河子市、昌吉州、克拉玛依市和周边县市区等地旅游主管部门、旅游协会、重点旅游景区负责人及 20 多家媒体参加交流会。

26 日　独山子区在天山滑雪场举办 2020 年冬季旅游启动仪式。

26—27 日　第八届中国旅游产业发展年会在吉林省长春市召开，独库公路通车节活动案例入选 2020 年度中国旅游影响力节庆活动案例。

30 日　独山子区独库公路博物馆、展览（博物）馆取得国家 AAA 级旅游景区等级资质。

同日　区总工会在新疆汇翔激光科技有限公司举行劳模和工匠人才创新工作室授牌仪式。

# 区情概览

## 基本地情

【地名由来】 独山子地名来源于境内西南部的独山，海拔1283.4米，东西走向呈“一”字形，西临奎屯河河谷，因其不与其他山体相连，独立于戈壁中而得名。维吾尔语和哈萨克语称独山子为“玛依塔克”和“玛依套”，“玛依”意为油，“塔克”“套”意为山，即油山之意。独山子曾有独山、黑山、一字岭、秃山子等多种称谓，后约定俗成，统称为独山子。

（黄银凤）

【地理位置】 独山子区位于北纬44°7′～44°23′，东经84°43′～85°6′，地处天山北麓、准噶尔盆地西南缘，南屏天山，西以奎屯河为界，南以巴音沟居民点南边山脉为界，东南以依什克塔乌西边和北边为界，西、西南和东南三面与乌苏市接壤，东与沙湾县相接，北以省道115线为界、与奎屯市毗邻。全区地势呈西南高、东北低走势。东距自治区首府乌鲁木齐市250千米，北距克拉玛依市中心城区150千米（中间被奎屯市间隔）。

（黄银凤）

【建置沿革】 1956年之前，独山子隶属乌苏县。1956年4月16日，成立独山子镇人民委员会，直辖于自治区人民委员会。1958年5月29日，克拉玛依市成立（地级市），独山子镇成为克拉玛依市的一个区。1984年9月28日，克拉玛依市改为不设区的县级市，独山子撤区设镇，隶属克拉玛依市。1990年1月8日，克拉玛依市恢复为地级市，独山子镇为其下辖县级区。

（黄银凤）

【行政区划】 1995年，成立北村办事处，管理北村居民、工商户及曙光新区居民点（1995年建）。1999年2月，成立金山路及西宁路街道办事处；金山路街道辖第一、第二、第三、第四、第五、第七、第八社区，西宁路街道辖第六、第九、第十、第十一社区。2002年12月，第十二社区居委会成立，隶属西宁路街道办事处。2005年2月，北村办事处更名为新北区办事处，成立新北区社区居委会，隶属新北区办事处。2006年3月，第十三、第十四社区居委会成立，隶属西宁路街道办事处。2007年，成立曙光新区社区居委会，隶属新北区办事处。2010年，新北区社区居委会更名为新北区流动人口管理办。2011年12月，新北区办事处更名为新北区街道办事处，新北区流动人口管理办更名为新北区社区居委会。2013年5月，第十五、第十六社区居委会批准成立，隶属西宁路街道办事处。2013年，因拆迁，第七社区居委会更名为第七社区流动人口管理办；2016年，第七社区流动人口管理办更名为第七社区居委会；2018年2月，因拆迁，撤销老第七社区居委会，成立新第七社区居委会，管理原第五社区居委会管理的龙湖佳苑小区，隶属金山路街道办事处。2018年2月，第十七、第十八社区居委会成立，隶属西宁路街道办事处。2018年6月，全区行政区域重新划分，将西宁路街道辖区第十五、第十六、第十七、第十八社区划至新北区街道；撤销曙光新区社区居委会，将原曙光新区社区居委会管辖范围划归新北区社区居委会。金山路街道辖第一、第二、第三、第四、第五、第七、第八社区，西宁路街道辖第六、第九、第十、第十一、第十二、第十三、第十四社区，新北区街道辖第十五、第十六、第十七、第十八、新北区社区。2019年2月，撤销新北区社区居委会，成立第十九社区居委

会，隶属新北区街道办事处；4月，将原第十六社区天润佳苑小区划至第十九社区。（黄银凤）

【石化工业机构沿革】 独山子石油开采始于1897年。1902年，乌苏县创办劝工场，在独山子油矿用土法采炼石油。1909年，新疆省政府用30万两纹银从俄国购买钻机、炼油釜，钻机安装在独山子油矿开掘油井，并打出新疆第一口工业化油井。1936年10月，新疆省政府与苏联政府合作在独山子油矿建立独山子炼油厂，隶属新疆省建设厅，独山子油矿成为当时与甘肃玉门油矿、陕西延长油矿齐名的三大油矿之一。1943年6月，新苏合营结束。1944年6月，独山子油矿由资源委员会甘肃油矿局接管。1944年8月15日，乌苏油矿筹备处在独山子成立；9月4日，国民政府经济部为乌苏油矿颁发国营矿区委托状，隶属于国民政府资源委员会甘肃油矿局。1950年3月27日，中国与苏联签订创办中苏石油股份公司的协定；9月30日，在乌鲁木齐成立中苏石油股份公司，总经理部设在独山子。1953年1月1日，中苏石油股份公司总经理部迁驻乌鲁木齐明园，在独山子设立独山子矿务局；独山子炼油厂仍隶属中苏石油股份公司，钻井处、油田处、机械修理总厂、运输处、住宅服务处、食品供给处、职工医院等隶属独山子矿务局。1954年12月31日，中苏石油股份公司合营撤销。1955年1月1日，燃料工业部新疆石油公司在乌鲁木齐市成立，独山子炼油厂隶属于新疆石油公司。1956年7月1日，新疆石油公司更名为新疆石油管理局，独山子矿务局隶属于新疆石油管理局，为县级建置，受自治区人民委员会直接领导。1961年6月27日，石油工业部撤销独山子矿务局，一切业务移交给独山子炼油厂，独山子炼油厂升格为处级单位，隶属于新疆石油管理局。1967年4月，独山子炼油厂实行军事管制，军管会在炼油厂成立军管生产指挥部。1970年3月，成立独山子矿区革命委员会，行使政府和企业双重职能，即"政企合一"。1979年4月5日，独山子矿区革命委员会撤销，炼油厂恢复厂长建制。1987年7月，独山子炼油厂升格为副局级，为新疆石油管理局下属单位，炼油厂部分机关科室和部分下属单位相应升格为副处级单位。1991年5月，独山子炼油厂党委行使独山子区党委职能。1995年11月21日，以独山子炼油厂和乙烯生产指挥部为基础，成立独山子石油化工总厂，为隶属新疆石油管理局的正局级单位。1999年10月21日，独山子石油化工总厂重组改制，主业部分成立独山子石化分公司，行政级别为正局级，隶属于中国石油天然气集团公司，党组织关系（含工会、共青团）隶属于独山子石化总厂党委；非主业部分继续留在独山子石化总厂，隶属关系、行政级别、机构规格和党组织关系（含工会、共青团）保持不变。1999年11月5日，独山子石化分公司隶属于中国石油天然气股份有限公司。2007年8月7日，独山子石化总厂与石化分公司重组整合为独山子石化分公司，行政级别为正局级，隶属于中国石油天然气股份有限公司。2015年11月30日，中国共产党中国石油天然气股份有限公司独山子分公司委员会与中国共产党克拉玛依市独山子区委员会分设。2020年9月11日，中石油集团公司将新疆塔里木石化分公司化工业务及相关人员整体划转由独山子石化公司管理。（黄银凤）

【气候】 独山子区属北温带大陆性干旱气候，四季分明，夏季炎热，冬季寒冷，春秋季较短，温度年、日变化大，逆温频率较高，冻土较深，降水较少，积雪期较长，空气干燥，蒸发量大，风力不大，风向多变。寒潮、山洪、雷电、浓雾、大雪等灾害天气偶发。四季中，冬夏两季漫长、温差大，春秋两季为过渡期，换季不明显。2020年，平均气温8.1℃，12月为最冷月，极端最低气温-24.7℃，冬季寒冷（≤-35℃）天数零天；6月为最热月，极端高温达到36.1℃，夏季炎热（≥35℃）天数6天；日照时数以8月最多，月合计300.5小时；日照时数以12月最少，月合计33.7小时。年降水量150.5毫米，蒸发量2013.5毫米；年大风天数为4天；年无霜期181天；年雷暴天数20天，主要集中在6—8月。（黄银凤）

【自然资源】 流经独山子区境内河流有小巴音沟河、乌兰布拉克河、奎屯河，流经辖区长度分别为12.64千米、23.7千米、31.2千米；有5个水源地，年法定用水指标10500万立方米。主要草场资源是天然牧草地，主要野生植物有荨麻、博乐绢蒿、叉毛蓬、木碱蓬、角果藜、锦鸡儿、羊茅、无叶假木贼等，主要野生动物有野兔、狐狸、旱獭、百灵鸟、布谷鸟、老鹰、喜鹊等，主要矿产资源有石油、天然气、建筑用砂和砖瓦用黏土。（黄银凤）

【旅游资源】 独山子区主要旅游资源分为自然资源和人文资源。自然资源主要有独山子大峡谷、泥火山、阿拉山温泉等，人文资源主要有新疆第一套蒸馏釜遗址、新疆第一口油井遗址、展览（博物）馆（国家AAA级旅游景区）、矿务局石油工人疗养院、文化中心（国家AAA级旅游景区）、体育中心、东湖公园、烴花苑、城市公园、独库公路博物馆（国家AAA级旅游景区）、冰峰自驾车露营地、独山子天鼎·容锦自驾车营地、独山子南部生态园等。（黄银凤）

【交通运输】 独山子地处交通要道，公路、铁路和油气管道贯通全区，是国家重要能源通道。西南面的独库公路博物馆是纵贯天山脊梁的景观大道独库公路（国道217线独山子至库车段）的起点，国道312线（省道115线）位于城区东面9千米处，乌奎高速公路、奎赛高等级公路和奎克高速公路与城区道路相连。兰新铁路西线、奎北铁路临区通过，并与独山子石化铁路专用线贯通。中国与哈萨克斯坦共和国、克—独、独—乌—鄯原油管道，独—乌—兰成品油管道及呼—独天然气管道、西气东输二线与三线汇集于此，并在此设中间管理站。（黄银凤）

【能源型城区】 独山子是一个以石化产业为主的工业城区，驻有中国石油天然气股份有限公司独山子石化分公司、中国石油西北化工销售独山子分公司、中国石油西部管道独山子输油气分公司、新疆寰球工程公司、中国石油润滑油公司新疆润滑油分公司、新疆天利石化控股集团有限公司、新疆天利高新石化股份有限公司等多家石化企业，是国家油气引进、加工、储备、输转的战略枢纽，是集炼油化工生产、原油储备和输转、炼化工程设计、建设与检维修于一体的中国西部重要石油化工基地。2020年，独山子区主要企业——中国石油天然气股份有限公司独山子石化分公司具备1000万吨/年原油加工、200万吨/年乙烯生产（新增塔里木石化分公司60万吨/年乙烷制乙烯）、80万吨/年尿素、45万千瓦时发电及500万立方米原油储备能力。（黄银凤）

## 经济社会发展

【经济与收入】 2020年，全区完成地区生产总值191.28亿元，按可比价格计算，同比增长4%；其中，第一产业增加值0.4亿元，增长3.6%；第二产业增加值157.15亿元，增长7.0%；第三产业增加值33.73亿元，下降5.3%；三次产业比例为0.21:82.16：17.63。城镇居民人均可支配收入4.54万元，同比增长2.6%。（张德莲）

【农林牧渔业】 2020年，全区农林牧渔业增加值5828万元，按可比价格计算，同比增长6.1%；其中，农林牧渔服务业增加值1844万元，同比增长8.8%。（张德莲）

【农业生产】 截至2020年末，全区牲畜禽出栏26199头（只），出栏率142.2%；其中，牛羊出栏率52.2%，肉类总产量2168.82吨；牲畜存栏24012头；惠民政策补贴349.136万元。（张德莲）

【工业生产】 2020年，全区规模以上工业企业实现工业增加值128.82亿元（现价，下同），按可比价计算，同比增长15.4%；工业产品销售率为99.2%；其中，规模以上地方工业企业实现工业增加值10.66亿元，增长10.0%，工业产品销售率为97%。

2020年独山子区规模以上工业主要原料及工业产品产量一览表

表1

| 原料及工业产品 | 产量（万吨） | 同比增长（%） |
|---|---|---|
| 原油加工量 | 709.29 | 15 |
| 汽油 | 92.56 | -6.6 |
| 煤油 | 22.7 | -35.6 |
| 柴油 | 244.12 | 18.9 |
| 液化石油气 | 12.45 | 4.7 |
| 乙烯 | 141 | 27.2 |
| 初级形态的塑料 | 209.9 | 29.1 |
| 合成橡胶 | 8.18 | 44.6 |
| 塑料制品 | 1.1 | -9.2 |
| 石油焦 | 30.1 | 26.5 |

全区规模以上工业企业实现主营业务收入415.92亿元，同比下降8.4%；实现利税总额107.19亿元，同比下降28.5%。（张德莲）

【固定资产投资】 2020年，全区社会固定资产总投资35.32亿元，同比增长45.8%。其中地方项目完成25.26亿元，同比增长136.2%；房地产开发投资完成0.65亿元，同比下降14.5%。（张德莲）

【国内贸易】 2020年，全区社会消费品零售总额14.94亿元，同比下降21.51%。按行业统计，批发和零售业零售额13.62亿元，同比下降20.42%；住宿和餐饮业零售额1.32亿元，同比下降31.26%。在限额以上企业商品零售额中，汽车类同比下降69.3%，粮油类同比下降1.1%，肉禽蛋类同比增长32.9%，日用品类同比增长15.4%，化妆品类同比下降8.4%，通信器材类同比下降52.1%。（张德莲）

【房地产业】 2020年，全区房地产开发投资0.65亿元，同比下降14.5%；房屋施工面积2.78万平方米，同比下降52.9%，其中新开工面积2.78万平方米，同比增长4.1%，无竣工房屋面积。商品房销售面积0.46万平方米，同比下降90.1%，均为住宅销售面积。全区建筑业企业完成产值13.55亿元，同比增加68.3%。（张德莲）

【邮电通信业】 22020年，全区邮政业务收入1020.7万元，订阅报纸265万份、杂志13.5万册，电信业务收入8650万元。固定电话用户14245户，移动电话用户103689户（4G移动电话用户63219户），互联网用户37250户。（张德莲）

【交通车辆】 2020年末，全区机动车辆车保有量27035辆，同比增长8.0%。其中：私家车保有量21638辆，同比增长14.8%；各类运营车辆3722辆（旅客运输车辆15辆、公交车74辆、客运出租车285辆、普货运输车2240辆、个体货运车115辆、危险品运输车辆993辆）。（张德莲）

【城市环境质量】 2020年，全区环境质量总体处于良好水平。按照《环境空气质量标准》（GB 3095—2012）评价标准，全区环境空气质量优良天数283天，占全年有效天数（332天）的85.2%，其中优级天数58天、良级天数225天、轻度污染天数28天、中度污染天数18天、重度污染天数3天，达到《环境空气质量标准》（GB 3095—2012）中的二级标准。饮用水水源地水质优良，符合饮用水水源水质要求，水质达标率100%；其中，一水源水质符合国家《地表水环境质量标准》（GB 3838—2002）中的Ⅲ类标准，水质状况良好；二水源、三水源水质符合国家《地下水质量标准》（GB/T 14848—1993）中的Ⅲ类标准，水质状况良好。城市声环境质量良好，城市区域环境噪声昼间监测点位34个，等效声级范围43.1～58.7分贝，达标率100%；城市区域环境噪声昼间等效声级为47.8分贝，达到《声环境质量标准》（GB 3096—2008）Ⅰ类昼间标准；交通干线两侧昼间噪声平均值为64.8dB（A），达到《声环境质量标准》（GB 3096—2008）Ⅳ类昼间标准。城市生活污水处理率96.10%，生活垃圾无害化处理率保持100%；城市集中供热面积549.26万平方米，同比增长0.03%；建成区绿化覆盖率45.16%。（张德莲）

【安全事故】 2020年，全区发生事故（含一般以上道路交通事故，不含火灾事故）17起，死亡5人，受伤13人，直接经济损失13.61万元，同比事故减少4起、死亡人数减少3人、受伤人数减少1人，直接经济损失减少90.92万元。17起事故中，安全生产事故1起，占事故总量的5.9%，直接经济损失9.98万元；生产经营性道路交通事故6起，占事故总量的35.3%，死亡2人，受伤6人，直接经济损失1.33万元。同比生产经营性事故减少1起、死亡人数持平、受伤人数增加3人、直接经济损失减少90.03万元。发生火灾事故28起，无人员伤亡，直接经济损失4.08万元，同比事故增加13起，经济损失减少17.61万元。未发生工矿商贸安全生产事故，未发生生产经营性火灾死亡事故，未发生农机安全事故。（张德莲）

【科学技术】 2020年，全区全社会科技投入2.5亿元，同比下降16.4%；全社会科技投入占地区生产总值的1.3%，同比下降27.3%；财政科技投入1984.32万元，同比上升2.6%，占财政决算支出的1.2%。出台创新驱动政策，全年配套资金60.8万元。获得科技助力经济2020重点专项1个、自治区区域协同创新专项1个、市级科技计划项目1个，全区科普投入10万元。区“十四五”科技创新发展规划编制初稿完成；全年服务企业30家，14家企业完成科技型中小企业申报并入库，4家企业完成高企首次认证申报，2家企业完成高企再次认证；深化沪克、川克科技合作，与德阳高新区签订《德阳市高新区—独山子区深化科技创新战略合作协议》。举办第七届新疆创新创业大赛（克拉玛依赛区）暨第五届克拉玛依创新创业大赛；开展各类讲座 36 场次，参加 4000 多人次；配备科普宣传播放终端 12 台。完成专利申请 23 件，专利授权 29 件（其中 2018—2019 年申请 6 件）。（张德莲）

【教育事业】 2020 年，全区有中学 3 所、小学 5 所、幼儿园 11 所（其中民办 2 所）。

2020 年独山子区教育机构教职工及学生情况统计表

表 2 单位：人

| 名称 | 在校学生 | 教职工 | 专任教师 |
|---|---|---|---|
| 中学 | 4452 | 534 | 450 |
| 小学 | 5489 | 477 | 441 |
| 幼儿园 | 3374 | 384 | 270 |
| 合计 | 13305 | 1395 | 1161 |

九年义务阶段中小学生入学率 100%，巩固率 100%，高中上线率 78.9%，高考重点一批次上线率 36%，本科上线率 76.3%。（张德莲）

【文化体育】 2020 年末，全区有文化体育场馆 20 个、文物保护单位 5 个、文化遗产 10 个（其中物质文化遗产 5 个、非物质文化遗产 5 个）。图书馆藏书 45.8 万册，接待读者 4.3 万人，借阅书刊 7413 册，办理阅览证 792 个。（张德莲）

【医疗卫生】 2020 年，独山子人民医院有正式在编人员 441 人，其中卫生技术人员 390 人、管理人员 51 人；拥有床位 530 个。全区有社区卫生服务中心 2 个、社区卫生服务站 6 个、疾病预防控制中心 1 个，年度补充免疫接种 7113 人。（张德莲）

【就业情况】 2020 年，全区通过各种途径开发各类用工岗位 3460 个（含招聘会岗位），其中公益性岗位 49 个，实现就业 1621 人（其中大中专毕业生就业 145 人），支出培训费 1039.66 万元，城镇登记失业率为 1.06%。（张德莲）

【财政金融】 2020 年，全区完成地方财政收入 10.98 亿元，同比下降 12.6%；地方财政支出 27.61 亿元，同比增长 52.3%；全区完成税收收入 89.23 亿元，同比下降 4.4%。年末人民币金融机构各项存款余额 91.09 亿元，较年初增长 14.5%；其中，企业存款 25.32 亿元，较年初增长 12.7%；居民储蓄存款 65.76 亿元，较年初增长 15.2%。年末人民币金融机构各项贷款余额 43.27 亿元，较年初下降 1.2%；其中，短期贷款 26.13 亿元，较年初增长 10.3%；中长期贷款 17.15 亿元，较年初下降 14.8%。全区财产保险保费收入 8387.86 万元，同比下降 7.7%；已决赔款 2253.87 万元，同比下降 27.5%；人寿保险保费收入 12629.36 万元，同比下降 11.3%；已决赔款 1232.78 万元，同比增长 29.6%；满期给付 1852.84 万元，同比增长 9.5%。（张德莲）

【社会保障】 2020 年，全区基本养老保险参保 49024 人；其中，机关事业单位养老保险参保 3532 人，职业年金参保 3532 人。城镇职工基本医疗保险参保 40840 人，失业保险参保 33682 人，工伤保险参保 34098 人，生育保险参保 40840 人。进城务工人员住院医疗保险参保 34208 人次，征缴社会保险基金 6.07 亿元。（张德莲）

## 《新疆的反恐、去极端化斗争与人权保障》白皮书摘要（之一）

### 前言

恐怖主义是人类社会的公敌，是国际社会共同打击的对象。恐怖势力通过暴力、破坏、恐吓等手段，肆意践踏人权、戕害无辜生命、危害公共安全、制造社会恐慌，严重威胁世界和平与安宁。极端主义思想的渗透与蔓延极易催生暴力恐怖行为，对人们享有各项人权直接构成威胁。中国政府反对一切形式的恐怖主义、极端主义，对任何宣扬恐怖主义、极端主义，组织策划实施恐怖活动，侵犯公民人权的行为，依法严厉打击。

# 中国共产党独山子区委员会

## 综　述

【深化改革】 2020年，独山子区全面深化改革领导小组深入学习全面深化改革内容，研究全面深化改革事项，明确各领域任务，层层落实责任。对高频事项和“多窗跑”事项优化业务流程、精简中小微企业复工复产审批手续，将多个部门的多个政务服务事项按照业务场景整合为“一件事”，逐步实现“一次办”。梳理常办政务服务事项向街道社区延伸，基本实现常办事项“就近办”。按照自愿原则，开通“政务服务+邮寄送达”服务，为出行不便及外地到独山子区办事群众带来便利。全年，召开全面深化改革领导小组会议2次、各专项小组会议8次，研究全面深化改革事项2次，明确八大领域57项任务，延伸街道社区“就近办”事项94项。（王虹林）

【决策督查】 2020年，中国共产党独山子区委员会办公室（档案局）（简称区委办）采取书面督查、电话督查、实地调研督查等措施，围绕区委主要领导批示意见、常委会纪要、全委会报告等重点内容，针对生态保护、旅游业发展、领导干部作风等热点问题，疫情防控、基层党建、“千人入千企”等工作中难点问题进行督查。全年，督查事项600多项，制发督查反馈32期。（吴宇哲）

【专项督办】 2020年，区委办针对市委交办的专项任务，采取书面督查、电话督查、实地督查等措施，进行专项督办。全年，查办市委交办专项任务10多次，上报督查反馈18期，制发督查专报3期。（吴宇哲）

【信息报送】 2020年，区委办围绕领导关注的重大突发性事件、紧急灾情疫情、重大交通事故、重要社会动态等重大紧急信息，迅速采编、报送及时，并针对采编信息跟踪调研，及时上报相关信息续报，及时、准确、全面收集和报送领导需要的信息。全年，收集各部门报送信息420篇，编写报送信息180多篇，向市委报送信息141篇。（全文华）

【点题约稿】 2020年，区委办围绕全区疫情防控、党建、宣传、教育、旅游、民生等方面特色亮点工作，向区政府办，区委组织部、宣传部，区教育局、文体旅游局、民政局、住建局等单位进行点题约稿，收集相关单位工作开展情况、取得的成效、先进经验等信息，详细采编后报送区领导。全年，点题约稿信息19篇。（全文华）

【文书办理】 2020年，区委办严格遵循“即收即办、急事急办、特事特办”原则，确保各类文件收发、办理快速、安全、准确。坚持精雕细刻、字斟句酌，细致做好文稿起草工作。全年，接收办理各级各类文件832件次，发文247份，清退上级文件748件，刻制启用印章1枚、作废印章1枚；起草重要讲话文稿20多篇，累计超过12万字。（杨惠文）

【建议与提案办理】 2020年，区委办将接办的区人大代表建议、意见，区政协委员提案认真梳理，分门别类交给各相关部门，要求承办部门指定领导分管，由专人具体负责，切实做好建议、意见及提案研究、落实和答复工作，并进行专项督查。全年，督办人大代表建议、意见1件、政协委员提案12件，答复率和满意率均为100%。（胡明毅）

【专用通信】 2020年，区委专用通信局按规定做好全区视频会议视频系统、音频系统、核心设备、会议链路等维护和检测工作，严格管理区级和街道党政视频会议系统及网络。全年，保障中央、自治区、市级党政视频会议500多场次，保障重要领导应急通信4次，未发生保障事故和泄密事件。 （姜子进）

【基层减负】 2020年，区委办对全区各单位发文及会议情况进行摸底排查，梳理各类督查、检查、考核内容，压缩督查、检查、考核数量和频次，对微信、QQ工作群及政务App进行专项清理，为基层减负。全年，清理涉及单位（部门）54个，筛查、清理、整合、撤销微信工作群、QQ工作群及政务App20个，保留14个；梳理督查、检查、考核项6项，精简发文及会议3%。 （吴宇哲）

【队伍建设】 2020年，区委办通过内培外训，营造大学习、大培训氛围，全面提升全区机关办公室工作人员思想素质及业务能力。对内坚持每周一次集中学习，通过全员讲课、授课、评课方式，不断提升业务水平；利用“师带徒”形式，做好“传帮带”工作，提升办公室新进工作人员业务能力；运用“学习强国”学习平台、法宣在线、红色家园等网络学习平台载体，督促全体工作人员加强自主学习。对外通过视频会议，对全区机关工作人员开展文书、秘书、信息、督查、保密等业务培训。全年，开展讲课、授课、评课活动10多次，举办全区机关工作人员业务培训班10多期，受众500多人次。 （吴宇哲）

【保密宣传教育】 2020年，中国共产党独山子区委员会机要保密局（区保密局、密码管理局）（简称区委机要保密局）通过LED电子显示屏播放、展板展示、发放宣传资料、悬挂宣传横幅、举办知识答题、微信公众号发布等方式，开展《中华人民共和国保密法》《中华人民共和国密码法》宣传教育活动。全年，开展大型宣传教育活动3次，制作悬挂宣传横幅4条，展出展板4块，电子显示屏播放宣传标语1100多次，发放《中华人民共和国密码法》《中华人民共和国保密法》宣传资料800多份；举办密码法知识答题活动1次， 660多人参加；微信发布宣传短视频400多次，上报宣传信息77篇。 （董岚）

【保密监督检查】 2020年，区委机要保密局抽调人员组成保密检查专班，通过现场指导、查阅台账、技术检查等方式，采取定期普查与每周抽查相结合的措施，对全区机关企事业单位进行检查，对全区打字复印店及废品收购点进行专项检查指导，对区疫情防控指挥部各专项组进行疫情涉密信息专项检查；发现不规范问题，现场下发保密检查整改通知单，督促开展整改工作。全年，开展全覆盖检查2次、专项检查3次，发现不规范问题500多项，整改率100%。

（董岚）

【保密队伍建设】 2020年，区委机要保密局完善工作流程，细化工作制度，召开区委保密委员会会议，安排部署保密工作。开展业务工作“大学习，大讨论”活动，集中观看警示教育片，开展学习和交流研讨活动，每月进行岗位大练兵，派员参加各类、各级别业务培训，对各单位保密员进行集中业务培训，对全区3个街道19个社区进行“一对一”保密业务培训，全方位提高保密员业务能力，加强涉密岗位及涉密计算机网络保密管理，从源头上堵塞泄密漏洞。全年，完善工作流程4项，细化工作制度12项，召开会议2次，举办学习和交流研讨活动8次，集中观看警示教育片1次，开展先进典型教育活动2次，撰写学习心得56篇；开展岗位练兵活动24次，查找问题13项，整改率100%；派员参加业务培训17人次；为全区90多家单位举办保密业务培训5期，300多人次参加。 （董岚）

## 重要会议

【概况】 2020年，中国共产党独山子区委员会（简称区委）通过召开全委会会议、常委会会议、书记办公会议等安排部署党委各项工作，研究讨论干部任免、干部违纪处理、各项事业发展规划及其他重大事项。全年，召开全委会会议3次、常委会会议78次、书记办公会议65次，任免干部131人次。

（文小伟）

【全委会会议】 2020年，区委召开全委会3次。

3月23日，区委在文化中心召开第十届委员会第七次全体（扩大）会议。会议动员全区上下克服新冠肺炎疫情影响，确保高质量完成全年经济社会发展目标任务。区委书记代表区委常委会提出：一要抓紧推进复工复产，加强重大项目建设；全力支持小微企业健康发展，强化金融、社保、税收等方面的保障；大力推进招商引资工作，全力推进文化旅游产业发展和各项民生工作。二要凝心聚力打赢脱贫攻坚战。三要警钟长鸣、警惕常在，坚定不移维护社会大局稳定。四要加强领导、压实责任，坚决确保各项工作落到实处。

2020 年 3 月 23 日，中共独山子区委十届七次全体（扩大）会议在文化中心召开　（赵佳丽　摄）

10 月 20 日，区委在文化中心召开第十届委员会会议。会议传达学习第三次中央新疆工作座谈会精神及自治区党委九届十次全会精神，听取讨论区委常委会工作报告，审议通过《中共独山子区第十届委员会第八次全体会议关于深入学习宣传贯彻第三次中央新疆工作座谈会精神奋力开创新时代独山子工作新局面的决议》。

12 月 25 日，区委在文化中心召开第十届委员会第九次全体（扩大）会议，会议学习党的十九届五中全会精神及自治区党委九届十一次全会精神、市委十一届十一次全会精神。区委书记张建彬就《中共独山子区委员会关于制定国民经济和社会发展第十四个五年规划和二〇三五年远景目标的建议（讨论稿）》向全会作说明，并讲话。审议通过《中共独山子区委员会关于制定独山子国民经济和社会发展第十四个五年规划和二〇三五年远景目标的建议》《中共独山子区第十届委员会第九次全体会议决议（草案）》。

（文小伟）

**【常委会会议】** 2020 年，区委常委会召开会议 78 次。

1 月 25 日，十届区委第二百一十七次常委会（扩大）会议召开。会议传达学习 1 月 20 日习近平总书记对防治新冠肺炎作出的重要指示精神及 1 月 21 日、23 日自治区党委常委（扩大）会议精神及市委关于防治新冠肺炎工作要求，安排部署疫情防控重点工作。

2 月 5 日，十届区委第二百二十八次常委会（扩大）会议召开。会议传达学习习近平总书记 2 月 3 日在中共中央政治局常务委员会上的重要讲话精神，传达《关于贯彻习近平总书记重要指示精神坚决整治疫情防控工作中的形式主义、官僚主义突出问题的通知》《关于印发〈克拉玛依市强化兵地联防联控联治工作方案〉的通知》《关于印发〈克拉玛依市新型冠状病毒感染的肺炎疫情防控物资采购和使用管理办法（试行）〉的通知》，审议通过《关于第十五社区在疫情防控工作中落实小区封闭措施不力问题的调查情况及处理意见报告》，听取区新冠肺炎疫情防控指挥部各小组工作开展情况及各联点社区生活物资配送情况汇报，安排部署疫情防控重点工作。

3 月 20 日，十届区委第二百四十三次常委会（扩大）会议召开。会议传达学习习近平总书记 3 月 18 日在中共中央政治局常委会议上的重要讲话精神及 3 月 20 日自治区党委常委（扩大）会议精神，传达学习《自治区党委办公厅印发〈关于贯彻落实鼓励引导人才向艰苦边远地区和基层一线流动意见的实施方案〉》《克拉玛依市基本医疗保险异地就医管理办法（试行）》等文件，听取新疆区内初中班 2020 年春季复学准备情况、2020 年南疆有组织转移就业工作准备情况和养殖基地存在问题及解决建议情况汇报，审议《区纪委十届五次全会工作报告》《独山子区开展“不作为、慢作为、乱作为”专项整治工作实施方案》《2020 年固定资产投资任务分解方案》《2020 年招商引资任务分解方案》《独山子区城市基层党建“1+3+N”制度方案》《独山子区南疆转移就业安置工作管理办法》《独山子区贯彻落实关于全面深化新时代教师队伍建设改革的工作措施》及疫情防控期间产生费用、独库大本营游客服务中心商业用房回购事宜，安排部署党建、防疫、经济发展、城市管理等重点工作。

4 月 3 日，十届区委第二百四十四次常委会（扩大）会议召开。会议审议《中国共产党独山子区简史》篇目大纲、《独山子区第十七届百日广场暨社区文艺展演文化活动实施方案》《独山子区 2020 年度社会公益日活动实施方案》、独山子区 2019 年度“民族团结一家亲”和民族团结联谊活动先进集体、先进个人和先进对子名单、《2020—2022 年环卫保洁、绿化维护招标、南部生态园招商方案》《2020 年招商引资工作方案》。

5月31日，十届区委第二百五十五次常委会（扩大）会议召开。会议传达学习习近平总书记在全国两会期间一系列重要讲话精神和在中央政治局第二次集体学习时的重要讲话精神，学习全国两会《政府工作报告》，解读学习《中华人民共和国民法典》（草案）主要精神，安排部署新冠肺炎疫情防控、经济发展、民生实事等重点工作。

7月3日，十届区委第二百五十九次常委会（扩大）会议召开。会议传达学习《习近平在中央政治局第二十次集体学习时的重要讲话精神》《自治区党委办公厅印发关于贯彻落实〈党委（党组）落实全面从严治党主体责任规定〉的具体措施的通知》《自治区党委办公厅印发〈关于持续解决困扰基层的形式主义问题为决胜全面建成小康社会提供坚强作风保证的实施方案〉的通知》《自治区党委、自治区人民政府印发〈新疆教育现代化2035〉的通知》《自治区党委办公厅、自治区人民政府办公厅转发〈自治区党委审计委员会办公室、自治区审计厅关于2018年至2019年自治区党政主要领导和国有企事业单位主要领导人员经济责任审计结果通报〉的通知》《自治区党委办公厅关于印发〈自治区第二十二个党风廉政教育月活动的安排意见〉的通知》，听取2016年自治区党委巡视反馈问题整改情况和自治区党委巡视迎检各专项组工作进展情况汇报，审议《独山子区红白理事会工作实施细则》。

8月1日，十届区委第二百六十六次常委会（扩大）会议召开。会议传达学习7月31日国务院联防联控机制严防聚集性疫情做好秋冬季防控工作电视电话会议精神、自治区党委常委（扩大）会议精神，听取区新冠肺炎疫情防控指挥部各小组工作开展情况汇报，安排部署疫情防控重点工作。

9月7日，十届区委第二百六十九次常委会会议召开。会议传达习近平总书记在中央政治局第二十一次集体学习时讲话精神和自治区纪委《关于对100件基层损害群众利益问题典型案件专题分析报告》，审议《独山子区妇幼保健院设置方案》《关于调整独山子区社区卫生服务管理中心隶属关系的方案》《关于2020年教师节慰问经费和奖励的请示》，安排部署迎接中央扫黑除恶特派督导组相关工作及疫情防控、巡视迎检、经济发展等重点工作。

10月15日，十届区委第二百七十八次常委会会议召开。会议传达学习习近平总书记在深圳经济特区建立40周年庆祝大会上讲话精神、习近平总书记在中央党校（国家行政学院）中青年干部培训班开班仪式上重要讲话精神、自治区党委九届十次全会精神、陈全国在庆祝新疆维吾尔自治区成立65周年座谈会上讲话、《自治区巡办关于转发〈中央巡视工作领导小组关于印发赵乐际和杨晓渡同志在十九届中央第六轮巡视工作动员会上讲话的通知〉的通知》等文件，听取区委组织部选人用人专题汇报和项目化抓党建落实情况汇报，审议《中共独山子区委员会关于进一步推进新时代人大工作的落实方案》《中共独山子区委员会关于进一步推进新时代政协工作的落实方案》，审议通过《关于付民全、再比布拉·艾再孜处理建议的请示》。

12月3日，十届区委第二百八十六次常委会会议召开。会议专题研究部署区委巡察工作，再次传达学习《王鸿津在巡视指导督导专题培训会上的讲话提纲》，传达学习《自治区党委巡视工作领导小组办公室关于学习贯彻巡视监督与纪检监察监督、组织监督贯通融合座谈会精神的通知》，审议《关于调整区委巡察工作领导小组及职责分工的通知》《关于自治区巡察工作专项检查反馈问题的整改方案》，安排部署巡察重点工作。 （文小伟）

## 领导调研

【概况】2020年，区委领导开展独库博物馆建设、辖区道路改造、老旧小区改造等建设项目及基层党组织建设、疫情防控、文明城市整改攻坚、绿化养护等工作调研，解决居民关注的重、热点问题。全年，主要领导调研走访870多次，解决问题246项。（金文华）

【辖区道路改造调研】 2020年5—6月，区委书记张建彬实地走访北京路、南京路改扩建项目施工现场，通过召集现场工作会、安排专题会议研讨等方式推进项目进展。南京路、北京路2条城区主干道由原有双向四车道扩建为双向六车道，沿线照明设施全部更换为LED路灯，不仅有效缓解本地居民交通出行压力，也为后期外地游客到独山子游玩提供方便。 （金文华）

【疫情防控生活物资供应保障调研】 2020年7—8月，区委副书记、政法委书记刘广智11次实地走访调研全区生活物资供应点，了解全区因新冠肺炎疫情封闭管理期间物资供应保障存在的困难。带队到乌苏、奎屯、新疆生产建设兵团第七师考察调研，安排工信、公安、市场监管等部门与当地加强对接，解决人员车辆信息互推、通行证互认等难题，拓宽生活物资供应渠道，保障封闭管理期间群众日常生活需求。

（全文华）

【社区党建工作调研】 2020年，区委常委、区委组织部部长马军担任第十九社区居委会联点领导，发现第十九社区党组织存在工作能力较弱、对社区党组织重要性认识不足等问题，通过与新北区街道党工委班子座谈、入户走访社区居民收集社情民意、面对面与社区居委会成员谈话等方式，开展调研活动。针对存在的问题，提出加强社区党委班子建设、完善基层干部培训机制、健全后备干部培养机制等意见、建议。协助新北区街道党工委对第十九社区居委会“两委”班子进行调整，面对面指导第十九社区党委规范开展“三会一课”、主题党日等活动，定期到社区讲党课、开展第三次中央新疆工作座谈会及党的十九届五中全会主题宣讲。全年，走访调研社区64次，提出意见、建议91条，开展主题宣讲活动5次。（全文华）

## 组织建设

【概况】 2020年，中国共产党独山子区委员会组织部（公务员局、非公有制经济组织和社会组织工作委员会）（简称区委组织部）指导全区基层党组织开展党员管理、教育和发展工作，对基层党组织工作进行调研，提出意见、建议，制定加强全区党的组织建设措施，进行宏观指导、督促、检查。建立健全党群服务体系，以城市基层党建项目化管理推进市域社会治理现代化工作，深化“两新”组织工作机制。截至年底，区委设基层党委37个、党组性质党委4个、党工委7个、党总支18个、党支部238个，有中共党员5599人。全年，发展党员186人，建立社区网格党组织146个，建成社区便民服务用房33个，立项城市基层党建项目11个，构建实体党群服务中心、站、点33个，受理群众有效举报、建议、诉求2683件，建立“两新”组织党建示范点3个。（刘清瑞）

【机构改革】 2020年5月，因机构改革，区委组织部接收区人力资源和社会保障局移交的人事档案工作。6月23日，区党员干部现代化远程教育管理中心（区委组织部电化教育中心）更名为区党员教育中心（区党员干部远程教育中心），增加事业编制2名；设立区城市基层党建指导中心，为区委组织部管理事业单位，规格相当副科级，公益一类，设事业编制5名，其中科级领导职数1个，经费实行全额预算管理；设立区党群服务中心，为区委组织部管理事业单位，规格相当副科级，公益一类，设事业编制5个，其中科级领导职数1个，经费实行全额预算管理。

（刘清瑞）

【党建引领】 2020年，区委组织部坚持落实自治区党委关于建立全面从严治党“七个一”〔党委每年至少召开1次全体会议、党委常委会每年至少向全体会议报告1次党建工作、党委（党组）每年至少向上一级党组织报告1次抓党建工作情况、党委常委会（党组）每半年至少专题研究1次党建工作、党建工作领导小组每季度召开1次党建工作例会、党建工作领导小组办公室每月召开1次党建工作协调推进会、每年组织开展1次党建工作述职评议考核〕工作机制，将市域社会治理工作与城市基层党建有机结合，延伸区、街道、社区指挥调度体系及工作运转机制，以城市基层党建项目化管理推进市域社会治理现代化工作，探索建立“社区—网格—楼栋—单元—户—人”协同共治工作机制，以居民“自治”为切入点，以网格党组织为载体，以网格党组织和大党委成员单位、辖区党员之间的双向任务清单为抓手，细化、量化城市基层党建、市域社会治理各项任务指标，调动大党委成员单位、辖区企业商户、居民党员、平安志愿者等多种社会力量参与基层社会治理，形成城市基层党建“一街一特、一社一品”特色。在“红色家园”微信小程序中建立“一网通办”模块，让居民实实在在享受到治理能力现代化带来的便利。把党和政府各项工作举措、惠民利民措施真正落实到每位居民，消除社区层面向下延伸的管理空白和模糊地带，提升基层社会治理能力和治理水平。通过摸排，建立其他省区市新疆籍流动党员、退役军人党员工作台账，接转国有企业退休职工党员组织关系，建立差异化服务管理机制。全年，修订完善工作规则的党（工）委及党组有38个，编制7大领域党支部建设标准规范，从支部设置、队伍建设、制度执行等5个方面提出规范要求36项，党（工）委及党组书记联点党支部49个；印发党建工作相关文件12个；建立其他省区市新疆籍流动党员台账23人、退役军人党员台账196人，

接转国有企业退休职工党员2300多人；慰问生活困难党员、因公殉职党员家属、老党员、老干部104人。（丁义杰）

【党员发展】 2020年，区委组织部严格按照党员发展程序，开展发展对象培训教育工作，坚持“成熟一个发展一个”原则，重点在抗击新冠肺炎疫情的社区、学校、公安、医院、“两新”组织等基层一线人员中发展党员，并不断优化党员年龄、知识和群体分布结构。全年，举办发展对象培训班3期，发展党员186人（其中“两新”组织发展11人，抗疫一线发展26人），培养入党积极分子360人，595人递交入党申请书。（丁义杰）

【基层党建】 2020年，区城市基层党建指导中心深化街道内设机构和赋权增能改革，坚持项目化推进基层党组织建设，选派机关干部担任社区书记、兼任社区副书记，通过“书记抓、抓书记”，建立党建、综治、城管“三网合一”社区网格党组织，指导“三有”企业和有党员的企业成立党组织，形成党组织领导下的社区居委会、业主委员会、物业服务企业、大党委成员单位、社会组织“五方联动”工作格局。利用“红色家园”小程序和智慧党建App，鼓励党员参加社区各类志愿活动，开通党员服务积分兑换功能；整合社区资源，修建社区便民服务用房，提升党组织服务能力；通过各种途径收集解决群众困难诉求，实现志愿服务和商圈经济发展双促进，推进社区标准化建设。全年，选派机关干部担任社区书记6人、兼任社区副书记21人，每个社区调拨工作经费32万元；建立社区网格党组织146个，投入2250万元建成社区便民服务用房33个，“红色家园”小程序及智慧党建App日均活跃用户高达3万多人；新冠肺炎疫情防控期间实现6小时内完成信息登记工作8.1万人，线上动员党员干部服务基层一线2000多人，配送生活物资31.5万户次，收集解决困难诉求5300多件；业委会党员人数超50%，物业服务投诉同比下降30%；64家“三有”企业和有党员的企业党组织覆盖率100%。（刘彬）

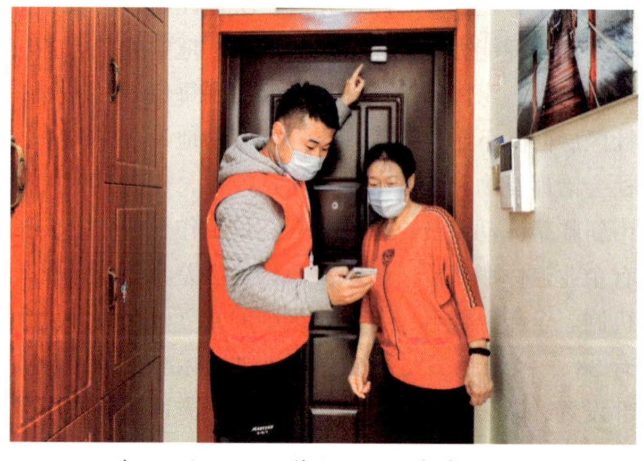

2020年10月20日，第十八社区党委为独居老人安装智能闪光门铃，解决其听力下降听不到敲门声困难（张延钊　摄）

【党建项目化管理】 2020年，区城市基层党建指导中心将项目管理手段和方法引入基层党建工作，引导基层党组织以基层党建工作项目化为抓手，抓好基本队伍、基本阵地、基本制度、基本活动、基本保障建设，形成基层党建工作长效管理机制。各基层党组织聚焦影响城市基层党建推进中存在的网格化管理作用发挥不明显、部分居民与物业矛盾突出等问题，结合自身特点，确定党建引领社区网格化治理、强化党建引领提升物业服务质量、信息化提升街道社区服务管理效能等党建项目，区委书记与市级项目承办单位签订责任书，组建专班，通过召开城市基层党建项目发布会、推进会、研讨会、实地调研、试点先行等方式，从项目计划和立项、组织和实施、评审和验收等方面进行全过程管控。各单位结合自身业务实际，动脑筋、想办法，加强与街道社区党组织联动，开展使各种活动落地落实的党建项目。全年，召开城市基层党建项目发布会1次、推进会28次、研讨会15次，立项城市基层党建项目11个，验收合格率100%。（刘彬）

【党群服务体系建设】 2020年，区党群服务中心在“建、管、用”三个关键环节上下功夫，建立健全党群服务体系，探索“线上+线下”党群服务新路径。通过实体党群服务中心、站、点和掌上党群服务中心（“红色家园”小程序）提供信息服务平台，为广大党员群众打造“家门口”党建，进一步提高党群服务承载能力。每月制订特色主题党日菜单，推出“初心有约，共话成长”系列活动，通过“四微”（微党课、微故事、微朗读、微分享）学用集中展示活动，为基层党组织书记搭建集中学习、经验交流平台。以城市基层党建指挥调度平台为“大脑中枢”，收集整合住建、民政、公安、司法、律师事务所等单位数据信息，社区工作者通过“红色家园”小程序动态接收指令，摸排统计数据，组织项目活动，解决群众诉求；居民通过“红色家园”小程序获取各类信息，预约相关服务，参与社区各项事务。全年，构建实体党群服务中心、站、点33个，掌上党群服务中心（“红色家园”小程序）1个，访问用户5.1万人次，入驻商户70多家，发出积分105973分，消费兑换积分20130分，带动居民消费2万多元；通过线上、线下开展各类党群活动1300多场，参与2.1万人次；其中主题党日活动104场，参与2600多人次；受理群众有效举报、建议、诉求2683件，办结率97%。（张胜超）

**【“两新”组织党建】** 2020年4月29日，中共独山子区委非公有制经济组织和社会组织工作委员会成立，在区委组织部挂牌。推行区—街道—社区三级联建机制，通过领导干部联点帮扶、机关单位联点帮建、党建指导员联点帮带，深化“两新”组织（新经济组织、新社会组织）工作机制。对全区非公有制企业、社会组织、个体工商户进行摸排，制订项目化推进“两新”组织党建示范点建设工作实施方案，坚持“龙头”示范带动作用，建立示范点。每月下发党建工作指导员通报，对履职不力的党建工作指导员进行调处，不断提升党建指导工作质量。全年，摸排非公有制企业396家、社会组织35家、个体工商户3818家，建立示范点3个，指导工作20多次，解决示范点建设问题10多项；调整履职不力党建指导员10人，发展“两新”组织党员11人，组建非公有制企业党支部7个、社会组织党支部10个，“三有”（有党建工作指导员、有发展党员计划、有开展党团和工会活动的工作安排）企业党组织和社会组织组建率达100%。（聂青林）

**【党员远程教育】** 2020年，区党员教育中心（区党员干部远程教育中心）依托“智慧社区”平台功能，通过整合力量、统筹资源等方式，加大党员培训力度，在服务群众具体化、差异化、精准化上下功夫，着力打通服务群众“最后一公里”。新冠肺炎疫情防控期间，加强疫情防控知识及先进人物事迹宣传。全年，管理社区远程教育站点19个，参加学习培训党员8100多人次；拍摄优秀党员、优秀党务工作者等宣传教育片2部。（张战伟）

**【宣传报道】** 2020年，区委组织部完善信息工作制度，明确分管领导及责任人，下发信息上报工作通知，畅通信息上报渠道。以定向约稿、专题调研等方式，及时掌握信息动态，挖掘、梳理各领域信息素材，准确捕捉信息点，形成好的经验信息对外宣传。建立信息采用奖励制度，定期开展信息写作专题培训，积极参与区外学习培训，不断提升工作人员写作能力。全年，撰稿149篇，采用70篇，其中国家级媒体采用2篇、自治区级媒体采用14篇、其他媒体采用54篇，奖励采用信息2万元，选派到自治区跟班学习1人，举办信息写作专题培训10多次，200多人次参加。（刘清瑞）

**【“四微”学用活动】** 2020年，区委组织部以深入学习贯彻党的十九届五中全会精神、第三次中央新疆工作座谈会精神及习近平总书记系列重要讲话精神为主要内容，开展“四微”学用活动。通过书记带头、党员跟进等方式，结合“三会一课”、主题党日等活动，利用廉政教育基地、民族团结教育示范点、爱国主义教育基地，将微党课、微故事、微朗读、微分享与讲解词、参观路线、参观流程深度融合，增强党性教育的吸引力和感染力，推进“党课开讲啦!”“学习身边榜样”等活动。组织各单位观摩学习，将“四微”学用优秀案例集中展示活动制作成微视频，通过“红色小油泡”、党员教育智能管理平台、独山子零距离、街面大屏、LED电子显示屏等连续展播，对“四微”学用集中展示活动优秀案例进行线上评选，打造“四微”学用活动示范观摩点。成功承办市第二期“党旗映天山”开放式主题党日暨“四微”学用集中展示活动。全年，制作“四微”学用集中展示活动微视频16部，开展“四微”学用活动170多场，党员6000多人次参与。（刘彬）

**【20万字写“初心”】** 2020年，86岁的王树璞老人仍然坚持在离退站及社区以学习习近平抗击疫情重要讲话及关于新疆工作重要指示等内容为主题讲微党

2020年7月9日，王树璞老人在独山子石化公司离退处第四退管站上微党课（王秀梅　摄）

课。老人从2013年开始在离退站及社区讲微党课，7年间讲课80多次。王树璞老人1957年在部队入党，转业后来到独山子工作。1993年退休后，每天坚持读书学习，经常参加社区和退管站的文化活动，给社区居民讲述独山子建设发展史，结合个人成长经历和学习体会，给党员上党课，与大家共同分享学习心得。每一次党的重要会议，党做出的重大决策，他都手抄下来，认真学习，外出走亲戚、旅游时都不忘随身带着书籍和笔记本，他说一笔一画抄写过程，也是用心学习过程。20多年来，他抄写学习笔记35本，用20万字心得写下他的“初心”。（刘清瑞）

## 干部队伍建设

【概况】 2020年，区委组织部依程序对管理权限内干部进行考察、培养、考核，对选拔任用干部工作程序进行监督检查。全年，考察、培养科级干部51人，审计领导干部经济责任4人，完成职级晋升114人次，培训干部650多人。（刘清瑞）

【干部选任】 2020年，区委组织部以选人用人专项巡视为契机，全面开展自检自查，以规范干部选拔任用程序为抓手，细化干部选任工作流程。在考察期间征求单位及单位党组织意见，对考察对象德才表现、廉洁情况进行初步鉴定，防止干部“带病提拔”。健全完善干部选拔任用全程纪实制度，从动议、推荐、考察、任用环节，逐一对照梳理干部选任实录制材料清单，推动干部选拔任用工作制度化、规范化、科学化。树立面向基层用人导向，“一人一档”建立优秀年轻干部数据库，记录实际表现和具体事例，作为识别评价、提拔使用的参考依据。着重从维护稳定、“访惠聚”驻村、疫情防控等一线发现识别、选拔政治素质过硬、作风优良、业绩突出的好干部。全年，考察、培养科级干部51人，其中考察、培养街道、社区、“访惠聚”驻村工作等基层一线人员31人，占比60.78%；考察、培养公安、政法等一线人员5人，占比9.8%；考察、培养女性干部16人，占比31.37%；考察、培养非中共党员干部4人，占比7.84%；党委“火线提拔”科级干部5人。（王成）

【干部监督】 2020年，区委组织部建立完善干部任前审核制度和党组织鉴定评价制度，严格落实廉政鉴定意见“双签字”制度，与区纪委监委保持无缝对接，推进“庸懒散浮拖假”专项整治，对患得患失、消极避事、作风漂浮的干部，该免职的免职、该处理的处理。新冠肺炎疫情防控期间，出台《独山子区关于在疫情防控一线关爱激励基层干部的实施方案》，采取政治激励、工作激励、精神激励等措施，鼓励广大干部轻装上阵、担当作为。针对自治区党委第四巡视组检查独山子区干部选拔工作中发现的问题召开专题会议，制定整改措施，压实整改责任。全年，审核检查干部考察纪实材料150多人，区委常委会召开讨论干部任免事项会议4次，涉及干部142人次；领导干部个人有关事项报告填报27人，审计领导干部经济责任4人；疫情防控工作期间制定激励措施13项，因工作落实不力受处理17人，11个单位党组织“一把手”被集体约谈；自治区党委第四巡视组查出独山子区在选人用人工作中存在6类10项问题，制定整改措施53项，整改率100%。（李思儒）

【领导班子及成员测评】 2020年，区委组织部根据领导干部绩效考核工作方案，从德、能、勤、绩、廉等方面对全区领导班子进行民主测评和考核测评。综合民主测评和日常掌握情况，经区委常委会议审议，确定优秀正职领导干部及优秀班子成员。全年，组织开展民主测评会议50多场次，参与测评700多人次，民主测评领导班子50个，考核测评领导班子成员133人，确定优秀正职领导干部27人、优秀班子成员19人。（王成）

【职务与职级并行】 2020年，区委组织部根据《独山子区职务与职级并行制度实施方案》，全面推行公务员职务与职级并行工作。通过摸排全区干部基本情况，按照各类别公务员编制数量及核定职级职数，根据区级层面设置二级巡视员、一级至四级调研员、一级至四级主任科员、一级至二级科员标准，严格参照领导干部选拔任用工作程序开展职级晋升工作，兑现公务员保健费、执行石油工资制人员地区补贴调整及执行机关事业工资制人员职务职级并行待遇。全年，完成职级晋升114人次，其中综合管理类公务员职级一次晋升66人，综合管理类公务员职级二次晋升21人，行政执法类公务员、综合管理类参公和行政执法类参公单位人员职级一次晋升23人。（樊振远）

【公务员招录及管理】 2020年，区委组织部做好各单位人员缺口摸底，上报招录计划，配合市委组织部做好公务员招录工作。对招录人员通过征求公安局、居住地社区、原工作单位意见，与本人谈话及查阅人事档案等模式进行“主观+客观”“双机位”考察，严格落实新录用公务员到南疆开展支教制度，支教人员实行接收地和派出单位双向管理。加强选调生管理，根据个人专业及岗位需求合理制订轮训和培养计划。对全区公务员、参照公务员管理人员从德、能、勤、绩、廉等方面进行客观、公正、全面考核，对考核优秀人员进行奖励。全年，上报参公事业单位岗位需求计划7名，实际招录参照公务员管理人员6人，办理自治区纪检监察系统公务员补录和入职手续3人，按照规定流程办理公务员调动调任28人、退休12人；安排到市委组织部、区纪委、区委组织部等部门实习的选调生7人；到南疆支教公务员40人，沟通联络800多次，为其解决各种困难问题30多件；考核全区公务员、参照公务员管理人员380人，其中被评为优秀79人、称职283人、基本称职4人、不称职7人、不定等次7人（试用期4人、其他原因3人），兑现考核优秀奖79人。（樊振远）

【人才引进】 2020年，区委组织部对全区机关及事业单位急需紧缺人才进行摸底，以三大项目为重要抓手，与全国各高等院校合作，进行人才招聘。依托地方企业建立的专家工作站、联合研发中心，与上海科技创业中心进行专家库使用合作，开展科技孵化器、技术转移及转化、科技政策体系建设等方面的人才培育。邀请上海5G、物联网、大数据应用方面专家到独山子调研，为全区相关产业发展提供专业指导；聘请相关领域专家教授来独山子开展网上直播讲座、线上授课、课程设计指导等培训。通过这些方式不断引进、培育人才，并在落户、住房、社保、子女就学等方面给予一定优惠政策。全年，摸排有人才需求单位26家，急需紧缺人才39类78人，引进人才12人，吸纳“三支一扶”优秀大学生服务基层17人，聘请韩建光、黄健等9位专家、教授到独山子授课，推荐2人参加市首席技师评选。（刘清瑞　张战伟）

【教育培训】 2020年，区委组织部根据《2018—2022年自治区干部教育培训规划》要求，采取外培内训等方式，加大干部教育培训力度。围绕三个白皮书（《新疆的反恐、去极端化斗争与人权保障》《新疆的若干历史问题》《新疆的职业技能教育培训工作》）、第三次中央新疆工作座谈会、《简明新疆地方史》《论中国共产党历史》《习近平新时代中国特色社会主义思想学习纲要》《中国共产党简史》《习近平治国理政》及各种法律法规、业务知识等，依托自治区党校、市委党校师资力量，在全区开展“三学一补”（学历史、学法律、学业务、补短板）教育培训活动，组织全区机关工作人员在区培训学校分类、分层次进行集中封闭式培训，每期3～5天。开展“四微”学用活动及党性教育活动，派员参加区外各类培训。全年，举办封闭式集中培训班13期，参加培训党员干部650多人；开展各类“四微”学用活动170多场次，参加党员6000多人次；依托红色教育基地开展各类党性教育120多场次；参加市城市基层党建专题培训班2期，派出人员18人。（刘清瑞）

【档案管理】 2020年，区委组织开展干部人事档案专项审核“回头看”，采用逐一初审、交叉复审、疑难会审、随机抽审方式，梳理2014年以来专项审核工作中遗留问题，全覆盖审核现有干部人员档案，形成问题清单台账，做到发现问题及时反馈、限期整改，并高标准推动干部人事档案数字化工作。全年，完成整编796卷、录入794卷、扫描794卷、图处794卷、高清794卷、裱糊222卷、复审151卷。（李思儒）

## “访惠聚”驻村工作

### 区“访惠聚”驻村工作

【概况】 2020年，独山子区“访惠聚”（访民情、惠民生、聚民心）驻村工作领导小组办公室（简称区访办）按照“系统谋划、统筹推进、典型引路、以点带面、整体提升”工作思路，以争取人心、做好群众工作为统领，以促进民族团结、宗教和谐、惠及民生为重点，紧紧围绕推进脱贫攻坚，汇聚民心民智开展驻村工作。全年，选派“访惠聚”驻村工作队（简称工作队）19支87人，培训社区干部433人，为社区储备培养后备干部129人，发展社区党员75人，化解居民矛盾纠纷861件，为群众办实事好事3344件；社区学校开课364场次，组织开展各类文化体育活动619场次；申报实施城市基层党建项目11个；市级以上主流媒体采用宣传稿件617篇。（安幸）

【组织领导】 2020年，区访办完善各项“访惠聚”驻村工作制度，明确工作职责，下设综合组、指导组、秘书组、宣传组，向各社区派出工作队，通过举办培训班、开展“岗位大练兵、技能大比武”等活动，不断提高工作队员思想素质及业务能力。指导工作队开展专项活动，以现场观摩、经验介绍、座谈发言等方式，建立“一阶段一专题活动、一月一通报点评、一周一全覆盖指导”工作模式，推进“访惠聚”驻村工作深入开展。坚持分类指导，按照“抓两头、促中间”工作思路，建立“一队一档”，落实“互帮互学互促共进”机制，开展第一书记座谈、先进带后进、先进第一书记蹲点指导等各类特色帮带活动，形成工作队间经验共享、互通有无、整体提升工作格局。全年，设工作组4个，在全区抽调工作人员15人；向19个社区调整选派工作队19支87人（其中市派工作队9支36人），其中男性65人、女性22人，平均年龄40岁，县处级干部8人、乡科级干部27人，少数民族干部7人；召开基层党建和“访惠聚”驻村工作现场推进会4次，举办“访惠聚”驻村工作队员培训班5期，组织开展“岗位大练兵，技能大比武”活动4场；调研指导社区工作600多次，发现问题1700多项，帮助社区解决问题300多件，提出建议、意见800多条，开展各类特色帮带活动17场次。（安幸）

2020年11月6日，区访办派出“访惠聚”驻村工作队队员参加市“岗位大练兵，技能大比武”活动

（张延钊 摄）

【基层组织建设】 2020年，区访办指导各社区工作队健全社区工作运行机制、规范工作流程、细化工作标准，制订并完善早派工、升国旗、社区学校开课等工作制度。建立定向培养、岗位实践、择优上岗等人才培养机制，夯实基层人才基础，推进社区干部队伍职业化管理，有效解决基层人员“青黄不接”问题。制订党员发展计划，培养入党积极分子。全年，培训社区干部433人，为社区储备培养后备干部129人；培养社区入党积极分子126人，发展社区党员75人。（安幸）

【思想政治教育】 2020年，区访办成立法律宣讲专班，围绕《新疆的反恐、去极端化斗争与人权保障》《新疆的若干历史问题》《新疆的职业技能教育培训工作》三个白皮书及法律法规、感恩教育、群众工作、微线索研判、惠民政策宣传等内容，开展“三学一补”群众工作专题培训。调取各地案卷、完善案例细节、建立案例库，为法律宣讲提供重要支撑。将思想政治工作特色、亮点内容以课题形式形成经验库在全区推广，成立“草根”宣讲团，以现身说法形式在全区分批次开展巡回宣讲。通过工作队、社区、警务室、帮扶专干四支力量联动，深入排查群众工作风险隐患，挖掘有效情报信息。围绕“四突出”“四增强”工作法，“三融”“三讲”法律宣讲工作法等内容，常态化开展调研工作，将工作队思想政治工作好的做法撰写成调研报告。全年，选树“草根”宣讲员5人，开展巡回宣讲5场；举办“三学一补”培训班8期，组织全覆盖法律宣讲3轮，811人次参加；收集微线索903条，上报市委267条，占全市报送总量的40%；撰写上报市委调研报告8篇，其中《独山子区以“四突出”“四增强”工作法提升帮扶专干工作效能》《“三融”“三讲”法律宣讲工作法推动群众工作深入开展》《独山子区“培训转变”并重“提质扩面”齐驱“三学一补”推动群众教育深入开展》调研报告得到市委领导表扬。（安幸）

【服务群众】 2020年，区访办指导各社区工作队坚持以党建为统领，从群众关心的事情做起、让群众满意的事情做起，建立健全群众诉求收集梳理机制、会商解决机制、反馈办理机制、群众监督机制、目标考核机制，依托群众服务中心，扎实做好群众工作。通过深入群众宣传国家各种惠民、利民政策和法规，为群众理思路、搞规划，实施精准扶贫。跟进解决群众各类诉求，帮助再就业群体踏实就业、融入社会。全年，各社区工作队走访群众250792户次608641人次，开展惠民政策宣讲85385场次，惠及群众146350人次；开展扫黑除恶宣传活动26636场次，惠及群众97006人次；排查治理安全隐患3639项，化解矛盾纠纷861件，为群众办实事好事

3344 件，解决群众困难诉求 92 件（就业 11 件、就医 4 件、救助 40 件、其他 37 件）；社区学校开课 364 场次，长期参加群众 1341 人。（安幸）

2020 年 1 月 2 日，驻第三社区“访惠聚”工作队为居民单元门安装闭门器，解决居民天冷关不上单元门困难（张延钊 摄）

【示范点创建】 2020 年，区访办指导各社区工作队结合社区特色，着力于项目化推进城市基层党建工作，围绕有亮点可说、有做法可学、有实效可看、有经验可推，采取规范化实施、品牌化建设、创新化实践、示范化带动措施，打造城市基层党建精品示范点，做到“一街一特、一社一品”，以点带面提升城市基层党建工作整体效应。全年，申报实施城市基层党建项目 11 个，打造市级示范点 3 个，储备区级示范点 2 个。（安幸）

【文体活动】 2020 年，区访办指导各社区工作队利用社区文化、体育、教育等资源，以群众喜闻乐见方式，组织开展各类文化、体育活动，促进社区健康、和谐、文明发展。全年，组织开展各类文化、体育活动 619 场次，参与群众 29624 人次；开展“民族团结一家亲”联谊活动 225 场次，参与群众 13020 人次。（安幸）

2020 年 1 月 14 日，驻第十五社区“访惠聚”工作队与居委会联合举办假期红领巾小课堂活动。图为小学生在上毛笔书法课（朱伟 摄）

【宣传报道】 2020 年，区访办组建信息宣传专家库，坚持挖典型、选先进、树导向、立标杆，总结经验和亮点，讲好驻村故事；开展“宣传沙龙”“一线采风”“送课上门问诊”等活动，不断提升全区“访惠聚”宣传工作整体水平。全年，组建一支 57 人基层宣传员队伍，国家级媒体采用宣传稿件 93 篇、自治区主流媒体采用宣传稿件 137 篇、市级主流媒体采用宣传稿件 387 篇；第六社区工作队“五个 100 新作为”在全新疆的刊物刊登展示，实现全区 19 个社区“访惠聚”驻村工作队均在新疆“访惠聚”微信平台上稿。（安幸）

## 独山子石化公司“访惠聚”驻村工作

【概况】 2020 年，独山子石化公司选派优秀干部组成“访惠聚”驻村工作队，到新疆喀什地区开展“访民情、惠民生、聚民心”工作。工作队按照“一村一产业”“一户一项目”思路，把贫困户紧密联结在产业链上，确保村有主导产业、户有增收项目，进行深度扶贫。截至年底，被评为自治区“访惠聚”驻村工作年度先进工作队 7 支、年度先进工作者 30 人。2016—2019 年公司连续 4 年被评为自治区“访惠聚”驻村工作优秀组织单位。全年，选派“访惠聚”工作队 12 支 31 人，其中派驻泽普县奎依巴格乡 3 个村（含 1 个贫困村）、奎依巴格镇 1 个村，派驻叶城县西合休乡 8 个深度贫困村；为村民举办各类培训班 561 期，参加学习 8700 多人次；在村民中发展党员 45 人，所驻村人均收入达 17200 多元；投入 415 万元，实施“惠民生”项目 19 个。（陈茂　郭楷）

【扶志扶智】 2020 年，独山子石化公司坚持物质扶贫到点、精神扶贫到根，“访惠聚”驻村工作队通过入户走访大力宣传扶贫政策和扶志扶智措施，引导贫困村民树立主体意识，改变“等、靠、要”思想，消除精神贫困。开办农牧民夜校，采用灵活多样方式解读政策法规、进行技能培训。为中青年开展裁缝、糕点师、钢筋工、砌筑工等就业培训，提升脱贫技能，逐步实现“要我脱贫”向“我要脱贫”转变。将技能培训与学习国家通用语言文字相结合，消除交流沟通障碍，促进民族交往交流。大力根治脏、乱、差现象，提倡新风尚、树立新气象、建立新秩序，环境卫生明显改善，村容村貌焕然一新。全年，举办各类培训班 561 期，参加学习 8700 多人次。（陈茂　郭楷）

【“惠民生”项目】 2020 年，独山子石化公司实施“惠民生”项目，改善村里基础设施、村小学和夜校环境，解决旱地饮水、村民住房安全等问题，切实解决老百姓最关心、最直接、最现实的突出问题。“访惠聚”驻村工作队为卫星工厂村民捐赠防护耳塞、防尘口罩和防毒面具等个人防护用品，关心村民身体健康；帮助聋哑残疾村民办理残疾人证，申领残疾人补贴；为贫困户村民捐献 Rh 阴性血治疗疾病；为贫困家庭出资解决床、桌椅、沙发等家居用品；专门邀请塔里木大学专家教授到村开展畜牧业和核桃种植技术培训，让村民足不出户也能学到新技术；带领村民植树造林，修建蔬菜大棚，扩大蔬菜种植规模；成立畜牧合作社、鸽子合作社等；帮助无劳动力村民和疫情隔离户收割小麦，采收万寿菊、核桃、红枣等。为解决当地村民农产品销售难、价格低问题，动员独山子石化公司员工购买当地村民的红枣、核桃等农副产品，用“爱心消费”拉动产业脱贫。全年，驻村干部为 25 名高考录取学生捐款 12500 元；公司投入 415 万元，实施“惠民生”项目 19 个，捐赠“爱心煤”50 吨，组织献爱心活动捐衣物 1500 多件，组织员工购买核桃 80 吨、红枣 80 吨，销售额达 230 多万元。

（陈茂　郭楷）

【产业扶贫】 2020 年，独山子石化公司按照“一村一产业”“一户一项目”思路，把贫困户紧密联结在产业链上，确保村有主导产业、户有增收项目。驻泽普县“访惠聚”工作队联系塔里木油田塔西南公司、金胡杨景区等单位，有组织地输出保安、餐饮、宾馆、建筑等行业服务人员，引导富余劳动力转移就业。结合家庭实际，合理调配劳动力，拓宽增收渠道，推行发展产业带动一批、就业创业转移一批、解难帮困扶持一批等脱贫模式，通过成立合作社、设立公益性岗位、建设惠民市场、开办十小店铺、外出务工和自主创业、发展庭院经济等途径，开辟村民增收致富新渠道，解决各村富余劳动力。截至年底，解决就业 2200 多人，各村贫困户家庭年人均纯收入 16000 元，所驻村人均收入达 17200 多元。（陈茂　郭楷）

2020 年 1 月 15 日，独山子石化公司驻新疆喀什地区泽普县奎依巴格乡萨依艾日克村“访惠聚”工作队邀请当地技术人员给村民培训大棚种植技术（冀德全　摄）

【基层党建】 2020 年，独山子石化公司“访惠聚”驻村工作队充分发挥与村干部办公、学习、工作、走访、活动在一起“传帮带”作用，帮助建强村“两委”（支部委员会、村民委员会）班子，提升管理能力和服务水平。组织村“两委”干部接受系统思想教育，提升村干部业务能力，增强班子凝聚力，带动村干部为民办实事的积极性，“两委”班子信任度、满意率不断提高。坚持吸引、吸纳返乡大中专学生和群众积极向党组织靠拢，发展致富带头人为党员，参与村级事务管理，培养后备人才，健全基层管理制度，推进星级化党支部创建，夯实基层组织建设。全年，发展党员 45 人。（陈茂　郭楷）

【典型宣传】 2020 年，独山子石化公司以“访惠聚”驻村工作队做法、经验和成效作为典型案例，多角度宣传报道工作队精准扶贫、深度扶贫工作及先进典型模范事迹，以点带面展示驻村工作突出成效，驻村新变化、新气象。发表《独山子石化驻村干部引导村民发展庭院经济》《感谢独山子石化，我们脱贫了！》《独山子石化员工踊跃订购南疆的核桃》《新疆精准扶贫鼓起村民钱袋子》《小康路上一个也不能少》《独石化驻村干部战疫扶贫两不误》等文章，新华网、党建网、天山网、中国扶贫在线等多家媒体转载。人民网、新华网、新华社客户端对公司“访惠聚”驻村工作队重点挖掘加强村民职业技能培训、促进贫困劳动力转移就业、制订“一户一策”脱贫巩固方案、带动农民由传统农业向特色农业转型等深度扶贫经验，深度报道驻村工作队 7 年来取得的突出成绩。全年，中央媒体采用宣传报道 4 篇，省部级媒体采用 16 篇，搜狐、新浪、腾讯、网易等网站采用 23 篇。（陈茂　郭楷）

## 思想文化建设

【概况】 2020 年，中国共产党独山子区委员会宣传部〔新闻出版局（版权局）、人民政府新闻办公室、精神文明建设指导委员会办公室〕（简称区委宣传部）指导全区理论学习，安排部署全区思想教育工作，指导、协调全区开展新闻报道、媒体宣传、文化艺术创作，审读精神文化产品，监管文化市场，组织开展春晚、花灯展、郁金香花展、独库公路通车节、自行车比赛、曳步舞交流活动、泥火山电音节等群众性文体活动。截至年底，区委讲师团有成员 14 人、有“草根”宣讲员 50 人。全年，区委理论学习中心组集中学习 21 次，开展专题交流研讨 10 场；举办各类宣讲活动 4600 场次、文化活动 22 场次，受众 48 万人次，各级各类媒体采用稿件 2400 多篇。（李星娥）

【区委理论学习中心组学习】 2020 年，区委宣传部把学习贯彻习近平新时代中国特色社会主义思想作为区委理论学习中心组首要政治任务，构建研究、学习、宣传、贯彻“四位一体”学习制度和工作体系，制订党章、党规、党纪、党史、新中国史、习近平总书记系列重要讲话精神等学习计划，开展党的十九届五中全会和第三次中央新疆工作座谈会精神学习宣讲活动及社科研究。全年，为区委理论学习中心组成员配发学习资料 1000 多套，组织集中学习 21 次，参加 700 多人次；开展专题研讨交流活动 10 次，交流发言 39 人次，参加 300 多人次。（何建芳）

【理论宣讲】 2020 年，区委宣传部制订《独山子区 2020 年感恩教育方案》，编写感恩教育通用参考材料，组建处级领导宣讲分团、社区联点单位领导宣讲分队、区委讲师团宣传分队、普通党员干部宣讲分队等“一团三队”宣讲队伍，划分宣讲责任区，分片包干，以自治区及市级爱国主义教育基地为主要阵地，全覆盖开展《新疆的反恐、去极端化斗争与人权保障》《新疆的若干历史问题》《新疆的职业技能教育培训工作》三个白皮书及习近平新时代中国特色社会主义思想、新时代党的治疆方略、第三次中央新疆工作座谈会精神、党的十九届五中全会精神等宣讲活动。区委、区人大常委会、区政府、区政协四套班子领导及法检院领导组成宣讲分团，在分管领域、联点社区宣讲，部门领导、讲师团成员、机关干部面向本单位干部职工、社区居民、服务管理对象等宣讲。邀请自治区宣讲团到独山子区举办第三次中央新疆工作座谈会精神宣讲报告会，邀请市委讲师团到独山子区举办第三次中央新疆工作座谈会精神及党的十九届五中全会精神基层宣讲培训班。举办“聚焦总目标，奋进新时代”主题宣讲大赛分赛。全年，调整基层宣讲员、机关干部宣讲员及区委讲师团成员 63 人，新聘、续聘市委讲师团成员 4 人，有四级宣讲队伍成员 163 人；发放学习资料 6000 多册，印发《第三次中央新疆工作座谈会精神摘要》宣传单 49500 份；举办示范宣讲培训 5 场次，参加培训宣讲员 116 人次；邀请自治区及市委宣讲团专题授课 3 次，参加 520 多人次；开展各类宣讲活动 4600 多场次，受众 48 万多人次。（何建芳）

【宣传报道】 2020 年，区新闻宣传中心围绕疫情防控、经济发展、民生工程、脱贫攻坚、旅游产业、城市基层党建、文明创建、民族团结示范创建等区委、区政府重点工作，与中央广播电视总台、新华网、人民网、天山网、《克拉玛依日报》、抖音、今日头条、《独山子石化报》等各类媒体合作，形成宣传矩阵。在短视频宣传方面实现零突破，组建独山子区“公益宣传队”平台，通过自媒体以群众视角宣传全区各项重点工作。全年，各级各类媒体采用宣传稿件 2400 多篇；其中，独山子官方抖音推送视频 484 部，浏览量 100 多万次；克拉玛依零距离、《克拉玛依日报》等市级媒体采用稿件 250 多篇次，新华网、人民网、《新疆日报》、天山网、“最后一公里”、“新疆是个好地方”等自治区及国家级媒体采用稿件 130 多篇次；各级各类媒体采用独库公路通车仪式各类图文、视频稿件 70 多篇，浏览量超 1.15 亿次；《新疆独库公路正式开放通行》在央视 13 套《朝闻天下》栏目播出 1 分 36 秒，在学习强国 App 新疆平台专题刊发；《民警极速救援，保住孩子手指》在央视 1 套《今日说法》栏目播出 6 分 20 秒，在央视 12 套《一线》栏目播出 7 分 20 秒。（李璇）

【“绿书签”行动】 2020 年，区委宣传部以“4・26”世界知识产权日为契机，以“拒绝盗版，从我做起”为宣传口号，以“护助少年儿童健康成长，抵制有害出版物和信息”为主题，发放特别制作的“绿书签”，通过 LED 电子屏滚动播放、问卷调查、各类新媒体转发等方式，在全区开展“绿书签”行动，倡导公众尊重创意、支持正版，营造繁荣、健康、有序的文化市场环境。全年，张贴“绿书签”宣传海报 200 多份，派发“绿书签”2 万多张。（田涛）

【文化市场监管】 2020 年，区委宣传部结合“绿书签”行动、版权宣传周等活动，完善娱乐、演出、艺术品、网络文化等市场门类主体设立、内容审查、活动审批等工作，加强网吧监管，防止非法文化产品传播。联合文化市场执法部门开展行业检查，规范管理文化市场，开展“正道”“新风”行动及规范化、标准化建设“扫黄打非”进基层站点活动。全年，张贴“绿书签”及“扫黄打非”宣传海报400多份，年审出版物经营单位15家，协助出版物经营单位开办书店2家；开展文化市场联合检查6次，报送“扫黄打非”工作综合信息16篇；建设“扫黄打非”进基层站点30个。（田涛）

【直播带货】 2020年6月3—5日，独山子区分别在玛依塔柯时代广场、独库公路博物馆、独山子大峡谷景区，采用“主流媒体信用备书+线上网络平台推广引流+线下直播活动引爆”方式，开展“大美独库欢乐购”直播带货活动。区领导在“来撒来撒”直播间介绍独山子的经济、文化、旅游资源，推介特色产品及旅游纪念品，同时销售景区门票。活动期间，参加直播3人，开展直播活动2场，推介企业19家，推介特色产品及旅游纪念品51款。（田涛）

【宣讲员大赛】 2020年5月27日，由区委宣传部承办的“2020年克拉玛依市宣讲员大赛‘聚焦总目标，奋进新时代’主题赛”在区文化中心举行。来自全市各单位12名宣讲员用通俗易懂的语言、生动鲜明事例，讲述全市各族干部群众在社会稳定和长治久安总目标统领下，全心付出、甘于奉献、勇于牺牲、收获幸福的感人故事。经过激烈角逐，区宣讲员获得一等奖1人、二等奖1人、三等奖2人，区宣讲员代表全市参加2020年度自治区理论“云宣讲”大赛2人，获得“云宣讲”大赛“金牌宣讲员”称号1人。（田涛）

【“东风工程”】 2020年，区委宣传部落实自治区“东风工程”党报党刊免费赠阅任务，把“东风工程”建设作为政府履行公共文化服务职能的一个重要抓手，通过中国邮政集团公司独山子分公司向基层免费赠送党报党刊及音像电子出版物，巩固基层思想文化阵地建设，加强新闻出版公共服务体系建设。全年，向全区3个街道办和16个社区居委会（不含第十七、十八、十九社区居委会）赠送汉、维、哈、蒙、柯、锡6种文字报纸42种，汉、维、哈、蒙、柯5种文字期刊26种。（田涛）

## 精神文明建设

【概况】 2020年，独山子区精神文明建设指导委员会办公室（简称区文明办）组织开展群众性精神文明创建活动、群众性文化活动，引导各单位员工参与公民思想道德建设、未成年人思想道德建设活动，统筹协调全区每月社会公益日活动，表彰精神文明建设先进单位及个人。全年，召开全国文明城市创建动员会、推进会21次，制作发放各类文明城市创建宣传品8万个，官方抖音制作发布文明创建小视频70多部，组织社会公益日活动7场。（田涛）

【文明城市创建组织领导】 2020年初，区文明办成立全国文明城市创建工作领导小组及创建工作专班，设立综合协调组、材料工作组、宣传教育组、实地考察组、窗口行业组、测评工作组，制定《关于做好克拉玛依市蝉联全国文明城市独山子区迎检工作的通知》，对照《全国文明城市实地工作手册》要求，开展文明城市创建活动。11月，成立区委书记担任组长、区长担任常务副组长的全国文明城市整改攻坚工作领导小组，根据自治区《关于进一步做好2020年全国文明城市复查通报问题整改工作的通知》，制订《克拉玛依市全国文明城市创建整改攻坚独山子区工作方案》，由综合协调分析组、实地督导推进组、模拟测评组、督办督查组4个工作组及公共环境组、公共服务组、公共文化组、公共交通组、城区建管组、市场管理组、未成年人思想道德建设组、交通秩序组、宣传动员组、志愿服务活动组、指导组11个专项组每日实地督导，开展全国文明城市创建整改攻坚工作。全年，召开全国文明城市创建动员会2次、推进会19次，下发通报20期、工作提示10期，编发工作简报24期，每周全覆盖实地考察点位1轮，对标整改测评点位121个，补充待检点位36个。（田涛）

【文明城市创建宣传】 2020年，区文明办统筹区内各类宣传平台和载体，通过发放倡议书、宣传单、创建海报、车贴等宣传创建工作，利用公交站台公益广告牌、大型广告牌、LED电子屏、社区广播、宾馆及商场广播、小区门口喇叭、流动宣传车、横幅、手机短信、独山子零距离微信公众平台、独山子电视台、《独山子石化报》、独山子官方抖音等全方位宣传全国文明城市创建工作。邀请先进典型人物观看春晚，慰问道德模范、“最美克拉玛依人”等，发挥先进人物榜样作用。组织开展社会公益日活动，推进志愿服务进万家、进校园、进景区活动。全年，制作各类宣传品8万个，发放倡议书及宣传单4万份，制作海报3300多份、车贴500多张；发送创建提示短信11万条，悬挂宣传横幅1050条，参与宣传LED电子屏373个、广播及喇叭124个、流动宣传车3辆；增设城区25条主次干道灯杆宣传道旗、大型景观宣传品26处，围栏宣传展板2200块，更换公交站台公益广告牌470块、无棚站台广告牌140块、大型广告牌12块；在独山子零距离创建专栏发布信息100多篇，向827个居民群转发近8.9万篇次；官方抖音制作发布文明创建小视频70多部，浏览量超25万人次。（李璇）

【社会公益活动】 2020年，区文明办按照“每月一主题，公益常态化”要求，围绕就业惠民、教育惠民、医疗惠民、社保惠民、扶贫惠民、暖心惠民、金融惠民、文化惠民、旅游惠民等内容，以文明城市创建为契机，以助力旅游发展为重点，结合爱国卫生月、独库公路通车节、教师节、重阳节等主题，组织开展植树护绿、慰问老人、景区清洁、城区清洁、校园清洁等公益活动，志愿者深入背街小巷、社区楼院及主、次干道等区域，开展市容环境整治、卫生清扫服务等活动，打造“公益一条街”“公益主题日”“公益服务队”系列活动品牌。全年，组织社会公益日活动7场，参加1.8万人次，服务时长3.6万小时。（田涛）

【文明单位评选】 2020年，区文明办按照自愿申报、逐级推荐、提前公示、择优评选程序，组织全区各单位及学校参加自治文明单位和文明校园评选活动，推荐优秀单位申报全国文明单位，指导全国文明单位进行复检。全年，被评为2020年度自治区文明单位17家、文明校园8所，推荐申报全国文明单位4家、参加全国文明单位复检1家。（田涛）

## 统一战线

【概况】 2020年，中国共产党独山子区委员会统一战线工作部（人民政府侨务办公室）（简称区委统战部）反映各民主党派、无党派代表人士对全区发展建设的意见和建议，支持、帮助各民主党派加强自身建设。截至年底，有民主党派2个、民主党派人士5人、无党派人士93人。（刘浩）

【民主党派情况】 2020年，独山子区有民主党派基层组织（民盟和九三学社）2个，成员5人，其中民盟支部盟员4人、九三学社社员1人；民主党派成员主要分布在教育、医疗卫生、石油化工等领域。（刘浩）

【党外知识分子情况】 2020年，独山子区有无党派人士93人，其中副处级1人、正科级9人、副科级4人。区人大代表中有党外人士1人，占代表总数的0.8%；区政协委员中有党外人士4人，占委员总数的4%。全年，党外知识分子政协委员参加各类政协会议36人次，反映社情民意86次。（刘浩）

## 民族团结

【概况】 2020年，独山子区民族团结事务中心（简称区民族团结事务中心）以创建民族团结进步示范区为抓手，以民族团结进步教育基地为阵地，开展“石榴花开”民族团结摄影大赛、民族团结知识竞赛、民族团结进步示范市创建成就展、民族团结进步教育月活动等民族团结活动，不断推动民族团结进步事业发展。全年，开展各类民族团结活动3590多场次，为各族群众办好事实事1665件；被命名为市级民族团结进步教育基地2个、区级民族团结进步教育基地2个，被命名为市级民族团结进步示范区1个、示范单位4家、示范点32个。（周晓晨）

【“民族团结一家亲”活动】 2020年，区“民族团结一家亲”活动领导小组指导全区各单位、各部门深入开展“民族团结一家亲”活动，将宣传政策法规、真诚扶贫帮困作为巩固和加强民族团结、做好群众工作的新途径。倡导各族群众结成亲戚，通过共建微信朋友圈，克服空间限制，畅通沟通交流渠道；通过聊天谈心，互相了解亲戚的工作生活情况，及时帮助亲戚解决困难；通过举办家庭聚餐，一起唱歌、跳舞、拍照和开展户外活动，增进亲情；通过学习法律法规、习近平总书记系列重要讲话和各项惠民利民政策，增进“五个认同”（对伟大祖国的认同、对中华民族的认同、对中华文化的认同、对中国共产党的认同、对中国特色社会主义的认同）意识和抵御防范宗教极端思想渗透、侵蚀能力；运用各种方法帮亲戚解决就医、就学、就业、救助等困难。全年，走访各族群众111240多户次，参与走访干部职工56500多人次；开展民族团结联谊融情活动940多场次、其他各类活动2650多场次，参加群众83200多人次；为各族群众办好事实事1665件、捐款112335元、捐物2927件。（周晓晨）

【民族团结进步示范市创建】 2020年，区全国民族团结进步示范市创建工作领导小组办公室（简称区创建办）定期召开创建工作推进会，安排部署创建工作，按照民族团结进步创建“十进工程”〔进机关、进企业、进街道（乡镇）、进社区（村）、进景区（场馆）、进新兴组织、进学校、进家庭、进军（警）营、进宗教场所〕示范点建设实施意见和标准，指导全区各单位大力开展民族团结进步“十进工程”示范点建设活动，检查指导“十进”示范点创建工作，挖掘创建工作有创新、有特色示范点，督促创建工作不到位示范点整改。协调移动、联通、电信独山子区分公司，将辖区用户手机彩铃统一调成“克拉玛依正在创建全国民族团结进步示范市”，在市民广场展出“克拉玛依市民族团结进步成果展”展板。组织“进机关”示范点进行互观互检，相互找不足，取长补短，完善各示范点创建工作。对照创建指标和测评体系检查验收各示范点，结合市及自治区验收反馈意见，制订各示范点整改方案，督促做好整改工作，对各示范点整改情况进行“回头看”，严格按验收流程和测评指标开展创建整改和命名工作，顺利通过评估组验收。截至年底，全区通过验收、被命名、授牌的市级民族团结进步示范单位28家、示范点32个，区级示范点27个。全年，召开创建工作推进协调会3次，举办成果展1次，检查指导工作5次，检查单位20多家，发现问题17项，整改率100%；接收市检查验收2次；被命名为市级民族团结进步示范区1个、示范单位4家、示范家庭4户、示范点32个，复验2018年市级民族团结进步示范单位19家，被命名为区级民族团结进步示范单位30家、示范点27个。（周晓晨）

【民族团结进步教育基地建设】 2020年，区民族团结事务中心依托文字、图片、实物标本等在独山子区展览（博物）馆及文化宫建立区民族团结进步教育基地，指导有条件单位建立民族团结进步教育基地，综合社区、学校及社会资源，实现基地教育与学校教育、社区教育、社会教育有效衔接，构建教育基地参与社会教育、未成年人教育、国民教育体系长效机制。运用报纸、电视、微信等多媒体传播方式，宣传“去极端化”、新疆“四史”、民族团结进步、国家法律法规等方面知识。将基地展厅与流动展相结合，陈列展与演讲、主题沙龙等活动相结合，广泛推介全区民族团结进步模范典型人物事迹。区民族团结进步教育基地及独库公路博物馆被命名为市级民族团结进步教育基地，区展览（博物）馆及文化宫被命名为区级民族团结进步教育基地。全年，开展各类宣传教育活动30多场次，举办陈列展1次、演讲活动2次、主题沙龙活动1次，参加580多人次。（周晓晨）

【民族团结进步教育月活动】 2020年4月，区民族团结事务中心指导全区各单位结合疫情防控工作实际情况，制订第三十九个民族团结进步教育月活动计划。围绕“八个一”（一场主题晚会、一场演讲比赛、一起看场电影、一次公益活动、一次文体活动、一次融情活动、一场职工运动会、一起去参加第十届郁金香文化旅游节活动并观看百姓大舞台节目）主题，结合六一儿童节、民族团结示范市创建、民族团结“细胞工程”“结对子，交朋友”等活动，开展丰富多彩的民族团结宣传教育活动，打造“民族团结一家亲”活动品牌。教育月活动期间，举办大法庭民族团结知识竞赛、“幸福金山，春启繁盛”民族团结联谊融情系列活动，参观民族团结进步教育基地、座谈会（视频）、联谊会等文体活动350多场次，参加11560多人次。

（周晓晨）

【“石榴花开”民族团结活动】 2020年，区民族团结事务中心在全区开展“华为杯·石榴花开”民族团结摄影大赛。来自全区各行各业摄影爱好者一张张珍贵的照片，充分展现全区各族人民手足相亲、守望相助的精神风貌，诠释全区各族人民“你中有我，我中有你，谁也离不开谁”的民族团结情谊。挑选10多张优秀作品送市民宗局，参加在市展览馆举办的“华为杯·石榴花开”民族团结摄影大赛。甄选4名工作人员积极备战，参加市民宗局在市图书馆举办的“石榴花开”民族团结知识竞赛，经过3名上场队员同心戮力，获得二等奖。（周晓晨）

【全国民族团结进步示范市创建成就展】 2020年，区创建办将全区民族团结先进典型事迹进行整理、加工，以展板形式，图文并茂地将全区民族团结进步创建成就全部展现出来。在每一个创建点配有讲解员，向参观者讲解各族人民和睦相处、和衷共济、和谐发展的先进典型事迹。将全区优秀民族团结故事进行整理、汇编，编成《独山子区民族团结进步故事汇编》，发放到各单位，让全区民族团结感人故事在各族人民中流传。通过这些方式，充分展示全区各族人民团结、交往、交流、交融的丰硕成果。全年，制作成就展展板8块，举办成就展10多天，参观12600多人次；举办讲解员培训1次，参加培训18人；印制《独山子区民族团结进步故事汇编》300多册。 （周晓晨）

## 机构编制

【概况】 2020年，中国共产党独山子区委员会机构编制委员会办公室（简称区委编办）规范化管理机构编制，登记管理全区事业单位。根据机构改革相关文件精神，调整全区机关机构设立及职责，组织实施事业机构改革、综合行政执法改革及街道办机构改革。全年，区机关撤销、设立事业单位各13家，更名及调整隶属关系事业单位13家，调整单位职责9家，综合行政执法改革涉及单位10家，办理统一社会信用代码证书及事业单位法人证书9份。 （赵婧文）

【机构设置】 2020年，独山子区党政机关设行政机构35个，其中区委机构12个、区政府机构23个。设参照公务员法管理事业机构 14 个，其中区委系统机构2个、区政府系统机构 12 个。设事业机构 89 个，其中区委系统机构 16 个（直属 5 个）、区政府系统机构 73 个（直属 4 个）。群众团体机关参照公务员法管理 5 个、按事业单位管理 4 个。区人大设专门委员会5个，区人大常委会机关设工作委员会4个、办公室1个，派出人大街道工作委员会3个。区政协设专门委员会7个、区政协机关设办公室及专门委员会工作科各1个。区政府派出3个机关（街道办事处），辖社区居委会19个。设检察院、法院、公安分局、独山子人民医院、生态环境分局、自然资源分局、税务局、交通运输独山子（运管）执法大队、交通运输独山子（路政）执法大队9个非独山子区管理机构。 （赵婧文）

【机构编制管理】 2020年，区委编办严格执行机构编制政策法规，按照控制总量、盘活存量、优化结构、有减有增原则，以选人用人专项检查为契机，开展机构编制自检自查工作。实地调研区工业和信息化局、区住房和建设局、区文化体育广播电视和旅游局、区农业和水务局机构改革后职责履行状况及同其他部门交叉职责履行状况，协调解决职责分工问题。通过对区属中小学师生配比状况调研，向市级争取倾斜政策，核增教职工编制28个。根据工程项目建设工作需要，核增工程项目建设中心事业编制4个。根据中央编办和司法部相关要求，核减西宁路司法所政法专项编制1个。落实自治区有关要求，增加区委办公室副主任（正科级）领导职数1个。全年，管理在册编制2277个，其中行政编制297个、参照公务员法管理事业编制159个、事业编制1790个、政法专项编制11个、机关工勤编制20个；实有工作人员1961人，其中行政编制人员294人、参照公务员法管理事业单位工作人员127人、事业单位工作人员1512人、政法专项编制在编人员8人、机关工勤人员20人。 （赵婧文）

【机构改革】 2020年，区委编办根据市委编委对区科级事业单位调整的批复，严格落实“撤一建一”原则，组织实施事业单位改革、综合行政执法改革，优化街道办机构设置。区机关增设统计局、红十字会（机关设在区慈善协会机关），区委组织部加挂中共独山子区委员会非公有制经济组织和社会组织工作委员会牌子。全年，区机关撤销科级事业单位13家、设立事业单位13家（新挂牌事业单位1家）、更名及调整事业单位隶属关系13家，调整编制事业单位15家，新增正科级事业单位1家、副科级领导职数3个。 （赵婧文）

【职责调整】 2020年，区委编办按照自治区党委编办及市委编办相关要求，将区扶贫开发办公室承担的水库移民管理职责调整至区农业和水务局、区工业和信息化局承担的电力管理职责调整至区发展和改革委员会、区委网信办信息化办公室职责调整至区工业和信息化局（6名工作人员同时划至工信局）、区客运管理办公室承担的城市客运（含出租汽车）及农村公路路政行政执法职责调整至区交通运输综合行政执法大队、区城市管理局承担的文化市场领域执法职责调整至区文体广电和旅游局，明确区农业和水务局承担区委农村工作领导小组办公室相关工作。全年，调整

职责单位9家，调整职责7项。（赵婧文）

【综合行政执法改革】 2020年，区委编办指导城市管理、市场监管、文化市场、农业、交通领域开展综合行政执法改革，组建城市管理、市场监管、文化市场、农业执法队伍，实行“局队合一”体制；金山路、西宁路、新北区街道办组建城市管理综合执法队和市场监督管理所，作为区城市管理局和区市场监督管理局在街道办的派出机构，负责街道办城市管理领域和市场监管领域相关执法工作。全年，综合行政执法改革涉及单位10家。（赵婧文）

【街道办机构改革】 2020年，区委编办通过座谈和实地调研等形式对街道办机构运行状况进行调研，了解街道办机构改革中存在的问题，提出意见和建议；多次向市委编办反馈意见，并参加市深化街道办机构改革工作推进会，同其他区共同探讨街道办机构改革方向；制订街道办机构改革方案，明确按照“两办四中心”优化街道办机构设置，合理划分事权，理顺职责关系，推进街道办治理体系和治理能力现代化。根据街道辖区人口规模和管辖社区数量等情况，合理确定街道办编制数量。将街道办社会事务服务中心更名为社会事务（统计）服务中心。改革后，金山路、西宁路、新北区街道办设置党建办公室、综合协调办公室（综合执法办公室）2个党政机构及党群服务中心、社会事务（统计）服务中心（退役军人服务站）、综治中心、城市网格化服务中心4个事业单位。（赵婧文）

【区纪委监委派驻机构改革】 2020年，区委编办按照区纪委监委派驻（派出）机构改革工作要求，逐批办理区委巡察组、派驻纪检监察组、区直机关纪检监察工委、街道纪工委行政编制划转工作。（赵婧文）

【事业单位登记管理】 2020年，区委编办根据“最多跑一次”改革要求，落实统一社会信用代码赋码工作和事业单位登记管理工作。全年，办理统一社会信用代码证书2份、变更证书8份，办理事业单位法人证书7份、变更证书19份、注销证书2份、延期办理6份，审核通过事业单位年度报告书45份。

（赵婧文）

## 网信管理

【概况】 2020年，中国共产党独山子区委员会网络安全和信息化委员会办公室（互联网信息办公室）（简称区委网信办）保障全区网络信息安全，协调、处理涉区网络安全重大突发事件，统筹开展全区网信系统党建工作，研发程序推进信息化建设，利用区属新媒体平台组成新媒体矩阵，开展“战胜疫情新疆在行动”、新媒体作品征集等网络文化宣传和竞赛活动。4月，因机构改革，将区信息化办公室职责划至区工信局（6名工作人员同时划转）。全年，开展网络安全检查3次，梳理基础信息系统198个，实施信息化项目建设2项，开展各类网络文化活动及宣传活动9次，征集各类稿件86篇，发布短视频200多部。

（龚露丽）

【网络安全管理】 2020年，区委网信办制订网络安全工作清单，对全区各责任单位现存网站、运营系统等信息系统进行梳理普查，联合区委政法委、区保密局、区国家安全局、区工信局等单位不定期开展网络安全检查，对查出的网络安全隐患当场下发整改通知书。网络安全宣传周活动期间，在学校、社区及企业进行线上、线下多渠道、多角度宣传网络安全相关知识，举办以“共建网络安全，共享网络文明”为主题的网络安全国旗下宣讲活动；在社区采取张贴海报与横幅、入户宣传等方式，提升全民网络安全意识；组织企业及其他网信专业人才参加培训及竞赛活动。全年，梳理普查存在网站、运营等信息系统责任单位48家，梳理基础信息系统198个，其中本地建设系统46个、上级建设系统152个；开展网络安全检查活动3次，发现网络安全隐患16项，下发网络安全整改通知书6份；网络安全宣传周开展各类活动5次，参加8000多人次。（董凌飞）

【信息化建设】 2020年，区委网信办建成智慧党建综合服务管理平台，围绕党建全覆盖、党建共建共享和党建引领三个纬度，优化社区治理，引导社区自治，疏解社区矛盾，探索“线上+线下”“网络+网格”基层治理新思路。依托“红色家园”微信小程序，整合政民互动、12345阳光热线，搭建线上服务全流程管理平台，拓宽群众诉求渠道，及时解决群众诉求。深化“最多跑一次”改革，将区级职能部门职责下移赋权的便民服务业务下沉到社区，采取线上和线下代办、“红色帮办”、志愿服务等方式，实现“一网通办”。建成区级疫情防控平台，涵盖核酸检测、中高风险地区来独返独、发热管理、冷链食品溯源管理等，核酸检测实现预约、采样、送检、出具报告、查询等全流程服务管理。全年，实施信息化项目建设2项。（唐凯）

【互联网党建】 2020年，区委网信办调整网信党工委组成人员，派遣党建指导员联系无独立党组织网站指导党建工作，实现全区互联网主体党的组织全覆盖。党建指导员围绕企业和行业发展方向，为互联网企业搭建平台，实现资源共建共享、互利互惠，促进企业发展。组织互联网企业党支部书记、党建指导员参加自治区、市互联网领域党务工作培训，加强基层党的组织建设及阵地建设。全年，召开互联网领域党建工作专题会议4次，派遣党建指导员6人，参加自治区及市互联网领域党务工作培训2次。（龚露丽）

【网络宣传】 2020年，区委网信办以独山子零距离、独山子在线官微、清朗独山子等区属新媒体平台组成新媒体矩阵。严格落实三审三校发布制度。新冠肺炎疫情防控期间，灵活运用新媒体平台，鼓励防控一线工作人员拍摄创作疫情防控相关短视频，参加“战胜疫情新疆在行动”等网络文化活动。开展“网络述年”“同奔小康，幸福新疆”“网络中国节·端午”“网络普法”等网络文化活动及国家安全宣传日、网络安全宣传周等网络宣传活动，面向全区网民征集文字、短视频等形式多样的稿件。（陈元杰）

【“红色家园”小程序研发】 2020年，区委网信办依托信息技术，研发集志愿服务、线上快办、物业管理等功能于一体的“红色家园”智慧小程序。小程序兼备实时上报、信息采集、事态监控、决策调度、智能派单等功能，设置社会事务类、党团业务类、服务管理类、其他类4个服务目录，将户籍服务、生育登记、医保办理等社区服务搬到线上；开发社区居委会、业主委员会、物业报修、业主议事等模块，整合就业信息、法律服务等功能，开放投诉、查询、咨询相关功能，方便群众线上一键办事。全年，小程序链接职能部门资源12个、社会组织5个，推出服务项目84个，收集业主各类意见、建议195条；实名注册居民31406人，占常住人口60%以上。（龚露丽）

【“同奔小康，幸福新疆”活动】 2020年6月，区委网信办紧扣2020年“争做中国好网民”工程，向全区网民征集短视频作品。以青少年网民为主体，围绕新时代中国好网民5个基本素养，开展网民网络素养教育，引导全区网民以决胜全面建成小康社会、决战脱贫攻坚为主题拍摄短视频。征集竞赛作品17部，筛选上报市委网信办9部。（陈元杰）

【新媒体作品征集活动】 2020年，区委网信办结合民族团结、独库公路通车节、郁金香节、独山子大峡谷等旅游产业发展、重点民生工程、“访惠聚”驻村、抗击疫情等重点工作，开展新媒体作品征集活动及原创网评文章推送工作。全年，区属官方微信公众平台原创、转载相关文章830多篇，平均点击量2000多次，文章阅读量90多万次；其中“独库零公里旅游攻略”阅读量4.4万次，点赞1886次；选送16篇作品参加市“我与端午的记忆”竞赛活动，1篇获得二等奖、1篇获得三等奖。（陈元杰）

## 机关党建

【概况】 2020年，中国共产党独山子区直属机关工作委员会（简称区直机关工委）督促、指导区直机关各基层党组织按期换届，发展、教育及管理党员，组织开展微朗诵比赛、讲故事大赛、机关党建定向赛、国家安全教育日法律知识竞赛、礼仪培训、微党课大赛等活动。指导协调区直机关工会、区直机关团工委等群团组织按照各自章程开展工作。截至年底，下辖党支部45个，有中共党员628人。全年，发展党员21人，培养入党积极分子87人，102人递交入党申请书。（杜雪根）

【基层组织建设】 2020年，区直机关工委制订年度党员发展计划，通过集中培训、一对一授课、上门指导等方式，培养入党积极分子。对各机关党支部进行分级、分类指导，实施星级动态管理，选树先进党支部和优秀党支部书记，以先进带中间、督后进，推进机关党支部标准化、规范化建设。为各基层党组织选好配强党支部书记和委员，指导其及时进行换届选举。督促各支部严格执行“三会一课”、主题党日、谈心谈话、领导干部双重组织生活等制度。全年，指导基层党组织新建党总支1个、党支部5个、换届选举5个，撤销党支部3个，补选支部班子成员32人次；召开研究讨论党员发展工作会议6次，组织发展对象21人参加培训，审批预备党员转正27人；评定三星级党支部5个、二星级党支部36个、一星级党支部4个；开展主题党日活动12次100多场，参加7000多人次；督导检查各支部工作100多次，每个支部督导不少于2次。（杜雪根）

【思想政治工作】 2020年，区直机关工委以专题培训、专题辅导、讲授专题党课、组织专题学习、收看专题节目等方式，开展党的十九大，十九届三中、四中、五中全会精神，第三次新疆工作座谈会精神及习近平新时代中国特色社会主义思想学习宣贯工作，学习习近平总书记在“不忘初心、牢记使命”主题教育总结大会上讲话、《习近平谈治国理政》（第三卷）、关于加强和改进中央和国家机关党的建设的意见、习近平在中央和国家机关党的建设工作会议上讲话精神。组织参与“不忘初心跟党走，奋勇建功新时代”微朗诵比赛、“清风满天山”讲故事大赛，举办机关党建定向赛、国家安全教育日法律知识竞赛、新录用公务人员礼仪培训、“践行初心使命，强化责任担当”微党课大赛等活动，丰富党员干部精神文化生活。全年，为机关党员发放学习资料1282册，组织各类专题学习10多次；组织45名党支部书记、141名党务工作者、326名党员、351名机关科级干部进行集体轮训；参加礼仪培训公务人员60人；举办各类文化活动4次，参加360多人次；推荐优秀微朗诵作品10个、“清风满天山”讲故事大赛作品3个。（杜雪根）

2020年11月11日，区直机关工委在区机关二楼会议厅举办新录用公务员公务礼仪培训（肖建勤 摄）

【微党课大赛】 2020年10月29日，区直机关工委在党群服务中心举办“践行初心使命，强化责任担当”机关党支部书记微党课大赛。参赛选手结合党建知识及自身工作实际，以小故事诠释大道理，用小话题撬动大主题，让观众受到一次深刻的党性教育和精神洗礼。邀请参加过抗美援朝战争的老兵李如彬结合自己60多年党龄和工作经历给大家上了一堂特别党课，此次活动是对全区微党课活动成果的一次集中检验。参加大赛党支部书记30人，评出一等奖1名、二等奖1名、三等奖3名。（杜雪根）

2020年10月29日，区直机关工委在党群服务中心举办“践行初心使命，强化责任担当”机关党支部书记微党课大赛。图为参加过抗美援朝战争老兵李如彬上特别党课（巩雪 摄）

【党建定向赛】 2020年7月1日，区直机关工委在城市公园举办机关党建定向赛活动，组织参加活动党员集体重温入党誓词，诵读革命经典《我的自白书》。随着一声发令枪响，全体参赛者立即出发，以团队为单位，按照路线，兵分四路去接棒点，开始“学习强国”挑战答题闯关接力赛。通过党建工作与文体活动相融合，调动基层党员干部积极性、主动性、创造性，展现党员风采风貌，不断提升团队凝聚力。参加定向赛队伍30支，党员200多人，评出一等奖队伍1支、二等奖队伍2支、三等奖队伍3支。（杜雪根）

2020年7月1日，区直机关工委在城市公园组织开展机关党建定向赛。图为参赛队员跳大绳（张雪莹 摄）

【区直机关计生工作】 2020年，区直机关计生协会在西宁路街道计划生育委员会指导下，宣传人口科学理论及国家政策法规，传播优生优育和生殖健康等科学技术知识，组织开展两个彻查采集工作，为协会成员提供生育服务，帮助解决生育实际困难和后顾之忧。全年，服务机关计生单位41家，登记出生人口13人，组织生育二孩女职工参加4轮查孕查环检查103人次，提供“国免育优”服务6人，出具婚育状况证明5份，代办生育服务证9本，发放避孕套1680支，完成采集卡700份。 （杜雪根）

【区直机关工会工作】 2020年，区直机关工会定期审查工会会费收缴、管理、使用情况，采取各种方式组织会员开展健康有益文化、体育活动，核实录入会员实名制信息。全年，服务会员单位50家，服务会员1058人，发展新会员40人；组织开展工间操、维护职工合法权益法律法规知识答题等活动20多次，参加2000多人次；为疫情防控一线干部职工送价值10万多元慰问品，中秋节、国庆节期间为干部职工发放价值18万元干果及月饼，组织842名工会会员购买16.8万元新疆喀什地区疏勒县对口扶贫产品。 （李国荣）

【区直机关团工委工作】 2020年，区直机关团工委做好机关团员青年教育管理工作，疫情防控期间成立团员突击队，奋战在抗击疫情一线。全年，推优入党团员青年5人，五四青年节期间推选“两红两优”团组织6个、团干部9人、团员20人；开展各类志愿服务活动10多次，参加2300多人次；组织200多人参加党纪法规和德廉知识有奖答题活动。 （李国荣）

## 党史地方志

【概况】 2020年，中国共产党独山子区委员会史志办（简称区委史志办）编纂年鉴、党史、党史大事记，为自治区、市、区相关部门提供地情资料及咨询服务，购买、利用、保存地方和党史文献。全年，编纂800多千字年鉴1部，完成190多千字《中国共产党独山子历史大事记》初稿、300多千字《中国共产党独山子简史》初稿，向自治区、市、区相关单位提供地情资料30多千字，购买图书20多本。 （黄银凤）

【年鉴编纂出版】 2020年，区委史志办编纂《克拉玛依独山子年鉴》（2020）。这是独山子区第十一部年鉴，记载2019年全区各行各业基本情况，反映全区政治、经济、文化、社会、生态文明建设取得的新发展、新成果、新经验。全书设类目30个、分目150多个，有800多千字，随文配相关图片72张；卷首设彩照专题10个，采用照片57张；涉及单位及部门近200家。《克拉玛依独山子年鉴》（2019）于11月出版发行。 （黄银凤）

【党史大事记编写】 2020年，区委史志办编写完成《中国共产党独山子历史大事记》（1938—2019年）初稿，进入评审修改阶段。全书记载中国共产党领导全区各族人民在贯彻党中央路线、方针、政策时所做的重大决策，开展的重要活动，落实5个文明建设的实践活动及各级党组织在不同历史时期和历史阶段所进行的自身建设与发展等重大事件。全书设6章，合计190多千字。 （黄银凤）

【党史编撰】 2020年，区委史志办通过查询区档案馆、独山子石化公司档案馆、《独山子区志》《独山子文化百科》《热土丹青》《独山子石化组织史》《独山子石化企业文化辞典》《独山子石化报》等收集整理资料，参考《简明新疆地方史》，新疆乌苏、黑龙江省大庆、甘肃省玉门等地党史，以《中国共产党九十年》《中共新疆地方简史》《中共克拉玛依党史简史》为标准，坚持时经事纬和突出“四重”（重大事件、重要人物、重大会议、重要文件）原则，按照编年体与纪事本末体相结合方式，以叙为主、史论结合、夹叙夹议，编撰《中国共产党独山子简史》（1938—2012年）。编撰过程中，多次组织业务讨论会，召开老干部座谈会，走访或打电话征求老领导及市委史志办专家意见，一次次修改，不断调整章、节、目，对内容进行补充、修改、完善，形成评审稿，召开评审会。根据专家评审意见，认真梳理，精心修改，完成初稿。全年，召开业务讨论会10多次、老干部座谈会4次，走访或打电话征求意见30多次，市委史志办调研、指导工作4次。 （黄银凤）

【党史评审会】 2020年12月11日，区委史志办在文化中心召开《中国共产党独山子简史》（1938—2012年）评审会。会上，来自市委史志办及克拉玛依区、白碱滩区、乌尔禾区、独山子区史志办专家陈述评审意见，周边地区奎屯、乌苏、沙湾、石河子、新疆生产建设兵团第七师等史志部门专家以书面形式反馈评审意见。区委史志办表示将根据各位专家评审意见，认真梳理，精心修改，努力打造精品力作。出席会议专家20多人，提出评审意见17条，以书面形式提交评审意见66条，涉及五大类13个方面。（黄银凤）

【地情资料利用】 2020年，区委史志办通过各种方式收集地情资料，给《新疆年鉴》（2020）、《克拉玛依年鉴》（2020）及各相关单位或部门提供所需资料，给全区各单位发放《克拉玛依独山子年鉴》（2018）、《克拉玛依独山子年鉴》（2019）、《克拉玛依市志》（1993—2010）。全年，给《新疆年鉴》（2020）提供地情资料1700多字、《克拉玛依年鉴》（2020）提供地情资料9500多字，发放年鉴750多本、市志80多套。（黄银凤）

【行政许可审批】 2020年6月16日，《克拉玛依独山子年鉴》（2019）根据自治区地方志编纂委员会要求，经过线上申报、统一受理、审核及审批等程序，通过市委史志办地方志书、综合年鉴冠名编纂许可，地方志书、综合年鉴出版许可审批。这是自治区地方志行政审批事项线上审批在克拉玛依市的试点。（黄银凤）

【抗美援朝口述史料及其他资料收集】 2020年9月17日，区委史志办协助市委史志办开展抗美援朝口述史料及其他资料收集活动。走访抗美援朝老兵周起均、莫定才、黄声才、李良山4人，到独山子石化公司组织部调阅抗美援朝老兵人事档案38份，翻拍老照片30多张，收集抗美援朝时期茶缸、笔记本、纪念章等5件。（黄银凤）

## 老干部管理

【概况】 2020年，中国共产党独山子区委员会老干部局（简称区委老干部局）宣传落实离退休人员工作各项方针、政策及有关规定，安置、管理、服务离退休人员，组织离退休人员开展门球交流赛、写春联、参观独库公路博物馆和书画展等活动，引导离退休人员参加关心下一代工作，加强老年大学建设。2月，办公地址由区机关楼后楼407室搬至区老干部活动中心。全年，管理离退休人员647人（离休干部2人、退休人员645人），其中厅级干部1人、处级干部28人、科级干部213人、其他人员403人；成立离退休人员党支部104个，有中共党员466人；移交到街道社区进行企业社会化管理离退休人员5432人，其中中共党员2078人。（张玲玲）

【思想政治教育】 2020年初，区委老干部局制定离退休职工党员服务管理制度及离退休人员党支部年度工作计划、“三会一课”计划、“主题党日”计划、“不忘初心、牢记使命”学习计划，运用“智慧党建”和独山子零距离微信公众号、“学习强国”学习平台、“红色小油泡”App等平台，组织学习习近平新时代中国特色社会主义思想、党的十九届五中全会精神、第三次中央新疆工作座谈会精神、习近平总书记系列重要讲话精神、党纪党规、法律法规等；组织离退休干部观看“我看脱贫攻坚新成就”“中央召开第三次新疆工作会议”新闻报道；对因各种原因不能参加集中学习的老党员，各党支部指定人员进行微信、电话送学，保障学习教育全覆盖。组织召开离退休人员党建工作推进会及研讨会，访谈学习体会。举办党组织生活、党费计算与缴纳等党建工作培训班。深入离退休人员家庭、老干部活动中心、老年大学调研，通过交流收集意见、建议，召开会议研究解决离退休人员服务管理工作中存在的问题。新冠疫情防控期间，向全区离退休人员发出“听党话待在家，力所能及助抗疫”倡议，对全区离退休人员进行摸排，全面掌握未返独离退休人员信息，实行“一

2020年1月6日，区委老干部局邀请离退休老干部在老干部活动中心召开研讨会，畅谈独山子发展大计（赵媛 摄）

人一策”管理。利用微信公众号等多种渠道及时宣传疫情防控工作部署，号召大家为疫情防控捐款。全年，召开党员大会416次，开展党课学习416次，开展主题党日活动416次，参加4万多人次；组织集中学习200多场次，召开党建工作推进会1次、研讨会10多次，访谈离退休人员60多人次；摸排离退休人员828人，214名离退休人员为疫情防控捐款37286元。（张玲玲）

【落实政治待遇】2020年，区委老干部局贯彻落实离退休人员阅读文件、听报告、参加重要会议和重大活动、通报重要情况、组织离退休人员就近就地参观学习、走访慰问离退休人员等制度，使离退休人员及时了解党的路线方针政策、国际和国内形势及本地和本部门重要情况。邀请离退休人员参加座谈会，围绕独山子建设发展中的重大问题及离退休人员共同关心的热点、难点问题，为全区经济社会发展建言献策。全年，离退休人员提出建议18条，其中离退休人员社会化养老服务方面4条、社区建设方面5条、城市建设方面3条、支部建设方面3条、旅游发展方面3条；收集意见12条，回复率100%；为全区60岁以上离退休人员订阅《老年康乐报》400多份。（张玲玲）

【落实生活待遇】2020年，区委老干部局在春节、七一、中秋节、国庆节、重阳节等节日前慰问离退休人员，及时探望因病住院离退休人员，为逝世离退休人员做好善后事宜，努力解决离退休人员提出的工资待遇、电话费、暖气费补贴等问题，积极为离退休人员办实事好事。全年，慰问离退休人员，发放米、面、油、月饼、水果等1628份，离退休人员生日当天送上生日蛋糕及贺卡826份，组织街道社区走访慰问老党员100多人，为8名离退休人员补发电话费10880元，落实享受处级领导待遇退休人员暖气费补贴15人，探望因病住院离退休人员18人次，上门慰问离退休人员20人次，参加逝世离退休人员追悼会13次；接待离退休人员来访60多人次，接收、处理离退休人员反映问题信件2件，为离退休人员解决实际问题35件。（张玲玲）

【专题调研】2020年4月，区委老干部局成立“社区党组织如何做好退休职工党员服务管理工作”课题项目调研小组，以第十八社区为试点，采取到街道社区、退休职工党员家中实地查看，在居民中发放调查问卷，召开工作推进会、座谈会、项目小组联席会等措施，开展专题调研活动。摸清全区离退休职工党员基本情况，剖析社区党组织存在职能不清、服务管理不到位、退休职工党员对社区党组织缺乏认同感和归属感等状况，提出社区党组织如何做好退休职工党员服务管理工作行之有效的意见和建议。全年，开展调研活动343次，与相关单位召开项目推进会12次、座谈会19次、项目小组联席会议10多次，发放调查问卷798份，收集党员困难诉求28件，提出意见和建议55条。（张玲玲）

【文体活动】2020年，区委老干部局以“我们的中国梦——文化进万家”为主题，组队参加市门球交流赛，开展“迎新春，写春联，送祝福”活动，参观独库公路博物馆，举办银龄风采“浓情端午，粽叶飘香”“不忘初心跟党走，笔墨丹青敬献党”庆七一书画展，舌尖上的浪费视频及照片征集、“爱国情·强国志·报国行”庆国庆离退休干部主题书画展等系列活动，丰富离退休人员业余文化生活。全年，开展各类文体活动10多次，参加780多人次。（张玲玲）

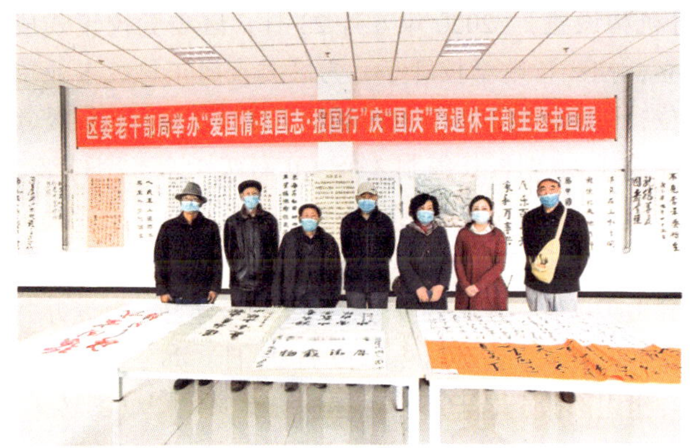


2020年9月30日，区委老干部局在老干部活动中心举办“爱国情，强国志，报国行”庆国庆离退休干部主题书画展（赵媛 摄）

【反对舌尖上的浪费作品评比活动】2020年，区委老干部局在全区离退休人员中倡导“光盘行动”，推动全社会制止舌尖上的浪费，开展反对舌尖上的浪费照片、视频征集活动。10月29日，对征集的31组照片、视频作品进行评比，评出一等奖1名、二等奖3名、三等奖4名。（张玲玲）

【队伍建设】2020年，区委老干部局利用每周例会时间组织工作人员学习习近平新时代中国特色社会主义思想、《新疆的若干历史问题》白皮书、第三次中央新疆工作座谈会精神、《中华人民共和国民法典》等政策、法律法规，学习党纪党规，定期开展党风廉政教育，参加全区干部集中培训，提高工作人员思想素质及理论水平。与独山子石化公司离退处进行专项业务交流，了解企业离退休人员管理服务职能、待遇政策、特色经验做法等。全年，组织学习55次，参加全区干部培训4人，与独山子石化公司离退处进行业务交流2次。（张玲玲）

## 党校教育

【概况】 2020年，中国共产党独山子区委员会党校（独山子区行政学校）（简称区委党校）对全区党员干部进行教育培训，加强师资队伍和行政管理队伍建设，开展马克思主义中国化最新成果及党的路线、方针、政策宣传和研究，与校外教育、研究机构等进行交流合作。全年，举办各类培训班9期，外出参观学习4次。（王思慧）

【机构设置】 2020年6月23日，区委党校正式成立，挂区行政学校牌子，为区委直属正科级事业单位；设事业编制6个，其中校长编制1个（由区委领导兼任）、副校长编制3个（正科级1个、副科级2个）；经费实行全额预算管理。11月5日，完成机构注册，法定代表人马军，开办资金1万元，校址位于独山子区独库东一路9号，因学校未建好，暂设办公室在区委组织部308室；12月21日，办公地点由区委组织部搬至老干部活动中心。（王思慧）

【校园建设】 2020年8月，区委党校在独库东一路9号开工建设，规划总面积31864.5平方米，其中绿化面积10896.9平方米、建筑面积15063.24平方米，投资7415.66万元。与校园建设相关单位对接，摸清工程进展现状，参与供暖方式、教室及场馆布局、办公室设置等规划，根据建校需求，列出教学设施采购清单并询价，制订初步采购计划。截至年底，教学楼、宾馆已建设两层，体育馆、实训厂房框架已建好。（王思慧）

【教育培训】 2020年，区委党校举办“学习贯彻党的十九届五中全会精神”“学习贯彻第三次中央新疆工作座谈会精神”“如何当好党组织书记”培训班，对社区“两委”班子成员集中进行培训。全年，开展各类教育培训班9期，参与培训598人次。（王思慧）

【队伍建设】 2020年，区委党校制定政治理论学习制度、岗位职责、教学教研及集体备课制度、考勤制度等，不断完善各类规章制度，加强行政管理。为弥补工作经验欠缺的短板，采取自学与参观学习、引进人才等方式，加强师资队伍建设。开展习近平新时代中国特色社会主义思想、《中国共产党党校（行政学院）》《2018—2020年自治区干部教育培训工作规划》等理论学习，到克拉玛依、乌苏、奎屯市委党校学习，从校园建设、办学模式、师资结构、教学教研等方面进行交流；主动与自治区、市委党校联系，取得上级党校指导和支持。围绕打造“红色教育培训基地”思路，探索“党校+基地”发展模式。全年，外出参观学习4次，参加学习12人次。（王思慧）

# 独山子区人民代表大会

## 重要会议

【概况】 2020年，独山子区人民代表大会常务委员会（简称区人大常委会）通过召开各类会议，讨论、决定全区政治、经济、教育、科学、文化、卫生、民政、民族等重大事项，监督区“一府一委两院”工作，依法任免“一府一委两院”干部。全年，召开人大常委会会议8次、主任会议9次，听取和审议“一府一委两院”专项工作报告20项次，做出决议、决定20项，依法任免地方国家机关工作人员32人次。（张静）

【区十四届人大五次会议】 2020年1月19—21日，独山子区第十四届人民代表大会第五次会议在文化中心三楼会议厅召开，应到代表120人，实到代表109人。会议听取并审议通过《区人大常委会工作报告》《区政府工作报告》《区法院工作报告》《区检察院工作报告》，审议《2019年国民经济和社会发展计划执行情况及2020年计划（草案）的报告》《2019年财政预算执行情况及2020年财政预算（草案）的报告》。会议决定设立法治委员会、财政经济委员会、教育科学文化卫生委员会、城乡建设环境与资源保护委员会、社会建设委员会5个专门委员会，王珏、薛金玲当选为独山子区第十四届人民代表大会常务委员会副主任，任婕、刘利、魏红江当选为独山子区第十四届人民代表大会常务委员会委员。会议期间，经主席团讨论通过，确定大会议案1件，代表建议、批评和意见58件。（张静）

2020年1月19—21日，独山子区第十四届人民代表大会第五次会议在文化中心召开 （张杰 摄）

【区人大常委会会议】 2020年，区十四届人大常委会召开会议8次。

1月10日，区十四届人大常委会第四十次会议召开。审议通过区十四届人大五次会议筹备情况报告、各项草案及《区人大常委会工作报告》，听取和审议《关于补选区第十四届人民代表大会代表资格审查情况报告》，征求区人大常委会2020年工作运行表意见，免去刘成立区人民检察院检察员职务。

1月18日，区十四届人大常委会第四十一次会议召开。接受张芳辞去区十四届人大常委会副主任及人大代表等职务请求，免去王珏及张群发区政府副区长职务、张健文区监察委员会副主任职务。

3月27日，区十四届人大常委会第四十二次会议召开。听取和审议第三十六次会议审议意见办理情况报告，听取重点工程项目筹备情况报告。

5月8日，区十四届人大常委会第四十三次会议召开。听取和审议区规范性文件备案审查情况调研报告，决定任命徐烽为区发展和改革委员会主任、贾龙宽为区审计局局长、李瑞荣为区司法局局长、任士才为区市场监督管理局（知识产权局）局长、张德莲为区统计局局长，免去杨国胜区司法局局长职务、徐峰区市场监督管理局（知识产权局）局长职务、徐烽区统计局局长职务、刘爱梅区人民法院刑事审判庭庭长职务；新任职人员举行宪法宣誓仪式。

5月29日，区十四届人大常委会第四十四次会议召开。听取和审议区2019年度环境状况和环境保护目标完成情况报告、区2019年财政决算报告、区十四届人大常委会第三十八次会议审议意见办理情况报告，听取2019年区本级预算执行和其他财政收支情况审计工作报告、区行政规范性文件备案审查清理工作情况报告、区扫黑除恶专项斗争情况报告，听取和审议并批准《关于提请审议批准2020年部分新增地方政府债务限额调整方案的议案》及说明。

6月17日，区十四届人大常委会第四十五次会议召开。听取和审议2020年上半年国民经济和社会发展计划执行情况报告、2020年上半年财政预算执行情况报告、住宅专项维修资金管理使用情况调研报告，听取和审议并批准《关于提请审议批准独山子区2020年第三批地方政府债务限额及区级预算调整方案（草案）议案》及说明，听取新《食品安全法实施条例》贯彻落实情况报告、人民法院2012年以来办理民事借贷案件调研报告，审议《独山子区人大常委会关于促进人大代表闭会期间履职工作的意见（草案）》《关于进一步加强人大代表“室、站”规范化建设密切联系人民群众的实施方案（草案）》。决定任命戴震坤为区政府副区长（挂职），王德华为区监察委员会副主任，王震为区检察院检察员、检察委员会委员、副检察长、代理检察长；免去郭庆区检察院副检察长、检察委员会委员、检察员职务，黄巍区检察院检察委员会委员、检察员职务；接受贾志茵辞去区检察院检察长职务请求、王德华辞去区第十四届人民代表大会常务委员会委员职务请求；新任职人员举行宪法宣誓仪式。

10月23日，区十四届人大常委会第四十六次会议召开。听取和审议关于2020年重点工程建设项目进展情况视察报告、“最多跑一次”改革工作情况报告；听取区国有资产管理情况报告，区检察院关于开展公益诉讼检察工作情况报告，西宁路街道、金山路街道及新北区街道人大工委工作开展情况报告；审议贯彻落实《中华人民共和国就业促进法》情况报告、关于区十四届人大常委会第四十四次会议审议意见办理情况报告、《关于对2012年以来区人民法院办理民间借贷案件的调研报告》落实情况报告。决定任命王兴平为区退役军人事务局局长、任晓燕为人大西宁路街道工作委员会主任、邓玉梅为区法院立案庭（诉讼服务中心）庭长、万里春为区法院刑事审判庭庭长、阿尔孜古力·艾合麦提为区法院刑事审判庭副庭长、贾志茵为区检察院副检察长、马胜为区检察院检察委员会委员；免去赵亮兼任的人大西宁路街道工作委员会主任职务、何青区法院立案庭庭长职务、邓玉梅区法院审判监督庭庭长职务、万里春区法院刑事审判庭副庭长职务；接受阿里木·朱马别克辞去市、区两级人大代表职务请求；新任职人员举行宪法宣誓仪式。

11月30日，区十四届人大常委会第四十七次会议召开。听取和审议《独山子区2020年度预算执行和其他财政收支审计查出问题整改情况报告》、十四届人大五次会议议案办理落实情况报告、十四届人大五次会议代表建议办理情况报告、全区公共文化服务体系建设报告，听取和审议并批准《关于提请审议批准2020年剩余地方政府新增债务限额调整及区级预算调整方案（草案）的议案》及说明。决定任命胡刚为区政府办公室主任；新任职人员举行宪法宣誓仪式。（张静）

## 视察与调研

【概况】 2020年，区人大常委员会对全区政治、经济、教育、科学、文化、卫生、民政、民族工作等重大事项进行讨论，并做出决定，针对情况进行视察及调研。全年，开展视察及调研活动13次，提出整改意见、建议36条。（张静）

【规范性文件备案审查工作调研】 2020年4月，区人大常委会成立调研组，对区“一府两院”规范性文件集中备案工作进行审查。相关单位基本按照“有件必备、有备必审”要求，对所报送规范性文件及时进行登记和初步审查。总体上看，报送的规范性文件基本能够遵循法律、法规规定，文件制定机关没有超越法定权限增设自身权力或违法设定他人义务，相关规定也没有出现与法律法规相抵触或不一致情形，规范内容基本符合经济和社会发展实际需要。但仍存在着规范性文件备案审查工作培训力度不够、规范性文件备案审查工作督查不到位等问题，有针对性地提出改进工作建议。审查期间，审查文件56件，其中区政府自行清理文件17件、计划评估修订文件13件、准予备案文件8件，区法院、区检察院准予备案文件14件；发现问题3项，提出建议4条。（张静）

【环境状况和环境保护目标完成情况视察】2020年4月15日，区人大常委会组织部分市、区两级人大代表组成视察组，对全区2019年度环境状况和环境保护目标完成情况进行视察。实地查看独山子石化公司热电厂动力站脱硫、脱硝及除尘设施，乙烯储运联合车间液体储运装置VOCs（挥发性有机物）治理设施，炼油储运联合车间中间油罐区VOCs治理设施，天利集团VOCs治理设施，污水处理厂污水处理设施及区环保局VOCs监测站，并听取区生态环境分局等相关单位工作汇报。调研过程中，发现问题2项，提出意见建议3条。（张静）

【“最多跑一次”改革工作调研】2020年9月9日，区人大常委会成立调研组对全区“最多跑一次”改革工作进行调研。调研组对市民服务中心办事大厅、西宁路街道社会事务（统计）服务中心进行实地走访，通过征集部分代表意见、听取汇报、现场交流、查阅资料等方式，详细了解区政务服务中心、医保局、公安分局、住建局、自然资源分局、西宁路街道办等单位办理各类涉民涉企的户政、商事登记、工程建设项目审批、不动产交易、民政及医保事务等工作情况。调研期间，发现问题4项，提出优化服务流程，减少办事环节，持续深化基层“ 网通办”等建议5条。（张静）

【重点工程建设项目视察】2020年9月，区人大常委会组织部分区人大代表，对2020年重点工程建设项目进展情况进行视察。视察组到两湖旅游基础设施建设、生活垃圾无害化处理场、污水处理厂改扩建、第二中学新建学生宿舍楼及实验室、新建独库公路游客服务中心配套商业街、辉煌世纪SOHO综合楼等政府及社会投资建设项目进行实地查看，听取区发改委2020年重点工程建设项目进展情况汇报，并进行座谈交流。调研期间，发现问题2项，提出意见建议2条。（张静）

【国有自然资源资产管理视察】2020年9月28日，区人大常委会组织部分市、区人大代表对区国有自然资源资产管理情况进行视察。实地察看独山子区大峡谷开发、独山子奎屯河砂厂整改、城西产业园区等项目国有自然资源资产管理情况，并撰写调研报告。视察过程中，发现问题2项，提出整改建议2条。（张静）

【文化服务体系建设视察】2020年10月10日—11月20日，区人大常委会组织部分区人大代表对全区开展文化服务体系建设相关情况进行视察。视察组就全区公共文化服务体系建设总体设计、资源配置、服务提供、队伍建设和资金保障等方面情况到天鼎集团、教育局、民政局、住建局、工建局和各街道社区进行实地查看，听取区文体旅游局、独山子石化公司公共服务公司、天云公司等单位汇报，组织西宁路街道人大工委与文化体育领域专家代表、街道文化站干部、部分人大代表进行座谈交流。视察过程中，发现问题3项，提出整改建议4条。（张静）

【配合市人大视察调研】2020年，区人大常委会配合市人大常委会对区建设项目推进、疫情防控期间政策措施落实、“双创”工作、执行食品安全法情况、人大“家、室、站”建设情况、自然资源资产管理情况、公共卫生安全管理工作等开展视察调研活动。全年，配合市人大常委会开展调研及联动视察活动6次。（张静）

## 执法检查

【概况】2020年，区人大常委会依法对全区法律法规贯彻执行情况进行监督检查，提出整改建议、意见。全年，开展执法检查6次，查出问题17项，提出整改建议、意见16条。（张静）

【配合市人大常委会执法检查】2020年，区人大常委会配合市人大常委会对全区开展《全国人民代表大会常务委员会关于全面禁止野生动物非法交易、革除滥食野生动物陋习、切实保障人民群众生命健康安全的决定》《中华人民共和国野生动物保护法》《中华人民共和国土壤污染防治法》《中华人民共和国律师法》等进行执法检查。全年，配合市人大常委会开展执法检查3次。（张静）

【食品安全法实施条例落实情况检查】2020年，区人大常委会执法检查组对全区依法开展食品安全工作情况、监管体制、机制建设及重点问题治理情况进行检查。检查组通过听取工作汇报，实地抽查企业、学校、集市、酒店、商场等单位和场所，对全区《食品安全法实施条例》落实情况进行了解；人大金山路街道工委牵头组织对辖区商圈内夜市、餐饮业、超市进行执法检查，并召开群众座谈会，引导企业严格遵守食品安全法律法规，动员全社会力量广泛参与到食品安全工作中来，鼓励和支持公众举报食品安全违法行为，针对检查中发现的问题提出整改建议。全年，检查4次，发现问题3项，提出建议3条。（张静）

【就业促进法落实情况检查】 2020年9月上旬，区人大常委会执法检查组对全区贯彻落实《中华人民共和国就业促进法》进行专项检查，组织召开座谈会听取相关工作汇报，查阅相关资料，走访区人力资源和社会保障局、区小微企业创业孵化基地及信达公司等单位，发现问题3项，针对增加创业平台、创业服务等内容提出3条建议。（张静）

【查出问题整改情况监督检查】 2020年11月17—18日，区人大常委会成立检查组，对全区2020年度预算执行和其他财政收支审计查出问题整改情况进行监督检查。区审计局提供审计查出问题整改情况汇总清单，并补充完善部分审计查出问题整改处理情况内容。检查组听取区审计局关于2020年度预算执行和其他财政收支审计查出问题整改情况汇报，就有关问题向被审计单位询问，对问题整改资料进行检查。各单位基本做到分析问题产生原因，制定整改工作台账，逐一确定整改措施及完成时限，明确审计查出问题整改工作流程及具体要求，实行整改工作督导、检查、销号制度。检查过程中，发现问题3项，提出整改建议3条。（张静）

## 代表工作

【概况】 2020年，区人大代表依法行使职权、履行义务，讨论和决定全区重大事项，监督国家法律、法规和决议、决定是否得到有效实施，体察民情，反映民意，受理人民群众来信来访事务，自觉接受监督。年初，有区人大代表120人、市人大代表32人、自治区人大代表1人，由于工作变动、个人因素等原因，辞去区人大代表职务4人、市人大代表职务1人，补选区人大代表5人；年末，有区人大代表121人、市人大代表31人、自治区人大代表1人。全年，审议通过人事任免5批31人次，收集各类社情民意120多件，协助解决群众反映突出问题94件，化解各类矛盾纠纷26件，解决企业困难诉求10多项。（张静）

【出席市人代会】 2020年1月15—17日，克拉玛依市第十四届人民代表大会第五次会议召开，独山子区市人大代表马军、王玉海、木明江·依拉洪、车灵子、曲平、刘元敏、刘世东、刘伟、孙勇、买买提·尤里瓦斯、李旭升、李鸿欣、李霞、何震、沈琛、张寿高、张芳、张建彬、阿力木江·阿布力米提、阿克赞·拜祖拉、陈和兵、林新丽、尚冬梅、段莉、热西代·哈立克、夏川江、郭华、海拉提·阿不都克里木、程飞、焦凤辉、阿里木·朱马别克31人出席会议。会议期间，代表们履职尽责，认真审议报告和议案，提交议案建议，主动反映独山子人民心声。（张静）

【出席自治区人代会】 2020年1月6—10日，自治区第十三届人民代表大会第三次会议召开，驻独山子区自治区人大代表热西旦·依拉洪（区第六小学教师）出席会议。会议期间，热西旦·依拉洪认真审议报告和议案，通过议案建议反映独山子人民心声。（张静）

【人事任免审议】 2020年，区人大常委会加强与区委组织部及“一府一委两院”有关部门联系，互通人事任免信息，把好“一府一委两院”拟任人员任职条件关、提请审议任免案初审关。全年，人大代表审议通过有关人事任免5批31人次，审查人事任免材料12件次，组织任职领导宪法宣誓3批14人。（张静）

【代表履职尽责】 2020年，区人大常委会坚持把代表培训与提高工作能力相结合，在“三查（察）”活动开展前，组织代表学习相关法律、法规，确保代表知法、懂法，依法监督。平时运用新媒体平台及时发布学习任务和资料，督促代表学习；组织代表赴广东省深圳市、新疆库尔勒市等地学习考察，系统学习人大业务及先进工作经验，开阔代表视野、转变思路、提升工作能力。依托各街道人大工委微信公众号和微信群，将代表接待室、社情民意收集点搬到线上，及时收集市民诉求及建议。线下将代表接访工作与社区联户长会议、“大党委”联席会、居民代表大会等相结合，搭建起“线上+线下”履职平台，及时帮助市民解决困难诉求。疫情防控封闭式管理期间，各级人大代表联合开展“抗击新冠疫情，代表在行动”活动，主动宣传防疫知识，服务群众；特别是独山子石化公司人大代表冲锋在前、争做表率，24 小时坚守生产一线，吃住在厂，全力保障生产。封闭式管理结束后，人大代表积极推进“千人入千企”工作，全覆盖走访联点企业，宣传惠企政策，收集研判、跟踪落实和解决企业困难诉求。选派代表及委员到南疆开展脱贫攻坚工作，助力脱贫攻坚收官战。全年，各级人大代表参加网络视频培训 310 人次，参加相关法律法规、业务知识培训 27 场次，参加会议、调研视察、执法检查等活动 117 人次，参与各类接访、法院案件庭审和检察院开放日活动 138 人次，收集各类社情民意 120 多件，协助解决群众反映突出问题 94 件，化解各类矛盾纠纷 26 件；“千人入千企”工作中解决企业困难诉求 10 多项；因抗疫工作突出受市人大常委会通报表扬代表 9 人，到南疆开展脱贫攻坚工作人大代表及常委会委员 3 人。（张静）

## 议案建议征集办理

【概况】 2020 年，区人大常委会重点围绕全区经济社会发展和人民群众普遍关心的热、难点问题，征集、转办议案建议，建立重点议案建议督办制度及办理满意度测评制度。全年，征集、办理议案 1 件、意见建议 58 件，办理满意率 100%。（张静）

【议案建议征集】 2020 年，区人大常委会依托代表联络站等平台，组织代表深入基层走访调研，了解社情民意，倾听百姓呼声，围绕全区经济社会发展和人民群众普遍关心的热、难点问题，有针对性地提出议案建议。在主任会议上专题研究讨论代表议案建议征集工作，各工委及时梳理近年来视察调研情况，向代表工委提供代表议案建议素材。各街道人大工委主要领导组织专人深入社区、基层站所、企业调研，征集代表议案建议线索，并参与研究，严把议案建议质量关。通过线上“云会议”形式，反馈群众诉求及建议，向社会各界公开征集代表议案建议线索。全年，征集议案 1 件、意见建议 58 件。（张静）

【议案建议办理】 2020 年，区人大常委会及时将征集的议案建议进行整理归类，召开代表议案建议转办会，明确办理时间和要求。各承办单位对代表所提问题深入现场勘察，了解真实情况及问题实质，有的放矢做工作，对代表所提问题，在答复过程中，做好耐心细致解释工作，认真把握办理前、办理过程中、拿出初步意见后三次沟通。承办单位通过召开座谈会、上门走访、利用互联网或多媒体等方式，主动与代表沟通，征求代表对办理议案建议的意见；办理完后，邀请代表实地查看，亲身感受办理效果，征求代表意见及满意率。针对一些重点建议，承办单位先制订总体办理方案和分步实施措施，保证议案建议办理真正落在实处，使需较长时间办理的议案建议在办理过程中能够很好衔接和连续，并取得实效。全年，转办区委系统代表建议意见 1 件，转办区政府系统代表议案 1 件、建议意见 56 件；办理率 90%，满意率 100%。（张静）

【议案建议督办】 2020 年，区人大常委会建立重点议案建议督办制度，选取重点督办件由常委会领导、区政府领导领办；建立人大常委会相关委室督查制度，派出督查组进行跟踪督办，对承办单位办理代表议案建议数量、质量对照表册和议案建议要求进行查看，确保议案建议办理质量；建立代表建议办理满意度测评制度，把代表是否满意作为绩效考评依据之一。对上交的人大议案建议答复件逐件审核，认真把关，有疑问的，及时督促相关部门解决。全年，跟踪督办区十四届人大三次、四次、五次会议收到的议案 4 件、建议 21 件，组织现场查看 3 次；落实大会期间收集的议案 1 件、意见建议 58 件，其中已解决或基本解决 40 件、正在解决或已列入逐步解决 12 件、暂时无法办理落实的 6 件，代表满意率 100%。（张静）

## 自身建设

【概况】 2020 年，区人大常委会设置专门委员会，建立健全各项工作制度，坚持将党的领导，充分发挥地方人大及其常委会职能作用。全年，设置专门委员会 5 个，建立代表工作室 1 个、代表联络站 3 个，按区域划分代表小组 12 个，建立健全各项工作制度 6 项。（张静）

【专门委员会设置】 2020年，区人大常委会根据《中华人民共和国地方各级人民代表大会和地方各级人民政府组织法》规定和工作需要，经区十四届人大五次会议批准，设立法治委员会、财政经济委员会、教育科学文化卫生委员会、城乡建设环境与资源保护委员会、社会建设委员会。各专门委员会均设置主任委员、副主任委员和委员，相关人员由人大代表选举产生。建立人大专门委员会及常委会工作委员会联系人大代表机制和联系对口单位机制，制定各项工作制度，畅通社情民意诉求渠道，打通服务代表、服务群众"最后一公里"。全年，设置人大专门委员会5个，制定各项专门委员会工作制度4项。 （张静）

【基层人大组织建设】 2020年，区人大常委制定《独山子区关于进一步加强人大代表"室、站"规范化建设密切联系人民群众实施方案》，推进代表工作室、联络站工作制度化、常态化、规范化，实现三级代表进站全覆盖，搭建代表服务群众新平台和对接民意"连心桥"。制定《独山子区人大常委会街道工作委员会工作规则》，明确人大街道工委职责、任务等，健全工作制度和流程，给予经费支持和保障。人大新北区街道工委以代表联络站为依托，建立"1227"（"1"即以密切联系群众为一个工作中心，"2"即采用线上、线下相结合两种工作方式，"2"即注重学习培训、注重服务管理；"7"即7项制度）工作机制，规范和提高人大街道工委工作水平。人大西宁路街道工委创新代表履职形式，通过线上"云会议"形式反馈群众诉求及建议，强化代表在疫情期间履职能力。人大金山路街道工委注重内部制度建设，为代表履职提供良好的制度保障。将人大代表按区域划分小组，在各街道组建财政经济、教科文卫、法治工作、综合专项小组，便于代表对口参与人大专门委员会和常委会工作委员会开展的各项调研视察、执法检查、座谈交流等活动。全年，建立代表工作室1个、代表联络站3个，按区域划分代表小组12个，为人大街道工委申请市级经费补助6万元。 （张静）

【健全工作制度】 2020年，区人大常委会修订完善《独山子区人民代表大会代表建议、批评、意见办理办法》《独山子区人民代表大会常务委员会人事任免办法》，制定《独山子区人大常委会关于促进人大代表闭会期间履职工作的意见》《独山子区人大常委会街道工作委员会工作规则》，规范人大常委会日常工作事务程序及标准，提高工作效率。全年，建立健全各项工作制度4项。 （张静）

## 《新疆的反恐、去极端化斗争与人权保障》白皮书摘要（之二）

一段时间以来，中国新疆地区深受民族分裂势力、宗教极端势力、暴力恐怖势力（以下简称"三股势力"）的叠加影响，恐怖袭击事件频繁发生，对各族人民生命财产安全造成极大危害，严重践踏了人类尊严。面对恐怖主义、极端主义的现实威胁，新疆采取果断措施，依法开展反恐怖主义和去极端化斗争，有效遏制了恐怖活动多发频发势头，最大限度保障了各族人民群众的生存权、发展权等基本权利。

中国是社会主义法治国家，尊重和保障人权是中国的宪法原则。中国新疆的反恐怖主义和去极端化斗争，是国际社会反恐怖斗争的重要组成部分，完全符合联合国打击恐怖主义、维护基本人权的宗旨和原则。

**一、新疆是中国领土不可分割的一部分**

新疆地处中国西北，位于亚欧大陆腹地，面积166万多平方公里，与蒙古国、俄罗斯、哈萨克斯坦、吉尔吉斯斯坦、塔吉克斯坦、阿富汗、巴基斯坦、印度8个国家接壤。新疆自古就是多民族聚居、多文化交汇、多宗教并存的地区，是东西方文明交流的重要通道，著名的"丝绸之路"在此将古代中国与世界联系起来。在悠久的历史进程中，各民族交往、交流、交融，共居、共学、共事、共乐，和睦相处、和衷共济、和谐发展。

# 独山子区人民政府

## 综　述

【督查督办】 2020年，独山子区人民政府办公室（简称区政府办）重点督查政府工作报告，“六保”（保居民就业、保基本民生、保市场主体、保粮食能源安全、保产业链供应链稳定、保基层运转）任务实施方案分工台账，“放管服”（简政放权、放管结合、优化服务）相关工作完成情况，抓好绩效目标管理考核，落实绩效考核工作要求。跟踪区政府常务会议、党组会议、区长办公会、专题工作会议议定事项落实情况，并建立台账；及时催办、督办区领导工作批示和群众来信来件批示。以国务院第七次大督查为契机，对国务院“互联网+督查”平台群众留言信息部门答复情况进行“回头看”，对督查回声专栏反映问题进行举一反三，梳理六项重点工作开展和政策落实情况等，制订整改措施，并规定完成时限，纳入专项督查大表进行跟踪督办。全年，下发政府督查要点24期，督办政府常务会及党组会议定事项62项、OA办公平台文件领导批示52项，反馈市级回函99项，向市政府督查室反馈涉重要决策部署及重点工作30多次，落实区委转办督查要点26期、督查专报3期，督办六项重点工作问题19条、政策落实问题36条。（吕依洁）

【政务公开】 2020年，区政府办建立与区委宣传部、网信办等部门沟通协调机制，制定《进一步规范独山子区人民政府网、机关办公平台建设和管理办法》，重新调整全区各个部门归口栏目职责表，明确部门责任和信息发布审核流程，规范网站管理制度，严格落实信息发布双“三审三校”制度。按照“公开是常态，不公开是例外”原则，完善公开机制，做到及时发布社会广泛关注、事关群众切身利益的政府信息。全年，公开各类信息3000多条。（秦利娜）

【信息报送】 2020年，区政府办围绕区委、区政府重点工作，聚焦领导关心的重点、群众关注的热点及各部门独具特色、亮点工作做好信息报送工作。报送信息严格把关，突出政务信息准确性、及时性、针对性和预见性。全年，向市政府办报送各类信息48篇，被采用10篇；每周向区委办报送政府系统信息3篇；节假日期间向市政府办、区委办反馈节日信息9期。（吕依洁）

【社情民意】 2020年，区政府办通过区政府门户网站政民互动平台、阳光热线、区长信箱等渠道掌握群众提出的各类诉求，安排专人对政民互动平台群众诉求进行派单、办理及公开，想方设法解决群众诉求。全年，受理群众诉求15500多件，办结15400多件，办结率99.35%。（秦利娜）

【文书办理】 2020年，区政府办落实基层减负年精文减会要求，对没有实质内容、可发可不发文件一律不发，严把公文起草关、审核关、发文关、收文关，规范发文程序，保证行文严肃性和时效性；及时、明确批复公文，确保文件信息流转顺畅和指令上传下达；坚持急件急办、特件特办、密件专办要求，规范文件处理；严格电子文件收发登记、归档制度。全年，发文181份，处理各类来文2328份，撰写、审核区政府领导各类讲话稿50多篇，起草区政府常务会议、区长办公会议、各类专题会议纪要34份，整理各类专题、综合性汇报材料100多篇。（李雅琪）

【会议经办】 2020年，区政府办严格落实会议管理制度，会前研究会议主题，会上严把法律法规关，会后及时总结和印发会议纪要。重要会议、活动提前介入，合理安排，精心组织。全年，筹备区政府常务会议9场、党组会议10场、区长办公会7场，协助完成上级领导检查调研、人大政协视察检查会议30多次，协调区政府各类会议700多场次。 （李雅琪）

【涉外事务】 2020年，独山子区外事工作委员会严格执行中央、自治区、市外事审批管理相关制度，规范区直机关工作人员因公出国（境）管理工作。协调培训机构、街道社区做好到独山子区常住外国人服务工作；按时参加市外事办例会，积极落实相关工作。建立境外务工人员企业协调联系机制，对境外务工人员返独山子区情况做到日报告。全年，参加外事工作会议12次，境外务工人员返独山子区11人，常住独山子区外国人4人。 （吴人杰）

【议案、建议与提案办理】 2020年，区政府办对转办的人大代表议案、建议及政协委员提案进行梳理登记，确定"统一受理、归类办结、限时反馈、跟踪回访"工作原则，将建议、议案及提案办理工作作为提高行政效能、密切联系人大代表、政协委员和推进政府决策科学化、民主化、法治化的有效途径，明确部门责任，确保建议、议案及提案办理质量。对办理工作进行跟踪督查，并始终保持和人大代表、政协委员的联系沟通，实现"办理前联系、办理中征求意见、办理后跟踪回访"。全年，办结并答复人大代表议案1件，代表建议、批评和意见56件，政协委员提案62件，办结率及满意率均为100%。 （吕依洁）

## 重要会议

【概况】 2020年，独山子区人民政府（简称区政府）通过召开常务会议、区长办公会议、党组会议，讨论、决定政府工作中重要事项，研究讨论向上级请示报告重要事项，讨论和审议政府重要规范性文件等。全年，召开常务会议9次、党组会议10次、区长办公会议7次。 （李雅琪）

【常务会议】 2020年，区十四届政府召开常务会议9次。

3月12日，区十四届政府第五十次常务会议召开。会议审议并原则通过独山子区2020年协作扶贫项目、3月15日开始执行调整后的墓穴价格等事项。

4月3日，区十四届政府第五十一次常务会议召开。会议审议并通过《独山子区非市场化老旧小区物业进驻方案》《独山子区残疾人基本辅助器具适配补贴（暂行）办法》等事项。

5月7日，区十四届政府第五十二次常务会议召开。会议审议并原则通过《关于调整独山子住宅小区物业费的请示》《独山子区商务接待管理办法（暂行）》等事项。

6月3日，区十四届政府第五十三次常务会议召开。会议审议并通过《独山子区消费扶贫工作方案》《独山子区商务接待管理办法（暂行）》《关于"十四五"信息化建设及5G网络应用发展战略合作框架协议》等事项。

9月8日，区十四届政府第五十五次常务会议召开。会议审议并原则通过《2020年度独山子区政府重大行政决策事项目录》《独山子区科技创新券管理办法（暂行）》《独山子区殡葬管理办法（修订）》等事项。

12月21日，区十四届政府第五十八次常务会议召开。会议审议并原则上通过《独山子区小微企业创业创新示范基地支持和管理办法（暂行）》《独山子区差旅费报销标准方案》《独山子区住宅物业服务考核办法》等事项。 （于奇）

【党组会议】 2020年，区政府党组召开会议10次。

3月27日，区政府党组（扩大）会议召开。传达学习自治区党委办公厅、自治区政府办公厅印发《关于以习近平新时代中国特色社会主义思想统领新疆教育工作的指导意见》的通知及自治区党委印发《贯彻〈中共中央关于加强党的政治建设意见〉的措施》的通知精神。

5月7日，党组书记李旭升主持召开区政府党组（扩大）会议。审议同意天鼎集团公司殡仪馆资产划转至民政局（殡葬管理所），展览博物馆资产划转至文体广电和旅游局，矿区工人疗养院旧址、中苏石油股份公司办公旧址、第二社区4号及5号老苏联楼资产划转至天骄文旅投资公司等事宜。

6月3日，区政府党组（扩大）会议召开。审议同意文体广电和旅游局采用邀请招标方式，自行采购独库公路旅游歌曲，经费30万元，从中央补助地方公共文化服务体系建设专项资金支出；同意给绿丰农牧发展有限公司管理的21户农牧民发放2020年农牧民补助奖励资金 184.875 万元；同意拨付科技局承办第五届克拉玛依市创新创业大赛所需 10 万元经费。

9 月 8 日，党组书记李旭升主持召开区政府党组（扩大）会议。审议同意为区机关等会议室配备手机屏蔽柜和便携式手机信号干扰仪等，为区属单位（含街道、社区）保密室配备红外线报警器、防盗门、窗等设备，预算费用 15.2 万元；同意 2020 年一般性支出压减方案，其中压减基本支出 322 万元、项目支出 3697 万元；同意区卫健委追加流感疫苗采购经费 128 万元。

10 月 13 日，党组书记李旭升主持召开区政府党组（扩大）会议。审议并原则上同意《克拉玛依市天利恒华石化有限公司整体变更设立股份有限公司方案》《新疆天利石化股份有限公司（筹）国有股权管理方案》，同意继续委托独山子石化公司对新疆天利石化控股集团有限公司（原新疆独山子天利实业总公司）和新疆天云石油化工有限公司进行监管。

（胡小杰）

【区长办公会】 2020 年，区长召开办公会议 7 次。

9 月 16 日，区长李旭升主持召开办公会议。会议听取 1—8 月税费收入分析、交通运输业税收征管现状及财政增收任务牵头单位具体增收措施的汇报，要求各财政增收任务牵头单位细化具体工作措施，按月制订工作计划，每周反馈工作推进情况；区财政局汇总各财政增收任务牵头单位措施计划，形成工作调度表，全力以赴完成财政增收任务。

11 月 27 日，区长李旭升主持召开办公会议。审议并原则通过独山子区国有企业重组方案。会议强调国资委要加快策划、完善各区属国有企业管理办法，制定相应方案报区政府审议。（于奇）

## 领导调研

【概况】2020 年，区政府领导就深化街道办机构改革、社区党组织如何做好退休党员服务管理、党建引领物业、招商引资、政务服务、国企改革、基础设施保障等工作开展调研活动。全年，区政府领导开展调研活动 60 多次，撰写调研报告 7 篇，发现问题 50 多项，提出建议意见 70 多条。（秦利娜）

【街道办机构改革调研】 2020 年，区委常委、常务副区长蔡国标从“深化街道办机构改革，提升管理服务效能”这一课题出发，以西宁路街道办为试点，多次前往金山路、西宁路、新北区街道办，通过实地查看、走访、召开座谈会等方式进行调研。调研中发现，街道办机构改革集中存在“两办四中心”运行机制不完善、职责不明确、“前后台”关系未理顺、各部门职责分家、各自为战等现象，派驻街道办执法力量薄弱，有的街道办甚至没有下沉执法力量，基层综合执法改革没有进展，与实现基层一支队伍管理执法还有差距，街道办精准服务居民群众能力有待提升，个别服务事项还没有实现“最多跑一次”等问题。通过调研提出探索推行基层治理指挥调度机制，有效提升社会管理水平；在街道办建立党群服务中心、社区居委会建立党群服务站、网格建立党群服务点，将区级职能部门职责赋权的便民服务事项下沉到试点社区，以信息化为支撑，打造规范化线上服务平台，积极实践“一次也不跑”；优化调整“两办四中心”，提升工作效率；下沉城市管理、市场监管执法力量，强化街道执法能力等措施；并通过以上措施优化组织结构，理顺职能职责，合理划分事权，推动行政管理权限下放，创新社会治理机制，提升街道办综合管理效能。全年，召开调研会 6 场次，收集困难诉求 20 多件，提出意见建议 10 多条。（程涛）

【退休职工党员服务管理工作调研】 2020 年，副区长王晓佳从“社区党组织如何做好退休职工党员服务管理工作”这一课题出发，以第十八社区为试点，开展专题调研。在调研中了解到大部分退休职工党员存在原体制内形成的“单位习性”向着社会化管理的转型，产生由“单位人”转换为“社会人”的压力输入和心理变化问题，为社区党组织服务管理退休职工党员增添一定难度。提出构建“党建+网格治理”工作模式，根据退休职工党员需要，按照小型、分散、务实原则坚持“三会一课”制度，以线上“微信群”、线下楼宇“恳谈会”等形式传达最新党政方针政策，引领退休职工党员在思想上和行动上与党中央保持一致。社区党组织联合组织、人社、财政等有关部门，协助退休职工党员落实自身在医保、社保、暖气费、统筹外费用等方面的办理，让退休职工党员实实在在享受地方政府“最多跑一次”成果。各社区居委会按比例配备党务工作人员，有针对性地储备、培养一批专职党务工作者，抓好党务知识和专业技能培训，把区外优势资源“请进来”，选派社区“两委”班子成员“走出去”，不断开拓干部视野，积累工作经验。赋予街道党工委和社区党委社会化管理服务机构相应职权及资源手段，提高街道和社区管理服务能力；以社工站、家庭医生、法律顾问为主导，大力推进居家为基础、社区为依托、机构为补充、医养相结合养老服务体系建设，充实社区党组织在退休职工党员生活待遇上的服务。通过建立全区“银龄人才”信息数据库，组建技能组、宣讲组、法律调解组、文体艺术组等，建立“银龄先锋队”，发挥其政治优势、智慧优势、专业优势、经验优势、技术优势，聘请退休职工中老党员担任社区工作顾问、廉政建设监督员，对社区工作进行监督、指导。选拔发挥作用好、工作认真负责的退休职工党员担任支部书记和委员，每月发放一定工作补贴。全年，开展调研活动20多次，召开推进会12次、座谈会19次，发放调查问卷798份，收集困难诉求28件，提出意见建议55条。（胡小杰）

【党建引领物业调研】 2020年，区政府党组成员、副区长阿力木江·艾则孜从党建引领物业提升服务质量这一课题出发，以新北区街道第十七社区为试点，围绕夯实组织建设、健全治理体系、推行联动共治、完善考评机制、打造智慧物业、提升便民品质服务等方面进行调研。通过入户走访、召开座谈会、问卷调查等多种形式了解各居民小区物业管理工作情况，认真梳理物业行业存在的突出问题，听取意见建议，收集困难问题，分析问题症结，提出对策建议。制定出台《关于强化党建引领物业提升服务质量的项目实施方案》，指导企业提高物业服务质量、提升业主委员会履职能力，形成“红色物业”工作标准，为“红色物业”建设提供菜单式模板。组织各街道办、社区居委会、物业企业召开全区经验交流会，全面推广项目应用成果，全方位营造党建引领物业良好氛围，确保物业服务质量不断提升。全年，开展实地调研12次，撰写专题调研报告3篇，解决项目实施过程中出现的各类问题19个。（秦利娜）

## 政务服务

【概况】 2020年，独山子区政务服务中心（简称区政务服务中心）集中受理未进驻市民服务中心办事大厅（简称办事大厅）政府部门权限范围内政务服务业务，协调相关单位入驻办事大厅，管理办事大厅日常工作，打造“互联网+政务服务”工作模式，实施“一件事，一次办”改革。6月15日，因机构改革，将健康证办理业务移交独山子人民医院。全年，入驻办事大厅天然气缴费及新装天然气、刻章两项业务，发布市民服务中心办事大厅事项办理情况周报37期，受理“一件事，一次办”事项7668件，发放各类证照文书6259套，延伸向街道社区“就近办”事项94项，提供邮政送达、刻章、便民等服务600多次。（王静）

【“互联网+政务服务”】 2020年，区政务服务中心开展新疆政务服务网及市天山云谷政务服务平台推广应用工作，组织各部门编制完善新疆政务服务平台政务服务事项实施清单、办事指南，成立事项检查组，全面核查实施清单、办事指南录入准确率，将问题及时反馈责任部门进行整改完善。在办事大厅设立互联网自助办理服务区，增加自助办理设备。在独山子零距离微信公众号和区政府门户网站等媒体发布互联网申报操作指南；通过电视、报纸、微信公众号等媒体广泛宣传，安排专人现场或电话指导办事群众和企业注册使用互联网申报事项，进行网上查询、网上申报，减少企业、办事群众跑大厅次数。基本实现除使用上级专有审批系统事项外，其他事项实现线上“一网通办”。全年，开展核查整改工作2次，新疆政务服务网办理政务服务事项500多项。（王静）

【“一件事，一次办”改革】 2020年，区政务服务中心围绕政务服务“一件事”线上线下“一次办”改革，对高频事项和“多窗跑”事项优化业务流程、精简申请材料、整合申请表单、完善办事指南，将多个部门多个政务服务事项按照业务场景，站在群众办事角度整合为“一件事”，为群众提供高效、便捷服务。全年，设立“一件事，一次办”综合服务窗口2个，编制和发布关注度高、办件量大的高频事项办事指南50件，受理“一件事，一次办”事项7668件。（王静）

【“三减一优”活动】 2020年，区政务服务中心开展“三减一优”（减材料、减环节、减时限，优化审批服务）活动。组织各部门对办理事项受理材料、承诺办理时限等进行分析研究，梳理容缺材料，精简中小微企业复工复产审批手续，开通“政务服务+邮寄送达服务”，减少办事群众跑动次数，推进当场办结，进一步提升政务服务事项即办比例。梳理常办政务服务事项向街道社区延伸，为各街道和社区开通新疆政务服务网事项管理账号及接件账号，基本实现常办事项“就近办”。全年，梳理9家单位49项事项，明确承诺容缺材料99份，办理时限平均压缩50%以上；减少受理材料100多份，即办件比例从10%提升至30%以上；延伸向街道社区“就近办”事项94项。（王静）

【“好差评”系统建立】 2020年，区政务服务中心开展政务服务“好差评”系统建设工作。采购评价器、叫号机等硬件设备，招标“好差评”服务系统，与克拉玛依市油城数据有限公司签订市民服务中心政务服务“好差评”系统建设合同。12月14日，“好差评”系统建成，开始试运行。建设“好差评”系统的同时，办事大厅采用纸质调查问卷方式，面向办事企业和群众收集服务质量和办事效率等方面评价。全年，收集调查问卷310多份，满意率100%。（王静）

【“政务服务+邮寄送达服务”】 2020年，区政务服务中心与市邮政分公司合作，开通“政务服务+邮寄送达服务”。非现场办结事项证照和审批结果，可按照自愿原则选择邮寄送达服务，由工作人员对接快递人员统一寄送，及时送达申请人手中，为出行不便及外地到独山子区办事群众带来便利。全年，提供邮政送达服务1次。（王静）

【刻章业务引进】 2020年，区政务服务中心与曙光工艺刻字部、五金修理刻字处、先达刻字部合作，引进刻章业务入驻市民服务中心办事窗口，企业及个体工商户在办事大厅拿到营业执照后就可以一站式办理印章翻译及刻章业务。全年，提供刻章服务308次。（王静）

【便民服务】 2020年，区政务服务中心进一步完善楼层分布索引、区域功能标识、大厅窗口业务指引牌、办事窗口状态牌等，方便办事群众辨识和快速到达办事窗口。设置引导讲解员，用规范的礼仪及文明用语为办事群众提供服务；设置母婴室，为孕妇及带小孩办事群体提供便利；设置雷锋志愿服务站，为残疾人提供轮椅，为办事群众提供常用应急药品、雨伞、打印及复印机、取款机、公共文具用品和饮水机等。全年，为办事群众提供便民服务300多人次。（王静）

## 人事管理

【概况】 2020年，独山子区人力资源和社会保障局（简称区人社局）对全区事业单位、事业性岗位、社区各类工作人员的人事、工资、劳保福利、劳动保护、社会保障等进行综合管理、监督指导、协调服务。开发利用人力资源，深化职称制度改革，选拔、培养和引进高层次专业技术人才，审批参加社会保险人员退休事宜。全年，招录各类工作人员184人，引进人才58人，考核干部职工1617人，通过各类初、中、高级专业技术职称评审195人，清理行政许可事项4项，办理各类退休审批281人。（谷玉环）

【机构改革】 2020年5月，因机构改革，区人社局将人事档案工作及工作人员移交区委组织部；6月，财务独立，不再由区财政局集中核算；10月，设立区专业技术人员职称办公室。（谷玉环）

【机关事业单位人事管理】 2020年，区人社局制定《独山子区推进社区工作者职业化队伍建设实施方案（试行）》《独山子区社区工作人员绩效考核实施细则（试行）》，完善社区工作人员考核制度，推进社区工作人员规范化管理。开展全区事业单位专项检查工作，指导各单位规范岗位设置、聘用合同签订与解除、岗位变动等程序，组织开展2020—2021年急需紧缺人才需求信息调查统计工作，为编制“十四五”人才发展规划做好准备工作。根据区机关事业单位岗位需求，拟订人才引进和公开招聘计划，配合市人社局做好机关事业单位工作人员招录工作。通过年度个人述职、民主评议、确定等次等考核环节，对全区事业单位工作人员从德、能、勤、绩、廉五个方面进行准确、客观、公正、全面考核。全年，招录各类工作人员184人，其中机关事业单位工作人员30人（教师18人、医疗人员12人），政策性安置1人，事业性岗位工作人员98人，专职消防员18人，法检院专职书记员8人，社区聘用工作人员29人；考核事业单位工作人员1617人，其中考核获得优秀373人，合格1191人，基本合格4人，不合格13人，不参加考核5人，不定等次31人（试用期30人、其他原因1人）。（时秋波 李明盛）

【人才引进】 2020年，区人社局通过调研、走访等方式摸清区机关事业单位岗位底数，针对全区紧缺专业人才或高学历人才，创新性采用网上报名、网上资格审查、视频面试方式进行人才招聘。全年，引进人才58人，其中医护类专业人才12人、教育类专业人才41人、其他人才5人。（时秋波）

【工资福利调整】 2020年，区人社局调整全区教师、医疗岗位绩效工资标准，新增卫生事业人员卫生防疫津贴，调整在编区机关事业单位工作人员地区补贴和保健费标准，调整区机关事业单位工作人员住房公积金基数等，晋级晋档全区机关事业单位工作人员档案工资，并兑现待遇。全年，完成全区档案工资晋级晋档及待遇兑现1304人、绩效工资核定1433人、机关事业单位工作人员工龄认定56人；教育系统核增绩效工资水平由月人均300元提高至600元，基层医疗人员核增绩效工资水平由月人均200元提高至400元，在编事业单位工作人员地区补贴增加600元、保健费标准增加220元，兑现率100%。（曹晓磊）

【专业技术培训】 2020年，区人社局指导社会力量建立职业技能培训学校，鼓励企业设立职工培训中心，联合区工信局、工商联、私个协等部门开展专业技术人员继续教育与职称评审相关政策宣传，开展职称评审工作，为民营企业培养专业技术人才提供服务。疫情防控封闭式管理期间，采取网上受理、网上审核方式进行职称评审。全年，批准企业设立职业技能培训学校1所（独山子区科鼎职业培训学校有限公司）、职工培训中心6个，参加职业技能提升培训1669人，兑现培训补贴186.42万元；申报专业技术职称评审513人，通过资格审核367人，评审获得各类初级专业技术职称155人、各类中级专业技术职称37人、副高级专业技术职称1人、破格聘任正高级专业技术职称2人；协助办理各类执（职）业资格证书14份。（时秋波）

【依法行政】 2020年，区人社局严格落实行政执法三项制度（行政执法公示制度、执法全过程记录制度、重大执法决定法治审核制度），清理行政许可事项，精减申请材料，简化办事流程，实现业务全网通办，使办事群众“最多跑一次”。依法审批克拉玛依市独山子鑫捷安旅客运输有限公司、新疆炼化建设集团有限公司、克拉玛依市独山子永兴公共交通有限公司、克拉玛依市独山子天利人印务有限公司部分岗位实行特殊工时制。全年，清理行政许可事项4项106件，审批4家企业部分岗位实行特殊工时制。（朱玉龙　邵宏伟）

【退休人员社会化管理】 2020年，区人社局配合区国资委、区委组织部、区委史志办（档案馆）、区财政局开展国有企业退休人员社会化管理移交工作，与独山子石化公司人事处、离退休管理处对接委托管理各项事宜，签订《退休人员社会化从业人员移交委托管理协议》，指导街道社区做好服务工作。开展参加社会保险人员退休审批工作，协助市人社局做好因病提前退休和特殊工种退休审批事宜。全年，接收21家国有企业移交退休人员6054人，为281人办理各类退休审批。（侯可可）

## 信访事务

【概况】 2020年，独山子区信访局（简称区信访局）处理群众来信、来电，接待人民群众来访，督促检查领导批示件落实情况，协调处理群众越级上访和异常、突发信访事件。3月27日，办公地址由区机关办公大楼迁至区民政局联合办公楼。全年，接待信访群众138人次，接收、处理群众来信信访2件，接听、处理来电信访392件，受理网上信访57件，案件处理率、答复率、满意率均为100%。（周妍）

【信访案件办理】 2020年，区信访局在日常接访过程中邀请信访网络单位负责人到接访室联合接访，共同了解情况，宣传政策法律，调解处理上访者诉求，并督查诉求落实情况。新冠肺炎疫情防控封闭式管理期间，在区、街道、社区设立三级群众诉求服务电话，畅通群众诉求渠道。针对“天弘利”“泛亚”“e租宝”等群体投资利益受损事件，曙光新区东园牧民非法占地、违法开荒等事件进行调研，召开分析研判会，为群众排忧解难。通过周报、统计报表等及时向相关部门通报信访工作动态，及时接收上级转办件，协调相关部门处理、答复、办理。做好信访信息录入、转（交）办、督查等相关工作，自治区网上信访信息系统运用工作达标。全年，编发《信访周报》48期，向市信访局报送区领导月度接访情况统计表、信访数据月度统计报表12期；在区、街道、社区设立三级群众诉求服务电话69部，处理电话来访392件；召开研判分析会6次，实地调研3次；接待信访群众103批（次）138人次，接收处理群众来信2件，现场协调相关部门处理信访矛盾纠纷28件，办理、答复克拉玛依市便民诉求热线推送工单63件，案件答复处理率、办结率、满意率均为100%。（周妍）

【信访隐患查处】 2020年，区信访局按照“属地管理、分级负责，谁主管、谁负责，依法、及时、就地解决问题及疏导教育相结合”工作原则，采取信访隐患定期排查及随机集中排查相结合方式，及时掌握影响社会稳定的各种矛盾纠纷及隐患，建立责任清单，把信访工作重心从事后处理转移到事前排查化解上来，并将摸排出的重大信息进行通报，使区党政领导和各单位、各部门及时了解信访工作信息及动态。整合全区矛盾纠纷调处工作力量，形成社会矛盾纠纷调处工作合力，借鉴“枫桥经验”，推动矛盾纠纷多元化解工作创新。全年，开展信访隐患定期排查活动12次、集中排查活动4次，梳理矛盾纠纷和风险隐患28件，办结24件、办理中4件。（周妍）

【矛盾纠纷多元化解机制】 2020年，区信访局发挥信访工作联席会议机制作用，协调、督查、督促各部门（单位）履行信访主体责任，通过与区法院、司法局、人社局、民政局、市场监管局、住建局、劳动监察等部门沟通配合，严格按照“三到位一处理”（诉求合理的解决到位、诉求无理的思想教育到位、生活困难的帮扶救助到位，行为违法的依法处理）原则，利用法律咨询、人民调解、行政执法等领域优势资源，聚集各方力量，运用多种手段，采取有效举措，形成矛盾纠纷多元化解机制。全年，召开信访工作联席会议1次、研判会2次，组织协调相关单位联合接访、现场办公28次，及时化解信访事项28件。（周妍）

【“互联网+信访”】 2020年，区信访局制定关于进一步加强网上信访工作实施方案，在社区推行“网上信访”代办制度，在街道社区及其他职能部门接访场所张贴自治区网上信访信息系统“一微一端”操作流程，引导群众通过区政府门户网站、区长信箱、自治区网上信访信息系统，新疆信访微信公众号、新疆信访手机App等信访渠道反映问题，推动群众由“走访”变“网访”，拓展网上信访覆盖面，推广“互联网+信访”工作模式，实现“让数据多跑路，让群众少跑腿”。全年，办理网上信访案件57件，及时受理率100%，按期办结率100%，群众满意率100%。（周妍）

【队伍建设】 2020年，区信访局加强工作人员法律法规知识学习，增强综合办案水平，提高综合分析问题和处理信访案件能力。开展《中华人民共和国信访条例》《新疆维吾尔自治区信访条例》等学习培训，全力营造“阳光信访”“责任信访”“法治信访”浓厚氛围。组织信访工作联席会议成员单位，参加自治区网上信访信息系统操作流程视频培训会。全年，举办信访基础业务培训5次，参加150多人次；参加自治区信访业务知识在线考试2轮48人次，人均成绩92.2分；26家单位参加自治区网上信访信息系统操作流程视频培训会。（周妍）

【信访档案管理】 2020年，区信访局将信访资料、已结案信访件档案按照文书档案管理规定进行整理，及时移交区档案馆。全年，整理移交2019年度信访文书档案79件，其中永久13件、30年4件、10年62件；收集、保存《人民信访》杂志10期127本。（周妍）

## 机关事务管理

【概况】 2020年，独山子区机关事务局（简称区机关事务局）为全区党政机关、事业单位提供办公用品、设备、工程等采购服务及公务接待服务，维护和管理各单位办公楼及公共设施，管理区机关车辆、单身宿舍、职工食堂；组织开展节约型机关示范单位创建活动。6月，因机构改革，原采购中心更名为区机关后勤服务中心。全年，举办采购招标活动37次，公务接待2359人次，完成公房维修项目39项，发现电气安全隐患910多项，查出各类安全隐患4200多项，车辆运行费86.97万元。（崔佳）

【项目采购】 2020年，区机关事务局后勤服务中心利用各种媒体对政府采购云平台进行宣传，引导众多商户入驻平台，逐一审核入驻平台本地商户信息资料，加大采购人选择的多样性和可对比性。通过公开招标、询价、竞争性谈判、单一来源采购等方式依法对采购人委托的货物、服务、工程等项目进行招标，严格按照合同约定内容逐一验收，全过程接受监督。招标过程中给采购人提出合理化建议，优化综合评分项目，加强服务项目管理。改造民兵训练基地时，协调利用旧物，想方设法节约财政资金。采购紧急项目时，开辟绿色通道，特事特办，即到即办。全年，审核入驻采购云平台本地商户资料67家；接收采购计划 54 份，下达采购批复 2601.52 万元，实际采购金额 2196.83 万元，节约率 16%；举办采购招标活动 37 次，其中公开招标 6 次、竞争性谈判 2 次、单一来源采购 1 次、协议供货 28 次。（张琳琳）

【公务接待】 2020 年，区机关事务局后勤服务中心修改完善《独山子区党政机关国内公务接待管理办法》，根据区委、区政府工作安排，成立接待办。控制公务接待范围，严格公务接待审核报销程序及公务接待经费支出，每半年通报一次各单位接待指标执行情况，确保公务接待经费只减不增。全年，接待 354 批次 2359 人次；其中，接待省内外各地区、部门领导调研、检查 69 次，接待市委、市政府领导及市属部门督导、检查、调研指导等 285 次。（王珍珍）

【公房及宿舍管理】 2020 年，区机关事务局后勤服务中心与全区党政机关、事业单位签订办公用房使用协议，为各使用单位办理办公楼不动产权证书，实行权属统一登记，将相关数据及时录入公房管理系统，实时动态更新。按照公房维修年度计划，安排城建开发公司陆续施工；对临时维修报告，会同相关部门深入现场调查、核实。整合全区党政机关办公楼物业保洁、电梯维护、公共设施设备维护、弱电维护等服务内容，进行“大物业服务”招标。为居住在第九社区虹园小区的区直属机关及街道社区单身职工办理入住或迁出手续，处理突发事件，提供水、电、暖、网等维修服务及公共区域卫生清理服务。全年，完成公房维修项目 39 项，支付维修资金 621 万元；办理办公楼不动产权证书 2 份，录入房地产管理信息系统 59 家，为 14 幢机关办公楼物业服务招标物业公司 4 家，为 415 名（虹园 18 幢 57 人、虹园 2 幢 118 人、虹园 4 幢 119 人、虹园 22 幢 121 人）单身职工提供电器及水、电、暖、网等维修服务 400 多件次。（苏文　李博）

【电气及消防安全管理】 2020 年，区机关事务局与克拉玛依市安盛机电设备有限公司及新疆瑞锦工程技术有限公司独山子区分公司签订电气维护管理协议，与浩安消防有限责任公司签订消防安全管理协议，通过购买社会专业技术服务维护和管理区直所属供电系统及国家电网独山子供电公司社会公用供电系统，开展区直所属各单位办公楼消防安全管理工作。每月对各办公楼电气日常维护工作进行抽检、抽查，进行消防安全检查，定期组织入驻办公楼单位工作人员进行消防安全知识培训和演练。全年，发现电气安全隐患 910 多项，整改销项率 100%（其中电气抢修 22 项、电气排故 660 多项、电气改造 10 多项、处理重大隐患 4 项、处理其他隐患 214 项）；查出各类安全隐患 4200 多项，整改销项率 100%（其中更换消防设施 1600 多台、维护维修消防设施故障 500 多次、整改其他隐患 2100 多项）；开展消防安全业务培训及应急演练 8 次，参加 300 多人次。（李博）

【车辆及食堂管理】 2020 年，区机关事务局后勤服务中心修订完善车队请销假、值班、出车、维修等制度，每日对车辆归位情况进行检查，外派出差车辆统一建档登记；车辆维修进行现场试车核实鉴定，严格控制维修费用；定期开展各类交通安全教育活动。与各就餐点及购物点签订承诺书，不定期进行抽查，对违规商家根据合同条款进行处罚。全年，管理区机关四套班子定点值班驾驶员 21 人（在编驾驶员 11 人、聘用驾驶员 10 人），车辆 33 辆（含保障接待和临时用车 12 辆），组织全区驾驶员及车辆管理人员进行交通安全教育学习及培训 8 次，开展交通安全警示教育活动 10 次；举办道路交通安全知识讲座 2 次，参加 235 人次；检查公车私用、乱停乱放等现象 12 次，未发现违规车辆；公务用车安全行驶 58 万千米，事故率为零，车辆完好率 99%，出车率 100%；车辆运行费 86.97 万元；与 90 家就餐点及购物点商家签订合同，开展抽查活动 3 次，发现违规商家 1 家，处罚 1 家。（陈顺平　李博）

【节约型机关创建】 2020 年，区机关事务局在区机关办公楼开展节水、节电、杜绝办公浪费，实行阳光采购等宣传活动。定期检修用水设备，防止跑冒滴漏，张贴随手关水龙头标识，将厕所改声控冲水，避免长流水；将办公楼走廊灯改为声控灯，杜绝长明灯；明确办公场所空调温度，节约用电。核定各单位公车燃料费，加大检查力度，杜绝公车私用。文件材料收发、传阅尽量采用一体化办公平台，减少办公用纸用墨，推行无纸化办公，节约办公费用。在办公区设置垃圾分类收集箱，推行垃圾分类。代表区政府机关联合办公区参加国家机关事务管理局、国家发展改革委、财政部组织开展的 2019—2020 年节约型公共机构示范单位创建和公共机构能效领跑者遴选活动，获得节约型公共机构示范单位称号。全年，制作张贴各类节能宣传标识 1140 张，将普通灯管更换为 LED 灯 900 盏，加装声控开关 83 套，改感应式混合阀水龙头 18 套，改感应式冲水阀大便池 36 套，设置分类垃圾箱 12 个，支出改建费用 35 万元。（崔佳）

# 中国人民政治协商会议独山子区委员会

## 重要会议

【概况】 2020年，中国人民政治协商会议独山子区委员会（简称区政协）通过召开各类会议，安排部署工作，研究讨论政协委员职务任免、补选委员、外出调研、政协履行民主监督职能等事宜。全年，召开全体会议1次、常委会会议8次、主席会议4次。

（钱齐惠子）

【全体会议】 2020年1月18—20日，区政协七届五次全体会议在文化中心召开，应到委员97人，实到委员88人。会议听取并审议通过区政协主席樊拥军所作七届委员会常务委员会工作报告和区政协办公室主任吴军所作七届委员会常务委员会提案工作报告，列席区十四届人大五次会议，听取并协商讨论《区政府工作报告》《区法院工作报告》《区检察院工作报告》《区财政和国民经济发展报告》。会议期间，有6名委员做大会发言，提出意见建议28条，听取“一府两院”报告形成建议47条；提交提案105件，立案74件，占提案总数70.5%。

2020年1月18—20日，区政协七届五次全体会议在文化中心召开 （宋爱华 摄）

（钱齐惠子）

【常委会会议】 2020年，区政协常委会召开会议8次。

1月11日，区政协七届常委会第十五次会议召开。协商确定常务委员会工作报告（草案）、提案工作情况报告（草案）等；协商确定区政协七届五次全体会议日程安排、列席人员名单、大会秘书长、副秘书长名单、提案审查委员会组成人员名单、大会发言人员名单等。

1月17日，区政协七届常委会第十六次会议召开。协商增补古丽加娜提·吉尔吉斯担任区政协委员。

1月18日，区政协七届常委会第十七次会议召开。区委作政协主席、副主席、常务委员候选人建议名单说明，樊拥军同志辞去区政协主席；协商审议区政协主席、副主席、常务委员候选人名单，听取意见；协商审议大会选举办法（草案）及监票人名单。

1月20日，区政协七届常委会第十八次会议召开。通过区政协主席、副主席、常务委员正式候选人名单；通过大会选举办法（草案）、监票人、总监票人名单，听取各组讨论情况汇报。

7月15日，区政协七届常委会第十九次会议召开。集体学习习近平总书记在看望参加全国政协十三届三次会议经济界委员时的讲话、中国人民政治协商会议主席汪洋在全国政协十三届三次会议闭幕会上讲话；区纪委监委派驻第五纪检监察组副组长潘钊作党风廉政教育月动员；区政协主席古丽加娜提·吉尔吉斯通报区政协上半年主要工作及下半年工作打算；区政协办公室主任吴军通报上半年委员调研情况、讨论下半年委员调研课题，副主任冯永宏通报上半年委员提案督办情况。

11月8日，区政协七届常委会第二十次会议召开。集体学习第三次中央新疆工作座谈会精神、自治区党委九届十次全会精神、克拉玛依市委十一届十次全会精神、独山子区十届八次全会精神，副区长周峰通报全区1—9月社会经济运行情况，区发改委解读区“十四五”规划。（钱齐惠子）

【主席会议】 2020年，区政协主席召开会议4次。7月13日，区政协主席古丽加娜提·吉尔吉斯主持召开会议。通报市委工作安排，讨论区常委会会议议程，通过“书香政协”实施方案，交流研讨养殖基地调研报告。

10月19日，区政协主席古丽加娜提·吉尔吉斯主持召开会议。学习第三次中央新疆工作座谈会精神，传达市委会议精神，确定常委会会议议程和内容，安排11月社情民意信息交流会相关事宜。

12月22日，区政协主席古丽加娜提·吉尔吉斯主持召开会议。办公室副主任冯永宏说明区政协常委会工作报告和提案工作报告情况，讨论确定相关事宜

12月26日，区政协主席古丽加娜提·吉尔吉斯主持召开会议。办公室主任吴军介绍周边地区政协会议情况及区政协会议筹备情况，讨论确定相关事宜。

（钱齐惠子）

## 专题调研

【概况】 2020年，区政协精心选择墓地搬迁、助推民营企业高质量发展、新冠肺炎疫情防控、养殖基地发展、养老院运营管理等方面课题，组织委员开展分析调研，撰写调研报告在全体大会上进行交流发言。全年，组织开展专题调研活动7次，参加委员102人次，撰写调研报告13份，发现问题55项，提出意见建议63条。（钱齐惠子）

【疫情防控问题分析报告】 2020年，区政协对全区新冠肺炎疫情防控工作进行调研分析。发现存在指挥领导机制不完善、依法防疫意识和能力不足、主体责任履行不到位、群众工作有短板、干部担当意识不强等15项问题，提出应根据实际情况不断调整完善工作措施，加大后勤保障力度、鼓励党员干部树立解决问题的自信心等3条整改意见、建议。（钱齐惠子）

【养殖基地及东园调研】 2020年，区政协组织部分委员到养殖基地及东园开展调研活动，在区农业和水务局等部门和单位配合下，走访养殖基地各类养殖户、东园居民，召开座谈会，对养殖基地及东园的现状、存在的问题和群众意愿等进行深入了解。全年，开展调研活动9次，走访养殖户10家、东园居民4户，提出整改意见、建议22条。（钱齐惠子）

【养老院服务管理工作调研】 2020年，区政协办公室组织部分委员通过与相关主管部门负责人、区养老院负责人、入住养老院老人亲属等进行座谈，走访区养老院及周边城市养老机构，对养老院服务管理工作进行4次调研，发现独山子区因新冠肺炎疫情防控封闭管理，导致部分老人出现严重负面情绪、老人基础疾病治疗受到影响、亲属不理解、员工队伍不稳定影响服务质量等6项问题。召开2次座谈会，提出改进和调整服务管理方式、做好关心关爱服务工作、提高为老服务管理质量等合理化建议12条。（钱齐惠子）

## 协商议政

【概况】 2020年，区政协运用各类会议、学习调研及视察等形式搭建协商平台，围绕打造红色旅游景区、助推民营企业高质量发展、提升物业服务质量、新冠肺炎疫情防控等主题，进行协商议政，建言献策。全年，召开会议13次，协商问题50多件，被采纳或参考建议15条。（钱齐惠子）

【出席市八届四次会议】 2020年1月14—16日，政协克拉玛依市第八届委员会第四次会议召开，驻独山子区市政协委员樊拥军、吴雷、古丽娜·阿里甫、华伦松、李鹏、王玉兰6人参加会议。会议期间，委员们提交提案，认真审议报告和提案，分组讨论时，踊跃发言，主动为全市社会经济发展建言献策。

（钱齐惠子）

【出席自治区十二届三次会议】 2020年1月5—9日，政协新疆维吾尔自治区第十二届委员会第三次会议在乌鲁木齐市新疆人民会堂召开，驻独山子区自

治区政协委员吴利平参加会议。会议期间，吴利平提交提案，认真审议报告和提案，分组讨论时，与自治区各地委员商讨新疆社会经济发展问题，积极建言献策。（钱齐惠子）

【常委会会议协商】 2020年，区政协通过常委会协商讨论助推民营企业高质量发展、提升物业服务质量、新冠肺炎疫情防控、养殖基地发展、养老院运营管理等问题。提出聘请自治区畜牧业专业机构编制独山子区养殖基地及东园发展规划，从养殖品种、规模、方式和环境保护、粪污利用、养殖全产业链发展等方面进行全面规划；提出改进和调整养老院服务管理方式、提高为老服务管理质量；文明城市创建中让人民群众得实惠，最大限度地发挥群众在创城中的作用等建议。为区委完善“十四五”规划，提供有益参考，许多合理化建议被吸纳到区政府经济建设中。全年，召开常委会协商会议6次，协商问题20件。

（钱齐惠子）

【提案办理协商】 2020年，区政协搭建平台，将提案办理纳入协商范畴，协调提案督办单位、提案承办单位、提案人，召开提案办理协商会，就提案办理过程中的问题，面对面协商互动，促进“提”“办”双方进行深入沟通，推动提案建议的采纳和落实，做到提案办理实效和协商议政水平“双提高”。开展“书香政协”主题活动，引导机关人员和广大政协委员多读书、读好书，定期交流学习心得，增强委员履职能力，提高建言质量。全年，召开读书学习心得体会交流会4次、座谈会3次；向市政协报送各类会议研讨材料3篇。（钱齐惠子）

【调研献策】 2020年，区政协委员针对全区中心任务和民生热、难点及焦点问题，深入调研，协商献策，在推动全区经济高质量发展方面提出许多内容具体、操作性强的意见建议，把人民政协的制度优势转化为服务贯彻落实新时代党的治疆方略的实际行动。关于推进国有企业混合所有制改革的提案，区国资委采纳，制定“一企一策”改革方案，并在天利高新20万吨/年EVA项目、天鼎集团玛依塔柯时代广场房屋资产方面进行试行；关于制定促进独山子化工物流园智能公路港发展政策的提案，区政府采纳，出台《独山子区招商引资及促进商贸物流产业发展若干优惠政策》。牵头负责《红色引擎助力复工复产》基层党建项目，指导联点街道、社区、学校和中小微企业做好疫情防控和复工、复产、复学工作。在“千人入千企”活动中，深入食品加工基地、旅游集散中心、化工物流园等进行视察调研，认真听取企业心声，耐心宣讲复工利好政策，热心做好帮扶工作，助推中小微企业复工复产。组织部分委员到养殖基地和辖区内乌苏市阔克塔拉村展开调研，为解决相关历史遗留问题提供决策依据。积极“牵线搭桥”，借助市工商联平台，与市多家商会交流沟通，宣传推介独山子区招商引资项目，发动委员积极参与区招商引资工作，助力独山子区经济发展。全年，被各单位采纳或参考建议15条；走访18家联点帮扶企业200多次，收集、协调解决各类问题30多件；与市10家商会座谈协商，引资4个项目，意向投资金额2亿元，落地项目1个，投资500多万元。（钱齐惠子）

## 提案征集办理

【概况】 2020年，区政协围绕群众所求、群众所盼的民生热点问题征集提案，分类交办承办单位，组织开展提案办理情况专题调研、提案办理“回头看”活动。全年，征集提案109件，立案74件，办复74件。

（钱齐惠子）

【提案征集】 2020年，区政协七届五次全体会议召开前，给每位委员印发通知，广泛征集提案线索；召开专题会议，筛选部分有质量的建议、意见作为提案选题。会议期间，初审征集提案，对重复案、回头案、敷衍案等不符合要求的不予立案；对内容不全面的，与提案人及时取得联系，进行充实完善；对时效性比较强、必须及时解决的提案，转为社情民意处理。闭会后，再次严格审查提案，报请主席会议审定，编辑印发《建言献策集》。全年，征集各类提案109件，审查、立案74件（联名提案6件）；大会期间征集提案105件，大会发言转提案12件，转为社情民意12件，并案处理15件，不立案19件；印发《建言献策集》220本。（钱齐惠子）

【提案办理】 2020年，区政协全体会议后，将整理汇总提案，分类交办承办单位，由承办单位组织力量研究办理。各单位采取提案办理前与提案人见面沟通，办理中邀请提案人参与调研走访，办理后面对面征询提案人意见的“三见面”“三沟通”方式办理提案。对办理后提案人不满意提案，及时与承办单位取得联系，要求二次办理；对一时难以解决的问题，协助承办单位做好解释说明工作。全年，交办提案74件，其中问题已经解决或采纳提案（A类）45件，占总数的60.8%；列入计划解决提案（B类）19件，占总数的25.7%；留作参考提案（C类）10件，占总件数的13.5%，办复率100%。（钱齐惠子）

【提案督办】 2020年，区政协办公室联合区委办公室、区人大办公室、区政府办公室，组织部分人大代表、政协委员就重点建议、议案、提案办理情况进行联合督办。组织开展提案办理情况专题调研、提案办理“回头看”活动，实地了解承办单位落实情况，提出综合评议意见，在区机关半年绩效考核点评会上对提案办理情况进行点评通报。全年，开展联合督办活动2次、提案办理情况专题调研及“回头看”活动4次，提案办理委员满意率高的单位有区文体广电和旅游局、区公安分局、区教育局、区民政局、区直机关工委5家。（钱齐惠子）

## 民主监督

【概况】 2020年，区政协通过“两代表一委员”（党代表、人大代表、政协委员）接访及服务联点社区、企业，广泛收集社情民意信息，及时反映群众意见和诉求。利用走访、座谈会、问卷调查等方式，对区机关各部门、各单位履职情况进行民主监督。全年，收集民生热点问题246件，落实151件；收集群众困难诉求46件，协调解决22件。（钱齐惠子）

【社情民意监督】 2020年，区政协在参加“两代表一委员”接访工作中，主动服务联点社区、企业，帮助企业解决融资、土地使用、厂房改造、技术推广等方面存在的实际困难；参加联点社区组织的服务群众工作时，协助收集群众困难诉求，利用电子邮箱、委员微信群等收集绿化维护、城市精细化管理、物业费和水费价格等民生热点问题；协助市政协联点领导做好大接访工作，承办市政协反映社情民意信息工作交流会；开展文明城市创建问题全区委员随手拍活动，及时转办处理收集到的各类问题。全年，参加社区接访活动委员62人，接访群众158人，入户走访52户；收集民生热点问题246件（委员微信群收集各类问题48件），落实151件，办结63件（解决老区商住楼下水道堵塞等历史遗留问题3件）；收集群众困难诉求46件，协调解决22件；委员随手拍活动发现各类问题23件，上报需要上级协调解决社情民意信息5条。（钱齐惠子）

【评议监督】 2020年，区政协通过调研、提案、社情民意信息、座谈会、发放调查问卷等形式对区机关各部门、各单位履职情况进行民主监督，组织部分委员参与党政部门工作绩效考核和满意度测评，提出意见建议，促进各部门、各单位改进工作作风；推荐非中共党员政协委员参加党委、政府部门及公检法部门的监督评议活动。全年，参与司法案件审理和相关部门民主评议、听证活动14次，参加委员27人。（钱齐惠子）

# 纪检监察

## 重要会议

【概况】 2020年，中国共产党独山子区纪律检查委员会、独山子区监察委员会（简称区纪委监委）通过召开常委会、监委会等会议安排部署各项工作，研究讨论党风廉政建设、违纪违法干部处理、纪检监察系统领导班子调整、干部队伍建设等事项。全年，召开全体会议1次、常委会会议29次、监委会会议22次。（李玲玲）

【十届五次全体会议】 2020年3月23日，中国共产党独山子区第十届纪律检查委员会第五次全体会议在区文化中心召开，区委常委、纪委书记程飞作“强化使命担当，忠诚履职尽责，为决胜全面建成小康社会提供坚强保障”工作报告，总结2020年党风廉政建设和反腐败工作，安排部署2021年工作。（李玲玲）

【常委会会议】 2020年，区纪委常委会召开会议29次。

4月26日，区委常委、纪委书记、监委主任程飞主持召开十届区纪委第九次常委会，审议通过8名违纪违法干部的审理报告及《党组讨论和决定党员处分事项工作流程（试行）》等12项制度。

5月18日，区委常委、纪委书记、监委主任程飞主持召开十届区纪委第十一次常委会，审议通过给予3名违纪干部处分的请示、1名违纪干部的审理报告及印发《2020全委工作要点》的决定。

11月12日，区委常委、纪委书记、监委主任程飞主持召开十届区纪委第二十六次常委会，审议通过给予1名违纪干部处分的请示、2名违纪干部的审理报告。（李玲玲）

【监委会会议】 2020年，区监委会召开会议22次。

7月7日，区委常委、纪委书记、监委主任程飞主持召开区监委第十一次监察会议，审议通过2名公职人员违法案的审理报告。

11月30日，区委常委、纪委书记、监委主任程飞主持召开区监委第二十一次监委会，审议通过2名公职人员违法案的审理报告。（李玲玲）

## 廉政建设

【概况】 2020年，区纪委监委紧盯重点领域和关键环节，从源头上预防和治理腐败问题，大力开展党风廉政教育，加强廉政文化建设。全年，开展党风廉政审查2199人次，举办各类党风廉政教育活动40多场次；开展政治监督检查350多次，发现问题400多件；开展作风建设监督检查28轮次，查出各类问题154件，处理165人次。（杨峰涛）

【党风廉政建设】 2020年，区纪委监委制定《独山子区第二十二个党风廉政教育月活动方案》，在独库公路博物馆举行独山子区第二十二个党风廉政教育月活动启动仪式。各单位通过举办知识讲座、讲故事大赛、廉政文化征文、绘画及书法比赛、知识答题等活动，开展党风廉政教育。编印《党的十八大以来独山子区查处违纪违法干部典型案例选编》警示教育读本，给全区各单位、部门征订《党员干部和公职人员岗位履职教育读本》《民生领域损害群众利益案例警示录》警示教育读本，各派驻纪检监察组在各自领域召开警示教育大会。不定期开展党风廉政审查，组织新任职领导干部集体廉政谈话。全年，征订发放教育读本95套，新建及更新领导干部个人廉政档案66份，开展党风廉政审查2199人次，完善领导干部廉政档案56人，开展集体廉政谈话3场57人次；举办各类党风廉政教育活动40多场次，参加1500多人次。（赵佳丽）

2020年7月10日，区纪委监委在独库公路博物馆举行独山子区第二十二个党风廉政教育月活动启动仪式（宋爱华 摄）

【政治监督】 2020年，区纪委监委将统筹推进新冠肺炎疫情防控和经济社会发展作为政治监督重中之重，加强违反政治纪律和政治规矩的监督检查。协助区委制订主体责任两清单一报告，引导党委（党组）运用监督执纪第一种形态等制度规范加强管理，把相关制度规范执行情况列入落实全面从严治党主体责任考核内容，注重主体责任、监督责任同向发力，督促各级党组织强化党员干部教育、管理和监督。紧盯领导干部特别是“一把手”这一关键少数，综合运用约谈、提醒等多种方式，实施靶向监督。监督自治区党委第四巡视组巡视反馈问题整改落实情况，推动全区巡视整改任务落地落实。聚焦脱贫攻坚、冒名顶替上大学、餐饮浪费、人防系统腐败、扫黑除恶专项斗争等重点领域工作，严肃查处政策落实打折扣、搞变通、有令不行、有禁不止、阻碍制度执行等行为。通过报备审查、参加会议、列席民主生活会等方式，擦亮派驻监督“探头”。严格实行一案双查，对发生严重违纪违法行为的部门（单位），既追究当事人责任，又倒查追究一把手责任。全年，开展政治监督检查350多次，检查点位1800多个，发现问题400多项；约谈全区各级党组织主要负责人、领导班子成员等13人次，运用第一种形态处理849人次，查处违反政治纪律案件3起3人。（杨峰涛）

【作风建设】 2020年，区纪委监委严格执行中央八项规定及实施细则，紧盯各大传统节日等重要时间节点，打好重点节日整治“四风”（形式主义、官僚主义、享乐主义、奢靡之风）组合拳。有序开展制止餐饮浪费、利用“天价烟”等名贵特产类特殊资源谋取私利、领导干部违规配备公车和办公用房等专项行动，整治党员领导干部履职尽责、服务经济社会发展不担当、不作为、慢作为、乱作为等问题。全年，开展作风建设监督检查28轮次，查处违反中央八项规定精神问题34件，处理34人次，通报曝光典型问题1期5人；发现“四风”问题120件，处理131人，依规依纪严肃追责问责党员干部13人。（杨峰涛）

【专项治理】 2020年，区纪委监委聚焦生态环境领域专项整治，紧盯环保、农牧、住建、城管等部门，通过调阅问题整改台账、实地走访查看、侧面向群众印证等方式，监督检查中央第八环保督察组反馈的环境问题、群众通过12369环保举报平台反映的环境问题整改情况。集中排查民生领域建设项目的立项、规划设计、招投标、资金审批、资金使用等关键环节，排查老年养护院建设项目、污水处理厂改造项目、垃圾填埋场建设项目进展情况，对个别进展缓慢项目提出整改意见，督促相关单位制订专项整治工作方案及措施。全年，对5个领域专项整治工作监督检查12轮次，检查中央第八环保督察组反馈环境问题13件、群众举报环境问题69件，排查民生领域实施建设项目17项。（杨峰涛）

【讲故事电视大赛】 2020年，区纪委监委启动“清风满天山”讲故事大赛活动。经过初赛、复赛，7月6日，在区纪委监委六楼会议室进行决赛，因疫情防

2020年7月6日，区纪委监委在六楼会议室举办独山子区“清风满天山”讲故事大赛复赛（唐维 摄）

控需要，决赛采用视频讲述方式进行。10名进入决赛选手用生动感人的语言宣传身边先进廉政典型，弘扬主旋律，凝聚正能量，筑牢党员干部廉洁从政、拒腐防变思想防线。经过激烈角逐，区教育局选送的《铭记英雄历史，传承红色家风》获得一等奖，西宁路街道党工委选送的《四知太守杨震》、新北区街道党工委选送的《宽窄岁月里，我与宣讲的那些事》获得二等奖，国资委党委选送的《人是躺下的路，路是竖起的碑》、新北区街道党工委选送的《父子的家风传承》、区直机关工委选送的《我的家训传承》获得三等奖。（赵佳丽）

【廉政文化作品征集】 2020年，区纪委监委与区妇联联合利用“红色家园”App、报纸、微信等媒体，在全区开展“书家训家规，树廉洁家风”文化作品征集评选活动。活动期间，征集到涵盖书法、绘画、摄影、剪纸、文学作品等廉政文化作品706件，向市纪委监委选送优秀作品31件，在市纪委监委廉政文化作品评选活动中获奖21件。（赵佳丽）

## 监督执纪

【概况】 2020年，区纪委监委建立办案和审理协作区，综合运用监督执纪“四种形态”处理各类问题线索，全面落实日常工作、关键节点、重点人员、疫情防控四个监督到位。全年，受理信访举报60件次，运用监督执纪“四种形态”处理198人次，立案48件，给予党纪政务处分43人，实施留置案件8件。（祝秀健）

【“四种形态”处置】 2020年，区纪委监委推进“三不”（不敢腐、不能腐、不想腐）机制建设，建立全区纪检监察系统检举举报平台，专项清理信访系统信访案件办理情况，运用监督执纪“四种形态”处理问题线索。全年，受理信访举报60件次，处置问题线索194件，运用监督执纪“四种形态”处理198人次；其中，运用第一种形态处理152人次，占“四种形态”处理总人次的76.8%。立案48件，结案47件，给予党纪政务处分43人，涉嫌犯罪移送检察机关3人；实施留置案件8件，留置8人。（祝秀健）

【协作区建立】 2020年，区纪委监委制定《关于办案协作区制度实施方案》，按照“纪检监察室为龙头+街道纪工委+派驻机构+巡察组”“审理室+区直机关工委”结构，将纪检监察室、街道纪工委、派驻纪检监察组及区委巡察组整合划分成不同办案协作区，将审理室与区直机关纪检监察工委整合成审理协作区，各协作区内人员互调、经验共享、问题互通、技巧互学、业务互帮、整体互动，既实现监督探头向前推进，又实现异地交叉监督和流动监督，同时有效弥补纪检监察干部审查、调查和案件审理等方面短板和不足。全年，建立办案和审理协作区3个，处置问题线索115件，立案20件，结案20件，给予党纪政务处分18人。（祝秀健）

【特约监察员聘请】 2020年5月18日，区监察委员会召开第一届特约监察员聘请会议，审议通过第一届特约监察员为于殿茂、王浩、田景阳、白雪龙、齐予河、杨海峰、吴军、谷美娟、宋爱华、周剑10人。（李玲玲）

## 巡视巡察

【概况】 2020年，区委巡察办采取“驻巡组合”“巡审联动”工作模式，探索实践在前、总结提炼在后工作原则，不断完善巡察制度机制，逐步实现全系统巡察工作全覆盖。全年，召开巡察工作动员部署会2次，巡察单位18家，个别谈话283人，发现问题139个，反馈意见建议68条。（蒋英侠）

【巡察机制建设】 2020年，区委巡察办建立派驻（派出）机构、巡察机构和部门联合督促整改机制，制订巡察工作流程、办法等，不断完善巡察队伍，召开巡察工作动员部署大会，科学制订巡察工作计划，明确工作任务。着力于办好民生实事、落实未巡先改、政治安全、专项治理等方面工作开展情况，全方位、多视角、深层次开展巡察监督，有效推动全面从严治党向纵深发展，向基层延伸。全年，召开巡察工作动员部署会2次，开展巡察工作2轮。（蒋英侠）

2020 年 3 月 27 日，区委巡察办在区纪委监委六楼会议室召开十届区委第六轮巡察动员部署会暨业务培训会

（赵佳丽　摄）

【巡察监督】 2020 年，区委巡察办指导各巡察组按照巡察工作七大环节，采用问卷调查、民主测评、查阅资料、个别谈话等方式，结合被巡察单位性质、职能、特点，找准切入点、区分侧重点，有序推进第六轮、第七轮巡察工作。通过书面审核、实地检查等方式，对被巡察单位巡察整改情况进行监督检查，要求被巡察单位建立问题清单、责任清单、整改清单、逐项解决，逐一销号。截至年底，第 1～7 轮巡察工作对 67 家单位党组织进行常规巡察，覆盖率 89%，其中社区党组织覆盖率 100%。全年，巡察单位 18 家，收回调查问卷、民主测评表各 317 份，查阅资料 1200 余册（份），与班子成员、党员干部个别谈话 283 人；发现“三个聚焦”方面主要问题 139 个，移交问题线索 2 条，督促被巡察党组织立行立改问题 15 个，追回资金 11152 元，向被巡察党组织反馈意见建议 68 条。（蒋英佚）

【队伍建设】 2020 年，区纪委监委提出全员培训、全员监督、全员办案的“三全员”理念。结合实际，通过“菜单式”选择课程，启动“开放式”实际操作模式，开展“我讲你听”“我问你答”“你问我解”等活动，抓好自身建设。选派工作人员到区机关多个部室轮训，熟悉区机关各部室工作职能。合理安排工作人员参与本级案件查办工作，确保每位工作人员有办案经历，将培训的理论知识与实际办案结合起来，实现知识的“输入—输出—再输入”。选派优秀工作人员参与上级纪委监委案件查办工作，打造能力过硬队伍。全年，选派工作人员到市纪委监委参与案件查办 14 人，到机关轮岗派驻干部 18 人、街道纪检监察干部 3 人；开展日常培训 67 场次，参与 1782 人次；开展“一月一练”知识竞赛 6 场，参赛 166 人次；开展“一季一讲”2 场，参加 77 人次。（赵佳丽）

2020 年 3 月 30 日，区纪委监委在西宁路街道二楼会议厅举办区纪检监察干部“大比武大练兵”知识竞赛活动

（赵佳丽　摄）

# 人民团体

## 独山子区总工会

【概况】 2020年，独山子区总工会（简称区总工会）依法维护职工权益，构建和谐劳动关系，参与民主管理和民主监督，指导基层工会组织建设，组织开展各类劳动技能竞赛、文化体育活动。截至年底，有下属基层工会18个，会员12579人；非公有制企业工会412个、社会组织工会36个，会员4235人。全年，本级拨缴收入438.49万元，上缴市总工会282.36万元；收上级专项补助127.91万元，下拨、回拨基层工会文体活动等专项补助94.25万元。 （王敏）

【十五届五次全委（扩大）会议】 2020年4月30日，区总工会在区机关二楼会议厅召开十五届五次全委（扩大）会议，区委常委、组织部部长出席会议并讲话，会议审议并表决通过2019年区总工会本级决算和2020年区总工会本级预算；副主席向大会做工作报告，回顾2019年工作，安排部署2020年工作；会议增替补十五届委员会委员5人、常委3人、经费审查委员会委员（主任）3人、女职工工作委员会委员（主任）3人。 （王敏）

【维护职工权益】 2020年，区总工会在非公有制企业（简称非公企业）中开展工资集体协商专项工作，就职工关心的工资及福利待遇等问题指导企业与职工进行协商，签订区域性工资协议，在区属各企事业单位开展集体协商要约月活动，创新集体协商形式，通过网上要约、应约、微信征求意见等方式，协商解决受新冠肺炎疫情影响企业劳动用工问题；开展困难职工解困脱困工作，对工会帮扶系统中记录在档库、脱困库、注销库困难职工进行走访摸排，精准核查是否返贫；开展根治欠薪冬季攻坚行动，督促指导各街道非公企业工会干部每周走访辖区非公企业，宣传《中华人民共和国劳动法》《中华人民共和国工会法》等相关法律法规，询问进城务工人员工资是否按时支付。全年，发出和收回工资集体协商要约376份，签订专项工资集体协议376份；帮助进城务工人员追讨工资13万元；经第三方评估机构评定，全区困难职工解困脱困工作为A级（优秀）。 （王敏）

【基层工会建设】 2020年，区总工会开展新兴组织工会组织建设工作，实施工会应建必建工程，开展两新组织（新经济组织和新社会组织）摸排工作，每季度对八清楚（地址门牌清楚、法人代表姓名清楚、联系电话清楚、规模大小清楚、职工人数清楚、经营业务范围清楚、经营状况清楚、未建工会组织原因清楚），八大群体（货车司机、快递员、网约送餐员、护工护理员、家政服务员、保安员、商场信息员、房产中介员），百人以上企业进行摸排，督促各类企业建会入会，实现建会全覆盖，每月不少于1次走访联系基层工会，深入调研，倾听基层工会和职工群众意见并帮助解决。全年，有非公有制经济组织665家，会员数3996人，建会率100%，收集困难和问题5条，销项率100%。 （王敏）

【民主管理】 2020年，区总工会指导区属企业定期召开职工代表大会，听取职工代表意见，审议通过有关职工权益重大决策事项，征集有关职工权益提案、意见，健全厂务公开制度，加强企业民主监督和民主管理，扩大职工知情权、参与权、表达权、监督权；在非公有制企业，探索区域性职代会制度建设工作，逐步建立起以街道非公企工会联合会为载体，以签订集体合同为核心的区域性职代会制度，促进企业持续健康发展。全年，指导基层职工代表会 6 次。（王敏）

【教育培训】 2020 年，区总工会在区属各单位开展工会系统意识形态、“七五”普法、民族团结进步、禁毒等教育培训工作；把“不忘初心、牢记使命”作为加强工会组织党的建设永恒课题和全体党员干部终身课题；做好疫情防控、群众工作、综合治理、党风廉政建设、创建民族团结进步示范市、全国禁毒工作示范城市创建和文明城市创建等教育培训工作；为基层工会征订《工人日报》和《工人时报》（汉语版、维吾尔语版）；采用以赛代训方式，开展维护职工权益法律法规知识竞赛答题活动。11 月 13 日，组织召开党的十九届五中全会精神、第三次中央新疆工作座谈会精神宣讲暨基层工会工作座谈会，邀请市总工会宣讲员向基层工会干部进行宣讲，结合事例、实例，通过引用数字、佐证成绩等方式，通俗讲解党的十九届五中全会和第三次中央新疆工作座谈会精神。全年，为基层订报纸 150 份，维护职工权益法律法规知识竞赛答题活动参加 3000 多人。（王敏）

【争优创先】 2020 年，区总工会开展争优创先工作，为区属企业和部分非公企业发放安全生产月和“安康杯”竞赛宣传资料，围绕防风险、除隐患、遏事故主题，开展“安康杯”竞赛活动，向市总工会推荐“安康杯”竞赛优胜单位、优胜班组和优秀个人。全年，发放安全生产月和“安康杯”竞赛宣传资料 139 份，区公共就业服务中心、晟通热力公司热力车间获得市级工人先锋号称号，区城建开发公司在自治区“安康杯”竞赛中获得优胜班组称号。（王敏）

【劳动技能竞赛】 2020 年，区总工会倡导区属各企事业单位工会开展岗位练兵、劳动和技能竞赛活动，向市总工会申报劳动、技能竞赛项目，申请经费。全年，开展技能竞赛项目 12 个，实施劳动和技能竞赛企业 8 家，参加人数 2179 人，获得上级项目专项经费 22.16 万元。（王敏）

【劳模与工匠人才创新工作室】 2020 年，区总工会利用微信、抖音、QQ 工作群等多种渠道在会员中宣传独山子劳模，弘扬劳模精神和工匠精神；举办劳模座谈会，在十五届五次全委（扩大）会议上，组织与会人员共同观看劳模宣传片，节假日慰问劳模和工匠人才，精心打造新疆汇翔激光科技有限公司市级劳模朱金娇劳模和工匠人才创新工作室，获得市总工会正式授牌。全年，创建市级劳模和工匠人才创新工作室 1 家。（王敏）

【法律服务站建设】 2020 年，区总工会成立法律服务站，建立工会法律顾问制度，制定《职工法律服务站工作制度》《职工法律服务站服务律师职责》《职工法律服务站业务档案管理制度》，建立法律顾问试点企业工作日志台账，实施亮牌（法律工作者挂牌上岗）服务，聘请专业律师，开展全方位法律培训服务；组织开展《中华人民共和国民法典》婚姻家庭编解读培训讲座；工会法律顾问参与工会信访接待、法制宣传、劳动法律监督、协调劳动关系、争议处理等工作，定期或根据企业实际需要集中办理法律事务，每月定期服务企业；开展“法治天山行”“尊法守法，携手筑梦”等主题普法宣传活动。4 月 20 日，召开践行“枫桥经验”法律服务站工作推进会，与独山子天策律师事务所签订法律服务合同，通过购买法律服务形式，聘请专业律师为新疆汇翔激光科技有限公司、新疆克拉玛依市独山子天利人印务有限公司、克拉玛依市独山子区志扬物流有限公司免费提供法律服务。全年，进行法律培训 33 场次，参加 560 多人，接受法律咨询 17 人次。（王敏）

【户外劳动者服务站建立】 2020 年，区总工会通过实地调研，科学规划，联合区城建开发公司、区穗丰粮油贸易公司、西宁路街道办，分别在大庆路 33 号、金山路 13 栋 2 号、西宁路街道第十三社区党群服务

2020 年 12 月 22 日，区总工会在金山路 13 栋 2 号为工会户外劳动者服务站挂牌（王敏　摄）

中心建立工会户外劳动者服务站（点），配备饮水机、微波炉、桌椅、凳子等设施，解决环卫工人、出租车司机、快递员、交警、巡警等户外劳动者喝水难、吃饭难、充电难、如厕难等实际问题，给户外工作者送上关怀和温暖。全年，建设工会户外劳动者服务站 3 个，覆盖服务人数 920 多人。（王敏）

【职工文化阵地创建】 2020 年，区总工会落实职工文化阵地建设总体要求，制订职工文化阵地实施方案，实施全区一线（车间、站、队）基层工会职工文化阵地建设，专人负责，提供经费，购置书籍器材。全年，申报市级职工文化阵地建设单位 5 家，新北区街道办、盛元康复医院有限公司、晟通热力公司通过市级职工文化阵地验收，获得上级工会专项经费补助 15 万元。（王敏）

【慰问活动】 2020 年，区总工会组织开展送温暖慰问活动，在元旦、春节、中秋、国庆等重大节日及严寒、高温天气期间，进行走访活动，慰问自治区级先进工作者、劳动模范、困难职工、环卫工人、“访惠聚”工作队等一线职工；两次疫情期间对社区工作人员、服务社区干部、公安干警、医护人员及一线工人进行多次全覆盖慰问，给相关人员送“爱心饺”；元旦、春节、五一、国庆、中秋前夕，走访慰问区属各企事业单位中因重大疾病致困会员。全年，慰问会员 1.1 万人次，送慰问金 179 万元；慰问抗疫一线人员 25 人次，送慰问金 1.42 万元；给劳模发放慰问金 1.4 万元。（王敏）

【对口扶贫】 2020 年，区总工会组织会员为区对口扶贫单位新疆喀什地区疏勒县捐款 1085 元、捐赠棉被 126 条；组织区属各事业单位在扶贫“832”平台（832 个国家级贫困县网络销售平台）购买疏勒县农副产品 88.6 万元。（王敏）

【文体活动】 2020 年，区总工会组织系列文体活动，丰富职工文化生活，三八节慰问疫情防控一线女职工，为基层工会主席、女工委员举办心理健康专题讲座暨花艺培训活动；在区属各单位开展中国梦、劳动美、新疆好线上健步走及书法作品征集活动等系列文体活动，与独山子石化公司工会联合开展送健康下基层活动，开办健身操和民族舞辅导班；开展职工合法权益答题比赛。全年，举办心理健康讲座 2 期、花艺培训 2 期参加 200 多人；组织职工合法权益答题 2 场，参与人数 3146 人；收集职工书法作品 50 多幅、送市总工会参展 23 幅；举办健身操、民族舞辅导班 2 个参加 208 人，给会员发放健身票 12654 张，参加健步走 1700 人，总成绩在自治区排名第五。（王敏）

## 共青团独山子区委员会

【概况】 2020 年，中国共产主义青年团独山子区委员会（简称团区委）指导和管理全区青少年社团开展团务工作和各种活动；维护青少年利益和合法权益，协助教育部门组织大、中、小学学生开展各具特色教育活动。截至年底，有直属团（工）委 13 个，下辖基层团组织 276 个，有团员 2725 人。全年，新增团员 247 人，收缴团费 103930.30 元。（李昊泽）

【基础团务】 2020 年，团区委开展“3214”（3 指支部大会、支部委员会、团小组会，2 指团员教育评议制度、团员年度团籍注册制度，1 指团课，4 指团员发展、团费收缴、团组织关系接转、推优入党）基础团务。开好支部大会、支部委员会、团小组会；落实团员教育评议制度、团员年度团籍注册制度；认真上好团课；开展团员发展、团费收缴、团组织关系转接、推优入党基础工作。对全区非公有制企业组织及社会组建团情况、组织架构、运作情况进行地毯式摸排，联合社区团支部，对各组织进行整合，确保应建必建，所有团员都在组织。全年，召开团员大会 2200 多场次、支部委员会 400 多场次；注册团员团籍 2725 人，其中 28 周岁以下保留团籍党员 103 人，团干部 559 人，兼职团干部 554 人，超过 28 周岁保留团籍团干部 116 人，新发展团员 247 人，转入团员 303 人、转出 325 人；组织专题生活会 205 场次，开展团干部讲团课 800 场次，参与教育评议团员 2700 多人，推优入党 12 人，摸排调研非公企业和社会组织 58 家，建团率 100%。（李昊泽）

【志愿服务】 2020 年，团区委开展志愿服务工作，发挥志愿者临时团支部作用，每月按期开展主题团日活动，做好思想教育和心理疏导工作，传统节日进行慰问走访；做好新招募志愿者培训派遣工作，协同服务单位做好志愿者日常管理和服务工作；组织大型志愿服务活动及新招募志愿者参观独山子博物（展览）馆。全年，服务大型活动4次，青年志愿者参与200多人次，每人服务40小时以上；新招录西部计划志愿者14人、续签11人，留疆率78.6%。（李昊泽）

2020年12月10日，团区委组织青年志愿者清理泥火山景区冰雪（谷伟 摄）

【预防青少年违法犯罪】 2020年，团区委组建爱心辅导员队伍，命名爱心辅导员，定期召开预青联席会议，制订预防青少年违法犯罪实施方案，对重点青少年定期开展帮扶工作；开展青少年法治教育，管理和帮助重点青少年，覆盖全区中小学生；开展模拟法庭大赛，全区中小学学生参与，接受现场教育观摩。全年，帮助重点青少年45人，命名爱心辅导员142人，组织青少年法制教育8场，参加小学生10000多人次，举办模拟法庭大赛8场，参加800多人。（李昊泽）

【主题活动】 2020年，团区委开展岗位大练兵、技能大提升、青年大学习、主题团日等思想引领活动，组织基层团干部宣讲第三次中央新疆工作座谈会精神。全年，岗位大练兵，技能大提升参加200多人次；团干部讲授团课18场次，开展学习分享9场次，

2020年10月29日，团区委组织基层团干部在文化中心宣讲第三次中央新疆工作座谈会精神（何晨 摄）

参加团员青年900多人；举办青年大学习讲堂26期，参加团员青年1500多人次；开展主题团日2200场次，参加团员青年15500人次；组织学习习近平总书记致中国少年先锋队第八次全国代表大会贺信精神7场次，参加少先队员及学生200多人。（李昊泽）

【先进典型】 2020年，团区委开展“两红两优”〔五四红旗团（工）委、五四红旗团支部，优秀共青团干部、优秀共青团员〕评选活动，通过民主推荐和层层选拔，产生先进集体和优秀个人。全年，获得全国级五四红旗团支部1个、自治区级“两红两优”4个，表彰基层优秀团委3个、优秀团支部9个、优秀团干部17人、优秀团员20人、抗疫优秀团员15人。

（李昊泽）

【助力经济发展】 2020年，团区委与自治区团委密切配合，组织青年企业家考察团到独山子进行市场与经济考察，对独山子石化公司、天利集团、独山子小微企业孵化基地、独山子大峡谷旅游项目、独库小镇自驾车营地及独山子博物馆进行参观调研；开展招商引资工作，促成独山子鑫泊雅养生馆正式营业。全年，引进项目2个，落地资金300万元。（李昊泽）

【青年突击队】 2020年，团区委组建疫情防控青年突击队，确定工作重点，组织全区团员青年筹集善款，团干部结对联系服务驰援湖北武汉、援乌医护人员家属，实施走访慰问活动。全年，组建抗疫青年突击队11支，队员3806人；筹集善款19110元；结对联系服务援乌医护人员家属26人，走访慰问50多人次；发掘一线优秀团员青年抗疫典型事例21例。

（李昊泽）

【青年之家活动】 2020年，团区委通过青年之家组织开展“暖蜂”行动（将快递小哥比喻为勤劳“小蜜蜂”），慰问快递小哥，传递温暖，鼓舞和激励快递小哥发扬“小蜜蜂”精神，拼搏创新，逐梦前行。联合独山子石化公司团委开展“团·聚”交友嘉年华活动，为单身青年提供结缘平台。依托党群服务中心、文化中心、CC优创空间和青年之家云平台，打造线上线下联系服务团员青年公益性、专业化工作平台。成立区青年志愿者联盟和区青年创业联盟，召开区青年组织成立仪式暨第一次会员代表大会。全年，慰问

快递员 50 多人次，交友嘉年华活动参加 200 多人；设立青年之家 3 处，开展活动 17 场次，接待团员青年 868 人次。（李昊泽）

2020 年 11 月 14 日，团区委联合独山子石化公司团委在玛依塔柯酒店举办“团·聚”交友嘉年华活动，为单身青年提供结缘平台（谭清予　摄）

【少先队活动】 2020 年，团区委开展迎接少代会，争做好队员系列慰问活动；组织中小学生参加自治区少工委组织的“团团陪你宅”系列活动；组织中小学生参加市少工委组织的致敬平凡逆行者征文和厉行节约、反对浪费活动；开展少先队融情实践营、红领巾迎国庆、少儿科普魔方大赛活动；指导第二小学少先大队作为团市委推行分批入队试点学校，推行分批入队模式发展少先队员。全年，慰问少先队员 10538 人；参加各类活动 1226 人；参加厉行节约、反对浪费活动投稿 300 多件，参与评选 268 件，获奖作品 66 件；发展少先队员 3 批 131 人。（李昊泽）

## 独山子区妇女联合会

【概况】 2020 年，独山子区妇女联合会（简称区妇联）代表全区妇女参与社会事务民主管理和民主监督，维护妇女儿童合法权益，为妇女儿童提供服务，指导基层妇女组织建设。截至年底，设金山路、西宁路、新北区街道妇联 3 个，社区妇联 19 个，企业女职工委员会 39 个，非公经济组织女职工委员会 26 个，社会组织妇女委员会 6 个、有妇女之家 19 个。全年，调解矛盾纠纷 51 件，举办妇女就业培训班 28 期，为 14 户困难家庭发放捐助金 36856.77 元，开展各类文化活动 20 多场次。（马莺飞）

【妇女儿童维权】 2020 年，区妇联通过微信公众号、报纸、网络等媒体宣传反家庭暴力法、婚姻法、妇女权益保障法、禁毒法等法律法规，扩大妇女儿童法律知识知晓率。婚姻家庭纠纷人民调解委员会通过来电、来访，开展婚姻、家庭矛盾纠纷调解，维护妇女儿童合法权益。“巾帼”志愿心理辅导员走入需要心理帮扶妇女儿童家庭，提供一对一、面对面长期上门心理辅导服务，疏导妇女儿童心理障碍。全年，接待妇女儿童维权来电、来访 33 件次，调解矛盾纠纷 51 件，调解率 100%；提供心理辅导服务家庭 10 户。（陶红）

【配合市妇联调研】 2020 年，区妇联协助市妇联调研“两新组织”（新经济组织、新社会组织）中基层妇女组织建设工作开展情况，实地走访新疆友好集团独山子金盛时尚百货分公司、天利人印务有限公司非公企业和多彩阳光社工站，到市民族团结最美家庭朱木荣、李玉珍家庭（第十二社区昆园小区）走访；协助市妇联开展全国第四次妇女社会地位调查工作实地调研及落实《新疆维吾尔自治区指导推进家庭教育的五年规划》（2016—2020 年）终期评估工作，走访第七幼儿园、第六小学、图书馆、第十四社区，实地了解实施家庭教育五年规划成果。全年，配合市妇联开展调研活动 3 次。（马莺飞）

【第四次妇女社会地位调查】 2020 年，区妇联开展全国第四次妇女社会地位调查工作，选派工作人员到乌鲁木齐市参加自治区妇女社会地位调查工作培训。确定第四社区、第十一社区、第十五社区、第十七社区为参与抽样调查单位，对涉及抽样调查的 12500 多户居民信息进行反复核对，上传首轮抽选的 5000 户居民信息数据到调查系统平台。调查期间，入户调查家庭 75 户。（陶红）

【妇女就业培训】 2020 年，区妇联指导街道和社区妇联针对辖区妇女开展石头画、插花、化妆、美甲等培训，与独山子区安馨健康服务公司合作，举办育婴师、月嫂培训，提高妇女就业率，增强自信心。全年，举办妇女就业培训班 28 期，培训学员 800 多人，全区适龄妇女就业率达 99%。（马莺飞）

【送温暖活动】 2020 年，区妇联在三八妇女节前慰问奋战在疫情防控一线妇女工作者和驰援湖北武汉抗疫医护人员家属；组织街道社区妇联干部开展每月爱心一元捐助活动，向符合标准困难家庭发放捐助金。制定姐妹心连心手拉手帮扶工作计划，到协作扶贫地区——新疆喀什地区叶城县富余劳动力转移到独山子就业女性住地，与管理人员面对面沟通，了解实际需求；送去纯净水、羽毛球、篮球等生活及体育用品，赠送美丽女性幸福家园系列丛书，丰富富余劳动力转移就业女性业余生活。邀请独山子人民医院妇科医生到住地举办生殖健康知识讲座，提高富余劳动力转移就业女性自我保护意识与生殖健康知识水平，保护女性生育能力和身心健康。全年，慰问抗疫一线妇女750人、驰援武汉医护人员家属6人、市级三八红旗手16人、市级三八红旗集体5个；为14户困难家庭发放捐助金36856.77元；帮扶富余劳动力转移就业女性192人，捐赠物品150多件，赠送生活用品价值9000多元。（马莺飞）

【业务培训】 2020年，区妇联选派基层妇联干部参加自治区妇联“学思践悟大讲堂”视频业务培训，组织婚调委委员参加区司法系统和市妇联举办的人民调解委员培训。组织区级、街道和社区妇联执委、非公企女工委员会等妇女组织负责人，开展“固本强基夯基础，齐心协力助妇建”妇女素质提升拓展活动，举办妇女工作基础知识、禁毒知识、妇女权益保护法、反家暴法等知识趣味答题活动，提升基层妇联干部业务知识。全年，组织参加业务培训2次，参加128人次；举办知识答题活动4次，参加300多人次。（陶红）

【文化活动】 2020年，区妇联与基层妇联联合举办“漫步书山，品读芬芳”“书香涵泳，润泽心灵”品味书香、感悟人生、书香润油城读书分享系列活动；联合区纪委监委、独山子石化公司女工委员会开展书家训家规，树廉洁家风文化作品征集评选活动，宣传家庭美德，传承优良家风，推进廉洁家庭建设；与区教育局在各小学开展“绘制我家根脉图，家庭文化建设进校园”活动；开展“民族团结示范家庭和最美家庭宣传视频拍摄”活动及“我爱我家，美化庭院”系列活动。以钉钉直播课形式，依托专家智库，开展智慧父母、中华文化与家教、书香门第与家风家训等网课。全年，开展各类活动20多场次，参加1800多人次；征集硬笔书法425幅、软笔书法94幅、绘画（含漫画）220幅、剪纸69幅，选送市妇联作品31幅，获奖21幅；上网课15节，参加2.25万人次。（陶红　马莺飞）

【三八红旗手、红旗集体评选】 2020年，区妇联开展市级三八红旗手（集体）专项评选工作，经过自下而上评选，从64名个人和15个集体中推荐市级三八红旗手候选人16人、三八红旗集体候选单位5个。被评为市级三八红旗集体5个、市级三八红旗手16人。（马莺飞）

【最美家庭评选】 2020年，区妇联开展最美家庭创建活动，传承良好家风家教，为美好生活添彩。通过层层评选，选出区级最美家庭47户，推荐市级最美家庭12户、自治区级最美家庭4户、全国最美家庭1户；评选战疫最美家庭22户，推荐市级战疫最美家庭6户。被评为市级最美家庭15户，最美楼栋（单元）2个。（胡长鸿）

【平安家庭创建】 2020年，区妇联联合相关部门开展平安家庭创建工作。通过居民自愿申请、社区审核（复核）、社区公示程序，经相关部门审核通过命名，为平安家庭挂牌。全年，申请创建平安家庭30324户，命名挂牌平安家庭29527户，创建率97.37%。（胡长鸿）

## 独山子区科学技术协会

【概况】 2020年，独山子区科学技术协会（简称区科协）普及科学知识，推广先进技术，促进科学技术成果转化，为企业提供科技咨询服务及政策支持，组织开展科技合作交流活动和青少年科学技术教育活动。与区科技局合署办公。全年，入国家科技型中小企业库企业14家，组织各类线上、线下科普活动55场，兑现创新服务券补贴14万元。（王成刚）

【科技交流合作】 2020年，区科协组织区属企业参加市举办以“科技赋能，共谋发展”为主题的2020年川克科技合作工作推进会，区政府与四川德阳高新区签订《德阳市高新区—独山子区深化科技创新战略合作协议》，独山子天利恒华石化有限公司与四川大学高分子研究所、四川迈斯铭达工程公司签署$C_5$树脂质量提升技术协议，通过整合德阳国家高新区人才聚集优势和独山子产业资源特点，建立两地企业线上、线下交流合作机制，支持和推动独山子产业升级转型，以科技合作为基础，以人才援疆、产业援疆为重点，以互利共赢为原则，拓展合作范围和空间，打造科技援疆“样板”项目。（王成刚）

【科技服务】 2020年，区科协建立分层次、陪伴式科技创新服务机制。开展企业帮扶工作，在实地走访和座谈中了解企业详细情况，与科技服务机构共同进行分析，根据企业实力、发展现状、科研水平、产业状况等综合指标情况为企业设定科技工作规划，就如何开展科技项目申报、申报科技型中小企业以及申报高新技术企业等重要科技工作给出意见建议并开展实操辅导，为企业科技工作提供切实有效帮助。针对中小企业经济实力不足、创新资源缺乏等问题，设计发行“创新货币”，为中小企业提供科技服务，推动科技服务供需双方有效对接，出台《独山子区科技创新服务券管理办法（暂行）》，推动区中小企业主动购买科研机构科技服务。全年，科技型中小企业申报并入国家科技型中小企业库14家；完成高企再认证企业2家，完成高企首次认证申报企业4家，为5家企业兑现创新服务券补贴14万元。（王成刚）

【创新创业大赛】 2020年8月26日，第七届新疆创新创业大赛（克拉玛依赛区）暨第五届克拉玛依创新创业大赛决赛正式开始，由自治区科学技术厅、市人民政府主办，市科技局、独山子区人民政府承办，首次采用线上（腾讯会议）和线下（市科研楼A座、独山子区创业基地）相结合模式举办，腾讯看点和抖音两个直播平台线上观看人数达4.2万人次。全市76家企业报名参赛，成长组、初创组两个组别20家企业入围决赛。入围企业依次展示参赛项目，新一代信息技术与节能环保、高端装备制造、新能源新材料等方面参赛项目个个含金量十足。经过激烈角逐，区九州科技发展有限公司获成长组二等奖，蓝奥新材料科技有限公司获成长组三等奖，科鼎工程技术有限公司获初创组二等奖。3家获奖企业经过自治区推荐入围第九届中国创新创业大赛国家行业赛，本届大赛取得自治区级双创大赛历史最好成绩。（王成刚）

【科普宣传】 2020年，区科协举办校园科技节、119消防日宣传、校园魔方大赛、“挑战自我，超越梦想”庆六一科技知识竞赛等系列活动，通过网络、报纸、电视、新媒体等平台，为市民普及科学知识。全年，举办科普教育宣传活动15场，参加1000多人次；组织网上系列活动10场，参与800多人次；线上科技知识竞答活动4次，参加1万多人次。（王成刚）

2020年6月3日，区科协在第二小学举办“挑战自我，超越梦想”庆六一科技竞赛活动（王成刚 摄）

【科技周活动】 2020年8月，区科协围绕科技战疫、创新强国这一主题，通过微信公众号、钉钉群等线上平台，组织线上科技成果展示、防疫知识系列讲座、青少年系列科普线上交流会等科技周活动，促进科技创新和科学普及协调发展，推动科技创新成果转化，惠及于民。全年，组织各项科普实践活动17场次，参加参与4.3人次。（王成刚）

【“科技之冬”活动】 2020年11月起，区科协开展历时3个月“科技之冬”系列活动。开展政策宣讲活动，发挥老科协组织、社区工作人员、联户长等力量，向社区居民、农牧民宣讲习近平新时代中国特色社会主义思想、党的十九届五中全会、第三次中央新疆工作座谈会、中央农村工作会议和自治区党委农村工作会议精神。利用科技馆微信公众号、克拉玛依零距离、独山子零距离、独山子在线官微，开展疫情科普宣传，坚持“疫情不解除，科普不掉线”，下发新型冠状病毒性肺炎预防科普宣传手册，推广科普中国、科普新疆等公众号，发挥科普E站和科普中国信息员作用，传播科普中国和科学辟谣平台提供的科普内容，为公众提供最新应急科普知识，增强群众防控意识，全面提升应对能力。以集中培训、入户宣讲、线上宣传等形式，开展精准科普服务，举办动物防疫、农机安全培训，邀请区农业和水务局工作人员为农牧民授课，讲解新时期动物防疫工作重点，帮助农牧民提高养殖动物的防疫能力，线上线下形成合力，利用公众号、居民微信群开展政策宣传，提高农牧民依靠科技致富本领。全年，开展宣讲活动30场次，参与活动1万多人；下发新型冠状病毒性肺炎预防科普宣传手册1000册、冬季消防科普宣传手册1000册、科普宣传环保袋500个。（王成刚）

【“文化润疆”工程】 2020年，区科协推进“文化润疆”工程，组织开展“我们的节日——喜迎新春”、中国古代科技之光展览、“春节，中国人的共同记忆”民族团结联谊活动、“‘牛’转乾坤，科技先行”系列科普文化活动，组织科技志愿者开展“迎春送福”、写春联、剪窗花、创意绘画、有奖知识竞答、DIY益智手工制作、观看科普展览、发放科普手册等专题活动，满足公众科普文化需求、丰富活跃各族群众精神文化生活。元旦、春节期间，举办“喜迎新年写春联，新春送福进社区”等“文化润疆”活动20场次，参加1600多人，送春联300副。（王成刚）

【心理卫生科普】 2020年，区科协心理卫生协会，开展线上线下心理科普活动。疫情防控期间，通过心理科普之旅、如何面对焦虑、防疫知识系列讲座等网上沙龙活动为市民缓解焦虑。全年，组织心理卫生科普活动7场，参加200多人次。（王成刚）

## 独山子区工商业联合会（商会）

【概况】 2020年，独山子区工商业联合会（商会）（简称区工商联）为会员提供政策信息、人才交流培训等服务，组织会员企业参加各类经贸活动，外出参观考察，帮助会员企业拓展市场。配合有关部门开展非公有制会员企业党建工作。反映非公有制企业和非公有制经济人士利益诉求，维护其合法权益。引导非公有制企业及其非公有制经济人士承担社会责任，支持慈善公益事业发展。指导非公有制企业科学防控疫情，促进复工复产。截至年底，有会员69个（人），其中企业会员43个，个人会员22人，团体会员4个。全年，帮扶、指导非公企业党建工作24次，为1778户承租私有房屋个体工商户减免房租518.72万元，民营企业、个体工商户捐款捐物63.99万元。（聂智凯）

【换届选举】 2020年12月29日，区工商联在机关二楼会议厅召开区工商业联合会（商会）第二次会员代表大会。全区民营经济领域代表49人参加会议，听取和审议工作报告，选举产生第二届执行委员会委员和新一届领导班子；会议等额选出区工商联第二届执行委员会委员32人；召开区工商联第二届第一次执委会，等额选出主席1人，副主席13人，副会长8人，秘书长1人；为新当选副主席、副会长颁发牌匾。（聂智凯）

2020年12月29日，独山子区工商业联合会（商会）第二次会员代表大会在区机关二楼会议厅召开，进行换届选举（聂智凯 摄）

【非公企业党建工作】 2020年，区工商联推进非公企业党建工作，配合区委组织部走访非公企业了解党建情况，选派党建指导员帮助非公企业开展党建工作，指导非公企业党员学习党章、党规、党纪及习近平总书记系列重要讲话精神。实施以四信（树立对党的科学理论的信仰、坚定走中国特色社会主义道路实现中国梦的信念、增强对党和政府的信任、增进对以习近平同志为核心的党中央的信赖）为主要内容的理想信念教育实践活动，组织学习第三次中央新疆工作座谈会精神、党的十九届五中全会精神、《中共中央关于坚持和完善中国特色社会主义制度、推进国家治理体系和治理能力现代化若干重大问题的决定》《关于加强新时代民营经济统战工作的意见》等，强化思想政治教育，发挥党建在经济建设领域的作用。全年，走访联点企业36次，谈话42人次，召开专题座谈会2次，形成区民营经济人士思想状况调研报告1份；开展学习宣讲活动4场次，参加民营经济代表266人次；对企业后进党支部实施组织建设和党建工作帮扶、指导24次。（聂智凯）

【民营企业融资情况调研】 2020年，区工商联深入企业及金融机构走访，围绕民营企业经营状况、融资状况等进行调研，了解在深化营商环境改革、政府服务工作与加快转变政府职能实践中，全区经济发展形势同民营企业需求相适应方面的差距，针对发现的问题提出相应整改意见及建议。调研期间，走访企业5家、金融机构1家，梳理问题3条，提出意见建议6条，撰写调研报告1份。（聂智凯）

【参政议政】 2020年，区工商联发挥民营经济人士参与政治和社会事务中的主渠道作用，围绕党委、政府中心工作、民营经济发展热点、难点问题及区工商联自身建设等方面展开调研，探索新时代民营经济发展新途径。将调研成果转化为政协会议发言材料，提交关于进一步强化招商引资工作、发挥优势务实创新，进一步推进区工商联建设等提案。全年，8名工商界政协委员提交提案14条。（聂智凯）

【服务企业】 2020年，区工商联落实自治区推出28项扶持性政策，推动行业协会帮助企业科学精准防疫，有序复工复产，通过线上微信群、QQ群、抖音推送政策，发出守望相助，争做油城好房东房租减免倡议，惠及承租私有房屋个体工商户1778户，减免房租518.72万元。（聂智凯）

【招商引资】 2020年，区工商联发挥资源平台和专业性优势，扩大招商引资渠道，宣传招商引资政策和招商项目，动员行业协会发挥自身优势，组织优秀民营企业家赴自治区内重点地区工商联，交流学习；与市工商联所属商会座谈，交流经验，互换心得，强化内部沟通与外部联系；联系市工商联所属异地商会，通过异地工商联搭桥引线。全年，组织民营企业家到重点地区工商联交流学习2次；与市工商联所属商会座谈1次，推荐民营企业到独山子考察、投资建厂2家。（聂智凯）

【社会责任】 2020年，区工商联鼓励民营企业、行业协会参与光彩事业、扩大就业再就业、履行社会责任；组织民营企业、个体工商户开展慰问一线抗疫人员和赴武汉抗疫医务人员活动、助学活动、暖心活动、关爱贫困人群活动，捐款捐物，主动参与义务植树，发扬致富思源、富而思进、扶危济困、共同富裕、义利兼顾、德行并重、发展企业、回馈社会的光彩精神，热心社会公益和光彩事业。全年，民营企业、个体工商户捐款捐物63.99万元，参加义务植树3000多人，植树15000多棵。（聂智凯）

## 独山子区社会科学界联合会

【概况】 2020年，独山子区社会科学界联合会（简称区社科联）开展社会科学研究和社科知识宣传普及，指导和管理社会科学界各类学术团体开展工作。截至年底，有社科团体（学会、协会、研究会）9个。全年，举办社科普及周活动10多场次，申报社科课题8项，报送市社科联优秀社科成果3项。（王惠颖）

【社科知识普及】 2020年，区社科联以决胜全面小康、决战脱贫攻坚为主题，通过线上、线下多种方式开展社科普及周系列活动。举办社科知识讲座，科普健康文明生活方式，提倡科学防疫、健康饮食、规律作息、锻炼身体、拒绝野味；开展就业选择及劳动权益保障宣讲，助力脱贫攻坚；利用群众喜闻乐见的网上宣传方式，在微信公众平台开展社科知识有奖答题活动，扩大社科普及参与范围。活动期间，举办线上线下社科普及周活动10多场次，参与200多人次，获得市社科普及周专项活动经费3000元。（王惠颖）

【研究成果】 2020年，区社科联积极参与市社科课题申报，围绕区工作重点，征集社科研究课题，精选社科课题上报市社科联，经过评审，《独库公路旅游线路开发与治理政策建议》被评为市级一般课题，签订立项协议，获得市社科联专项经费支持；《以优秀传统文化深化青少年文化认同，铸牢中华民族共同体意识——以克拉玛依独山子第二中学为例》《以党建引领业主委员会自治共治，推进物业企业规范化建设，破解社区治理难题》课题被评为市级重点社科课题，签订立项协议，分别获得市社科联专项经费支持；选报课题成果均通过市社科课题成果评审会议，实现入选市级重点社科课题首次突破。下发关于征集市哲学社会科学优秀成果的通知，甄选优秀社科成果报送市社科联。全年，征集社科研究课题16项，申报社科课题8项，报送市社科联优秀社科成果3项，获得市社科联专项经费支持2.5万元。（王惠颖）

# 法　治

## 政法委与综合治理

【概况】 2020年，中国共产党独山子区委员会政法委员会（简称区委政法委）部署、督查全区社会治安综合治理、维护社会稳定工作，督促大案要案查处，开展普法宣传，推进扫黑除恶专项斗争，服务与管理流动人口，化解矛盾纠纷，开展平安创建，统筹全区社会治理现代化、新冠肺炎疫情防控工作。全年，收集涉黑涉恶线索29条，向区纪委监委反映问题线索14件，受理法律援助案件3件，调处各类民间纠纷842起，创建平安家庭29527户，创建平安店铺、平安单位、平安文化旅游市场、平安校园、平安企业、平安医院、平安宗教活动场所2365家（处）。（曲凯丽）

【扫黑除恶】 2020年，区委政法委推进全区扫黑除恶案件侦破、打伞破网、打财断血、行业整治工作，坚决彻底扫清黑恶势力；组织全区线索核查单位对专项斗争开展以来的线索、涉及黄赌毒、聚众斗殴案件和政法机关接报警记录进行“回头看”。全年，收集涉黑涉恶线索29条，开展“回头看”梳理线索405条、案件70多件、接报警电话588条，启动13项专项行动，查封、冻结、扣押涉案资产折合人民币7970万元，向区纪委监委反映问题线索14件，给予党纪政务处分15人，移送检察机关1人。（曲凯丽）

【涉疫违法违纪处置】 2020年，区委政法委依托各级抗疫指挥部，统筹做好疫情防控专项调度，重点加强对公安检查站、人民医院、集中医学观察点、商超、宾馆、学校等人员密集场所视频调度；发现问题第一时间整改销项。全年，发现疫情防控问题156项，教育批评51人，形成整改报告28份，考核工作人员9500元；办理各类涉疫情行政案件15起，处罚21人。（曲凯丽）

【市域社会治理】 2020年，区网格化服务管理中心以网格化服务、智能化管理、平安志愿者队伍建设等重点工作为试点，创新符合区情实际、贴近人民需求、体现地方特色的市域社会治理新思路，构建政治、自治、法治、德治、智治融合的社会治理体系，充实平安志愿者队伍，壮大基层治理力量，调动大党委成员单位和各支社会力量参与积极性，基层社会治理效果显著，全区优秀平安街道命名全覆盖，民转刑案件零发生。全年，建立志愿者队伍28支，在册志愿者2370人，其中党政机关志愿者843人、教育系统志愿者489人、居民志愿者116人、红细胞党员354人、独山子石化公司通勤保障人员62人、联户长506人；开展大型活动安保等志愿服务活动25次、文明交通劝导志愿服务100多天，平安法律服务志愿者深入19个社区，开展法律援助服务68次，组织法治讲座3场，接待群众法律咨询195人次，通过咨询受理法律援助案件3件、公证2件、解决问题19件，为群众挽回经济损失79万元。（曲凯丽）

【矛盾纠纷化解】 2020年，区网格化服务管理中心以网格化管理为依托，联动各方力量排查重大矛盾、纠纷、突发性事件等不稳定因素，梳理各类诉求并及时予以处理，开发指挥调度平台App，由网格、街道、社区、逐级分发下派给网格成员单位及大党委、大工委成员单位，限时解决答复；规范组织建设，选优配强人民调解员队伍，深化多元调解机制，实现小事不出社区、大事不出街道、矛盾不上交的良好局面。全年，设立各级各类人民调解组织 24 个，任命专兼职调解员 192 人，排查、调解各类矛盾纠纷 842 起，调解成功率 99%。（曲凯丽）

【普法全覆盖】 2020 年，区委政法委开展“法治宣传教育进机关单位、进社区、进学校、进企业”活动，实现普法分类别全覆盖。各机关单位通过建立健全制度、邀请专家授课、知识竞赛、举办“法律大讲堂”、普法文艺表演、法治报告会等方式，开展法治宣传教育；以创建“民主法治示范社区”为载体，依托普法讲师团、社区工作人员、社区法律顾问，将法治宣传与“访惠聚”“民族团结一家亲”等重点工作相结合，以入户走访、国旗下宣讲、提供法律咨询等方式，向居民宣传与他们生活息息相关法律法规；把青少年法治宣传教育纳入学校教学计划和教育行政部门年终检查考核重要内容，推行法治教育与课堂教育相结合，将法治教育融入学生管理、学生生活全过程，发挥学校兼职法制副校长和法制辅导员引领作用，指导各中小学开展法治活动，通过警示教育、模拟法庭等，提升学生尊法意识和用法能力；指导各企业成立以法律顾问为骨干的普法宣讲团，深入基层单位进行普法宣传活动，不定期深入到外来务工人员比较集中的企业举办法律知识讲座。举办《中国共产党政法工作条例》法律知识竞赛，全区政法系统工作人员代表参加比赛。全年，下发法治宣传资料 6 万多份（册），举办各种法治宣传教育活动 300 多场次，参加 3 万多人次。（曲凯丽）

【流动人口服务与管理】 2020 年，区流动人口服务管理办公室坚持人口精准摸排，采用盘查、询问、走访等方法，及时掌握流动人员情况；实行社区登记，街道核准，派出所、社区、房产部门共同备案制度；统筹安排公安、建设、卫生健康、市场监管、民政、执法等部门在各自职责范围内做好出租房屋综合服务管理工作；社区、警务室紧密配合，对来独人员、车辆开展日常检查。全年，登记流动人口 26202 人，检查出租房屋 1521 户。（曲凯丽）

【平安创建活动】 2020 年，区平安创建工作领导小组以网格化工作、三级综治中心建设为依托，切实发挥牵头抓总作用，强化辖区党政机关、企事业单位与街道社区沟通联动，构建横向到边、纵向到底，人人有责任、人人抓落实的平安建设新格局。全年，创建平安家庭 29527 户，创建合格率 97.4%；创建平安店铺 2160 家，创建合格率 96%；其余行业平安单位创建合格率达 100%，命名平安单位 157 家、平安文化旅游市场 15 家、平安校园 19 所、平安企业 10 家、平安医院 3 家、平安宗教活动场所 1 处。（曲凯丽）

【政法队伍建设】 2020 年，区委政法委制定下发政法委员会制度建设实施方案，明确政法单位间职责分工，建立监督检查、执法监督、政治督查、政治轮训、述职、约谈等工作机制；政法单位联动深化，合议决策制度更加完善，请示报告形成常态，政法单位讲政治、守规律意识明显增强，执纪监督力度持续加大。全年，组织召开全委会 3 次，召开政法联席会议 16 次、扫黑除恶工作推进会议 4 次，向市委政法委、区委汇报工作 4 次，经请示汇报以区委名义召开会议 17 次，以区委名义下发文件 2 次，上报检查通报 108 期，批示政法单位重大事项请示报告 10 多份，向政法单位流转政法委书记批示、指示 42 份，配合纪检监察部门对政法干警进行党纪政纪处分 31 起 39 人。（曲凯丽）

## 法治政府建设

【概况】 2020 年，中国共产党独山子区委员会全面依法治区委员会办公室（简称区委依法治区办）建立健全依法行政制度体系，制定法治政府建设实施方案，推进“放管服”改革、行政执法体制机制改革，加强行政权力制约和监督，开展法治宣传教育，指导法律服务机构提供法律援助和公众法律服务。全年，区政府聘请法律顾问 2 人，评估各类重大行政决策事项 7 项，清理行政规范性文件 12 件，评查执法部门案卷 81 份，考取行政执法资格证 110 人；受理法律援助案件 156 件，挽回受援人经济损失 150 多万元；享受免费法治体检服务企业 33 家，司法所规范化建设投入资金 26 万元。（宋海落）

【依法行政制度体系建立】 2020 年，区委依法治区办制定发布《关于在全区国家机关中实行谁执法、谁普法责任制的意见》，要求全区党政机关梳理谁执法、谁普法责任清单，明确各级各相关部门普法内容、对象、目标、方式、载体、步骤，建立以党政主要负责人履行法治建设第一责任人职责和依法行政、领导干部带头学法、落实普法责任为重点的考核内容，根据责任清单内容逐项逐条加强监督检查，强化过程监管，推进普法工作按时间、按要求落实到位；坚持以问责倒逼工作落实，对年度普法工作考核结果予以通报。制订下发法治政府建设工作要点，细化工作任务，明确责任分工，将法治政府建设纳入全区绩效考核，与全区其他重点工作同部署、同推进、同落实、同检查、同考核。制订区政府重大行政决策程序规定，把公众参与、专家论证、风险评估、合法性审查和集体讨论决定作为重大行政决策的必经程序；对涉及公众切身利益、需要社会广泛知晓的经济社会发展事项，广泛征求收集公众、专家意见，通过区政府门户网站及时公示；发挥法律顾问专业优势，落实重大决策社会稳定风险评估机制。全年，开展法治政府建设指导检查6次，考核机关部门45个，评估各类重大行政决策事项7项，准予实施7项，公开选聘法律顾问2人。（宋海落）

【规范性文件清理】 2020年，区委依法治区办实施规范性文件监督管理，明确制发程序，落实“双报备”（制定规范性文件需向市政府、区人大常委会报备），“三统一”（统一登记、统一编号、统一印发）制度；在区政府门户网站公布现行规范性文件及目录，实现动态信息化管理；常态化开展规范性文件清理工作，重点开展涉及《中华人民共和国民法典》及野生动物保护方面行政规范性文件专项清理工作。全年，清理行政规范性文件12件，修订7件，保留2件。（宋海落）

【行政执法监督】 2020年起，区委依法治区办推行“行政执法三项制度”（行政执法公示制度、行政执法全过程记录制度、重大执法决定法制审核制度）改革，针对执法信息公开不及时、不规范、不透明，执法行为不严格、不文明，执法过程记录不全面、不标准，法制审核机构不健全、审核力量不足、审核工作不规范等问题，规范执法程序，提升执法能力，强化执法监督，并将此项工作纳入年底绩效考核指标。推进“质量法援”建设，规范案件质量监管，对区公安分局、区城市管理局、区卫健委、区市场监管局等执法部门法律援助案件从执法主体、执法内容、执法程序、执法形式、执法时限、文书制作等方面的案卷质量进行评审，提出意见，督促相关单位及时整改发现的问题。推进行政复议体制改革，发挥行政复议职能作用，有效化解矛盾，维护群众合法权益。全年，开展案卷评查活动2次，评查执法部门13家，评查案卷81份，无行政复议申请。（宋海落）

【行政执法主体管理】 2020年，区委依法治区办加强行政执法主体和人员资格管理，落实行政执法人员资格管理和持证上岗制度，开展网络化动态管理执法人员资格审查、考试、证件管理等工作，举办行政执法业务培训，组织执法人员参加行政执法资格考试。梳理各单位执法主体、依据、事项，将行政执法主体名单进行公示；推行行政执法三项制度，建立健全相关工作方案，督促各单位制订三项制度工作清单。组织学习行政处罚自由裁量基准指导意见，促进行政处罚实施机关合理行使行政处罚自由裁量权，推进依法行政，保护公民、法人和其他组织合法权益。全年，有行政执法单位26个，行政执法人员140人，组织线上执法证取证培训1期，举办行政执法业务培训2次，参加考试取得行政执法资格证110人。（宋海落）

【公共法律服务】 2020年，区委依法治区办指导区公共法律服务中心、街道公共法律服务站、社区公共法律服务点完善工作机制，制订公共法律服务便民措施，法律援助服务小分队深入社区提供服务，法律服务志愿者为复工复产企业提供免费法治体检。推广使用12348新疆法网、公共法律服务热线，群众足不出户就能享受法律服务。律师和法律服务工作者值班值守，值班律师参与办理认罪认罚案件。全年，受理法律援助案件156件，其中民事案件45件、刑事案件111件，挽回经济损失150多万元；接待群众法律咨询915人次，通过咨询受理法律援助案件6件、公证4件，解决问题35件；值班律师参与办理认罪认罚案件88件，开展法治讲座7场。（宋海落）

【基层法律服务】 2020年，区委依法治区办推进一社区一法律顾问工作制，引导天策律师事务所、疆毅律师事务所、西宁路街道法律服务所3家法律服务机构法律服务者去社区担任法律顾问，根据社区民营企业需求，提供免费法治体检服务，宣讲企业设立、经营、管理、优化营商环境等方面的法律法规，解答民营企业遇到的劳动争议、合同履行、知识产权保护、劳动用工、融资并购等各类法律问题；依法、依理协助民营企业开展内部、外部矛盾纠纷调解。法律服务者常态化开展送法律服务进社区活动，每周在社区开展免费法律咨询、普法宣传活动，结合典型案例，做深入浅出、通俗易懂的普法教育，为居民提出合法、合情、合理的法律意见。全年，享受法治体检服务企业33家，出具法律意见、建议书23份；天策律师事务所办理案件42件，代写法律文书30件；疆毅律师事务所办理案件30件，代写法律文书15件；西宁路街道法律服务所办理案件51件，代书法律文书120件。（宋海落）

【矛盾纠纷调解】 2020年，区委依法治区办以人民调解、行政调解、行业性及专业性调解、司法调解衔接联动工作机制作为突破口，探索大调解工作新途径，成立全区矛盾纠纷多元化调处中心，整合法律援助、人民调解、基层法律服务等资源，建立三级服务网络（区公共法律服务中心、街道公共法律服务工作站、社区公共法律服务工作室），健全人民调解规章制度，设立信访、劳动争议、调解、公证、法律援助窗口，集中受理群众法律问题，为群众提供“一站式”、窗口化、综合性公共法律服务。推进社区公共法律服务工作室建设，社区法律顾问实现全覆盖。定期检查指导全区各人民调解委员会工作，组织调解员进行业务培训，及时掌握辖区动态，将矛盾纠纷消除在萌芽状态。全年，专项检查指导调委会工作5次，举办综合业务培训3次，调处矛盾纠纷12起，解答法律咨询700多次，通过咨询受理法律援助案件10件、公证5件，解决问题38件。（宋海落）

【司法所规范化建设】 2020年，区委依法治区办修缮金山路司法所办公业务用房，修订完善司法所岗位责任制，规范司法所工作制度，建立司法所工作清单，明确工作流程，促进司法所工作制度化、规范化。与街道办沟通协调，按照“一所一品”工作思路培育司法所工作亮点，提升司法所服务群众能力。全年，司法所规范化建设投入资金26万元。（宋海落）

【法治宣传】 2020年，区委依法治区办开展“疫情防控，法治同行”专项法治宣传活动，组织全区各单位运用网络、微信、抖音等平台推送疫情防控法律法规、典型案例，发放宣传手册、通过社区大喇叭宣讲，做到执法司法、科普教育、政策宣讲与法治宣传、法律服务同步开展。开展宪法法律宣传月、“12·4”国家宪法日等主题宣传活动，在街道、社区建立法治文化园地、法治宣传栏、法治文化墙、法律图书角等，在全区标志性公共场所增加法治文化元素，发挥法治文化潜移默化的熏陶作用，区“七五”普法通过自治区验收。全年，发放普法宣传资料5万份，开展各类普法宣传活动132场次。（宋海落）

## 公 安

### 综 述

【打击违法犯罪】 2020年，克拉玛依市公安局独山子区分局（简称区公安分局）纵深推进扫黑除恶专项斗争，全面梳理近10年警情，对接收到的线索“回头看”，侦办扫黑除恶案件，打击恶势力团伙，严查关系网、保护伞，查封、扣押、冻结资金和涉案财物。成立专业打击电信诈骗犯罪中队，与市反电信诈骗中心建立工作联动机制，开展打击电信网络诈骗及制毒贩毒活动。联合市场监管局打击“食药环”等民生领域违法犯罪。开展云剑行动，侦破17年前的“11·30”命案积案。全年，梳理警情1359条，“回头看”线索201条，整改率100%；侦破各类扫黑除恶案件52件，抓获犯罪嫌疑人72人，查封、扣押、冻结涉案资产逾1.44亿元；查处卖淫嫖娼案件3件、赌博案件3件；接各类电信诈骗警情136件，涉及损失金额1100万元，冻结银行卡350张610次，冻结涉案资金396万元；破获贩毒案件11起，抓获犯罪嫌疑人16人，缴获疑似“娜塔莎”1423.47克；开展“食药环”联合检查15次；侦破位于乌鲁木齐的防冻液制假窝点4处。（叶文 周常远）

【执法规范化建设】 2020年，区公安分局健全法治审核监督机制，狠抓执法全流程记录，实现执法活动可回溯管理；发布各类执法规范，为基层办案提供法律服务和指导；研究制订各种表现形式的取证要点，指导基层单位准确判断案情、强化侦查取证意识；开展执法监督警情巡查、案件巡查、执法场所巡查、信访涉法案件评查、执法突击检查工作，对执法问题实行日提示通报、周复核跟踪、月督办问责、季规范整治；推行实战化执法服务新模式，建立重大警务法治服务机制、法治员例会机制、疑难案件专门研究机制、执法数据分析研判机制、定制式执法培训机制、案件材料的审核机制。全年，发布各类执法规范指引331篇，巡查接报警采集视频7223起，办案区视频2162次，法制员集中阅卷120卷，抽选评查案件17起。（许燕）

【红黑榜制度】 2020年，区公安分局实施红黑榜制度，坚持将清单制作为落实工作的有效手段，工作落实一抓到底，每周由指挥中心、政治部、督察对各单位工作按照清单进行检查，评估打分；上红榜单位，在局务会上通报表扬，视情况给予奖励；连续三次上黑榜单位，对党政负责人免职，第四次移交组织处理。全年，制作各类清单268项，涉及工作事项1462条，已销项1434条，其余28项长期落实；表扬红榜基层单位6个，批评黑榜单位3个，约谈单位负责人3人次。（罗浩然）

【“一室两队”创建】 2020年，区公安分局开展“一室两队”（综合指挥室、社区警务队、巡逻防控队）标准化建设工作，深度融合警社联动机制，完善街道与派出所、社区警务室与社区、大网格长与大警长三级联动新模式；流动人口管理实现无缝对接、联合管控。全年，社区警务室信息上报数量同比上升75%，登记流动人口31000多人次，零发案小区18个。 （周常远）

【出入境管理】 2020年，区公安分局对辖区出入境人员、境外换发证件人员进行详细核查、更新，完善出入境系统登记备案信息库；对常住外国人建立外籍人员档案，一人一档，纳入实有人口管理，对辖区内“三非”（非法入境、非法居留、非法就业）外国人进行排查，无涉外案件发生。全年，为群众提供出入境管理政策咨询546次，接待来访群众370多人次；核查持有效证件出入国（境）人员4408人次，办理公民出国（境）人员452人次，办理护照、通行证等证件424本，办理外国人签证7人、延期居留许可4人；提供免费照相420人次，特事特办34人次，接待境外人员53人，有常住外国人4人，注销中国国籍3人。 （丁红梅）

【安全管理】 2020年，区公安分局对危险化学品生产经营单位安全检查做到全覆盖、无死角；积极推进双率清零，从实从细制订工作措施，采取日查、夜查、回头查等方式，督促单位严格落实“三防”（防火、防盗、防事故）安全措施。全年，查处危化品车辆交通违法行为421起、货运车辆交通违法行为2513起、注销危化品运输车辆31辆、重型货运车辆149辆；组织集中安全培训30场次，检查单位、场所3.4万家次，发现问题6776处，发整改通知书3840份，处罚1012家。 （冯慧 周常远）

【服务群众】 2020年，区公安分局以发展新时代“枫桥经验”为抓手，开展百万警进千万家活动，创建枫桥式公安派出所，成立石榴籽调解室、老杨工作室，为辖区群众排忧解难，对人民群众关心的开具证明、身份证异地办理、落户销户、邻里纠纷等问题，逐一解决、耐心帮助。采取新媒体、微信、发放宣传单等形式，开展防诈骗宣传工作。借助“互联网+”，依托微信电子名片小程序，推出独具特色民警电子名片，将公安形象展示、联系沟通、警示宣传等作用融为一体，深化群众服务工作。服务窗口以网上办、自助办、预约办、邮寄办、延期办、上门办等方式为群众提供24小时不断档公安政务服务。全年，办理户籍业务10116件，受理跨省异地证件266张，受理群众电话咨询、预约3128人次，申领外地人员驾驶证600张，办理车辆抵押业务1417车次、车辆电子化转籍101件，解决居民各类矛盾纠纷310件，帮助进城务工人员讨薪19.4万元。

（丁红梅 冯慧 周常远）

【普法宣传教育】 2020年，区公安分局利用《独山子石化报》、电视台、抖音等相关媒体及平安独山子、独山子零距离等微信公众号，通过大讲堂和“四进”（进机关、进社区、进学校、进企业）现身说法，在全区范围内开展扫黑除恶、禁毒专项斗争、预防未成年人犯罪、疫情防控、“12·4”宪法宣传周（日）、交通安全等社会普法宣传教育活动，打好“七五”普法收官之战。全年，组织各类线上、线下宣传教育活动100多场次，参与2万多人次。 （罗浩然）

【人口基本情况】 2020年，区公安分局对落户、销户人员信息进行登记造册。截至年底，全区出生人口574人，同比下降5.12%；注销死亡人口317人，同比上升27.31%；迁入人口1629人，同比下降0.31%，其中省内迁入人口949人，省外迁入人口680人，男性699人、女性930人；迁出人口993人，同比下降15.27%，其中迁往省内其他地区人口327人，迁往省外人口666人，男性507人、女性486人。 （祁燕燕）

【案例选介】 涉黑涉恶犯罪团伙案 2020年，区公安分局推进扫黑除恶专项斗争，打掉长期盘踞在新疆生产建设兵团第七师、奎屯市、独山子区以张某强为首的黑社会组织，以邢某元、王某花为首的恶势力犯罪集团，以张某敏为首的恶势力犯罪集团及以毛某友为首的恶势力犯罪团伙，抓获犯罪嫌疑人72人，查明诈骗、寻衅滋事、强迫交易、聚众斗殴等犯罪事实95起，查封、扣押、冻结涉案资产价值1.44亿元。

（叶文）

假冒注册商标案 2020年5月18日，中国石油天然气股份有限公司新疆润滑油分公司打假办工作人员向区公安局报称，在市场调研时发现乌鲁木齐市新东方汽配城、恒汇机电城多家商家销售假冒其单位商标的昆仑之星防冻液。区公安分局接到报警后由治安大队牵头成立专案组，迅速锁定乌鲁木齐米东区一处制假窝点，通过精心布局，5月20日，一举端掉生产、储存假冒昆仑之星防冻液场所，现场抓获犯罪嫌疑人及雇佣工人。经审讯，犯罪嫌疑人对生产、销售违法事实供认不讳。专案组以生产防冻液原材料（乙二醇）为突破口，扩线深挖，相继捣毁乌鲁木齐市4个制假窝点并移交当地市场监督管理局进行行政处罚。经查，犯罪嫌疑人在乌鲁木齐化工市场及华凌市场购买生产防冻液原材料，从河北省购买印有中石油标识的蓝色空桶、带喷码桶盖及昆仑之星贴标，租用库房作为生产、储存场所，通过招募经销商进行销售。该案抓获犯罪嫌疑人2人、雇佣工人2人，扣押涉案车辆1辆，冻结赃款6万多元。据供述、核查犯罪嫌疑人生产、销售假冒昆仑之星防冻液8749桶（9.5千克/桶），小件58件（每件6桶、3.5千克/桶），涉案金额44万元。（朱富强）

“11·30”张某被杀案　2020年10月21日，区公安分局在西藏拉萨市将“11·30”张某被杀案犯罪嫌疑人杨某玉抓获。根据其交代，于10月29日在甘肃抓获同案犯代某强。2003年12月1日，群众报警称在新北一路发现有人躺在一辆停放的出租车旁，已死亡。刑警大队立即赶赴现场勘查，调查走访，查找作案工具，摸排重点人员，经案情分析，判断张某被害时间为11月30日，命名该案为“11·30”案。由于当时侦破手段限制，未能破案，但刑警大队从未放弃，一直紧盯现场物证，多次将物证送市局刑科所复检。历经17年后，最终通过血迹DNA锁定犯罪嫌疑人，将其抓捕归案。经审讯，2人对抢劫杀人犯罪事实供认不讳，“11·30”张某被杀案告破。（叶文）

## 基层治安管理

### 西宁路派出所

【概况】 2020年，克拉玛依市公安局独山子区分局西宁路派出所（简称西宁路派出所）依法管理辖区内实有人口及重点行业、公共娱乐场所和爆炸、剧毒等危险物品，宣传、发动、组织、指导群众开展安全防范工作，协助侦查部门侦破案件，办理治安案件，调解治安纠纷，接受群众报警、求助，为群众提供服务。截至年底，辖区有企事业单位78家，商户878户，人员密集场所10处，学校6所。全年，接警1418起，立刑事案件2起，破获刑事案件2起，办理赌博案件2起处罚7人，办理其他案件34起。（欧阳军）

【治安管理】 2020年，西宁路派出所制订打击、防范、教育、管理、建设、改造等具体措施，对辖区实施社会治安综合治理。全年，检查商业网点9958家次、重点单位704家次、酒店124家次、学校120家次、加油站40家次、小区物业200家次、施工单位30家次，检查中发现问题2910处，下发责令整改通知书1728份，处罚安全制度措施不落实单位8家；开展扫黑除恶讲座、防电信诈骗宣传讲座等378场，发放宣传单14162份，张贴公告150多张，排查消防隐患1345处，下发责令整改通知书1198份，当场处罚119起；排查各类矛盾纠纷796次，其中调解矛盾纠纷类警情485起，涉及案件类调解18起。（欧阳军）

【户籍业务】 2020年，西宁路派出所实施“最多跑一次”便民措施，户籍工作靠前，为群众排忧解难。全年，为群众做实事、好事160多件，姓名等主项变更53人，辅项变更累计23116人次，开具户籍证明231份，办理二代身份证2122人，非税票据开具2116份。（欧阳军）

【人口基本信息】 2020年，西宁路派出所户籍室对落户、销户人员信息进行详细登记造册。全年，户籍人口中有28个民族，出生和迁入户籍人口967人，注销死亡人口和迁出户籍人口687人，流动人口10983人，其中男性5734人、女性5249人。（欧阳军）

【全警办案】 2020年，西宁路派出所对年度受理典型案例进行案件评查、研讨，从中找到案件侦办、信息研判、调查取证、警员协作规律，提高全警办案水平。全年，受理行政案件37起，结案31起，行政拘留17人、行政处罚13起、治安调解16起；受理刑事案件2起，拘留、取保候审、逮捕、移送起诉2人，破案2起；核实处理上级下达扫黑除恶线索1条，协助刑警队核查电信诈骗信息13条。（欧阳军）

### 中心派出所

【概况】 2020年，克拉玛依市公安局独山子区分局中心派出所（简称中心派出所）依法管理辖区内实有人口、重点行业、公共娱乐场所和爆炸、剧毒等危险物品，宣传、发动、组织、指导群众开展安全防范工作，协助侦查部门侦破案件，办理治安案件，调解治安纠纷，接受群众报警、求助，为群众提供服务。截至年底，辖区有企事业单位83家，商户1596家，重点单位25家，人员密集场所12处，学校5所，幼儿园4所。全年，接处警1646起，受理行政案件67起，结案55起，行政拘留45人、行政处罚29起、治安调解11起；受理刑事案件10起，刑事拘留2人、取保候审12人、逮捕2人、移送起诉8人，破案8起；复查分局扫黑办交办线索24条；协助刑警队核查电信诈骗信息10条。（王强）

【执法办案】 2020年，中心派出所提升执法规范化水平，凝心聚力，案件办理传帮带，利用“青蓝工程”、大培训，提升执法能力和水平，每月考试查验学习成果；构筑三级阅卷机制，形成法制员、分管所领导、所长三级阅卷机制，对粗心过失和低级错误限期整改、严加考核；强基固本，总结优秀经验，提炼出强抓源头、强控节点、强化案审、强推清单全流程、全覆盖、精准化执法监督管理模式。全年，开展案件监督检查59次，三级阅卷59份，案管室提出案前指导意见49份，接处警1646起，受理行政案件67起，结案55起，行政拘留45人、行政处罚29起、治安调解11起；受理刑事案件10起，刑事拘留2人、取保候审12人、逮捕2人、移送起诉8人，破案8起；复查分局扫黑办交办线索24条；协助刑警队核查电信诈骗信息10条。（王强）

【治安管理】 2020年，中心派出所开展春雷、夏炎、秋风、冬雪系列社会治安清查行动，与社区、民宗委联动，不间断进行突击检查，邀请国保、刑侦、治安大队等部门参与到清查工作中，指导社区执法，提升工作质效；加强重点领域整治，坚持专项治理和系统治理、依法治理、综合治理、源头治理相结合，重点关注校园周边、娱乐场所、棋牌室和旅店业（网约房）整治和管理，健全完善联动机制，从细节入手，摸排辖区使用密码锁房屋，针对性开展宣传教育；不断压缩犯罪空间，大警长、警务室发挥教育引领作用，警务室结合一周内多发警情、存在问题和隐患对包联警务站开展全覆盖培训，并组建站室兄弟微信群，保障沟通及时有效，扎牢警务站防控圈，完善智能化巡视设备，强化进攻性盘查，震慑犯罪分子；组建便衣巡逻队，对重点行业、场所明察暗访，突破只防不打、防不胜防被动局面。全年，检查企事业单位1239次，商业网点15392次，发现并消除隐患1712次，行政处罚116家5600元，景区宣传148次，参加群众3212人次，服务群众175次，入户宣传扫黑除恶和防电信诈骗6782户、商业场所3477户，口头宣传13000多人，发送宣传单22000多份。（王强）

【人口基本信息】 2020年，中心派出所对落户、销户人员信息进行详细登记造册。全年，户籍人口中有17个民族，出生和迁入户籍人口622人，注销死亡人口和迁出户籍人口285人，流动人口10759人，其中男性5945人、女性4814人。（王强）

【户籍业务】 2020年，中心派出所实施“最多跑一次”便民措施，户籍工作靠前，为群众排忧解难。全年，为群众做实事、好事120多件，姓名等主项变更9人，辅项变更8186人次，开具户籍证明983份，办理二代身份证1234人，非税票据开具1418份。（王强）

## 北京路派出所

【概况】 2020年，克拉玛依市公安局独山子区分局北京路派出所（简称北京路派出所）依法管理辖区内实有人口及重点行业、公共娱乐场所和爆炸、剧毒等危险物品，宣传、发动、组织、指导群众开展安全防范工作，协助侦查部门侦破案件，办理治安案件，调解治安纠纷，接受群众报警、求助，为群众提供服务。规范执法程序，推进“一室两队”建设，创建“枫桥式”公安派出所，获得市级集体三等功。截至年底，辖区内有企事业单位79家，商户659户，人员密集场所2处，学校5所。全年，受理行政案件24起，受理刑事案件3起。（杨甜甜）

【执法规范化建设】 2020年，北京路派出所重点对执法问题的落实进行督导整改，通过对法律指引及日常法律法规集中组织学习、自学及测试等方式，加强法制业务培训，落实四项制度，严格执法奖惩，健全执法办案流程，落实所领导审核把关制、倒查制、疑难案件集体研究制；建立健全执法台账，客观真实地记录办案民警执法活动全过程，督促办案民警规范执法；分管所领导和法制员对在办案件全程跟踪督办，对办案程序规范、法律条文应用、文书开具等环节进行审核，对已办结案件进行“回头看”，核查办案质量，及时通报、解决问题，有效降低案件办理出错率。全年，组织民警、辅警集中学习64场次，参与2100人次，执法仪现场使用率100%。（张龙）

【严打违法犯罪】 2020年，北京路派出所严厉打击违法犯罪活动，开展扫黑除恶专项斗争及黄赌毒、诈骗等专项整治行动，进社区、进农村、进企业、进校园、进网络，向群众公开举报方式及奖励规定。全年，发放扫黑除恶、禁毒、防电信网络诈骗等宣传册3万多份，追回被盗电动车1辆、手机1部、翡翠挂件1个；受理行政案件24起，同比下降11.1%，办结行政案件17起，同比下降22.7%；办理涉黄类案件1起，涉毒类案件1起，涉赌类案件2起；查处违法人员12人，其中行政拘留4人，罚款8人，行政拘留并处罚款3人；受理刑事案件3起，同比下降75%。（李德瑞）

【“一室两队”建设】 2020年，北京路派出所推进“一室两队（综合研判室、社区警务队、治安巡逻队）建设，融合派出所、司法所、学校、街道四支力量，明确分工、协同派工、责任到人、限时完成，实行每日信息研判机制，针对信息内容研判、上报、反馈，将各支力量、各项工作环环紧扣，“一室两队”发挥最大职能作用。全年，召开信息研判分析会256次，上报、反馈信息671条。（杨甜甜）

【信息化综合指挥机制】 2020年，北京路派出所建立信息化综合指挥室，明确岗位职责，信息化综合指挥室由所长与副所长主管，划分信息研判室、信息化指挥室、法制案管室，在综合指挥室统一指挥下，执法办案和社区警务既有分工又有合作，使综合指挥室工作调度流程化、规范化、智能化。全年，每日信息核查通报256期，涉及流动人口通报189期，涉及出租房屋153期，涉及企事业单位、商业网点通报136期，涉及列管人员管理通报125期，涉及户籍人口通报68期。（冯磊）

【社区管理】 2020年，北京路派出所以百万警进千万家走访活动为基础，推广出租房屋精准管理六步法、流动人口四定工作法，统一制订出租房屋、流动人口台账模板，每周定期对台账建立、完善情况进行专项检查，并以通报形式加强派工及末梢验证，促进各社区警务室对辖区的管理，将社区工作落到实处；对生活困难群体和独居老人等关注群体走访全覆盖，落实疫情防控工作措施，将防疫检查纳入日常社会面管控；采取多种工作方式推进第七次全国人口普查工作。全年，走访群众16898户次，其中常住户16361户次、出租房537户次；开展流调回头看952人；核查、完善辖区7302户19606人户籍信息。（冯磊　杨甜甜）

【“松柏”突击队】 2020年，北京路派出所落实常态化疫情防控措施，成立“松柏”党员突击队，全体党员签订承诺书，服务辖区生活及就医困难的群众，成立流行病学调查（简称流调）小组，落实流调工作，联合新北区街道办事处及社区居委会，对辖区有重点疫区（疫情中高风险地区）旅居史人员及接触人员进行深度核查，有效控制疫情扩散，切断传播途径。全年，出动车辆270台次，接送、转运急救群众1750多人，流调核查1626人，回头看流调952人；收到居民感谢信40封。（杨甜甜）

【消防安全管理】 2020年，北京路派出所对辖区居民小区、高层建筑、施工驻地、省道115线沿线等偏远区域，加大消防安全检查力度；对偏远区域平房、养殖基地、东园，加强消防安全隐患排查，全覆盖走访、宣传消防安全知识，组织消防演练，动员居民安装防CO（一氧化碳）中毒报警器，发现消防安全隐患，下发消防责令改正通知书，社区民警定期或不定期回头看落实整改。全年，入户宣传1140户3142人，法制教育宣传9场次，受益居民530人；进学校幼儿园开展消防安全工作培训12场，参与师生822人；开展培训演讲8次，参与242人；进企业开展消防演练6次，180多人参与；检查重点单位42家次、企事业单位62家次、加油加气站32家次，检查行业场所652家，其中餐厅204家次，偏远散单位64家次，发现安全隐患共40多处，整改率100%。（杨甜甜）

【“枫桥式”公安派出所创建】 2020年，北京路派出所以“百万警、进千万家”走访活动为契机，结合“枫桥经验”和“东莱精神”，创新群众工作、化解矛盾纠纷、提升治安防范、增强服务能力、强化内部管理，开展“枫桥式公安派出所”创建活动。加大入户走访频次，宣传党的路线方针政策，普及法律法规知识和安全防范技能，与群众交朋友，听民声、察民情、问民意，尽心竭力帮助群众解决实际困难；实施警社联动、站室联动工作机制，发动社会调解力量、老杨工作室参与矛盾纠纷调处，从源头管控，实现矛盾不上交、平安不出事、服务不缺位，初步形成具有地方特色、时代特征的“枫桥经验”警务模式。全年，调处社区邻里纠纷、家庭矛盾等30多起；接处警调解群众纠纷370起，解决群众求助394起；老杨工作室调处群众矛盾纠纷160多起；开展法制宣传教育256场次，参加1.55万人次。（杨甜甜）

【防电信网络诈骗宣传】 2020年，北京路派出所全力推进防电信诈骗宣传工作，打造六大宣传阵地，围绕常发、多发的九种诈骗类型，将防范电信诈骗宣传工作落到实处，实行精准入户制度，警力下沉，零距离深入社区进行宣传，增强辖区群众自我防范意识；组织警力深入居民区、学校、企事业单位、沿街商户等场所，通过发放防范电信诈骗宣传材料、开展防电信诈骗知识讲座、组织社区民警精准入户等多种方式，提高辖区群众对电信诈骗知晓率。全年，精准入户宣传2000多户4000多人，发放宣传单5000多张，小区楼栋微信群推送防电信诈骗预警100多条，组织企事业单位、商业网点宣讲200多家，成功制止诈骗4起。（冯磊）

【户籍人口基本信息】 2020年，北京路派出所对落户、销户人员信息进行详细登记造册。全年，户籍人口中有20个民族；出生和迁入户籍人口1510人，其中出生报户250人、市外迁入282人、市内移居978人；注销户口和迁出户籍人口1023人，其中注销户籍6人、死亡销户45人、迁往市外266人、迁出本所712人；流动人口4460，其中男性2242人、女性2218人。（王文祺）

【队伍建设】 2020年，北京路派出所坚持政治建警，全面从严治警，采取在线答题与笔试结合方式强化政治理论、业务培训，在坚持政治建警、全面从严治警教育整顿工作中，制订教育整顿工作方案，梳理坚持政治建警、全面从严治警教育整顿工作问题清单，召开教育整顿工作推进会，所领导分片包干，运行三上三下机制，落实整改；通过教、学、考、用，集中测试；组织全员观看《警钟》系列教育警示片，增强民辅警底线意识。全年，集中组织学习会68次，疫情防控知识专项培训38次，参与4020人次，召开教育整顿工作推进会35次，组织业务知识测试11次。（吴阳）

【宣传报道】 2020年，北京路派出所安排专职宣传员对宣传作品进行审核、推送。全年，共发布宣传报道1131篇，被平安独山子、独山子在线官微、市局网页、长安新疆等平台采用22篇；制作短视频31部，被平安独山子公众号采用5部，被守卫天山—独山子公安抖音采用27部，编制《城市英雄录》系列宣传册三季。（杨甜甜）

# 检　察

【概况】 2020年，独山子区人民检察院（简称区检察院）侦查直接受理刑事案件，对全区各类刑事案件依法审查批准逮捕、决定逮捕、提起公诉，办理民事诉讼监督案件，受理控告申诉，提起公益诉讼，监督承办刑事、民事、行政诉讼等活动。改造远程视频提讯系统，实现远程视频提讯、会见；提起市首起环境污染公益诉讼。全年，受理各类刑事案件118件，办理民事诉讼监督案件101件，办理公益诉讼案件35件。（王艺）

【刑事检察】 2020年，区检察院制订多项措施，规范执法行为，开展扫黑除恶专项斗争，推进认罪认罚制度落实，严控“案—件比”（发生在人民群众身边的案，与案进入司法程序后所经历有关诉讼环节统计出来的件相比，形成的一组对比关系）。全年，受理各类刑事案件118件147人，同比下降26.7%、45.6%，其中审查逮捕案件20件28人，同比下降63%、69%，审查起诉案件98件119人，同比下降8.4%、33.5%；提起公诉97件187人，同比上升14.1%、70%，作出不起诉14件18人，同比上升55.6%、5.8%；“案—件比”为1∶1.54，低于市平均水平8.3%，适用认罪认罚案件104件，涉及143人，适用率为84.61%，高于市平均水平10.94%；立案监督2件，侦查活动监督1件，提前介入引导侦查案件28件；开展审判活动监督1件，开展刑事执行监督2件。（王艺）

【民事检察】 2020年，区检察院依法对区法院办理的民事案件从立案、审理、裁判、执行进行全过程监督。开展邵某某、邢某某系列民事虚假诉讼案件专项监督工作；安排骨干参与本地部分烂尾工程涉众经济纠纷，化解涉事民众不满情绪；办理国家司法救助案件，因被害人发生交通事故死亡，导致家庭生活艰难，依法给予救助金，被多家媒体主动报道。全年，办理民事诉讼监督案件101件，占市案件量46%，其中6件作为线索移交市院，对其余案件发出检察建议书和再审检察建议书6份，办理市院交办民事审判程序违法案件1件。（王艺）

【未成年人保护】 2020年，区检察院建立侵害未成年人强制报告联席会议制度，开展学校教职工、安保人员入职查询工作，选派干警去中小学担任法治副校长，指导开展全区中小学模拟法庭大赛及各类普法宣教活动；依法办理市首起猥亵未成年人案件，帮助被害人家属撰写精神损害赔偿民事诉状。全年，选派去中小学担任法治副校长干警6人，办理猥亵未成年人案件1件。（王艺）

【社会治理】 2020年，区检察院依法运用大讲堂、社区学校等平台开展法治宣讲，帮助高利贷易感群体擦亮眼睛，提高免疫力，针对办案过程中发现的社会治理漏洞，制发检察建议，针对醉驾类案件，梳理分析发案原因，向有关部门提出检察建议；办理区首起强制医疗案件，向区法院提出对涉案精神病人强制医疗申请，为精神病患者管控探索检察途径。全年，办理涉恶治乱案件24件64人，发现、移交违纪线索5条，接待群众来访15件15人，开展法治宣讲30场，制发检察建议3份。（王艺）

【公益诉讼】 2020年，区检察院对违反法律法规，侵犯国家利益、社会利益或特定他人利益的行为，向法院起诉，由法院依法追究法律责任。办理新疆第一口油井遗址保护公益诉讼案，被自治区检察院列为文物保护公益诉讼典型案例；办理独山子石化公司炼油厂申请第四批国家工业遗产公益诉讼案件，就服刑人员违规领取养老金公益损害问题发出检察建议。全年，办理公益诉讼案件35件，同比上升169%，向行政机关发出诉前检察建议30份，向法院提起刑事附带民事公益诉讼1件。（王艺）

【远程提讯】 2020年，区检察院更新改造远程视频提讯系统，起草远程视频提讯工作规定，报区委政法委审核下发；采用高效视音频编解码处理技术，实现远程网络视音频图像传输应用，通过远程视讯方式，加快提讯复核过程，节省人力物力。全年，为公安、法院、律师、干警及周边地区政法系统提供远程提讯、会见服务300多次。（王艺）

【环境污染公益诉讼案】 2020年3月17日，区检察院发布对生产、销售劣质柴油污染环境的张某刚、张某涛等人提起民事公益诉讼公告，这是市首次提起环境污染公益诉讼案，也是对环境损害惩罚性赔偿制度有益探索和尝试，被自治区检察院列为典型案例。2019年，张某刚、张某涛伙同李某将合格零号车用柴油和燃料油（又称原料油）进行混掺，生产、销售劣质柴油获利。经生态环境部损害鉴定评估机构——新疆环境保护科学研究院鉴定，该劣质柴油硫含量和酸度严重超标，使用过程中污染环境，损害社会公益。根据法律规定可以提起附带民事公益诉讼。涉案劣质柴油108.45吨，涉案价值61万元。（王艺）

【队伍建设】 2020年，区检察院制订检察官业绩考评实施细则，实施两轮检察官业绩考评网上测试工作，推动以落实司法责任制为核心的司法体制改革向纵深推进；开展巡察整改工作，针对巡察反馈问题，逐项整改销项；规范填报过问或干预插手检察办案等重大事项记录，填报数位列市检察系统之首，向市检察机关做先进交流；运用第一种形态（开展批评和自我批评、约谈函询，让红红脸、出出汗成为常态）谈话教育检察队伍；组织检察官开展宪法宣誓活动，增强检察队伍检察为民的坚定性。全年，规范填报过问或干预插手检察办案等重大事项记录21件，运用第一种形态谈话教育13人次；被评为自治区文明单位，荣立集体三等功，第一检察部被授予市集体嘉奖，获得市级个人嘉奖3人。（王艺）

2020年12月4日，区人民检察院组织开展宪法宣誓活动（李杰杰 摄）

## 法 院

【概况】 2020年，独山子区人民法院（简称区法院）依法开展审理应当由本院审理的一审案件、按照审判监督程序决定再审案件，开展本院审结一审案件执行工作。全年，受理各类案件1586件，审执结1543件，结案率97.29%；非税收入1100万元。（王文玫）

【刑事审判】 2020年，区法院持续推进严打专项行动，依法从重从快审理严打案件，维护国家安全和社会大局稳定，常态化做好释法宣教工作；推动扫黑除恶专项斗争向纵深发展，落实六清（线索清仓、逃犯清零、案件清结、伞网清除、黑财清底、行业清源）行动要求，震慑打击黑恶势力，推进打财断血，坚决铲除黑恶势力经济基础，严厉打击套路贷诈骗犯罪；审理危险驾驶罪案件，维护道路交通秩序和人民群众生命财产安全，打击侵犯知识产权和制售假冒伪劣产品犯罪。全年，审结黄赌毒犯罪案件17件29人，审理危险驾驶罪案件47件47人，审理生产、销售伪劣茅台酒1件7人，假柴油、假昆仑之星防冻液刑事案件2件6人，追缴、没收涉案财产600多万元。

（王文玫）

【民商事审判】 2020年，区法院完善从立案到审理的审查机制，审理民间借贷纠纷案件，规范民间融资市场秩序，防范非法高利放贷；审理建设工程施工合同纠纷案件，敦促合同当事人依法履行合同义务，维护进城务工人员、实际施工人合法权益；审理婚姻家庭类案件，弘扬社会主义核心价值观和中华民族传统美德；坚持调解优先、调判结合原则，妥善化解民商事纠纷，促进社会和谐发展。全年，审理民间借贷纠纷案件164件，审理建设工程施工合同纠纷案件37件，审理婚姻家庭类案件108件，调撤案件357件。

（王文玫）

【执行工作】 2020年，区法院深化执行工作机制改革，建立快执、精执、事务性执行团队，实现简案快执、繁案精执，缩短结案时间；依托信息化助力执行，利用“总对总”查控系统（是最高人民法院和中国人民银行建立的一套查询被执行人银行存款系统），对存款、股票、工商和车辆登记信息、支付宝余额等执行查询及冻结，利用“点对点”（法院网上点对点执行查控系统，运用互联网优势，为法院执行查控工作所建立的一套全新查控体系）查询被执行人不动产和社区登记的关联信息；继续推进网络司法拍卖工作，提升智慧执行水平；加大强制和失信惩戒力度，依法适用搜查、罚款、拘留等强制措施，打击规避执行行为，彰显执行工作权威性。全年，结案平均用时缩短40天；网络拍卖27次，成功交易10件，成交金额428.85万元；纳入失信被执行人名单31人次，在诚信网及微信公众号发布失信人名单2批20人次。

（王文玫）

【司法公开】 2020年，区法院坚持阳光司法惠民生，以公开促公正。全年，向当事人推送诉讼告知短信1474条，向社会公开裁判文书1196份，通过中国庭审公开网开展庭审直播142场，微博、微信平台发布信息372条。

（王文玫）

【司法监督】 2020年，区法院向区人大常委会报告民间借贷案件审理情况，规范司法行为，密切与人大代表、政协委员联络，邀请人大代表、政协委员开展座谈交流，依法接受检察监督，邀请检察长列席法院审判委员会讨论案件，发挥人民陪审员作用。全年，答复人大代表建议1件，召开座谈交流会2次，邀请代表、委员参加旁听庭审5件，召开新闻发布会2场，邀请检察长列席法院审判委员会讨论案件6件，人民陪审员陪审案件368件（次）。

（王文玫）

【司法为民】 2020年，区法院与区交警大队、区市场监管局、独山子人民医院等部门签订诉前联动协议，建立区劳动争议化解联席会议机制，引导当事人选择非诉讼方式解决纠纷。邀请婚姻家庭调解委员会、人民调解员入驻法院，减轻当事人诉累；在社区设立法官工作室，接待来访群众，促进矛盾纠纷源头预防；设立驻军营法律咨询室，邀请驻军代表开展宪法日主题活动；坚持院领导接待制度，畅通信访渠道；落实司法援助措施，减缓免诉讼费，发放司法救助金。全年，委托人民调解案件290件，成功调解255件，司法确认144件，全区19个社区设立法官工作室接待来访群众194人次，减缓免诉讼费3.6万元，发放司法救助金2.8万元。

（王文玫）

2020年10月22日，区法院举行法官工作室启动仪式，在全区19个社区设立法官工作室 （伍盛夏 摄）

【智慧法院】 2020年，区法院运用智慧法院成果，推行网上立案，跨域立案，推广移动微法院、云间庭审等小程序，通过公道互联网络庭审系统开展刑事案件网络审判，打通诉讼服务“最后一公里”。3月8

日，首次进行网上开庭。庭审现场，只有审判长与书记员在法院法庭内，被告人在家中，公诉人与两名人民陪审员分处其他地方，各方利用电脑或手机登录网上视频庭审系统，实现网上远程庭审；在电子显示屏上，进行法庭调查、举证、质证等法定程序，并当庭宣判。切实做到让数据多跑腿，群众少跑路。全年，通过网上立案402件，办理跨域立案3件，电子送达1700多次，网上开庭58次，音视频在线调解案件42件，线上执结案件12件，网络查控366人次，线上冻结账户78人次，开展刑事案件网络审判8起。（王文玫）

【服务经济发展】 2020年，区法院建立涉企纠纷绿色通道，提升助企效率，开展“千人入千企”（党政机关干部深入企业，结成对子，帮助企业解决生产经营中遇到的问题）行动，对接走访企业，收集问题，进行法律政策宣讲，精准服务；与区司法局、区文体广电和旅游局、区市场监管局建立保障全区旅游业健康发展多元联动解纷机制，强化源头预防，形成工作合力；在独山子大峡谷景区设立诉讼服务点，助力全区旅游业持续健康发展。全年，对接、走访企业19家，收集问题21条，开展法律政策宣讲116次。（王文玫）

【队伍建设】 2020年，区法院开展以业务素质大培训、岗位技能大练兵、工作作风大转变为主题的百日大练兵活动，提升员额法官、司法辅助人员和行政综合人员业务水平；开展庭审观摩、优秀裁判文书评选及书记员技能大赛，增强全院干警司法能力；采取送出去、请进来、视频培训等形式组织干警培训。全年，组织各类培训60次，参加300人次。（王文玫）

## 司法行政

【概况】 2020年，独山子区司法局（简称区司法局）参与社会治安综合治理，指导社区矫正工作，安置帮教刑释解教回归人员。全年，组织学习《社区矫正法》及开展集中宣传活动27场次；帮助刑释解教回归人员就业15人，临时救助刑释解教回归“三无”（无住房、无工作、无亲属）人员2人。（宋海落）

【安置帮教】 2020年，区司法局每月对刑满释放人员进行走访摸排，逐一见面谈话，做到情况明、底数清；刑满释放人员回归后，做到见人、见面、建档，及时建立帮教小组，落实帮教人员工作责任；落实低保住房帮扶、就业扶持和社会保险政策，做好就业指导，确保帮教期内无重新犯罪现象发生。全年，临时救助“三无”人员2人，协助办理低保1人，协助申请廉租房2人，解决就业15人。（宋海落）

【社区矫正】 2020年，区司法局制订社区矫正法宣传活动方案，落实对社区矫正对象的审前社会调查、移交衔接、日常监管、定期走访、外出请销假、解除矫正等制度；每月开展社区矫正对象风险评估工作，各司法所每周、区司法局每月召开社区矫正风险研判会议，做好在册人员风险研判工作；重要节点，对每名社区矫正对象进行入户走访，在全面摸底排查基础上，对危险程度较大重点人员制订重点监管措施，确保人员情况稳定；修订完善社区矫正对象监管应急处突预案，充分发挥社区矫正信息管理系统作用，每天定位抽查，严防社区矫正对象擅自脱离区域活动范围；确保无脱管、漏管、虚管和重新犯罪现象发生。对街道、社区工作人员进行社区矫正工作专题培训，建立沟通协调机制。全年，组织学习《中华人民共和国社区矫正法》15场次，开展《中华人民共和国社区矫正法》集中宣传活动12场次，制作宣传展板4块，宣传手册500册，悬挂宣传横幅5条，印制《中华人民共和国社区矫正法》读本100多册。（宋海落）

【“防疫小分队”】 2020年疫情防控期间，区司法局安排19名干警组成“防疫分小队”到社区，对所负责片区重点人员逐一排查，不漏一人、不漏一户，不留“死角”、不留“盲区”；落实小区出入人员、车辆检查登记，查验健康码、测体温，严防人员随意出入；满足居民生活需求，派送生活物资用品、收集运送生活垃圾，组织核酸检测，安排居民购药就医，收集、汇总居民诉求，为居民送去细致、暖心服务；发挥主责主业职能，宣传疫情防控相关法律法规，教育居民遵守疫情防控规定，不信谣、不传谣，及时解答法律问题咨询，让辖区企业、居民不出户就能享受到方便快捷的法律服务。全年，收集居民生活信息1000多条，落实率100%；提供法律咨询服务570人次。（宋海落）

# 军　事

## 独山子区人民武装部

【概况】 2020 年，独山子区人民武装部（简称区人武部）严格按照军事训练大纲训练预备役人员，组织民兵执行战备和治安执勤任务，开展国防教育与征兵工作。全年，举办国防教育报告会 4 场次，符合条件人员兵役登记完成率 100%，各项工作年终综合考评合格率 100%。（宋涛）

【党委班子建设】 2020 年，区人武部党委班子突出抓好党委中心组学习、廉政教育、党性教育、纪律教育、警示教育，传达贯彻中央纪委四次全会和军委纪委扩大会议精神相关通知要求，有针对性地开展四项教育，强化自律意识、唤醒党员初心、提升法治素养、明确底线红线，自觉遵规守纪；严密组织再清理、再清查和再教育，切实强化政治纪律和政治意识，引导大家树立新风正气，自觉接受组织监督；抓好党员干部政治纪律和政治规矩教育，开展每季两项督查、双月党风廉政教育和纪律教育、经常性党风廉政教育、家风教育活动，营造风清气正良好氛围；开展不忘初心使命、勇于担当作为专题教育整顿，着重从处置重大疫情不够有力，主责主业不够聚焦、工作指导不科学、服务意识不强、工作职责不清、法纪意识不强等六个方面进行纠治整改。全年，党委中心组集中学习 6 次，组织主题党日活动 12 次。（宋涛）

【思想政治工作】 2020 年，区人武部落实日常理论学习制度，抓好传承红色基因，担当强军重任主题教育，制订教育方案，坚持每个专题前分析教育形势，使官兵坚定初心、看到差距、明确努力方向，为提升学习成果转换，结合辖区开展基层党建项目课题研究，主动把传承红色基因融入联点联建社区、学校党课教育中，丰富配合活动，提升教育效果；注重抓好经常性思想政治教育，结合民兵训练任务，组织民兵分队进行思想教育，完成上级要求课时教育内容，利用训练间隙，组织民兵开展观看红色电影、教唱红色歌曲等活动，调动民兵训练积极性。全年，开展各类教育活动 16 课时，参加 1000 多人次。（宋涛）

【战备训练】 2020 年，区人武部机关采取月考季评、质量调控办法，坚持学法规与学业务、集中训与自主训、练指挥与练作风相结合原则进行训练；民兵坚持训用一致、分类指导、依法治训原则进行训练。组织人员参加军分区岗位练兵比武竞赛，取得第一名 6 个、第二名 6 个。全年，综合考评合格率 100%，优良率 66.7%。（宋涛）

【国防教育】 2020 年，区人武部坚持把国防教育作为国防建设基础工程抓紧抓实，采取下发宣讲提纲、组织集中宣讲等方式，进行国防法规知识学习宣传和教育，弘扬爱国主义精神、强化忧患危机意识、传承红色基因血脉、涵育崇军尚武文化、增强人民群众特别是青少年国防观念；结合城市党建项目开展，深入各编兵单位、克拉玛依职业技术学院及共建社区、联点学校，邀请抗美援朝出国作战志愿军、修建独库公路老兵回顾战斗历程，讲述红色传统。全年，举办国防教育报告会 4 场次，参加 1000 多人次，印发国防教育知识手册 1000 多本。（宋涛）

【征兵工作】 2020 年，区人武部利用微信公众号、展板、横幅等方式广泛开展宣传征兵工作宣传活动，答疑解惑征兵政策和优抚待遇，实现主要街道、主要社区、主要人群全覆盖，激发适龄青年参军热情。建立征兵监督员制度，公布征兵监督电话，联合区纪委监委共同加强监督，坚持廉洁征兵。及时公示目测初审、上站人数、体格检查、征集数量等有关情况，全程公开透明，自觉接受监督并组织开展欢送新兵入伍活动。全年，符合条件人员兵役登记完成率 100%；发放征兵宣传单 1000 多份、制作悬挂横幅 20 条；实现连续 40 年无责任退兵。（宋涛）

2020 年 9 月 25 日，区人武部在驻地组织开展欢送新兵入伍活动（种玉忠 摄）

【军民共建】 2020 年，区人武部开展联军强社惠民生项目研究，推进地方党委、政府和军事机关支持部队备战打仗，做好拥军优抚安置工作；支援地方经济社会发展，承担抢险救灾、应急救援等任务，疫情防控期间协调驻军单位为地方政府部门提供床、被褥、大衣、雨衣等战备物资，联合驻军单位共同为辖区困难家庭提供帮扶，给第八社区低保户捐赠小型三轮货车，实施精准扶贫；开展慰问活动，走访困难家庭，投入帮扶资金用于为困难家庭报销医药费、缴纳房屋租赁费、购买生产物资等开支。协调地方政府部门与辖区驻军单位签订共驻共建协议，为驻区部队军属采购中药，免费进行核酸检测，开设物资供应快速通道；协调地方法院、民政局开设驻军营法律咨询室、社工服务室，为官兵及家属提供涉法维权、心理咨询、就业培训、幼儿托管（早教）等服务活动。全年，开展慰问活动 7 场次，走访苦难家庭 30 户，惠及 160 多人；签订共驻共建协议 96 份，为驻区部队军属采购中药 600 多份。（宋涛）

【安全管理】 2020 年，区人武部坚持落实每周安全行车讲评制度，定期组织安全行车理论测试，强化驾驶员安全行车意识；坚持落实每周安全检查制度，及时发现排查车辆、装备、库室、水电暖气、营区消防设施等方面存在的安全隐患；扎实开展网上四个不正当清理整治，逐人进行清查审核，逐台电脑进行物理拆除无线连接设备；严格对重要目标岗位人员进行政治考核，定期组织警卫人员进行安全教育训练，及时消除各种不安全隐患和苗头，有效确保年度各项工作安全平稳开展。全年，安全行车 11000 多千米。（宋涛）

## 武警克拉玛依支队机动大队

【概况】 2020 年，中国人民武装警察部队新疆维吾尔自治区总队克拉玛依支队机动大队（驻独山子区）（简称武警机动大队）执行固定目标执勤、临时执勤及驻地城市武装巡逻任务，机动增援处置突发事件、反恐怖、抢险救灾等任务。与驻地天然气公司、供电供水公司一起，定期检查维护燃气管线、电路、供水管道。全年，召开专题议训会议 20 多次，观看红色电影 50 多部，执行各项任务 80 多次。（隋强　李翔）

【按纲施训】 2020 年，武警机动大队按照一手抓练兵备战、一手抓疫情防控、全程抓部队稳控总体要求，把练兵备战工作作为经常性中心工作常抓不懈，坚持按纲施训、科学组训，依据新《军事训练大纲》和上级关于军事训练工作指示精神，科学合理制订训练计划，按照八落实标准〔按照人员、内容、时间、质量、弹药、摩托（飞行）小时、教练员、场地八项内容，对训练法规进行完善细化补充，逐步形成武警部队完成各项任务需要的训练体系〕规范训练场秩序。定期召开专题议训会议，研究解决一线训练问题。全年，召开专题议训会议 20 多次。（隋强　李翔）

【“五小”练兵】 2020 年，武警机动大队以五大技术（投弹、刺杀、擒拿、格斗、军事体育）比武活动为抓手，开展“五小”练兵（小时间、小课堂、小教员、小测试、小讲评）等群众性练兵比武活动，涌现出一批训练尖兵和岗位能手，针对训练中存在的短板弱项和不及格人员，区分训练课目成立补差小组，实现抓两头带中间的抓训意图。全年，被评为训练尖兵 6 人、岗位能手 20 多人。（隋强　李翔）

【干部带头训练】 2020年，武警机动大队坚持主官带着部队练，由大队主官组织所属警官基本课目训练，落实每周组织一次军事理论学习，每月对所属警官警士进行军事体育考核，督促和促进部队体能达标；紧扣形势任务、战斗精神、战备常识等内容，采取讨论、辨析等方式，开展战备教育和形势任务教育。通过执行春节、“两会”等安保任务，加强战备工作规范。推荐5名优秀官兵参加武警新疆总队教练员比武，均获得武警新疆总队“武教头——2020优秀教练员”称号。 （隋强 李翔）

【思想政治教育】 2020年，武警机动大队对照时间、人员、内容、效果四落实要求，区分三个专题，按照教育准备、教育实施、教育总结三个阶段，强力推进“传承红色基因，担当强军重任”主题教育，统筹开展“深入学训词，奋斗决胜年”专题教育和疫情防控等系列教育。以《军队基层建设纲要》《习近平谈治国理政（第三卷）》和总队《红色家谱》系列丛书为基本教材，开展“双百微课”大家讲、新闻点评、饭堂小广播等群众性自主教育，让战士走上前台讲感悟、讲体验。结合庆祝中国人民志愿军抗美援朝出国作战70周年庆祝活动，开展红色故事会文化活动，每周组织全体官兵观看《冰血长津湖》《高山下的花环》《跨过鸭绿江》等红色电影，推进红色基因代代传工程。发挥大队阳光快乐班长——荀忠颖、最美警士——张国庆、优秀共产党员、优秀教练员等先进典型作用，做好事迹宣传、宣讲，用先进事迹引导官兵树立立足军营建功立业思想。全年，购买各类图书220多册，观看红色电影50多部，政治教育考核合格率100%、优良率90%。 （隋强 李翔）

【思想疏导】 2020年，武警机动大队做好经常性思想工作和心理疏导工作，运用“三互”（互帮、互学、互教）、“双四一”（四个知道一个跟上：上级对下级和部属要知道他们在哪里、在干什么、在想什么、需要什么，思想工作要跟上；四个报告一个依靠：下级对上级要向上级报告自己在哪里、在干什么、在想什么、需要什么，有问题要依靠组织来解决）等载体，广泛开展谈心交心活动，组织群众性文体活动和心理行为训练，努力建设学习型军营；充分尊重官兵休息权，注重培养官兵读书习惯，按照一队一品要求，紧贴战士兴趣爱好，成立锣鼓队，所属各中队分别成立特色文艺小分队，培养官兵内涵气质，丰富官兵业余生活，打破一人一机一世界固有藩篱。全年，组织过集体生日12次，兴趣小组开展活动50多次。

（隋强 李翔）

【武器装备管理】 2020年，武警机动大队狠抓车辆枪弹和后勤设施安全管理，按照《车辆安全管理规定》严格落实每周车场日制度、车辆派遣制度和五位一体（车辆派遣申请、审批、带车、放行、回场报告五位一体）联管责任制度，严格落实每月20日“三停”（停车、停课、停训）驾驶员安全警示教育，采取每天对战备车辆进行发动保养，每月对驾驶员进行驾驶技能考评，加装行车记录仪等方法管好用好车辆，坚持做到静态枪弹全时监控，动态枪弹全时管控，抓好兵器室指纹锁使用效益和动态枪弹管控机制，严格落实请示汇报制度和枪弹管理规定，落实出入库“五同”（两名管库员要同开库、同进库、同在库、同出库、同锁库）制度和动态枪弹人防、物防、技防有效结合，确保枪弹绝对安全。 （隋强 李翔）

## 退役军人事务

【概况】 2020年，独山子区退役军人事务局（简称区退役军人事务局）移交安置军队转业干部、复员干部、退休干部、退役士兵和无军籍退休退职职工，服务管理自主择业退役军人，保障其待遇；组织开展退役军人教育培训、优待抚恤和双拥活动。建设红色教育基地，创建全国示范型退役军人服务中心（站）。全年，服务转业、复员、自主择业、参战、离退干部等，服务军队离退休干部遗属、残疾军人、伤残警察、因公牺牲军人遗属、病故军人遗属等。

（薛新萍）

【信息统计】 2020年，区退役军人事务局摸排抗日战争老兵、抗美援朝老兵、残疾退役军人、生活困难退役军人等，采集退役军人及其他优抚对象信息数据，充实档案。 （曹江涛）

【优待优抚】 2020年，区退役军人事务局联合民政、社保、街道等部门摸排全区退役军人，制订困难退役军人标准，实施针对性优抚；开展退役士兵社保接续工作。全年，确定区级生活困难退役军人12人，其中享受低保待遇3人，因收入低且患有大病或肢体残疾导致生活困难9人；为符合规定退役士兵办理社保接续8人，缴纳养老保险金2.1万元，其中单位缴纳1.4万元、个人缴纳0.7万元。（曹江涛）

【退役军人之家】 2020年，区退役军人事务局在退役军人服务中心、金山路街道退役军人服务站、新北区街道第十七社区退役军人服务站建造宣传走廊、老兵谈话室、双拥工作及荣誉室、心理咨询及法律知识宣传室等场所，打造退役军人之家，开展多种形式宣传、纪念活动。全年，区退役军人服务中心、金山路街道退役军人服务站、新北区街道第十七社区退役军人服务站成为退役军人之家示范点。（曹江涛）

【全国示范型退役军人服务中心（站）创建】 2020年，区退役军人事务局成立创建全国示范型退役军人服务中心（站）活动领导小组，制订创建方案，召开创建工作动员会，在全区开展创建全国示范型退役军人服务中心（站）活动。通过一体化平台视频连线，对街道、社区退役军人服务站，实施全方位、一体化、无死角、无间断指导。全年，申报全国示范型退役军人服务中心1个、退役军人服务站16个（街道退役军人服务站3个、社区退役军人服务站13个）。（曹江涛）

【红色教育基地建设】 2020年，区退役军人事务局利用历史照片、多媒体视频等，在区民政局联合办公楼一楼建设集国防教育、双拥、退役军人工作为一体的红色教育基地，接待各单位及社会各界人士参观、观摩独山子双拥（拥军优属、拥政爱民）历史和成绩，接受革命传统教育。全年，接待观摩人员400多人。（王兴平）

2020年5月13日，区退役军人事务局红色教育基地建成对外开放（帕提古丽·吾斯曼江　摄）

【颁发纪念章】 2020年10月，区退役军人事务局与区委、区人大常委会、区政府、区政协四套班子领导及独山子石化公司主要领导，分组到参加抗美援朝作战老兵家中逐个走访慰问，为老兵颁发中国人民志愿军抗美援朝出国作战70周年纪念章。全年，为51名老兵颁发抗美援朝出国作战70周年纪念章（区机关领导颁发13人、独山子石化公司领导颁发38人）。（王兴平）

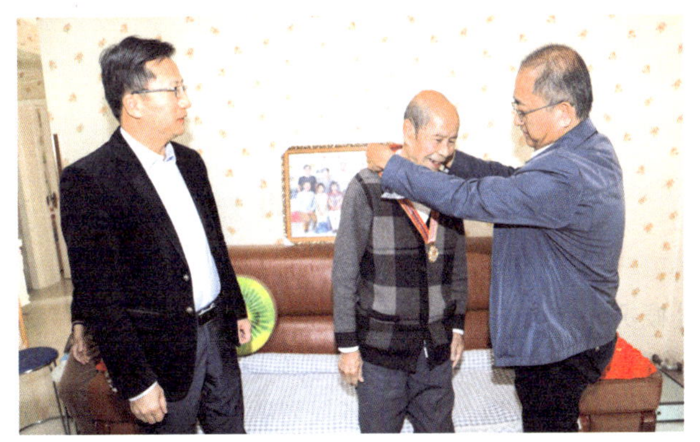

2020年10月22日，区委、区政府领导为老兵张舟柱（中）颁发中国人民志愿军抗美援朝出国作战70周年纪念章（林青　摄）

【接待筑路老兵】 2020年6月，区退役军人事务局接待46名来自四川、陕西、山西、北京等地曾修建独库公路的老兵代表，组织老兵代表参加独库公路博物馆开馆仪式和独库公路通车仪式，参观独库公路博物馆，筑路老兵对独山子区工作给予高度好评。（王兴平）

2020年6月12日，区退役军人事务局组织来自全国各地筑路老兵参观独库公路博物馆（薛新萍　摄）

# 城区建设与管理

## 城区规划

【概况】 2020年，独山子区规划编制研究中心（简称区规划中心）组织编制重大专项规划、城区规划、控制性详细规划，实施城乡规划项目许可及监督。根据第三次全国国土调查，辖区总面积调整为401.45平方千米，其中建设用地52.71平方千米，新增1.02平方千米。全年，转换国土空间规划图斑基数1500多个，更新地形图320万平方米，向用地单位提供建设项目测绘数据56项，核发两书两证171件，向区城市管理局发送立案查处违法事项工作函及认定书51份。（姜松）

【国土空间规划】 2020年，区规划中心开展《克拉玛依市国土空间规划地区发展大纲》审查工作，评估现行土地规划和城区规划，评价资源环境承载力和国土空间开发适宜性，评估调整和划定全区生态保护红线，试划城镇开发边界，转换国土空间规划图斑基数；实施2014—2019年国土空间开发保护现状评估和一张图实施监管统计，调整《独山子区汽车服务中心控制性详细规划》局部地块，召开国土空间分区规划调研座谈会，收集基础资料。全年，召开国土空间规划审查、座谈会议10多次，调研4次，转换图斑基数1500多个。（姜松）

【基础测绘管理】 2020年，区规划中心更新全区1∶500比例尺地形图，更新地下管线、手持移动端设备管线；向用地单位提供建设项目测绘数据，签订保密协议；组织内部保密培训及保密检查，开展机密级图纸定点销毁工作，向上级测绘主管单位备案登记；更新维护正版化系统信息。全年，开展保密培训6场次，参加180人次；开展保密检查6次，涉及计算机240台次；更新全区地形图320万平方米，更新地下管线650千米，其中管线查漏补缺项目320千米，更新手持移动端设备管线2100千米，依申请向用地单位提供建设项目测绘数据56项。（姜松）

【城乡规划许可】 2020年，区规划中心依法开展城乡规划许可工作，为相关单位核发建设项目选址及用地预审意见书、建设项目竣工规划认可书、建设用地规划许可证、建设工程规划许可证。全年，核发建设项目选址及用地预审意见书55件、建设用地规划许可证34件、建设工程规划许可证49件、建设项目竣工规划认可书33件，出具建设项目规划条件书12件、建设项目选址图20项、规划建设用地以外项目选址图及规划意见21项，审查规划方案50多项，现场勘查与联合审批动土作业票60多项、门头牌匾130多项。（李茂龙）

【城乡规划监督】 2020年，区规划中心对在建工程项目进行日常巡检，配合区城市管理局、区住建局检查处置未批先建、乱搭乱建等违法事项。全年，巡检在建工程项目20多次，完成规划验线36项，发现违法事项51项，向区城市管理局发送立案查处违法事项工作函及认定书51份。（李茂龙）

## 城区建设

【概况】 2020年，独山子区住房和建设局（交通运输局、人民防空办公室）（简称区住建局）监督管理建筑市场准入及相关行政许可，进行建筑工程质量安全监督、竣工验收，监督项目履行建筑工程抗震设计、消防设计和审查验收，安排部署老旧小区改造。4月，区市政行业管理中心更名为区市政公用行业中心（城市节约用水中心）。全年，审批工程建设项目80多个，办理建筑工程施工许可38项，审批动土作业76项，核发建设工程消防验收合格意见书11份，老旧小区改造投入资金8008万元。（王立娟）

【审批制度改革】 2020年，独山子区成立工程建设项目审批制度改革领导小组，制订独山子区工程建设项目审批制度改革试点工作实施方案，与市工程建设项目审批制度改革小组对接，推进工程建设项目审批制度改革具体实施，督促成员单位对工程建设项目审批制度进行全流程、全覆盖改革，整合办理环节，优化审批流程，构建科学、便捷、高效工程建设项目审批体系，政府投资项目审批时间控制在80～120个工作日。全年，审批项目80多个，审批时间同比减少10～15个工作日。（王立娟）

【建设工程质量管理】 2020年，区住建局对建设工程各方责任主体质量行为、建设工程实体质量和施工现场原材料质量进行抽查，对涉及建筑工程结构安全和使用功能的工程质量进行监督抽查、抽测。全年，现场监督检查220次，下发质量整改通知书52份，工程质量控制点现场监督率100%；在建设工程云平台受理新建工程监督注册登记122项，下发监督告知书122项、编制工程质量监督报告56项；整理装订工程监督档案56项，完成工程竣工验收备案56项。（王立娟）

【建设工程安全管理】 2020年，区住建局推进数字化工地环境扬尘检测设备安装工程，在全区符合条件的施工现场进行试点。在建筑项目工地开展安全生产月活动，组织安全生产宣传教育及应急演练，开展自治区级建筑安全文明工地创建活动；定期检查建筑工地安全生产工作，进行施工安全生产标准化考评。全年，开展安全生产监督检查335次、专项检查6次，发现安全隐患1058项；核准下发62台吊篮、13台塔吊使用手续，开展建筑安全教育活动8次、应急演练10次，发放安全宣传资料1000多份，被评为自治区级建筑安全文明工地2家。（王立娟）

【建筑市场管理】 2020年，区住建局制订市场准入、施工图审查、招标和施工许可等实施方案，开展建设工程监理、施工质量、安全生产、拖欠工程款和民工工资等专项检查，开展工程款及进城务工人员工资拖欠检查，解决进城务工人员工资纠纷。全年，对全区55个房建市政类施工项目、13家建筑施工企业进行全覆盖检查384次，下发整改通知书125份，行政处罚决定书5份，处罚15.6元，解决进城务工人员工资纠纷9起，涉及工资906.8万元。（王立娟）

【消防行政审批】 2020年，区住建局开展建设工程消防设计审查验收工作，细化消防验收申报流程，依法依规开展消防行政审批工作，提升消防审批事项办结效率。全年，开展消防验收11次，对41项工程进行消防验收备案抽查，核发建设工程消防验收合格意见书11项，抽查合格意见书41项。（王立娟）

【老旧小区改造】 2020年，区住建局部署独山子区2020年老旧小区改造及屋面漏水惠民工程，督促相关部门完成任务分解；完成老旧小区改造事项排查及老旧城区改造项目立项，通过与市住建局、区发改委及区财政局等部门对接，争取到位老旧小区中央补助改造资金及老旧小区基础配套设施改造中央补助资金，完成老旧小区节能、水暖线路改造及屋面漏水，破损墙体，小区道路、路灯、绿化、停车位、健身器材、无障碍设施维修和改造等，全面改善老旧小区居住环境。全年，投入老旧小区改造资金8008万元。

（王立娟）

【外来务工人员“驿站”】 2020年，区住建局在延安路施工驻地设立两处安置点，作为外来务工人员临时安置驿站，清理卫生、修缮水电、安装板床，对安置点进行全方位消杀，配备防疫物资，在宿舍和院墙上张贴宣传单和各项纪律，由专人负责，统一管理，缓解建筑企业外来务工人员住宿难问题。全年，修建改造集体宿舍86间，床位490个。（王立娟）

【政府投资重点建设项目】 2020年，独山子区工程项目建设中心（9月由区工程建设管理局更名为区工程项目建设中心）（简称区工建中心）对第一、三、四、五、七、九、十八、十九区居委会办公楼进行新建、改造，包括办公室、党群活动室、居民活动中心、文化站、警务室等，改善社区工作人员办公条件，增强社区服务功能，提高工作效率；新建劳动力市场及实训基地（包括新建实训基地理论培训教学区、实训厂房、学术报告厅、风雨操场、青年公寓、餐厅）配套基础设施，购置培训设备；新建第三中学教学楼1幢，采用双面内廊布置，集学生普通教室、功能教室、办公室于一体，设房间69个及其他配套基础设施等；新建第二中学学生食堂及宿舍楼，主要包括学生食堂及配套设施，宿舍楼设备用房及房间228间；新建妇幼保健及精神康复综合楼、区老年养护院，妇幼保健楼建设以病房为主，区老年养护院老人居室71间，床位234张；对南京路、北京路2条城区主干道进行改造，将原有双向四车道改扩建为双向六车道，主路宽22.5米，沿线照明设施全部更换为高12米的LED路灯，改善道路交通功能。全年，新建、改造楼房55248平方米，改造道路6709米、面积150952.5平方米，投资2.12亿元。（王少轩）

【基础设施维护】 2020年，区工建中心通过城市精细化管理平台、阳光热线平台等对居民反映的市政问题进行整改，对老旧小区楼房进行外墙保温，修复道路，更新路牌，维修消防设施，维修上下水及暖气管线。全年，修补沥青路面210平方米，修复步行砖、大理石514平方米、路缘石357平方米；维修更换公交站台208处，修复道路标识牌16处、路灯1350盏，更换防撞桶20个、水马40个，修复过水箅子35处；保养及测试消火栓989台，清理消防井积水239个、消防井垃圾120个，印刷更换消火栓、消防柱标识113个，更换消火栓16台、消火栓井圈井盖15套；巡检公共下水管网发现问题466处、商业井发现问题634处、污油池发现问题262处，整改销项率100%。（王少轩）

## 城区管理

【概况】 2020年，独山子区城市管理局（城市管理行政执法局、城市管理综合执法队）（简称区城市管理局）运用城市精细化管理大联动，采取片区长责任制，监督管理城区环境卫生、户外广告，组织、协调、维护管理城区路灯和城区夜景灯饰，办理户外广告设置、垃圾车辆准运、养犬等行政许可事项，受理市民有关城市市容环境管理的来信来访和群众投诉，处罚乱建乱搭、环境污染等影响市容环境卫生违法行为，进行城市管理领域综合行政执法改革。全年，办理各类网上审批302件，收到投诉、咨询1506件，信息化平台派遣各类问题工单7.57万件治理乱搭乱建440处，处理各类违法案件163起。（张黎）

【机构改革】 2020年4月，因机构改革，区城市管理局（城市管理行政执法局）更名为区城市管理局（城市管理行政执法局、城市管理综合执法队），将文化市场领域执法职能移交区文化体育广播电视和旅游局；6月，区园林绿化管理局更名为区园林绿化中心，区市容环境卫生管理局更名为区市容环境卫生中心。（张黎）

【城市精细化管理大联动】 2020年，区城市管理局根据城市管理片区长责任制实施方案和城市精细化管理大联动工作绩效考核实施细则，建立督导检查机制，与相关单位签订城市精细化管理大联动工作目标责任书，实施周巡查、月考核、季通报、年奖惩制度。定期组织召开城市精细化管理大联动工作会议，协调解决重点难点问题；发挥大联动办督办、协调作用，按部门分工及时下发督办通知，限定时间对发现问题进行整改反馈。会同区文明办组织文明城市创建联合大检查，发现问题督促相关单位及时整改。发挥片区长责任制作用，协调解决街道办转办市容市貌、施工驻地、小区物业、园林绿化、道路塌陷、市政设施破损等方面城市管理问题。研究建立信鸽长效管理机制，开展专项信鸽鸽舍督察工作。全年，与18个单位签订责任书；召开城市精细化管理大联动会议3次，下发督办通知75份，督办整改问题1291项；与区文明办联合检查22次，下发工作提示函58份，督办整改问题951项；协调解决街道转办处置交办单83件，现场解决城市管理问题3564件，其中市容市貌治理2784件，公共设施类问题780件；开展专项治理15次，解决问题863件。（张黎）

【行政执法】 2020年，区城市管理局开展城市管理领域综合行政执法改革，组建城市管理执法队伍，实行“局队合一”体制，组建金山路、西宁路、新北区街道城市管理综合执法队，负责街道城市管理领域相关执法工作。组建违法建设治理专班，开展违法建设摸排，针对摸排违法建设数据，精准分类，逐一销项，并形成长效管控机制。参加自治区城市管理执法人员视频培训会，提高行政执法能力，对不履行卫生责任区清扫保洁义务或者不按规定清运、处理垃圾，绿地占用和树木砍伐、移植，在公共场所乱搭乱建、乱堆乱放、乱贴乱挂，不经允许占道经营、占道施工等影响市容市貌及环境卫生等行为，依法进行处罚。全年，参加自治区城市管理执法人员视频培训会4场，参训人员400多人次；处理违法案件163起，下发限期整改通知书465份，罚款19014元。（张黎）

【城区卫生管理】 2020年，区城市管理局重点整治市场周边、商贸繁华区域、主次干道卫生问题，加大日常巡查力度，对各类流动摊点、占道经营、店外经营等行为进行整治，依法检查运输车辆不封盖密闭、带泥行驶、沿途抛撒等现象，治理车辆乱停乱放。全年，办理渣土处置单位33家，检查不封盖密闭、带泥行驶、沿途抛撒车辆2456车次；治理流动商贩520人次，督促更换、拆除破损广告牌匾1710块；清理“僵尸车”（长期无人使用维护、落满灰尘、形似僵尸的车）25辆，规范乱停放车辆5363辆；检查无烟烤炉使用情况150次；门前三包、店外店治理2364家，清理门前乱堆乱放5209家次。（张黎）

【行政许可服务】 2020年，区城市管理局推行“互联网+政务服务”，为群众办理户外广告设置、垃圾车辆准运、养犬等行政许可事项，强化线上线下融合发展，提升服务标准化、网络化、智能化水平，实现一口受理、限时办结、规范办理、透明办理、网上办理，让群众少跑路。全年，办理各类网上审批302件，办理规划类审批手续27起。（张黎）

【乱搭乱建治理】 2020年，区城市管理局落实城市建成区违法建设专项治理工作五年行动方案，打击乱搭乱建现象，坚持部门联动、属地负责、拆改结合、源头管控，与物业、社区、住建、自然资源等单位联动配合，开展专项整治活动。全年，治理违法建设440处，治理面积4190.6平方米，其中拆除面积3879.8平方米；城市建成区违法建设专项治理工作五年行动方案收官，治理违法建筑52492平方米，五年行动方案完成率100%。（张黎）

【市容环境卫生】 2020年，区市容环境卫生中心开展垃圾清运、市容环境卫生消杀、公厕管理招标工作；推进新建无害化处理场项目设计工作；推进公厕改造项目，提升改造老旧公厕；开展垃圾分类工作，党政机关分类设施达到全覆盖，增设7个垃圾分类试点社区，提高垃圾分类设施覆盖率约；抓好道路保洁各项工作，结合气候等特点，及时合理安排部署，加大考核，保证全区道路环境卫生整洁，做好垃圾清运等工作，联合多家单位上街开展知识竞赛、现场模拟演练、签约环境小卫士等垃圾分类知识宣传活动。全年，管理地埋式垃圾桶285座（新增1个）、果皮箱897个，其中更换陈旧果皮箱500个；管理公厕60座（含移动公厕2座），新建2座，造价约89万元，检查公厕1538座次，下发整改书1份，考核2.64万元；道路保洁面积342.789万平方米，年度考核10.05万元；清理生活垃圾3.54万吨、收集餐厨垃圾1987.78吨、填埋建筑垃圾约72.5万吨、处置医疗垃圾152.24吨，因垃圾清运不及时等问题考核17.5万元。（张黎）

2020年9月12日，区城市管理局开展垃圾分类知识宣传活动（同毓梅 摄）

【养犬专项整治】 2020年，区城市管理局利用微信公众号、网络、政府门户网站、宣传单等形式，宣传《克拉玛依市文明养犬管理条例》，联合社区进行居民养犬摸排，建立居民养犬台账，开展文明养犬专项治理。全年，发放宣传资料10000多份，登记居民养犬302只，办理养犬证302本；开展犬类专项治理3次，纠正不文明养犬行为463起，处罚134起，罚款6500多元；接受居民犬处理求助205起，治理、收容流浪犬321只、马（牛）201匹（头）。（张黎）

【路灯管理】 2020年，区城市管理局对路灯及其附属设备进行监督管理，对全区路灯实施常态化巡检。全年，管理路灯及园林绿化景观灯6892杆，其中路灯4084杆，景观灯2808杆；路灯巡检出动车辆72次、人员144人次，全区路灯完好率98%以上。（张黎）

【文明停车整顿】 2020年，区城市管理局制定公共停车场治理工作方案，明确分工，制作文明停车倡议书宣传单，通过微信群、短信向市民进行宣传，联合区委宣传部开展公共停车场乱停车专项整治工作；集中整治车流量大、商业网点多的成都路停车场、理想家苑、十三区商业街公共停车场，派出执法队员值守，劝导车辆按车位有序停放，利用视频监控和信息共享平台等信息化手段，搭建实时对讲系统，通过发送短信和电话，通知违章车主挪车。全年，出动执法人员40多人次、车辆20多车次，推送整改短信500多条，发放传单4730份，整治车辆1604辆，现场劝导1182人次。 （张黎）

2020年12月12日，区城市管理局联合区委宣传部在武昌路市场南门开展文明停车公益宣传活动

（吾斯曼江·其曼古丽 摄）

【信息化平台建设】 2020年，区城市管理局城市管理指挥中心具备视频全域巡查、即时调度、信息追溯倒查、派单反馈等功能，利用实时对讲通信网络，融入语音追呼系统，配套完善相关工作机制，通过城市管理指挥中心，以城市管理信息化平台为基础，加大网格化管理。全年，信息化平台立单46825件，结单45919件，结单率99.88%，视频监控巡查发现问题2622项，解决率100%。 （张黎）

【星级市民评选】 2020年，区城市管理局开展星级市民评选工作，居民通过软件、手机等信息化手段关注和反映城市管理中存在的市容环境、宣传广告、施工管理、街面秩序、突发事件、公共设施、园林绿化等问题，形成全民参与、共同管理城市的良好氛围。每季度根据市民反映问题类型分值进行打分排名，公示无问题后，给予前100名市民奖励。全年，举办星级市民评选活动4次，奖励五星级、四星级、三星级市民272名，发放奖金3.05万元。 （张黎）

## 供水

【概况】 2020年，独山子石化公司供水供电公司（简称供水供电公司）维护和检修独山子石化公司水源地、蓄水池供水设备、设施和供水管网系统，为独山子石化公司提供生产用水，为城区居民提供生活用水和绿化用水。全年，供水量6957万立方米，其中工业用水量3916万立方米、城区生活及绿化用水3041万立方米。 （孟庆超）

【供水生产经营】 2020年，供水供电公司维护供水设备运行，供水车间二级泵站、一水源24小时值班，实时监控主要用户用水量变化，根据厂区内调蓄水池水位和供水管网压力变化，按照供水方案及时调整各水源运行负荷，确保生产、生活、绿化用水正常；完善供水突发事件应急预案，做好夏季用水高峰期应对工作，提前对设备进行维护和检修，合理调配高峰时段管网压力。全年，供水量6957万立方米，其中一水源2661万立方米、二水源1857万立方米、三水源46万立方米、四水源1036万立方米、五水源1357万立方米。 （孟庆超）

【供水设备维护】 2020年，供水供电公司维修车间配电线路班巡检、维护水源地供电线路、变压器、配电室及电动机，各水源地和二级泵站运行班组巡检、维护属地内供水管网、泵、仪表自控、网络通信等设备设施，发现并及时处理管线、电气、仪表及其他各类故障，确保各水源地及各蓄水池安全平稳供电，供水主管网、供水主要设备设施及附属设备设施正常运转。全年，管网巡检60次，检查水源地5个、蓄水池8座、110千伏变电站5个、35千伏变电站4个，发现并处理各类故障40多次；开停泵近1000次，检修离心泵、潜水泵3台次。 （孟庆超）

【提质增效】 2020年，供水供电公司树立事故是最大浪费，安全是最大效益，大平稳出大效益理念，围绕成本控制、降低费用、对外创收等方面制订提质增效措施。维修车间加强运维检修，提高工作质量，避免生产波动；供水车间开展历史水电用户清缴工作，追缴欠费；优化水源地机泵运行方式，调整一、二水源工业与生活用水比例和金沟河项目按期投用取水，降低水资源费。各车间持续开展平库利库和修旧利废

活动，节约费用。全年，被独山子石化公司评为提质增效先进单位，制订提质增效措施 71 项，减少外付费用 366.87 万元，追缴欠费 34.54 万元，降低外购电费 272 万元，降低水资源费 916.19 万元，修旧利废节约费用 376.25 万元。（孟庆超）

【安全管理】 2020 年，供水供电公司针对检维修施工作业薄弱环节，制订并实施无作业日、特殊时段操作和作业升级管控要求，源头管控作业风险、低风险常规作业过程，推行边远区域危险作业过程视频监管；开展以倒闸操作、工程项目、作业许可、检修作业现场为重点的监督检查，严把作业方案风险识别关和过程监督关，实现作业安全受控；按照精准化、差异化原则编制针对性审核方案，领导带队开展内部体系审核，全要素全覆盖审核，举一反三，管理追溯典型问题，从落实审核结果问责，对标追责车间领导。安全环保重点工作有序推进，HSE 责任状目标如期实现。独山子石化公司 QHSE（质量、健康、安全和环境）体系量化打分排序在 6 家专业单位排名第一。全年，开展内部体系审核 2 次，内审发现问题 274 项、举一反三问题 236 项、管理追溯典型问题 33 项。（孟庆超）

【重点工程】 2020 年，供水供电公司成立金沟河引水工程项目部及航煤储运系统改造、乙烯聚苯乙烯 GPPS（通用级聚苯乙烯）单元扩能改造和乙烯厂外排废水减排及回收利用等重点项目组，明确部门、属地车间和相关负责人职责。7 月 11 日，金沟河引水工程项目正式向厂区供水，全年供水 1357.32 万立方米。11 月 10 日，聚苯乙烯扩建配电室通过竣工验收正式投用；航煤储运系统改造、外排废水减排及回收利用项目实现年度计划目标。（孟庆超）

【环境保护】 2020 年，供水供电公司编制《水源地环境保护工作手册》，规范部门和供水车间各级责任、主要工作内容及相关管理标准，完善各类检查要求及水源地基础资料，各水站根据《饮用水水源保护区标志技术要求》设置保护区域标志。推进危险废物专项整治三年行动，全面摸排危险废物类别、数量、贮存方式、贮存位置与风险状况，开展固体废物专项检查，发现问题及时整改。7 月，金沟河引水工程通水前，为避免通水过程冲洗水排放影响周围生态和居民生活，协调沙湾县生态环保局办理排污手续，要求承包商疏通放水通道，夜间值守放水点，检测排污水质满足标准要求，管线冲洗过程未发生投诉事件。全年，开展固体废物专项检查 2 次，发现问题 7 项，整改销项率 100%；设置饮用水一级保护区界标 21 个、二级保护区界标 3 个、保护区交通警示牌 16 对，环保宣传标识 12 块，环保围网标识牌 51 块。（孟庆超）

【技能竞赛】 2020 年，供水供电公司落实独山子石化公司技能竞赛方案和计划，开展培训工作，优选参赛选手 6 人，安排在付伟劳模创新工作室进行全脱产集中培训。参赛取得 2 银 2 铜牌，参赛人员由技师提升为高级技师 1 人、高级工提升为技师 3 人。

（孟庆超）

## 供 电

【概况】 2020 年，国网新疆电力有限公司独山子区供电公司（简称国网独山子区供电公司）调度、维护、管理、建设独山子区电网，为市民提供安全、经济、清洁、持续社会化供电营销服务。全年，供电人口 8 万多人，覆盖面积 400.31 平方千米。（王圆圆）

【电网基本情况】 2020 年，国网独山子区供电公司供电电压等级序列为 110/35/6 千伏，社会供电电压为 6 千伏，通过一座 224 兆瓦总变供带 4 座 35 千伏变电站，其中 110 千伏东区变（2×63 兆伏安）带 35 千伏十三区变（2×20 兆伏安）和水源中心变（2×16 兆伏安），水源中心变带 35 千伏开关站变（2×8 兆伏安）和十区总变（2×5 兆伏安）；全区其他负荷由 4 座 35 千伏变电站直接供带，再由 428 台变压器供给城区 66 条配网 6 千伏线路（含分支），全长 21.5 万米，其中电缆线路 26 条（含分支）9.8 万米、架空线路 9 条 6.7 万米、有 35 千伏及以上输电线路 10 条，全长 4.333 万米。全区配置变电站 5 座、公用变压器 130 多台、专用变压器 298 台。（王圆圆）

【电网规划建设】 2020 年，国网独山子区供电公司修编独山子区“十四五”电网规划，完善 2020 年至 2030 年电网各类储备项目，为日益增长的电力需求打下基础；建设成都路商服楼、众鑫商服楼、华天箱变等 7 个重要商业负荷箱变增容改造及低压线路改造项目，推动商户电炊具节能改造，为保卫蓝天提供电力支持；完成京都变与油城变之间线路联络，提高线路供电可靠性，降低停电频率；储备新建35千伏泥火山在变电站1座，解决国道217线及旅游集散地日益增长的负荷；解决独山子石化公司遗留的社会化用户用电问题，响应国家“三供一业”分离政策，履行国有企业社会责任；解决独山子南区坤亿华烽及垃圾填埋场新增负荷，将裸导线改造为绝缘导线，提升沿线用电安全及负荷接待能力。全年，投资6193.58万元。（王圆圆）

【设备维护】 2020年，国网独山子区供电公司对线路和电气设备进行定期巡视检查，重要节日和遇有大风（雨）、雪、雾、洪水等恶劣天气时，组织人力进行特殊巡视，发现故障，及时处理；完成元旦、春节、中高考、独库公路通车节、独库首届泥火山电音节等节假日、重大活动保电工作；在两次疫情防控阻击战中，在岗持续坚守87天，保障辖区重要场所和相关疫情防控点可靠供电。全年，开展线路巡视225条次，发现缺陷隐患319项，消除隐患206项；清理树障321棵；完成变压器补油消缺2台；设备标识安装完善425块；出动应急保电车辆38车次、保电人员280人次。（王圆圆）

2020年7月24日，国网独山子区供电公司员工巡视检查电网设备，开展电网“迎峰度夏”电力保障活动（李秦 摄）

【用户服务】 2020年，国网独山子区供电公司开通独山子区24小时抢修服务电话，为用户提供故障抢修、缴费网点、电能替代、安全用电常识等实时信息，改善营商环境，取得区政府电力支持性文件，协助综合能源公司与区政府签订充电桩特许经营权协议；通过供电服务网站线上办理渠道主动公开用电业务办理流程、时限、进程等信息，落实“三零”“三省”（零上门、零审批、零投资；省时、省力、省钱）办电服务举措，压环节、缩时间、降造价。全年，设用户缴费营业办理大厅1个，代收点5个，行政服务大厅营业点1个，受理用户报装328户，其中高压29户、低压299户。（王圆圆）

【网上购电】 2020年，国网独山子区供电公司全面推广网上办电，提供24小时在线服务。市民通过网上国网App，利用支付宝、微信等进行购电，支付电费不受时间、地点限制。对于到缴费大厅购电居民，工作人员热心宣传网上购电的便利，现场指导居民在手机上操作，进行网上购电。对于不会上网的老年人，由工作人员用其手机代为购电，使老年人免于排队等候的辛苦。（王圆圆）

2020年4月13日，国网独山子区供电公司员工在缴费营业厅帮助市民网上购电（同毓梅 摄）

## 供 热

【概况】 2020年，独山子区晟通热力有限责任公司（简称晟通热力公司）维护、管理、建设全区暖网，有偿提供居民家中暖气管线维修和疏通服务，收缴暖气费。封闭煤场，治理扬尘对大气的污染。全年，供暖面积503万平方米（居民住宅325万平方米、公共设施和商业用178万平方米），供热量255万吉焦。（张蓉）

【暖气供应】 2020年9月27日，晟通热力公司开始供暖，生产运行人员每天根据大气温度，及时调整锅炉负荷和各换热站供暖参数，确保住户室温达到20度以上，定期开展居民家庭、学校、医院、宿舍、办公楼等用户测温工作。采暖期间，测量居民家庭温度

1879 户、公共区域温度 710 次。（张蓉）

2019—2021 年度独山子区供暖数据统计表

表 3

| 供暖情况 | 2019—2020 年度供暖期 | 2020—2021 年度供暖期 |
|---|---|---|
| 供暖时间 | 2019 年 10 月 1 日至 2020 年 4 月 23 日 | 2020 年 9 月 27 日至 2021 年 4 月 30 日 |
| 供暖面积（万平方米） | 506 | 503 |
| 供热量（万百万千焦） | 265 | 255 |

【煤场封闭】 2020 年，晟通热力公司实施煤场封闭工程，治理扬尘对大气的污染。投资 6000 万元，建成 1 座面积 2.16 万平方米、存煤 10 万吨封闭煤棚。供暖期间，除尘、脱硫、脱硝均达标排放。（戴明涛）

【设备维护】 2020 年，晟通热力公司开展 TnPM（以设备综合效率和完全有效生产率为目标，全员参与为基础生产和设备保养维修体制）设备维护管理体系创建活动，推进清除“六源”（污染源、清扫困难源、故障源、浪费源、缺陷源、危险源），提升班组现场自主维护能力；推进 OPL（现场进行培训教育方式）一点课，提升员工技能水平；完善标识，打造标准化换热站及中心控制室；员工行为规范化，作业环境标准化，单台设备样板化。全年，管理维护热水燃煤锅炉 7 台（3 台 46 兆瓦、4 台 70 兆瓦）；换热站 44 座，其中，29 座换热站（2020 年新增 30 号换热站、增加供暖面积 5.3 万平方米）由集中供热提供热源，1 座换热站由乙烯厂提供蒸汽热源，13 个一次网直供系统换热站，设备综合效率稳定在 95% 以上。（胡仙）

【用户服务】 2020 年，晟通热力公司接听热线电话 17018 个，其中咨询电话 7702 个、报修电话 9316 个，提供供暖维修服务 3205 项、用水维修服务 5357 项、用电维修 566 项、井盖维修 188 项，下发各类生产调度令 16 个，协调解决生产运行中存在问题及突发生产应急事件 10 次，其中较大生产应急事件 5 次。（胡仙）

2020 年 11 月 24 日，晟通热力公司员工抢修 10 号换热站地下水暖管线漏损点（吴长占 摄）

【缴费 App 上线】 2020 年 10 月 1 日，晟通热力公司缴费 App 正式投入运行，用户只要在手机中下载易迅掌上通软件，注册并绑定房号后即可缴纳暖气及物业费。（秦禄德）

## 供 气

【概况】 2020 年，新疆天北能源有限责任公司（简称天北能源）维护、管理、建设全区天然气网，为用户提供用气和报修服务，为天然气锅炉民用集中供暖、居民壁挂炉供暖、居民炊事、商服锅炉壁挂炉采暖、商服餐饮用气、天然气机动车用户提供天然气销售服务。全年，供暖面积 37.14 万平方米，拥有居民用户 36789 户，商业用户 248 户。（曾丽）

【天然气供应】 2020 年，天北能源通过 703 站至独山子门站 80 千米天然气输气管线将气输到独山子，再由 18 千米次高压管线由独山子门站将气输至独山子昆山路加气站、天利高新石化东门站、独山子东九公里加气站，通过 30 千米城市 PE（聚乙烯塑料）管中压环网、近 70 千米 PE 管庭院管网将气供给居民使用。截至年末，有 5×10 吨天然气供热站锅炉房 2 座，设计供暖面积 70 万平方米；1 号燃气供热站给泰和小区及百盛小区供热，2 号燃气供热站给天悦小区供热。（周炜）

【用户服务】 2020 年，天北能源设有热线服务电话 3651234 和 24 小时报修服务电话 3656558，为用户提供用气和报修服务。接到用户报修电话，维修人员

30分钟内赶到；接到投诉电话，24小时内回复，48小时内给予解决。在大庆西路36号（原社保局）、政务服务中心一楼设立天然气销售网点，由客服人员为用户提供天然气销售服务。在城区增设燃气自助缴费终端3台，为用户提供24小时天然气销售服务。全年，接听接待各类用户咨询、报修、反映情况等电话1万多通，上门处理报修服务799起，处理阳光热线和网络平台用户投诉4起，整改销项率100%。（陶飞）

【设备维护】 2020年，天北能源制订燃气设施巡检保运计划，对燃气设施进行安全检查、维护保养，对长输管线沿线覆土塌陷，所辖管道占压情况、管线隔离防护设施、标志桩、转角桩及电位桩损坏情况实施全面核查；定期检验计量及安全器具，每天例行检查液压橇控制柜各运行参数及调压设施运行情况，把控民用气楼栋调压箱压力数值；供暖期结束后，维护保养及年度检定锅炉，检查、检验、维护保养板换、阀门及燃气设施、安全附件。全年，有调压柜民用74台、商用31台，调压箱民用430台、商用42台；7兆瓦锅炉7台、6.6兆瓦板换6台，3.6兆瓦板换2台，监测、检查、检测设备3000多次，设备运行稳定，未发现安全隐患。（曾丽）

2020年3月15日，天北能源技术人员对天然气管道阀门进行微漏气泡安全监测（曾丽 摄）

## 房产管理

【概况】 2020年，区住建局房产管理办公室（简称区房产管理办公室）办理房屋所有权登记，颁发房屋权属证书，管理产籍资料。监管房地产转让、房屋租赁管理、房地产抵押管理、房地产中介服务机构。管理住宅专项维修资金，申报老旧小区改造修缮项目。全年，缴存专项维修资金1432.6万元，房屋维修使用支出579万元；申报老旧小区改造中央资金2.48亿元，到位资金1.94亿元；办理各项房产登记业务6534宗。（王香莉）

【公共租赁住房管理】 2020年，区房产管理办公室上线运行公租房管理信息系统，以廉租房租金补贴和实物配租两种方式解决中低收入家庭住房困难。全年，发放廉租房补贴6户31680元；安置符合入住条件公租房住户17户，退出公租房保障25户；支付低保家庭公租房租金补贴39.8万元。（王香莉）

【老旧小区改造】 2020年，区房产管理办公室开展老旧小区改造一至四期招标及开工建设工作，进行五至六期完成项目申报。全年，申报老旧小区改造中央资金2.48亿元，到位资金1.94亿元。

（阿力木江·阿不都热依木）

【房屋维修管理】 2020年，区房产管理办公室实施居民小区屋面漏水、下水管线抢修、电梯维修、路灯、消防设施改造等维修项目，发挥住宅专项维修资金作用，对老旧小区楼房进行外墙保温改造，提升小区整体居住环境。全年，缴存专项维修资金1432.6万元，房屋维修使用支出579万元，维修项目52项。

（库勒孜热·朱马克地）

2020年9月12日，独山子区实施第六社区楼房外墙保温工程（邢媛媛 摄）

【房产交易】 2020年，区房产管理办公室跟踪全区居住类房屋基准价格，依法管理、规范房产交易市场，保障公平交易。全年，房产交易大厅受理各项房产登记业务6534宗，其中各类房屋转移登记1821宗、房屋抵押登记469宗、房产抵押注销登记1038宗、审核办证资料2750宗、初始登记30宗、房屋灭失登记361宗、资产调拨5宗、限制登记（解封）60宗。（丁晓霞）

## 2020 年独山子区居住类房屋基准价格区段表

表 4

| 序号 | 区域 | 区域范围 | 所包含小区名称 | 区段基准价格(元/平方米) |
| --- | --- | --- | --- | --- |
| 1 | DSZ01 | 油城路以东,贵阳西路以南,延安路以西,韶山路以南,厂南路以西,长岭路以北,银川路以西,大庆路以北、北京路以西,南环路以南围成区域内住宅。 | 第一居民区、第二居民区、第三居民区、第四居民区、第五居民区、第六居民区、第七居民区、第八居民区、第九居民区、万兴佳苑、南苑小区、惠园小区、榆园小区、龙湖佳苑 | 多层:1-3 层 1500-3200;4-5 层 1300-2200 |
| | | | | 一梯一户:1-3 层 3200;4-5 层 2600 |
| | | | | 复式:1~2 层 3200;3~4 层 2800;五层 2200 |
| | | | | 万和高层:2600,顶层 2400;<br>九区大院高层:3300,顶层 3000 |
| 2 | DSZ02 | 北京路以东,南环路以北,青岛路以西,大庆路以南围成区域内住宅。 | 第十居民区、第十一居民区、第十居民区晶都花园、天景颐园、第十一居民区桃园 | 多层:1~3 层 1800~2800;4~5 层 1500~2000 |
| | | | | 一梯一户:1~3 层 3300;4~5 层 2800 |
| | | | | 复式:1~2 层 3300;3~4 层 3000 |
| | | | | 别墅:4400 |
| 3 | DSZ03 | 北京路以东,韶山路以南青岛路以西,大庆路以北、南京路以东,长岭路以北围成区域内住宅。 | 第九居民区绿岛佳苑、第九居民区虹园小区、第十二居民区昆园、第十二居民区靓园、第十二居民区锦园 | 多层:1~3 层 2700;4~5 层 2000 |
| | | | | 一梯一户:1~3 层 3300;4~5 层 2800 |
| | | | | 复式:1~2 层 3300;3~4 层 3000 |
| | | | | 别墅:3800 |
| 4 | DSZ04 | 南环路以北,杭州路以西,韶山路以南,青岛路以东围成区域内住宅。 | 第十三居民区锦绣花园、第十三居民区东方花园、第十四居民区众鑫花园,第十四居民区美林花园 | 多层:1~3 层 2800;4~5 层 2100 |
| | | | | 一梯一户:1~3 层 3550;4~5 层 3150 |
| | | | | 复式:1~2 层 3550;3~4 层 3250 |
| 5 | DSZ05 | 杭州路以东,南环路以北,盘锦路以西,韶山路以南围成区域内的住宅。 | 第十五居民区天馨美墅、第十五居民区幸福佳苑、第十五居民区美好佳苑、第十五居民区理想佳苑、第十六居民区丽景佳苑、第十六居民区瑞景佳苑、第十九居民区天润佳苑 | 多层:1~3 层 3000;4~5 层 2200 |
| | | | | 一梯一户:1~3 层 3600;4~5 层 3200 |
| | | | | 复式:1~2 层 3600;3~4 层 3300 |
| | | | | 别墅:4400 |

续表4

| 序号 | 区域 | 区域范围 | 所包含小区名称 | 区段基准价格(元/平方米) |
|---|---|---|---|---|
| | | | | 高层:3200,顶层 3000 |
| 6 | DSZ06 | 盘锦路以东,南环路以北,重庆路以西,大庆路以南围成区域内的住宅。 | 第十七居民区天麓艺墅、第十七居民区百盛佳苑、第十七居民区泰和佳苑 | 多层:1~5 层 3600;6 层 3100 |
| | | | | 一梯一户:1~5 层 3600;6 层 3100 |
| | | | | 高层:3200,顶层 3000 |
| | | | | 别墅:4400 |
| 7 | DSZ07 | 盘锦路以东,徐州路以北,重庆路以西,韶山路以南围成区域内的住宅。 | 第十八居民区福景佳苑、第十八居民区天悦佳苑 | 多层:1~3 层 3000;4~5 层 2200 |
| | | | | 天悦多层、高层:3000,顶层 2700<br>福景高层:3200,顶层 3000 |

说明:新建楼盘参照同区域基准价执行

# 物业管理

## 物业服务企业管理

【概况】2020 年，独山子区住建局物业管理办公室（简称区物业管理办）制订区住宅物业服务考核办法、评分细则，建立“红色物业”诚信台账，设置辖区物业企业红黑榜，打造智慧物业，提升便民服务品质规范化试点工作，推动“红色物业”向纵深处发展。全年，将物业管理区域优化整合为 30 个，将业主委员会优化为 25 个，招标物业服务企业 12 家，考核 12 家物业企业处罚 12.37 万元，物业服务投诉同比下降 30.1%。

（王立娟）

【物业服务监管】 2020 年，区物业管理办制订独山子区住宅物业服务考核办法、独山子区物业服务企业评分细则，每月对服务质量进行考核评价，建立“红色物业”诚信台账，设置辖区物业企业红黑榜，将考核结果与服务收费价格及物业招标挂钩，将业主缴纳的 3%～5% 物业费作为考核资金，纳入街道、社区、业委会三方监管账户，推动行业优胜劣汰，通过考核机制建设，为街道、社区、业主委员会加强物业服务企业管理化提供抓手，促使物业企业提高服务质量。制订关于强化党建引领物业提升服务质量实施方案，以新北区街道第十七社区为试点，开展夯实组织建设、健全治理体系、推行联动共治、完善考评机制、打造智慧物业、提升便民品质服务等方面规范化试点工作，推动“红色物业”向纵深处发展，探索试点出符合实际具备推广价值的五好八规范“红色物业 6”工作标准，为“红色物业”建设提供菜单式模板，在全区推广。全年，限制企业招标 1 家，约谈物业服务企业 3 家，提供物业服务企业 12 家，考核 12 家物业企业处罚 12.37 万元。

（王立娟）

2020 年独山子区物业服务企业基本情况一览表

表 5

| 物业机构名称 | 服务小区名称 | 服务楼幢（幢） | 服务户数（户） | 供暖方式 | 物业费标准（元/平方米） | 所属街道社区 |
|---|---|---|---|---|---|---|
| 隅金物业 | 南苑小区 | 11 | 325 | 燃气 | 前期物业 | 金山路街道办第一社区 |
| 鑫融合物业 | 万兴佳苑 | 4 | 110 | 燃气 | 前期物业 | 金山路街道办第一社区 |

续表5

| 物业机构名称 | 服务小区名称 | 服务楼幢（幢） | 服务户数（户） | 供暖方式 | 物业费标准（元/平方米） | 所属街道社区 |
|---|---|---|---|---|---|---|
| 安居乐物业 | 天润佳苑 | 33 | 1019 | 集中供暖 | 0.4 | 新北区街道办第十九社区 |
| 龙基物业 | 九区大院 | 3 | 432 | 集中供暖 | 前期物业 | 金山路街道办第三社区 |
| 天睦物业 | 天麓艺墅 | 39 | 128 | 燃气 | 前期物业 | 新北区街道办第十八社区 |
| | 福景佳苑 | 96 | 1370 | 集中供暖 | 1.1/0.4 | 新北区街道办第十八社区 |
| 安泉物业 | 第一居民区 | 9 | 300 | 集中供暖 | 0.8 | 金山路街道办第一社区 |
| | 第二居民区 | 70 | 1453 | 集中供暖 | 0.8 | 金山路街道办第二社区 |
| | 第三居民区 | 31 | 184 | 集中供暖 | 0.8 | 金山路街道办第三社区 |
| | 第四居民区 | 88 | 2352 | 集中供暖 | 0.8 | 金山路街道办第四社区 |
| | 第五居民区 | 42 | 1300 | 集中供暖 | 0.8 | 金山路街道办第五社区 |
| | 第八居民区 | 9 | 276 | 集中供暖 | 0.8 | 金山路街道办第八社区 |
| 康景物业 | 第十一居民区 | 62 | 2162 | 集中供暖 | 0.8 | 西宁路街道办第十一社区 |
| | 第六居民区（石油学校） | 40 | 828 | 集中供暖 | 0.8 | 西宁路街道办第六社区 |
| | 虹园 | 30 | 663 | 集中供暖 | 0.8 | 西宁路街道办第九社区 |
| | 绿岛佳苑 | 7 | 96 | 集中供暖 | 0.8 | 西宁路街道办第九社区 |
| | 锦园 | 32 | 715 | 集中供暖 | 0.8 | 西宁路街道办第十二社区 |
| | 靓园 | 39 | 1113 | 集中供暖 | 0.8 | 西宁路街道办第十二社区 |
| | 昆园 | 25 | 754 | 集中供暖 | 0.8 | 西宁路街道办第十二社区 |
| | 第十居民区 | 95 | 2877 | 集中供暖 | 0.8 | 西宁路街道办第十社区 |
| 晟通660服务中心 | 丽景佳苑 | 36 | 1166 | 集中供暖 | 0.4 | 新北区街道办第十六社区 |
| | 众鑫花园 | 73 | 2110 | 集中供暖 | 0.4 | 西宁路街道办第十四社区 |
| | 天景颐园 | 31 | 82 | 集中供暖 | 0.8 | 西宁路街道办第十社区 |
| 新佳美物业 | 晶都花园 | 41 | 340 | 集中供暖 | 0.4 | 西宁路街道办第十社区 |
| 至信物业 | 东方花园 | 51 | 1288 | 集中供暖 | 1 | 西宁路街道办第十三社区 |
| | 锦绣花园 | 24 | 714 | 集中供暖 | 1 | 西宁路街道办第十三社区 |
| | 龙湖佳苑 | 32 | 1172 | 集中供暖 | 0.8 | 金山路街道办第七社区 |
| | 百盛佳苑 | 40 | 1254 | 燃气 | 1.1 | 新北区街道办第十七社区 |
| | 桃园 | 8 | 62 | 集中供暖 | 1.1/0.8 | 西宁路街道办第十一社区 |
| | 幸福佳苑 | 41 | 954 | 集中供暖 | 0.4 | 新北区街道办第十五社区 |

续表5

| 物业机构名称 | 服务小区名称 | 服务楼幢（幢） | 服务户数（户） | 供暖方式 | 物业费标准（元/平方米） | 所属街道社区 |
| --- | --- | --- | --- | --- | --- | --- |
| 知乐物业 | 美好佳苑 | 38 | 830 | 集中供暖 | 0.4 | 新北区街道办第十五社区 |
| | 理想佳苑 | 31 | 960 | 集中供暖 | 1.1/0.4 | 新北区街道办第十五社区 |
| | 天馨美墅 | 67 | 230 | 集中供暖 | 1.1 | 新北区街道办第十五社区 |
| | 安捷达小区 | 2 | 100 | 集中供暖 | 0.4 | 金山路街道办第八社区 |
| 怡家园物业 | 瑞景佳苑 | 21 | 700 | 集中供暖 | 0.4 | 新北区街道办第十六社区 |
| | 美林花园 | 42 | 1574 | 集中供暖 | 0.4 | 西宁路街道办第十四社区 |
| | 泰和佳苑 | 26 | 798 | 燃气 | 1.1 | 新北区街道办第十七社区 |
| | 天悦佳苑 | 15 | 806 | 燃气 | 1.1 | 新北区街道办第十八社区 |

【物业服务市场化】 2020年，区物业管理办优化整合物业管理区域，通过对既有业主委员会补、改选工作，将原有业主委员会优化为25个，除5个前期物业外已全覆盖；将老旧小区划分为四个区域组团，按照资源集约、规模管理方式引入物业服务企业进驻提供市场化、社会化服务。根据住宅服务标准、服务内容与质量修订独山子区住宅小区物业服务标准，针对物业管理市场化物价波动情况和人工费上涨幅度等因素，进行物业服务费成本和市场价测算，推动区域内物业服务收费调整工作，健全物业服务质价相符长效机制。全年，物业服务投诉同比下降30.1%，收缴物业费下降19%。（王立娟）

【物业服务行业专项整治】 2020年，区物业管理办开展物业服务行业3项专项整治工作。

整治物业服务不规范行为　整合老旧小区、较小物业管理区域，指导成立业主委员会；督促检查建设单位与物业服务企业签订《前期物业服务合同》、业主委员会与物业服务企业签订《物业服务合同》，规范合同文本；按照《新疆维吾尔自治区住宅物业服务标准》，检查整治物业服务企业提供物业服务达不到合同约定服务标准、不能提供质价相符服务问题；检查督促物业服务企业在服务区域内公示物业服务企业备案信息，项目负责人和物业服务人员姓名、岗位和照片，物业服务收费标准和服务标准，以及受理报修和投诉服务电话；检查指导物业服务企业建立物业服务工作制度和考核标准，制定各岗位人员操作规程，在服务区域内公开、公示；检查指导物业服务企业依法接受业主、业主大会、业主委员会、区住建局及街道、社区监督，对业主提出的投诉及意见，给予以解释或答复。活动期间，物业管理区域优化整合为30个，业主委员会优化为25个，老旧小区划分为4个区域。

整治物业服务乱收费问题　整治物业服务企业违反价格管理规定或者物业服务合同约定，擅自扩大收费范围、重复收费、强制服务或者变相强制服务并收费问题；纠正物业服务企业不按规定实行明码标价问题；指导物业服务企业所承接的前期物业小区，物业服务收费、住宅小区停车收费执行政府指导价；督促物业服务企业收取物业服务费用、住宅小区停车收费及支出，依法予以公示。活动期间，约谈物业服务企业3家，考核物业服务企业12家。

整治住宅专项维修资金使用问题　检查整治物业服务企业违反《新疆维吾尔自治区物业管理条例》和建设部、财政部《住宅专项维修资金管理办法》列支住宅专项维修资金行为；检查处理物业服务企业、业主委员会虚报、挪用、骗取、侵占住宅专项维修资金问题；督促指导物业服务企业、业主委员会对住宅专项维修资金使用须经业主大会或三分之二以上业主同意；检查监督物业服务企业、业主委员会对住宅专项维修资金使用依法在物业管理区域内公示。（王立娟）

# 物业服务公司选介

## 康景物业公司

【概况】 2020年，独山子区康景物业公司（简称康景物业公司）提供室内外保洁、绿化、综合维修、小区管理等物业服务。全年，承揽服务项目21个，新增小区物业服务项目2个、绿化服务项目2个；收入6212万元，上缴税金150.29万元。（崔钰彤）

【物业服务】 2020年，康景物业公司完成办公楼会议服务2500多场，为公共区域及64间办公室提供清扫服务，为第六、九、十、十一、十二社区提供室内外绿化保洁工作；对小区安保培训140多次；提供水、电、暖、办公设备、办公网络维修维护18800多次；完成公厕保洁服务58个，承接区环卫、绿化保洁第二标段维护项目，负责南京路以东区域13条主干道、19条次干道、9条外围辅道保洁143万平方米及城区公共绿地133万平方米养护工作，包含果皮箱342个、地埋式垃圾桶10个、区域内幼儿园5所、中小学4所校园绿化保洁工作；投入使用车辆设备保障50多台。（崔钰彤）

【就业安置】 2020年，康景物业公司组织参加区人才交流中心招聘会7次、登记就业意向人员550多人次，实际安置上岗就业517人。（崔钰彤）

【安全管理】 2020年，康景物业公司与所属各部门签订安全生产目标责任书16份，开展安全大检查11次，查出违章问题132项，全部落实整改，安全教育106人次，开展安全应急演练17次，参与人员269人，新增各类基础信息台账18本。（崔钰彤）

## 安居乐物业公司

【概况】 2020年，独山子区安居乐物业管理有限公司（简称安居乐物业公司）为业主提供保洁、绿化、综合维修、消防监控、安保等服务。位于长岭路5564-44号，具有国家标准三级资质（暂定）。截至年底，有客、货车（自卸翻斗车）4辆，保洁、绿化设备7台。全年，收入432万元，上缴税金28万元。（鲁兰英）

【保洁服务】 2020年，安居乐物业公司与天麒房产公司签订物业管理服务合同为车辆维修中心、天润佳苑商服楼、天润佳苑小区，健全保洁服务管理制度和标准，向业主提供物业保洁服务。全年，服务单位3家，服务面积30.5万平方米。（鲁兰英）

【绿化管理】 2020年，安居乐物业公司与区教育局签订劳务合同，承担区教育局工作区绿化管护、保洁卫生、积雪清运工作任务。全年，绿化管护面积50000平方米，保洁面积13.7万平方米，积雪清运面积35000平方米。（鲁兰英）

【房屋维修】 2020年，安居乐物业公司与天麒房产公司共同协商，请专业防水公司，排查屋顶漏点，彻底排查所有小区房屋天窗，定期排查小区墙面，小广告张贴，做好房屋维修。全年，维修10多处，维修面积1200平方米，修复漏雨天窗10多个，修复小区墙面涂鸦与破损30多处。（鲁兰英）

【消防监控】 2020年，安居乐物业公司与天润佳苑小区签订物业服务合同，在小区所有主道设置监控，在西门警卫室安排专人坚守观察，保证小区居民人身和财产安全；开展经常性消防安全宣传教育，配备必要消防器材，组织有业主和员工参加的消防演练；对消防设施设备、消防器材进行巡视、检查和维护，备存紧急消防物资，试用和保养消防泵，养护室内外消火栓，做好检查维护记录。全年，设置消防监控设备33套（处），组织消防安全教育7次，参加800多人次；组织消防演练3次，组织消防安全检查、检测14次，检查、检测各类消防器材810多件（次）。（鲁兰英）

【安保服务】 2020年，安居乐物业公司承接天润佳苑封闭式小区南门及西门大门安保服务业务。公司成立安保部，建立健全各项管理制度，在天润佳苑小区安排安保人员，南门主出入口有专职秩序维护人员24小时值守，其他出入口通行期间有人值守；小区实行封闭式管理，无明确来访对象人员和车辆不得进入住宅区；主出入口每个工作班人员配置2人，每天安排管理人员带班，每周不定期巡检、夜查，日常通过抽查、视频监督等形式管理安保人员。全年，派出安保人员9人，全方位安全检查130多次，抽查15次。（鲁兰英）

【维修服务】 2020年，安居乐物业公司在每个小区设立两名客服，在小区单元门口张贴热线电话，提供24小时服务，接到报修电话快速处理。配备2名修理工，小区路灯亮化率达100%；小区休闲座椅完好率98%；更换小区公共照明灯34个；清理小区下水道7次；修理休闲娱乐设施7处，小区公共设施完好率95%，修复围栏5处、井盖4个，小区水暖阀门全部保养。全年，接到热线电话300多个，紧急报修35次，维修满意率98%。 （苏小花）

【惠民工程】 2020年7月，安居乐物业公司发现天润佳苑南门小广场凉亭由于建造时间太久，颜色褪变，随即联系施工单位对整个凉亭进行翻新，重新加装雨棚，成为小区一处休闲娱乐场所，受到居民一致好评。 （鲁兰英）

## 安泉物业公司

【概况】 2020年，克拉玛依市安泉物业服务有限公司（简称安泉物业公司）为业主提供保洁、绿化、综合维修、安保等服务。全年，维护绿化面积14.17万平方米，管理树木1万多株，提供保洁服务46.49万平方米，解决业主投诉问题55件，收入318万元，上缴税金9万多元。 （陈丽丽）

【物业管理】 2020年，安泉物业公司开展接待来访、业主投诉、资料档案整理等工作，给每个小区配备物业主任1人，维修人员1人，综合管理员3人，管理保洁员、绿化人员及安保人员，为业主提供各类服务；设置24小时服务电话，及时处理业主服务需求、建议、咨询、投诉等；定期对小区供水、供气、供电、供暖系统，小区路灯、消防设施、建筑标志牌等进行检查，发现问题及时修缮或上报；对违反规定私自乱搭乱建及擅自改变房屋用途现象及破坏房屋安全情况及时劝阻、报告，积极沟通、协调解决业主反映问题，做好各项工作记录。全年，安全、卫生大检查8次，发现解决问题20件，接到并处理业主投诉12起。 （陈丽丽）

【设施维护】 2020年，安泉物业公司制订公共设施、设备完备维护、保养计划和应急预案，每月检查1次主暖气管线、水管线、天然气管线及阀门，一季度保养1次，发现问题及时维修，做好日常检查维护记录。做好电梯、消防设备维保工作。全年，发现安全隐患50件，整改销项率100%；接到居民报修、来访498项，其中帮助居民完成急修68项，无偿清理辖区大件垃圾214车次，处理率100% （陈丽丽）

【保洁服务】 2020年，安泉物业公司为独山子六个居民小区（第一、二、三、四、五、八社区）提供物业保洁服务，根据小区面积配置保洁员，每人负责20个单元及周边区域保洁服务，建立健全保洁服务管理制度和标准，奖罚分明。健身器材每周擦拭2次、每月保养1次，垃圾箱每月擦洗2次；雪天落雪紧急清扫，路上有冰随时除冰，扫雪车司机、扫雪车24小时待命；每周定期检查保洁质量7次，不定期抽查2次。全年，保洁服务楼房249幢，面积46.49万平方米。 （陈丽丽）

【绿化服务】 2020年，安泉物业公司承揽六个居民小区（第一、二、三、四、五、八社区）绿化维护工作，根据业务量配备绿化人员，每人管理4500平方米绿化面积，及时清除草坪中杂草，20天修剪草坪1次，根据季节气候及时给草坪浇水，定期给花木培土、施肥、修枝浇水及进行病虫害防治。全年，管理草坪25.1万平方米，管理树木1万多株。 （陈丽丽）

【房屋维修】 2020年，安泉物业公司与开发商、施工队、房产站联手，确定房屋维修程序和办法，采用房屋维修基金或居民集资等方式，为奎河路南苑小区、5区28栋万和高层住宅楼提供维修服务。全年，大维修2次，小维修50处，维修面积895平方米。 （陈丽丽）

【安保服务】 2020年，安泉物业公司承担六个居民小区（第一、二、三、四、五、八社区）共21个封闭小区大门安保服务工作，建立健全各项规章制度，定期巡检、不定期抽查安保工作开展情况，做好日常工作台账记录。各小区开放主出入口1个，辅出入口6个，主出入口24小时开放，辅出入口8:00—22:00开放，登记来人来访、车辆出入，实行一车一杆放行制度。全年，派出安保人员90人。 （陈丽丽）

## 天睦物业公司

【概况】 2020年，克拉玛依市天睦物业管理有限公司（简称天睦物业公司）为业主提供保洁、绿化、综合维修、消防监管、安保等服务。截至年底，有客车1辆、货车1辆，保洁、绿化设备15台。全年，提供绿化服务61920平方米、保洁服务92987.59平方米，处理业主投诉问题452件，收入81万元，上缴税金4.86万元。（韩玉珍）

【物业服务】 2020年，天睦物业公司管理福景佳苑、天麓艺墅小区，配备主任1人、绿化班长1人、保洁班长1人、安保班长1人，公布服务监督电话，亮证上岗，文明礼貌合法服务，主动接受业主委员会合理监督，及时向业主委员会请示汇报工作，每年2次公布物业管理收入和支出，让业主明明白白消费。定期对小区供水、供气、供电、供暖系统，小区路灯、消防设施、建筑标志牌等进行检查，发现问题及时修缮或上报。对违反规定私自乱搭乱建及擅自改变房屋用途现象及破坏房屋安全情况及时劝阻、报告。建立文明宣传栏、告示栏等，积极沟通、协调解决业主及商户投诉，牢记没有最好，只有更好之企业理念，把业主满意度作为检验工作唯一标准。福景佳苑、天麓艺墅小区总用地面积154907.59平方米，总建筑面积118214平方米，绿地面积61920平方米，绿化率42.3%，住宅楼多层34栋96个单元960户，高层6栋14个单元410户。全年，检查14次，发现并解决问题67件；改造小区太阳能路灯9处，为福景西门丁字路口增建路灯45盏，亮化路灯54盏，增设儿童滑梯2处；接到业主投诉452起，处理率100%。（韩玉珍）

【设施维护】 2020年，天睦物业公司定期对公共设施、设备进行维修、检查、保养，详细记录设备运行状况，发现问题和隐患及时上报，按维修回访要求对业主进行回访，确保维修质量。主暖气管线、水管线及阀门每年检查跑、冒、滴、漏现象9次，并进行打黄油、加机油、套袋子、换垫片、清洗过滤网等维护，做到日常检查有登记、小型维护有记录，发现问题及时维修。全年，发现问题18件，解决18件。（韩玉珍）

【保洁服务】 2020年，天睦物业公司与福景佳苑业主委员会签订道路保洁服务合同，生活垃圾日产日清，道路和硬化地面全天保洁，楼道每周清扫1次，楼道扶手、栏杆每月擦拭1次；5—10月，每月拖洗楼道1次，电梯轿厢、首层电梯前室每日清扫，楼道玻璃、配电箱每季擦1次。雪天及时清扫积雪，主要道路小雪1天清扫完毕，大雪3天清扫完毕。全年，道路保洁服务面积92987.59万多平方米、室内楼道保洁服务面积118214平方米。（韩玉珍）

【绿化服务】 2020年，天睦物业公司与福景佳苑业主委员会签订绿化管理合同，根据植物特性、生长阶段、气候、土壤条件等进行合理灌溉和施肥，适时进行整形修剪，及时开展病虫害防治。全年，绿化服务面积61920万平方米，管理树木378棵，补种树128棵，修剪草坪61920万平方米。（韩玉珍）

【维修服务】 2020年，天睦物业公司在福景佳苑小区设立客服，在小区单元门口张贴热线电话，提供24小时服务，接到报修电话随时快速处理。全年，接到热线电话452个，维修楼道灯285个、声控灯头200个、声控开关204个，维修石桌石凳2处、闭门器40处，更换闭门器40处，维修屋面防水、单元台阶、路面5处；维修满意率达97%。（韩玉珍）

【安保服务】 2020年，天睦物业公司承接福景佳苑封闭式小区南门及北门大门安保服务业务。公司成立安保部，建立健全各项管理制度，招聘安保人员3人，经过培训后正式上岗。每天安排管理人员带班，每周不定期进行巡检、夜查，日常通过抽查、视频监督等形式管理安保人员。组织员工举办消防安全知识培训，进行消防安全应急演练。全年，检查12次，抽查8次；培训5次，开展应急演练12次。（韩玉珍）

【消防监管】 2020年，天睦物业公司制订小区消防设施维护方案，定期对小区消防水源、消防给水系统、室内外消火栓系统、火灾自动报警系统、防烟排烟系统、消防应急照明、疏散指示标识、灭火器等设施进行测试和检查，及时消除查出系统故障及安全隐患。全年，消除安全隐患50项，维护、更换毁坏部件24处。（韩玉珍）

## 至信物业公司

【概况】 2020年，独山子至信物业服务有限责任公司（简称至信物业公司）为业主提供保洁、绿化、综合维修、消防监管、安保等服务，在第十七社区党组织指导下，打造红色物业。位于伊宁路13号A栋19号。全年，维护绿化面积40万平方米、树木4万多株，提供保洁服务面积111.6万平方米、紧急报修服务26项，收入1932.31万元，利润265.28万元。（刘凯）

【保洁服务】 2020年，至信物业公司与百盛佳苑、美好佳苑、幸福佳苑、理想佳苑、桃园、龙湖佳苑、东方花园、锦绣花园业主委员会签订维护小区楼道内外保洁服务合同。制订环境卫生管理规定、环境卫生质量标准、卫生设施维护保养办法等规章制度及防疫应急预案，建立环境卫生设施资料档案，明确保洁区域，结合不同季节气候环境，采取相应措施，提供环境卫生清扫、生活垃圾清运、公共设施管理、公共区域有害生物预防和控制等服务。全年，提供小区保洁服务面积约103.6万平方米，提供办公楼保洁服务面积8万平方米。（刘凯）

【绿化管理】 2020年，至信物业公司与百盛佳苑、美好佳苑、幸福佳苑、理想佳苑、桃园、龙湖佳苑、东方花园、锦绣花园业主委员会签订绿化管理合同，建立园林设施和植物资料档案。根据植物特性、生长阶段、气候、土壤条件等进行合理灌溉和施肥，适时进行整形修剪，按时开展病虫害防治。全年，维护绿化面积40万平方米、树木4万多棵，修剪草坪25万多平方米。（刘凯）

【房屋维修】 2020年，至信物业公司建立并完善房屋及共用设施设备基础档案，做好运行、检查、维修养护记录；根据房屋实际使用情况，评价房屋公用部位和设施设备完好状况，对需要大、中修或更新改造的，向业主大会或业主委员会提出书面报告与建议；发现私搭乱建和擅自改变房屋用途行为，及时劝阻并报告有关部门；检查维护并保持避雷接地系统安全可靠；根据特殊异常危害性天气、业主委员会委托等需要，对公用重点部位和重点设施设备进行检查。每月全面安全检查不少于1次；对路面、景观、小品、围墙（护栏）、窨井、健身设施、儿童娱乐设施、照明设施、周界报警监视系统每周巡视不少于1次；对楼内公共部位每周巡视不少于1次。全年，查出安全隐患500多项，销项率100%；维修损毁面积240平方米。（刘凯）

【消防监控】 2020年，至信物业公司与浩安消防安保服务有限公司签订百盛佳苑、理想佳苑高层消防设施维保合同，浩安消防安保公司提供维护方案，定期测试和检修消防设施，及时消除系统故障及安全隐患。全年，消除安全隐患200项，维护、更换毁坏部件300处。（刘凯）

【安保服务】 2020年，至信物业公司承接百盛佳苑、理想佳苑、美好佳苑、幸福佳苑、龙湖佳苑、东方花园、锦绣花园、桃园、明珠市场、城投大厦、车管所安保服务工作。建立健全各项管理制度及考核细则，招聘安保人员80人，经过培训后上岗，每天安排管理人员带班，每周不定期巡检、夜查，日常通过抽查、视频监控监督等形式管理安保人员，结合小区实际情况，严格进行考核；对于违反规定人员，按考核细则进行处罚，罚款由财务专门账目单独保管，用于奖励贡献突出保安人员。全年，检查300多次，抽查80多次。（刘凯）

【维修服务】 2020年，至信物业公司在每个小区设立服务电话，在小区单元门口张贴热线电话，提供24小时服务，接到报修电话随时快速处理。全年，接到热线电话900多通，紧急报修26项，维修满意率95%以上。（刘凯）

【“红色物业”】 2020年，至信物业公司在第十七社区党组织指导下，成立至信物业公司党支部，与第十七社区党组织、百盛佳苑业委会共同为百盛佳苑小区居民建设充电桩、售水机、快递驿站、自助洗车等爱心服务设施，承诺在合同期内疏通下水全部免费，打造“红色物业”。新冠疫情防控期间，与百盛佳苑业委会合作，将物业用房收入一部分用于给每户居民购买、发放价值30元防疫物资（84消毒液2瓶、洗手液1瓶、免洗洗手液1瓶）。（刘凯）

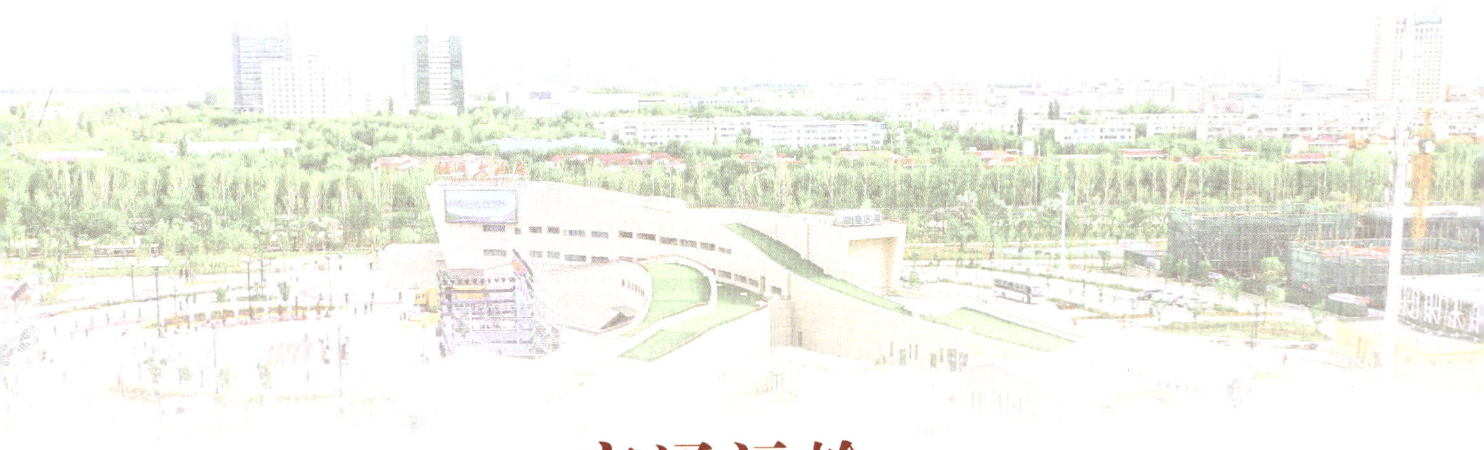

# 交通运输

## 交通运输管理

【概况】 2020年，独山子区交通运输局（简称区交通局）管理全区交通运输行业。5月20日，因交通运输领域综合行政执法改革，将城市客运（含出租汽车）、农村公路路政行政执法职能移交克拉玛依市交通运输综合行政执法局独山子执法大队，同时划转事业编制2个。全年，管理道路运输单位及个体运输户156家、货物营运车辆3348辆，管理客运企业及个体客运户262家、客运车辆358辆、维修企业66家。 （程诚）

【运输行业基本情况】 2020年，区交通局管理客运企业1家（鑫捷安旅客运输公司）、城市公交企业1家（永兴公交公司）、出租车代理公司1家（独山子出租汽车协会）、危货运输企业12家、普货运输企业40家、个体运输户103家，有旅客运输车辆15辆、公交车74辆、客运出租车285辆、普货运输车2240辆、个体货运车115辆、危险品运输车辆993辆；有二类维修企业15家、三类维修企业45家。鑫杰公司驾驶培训学校拥有培训教练车30辆，为全区培训各类驾驶人员；鑫杰公司兼营道路运输行业从业人员资格培训及全区各类车辆检测业务。全年，从业人员资格培训24场次，参加1500多人次，检测各种车辆4000多台。 （程诚）

【监督管理】 2020年，区交通局联合交警大队、克拉玛依市交通运输综合行政执法局独山子执法大队对道路运输市场开展“三乱”治理、扫黑除恶和文明城市创建等专项行动，重点打击擅自改装货运车辆、无证车辆装载危险品、“外挂”车辆逃漏规费、超范围经营、黑恶势力垄断市场等违法行为，规范企业经营活动，消除安全隐患。全年，检查运输企业147次、公交车210多辆次、出租车1140多车次，查出各类安全隐患188项，整改销项率100%。 （程诚）

【安全管理】 2020年，区交通局完善各类安全应急预案，落实安全生产责任主体，开展安全生产月、三年专项整治等活动，利用培训、发放宣传手册、组织集中学习等方式，普及安全生产法律法规及相关知识，定期或不定期开展安全生产大检查专项行动。全年，组织公交车司机安全培训24场，参加学习1200多人次；组织出租车司机学习安全、法律法规、案例分析等24次，发放宣传手册500多份，参加学习4000多人次。 （程诚）

【出租车专项整治】 2020年，区交通局开展出租车营运秩序专项整治活动。采取暗访督查、驻点检查方式，重点对不使用文明用语、不规范经营、不系安全带、营运中接打电话、吸烟、向车外乱扔杂物等不文明经营行为进行整治，对拼客、议价、拒载、不给发票等违规行为进行查处；在出租车行业内部开展比技能、比服务、比文明，争创优质服务车、道德模范车等系列活动，对遵纪守法、做好事、拾金不昧驾驶员通报表扬，对不守规矩、不文明行车、被举报投诉驾驶员进行曝光。整治期间，检查出租车500多辆次，处罚30多人。 （程诚）

## 公安交通管理

【概况】 2020年，克拉玛依市公安局独山子区分局交通管理大队（简称区交警大队）依法查处道路交通违法行为和交通事故，维护道路交通秩序，开展交通安全“七进”活动，在学校门口路段开展护学行动。全年，检查车辆11.64万辆，查处各类交通违法行为10970起；办理刑事案件38起，其中危险驾驶案35起、交通肇事案3起；处理各类道路交通事故161起，涉及直接经济损失13.16万元。（冯慧　代莉）

【专项整治】 2020年，区交警大队开展6次专项整治活动。

*冬季百日安全无事故活动* 区交警大队严查严治酒驾醉驾违法犯罪行为，加大危化品、大型货运、客运等重点车辆管控，做好恶劣天气下交通秩序管控应对；元旦、周末根据交通流量特点，安排1辆警车2名交警全力做好独山子大峡谷、天山公路滑雪场路段交通秩序管控与疏导，确保游客安全出行。活动期间，查处各类交通违法行为1749起，辖区未发生重特大道路交通事故，交通安全形势平稳。

*交通事故预防减量控大活动* 区交警大队落实全国、区安全生产电视电话会议部署要求，在辖区开展交通事故预防减量控大专项整治，紧盯“两客一危一货”等重点车型及重点驾驶员安全问题，确保隐患清零；利用网络、微信、抖音等平台开展一盔一带（头盔、安全带）安全守护行动主题宣传，进行酒后驾车宣传与整治，完善交通流量较大路段中央护栏隔离设施，强化路面交通秩序整治。专项整治活动期间，注销危化品运输车辆31辆，重型货运车辆149辆，检查车辆87400多辆，查处各类交通违法行为8432起，辖区道路交通事故起数同比下降。

*一盔一带治理* 区交警大队通过平安独山子、独山子零距离微信公众号，开展什么是一盔一带、为什么开展一盔一带及其重要性宣传，在执勤点悬挂横幅，深入外卖企业开展警企联动宣传，利用“七进”交通安全宣传活动，开展一盔一带安全宣传，通过守卫天山——独山子公安抖音平台，开展交通安全宣传教育和安全警示教育活动，营造交通安全氛围，引导摩托车和电动自行车骑乘人员佩戴头盔、汽车驾乘人员自觉使用安全带。截至年底，摩托车、电动自行车骑乘人安全头盔佩戴率分别达到94%和86.7%，其中外卖行业骑乘人员安全头盔佩戴率达到100%。

*危化品专项整治行动* 区交警大队开展危险化学品（简称危化品）运输交通安全除隐患、防风险专项整治行动。以“七定”（定运输企业，定运输车辆，定驾驶人，定押运人员，定行驶路线，定运输时间，定人、车、证一致）管理措施为抓手，联合区运管分局对辖区13家危化品运输企业开展安全隐患拉网式排查，督促企业落实交通安全主体责任；不定期通过“电话回访+网上比对+路面检查”等方式对辖区重点车辆和驾驶人存在逾期未检验、逾期未报废、逾期未审验、多次违法未处理、严重违法行为等隐患进行集中清查；西检查站严格源头把控，进行扎口管理，对危化品车辆做到逢车必查、逐车登记，确保运输液化气等气体罐危化品车辆保持1.6千米车距驶入，运输汽、柴油等液体罐危化品车辆保持100米安全车距驶入，减少车辆聚集期间风险隐患；每天8时至23时，对途经油城路的危化品运输车辆不按规定车道行驶、违反禁限行规定等五类重点交通违法行为严查严管，杜绝漏管盲区。活动期间，检查危化品运输车辆30281辆，查处危化品交通违法行为180起。

*酒醉驾专项治理活动* 区交警大队联合巡防大队开展劝导前置，做到酒后驾车事前预防；联合单位开展惩戒，走进醉酒驾车人员所在单位进行公开刑事拘留，向区政府安委办、独山子石化公司通报酒驾人员情况，酒驾人数同比减少70%。组织开展零点行动，灵活调整整治地点，突出21时至2时等重点时段管控，让酒后驾驶交通违法行为无机可乘、无空可钻。开展宣传造势，一案一曝光，扩大酒驾严重危害性和高额违法成本的社会知晓面，提高交通参与者文明交通安全意识，营造开车不喝酒，喝酒不开车氛围。活动期间，查获醉酒驾车35起，同比下降31.37%；开展“七进”宣传81场次，制作展架100副、温馨提示卡800份、提示标语及海报2600张。（冯慧）

*非法营运专项治理* 区交警大队组织召开专题会议，安排部署非法营运专项治理工作。针对“黑车”营运隐蔽性强，发现、查控难度大问题，联合区运管分局对疑似“黑车”信息进行梳理、排查，将摸排涉嫌非法营运车辆录入系统，通过网上预警布控，重点关注，地面合成拦查，依托东、西检查站固定盘查，精准打击非法营运。专项整治期间，摸排涉嫌非法营运车辆23辆，查获13辆。（冯慧）

【交通执法信息化建设】 2020年，区交警大队通过无人机对驾乘电动车不戴头盔、逆行及行人横穿道路等交通违法行为，进行现场喊话提示；实施空中无人机及地面交警联动监测、疏导交通行动，管控路面交通秩序。依托路口交通监控，对重点时段交通违法实

行网上倒查，堵塞管理漏洞。全年，出动无人机 36 架次，查处交通违章违法行为 60 多起。（冯慧）

【疏堵保畅】 2020 年，区交警大队针对辖区北京路、南京路、长岭路、安庆路、南环路城区主干道全封闭施工改造造成交通拥堵加剧现状，采取提前到岗、延迟下班等线下方式，加强早晚高峰时段交通疏导；发挥交通监控室线上作用，积极开展施工路段周边交通远程视频巡逻、交通态势研判，优化 7 个关键路口信号灯控制应用，提高道路通行效率；实施厂南路、韶山路口右转车道施工改造，对右转弯车辆进行分流，有效缓解高峰期韶山路拥堵；开展护学行动，保证学生安全和道路畅通。全年，在平安独山子、独山子在线等微信公众号发布优化路线和安全出行提示 5 期。（冯慧）

2020 年 12 月 15 日，区交警大队民警在第一小学门口路段开展护学行动（木合塔尔·木沙 摄）

【便民服务】 2020 年，区交警大队在独库公路零起点设立执法服务站，准备矿泉水、方便面、充气泵、拖车绳、拖车钩、打火线等车辆救援工具，配备简易药品箱，供过往游客免费取用。平安独山子微信公众号、守卫天山——独山子公安抖音最美交警小尚时间每日发布独库公路路况信息，为游客带来第一手路况资讯。对机动车、非机动车轻微交通违法行为，推行人性化、温情执法，指出违法行为并给予口头警告、交通违法人员现场扫码答题接受安全教育，答题合格后放行。多措并举推出交通事故回访制度，通过上门入户、电话回访、与当事人座谈等方式，了解、掌握受损当事人理赔进展情况，征询各方当事人对案件处理情况反馈意见，对办案民警执法语言、执法态度、执法方式和对交通管理工作意见和建议进行回访，倾听群众呼声，查找案件处理工作中不足和缺陷，改进服务工作。实施异地办、便捷办、网上办 3 个方面 12 项公安交管优化营商环境新举措，外地人员可在辖区申领驾驶证，办理抵押业务，进行电子化转籍；与市交警支队车管所对接，协调解决进口车落户在独山子注册登记问题；施行简政放权，采取便利驾驶证申领 5 项新措施，优化驾驶证申请条件，辖区一位 73 岁老人成功申领驾驶证。全年，发布独库路况视频信息 64 条，播放量 369.6 万人次；帮助游客 400 多人，温情执法 4290 人；外地人员成功申领驾驶证 600 人次，办理抵押业务 1417 人、电子化转籍 101 笔、车辆登记注册 15 笔。（冯慧 何银）

【交通安全宣传】 2020 年，区交警大队开展交通安全"七进"（进企业、进校园、进机关、进社区、进农村、进家庭、进公共场所）、一盔一带、一老一小等主题宣传活动，抓住路面巡逻检查，查纠交通违法等有利时机，向驾驶人员、乘车群众宣传交通法规。借力平安独山子、独山子零距离、独山子在线官微等微信公众号及守卫天山——独山子公安抖音等媒体，及时发布交通路况信息、交管工作动态、行动举措、成效亮点等，增进群众对交管工作理解和支持。曝光典型案例，告诫驾驶人员自觉遵守道路交通法规，呼吁广大人民群众自觉遵守交通法律法规。开展"不忘初心'110'，共建共治享安宁""平安春运，交警同行""消除事故隐患、筑牢安全防线""12·2"交通安全日、"知危险会避险，安全文明出行"等为主题的交通安全宣传教育活动。全年，组织交通安全宣传课 85 场次，参加 7140 多人次；开展交通安全集中宣传活动 5 场次，发放宣传材料 30000 多份；通过各种渠道发布便民交管信息 25 条。（冯慧）

2020 年 12 月 2 日，区交警大队民警在武昌路市场门前开展第九个交通安全日宣传活动（姜苗苗 摄）

【队伍建设】 2020 年，区交警大队坚持政治建警、从严治警、从优待警，锻造"四铁"（铁一般信仰、铁一般信念、铁一般纪律、铁一般担当）队伍，用党的创新理论武装思想、引领队伍，持之以恒正风肃纪，7月份开始坚持政治建警从严治警教育整顿，通过观看《警钟》《忏悔录》等典型反面教材，推进党风廉政建设；狠抓实战强警，制作视频培训教材，开展信息收集、公文写作、保密、交警网校等培训；做好新形势下交警宣传工作，推进警营文化建设，宣传先进人物好人好事，做好队伍正面宣传，激励斗志；落实警心工程，每月在微信群内对当天过生日民辅警送祝福、送暖心长寿面、过集体生日，让民辅警感受到组织关心与爱护，提升凝聚力和战斗力。全年，组织政治学习41场次，集中培训12期，受训人数580多人次，宣传先进人物16人，好人好事21件，外宣稿件国家级采用6篇、自治区级媒体7篇、市级媒体7篇，走访慰问民辅警8次。（冯慧）

## 道路运输管理

【概况】 2020年，克拉玛依市交通运输综合行政执法局独山子执法大队〔简称交通运输独山子（运管）执法大队〕依法纠正和查处交通运输行业违法、违规行为，并对违反交通行政管理秩序行为实施行政处罚及相关行政强制措施。监管机动车维修市场、营运车辆综合性能检测机构、机动车驾驶员培训机构，办理相关行政许可事项。6月30日，因机构改革，由克拉玛依市道路运输管理局独山子分局更名为克拉玛依市交通运输综合行政执法局独山子区执法大队。全年，办理行政许可12起、营运证年审2004辆、营运证换证453辆；登记新增车辆141辆。（崔晶）

【道路运输市场管理】 2020年，交通运输独山子（运管）执法大队督促客运企业严格落实“三不进站、六不出站”（易燃、易爆和易腐蚀等危险品不进站，无关人员不进站，无关车辆不进站；超载客车不出站、安全例行检查不合格客车不出站、驾驶员资格不符合要求不出站、客车证件不齐全不出站、出站登记表未经签字审核不出站、不配备防滑链不出站）规定，严禁达不到运营条件、技术状况不达标车辆，逾期未检验、逾期未报废客运车辆和逾期未审验、逾期未换证、记满12分营运驾驶人参加运营工作。严厉查处独山子区客运站发往奎屯、乌苏班线客车站外揽客，在候车大厅、售票处发放张贴乘坐黑车危害宣传单，打击非法营运。与公安、交警等部门联系合作，形成部门联动机制，每月排查道路运输经营许可证，对危货运输企业开展拉网式安全生产大检查，加大对普货运输企业监管力度。全年，联合执法检查车辆308辆次，警告违规车86辆次，查扣非法营运车15辆；对辖区道路运输企业开展执法检查，查出未按期年审车辆30辆、未取得道路运输经营许可车辆2辆；执法检查客运企业、危货运输企业覆盖率100%、普货运输企业覆盖率65%，二类维修企业覆盖率100%、三类维修企业覆盖率100%。（崔晶）

【驾校监管】 2020年，交通运输独山子（运管）执法大队对鑫杰驾驶培训机构教练车30辆和教练员30人进行监督检查，促进驾培行业强化服务意识，保障学员合法权益，严禁吃、拿、卡、要，提升培训质量及文明形象。全年，开展监督检查6次，查出问题8项，整改率100%。（崔晶）

【检测机构监管】 2020年，交通运输独山子（运管）执法大队监督区机动车检测站、鑫杰检测站全面落实辖区营运车辆“放管服”改革，与检测站签订营运车辆“两检合一”承诺书。全年，鑫杰检测站检测营运车辆3477辆。（崔晶）

【维修行业监管】 2020年，交通运输独山子（运管）执法大队严格按照汽车维修业开业条件标准，对辖区申请从事维修经营企业（户）办理机动车维修备案，为道路运输经营许可证到期企业进行备案。全年，检查维修企业安全生产80多家次，排查二类维修企业12家、三类维修企业60多家，整治安全隐患56项，下发整改通知书21份，整改销项21份，办理机动车维修经营备案12起。（崔晶）

【从业资格监管】 2020年，交通运输独山子（运管）执法大队严把从业人员从业资格审批关，严格从业资格审查，开展继续教育培训和从业资格考试，做好三类以上维修企业质量信誉考核工作。全年，参加道路运输从业资格考试154人，组织从业人员理论和实际操作考试各3次，通过理论考试102人、实际操作考试41人，综合合格率55.5%；参加继续教育培训136人；参加诚信考核149人。（崔晶）

【安全工作】 2020年，交通运输独山子（运管）执法大队督促辖区企业开展安全生产培训及应急演练活动。遇到异常天气通过QQ群发布天气变化通知，提醒企业采取应对措施，注意行车安全。督促辖区企业按时上报行业大培训统计表，定期或不定期开展安全监督检查。邀请区安监局专业人员对辖区“两客一危”（从事旅游包车、三类以上班线客车和运输危化品道路专用车辆）企业应急预案编撰及安全生产管理人员进行培训，实行安全生产资格准入制度，禁止未取得安全资格证书的法人及安全员参与道路运输行业工作。邀请安全专家到运输企业讲授安全生产法律法规条款、职业病防治、风险管控等安全生产知识。全年，开展安全生产培训8场次，参加培训400多人次；进行安全生产大检查152次，出动检查执法人员580人次，检查企业264家次，查出安全隐患428项，整改销项428项；开展安全应急演练11家次，参加181人次。（崔晶）

## 路政管理

【概况】 2020年，新疆维吾尔自治区交通运输综合行政执法局克拉玛依执法支队独山子执法大队〔简称交通运输独山子（路政）执法大队〕依法管理辖区公路、公路用地和公路附属设施、公路两侧建筑控制区，办理辖区路段路政许可事项，实施路政巡查，协助公路养护部门维护施工作业现场秩序、清扫公路除雪，治理运输车辆超限、超载等行为。6月30，因机构改革，由独山子路政管理局更名为自治区交通运输综合行政执法局克拉玛依执法支队独山子执法大队；5月20日，接收区交通运输局移交的城市客运（含出租汽车）及农村公路路政行政执法职能。全年，依法保护路产，维护路权，巡查里程136298千米；开展超限超载治理执法活动，查处违法超限运输车辆123辆，非现场执法超限超载车辆立案100起。（张艳　郭珊珊）

【管理范围】 2020年，交通运输独山子（路政）执法大队管辖国道30线K3799+000—3836+000（连云港—霍尔果斯）、国道3014线K0+000—K106+000（奎屯—克拉玛依）、国道217线K542+026—K661+500（阿勒泰—库车）、国道217线K434+428—K481+453（128团—克拉玛依）、省道218线K0+000—K7+000（奎屯—独山子），合计346.607千米（含匝道）。（张艳）

【路政管理】 2020年，交通运输独山子（路政）执法大队履行公路管理职责，依法保护路产、维护路权，对所辖路域情况摸底调查、拍照、登记，建立和完善路产档案资料，发现问题及时协调解决，综合治理管辖区域内公路、公路用地、公路建筑控制区范围内路域环境。全年，依法保护路产、维护路权投入868人次（含巡查、治超），436车次（含巡查、治超），巡查里程136298千米；向公路养护部门送达《公路、公路附属设施修复及隐患排查告知单》51份，告知公路养护部门修复51项。（郭珊珊）

【超限治理】 2020年，交通运输独山子（路政）执法大队联合区交警大队开展治超工作，严厉打击公路货车超限超载等违法行为，联合独山子九公里交警大队、乌苏交警大队及高速公路交警支队奎屯大队开展治超执法活动，增加上路巡查频率，加强错时联动巡查、夜间、清晨巡查力度和频次，打击夜间偷运、避站绕行等逃避检测的非法超限超载车辆，防止超限超载现象反弹；调取奎屯收费站、高泉收费站货物运输车辆通行信息，审核梳理分析、固定证据，推进治超非现场执法工作，对超限超载车辆进行立案。全年，开展超限超载治理执法活动投入1036人次，出动执法车辆460车次，检测车辆53233辆，查处违法超限运输车辆123辆，非现场执法超限超载车辆立案100起，执行案款87.45万元。（石伟　刘佳）

【公路产权维护】 2020年，交通运输独山子（路政）执法大队排查统计国道217线、国道30线新接管公路两侧非公路设施，更新台账，做到底数清、账目明，进行路域环境治理。全年，依法办理行政许可13处（块）、建档212处，签订爱路护路协议书9份、公路预防性管理告知书9份，依法清理国道217线非法平交道口11处、构筑物5处，依法查处、办理各类路政案件115起，收缴公路赔（补）偿费417910元、行政处罚17000元。（郭珊珊）

【安全管理】 2020年，交通运输独山子（路政）执法大队坚持安全生产一岗双责制，制订安全生产工作计划，开展各项安全生产专项治理行动，抓好重大节日期间安保、安全生产、国省道干线公路隐患排查和超限超载违法车辆治理工作。加强宣传，开展5月路政宣传月、6月安全生产月系列宣传活动，营造良好公路路政管理环境；每月开展无缝隙、无盲点、无空白安全生产检查，不定期联合公路部门排查辖区路段路面、桥梁、涵洞、公路附属设施等安全隐患，定期分析研判，建立风险隐患台账。执行领导带班、值班人员24小时值班制度，制订完善各类应急预案，每月组织在岗人员开展应急演练；联合奎屯公路管理局独山子分局对辖区独库公路沿线开展安全隐患排查处理。全年，开展各种演练11次，参加126人次。（张艳）

2020年9月4日，交通运输独山子（路政）执法大队工作人员排查辖区独库公路沿线安全隐患（张艳 摄）

## 公路管理

【概况】 2020年，奎屯公路管理局独山子分局（简称奎屯公路管理独山子分局）建设、养护、管理辖区公路，进行道路巡检、路面保洁、路面病害修补、桥涵构造物修复和积雪清除工作。全年，清理塌方52350立方米，清除积雪25万立方米；机械清扫路面碎落64千米，清理泥石流16500立方米。（董君颖）

【管理范围】 2020年，奎屯公路管理独山子分局管养国道217线K550+868—K670+292段，省道218线K0—K7段，共计126.424千米，其中一级公路9.379千米，二级公路117.045千米；桥梁19座，涵洞193道，隧道1处340米。将辖区路段划分5个区段。其中，国道217线K550—K586段平原公路划分为2个区段，K586—K671段山区公路划分为2个区段，省道218线1个区段。（董君颖）

【安全生产】 2020年，奎屯公路管理独山子分局层层签订安全生产与目标管理责任书，开展节假日及重要节点安全检查，每月组织消防安全应急演练，实施消防安全三年整治、安全生产三年整治、平安交通三年攻坚专项行动，成立护院队、护路队、护桥队、护站队，提升人防、物防、技防水平。全年，签订安全生产与目标管理责任书70份，签订率100%；开展安全检查11次，发现并整改消防安全隐患8处；举办消防安全讲座1次，开展消防安全应急演练12次。（董君颖）

【冬季除雪】 2020年，奎屯公路管理独山子分局除雪26场次，清除路面积雪4619.9万平方米，机械除雪200.7万立方米，消耗工业盐492吨；3月15日结束冬季养护工作后，对除雪机械进行保养，入库封存。（董君颖）

2020年4月14日，奎屯公路管理独山子分局抢险保通队清除独库公路积雪（董君颖 供）

【春融路况恢复】 2020年春季，奎屯公路管理独山子分局养护站，进入山区公路开展日常养护作业，清理塌方碎石，更换维修全线轮廓标、广角镜、导向牌，卸载全线损坏防落网及碎石堆积物，消除安全隐患，做好独库公路开通前准备工作。全年，清理边沟52.69千米，清洗护栏板36千米、里程碑38块，清理、碎落18591立方米、沿线杂物1776.66千米、涵洞进出口230处、伸缩缝294.1米，粉刷百米号牌694块、里程碑43块，维修混凝土边沟440米。（董君颖）

【夏季养护】 2020年，奎屯公路管理独山子分局开展路容整修工作，整平沿线开阔土质平台，修整临崖路段土埂，降低车辆停靠引发事故频率，确保车辆安全；增设拦水带高路堤段，防止雨水冲刷路基，保证路基完好；对国道217线K580+080处避险车道进行翻松上砂维护；人机配合清理路面碎落，修补影响行车安全路面病害，处置国道217线K661+152—187、K661+212—249、K668+025—100、K668+173—210、K668+246—301、K669+354—424、K669+295—322段冻土融沉造成路面变形严重路段基层，人工铺筑沥青混凝土路面，常态化开展砂砾路养护，增加上砂整平次数。使用密封胶处置K563+600—K591段裂缝；加强桥隧涵养护管理，疏通桥涵进出水口淤积杂物，处理桥涵混凝土泛碱、剥落问题；粉刷桥梁栏杆、涵洞帽石，确保桥梁涵洞各部件完好。全年，整修路肩16190平方米、边坡127453平方米、平台135030平方米；增设拦水带2695米，摊铺沥青混凝土路面2823.6平方米，修补4198.9平方米；养护砂砾路80500平方米，密封胶处置19149.5米；清淤230立方米，粉刷423.32平方米；隧道进出口粉刷245.2平方米、保温层维修40平方米，更换示警桩20根、轮廓标119根、标志牌版面21.7平方米；维修主动防落网243平方米，卸载576平方米。（董君颖）

【应急保通】 2020年，奎屯公路管理局独山子分局较往年提前一个月组织抢险保通、生产技术人员及机械设备进驻独库公路雪阻路段，开展推雪工作，清理辖区四处大型塌方，采取增设30米下挡墙及30米加强型防撞护栏方案，对K636段因塌方损坏的防撞墙进行维修；6月29日、9月28日，独库公路山区持续大风降雨等恶劣天气造成哈希勒根达坂前后突降暴雪，积雪平均厚度35厘米，最深处达45厘米，沿线路面碎落较多，个别路段发生小型塌方、泥石流，给道路畅通带来极大安全隐患，保通专业化养护队立即启动应急预案，开展碎落清理及路面积雪清除工作；7月22日，辖区毛留沟段强降雨导致沿线出现多处泥石流，工作人员立即进行抢险。全年，清理塌方52350立方米，清除积雪25万立方米；机械清扫路面碎落64千米，处置小型塌方、泥石流各2处1000多立方米，清理泥石流16500立方米。（董君颖）

2020年7月22日，奎屯公路管理独山子分局抢险保通队抢修独库公路小型塌方泥石流路段（董君颖 供）

【精神文明建设】 2020年，奎屯公路管理独山子分局巩固提升雪松卫士党建品牌，通过道德讲堂、主题宣讲、故事分享等举措，以保畅先锋，团结旗帜为主题开展开族团结进步机关示范点创建活动，联合独库公路博物馆等多家单位参与国家交通运输科普基地申报工作，提升天山雪松文化品牌内涵。坚持党建带群团建设，通过悬挂横幅，LED显示屏、QQ和微信工作群进行宣传教育，开展学雷锋志愿服务等教育实践活动；在办公楼和食堂等醒目位置张贴倡导文明用餐倡议书，开展杜绝餐饮浪费，践行节约风尚主题党日活动；开展“知识竞答促和谐，不忘初心促团结”“知我端午节，弘扬爱国情”等“民族团结一家亲”联谊活动，促进各民族交往交流。全年，组织各项活动10场次，参加600人次，获得自治区文明单位称号。（董君颖）

【助力旅游业发展】 2020年，奎屯公路管理独山子分局对毛留沟服务区及沿线停车区实施检查，通过定期及日常检查，推进公路服务区服务品质提升，促进交通与旅游融合发展；每周养护3~4次，对路面、公路沿线、守护天山路景观雕塑处及沿线垃圾清扫清捡，为过往司乘人员提供畅、安、舒、美交通环境，提高公路服务水平。全年，全线路检查2次，清除垃圾30多处。（董君颖）

# 城市客运

## 城市公交

【概况】 2020年，独山子区永兴公共交通有限公司（简称永兴公交公司）从事城区公共交通客运，制订和规划城市公共交通线路，审批车辆更新和数量增加，建设和管理公交站点、站牌、港湾车站和站棚，协调公交停车场建设。截至年底，建有公交场站1.8万平方米，有车库20间、洗车房1间、修理车间2处。全年，管理各类公交车75辆，客运总量716.98万人次，车辆运行费用342.05万元。（石克奇）

【经营管理】 2020年，永兴公交公司制定合理薪酬标准，按照“效益增工资增、效益降工资降”原则，将员工工资待遇与绩效挂钩，根据实际工作情况及全员竞聘上岗综合成绩，调整机关人员岗位，实施全员定岗、定薪、定额制度。开展主营业务外营收项目，在南疆务工人员宿舍区等地设立临时公交卡销售点，在东、西、南检查站、游泳馆等10多家单位投放自助售货机；开设永兴公交修理厂，降低公司维修成本。在2月、7月疫情防控封闭式管理期间，为独山子石化公司白班职工及部分施工单位员工上下班提供接送服务；春秋两季开学及放假时，为南疆在独山子上学学生提供奎屯火车站接送服务；全区修路期间，为部分中小学提供学生专属摆渡车。全年，销售公交IC（集成电路）卡1295张，售卡量同比下降62.8%；线路车辆运营总量83946趟，同比减少55345趟；公交车正常运行班次99%以上。（石克奇）

2020年4月10日，永兴公交公司学生专属摆渡车接送学生上下学（王艳 摄）

【车辆管理】 2020年，永兴公交公司完善各项管理考核细则，严格规定请销假、出车、存车、维修等制度；每日对出行车辆进行安全检查，对存车车辆进行核查，外派车辆层层落实，统一建档。春节和清明节前，临时开通免费扫墓专线，方便群众去墓地祭扫亲人。对车辆维修情况进行详细核查，严格控制维修费用。全年，管理10米长公交车16辆、12米长公交车58辆、纯电动公交车1辆，其中线路车74辆，客运总量716.98万人次；检查问题80项，整改率100%；开通扫墓专线16个班次；维修120车次，维修费128万元；保险费48.05万元，油耗166万元。（石克奇）

【安全管理】 2020年，永兴公交公司建立安全行车目标管理责任制，与各部门层层签订年度安全生产责任状，干部员工逐层签订安全生产责任书，重点节假日期间签订安全生产承诺书。按期对路队、线路和车组安全工作进行检查考核，严格执行四不放过原则，加大对违章行驶和责任事故稽查处罚力度，强化管理者责任，上线稽查违章行为，将检查结果纳入日常奖惩考核中。全年，签订安全生产责任状3份，干部员工逐层签订安全生产责任书65份，重点节假日期间签订安全生产承诺书135份；开展定期安全检查12次、专项安全检查12次，检查车辆792车次，查出安全隐患50项，整改率100%；查出违章行为12起，处罚9684元。召开安全生产例会33次、风险研判会33次，参会人数395人次。（石克奇）

【安全教育培训】 2020年，永兴公交公司坚持源头控制，落实司机岗前培训、在岗培训及准驾证考评制度，学习《中华人民共和国道路交通安全法》，组织应急演练，每日出车前对驾驶员进行安全教育提示，利用网上答题广泛开展安全知识竞赛，提升员工安全理论知识水平。全年，组织安全培训26次，参加1296人次，参与竞赛78人次；组织专项应急演练3次，参与83人次。（石克奇）

【市内公交线路设置】 2020年3月21日，永兴公交公司合并部分公交线路，将原来11条线路调整为9条，12月4日，对9条线路进行优化，重新命名；增设第二中学大晚自习学生放学接送专线。（石克奇）

**2020年永兴公交公司市内公交线路设置情况统计表**

表6

| 车次 | 起点 | 站点数(个) | 终点 | 里程(千米) |
|---|---|---|---|---|
| 1路车 | 百盛佳苑东门 | 38 | 百盛佳苑东门 | 18.7 |
| 2路车 | 车管所 | 36 | 车管所 | 18.4 |
| 3路车(复行) | 天悦南门 | 19 | 株洲路站 | 17.8 |
| | 泥火山 | | 福景北门 | |
| 5路车 | 公交公司北门 | 31 | 第八社区居委会 | 31.2 |
| | 第八社区居委会 | | 公交公司北门 | |

续表6

| 车次 | 起点 | 站点数(个) | 终点 | 里程(千米) |
|---|---|---|---|---|
| 6路车(复行) | 博物馆 | 18 | 联合办公大楼 | 16.4 |
| | 联合办公大楼 | | 博物馆 | |
| 7路车(复行) | 独库大本营 | 27 | 联合办公楼 | 32 |
| | 联合办公楼 | | 独库大本营 | |
| 8路车(复行) | 幸福西门 | 28 | 独山子博物馆 | 23.4 |
| | 人民医院 | | 养老院 | |
| 9路车 | 车管所 | 36 | 车管所 | 18.4 |
| 10路车 | 百盛佳苑东门 | 39 | 百盛佳苑东门 | 18.7 |

【拾金不昧】 2020年，永兴公交公司驾驶员发扬拾金不昧、助人为乐精神，拾到手机、衣服、证件、医保卡、银行卡及其他物品均，均通过民警、微信、电话等方式联系失主，及时归还。全年，拾到手机11部、钱包17个、现金1200元、乘车卡35张，其他各类卡40张；拾到书本、乐器、生活用品、衣服等82本（件），手表2块，收到感谢信2封。（石克奇）

## 长短途客运

【概况】 2020年，克拉玛依市独山子鑫捷安旅客运输有限公司（简称鑫捷安客运公司）提供长途、短途、市内包车等客运服务。全年，客运量2.2万人次，收入914.98万元，上缴税金7.02万元。

（赵平利）

【客运经营】 2020年，鑫捷安客运公司有值班车及营运班车15辆，其中营运客车11辆，核定座位555座（高级客车6辆，核定座位185座；普通客车10辆，核定座位370座），设独山子—乌鲁木齐、独山子—乌鲁木齐机场、独山子—克拉玛依、独山子—克拉玛依机场、独山子—石河子、独山子—奎屯、独山子—乌苏线路。全年，客运量2.2万人次，同比下降69.5%；客运周转量424.4万人千米，同比下降56.8%，客车正班率99.9%，正点率98%以上。（赵平利）

【安全管理】 2020年，鑫捷安客运公司与所属部门签订安全生产目标责任书、消防安全责任书，制定安全大检查方案，安全领导小组全方位开展各部门安全生产、安全设施、应对突发事件措施等检查，对查出问题和隐患及时落实整改。开展安全生产月、119消防活动月、“12·2”交通安全宣传月教育活动，邀请专业教官培训消防知识、安全生产及交通安全基础知识，组织学习各类安全应急预案，开展预案演练。全年，签订责任书36份，查出安全隐患问题11项，整改销项率100%；组织安全应急预案演练25场次，参加745人次。

（赵平利）

## 出租车营运

【概况】 2020年，独山子区出租汽车协会（简称出租车协会）维护出租车市场秩序，保护各方合法权益，为社会公众提供出租汽车服务。截至年底，有会员425人（出租汽车车主会员281人、聘用驾驶员144人），管理出租车285辆（代管永兴公交出租车队25辆）。全年，完成客运量718.2万人次，提供服务里程1819.4万千米，提供免费服务286车次；组织从业人员安全培训4548人次，新增服务卡培训125人次。（刘秀芳）

【规范管理】 2020年，出租车协会落实网络预约出租汽车经营服务管理暂行办法，要求入行驾驶员必须经过正规培训、考试合格、取得巡游出租汽车驾驶员证后持证上岗；加强对驾驶员驾驶经历、交通责任事故、暴力犯罪记录等背景情况核查，防止不合规人员入职，守住安全底线。建立出租汽车驾驶员档案，统一制作服务质量监督卡，接受社会监督。建立激励机制，开展星级驾驶员评定活动，根据驾驶员在规范经营、服务质量、安全行车、学习培训、好人好事等方面经营业绩和行为规范进行综合评价，实行出租车从业人员违章、投诉、交通事故和诚信考核挂钩，促使驾驶员遵守职业道德，提高文明服务质量。全年，新建出租汽车驾驶员档案126份，发放服务质量监督卡16张，评选星级驾驶员16人，考核驾驶员420人次。（刘秀芳）

【党员示范车】 2020年，出租车协会树立党员示范车，要求党员示范车成员做到无违法、无投诉记录，保持车内外整洁，给乘客提供优质服务。党员示范车驾驶员发挥帮扶、指导作用，与7位车容车貌、安全运营方面有问题驾驶员结成对子，督促结对对象提升服务。组织党员示范车开展爱心送考、义务植树，免费带老人去植物园踏青、参观郁金香展，重阳节向老人献爱心等社会公益活动。全年，推出党员示范车7辆，爱心送考766人次，开展社会公益活动8次，免费提供服务196车次。（刘秀芳）

【“雷锋车队”】 2020年，出租车协会“雷锋车队”与区民政局、社工站、养老院等达成协议，免费接送养老院老人、社区孤寡老人、残疾人等参观第十届郁金香节花展、展览馆，去户外郊游。新冠肺炎疫情封闭式管理期间，组建一支由“雷锋车队”驾驶员组成抗疫爱心服务车队，日夜奋战在抗疫一线，免费为社区有特殊需求的居民提供帮助。全年，“雷锋车队”参与免费接送大型活动5次，提供服务66次，服务1660人次；疫情防控封闭式管理期间，提供爱心服务出租车48辆，拉载人员25920人次，收到感谢信16封，锦旗5面。（刘秀芳）

【爱心助考】 2020年7月3日，出租车协会区交通运输局、教育局、交警大队、私家车联盟志愿者等

2020年7月3日，出租车协会从业人员在文化中心参加爱心助考启动仪式（杨飞熊 摄）

120多人在区文化中心门前举办爱心助考启动仪式，区领导为爱心助考车辆统一发放爱心送考标识。高考期间，参与爱心送考驾驶员热情服务，免费接送考生366车次，接送家长668人次。（刘秀芳）

【安全教育】 2020年，出租车协会健全各项规章制度，对已进入出租行业驾驶员做到“五查”（查遵章守纪、查安全行车、查文明服务、查车容车貌、查投诉举报），每月通过线上线下相结合方式加强对从业人员安全生产宣传教育，组织学习出租汽车营运服务规范、出租汽车驾驶员职业道德和服务规范、国家道路交通安全和安全生产相关法律法规，引导从业人员规范经营、文明服务，落实戴口罩、车辆消毒、保持车辆通风等各项疫情防控举措，将安全和防疫工作要求传达到位、责任落到实处，出租车驾驶员已经成为城市精神文明宣传员、乘客满意服务员、油城（独山子）形象宣讲员。全年，组织各类培训15次，安全学习教育12次，安全消防演练2次，防疫教育培训6次，手机App测试12次，参加培训5126人次。（刘秀芳）

2020年12月10日，出租车协会组织从业人员在公交公司四楼会议室进行安全培训（刘秀芳 摄）

【拾金不昧】 2020年，出租车协会会员拾到乘客遗失平板电脑、钱包、手机、现金、背包、银行卡、身份证、驾驶证、入场证、钥匙、衣物等2286件（手机等贵重物品221件、钱包18个、现金560元），全部通过电话、微信群、微信公众号等方式找到失主，归还遗失物品；对于外地失主，协会工作人员自己付款通过快递方式邮寄遗失物品。全年，归还乘客丢失物品价值18万多元，收到锦旗5面、感谢信33封、表扬电话107个。（刘秀芳）

# 邮政·通信

## 邮政服务

【概况】 2020年，中国邮政集团有限公司克拉玛依市独山子区分公司（简称独山子邮政分公司）寄递国内、国际邮件，发行报刊、图书、电子出版物、音像制品等出版物，销售邮票及集邮票品。全年，寄递各类邮件67.6万件。（王雪）

【包裹快递】 2020年，独山子邮政分公司对标行业先进，加强人才队伍建设，紧抓包裹寄递安全质量，提升服务品质，落实降本增效措施，严格执行收寄要求，杜绝收寄安全隐患，促进企业整体效益提升，推进包裹快递业务持续快速健康发展。全年，包裹投寄量同比增长10%，包裹快递实名收寄100%、逐件安检100%、收寄验视100%。（王雪）

【函件业务】 2020年，独山子邮政分公司加强专业化经营管理，转变营销方式，拓宽市场领域，落实规范性基础管理工作，提升函件业务发展空间和水平，实现邮政函件业务又好又快发展。（王雪）

【报刊业务】 2020年，独山子邮政分公司调整报刊发行经营策略，实行柜台收订、微信订阅、上门收订等多样化和个性化收订方式；优化报刊投递服务，采取便民服务举措，做到宣传到位、收订到位、投递到位、服务到位。全年，报刊订阅量同比增长6%。

（王雪）

【集邮业务】 2020年，独山子邮政分公司融入地方经济服务，丰富集邮产品种类，推进邮政独特媒体资源与社会媒体融合互补，加强集邮文化宣传，加快集邮专业转型发展，举办集邮品鉴会等活动，带动集邮业务发展。全年，举办珍邮品鉴会1次，参加50人。

（王雪）

【网运管理】 2020年，独山子邮政分公司优化网运作业组织和作业流程，提升邮件处理效率；强化网运投递安全生产和网运投递队伍素质提升。全年，寄递进出口邮件67.6万件。（王雪）

## 电信服务

【概况】 2020年，中国电信股份有限公司独山子分公司（简称电信独山子分公司）经营移动通信、固定电话、无线市话、有线宽带、无线宽带和ICT（系统集成项目）、天翼云等服务及增值服务业务。截至年底，有各类通信机房6个，ONU（光网络单元）点120个，营业网点5个，长期演进技术基站75个。全年，补充建设盲区基站12个，敷设城区光缆130多千米；实现营业收入3031万元，同比增长0.96%；上缴税费41.73万元。（孙敏）

【产品经营】 2020年，电信独山子分公司推广贴近民生新业务、新技术，开展来电名片、来电管家、移车服务、手机气象等方便快捷增值业务。翼支付消费优惠，让利于民；智慧社区产品，为社区提供信息化建设服务，19个社区全部建成智慧社区；智慧酒店业务为本地旅游业酒店服务提供相应信息化产品；发展政企客户云主机、互联网专线、组网专线、商务彩铃等业务；开展强商五级单元落地片区合作，稳定核心代理商队伍，部署落实划小承包工作，全渠道调整为以5G（第5代移动通信网络，其峰值理论传输速度可达20Gbps，合2.5GB每秒，比4G网络传输速度快10倍以上）终端+5G套餐+橙分期+智慧家庭业务为主要销售品销售模式，全渠道客户推广信息化产品；开展人人都是客户经理笔算式销售体系，聚焦5G终端、5G套餐、融合、智家、云核、DICT\双线（智能分布式数字监控核心服务器，基于下一代视频监控应用和技术核心设备，设备具备全数字高清、网络化、集成化、智能化等特点）等业务，责任划分到人到天，建立行业客户、商业客户、家庭客户市场常态化、场景化销售网络；开展云桌面集中实战工作，开拓云产品市场。（孙敏）

【企业管理】 2020年，电信独山子分公司完善内部管理办法，采用划小承包、倒三角体系、员工自主创业承包管理模式，进行逆向考核；推进、落实五级划小模式，人力资源管理部门根据业绩及综合考评情况更换达不到要求负责人，实行公开竞聘上岗，按照员工能力进行岗位优化，把合适的人放在合适岗位上，提高工作效率；开展企业管理创新、QC（质量控制）小组活动创新，激发企业活力；创建学习型企业，健全完善职业资格和岗位技能认证体系，常态化开展自建认证、强化转型业务、新技术岗位认证；持续完善人力资源管理制度体系，健全人力资源管理制度地图，修订职业发展管理办法、任职资格管理办法、员工绩效管理办法、员工招聘管理办法等管理制度；落实企业思想政治工作实施方案，传承红色文化，开展升国旗、重温入党誓词、参观博物馆等主题活动，发挥党员、劳模先锋模范作用，提升企业管理水平。（孙敏）

【企业经营】 2020年，电信独山子分公司优化4G网络，查找盲区并补建基站，确保4G网络规划全覆盖，为用户提供快速、便捷网络服务，在2—3月疫情期间扩容10GE〔万兆以太网（接口）〕数据上行设备，提高网络传输、承载能力；实施5G网络规划建设，开通新5G基站，电信用户正式进入5G商用时代；整治点亮光网络机房，优化网络结构，规范机房线缆，提高系统安全性及抵御风险能力。全年，开通5G基站15个。（孙敏）

【重点产品】 2020年，电信独山子分公司推出十项重点产品，助力社会各项工作，包括天翼云会议、天翼对讲、翼填报、智慧社区、翼呼百应、防疫热线来电名片、天翼云扩容服务、防疫单位专线保障服务、医疗云信息化服务、天翼云课堂；随着5G网络覆盖推出视频彩铃业务。（孙敏）

【目标实现】 2020年，电信独山子分公司推出天翼看家、家庭云、小翼管家等智慧家庭业务，通过天翼高清差异化功能模块，如高清网络电视中增加的优品影视、优品教育、优品健康、优品教育、优品游戏等生活类项目在家庭中进行广泛推广，与各社区街道办合作进行智慧社区建设，助力独山子智慧酒店、智慧旅游建设。全年，收入目标完成率102.12%，5G用户净增目标完成率139.19%。（孙敏）

【客户服务】 2020年，电信独山子分公司建立快速抢修分队，制订服务质量考核办法，奖惩分明，利用有效考核降低投诉率，保障客户通信畅通。提高客户销售服务标准，对营业员及装维人员从人员服务标准、营业服务标准、接待客户标准、宣传品陈列标准等各方面提升服务，改进人员仪容仪表、服务用语、行为规范、互联网服务规范、营业准备、客户引导、客户接待及投诉处理等内容，常态化开展服务标准培训，逐步提高服务意识、服务能力、服务品质，促进客户服务满意度达标，全年，配合阳光热线、消费者协会解决用户投诉问题15件，实施抢修行动3次，营业厅即时测评满意度99.8%；宽带装维即时测评完成值100%；智慧家庭即时测评满意率100%，用户满意度100%。（孙敏）

2020年8月3日，电信独山子分公司快速抢修分队冒雨抢修通信光缆（孙敏 摄）

## 联通服务

【概况】 2020年，中国联合网络通信有限公司克拉玛依市独山子区分公司（简称联通独山子分公司）经营移动电话、家庭宽带、4G智能手机、集团专线、国际互联网、综合信息化服务、数据业务及视频电话等业务。全年，收入同比增长12%。（谢荣）

【业务创新】 2020年，联通独山子分公司将通信技术（传统电话、信息、呼叫中心等业务）与信息技术（视频监控、信息共享等业务）相融合，运用于独山子辖区单位，整合其公网办公电话、专网调度电话、生产应急语音群呼系统、车间应急语音群呼系统及工业视屏监控、视频会议、物联网等系统，满足日常通信、生产调度、应急指挥等工作需求。全年，新增业务19家。（谢荣）

【提速降费】 2020年，联通独山子分公司持续开展以提速降费光猫换新主题专项活动，为家中没有Wi-Fi功能的联通宽带老用户，免费更换成带Wi-Fi功能的千兆新光猫，此项工作时间短、程序复杂、涉及部门多，党工团组织启动联动机制，协同作战，成功更换光猫126户。（谢荣）

【实战营销竞赛】 2020年6月，联通独山子分公司参加支公司组织实战营销竞赛，将全员分成3组，针对创新业务中8项重点业务开展二次培训，确定目标群体并进行攻坚，通过对集团单位及沿街门面走访，在铁榆树丸子汤、罗巴鲁通讯、领辰、创客4家单位陆续开通融合云信2条、沃克来业务1条。（谢荣）

## 移动服务

【概况】 2020年，中国移动通信集团新疆有限公司独山子分公司（简称移动独山子分公司）经营移动电话、家庭宽带、固定电话、集团专线、国际互联网、综合信息化业务、数据业务及视频电话等业务。全年，营业收入同比增加16%。（梁旭蕙）

【生产经营】 2020年，移动独山子分公司坚持高质量发展，推进公司各项生产经营工作，保持行业领先优势，持续升级网络能力，以优覆盖、提质量为核心，提升网络质量和用户感知。以5G建设为契机，加强4G/5G协同，保持网络领先；围绕家庭通信、娱乐服务、智能家居等需求，推动数字家庭、智慧家庭业务发展；持续推进网络提速降费，开展存量低带宽升级、乐播TV+升级服务，全面取消手机国内长途漫游费、流量漫游费，降低国际漫游费，推出畅享家、家庭V网资费业务，实现家庭成员之间互打免费、流量共享，为社会提供更多用得上、用得起、用得好信息服务，客户满意度持续回升。推进全方位、全过程、全员服务体系建设，构建有流程、有管控、高品质、高效能高质量服务体系；开展服务领先、投诉削峰等行动，健全网络、市场条线质量提升协同工作机制，快速解决客户问题，共同完成闭环管理，不断改善关键商业过程满意度，推进落实不满意客户修复体系，手机客户满意度领先。全年，开通5G基站150个，核心区域基本实现5G信号连续覆盖，深度覆盖达到95%以上；调整、新增4G基站371个，家庭宽带客户同比增长4.3%，乐播TV客户同比增长2.4%；流量单价0.004元/兆，同比下降50%。（梁旭蕙）

【基础管理】 2020年，移动独山子分公司深化运营机制改革，推进网格化运营，完善组织布局，理顺运营机制，激发员工干事创业活力。将网格化运营作为壹号工程，成立网格运营中心，初步形成整体网格化运营框架；优化薪酬分配机制，坚持价值贡献和业绩导向，持续完善职位、薪酬、绩效和能力四位一体的个人行为驱动机制；加快员工队伍转型，优化专业和学历结构，IT（互联网技术）/CT（通信技术）/DT（数字技术）类背景员工占比增加；开展分阶段、分专业、分层级技能重塑，训战结合，完善运营机制，协同效能不断增强；利用专业公司资源，加强属地化融合创新，强化线上、线下渠道协同发展，加强成本、预算全过程管控，深化全成本项目化管控，通过做精、做细、做实各项工作提升资源效益，加强风险管控，推进合规经营。全面落实渠道引入、终端设备、政企业务等规范化管理，树立安全生产红线意识，组织开展安全生产大检查和隐患问题排查整改。全年，开展网格宽带、云网营销战训13期，前后台参与200多人次；组织网络学习19期，时长440小时；开展各类安全检查22次，隐患整改率100%，实现安全生产零事故。（梁旭蕙）

# 生态环保

## 综　述

【空气质量监测】　2020年，克拉玛依市生态环境局独山子区分局（简称区生态环境分局）持续开展环境空气质量自动监测，监测数据按日报模式运行。空气环境中PM10（环境空气中空气动力学当量直径小于或等于10微米颗粒物，也称为可吸入颗粒物、飘尘）、二氧化硫、二氧化氮、一氧化碳、臭氧、PM2.5（大气中直径小于或等于2.5微米颗粒物，也称为可入肺颗粒物）浓度达到《环境空气质量标准》（GB 3095—2012）中一级标准，除二氧化氮以外，其余参数同比均有所下降，其中二氧化硫、一氧化碳降幅明显。大气中VOCs（挥发性有机物）监测为自动监测，主要监测非甲烷碳氢化合物、含氧（氮）有机物、卤代烃类有机物等项目，VOCs监测设备分别在三中子站、东站、西站；颗粒物监测采用激光雷达走航监测，编写监测分析月报、年报。建立健全应急工作机制，做好中、轻度污染天气预测、预警和响应，最大限度降低污染天气造成的危害。全年，颗粒物激光雷达监测36次、独—奎—乌区域走航观测15次、独山子石化公司水平扫描12次、天悦佳苑水平扫描7次，编写监测分析月报、年报14次，发布环境空气质量日报365次，取得监测数据39.2万多个；实现全年空气质量优良天数301个，优良率85%。（窦春伟）

【水质监测】　2020年，区生态环境分局配合市生态环境局加大辖区饮用水水质监测力度，根据监测数据判断，独山子地区水环境质量总体良好，一水源地表水质量符合国家《地表水环境质量标准》（GB 3838—2002）Ⅲ类标准限值；二水源地下水质量符合国家《地下水环境质量标准》（GB/T 14848—93）Ⅲ类标准限值；农村饮用水水质符合《生活饮用水卫生标准》（GB 5749—2006）标准限值，水质达标率均为100%。（窦春伟）

【噪声监测】　2020年，区生态环境分局按季度对功能区噪声进行监测，在乙烯厂、交通宾馆、第十二社区、炼油厂、第九社区卫生服务站、第十一社区进行24小时监测。对交通噪声进行例行监测，重点监测准南路、大庆路、北京路、南京路、奎河路、成都路六条交通主干道噪声。高考期间，对第二中学考点噪声进行24小时监测和巡查监测；对城市区域噪声常态化监测。全年，设城市区域环境噪声监测点位101个，全程监测32次，取得监测数据3810个，功能区噪声及交通噪声监测达标。（窦春伟）

【污染源监督性监测】　2020年，区生态环境分局监测废水、废气，对独山子人民医院医疗废水、垃圾填埋场垃圾渗滤液、天利集团污水处理中心进行废水监督性（季度）监测。对天利集团、天利高新进行固定源废气排放监测；供暖期对晟通热力公司进行锅炉烟尘、烟气排放监督性监测；对生活垃圾填埋场、生活污水处理厂无组织废气进行监督性监测，重点检测颗粒物、甲烷、氨、硫化氢、臭气浓度。全年取得监测数据52个，污染源排放监督性监测达标率100%。（窦春伟）

【气象观测】　2020年，区生态环境分局气象站通过自动观测站、人工观测等方式观测气象情况，取得气象数据，完善重污染天气应急预案，按级别启动应急响应，落实应急措施，实施区域应急联动，遇到重大天气及中高考、节假日期间，及时通过手机短信、电话等发出天气预警信息，提醒各生产单位和居民及时做好应对准备。全年，取得人工观测数据8200多个、自动站观测数据25.36万个，观测准确率95%以上；发布天气预报365次，编制周预报52次、月预报12次、专题预报8次，发布预警信息8次，编发手机气象短信5465条，接听气象咨询电话500多次，重大天气预报准确率95%以上；提供天气预报服务25家，给相关单位提供专项数据资料48份。（实春伟）

## 环境监管

【概况】 2020年，区生态环境分局监测全区生态环境，监督管理环境污染防治，组织实施区域大气污染联防联控协作机制，依法打击环境违法行为，宣传环境保护法律法规。全年，明确联防联控措施18项，审批建设项目140项，联合多部门执法检查5次，查处环境违法案件2起。（实春伟）

【重点区域领域监管】 2020年，区生态环境分局根据相关单位与区政府签订的环境保护目标责任书内容，建立党委领导、政府负责、环保统一监管、部门分工负责、企业承担责任、公众广泛参与环境保护工作机制，严格落实环境影响评价制度，推行区域准入、行业准入、总量准入、民意准入、污防准入五位一体环境准入制度，并在年中及年末对环境保护目标责任书落实情况进行考核，将项目审批纳入项目建设全过程，实行事前审批，事中监督、事后验收，做到全程跟踪监管。制定《克拉玛依市落实〈奎—独—乌区域大气污染治理攻坚方案〉的实施方案》，实施重大环境问题统筹协调和监督管理，奎—独—乌区域大气污染同防同治，确定区域空气质量改善目标及大气污染物排放总量约束性目标，明确工业污染源综合治理、燃煤污染治理、交通运输污染治理等方面措施，细化重点项目，落实责任单位、责任人。全年，与区政府签订环境保护目标责任书单位25家，审批建设项目140项，明确7方面治理措施18项，细化重点项目35项；完成燃煤锅炉综合整治项目19项、阶段性目标综合整治散乱污项目7项，实施独山子石化公司自备电厂超低排放改造项目9项。（实春伟）

【执法监督检查】 2020年，区生态环境分局完善双随机检查制度，建立随机检查企业名录库和检查人员名录库，定期对辖区内风险源企业应急物资、环境保护、环境安全、环境隐患等进行排查，随机对企业环评审批、污染防治设施建设及运行情况、排污许可证制度执行情况、监测情况、危险废物管理情况、应急预案编制及管理情况、历史遗留隐患治理与管控情况进行专项大检查，健全企业环保档案制度，建立排污企业一企一档环保档案。填报风险源企业网上应急管理系统信息，修订风险源企业应急预案，清查辖区内水源地，协调处理西北物探等单位撤离二水源、三水源一级保护区内生活基地等相关事宜。不定期抽查建筑施工噪声污染管理，高考期间禁止在考场周边区域内进行产生噪声污染施工作业；加强对城区餐饮油烟排放监管，严格餐饮服务经营场所环保审批；对信访案件快速处理、及时上报。全年，排查企业39家，检查工业企业131家次，出动检查人员346人次；审批夜间施工许可证8份，协调处理水源地生活污染相关事宜2项；完善风险源企业相关资料9家，建立工业企业环保档案39家；立案查处环境违法案件2件，处罚金额4万元；处理和答复阳光热线和"12369"环保投诉30起（其中异味类23起、烟粉尘类3起、其他咨询类4起），受理环境信访案件14件，案件处理率、办结率均为100%，满意率95%以上。（实春伟）

【大气污染防控】 2020年，区生态环境分局开展产业、能源、交通运输结构及建设用地管理调整优化工作。火电、石化、燃煤锅炉等重点行业全面执行大气污染物特排限值，实施燃煤锅炉无组织排放综合整治工程及天北能源燃气公司燃气锅炉低氮燃烧改造项目；出台煤炭削减方案，独山子石化公司实施自备电厂超低排放和节能改造，完成热电厂老区二电和新区动力站超低排放改造、热电厂老区1号、2号机组背压式改造项目；对独山子石化公司炼油厂储焦厂、热电厂及晟通热力公司等储煤厂、汽车卸煤沟进行全封闭改造。全区出租车及城市公交车气（电）化率达标，符合国家第六阶段标准车用汽、柴油要求。调查重点行业企业用地土壤污染状况，加强扬尘污染源监管，5000平方米及以上建筑工地全部安装颗粒物在线监控设备；强化道路扬尘管控，实现渣土运输车辆公司化运营，严格检查渣土运输车覆盖情况，道路清扫实施机械化。加强生活污水处理设施建设与改造，严控固体废物及危险废物非法转移和倾倒。全年，实施燃煤锅炉无组织排放综合整治工程1项、燃气锅炉低氮燃烧改造项目1项；全封闭改造储焦厂项目1项、储煤厂项目6项，汽车卸煤沟项目1项，投资近2亿元；建筑工地安装颗粒物在线监控设备7个，道路机械化清扫率70.9%；检查区属工业炉窑39台，行业排放标准达标率100%；出租车及城市公交车气（电）化率100%；检查渣土运输车325辆，发现渣土车覆盖不严和乱抛撒现象30辆，立案处罚7起；生活污水处理率95%以上，办理危险废物转移9160吨。（窦春伟）

【工业污染源治理】 2020年，区生态环境分局督促工业企业深度自查，实施提标改造，推进VOCs综合治理，开展设备泄漏检测及修复，实施油气回收改造、密闭改造等工程减排措施。严格建设项目环境准入，强化大气污染同防同治，开展散乱污企业综合治理。全年，采取大气污染同防同治整改措施12项，废水、废气排放合格率100%，废渣处置、处理、利用率100%。（窦春伟）

【交通运输污染治理】 2020年，区生态环境分局联合交警大队等相关单位推动国三及以下排放标准营运柴油货车提前淘汰更新工作，对进入城区货运车辆严格执行机动车限制通行规定，对非道路移动机械进行摸排，实施集中停放及挂牌管理。适时开展晨查、夜查；推广新能源汽车，开展油品质量监督专项行动，对企业自备油库开展检查、抽检，查处生产、销售、存储和使用不合格油品行为。全年，出租车及城市公交车气（电）化率100%，摸排非道路移动机械325多辆。（窦春伟）

【燃煤污染治理】 2020年，区生态环境分局对辖区内重点行业及无组织排放进行排查，督促相关企业对无组织排放进行升级改造。独山子石化公司热电厂实施储焦储煤场全封闭改造项目，晟通热力公司封闭集中供热煤场，加强扬尘污染源监管。开展工业炉窑摸底排查工作，按照不同类型建立炉窑清单，对存在燃煤污染炉窑进行销项处理。全年，排查工业炉窑39座，实施燃煤锅炉综合整治项目19项，无组织排放治理完成率100%。（窦春伟）

【环保宣传】 2020年，区生态环境分局制订环境保护宣传活动实施方案，在“6·5”世界环境日期间，组织各单位、社区、学校上街发放环保宣传手册、宣传单、环保购物袋，宣传环保法规知识。开展环保健康徒步行、环保征文等活动，宣传环保法律法规及相关知识。全年，发放环保宣传手册2000本，散发宣传单8000多张，发放环保购物袋4000多个，受益居民1万多人次。（窦春伟）

## 污水处理

【概况】 2020年，独山子区污水处理厂（简称区污水处理厂）监测全区污水指标，通过物理、化学、生物法等技术对生活污水进行处理，改扩建污水处理厂。全年，处理污水580.3万立方米，改扩建投资9213万元。（王立娟）

【污水监测】 2020年，区污水处理厂对污水中COD（化学需氧量）、氨氮进行手工监测，废水中除COD、氨氮外，其余6项污染物pH值（酸碱值）、总磷、SS（悬浮固体）、色度、总氮、BOD5（生化需氧量）企业自行监测，13项污染物（阴离子表面活性剂、粪大肠杆菌、总镉、六价铬、总砷、总铅、总汞、烷基汞、总铬、石油类、动植物油、挥发酚、氰化物）和厂界噪声委托第三方监测，各项污染物监测频次和监测点位如表7所示。全年，COD、氨氮实际监测天数271天（受改扩建施工停运及疫情防控影响），监测点为接触池出口，COD、氨氮监测达标天数分别为268天、265天；未发现偷排乱排现象，达标排放再生中水夏季用于韶山路以北地区绿化，冬季存储于中水蓄水库。（王立娟）

2020 年区污水处理厂污水监测一览表

表 7

| 分析项目 | 频次 | 采样点 |
| --- | --- | --- |
| COD、氨氮（自行监测） | 1 次/日 | 接触池出口监测点 |
| pH 值、氨氮、总磷、SS、色度、总氮、$BOD_5$（以上 6 项自行监测） | 1 次/月 | 接触池出口监测点 |
| 阴离子表面活性剂、粪大肠杆菌、总镉、六价铬、总砷、总铅、总汞、烷基汞、总铬、石油类、动植物油、挥发酚、氰化物（以上 13 项委托监测） | 1 次/月 | 接触池出口监测点 |

【生活污水处理】 2020 年，区污水处理厂安全生产运行 366 天，通过物理、化学生物方法去除污水中悬浮物、氮、磷、COD、氨氮、粪大肠杆菌等污染物。全年，处理污水量 580.3 万立方米，耗清水量 20.1715 万立方米，耗电量 706.19 万千瓦小时；COD 进口平均值 784.87 毫克/升、出口平均值 41.87 毫克/升，氨氮进口平均值 66.64 毫克/升、出口平均值 3.85 毫克/升，总磷进口平均值 8.53 毫克/升、出口平均值 0.31 毫克/升，总氮进口平均值 87.34 毫克/升、出口平均值 12.65 毫克/升；COD 排放量 241.84 吨、削减 4291.57 吨，氨氮排放量 22.24 吨、削减 362.68 吨，总磷排放量 1.79 吨，总氮排放量 70.07 吨；再生水回用量 517.79 万立方米，用于韶山路以北区域绿化；市政生活污水集中处理率 93.5%，处理达标率 94.5%；产生污泥 3769 吨，运至无害化垃圾场进行填埋。 （王立娟）

【污水处理改扩建项目】 2020 年，区污水处理厂实施改扩建项目，设计处理规模 2 万立方米/天，设计出水指标达到《城镇污水处理厂污染物排放标准》（GB 18918—2002）一级 A 标准，投资估算 7413 万元。开展区污水处理厂至检修库管线及进厂水管线改造项目，管线总长度约 5.5 千米，投资估算 1800 万元。 （王立娟）

# 石化企业污染防治

## 独山子石化公司污染防治

【概况】 2020 年，独山子石化公司安全质量环保处（简称安质环处）制订环保目标，监测全厂生态环境指标，监督管理环境污染防治，组织实施环保建设项目，办理排污许可手续，宣传环境保护法律法规，开展无味工厂创建活动。全年，二氧化硫、氮氧化物、COD、氨氮排放量分别为 215 吨、2552 吨、67 吨、0.47 吨，全部满足排污许可要求，环保设施及在线投运率 100%，污染源在线上传率 100%；区域空气质量优良率达 85.2%，开展环境因素识别评价，确定公司级重大环境因素 11 个，制订环境管理方案 7 项。 （孔令荣）

【环境监督】 2020 年，安质环处制定年度环境监测方案，组织环境监测与管理中心定期开展厂区环境及废水、废气、噪声监测工作；实时掌握二氧化硫、氮氧化物、颗粒物、非甲烷总烃、化学需氧量等主要污染物分析数据；运行 VOCs（挥发性有机物）网格化在线监测设施，实时监控厂界及厂内重点区域非甲烷总烃浓度数据；在线数据同步上传中石油集团公司及当地环保部门在线监控平台，自行监测情况在自治区重点监控企业自行监测信息发布平台依法公开，排污许可执行报告等信息通过生态环境部排污许可共享平台定期公开。全年，运行挥发性有机物网格化在线监测设施 14 台，外排口在线表 43 套，随装置停用 2 套。 （孔令荣）

【环境治理】 2020 年，安质环处实施健康安全环保责任制，签发安全环保责任书，将污染物总量、达标率、环境税、固废处置费用等纳入环保考核指标，实施月申报、考核硬兑现，压实环保责任；开展建设项目环保三同时（建设项目中防治污染设施与主体工程同时设计、同时施工、同时投产使用）管理，完成铁路电气化改造项目、铁路隐患治理项目、二电超低排放改造项目、老区聚乙烯催化剂直注改造项目、二电背压机组改造等项目及在线监测设施竣工环保验收。开展己烯-1，老区聚乙烯、聚丙烯、顺丁橡胶等装置清洁生产审核，制订清洁生产方案；7月24日，举办助力提质增效，感受绿色发展公众开放日活动，利用云直播形式让百姓足不出户云游厂区，感受企业绿色发展成就；实施储焦储煤场全封闭改造、外排废水减排及回收利用环保项目。全年，投入40065万元，实施环境治理项目6项，在线监测设施竣工环保验收37套，制订清洁生产方案34项，审核清洁生产装置4套；公司被中国环境报社评为2020年度环境社会责任企业。（孔令荣）

【排污许可办理】 2020年，安质环处严格履行国家排污许可制度，107个废气排放口和1个废水总排口各项污染物全部满足排污许可要求，排污许可执行报告按期完成并上传，规范开展自行监测，完善运行台账；完成排污许可延期变更手续办理，6月18日，公司排污许可到期延证手续通过生态局审批，10月14日，聚苯乙烯等新建项目排污许可变更获批，确保公司生产排污全面依法合规。（孔令荣）

【设备检测】 2020年，安质环处联合机动处委托新疆炼化建设集团有限公司开展设备泄漏检测与修复工作，完成四轮设备泄漏检测。全年，检测密封点187.4万点次，发现漏点2837个，修复率100%，VOCs排放总量同比降低5%。（孔令荣）

【外排废水回收利用项目】 2020年，独山子石化公司实施外排废水减排及回收利用项目，应用先进技术，提高外排污水综合利用，污水回用单元采用“化学软化沉淀+浮选过滤+外压式超滤+钠型弱酸阳床+浓缩脱盐工艺”路线；污水达标单元采用“臭氧前氧化+反硝化生物滤池+除碳生物滤池+后臭氧（催化）氧化+活性炭过滤工艺”路线，对外排达标水进行深度处理、回用改造，污水实现达标排放。全年，项目建设投入17870万元，投用后污水回用率可大于75%。（孔令荣）

【土壤排查】 2020年，安质环处落实新颁《中华人民共和国土壤污染防治法》及土十条等相关要求，与区政府签订2020年土壤污染防治责任书，结合历年土壤排查及监测情况，组织开展新一轮土壤污染隐患排查、土壤信息录入、土壤监测及信息公开等工作。全年，组织完成年度土壤污染隐患排查、企业用地土壤及地下水污染状况调查、炼油厂老区停工装置拆除污染防治工作，年度环保重点工作——土壤详查按期顺利完成，土壤监测数据全部合格。（孔令荣）

【储焦场储煤场全封闭改造】 2020年，独山子石化公司投资19895万元，实施炼油厂焦化装置储焦场、热电厂储煤场11座煤棚及1个汽车卸煤沟全封闭改造项目。由中国石油天然气第一建设有限公司（简称中油一建）、中国建筑股份有限公司（简称中建）施工，每天安排员工现场盯守，保证项目施工安全质量受控，克服空间受限、交叉作业、高空作业安全风险多等困难，科学合理调配，确保项目改造施工和煤炭正常供应、储存同步进行。改造完毕后，二电和动力站2个单元储煤量为14万吨，日进煤量9000吨，减尘率超过98%。（孔令荣　戴明涛）

2020年9月15日，独山子石化公司热电厂实施储煤场封闭工程（林青　摄）

【环保设施在线管理】 2020年，安质环处加大环保设施及污染源在线技术攻关和现场监管力度，110套重点环保设施和118套环境在线（43套污染源在用排口在线）设施投用率100%，在线上传率100%；按期完成重整加氢2套加热炉在线设施安装，实现高架源全部安装在线目标。全年，新安装环境在线27套，全部通过技术验收。（孔令荣）

【绿色使命】 2020年11月，独山子石化公司获得2020年度全国环境社会责任企业称号。这是独山子石化公司获得国家环境友好企业、全国环境优美工厂、全国绿色发展典范企业、中国石油和化工行业节能减排先进单位、中石油集团公司环保先进单位、全国绿色企业管理奖、自治区污染减排先进企业等荣誉后，获得又一殊荣。早在千万吨炼油百万吨乙烯工程建设时，独山子石化公司就积极践行环保理念，同步投资16亿元，配套建成硫磺回收、污水处理、脱硫除尘等环保设施，保证清洁生产。“十二五”时期，投入14亿元（占当期固定资产投资32%），有计划有重点地实施电厂锅炉提标改造等污染减排及节能环保项目。“十三五”期间，严格落实国家新标准和奎—独—乌区域大气联防联控要求，投入23.8亿元，利用先进环保技术，开展废气、废水提标改造及VOCs综合整治，完成挥发性有机物治理项目40多项、环保建设项目90多项；回收油品8000吨/年，减排火炬气1.34万吨/年，减排率38%。11月26日，中新网、人民网、中国环境客户端、天山网4家中央及省部级网媒，在同一天集中推出题为《生态优先行稳致远，以绿为底进而有为》深度报道，展现公司绿色发展成就。（郭楷）

2020年11月，独山子石化公司获得2020年度全国环境社会责任企业称号（刘朝阳 摄）

【无味工厂创建】 2020年4月，安质环处印发绿色无味工厂实施方案，规划三年总目标及阶段目标，明确重点管控措施，制订排污单位及车间无味工厂验收评比标准，通过推进技术攻关，强化“无味工厂”考评，加强专业部门日常监管，落实基层车间排查及生产管控措施，提升环保管理绩效。（孔令荣）

## 天利集团污染防治

【概况】 2020年，新疆天利石化控股集团有限公司（简称天利集团）与区政府签订环保责任书，推进环保双重（风险分级管控和隐患排查治理）预防机制和低老坏（低标准、老毛病、坏习惯）问题治理，严抓检维修作业环境管控，进行环保攻关。全年，污泥减少750吨，废水达标排放62.71万吨，同比降低14.6万吨，VOCs减排1.5吨，合规处置固体废物1411吨。（孙士博）

【环境治理】 2020年，天利集团进行挥发性有机物治理设施改造，建成投用2万立方米/小时蓄热式焚烧炉；实施污泥低温干化减量、污水密闭排放二阶段改造及催化剂再生过程废水、废气减排等攻关项目；建成投用200立方米/小时污水生化处理、3.6万立方米/小时生物除臭治理、1000立方米/小时油气回收、1.2万立方米/小时除尘等环保设施。厂界空气、噪声、土壤及12处有组织排放废气、废水排口检测指标均达标，再生过程装置周界无味无值、挥发性有机物可防可控。全年，达标平稳运行环保设施15套。（孙士博）

【“三废”处理与处置】 2020年，天利集团对“三废”采取不同措施处理、处置。实验室产生少量有毒气体通过排风设备排到室外被空气稀释，对环境有污染废渣和废液分类倒入指定容器储存。工业生产中产生氮氧化物、二氧化硫等酸性气体用碱液吸收，可燃性有机废液用燃烧炉燃烧，酸性、碱性废液按化学性质分别进行中和处理，达标后排放；有机物废液集中进行回收、转化、燃烧处理。能够自然降解的有毒废物集中深埋处理；不溶于水的废弃化学药品集中到焚化炉焚烧或用化学方法处理成无害物。碎玻璃和其他有棱角的锐利废料收集于特殊废品箱内处理。全年，废水达标排放62.71万吨，同比减少14.6万吨，废水总排合格率100%，废水中主要污染物COD、氨氮含量同比分别下降18.57%、81.81%；挥发性有机物减排1.5吨；依法合规处置7大类13种固体废物1411吨，固体废物排放量同比降低19.8%。（孙士博）

【环境监督】 2020年，天利集团持续严抓环境过程检测监控，开展厂界噪声、空气质量巡查，实行VOCs网格化监测。开展异味点源防控与治理，与区环保局、独山子石化公司协同共建异味投诉应急组织，高效运行区域性异味防控体系。全年，启动异味应急4次，针对现场异味实施点源防控治理。（孙士博）

【设备检测】 2020年，天利集团实施LDAR（泄漏检测与修复）治理和挥发性有机物网格化监测，执行“三废”（废水、废气、固体废物）异常排放管理规定，巡查厂界噪声、空气质量，进行环境过程检测监控。全年，开展4轮检测工作，检测密封点126788点次，发现漏点186点次，修复率100%，实现VOCs减排1.5吨。（孙士博）

【环保攻关】 2020年，天利集团持续加大环保投入和环保攻关力度。投资500余万元建成投用VOCs治理改造项目；完成污水密闭排放二阶段改造，如期实现污水异味治理目标；实施催化剂再生（一种化工操作）过程废水、废气减排攻关，实现再生过程装置周界无味无值，年节约新水3万余吨；开展污泥低温干化减量攻关，化工区工业污泥含水率降低53%，减少污泥750吨。（孙士博）

## 天利高新污染防治

【概况】 2020年，新疆天利高新石化股份有限公司（简称天利高新）与区政府签订环保责任书，推进环保双重（风险分级管控和隐患排查治理）预防机制和低老坏（低标准、老毛病、坏习惯）问题治理，管控异味排放，委托处置固废物，实施编织袋厂烟气排放改造项目。全年，运行环保设备14套，废水、废气排放合格率100%，废液、废渣处置率100%。（曹宪富）

【环境监督】 2020年，天利高新委托独山子石化公司环境监测中心和新疆新环监测检测研究院（有限公司）定期开展废水、废气排口及厂界环境监测；每日自主开展VOCs网格化监测，并公示检测报告，按季度向区生态环境分局上报检测情况。全年，挥发性有机物监测9160点次，平均排放浓度0.3ppm（百万分比浓度）以下；内控排放合格率100%，废水、废气排口及厂界环境均达标，未发生公司级异味应急响应。（曹宪富）

【污染防治】 2020年，天利高新高度重视环保治理能力提升和异味排放管控，将环保设施等同关键装置管理。成立异味管控领导小组，明确公司级、厂级、班组级异味三级管控职责，明确挥发性有机物及异味应急排查启动程序和重要活动期间异味管控措施；下发《天利高新创建绿色无味工厂实施方案》，每季度开展绿色无味工厂评比验收，提高生态环境治理及污染排放标准，厂区空气质量进一步改善；踏点完成危险废物暂存间改造、编织袋单元烟气排放改造两项重点环保提标项目，厂区周边环境持续向好，主要异味源得到有效控制。全年，复查检修储罐呼吸阀及紧急泄放人孔16台；开展4轮LDAR（泄漏检测与修复），对123215个密封点进行泄漏检测295682个点次，发现并消除泄漏点539个，挥发性有机物减排50.8吨。（曹宪富）

【固体废物处理】 2020年，天利高新充实环保管理机构，健全环境管理体系，制定《固体废物治理管理规定》，建立公司级固体废物（简称固废）管理台账，每月统计处理处置情况，固体危险废物（简称危废）委外处理，办理危废转移联单。针对化工生产及检维修过程产生的危废－废矿物油与含矿物油废物（HW08）、精馏残渣（HW11）、有机树脂类废物（HW13）、其他废物（HW49）、废催化剂（HW50）及包装物，废旧金属和其他工业固废，全部外委处置。全年，处置危废1万多吨。（曹宪富）

# 园林绿化

【概况】 2020年，独山子区园林绿化中心（简称区园林绿化中心）规划实施城区绿化建设，制订公共绿地、道路绿化养护工作标准，建设、管理绿化、绿地及园林水系，防治花草树木病虫害，协调组织全区义务植树活动。截至年底，全区总绿地面积1732.5万平方米，其中建成区绿地970万平方米，绿地率42%，绿化覆盖率45%，人均公园绿地13.1平方米。全年，种植各类乔灌木62万株，种植草花及沿街单位门前摆放盆花56万多株，新建绿地101万平方米。（张黎）

【园林设施检维修】 2020年，区园林绿化中心制订园林设施维修方案，注重市民通过阳光热线及相关城市管理平台反映的问题。全年，完成广场砖维修85平方米、步行砖维修247平方米，景观带石材维修531平方米；维修石桌54个，安装石桌24套、石凳5个，维修塑木座椅21个、更换9套、新安装5套，安装景观宣传小品12处47个，维修改造水井29口、更换井盖146个、维修更换阀门83个，抢修绿化管线63处260米，改造水线15处1632米，新装、更换水表26处，更换树脂树箅子93套、铸铁树箅子36套，

制作广告牌36套，维修景观灯12处。（乌玉红）

【园林绿化管理】 2020年，区园林绿化中心完善养护管理规范，制订养护计划，加强监督考核，并建立技术管理例会制度，及时交流沟通，分享养护经验，提高养护水平。开展病虫害防治工作，在城区内安装灭虫新装备太阳能黑光灯、悬挂白蜡窄吉丁诱芯、悬挂诱蚜板。全年，组织召开园林绿化工作例会30次，下发工作提示单10期，安装太阳能黑光灯10个、悬挂白蜡窄吉丁诱芯20处，悬挂诱蚜板4000多个。

（乌玉红）

2020年4月22日，区园林绿化中心在城市公园安装灭虫新装备太阳能黑光灯（林青 摄）

【植树护树活动】 2020年，区园林绿化中心以创建生态园林城市为标准，结合《独山子区绿地系统规划》做好控绿、建绿、添绿工作。通过秋季造林及义务植树活动不断深化国土绿化宣传，提高全民植绿、爱绿、护绿、兴绿自觉性，调动全民全社会支持、参与国土绿化积极性和主动性；组织开展全民护树活动，通过防治病虫害，提高林木成活率。全年，义务植树造林101万平方米，林木养护率100%。（乌玉红）

2020年4月14日，区园林绿化中心组织青年志愿者在居民小区开展树木病虫害防治工作（同毓梅 摄）

【绿化用水管理】 2020年，区园林绿化中心采取科学合理、精细化管理措施和高效节水技术，缓解生活、生产和绿化用水矛盾，确保城市供水安全。有针对性制订夏季用水高峰时节绿化用水计划，绿化灌溉浇水根据划分不同区域，实行单双号错时并尽可能安排在夜间进行。对不按规定时间浇水、绿化用水跑冒滴漏情况严重的进行考核。全年，进行夜间巡检26次，考核、处理违章用水单位3家，处罚3.7万元。（乌玉红）

【建议提案答复办理】 2020年，区园林绿化中心对区人大代表、政协委员关于城区内绿化问题议案、建议、提案认真答复，及时整改。全年，完成议案、建议、提案相关绿化问题整改、完善35条，处理城市管理工单469件，处理阳光热线、政民互动平台咨询问题301件，销项率100%。（乌玉红）

# 经济监督管理

## 经济宏观调控

【概况】 2020年，独山子区发展和改革委员会（简称区发改委）编制实施全区国民经济和社会发展规划，统筹提出国民经济和社会发展主要目标，监测、预测、预警全区宏观经济和社会发展态势、趋势，综合协调宏观经济政策，协调解决经济运行中重大问题，紧急调度重要物资，监督检查产业政策、价格政策执行情况，提出全社会固定资产投资总规模，规划重大建设项目，安排国家财政性建设资金，组织实施战略和应急储备物资收储、轮换和日常管理。4月，区发展和改革委员会（统计局）更名为区发展和改革委员会，接收区工业和信息化局移交的电力管理职责，将统计管理职能移交区统计局。全年，安排各类建设项目38项，计划总投资10.83亿元；申报各类项目119项，获批21项；社会投资备案项目40项。

（刘相东　柳燕）

【规划编制】 2020年，区发改委制定《独山子区“十四五”规划纲要编制工作实施方案》，组织召开规划编制工作启动会，构建规划初步思路框架，形成规划初稿，依照《中共独山子区委员会关于制定国民经济和社会发展第十四个五年规划和二〇三五远景目标的建议》，对规划再次进行修订，形成正式稿。全年，规划整体修订5轮次，吸收采纳全区各方意见400多条，修订300多处；梳理汇总“十四五”时期重点项目库建设项目268项，总投资估算为518.62亿元。其中项目库梳理汇总建设项目127项，总投资估算为109.33亿元；储备库梳理汇总建设项目141项，总投资估算为409.29亿元。

（刘相东）

【投资管理】 2020年，区发改委安排各类建设项目38项（跨年项目16项、新建项目22项），计划总投资10.83亿元（使用中央预算内投资0.17亿元、自治区级资金9.94亿元、区本级资金0.72亿元）。全年，实际完成投资10.79亿元。

（柳燕）

【拓宽资金来源】 2020年，区发改委争取上级资金，做好项目申报，推进项目建设，建立项目督办及领导包联机制，每周督办项目进度，加快办理报建审批、招投标等前期手续，跟踪解决项目建设过程中出现的问题，促进项目早开工、快建设、快投用。全年，申报各类项目119项，获批21项；争取资金11.89亿元，其中，中央预算内投资1.95亿元，一般债券1.9亿元、专项债券5.3亿元，抗疫特别国债2.74亿元。

（刘相东）

【项目前期管理】 2020年，区发改委落实“放管服”和“最多跑一次”工作要求，梳理工作程序，优化办事流程，持续深化“最多跑一次”改革，提高投资项目审批效能。推进企业投资项目承诺制改革，探索实施企业投资项目承诺制，实现投资项目“最多跑一次”；推进自治区投资项目在线审批监管平台使用，方便企业办事。全年，审核备案社会投资项目40项（民生保障类4项、工业类项目11项、旅游业15项、其他类10项），涉及资金19亿元；实施企业承诺制试点项目3项，全部实现当年报建当年完工。

（刘相东）

【能源管理】 2020年，区发改委重点加强节能减排工作，新上项目严格执行国家、自治区节能排放标准，通过市能耗总量双控考核；开展节能低碳系列宣

传活动，在全社会营造崇尚节约能源、合理消费与低碳环保良好氛围。（刘相东）

【收费许可审验】 2020年，区发改委按时完成2019年度收费数据统计网上录入工作，对全区行政事业性收费、政府定价管理的经营服务性收费加强管理和监督。经查，2019年各单位严格执行收费政策，未发现乱收费行为。全年，完成价格评估鉴定委托14件，鉴定金额6152.6万元。（刘相东）

【价格管理】 2020年，区发改委价格认证中心加强市场价格监测、数据分析及信息报送工作，每周采集公布粮油、肉、蛋禽、水产品、蔬菜等农副产品价格信息，遇到价格异常波动情况及时向区委、区政府汇报，疏导价格矛盾。执行国家、自治区扶持企业发展政策，确保水、电、天然气价格优惠政策执行到位。全年，采集农副产品价格信息5大类43项，全区受益用气量664.49万立方米，区属202家企业降低用气成本144.81万元。（刘相东）

【粮油储备】 2020年，区发改委开展各级承储粮油安全监管工作，完成夏粮收购任务。为应对新冠疫情影响，提高粮食安全保障能力，向市财政全额争取成品粮购粮款补贴，建立区级成品粮储备库。通过2020年市粮食安全市长责任制考核，取得全市第一名。全年，向市财政全额争取成品粮购粮款补贴149万元，储备区级成品粮300吨。（刘相东）

【救灾物资储备】 2020年，区发改委落实管理职能，建设救灾物资储备库，完成新库物资入库工作。强化库存物资日常监管，建立完善管理制度，制订区救灾物资储备管理办法（暂行），优化救灾物资管理，救灾物资储备库顺利通过市级检查验收。（刘相东）

【诚信建设】 2020年，区发改委落实成立独山子区社会信用体系建设工作领导小组、制订居民公约等诚信建设措施，完善制度保障，做好信用信息收集、行政执法信息录入、居民公约签订等工作，保障信用信息全面、完整。全年，录入行政执法信息2522条，确定诚信商铺6家，签订居民公约33000多户。（李梓宁）

【安全生产】 2020年，区发改委加强安全生产监督工作，依据安全监督分工，对粮食、输气管线、棉花加工等企事业单位，定期进行安全生产现场监督检查；履行安全生产监管职责，对监管企业开展隐患排查。全年，开展隐患排查8家、安全监督检查120家次，检查风险157项，查改隐患143个。（刘相东）

## 经济发展服务

【概况】 2020年，独山子区经济发展服务中心（简称区经济发展服务中心）跟踪重点经济项目推进，服务企业发展，收集、研究对外贸易、招商引资、对外经济合作和内贸流通等领域信息，提供信息咨询服务，统筹推进全区经济发展工作。6月23日，区经济发展服务中心成立。全年，开展专题调研11次，编制促进经济发展方案、优惠措施等政策性文件9项，解决企业及个体工商户问题700项，减免各种税费5.24亿元。（卢秀）

【统筹调度】 2020年，区委、区政府统筹调度全区经济有序发展。分析研判全区重点项目、招商引资、金融机构支持中小微企业、生活取水项目、天利高新EVA项目、智能物流港项目、大庆路商圈建设、就业保障、个体工商户房租减免、就业创业等工作情况，对重点产业、重点园区、重点企业登门服务、一对一联系，推进工程项目进度，帮助企业解决困难；用好中央预算资金、各专项债权资金，供热系统升级改造项目、老旧城区改造工程倒排工期，按计划实施固定资产投资；谋划产业园区细化分区，跑办审批手续，做好冷链物流园、纺织园规划，专人推进落实；解决小微企业、个体工商户房租减免问题。全年，组织召开经济调度会议26次，讨论经济发展议题118项；经济协调推进会议7次，讨论相关议题25项；项目建设与招商引资组会议5次，讨论议题16项；复工复产工作研判会5次，讨论相关议题31项，销项率100%。（卢秀）

【政策研究】 2020年，区经济发展服务中心围绕经济社会发展及疫情期间企业商户复工复产等工作，研究制订全面搞好项目建设工作方案，下发关于成立疫情防控期间经济社会发展扶持性政策落实推进专班的通知，调整区属企业疫情期间优惠政策，通过召开座

谈会、实地走访等形式开展专题调研，形成建议性调研报告。全年，开展专题调研11次，制订各项优惠政策9项。（卢秀）

【“千人入千企”活动】 2020年9月，区经济发展服务中心推动政府惠企政策落实落细，开展奋战四个月、“千人入千企”活动。全区干部职工包联企业及个体工商户，由区四套班子领导、区机关干部、街道社区干部对所有市场主体进行一对一帮扶，形成千名干部联点千家企业工作机制；区机关工作人员深入走访，了解联点企业状况，宣传落实社保减免、减税降费、金融信贷、房租减免、就业奖补等扶持性政策，为企业协调解决人员返岗轮岗、物资供应、道路运输等困难，做到有求必应、无事不扰。发放电子消费券，完善明珠商圈、玛依塔柯时代广场等主要商业区配套设施，开设跳蚤市场，帮助中小微企业和个体工商户提振信心、渡过难关。全年，帮助中小微企业1005家、个体工商户3599户，解决各类困难诉求842件；投放电子消费券2次57.95万张，价值451万元，实际消费298.31万元，拉动消费2300多万元；减税降费4.82亿元，减免房屋租金2180万元；发放企业贷款204笔20.42亿元，个人无抵押小额信贷461笔3400多万元。（卢秀）

【督查督办】 2020年，区经济发展服务中心牵头制订全面搞好项目建设工作方案，对照项目年度建设计划，对在建项目，抓好施工组织，推动项目尽早竣工投用；对未能按计划开工或未达到建设进度项目，及时跟进协调解决困难问题，督促项目责任单位合理安排调整施工进度；加强与相关部门协调配合，责任倒逼，明确时限要求，为项目建设提供保障。全年，跟进督办全领域投资项目111项，召开项目推进协调会12次，协调解决相关问题30多项。（卢秀）

【招商引资】 2020年，区经济发展服务中心通过拍摄招商引资宣传片、制订独山子区招商引资手册、定制独山子区招商引资地图、整合招商项目名录、人员“走出去”“引进来”等多种形式宣传各类招商引资项目，牵头制订强招商、促投资、稳增长措施，激发地区经济发展活力。全年，召开招商引资项目座谈会12次，发放各类宣传品500件，制作对外宣传展板45块；接待意向投资企业38家，组织参观、经验交流8次216人次；跟进招商引资在谈项目100多项，其中落地82项，投资约15.33亿元。（卢秀）

【队伍建设】 2020年，区经济发展服务中心筛选经济专业毕业生充实经济工作队伍；对业务人员进行专业学习及培训，掌握经济工作规律、要求运用国家、自治区、克拉玛依市出台的各项扶持性政策，有针对性开展工作；组织新时代企业家精神与高质量发展网上培训。全年，外派学习4人次，组织网上培训150人次。（卢秀）

## 国有资产监督管理

【概况】 2020年，独山子区国有资产监督管理委员会（简称区国资委）监管授权范围内企业国有资产，监督监管企业国有资产保值增值，指导推进区属国有企业改革，组织协调国有企业退休人员社会化管理移交和“三供一业”（供水、供电、供气，物业）移交工作。全年，区属国企实现营业收入66.17亿元，企业资产总额122.60亿元，利润总额为7221.97万元。其中，委托独山子公司监管企业资产总额74.83亿元，利润总额2879.84万元；区属国有企业资产总额122.60亿元，利润总额4342.13万元。（周思萌）

【国资监管】 2020年，区国资委监管一级企业10家，其中委托独山子石化公司监管企业2家：新疆天利石化控股集团有限公司、新疆天云石油化工有限公司；直接监管企业8家：克拉玛依市独山子区天鼎投资集团有限责任公司、克拉玛依市独山子建业房地产开发有限责任公司、克拉玛依市独山子区穗丰粮油贸易有限责任公司、克拉玛依市独山子区鑫谷粮油购销储备有限责任公司、克拉玛依市独山子金盾保安服务有限公司、克拉玛依市独山子永兴公共交通公司、克拉玛依市独山子绿丰农牧发展有限公司。截至年底，监管总资产47.77亿元。（周思萌）

【企业离退休人员移交】 2020年，区国资委协调国企退休人员社会化管理移交工作，积极协调档案馆、人社局、组织部、街道社区等多个部门，对接各地企业，摸清人员、资产底数。已完成独山子石化公司、新疆石油销售公司、新疆油田公司、西北化工销售公司4家5861人数据移交；正在移交本地企业6家70人，正在协调6家外地企业移交本地居住退

休人员 135 人。（周思萌）

【“三供一业”移交】 2020 年，区国资委承担社会职能，开展“三供一业”移交接管工作，完成独山子石化公司供水、供暖、物业资产评估，协助独山子石化公司、晟通热力公司完成资产实物移交；开展“三供一业”资产移交接管、维修改造资金使用协调工作，主动担当“三供一业”综合协调、后勤保障和群众工作；配合做好“三供一业”改造项目清算工作。（周思萌）

【国企党建工作】 2020 年，区国资委紧抓基层党建工作，发挥党委及企业党组织的领导核心和政治核心作用，明确国有企业党组织在公司法人治理结构中的法定地位，确保党的领导、建设在国有企业改革中得到体现和加强，使党组织的政治核心作用组织化、制度化、具体化；将党建工作纳入 2020 年度经营目标责任书中，督促企业抓好全面从严治党各项工作落实，组织企业开展各类公益活动；党建引领凸显国企担当，认真落实中小微企业和个体工商户房屋租金减免政策，减免房租，降本减负。全年，减免租金 1151 家（户）1451.37 万元。（周思萌）

## 自然资源管理

【概况】 2020 年，克拉玛依市自然资源局独山子区分局（简称区自然资源分局）调查、监测和管理全区自然资源，指导监督自然资源和不动产确权登记，保护耕地、草场，防治林业有害生物，管理建设用地、临时用地、矿产资源和森林。制订“十四五”时期森林经营方案，开展第三次国土调查。截至年底，辖区土地总面积为 40034.66 万平方米，其中农用地 18129.41 万平方米，建设用地 5948.31 万平方米，未利用地 15956.94 万平方米。全年，办理各类不动产登记 9881 宗，办理临时用地 122 宗，建设用地供应 137.11 万平方米，建设用地项目征用草场 69.14 万平方米，造林 106.7 万平方米，核查乱占耕地建房图斑 15 宗。（黄咏梅）

【信息公开】 2020 年，区自然资源分局公开土地、矿产行政审批事项、审批时限、审批要件和收费依据、标准，公开年度供地计划，实行国有土地使用权公开招标、拍卖、挂牌出让，挂牌上岗、持证收费制度。全年，在区政府门户网站和土地市场网发布项目审批公示信息 152 条，其中公示建设项目用地预审和选址 55 条，用地规划许可信息 34 条，工程规划许可信息 49 条；发布国有建设用地使用权挂牌出让公告 14 条。（黄咏梅）

【不动产登记】 2020 年，区自然资源分局推行不动产容缺受理告知承诺制度，为企业依照容缺受理方式办理不动产登记业务，解决不动产登记历史遗留问题；开通绿色通道，助力复工复产企业办理不动产抵押登记业务。全年，办理各类不动产登记 9881 宗，发放不动产登记证书 9366 本，不动产登记证明 396 本，提供上门服务 25 次；出具各类查询证明 407 份，整理移交不动产登记档案 4021 卷；助力复工复产企业办理不动产抵押登记业务 103 宗，抵押融资金额 710 万元。（王意军）

【自然资源监管】 2020 年，区自然资源分局制订《独山子区自然资源统一确权登记工作实施方案》及年度工作计划，梳理未来三年开展自然资源确权登记清单。将日常执法与卫片执法检查、土地变更调查、例行督察、动态巡查有机衔接、协同推进，核查乱占耕地建房图斑，未发现乱占耕地建房违法行为；巡查矿山企业，督促矿山企业落实安全生产工作，加强批而未供和闲置土地处置工作。全年，巡查矿山企业 26 次，核查乱占耕地建房图斑 15 宗，处置 28.84 万平方米；闲置土地处置率 100%。（李茂龙）

【水资源管理】 2020 年，独山子区农业和水务局依法管理流经独山子区境内小巴音沟河、奎屯河、乌兰布拉克河及 5 个水源地，合理分配、开发、利用、调度和保护水资源，保证城区生活、绿化用水及社会经济发展用水需求。全年，河流总径流量 6.23 亿立方米，地下水区域总补给量约 2.45 亿立方米；法定用水指标 10500 万立方米，实际用水量为 6957 万立方米，其中一水源供水量 2661 万立方米、二水源供水量 1857 万立方米、三水源供水量 46 万立方米、四水源供水量 1036 万立方米、五水源供水量 1357 万立方米；工业用水量 3916 万立方米，城市生活及绿化用水 3041 万立方米。（李进鹏）

【建设用地供应】 2020 年，区自然资源分局建设用地供应137.11万平方米，其中以划拨方式供地28宗，面积102.28万平方米；以出让方式供地36宗，面积34.83万平方米。全年，新增商业用地14.81万平方米、工业用地13.44万平方米、住宅用地6.58万平方米；报批农用地、未利用地转用项目26个，涉及土地面积102.28万平方米。（李茂龙）

【临时用地管理】 2020年，区自然资源分局加强对临时用地现场检查，对超范围、超用途使用临时用地，及时制止或移交处罚。全年，现场勘查临时用地60多次，发现违法行为5起，整改率100%；办理临时用地122宗，其中续办87宗，新批35宗，总面积77.27万平方米，收取临时用地管理费216.21万元。（李茂龙）

【耕地和草场保护】 2020年，区自然资源分局协助区政府和耕地单位签订耕地保护目标责任书，建设用地项目征用草场69.14万平方米；开展耕地非农化、乱占耕地建房等专项整治工作，摸排疑似图斑，确保耕地质量不降低、数量不减少。全年，摸排疑似图斑15个。（孙卫东）

【林业管理】 2020年，区自然资源分局制订区"十四五"森林经营方案，更新年度森林资源一张图，普查野生动物、清点动物园饲养野生动物，制订年度森林防火工作重点、森林防火宣传工作方案、森林草原防灭火行业应急预案，组建区森林草原扑灭火消防小分队，组织森林灭火演练，未发生森林草原火灾；设置常规病虫害监测点，发布林业病虫害预测报信息，检疫入独苗木，禁止无证调运植物制品，控制植物疫病传播。全年，争取中央森林资源培育专项资金80万元，完成造林面积106.7万平方米；管理野生动物26种114只，救助野生动物12起；开展防火巡查62次，整改森林火灾隐患8起，组织防火培训3次，下发防火物资60件；设置常规病虫害监测点10处，发布林业病虫害预测报信息13期，检疫入独苗木432批次，发现无证调运植物制品46批次，全部依法处理。（孙卫东）

【草原生态管理】 2020年，区自然资源分局开展草原沙化荒漠化调查、草原虫害调查、夏秋两季草原动态生产力调查和草原常态化巡查工作，及时处理发现的问题，依法管理林草资源，保障草原生态持续发展。全年。依法办理林草征占用手续20起，开展草原巡查40多次，查处违法案件2起，罚款5000元。（孙卫东）

【第三次国土调查】 2020年，区自然资源分局开展第三次国土调查（简称三调）数据保密检查及整改工作，采用优于1米分辨率的卫星遥感影像制作调查底图，应用移动互联网、云计算、无人机等新技术，创新运用互联网+调查机制，全流程实行质量管控，配合自治区三调办和林业草原局，对三调林草数据进行复核，解决与兵团第七师三调工作界线重合问题；配合市局开展国有建设用地地价标定、农用地定级评估体系建设；完成独山子区与奎屯市、乌苏市、沙湾县三调数据接边工作；对国家下发的524个新增时点变更图斑现场核实举证，建立时点变更数据库，出具举证材料18份；完成基础和时点变更数据库建库工作，数据成果已报市、自治区和国家相关部门质检、审核。（王意军）

【普法宣传】 2020年，区自然资源分局在宪法法律宣传月、"4·22"世界地球日、"6·25"全国土地日、"8·29"测绘法宣传日、"12·4"国家宪法日等重要时期，采用LED大屏展播、宣传版面、宣传单、横幅、短信等形式开展自然资源管理法律、法规宣传。全年，发放宣传单1000多份，悬挂宣传横幅6条，展出专题板报6张。（黄咏梅）

2020年4月22日，区自然资源分局在武昌路市场南门开展第五十一个世界地球日主题宣传活动（张勇新　摄）

## 财　政

【概况】 2020年，独山子区财政局（简称区财政局）编制区本级财政预决算草案，管理各项财政收支及政府非税收入和政府性基金，依法组织财政收入，监管地方国库资金缴拨使用及基本建设投资，执行地方政府性债务管理制度和办法，管理国有资产。全年，财政收入287982万元，财政支出287982万元。

（刘湘芸）

**【财政收入】** 2020年，区财政局对区城市管理局、区卫建委、区农业水务局等单位新增收费项目进行审核；在非税系统中新增执收码34项，新增文化体育旅游局为执收单位；对住建局等单位16项收费项目经审核在系统中申请停用。全年，财政收入287982万元，财政支出287982万元；通过非税系统缴入非税收入2289万元，同比减少1465万元，其中政府性基金收入251万元、行政事业性收费收入560万元、罚没收入1339万元、国有资源（资产）有偿使用收入142万元；实现一般公共预算收入100864万元，同比下降16.04%；上级补助资金到位50114万元，同比增长44.16%；新增自治区政府债券81000万元。

（刘湘芸　戚凤文）

**【国库管理】** 2020年，区财政局国库集中支付资金总量251874万元，其中财政直接支付21596笔224279万元；授权支付16411笔27595万元。

（阿斯古丽·泽耀东）

**【财政支出】** 2020年，区财政局根据财力状况，兜牢“三保”（保工资、保运转、保基本民生）底线，加大民生投入力度，做好普惠性、基础性、兜底性民生建设。全年，支出民生经费102400万元，占一般公共预算支出63.24%，其中，就业补助相关资金3000万元，教育支出3500元，养老支出2500万元，卫生健康支出12800万元，保障性安居工程资金4700万元，困难群众救助资金500万元；科学技术支出2000万元；城乡社区支出41900万元。

（孙丽　陈红）

**【资金调配】** 2020年，区财政局争取地方政府债券、抗疫特别国债、其他直达资金，重点用于疫情防控、交通、产业园区、文化旅游、老旧小区改造等重大领域基础设施建设，疫情防控期间调拨应急资金，缓解支出压力，优先保障疫情防控支出。全年，到位中央预算内项目资金19500万元；争取地方政府债券、抗疫特别国债、其他直达资金107900万元，安排各项疫情防控支出6400万元。

（孙丽　陈红）

**【预决算公开】** 2020年，区财政局细化监督，加大对预决算检查力度。打造阳光财政，在区政府门户网站公开全区各单位财政预决算、部门预决算及三公经费预决算（除涉密单位外），公开率达到100%。

（孙丽　刘湘芸）

**【预算绩效管理】** 2020年，区财政局组织各预算单位开展预算绩效评价、绩效目标管理、绩效监控、绩效自评、重点项目绩效评价等工作，压实预算单位为部门预算绩效管理责任主体，充分发挥财政资金使用效益。在自治区对全疆各区县绩效管理工作考核中，获第五名。

（孙丽）

**【政府采购】** 2020年，区财政局在疫情期间对防疫物资采购依法开通绿色通道，简化物资采购程序，确保采购资金安全、采购物资及时、采购质量可靠；推进政府采购信息化建设，深化“互联网+”和“放管服”改革，在全区各预算单位全面应用政府采购云服务平台——电子卖场系统。全年，政府采购预算资金12290.09万元，实际采购金额10754万元。

（崔乐）

**【财政监督】** 2020年，区财政局履行财政部门会计监督职责，对克拉玛依市独山子区天鼎集团有限责任公司开展会计信息质量检查，关注其内部控制、资产质量和债务风险，揭示风险隐患，防范系统性和区域性风险。对区发改委、第三中学等11家单位进行资产检查，规范资产管理工作。

（马梓尧）

**【财政投资审核】** 2020年，区财政局加强政府投资项目评审，严格基本建设投资监管，合理确定和控制建设工程造价，规范建设工程结算审核工作。重新抽取结算审核框架单位，简化审核费用支付流程，为企业提供便捷服务。全年，送审资金21100万元，已审定项目金额9900万元，审减资金900万元，审减率9.1%。

（陈鹏）

**【债务风险防控】** 2020年，市核定区政府债务限额191000万元。年底，区政府债务余额167800万元，其中自治区一般债券75800万元，自治区专项债券92000万元，符合地方政府债务限额管理规定。

（陈鹏）

【金融服务】 2020年，区财政局积极落实扶持中小微企业和个体工商户复工复产政策，向462户个体工商户发放小额信用贷款3414.3万元，向疫情防控重点保障企业、纺织服装和口罩生产企业发放贷款贴息10.68万元。 （冉娥）

【金融风险防范】 2020年，区财政局落实金融机构（银行）网格化管理工作机制，组织各金融机构到社区、企业开展防范金融风险宣传活动。联合街道、社区通过走访入户、微信、发放宣传单、开展专题活动等方式，向市民普及金融知识和法治理念，提高市民风险识别能力，增强防范金融风险意识；协调区公安分局、市场监督管理局、网信办等处非成员单位开展金融风险摸排工作。全年，发放宣传单3万份，组织宣讲活动110次。 （冉娥）

【会计事务管理】 2020年，区财政局组织会计人员管理知识和能力培训，提高会计行业从业人员素质，规范开展会计代理机构年审。全年，组织会计人员参加线上继续教育培训448人，对会计代理机构进行年检3家。 （马梓尧）

【国有资产管理】 2020年，区财政局依法开展国有资产管理，严格资产变动审核，组织完成全区79家行政事业单位政府资产报告填报和资产报表审核汇总分析工作。全年，接收独山子石化公司企业退管人员移交资产381项，原值4309.76万元；办理各单位资产调拨审核175份，报废资产鉴定41家，审批2737项；按资产处置程序组织资产拍卖，拍卖收入上缴国库1.29万元。 （司玲玲）

## 税务

【概况】 2020年，国家税务总局克拉玛依市独山子区税务局（简称区税务局）规划实施纳税服务体系建设，组织开展税收征收管理体制改革，管理地方税收，落实税费优惠政策，查处重大偷、逃、抗、骗税违法案件，提供纳税服务，宣传税收法律法规。全年，完成税收收入839756万元，实名采集纳税人信息5163户，评出A级纳税人94户。 （曹雪莹）

【税收管理】 2020年，区税务局落实减税降费政策，贯彻落实服务六稳、六保工作要求，依法依规开展收入组织工作，全力以赴完成年度组织收入工作任务。全年，税收收入839756万元，其中，增值税入库204172万元，消费税入库545456万元，企业所得税入库10487万元，车辆购置税入库2523万元，个人所得税入库7232万元，城市维护建设税入库52057万元，房产税入库3974万元，印花税入库1324万元，城镇土地使用税入库8964万元，其他税种入库20352万元。 （曹雪莹）

【税费优惠政策落实】 2020年，区税务局支持疫情防控和经济社会发展税费优惠政策，统筹做好税费优惠政策落实落地。落实网格化管理责任，推行精细化服务，“线上+线下”广泛宣传，对受疫情影响较大困难企业逐一建立台账，点对点、一对一精准辅导，确保国家税费优惠政策企业应知快享。成立重点建设项目税收管家服务小组、支持湖北企业复工复产帮扶组，研判分析企业迫切需求，主动对接助力区内与湖北往来业务较多的12家企业，助推企业复工复产。全年，通过银税互动为35家困难企业提供贷款3692.9万元。 （曹雪莹）

【税收风险管理】 2020年，区税务局分析纳税人税法遵从状况，针对纳税人不同类型不同等级税收风险，合理配置税收管理资源，通过风险提醒、纳税评估、税务审计、反避税调查等风险应对手段，防控税收风险，提高纳税人税法遵从度。全年，完成风险应对任务262户；入库税款34.05万元、滞纳金7.86万元；企业所得税调增应纳税所得额105.11万元、企业所得税弥补亏损额49.77万元；摸底区重点工程项目督促预缴增值税税款67项1403.05万元；完成出口退税核查工作，补缴增值税税款7.43万元、滞纳金0.90万元；核查8户外部推送疑点企业纳税情况，补缴企业所得税1.01万元；核实疑点数据所涉及纳税人748户（次），调查核实5户异地协作平台内疑点发票并回函5份，核实疑点增值税专用发票28张、行政处罚21630元；完成重点税源企业纳税宣传辅导7户。 （曹雪莹）

【纳税服务】 2020年，区税务局提升工作质效，推行非接触和网厅办税缴费服务，用好第三方支付缴纳税费渠道，实行主要涉税服务事项网上办理，90%以上纳税人实现足不出户，指尖缴费。通过新疆电子税务局银税互动模块，纳税人直接选择银税互动对接银行，提交贷款申请；多种形式开展税收业务培训及减税降费政策辅导，开展面对面税企专项座谈会和针对生产、生活性服务业纳税人增值税专项政策辅导，提升“最多跑一次”改革服务。全年，针对普惠政策、企业所得税汇算清缴、减税降费最新政策、疫情期间税费优惠政策、深化增值税改革等文件举办纳税人培训班 10 多次，参加 3500 多人次；通过自助终端领购发票纳税人 1465 户，通过银税互动实现贷款企业 46 家 3692.9 万元。（曹雪莹）

【社保和非税收入征缴】 2020 年，区税务局增设社保费征缴专窗，配备专职人员开展社保费征缴业务，与纳税服务部门密切合作，开展社保缴费政策宣传辅导。11 月，因机构改革，企业及灵活就业人员社保费征缴职责由社保和医保部门，划转至税务部门。全年，进行单位缴费人社保缴费政策宣传辅导 1053 户次、灵活就业人员全覆盖宣传 2008 人次，企业单位按要求签订税库银三方扣款协议 1053 家；10 月至 12 月，完成城乡居民基本医疗保险征缴 19212 人，其中残疾人、低保人员等特殊群体实现参保缴费 100%。（曹雪莹）

【依法治税】 2020 年，区税务局线上线下结合加强职工法治教育，通过法宣在线、学习强国平台学习法律知识，开展宪法宣传周、民法典专题培训及“税收宣传来助力、万众一心共战疫”主题税法宣传活动，增强干部职工法治观念。开展内部执法督察工作，成立 3 个督审项目组，通过接收上级下发及本级筛选疑点数据由各部门核查整改，落实税收执法责任。全年，执法信息公示平台公示事项 23 个、信息 15751 条，执法信息存储平台存储执法信息 13 条；对各级执法督察、内部审计发现的税收执法过错落实责任追究 34 人次，落实重大执法决定法制审核事项 6 项。（曹雪莹）

## 统　计

【概况】 2020 年，独山子区统计局（简称区统计局）组织协调全区统计工作，汇总、整理和提供全区各行各业有关统计数据，依法审批或者备案各部门统计调查项目、地方统计调查项目，审核、监控和评估重要统计数据，指导各街道统计信息化系统建设，开展第七次全国人口普查、城乡一体化居民住户调查和中国妇女社会地位调查工作。4 月，因机构改革，成立区统计局，接管由区发改委划转的统计管理职能。全年，配备街道统计专干 6 人；完成企业 96 家、居民住户 80 户调查月报、季报、年报上报工作。（张德莲）

【统计调查】 2020 年，区统计局开展一套表联网直报企业统计报表审核、查询工作，审核查询直报企业生产经营状况、能源、劳动工资、主要经济指标等报表内容；组织居民住户调查，核算全区全年人均居民可支配收入。全年，审核、查询工业企业 9 家、批发零售业 32 家、住宿餐饮业 8 家、服务业 37 家，建筑业 9 家、房地产业 1 家，固定资产投资项目 93 个；劳资抽样调查 16 家，居民住户调查 80 户。（张德莲）

【统计分析】 2020 年，区统计局挖掘信息素材，做好统计产品开发和利用，编撰领导干部经济要情手册，为领导决策提供科学依据。为区委、区政府及其各部门提供统计数据咨询服务，上报 1—4 季度 GDP（国内生产总值）测算资料。完成 2020 年统计公报。全年，编撰经济要情手册 11 册。（张德莲）

【中国妇女社会地位调查】 2020 年，区统计局开展全国第四期妇女社会地位调查工作，选派 4 名工作人员到乌鲁木齐市参加自治区妇女社会地位调查工作培训，确定第四社区、第十一社区、第十五社区和第十七社区为参与抽样调查单位，涉及居民 12500 户，对居民信息数据进行反复核对，7 月，首轮抽选 5000 户居民信息数据上传到调查系统平台，9 月调查工作结束。调查期间，入户家庭调查 75 户。（张德莲）

【第七次全国人口普查】 2020 年，区统计局开展第七次人口普查宣传工作，选调普查员和普查指导员，举办第七次全国人口普查绘图业务、综合业务等培训班，根据《第七次全国人口普查方案》及《第七次全国人口普查各阶段质量控制工作细则》，对普查质量控制进行明确规定，落实普查摸底、普查登记、快速汇总、普查表编码等各阶段普查工作。全年，选调普查员、普查指导员 426 人，举办普查业务培训 6 场次，参加培训 2600 人次；标绘普查区 19 个、普查小区 348 个、建筑物 3166 个；张贴海报 786 张、公告

786 张，发放宣传折页 29300 张、致居民的一封信 29300 封，悬挂宣传横幅 200 条，在 280 多辆出租车顶灯持续播放宣传口号；在区级以上宣传平台发布稿件 18 篇次，在独山子电视台播报新闻 4 条，制作发布抖音视频 6 条。（张德莲）

2020 年 9 月 20 日，区统计局在武昌路市场南门开展第七次全国人口普查宣传活动（木合塔尔·木沙 摄）

【社会事务（统计）服务中心成立】 2020 年，区统计局开展基层统计机构队伍建设工作，指导各街道成立社会事务（统计）服务中心，确定一名中心领导专门负责统计工作，各街道选配专职统计工作人员不少于 2 人。（张德莲）

## 审 计

【概况】 2020 年，独山子区审计局（简称区审计局）审计区财政预算执行情况、区机关各部门及各单位财务收支、区机关及国有企业主要领导干部任期经济责任、地方金融机构资产负债和账务收支、固定资产投资、授权审计企业财务收支。6 月 23 日，因机构改革，成立区固定资产投资审计中心。全年，开展审计项目 27 项，审计调查 1 项，专项检查 11 项，配合上级审计机关开展审计项目 4 项；查出各类管理不规范资金 2.9 亿元，收回国库资金 1252.03 万元，督促企业补缴税款 30.56 万元，促进收回国有企业资金 28.45 万元；审计移送问题线索 3 件，发现问题 360 项，提出审计建议 45 条。（夏浩东）

【本级预算执行审计】 2020 年，区审计局结合内控检查、经济责任审计、工程建设项目竣工决算审计、企业审计等审计项目中发现问题，全面反映全区财政收支方面存在问题。全年，通过审计发现问题 15 项，查出管理不规范资金 3597.89 万元，促进收回国库资金 301.38 万元。（夏浩东）

【固定资产投资审计】 2020 年，区审计局对城投大厦等 94 个项目预算执行及竣工决算情况进行审计，揭示项目未履行招投标程序、工程材料管理使用不规范、项目变更未严格履行程序、合同管理不规范等方面存在问题；对南京路改造等 14 个重大投资、民生类基本建设项目开展跟踪审计，严格监督项目前期手续办理、招标工程量清单及控制价、招投标、施工合同、材料采购、工程进度款支付、工程变更及签证、工程质量及进度、费用索赔等管理。全年，审计查出各类问题 53 个，促进收回国库 950.26 万元，提出审计建议 4 条；查出管理不规范资金 2070.47 万元，节约财政资金 27.93 万元；移送问题线索 2 件，其中移送纪委监委 1 项。（夏浩东）

【经济责任审计】 2020 年，区审计局与组织部门沟通协调，组织实施审计经济责任项目 7 项，其中任中审计 4 项、离任审计 3 项。通过审计，发现问题 108 项；查出管理不规范资金 1.59 亿元，促进收回国库资金 0.19 万元，提出审计建议 25 条。（夏浩东）

【国有企业审计】 2020 年，区审计局开展区属国有企业财务收支及财经纪律执行情况审计 3 项。通过审计，查出管理不规范资金 6967.67 万元，促进企业补缴税款 30.56 万元，促进收回企业资金 28.45 万元，退还群众 17.72 万元；发现问题 102 项，提出审计建议 9 条，移送问题线索 1 条。（夏浩东）

【全局性审计工作】 2020 年，区审计局配合自治区审计厅、市审计局做好全局性审计工作。全年，抽调 1 人配合自治区审计厅完成对克拉玛依市 2020 年社会保险基金审计工作；组成专项审计组，配合市审计局开展对区疫情防控财政资金和捐赠物款、新增财政资金直达市县基层直接惠企利民及重大政策落实情况等审计工作。（夏浩东）

【队伍建设】 2020 年，区审计局通过培训学习及以审代培方式加强工作人员业务学习，补齐短板，鼓励工作人员考取职业资格证书，提升自身业务素养；在项目审计中，让年轻干部作为审计组组长及主审，有经验的老同志参与其中进行指导，快速提升年轻干部业务水平。截至年底，有中级审计师2人、中级经济师1人；取得计算机审计中级证书3人（其中1人是自治区计算机中级证书）、一级建造师证书1人。

（夏浩东）

## 市场监督管理

【概况】 2020年，独山子区市场监督管理局（知识产权局、市场监管综合执法队）（简称区市场监督管理局）办理市场监管行政审批事项，登记注册市场主体，查处不正当竞争、违法直销、传销、侵犯商标专利知识产权、制售假冒伪劣产品、无照生产经营和无证生产经营行为，督查商品价格，监督管理广告活动，开展食药品、特种设备、产品质量安全监督检查，规范、监督商品和市场计量行为，组织实施检验检测工作，监管医疗器械流通领域和化妆品经营环节安全工作，依法打击各类违法行为。指导消费者协会工作。全年，同比增长9.81%，注册资本（金）519331.67万元，同比增长10.1%，登记在册个体工商户3882户，同比减少1.6%，注册资本（金）32160.89万元；开展食品安全检查9次，查处食品案件64起，检查抽检医药企业165家次，抽查药品20个批次，立案查处10起；开展各类质量、计量检查、检测200多次。

（罗易文）

【注册登记】 2020年，区市场监督管理局推行行政审批服务网上办、零见面，严格落实首问责制、一次性告知制、限时办结制，充分依托网上办、掌上办、寄递办、预约办等有效手段，压减登记注册环节、时间和成本，个体工商户营业执照办理时间由15个工作日缩短至少于1.5个工作日，企业开办时间由平均20日压缩至3个工作日。与美团快递签订寄送服务协议，通过快递将证照免费送达申请人手中，为出行不便及外地到独山子区办事群众带来便利。截至年底，登记在册私营企业962家，同比增长9.81%；注册资本（金）519331.67万元，同比增长10.1%；登记在册个体工商户3882户，同比减少1.6%；注册资本（金）32160.89万元。

（罗易文）

2020年5月15日，区市场监督管理局在政务服务中心举办证照免费快递服务活动启动仪式，美团快递员接收第一批派送证照业务　　（谷伟　摄）

【监督管理】 2020年，区市场监督管理局完成双随机抽查全流程整合，实现双随机、一公开监管全覆盖、常态化；建立检查、对象、人员、表格、结果、数据六融合检查模式，相关业务领域检查量减少40%，有效降低对企业干扰，制订部门联合监管实施意见，全区实施双随机、一公开监管部门达到20个，有效规范监管行为；完善两库一清单，确保抽查计划、事项、清单及抽查结果100%对外公示；持续开展“僵尸”企业清理工作，还原市场主体真实数据，推送市场监管行业黑名单信息，实现各领域信用黑名单信息共享和常态化发布，实现市场主体一次失信，处处受限；开展公平竞争审查工作，组织公平竞争审查成员单位，清理审查政策性文件；通过国家企业信用信息公示系统（新疆）、市场主体信用监管业务系统，采取随机抽取检查对象、随机选派执法检查人员方式进行监督检查，并及时公开抽查情况和结果。全年，审查政策文件2012件，其中不需要公平竞争审查文件1952件，存量48件，增量12件；开展市场监管领域双随机抽查监管工作30项902户，开展跨部门双随机任务4项269户，列入企业异常名录12户；召开公平竞争审查工作联席会议2次、业务培训2次，参加企业代表160人次。

（罗易文）

【合同管理】 2020年，区市场监督管理局开展整治利用合同格式条款侵害消费者合法权益专项行动，重点针对房地产业、汽车买卖和健身美容等服务行业中典型不公平格式条款合同开展集中规范整治；开通股权质押快速通道，引导企业盘活股权资源进行融资；应用全国市场监管动产抵押登记业务系统依法办理动产抵押登记，实现在线申请、在线审核、在线公示、在线查询一网通办。

（罗易文）

【知识产权管理】 2020年，区市场监督管理局贯彻落实《国家知识产权战略纲要》和《新疆维吾尔自治区知识产权战略纲要》，围绕守住安全底线、聚焦民生关切、服务发展大局三大目标，扎实开展知识产权保护工作。开展倡导创新文化、尊重知识产权宣传工作，加快实施知识产权战略，促进全社会更多了解知识产权最新内容，增强辖区居民对知识产权创造、保护和运用意识，推动知识产权创新和成果运用转化。以企业为主体、市场为导向，加强对中小企业创新支持，促进科技成果转化；加大知识产权保护力度，组织开展商标、专利、地理标志等领域专项执法行动，加大对侵权违法行为惩处；健全和完善跨部门知识产权协作配合和衔接工作机制。全年开展监督检查25次，查处专利标识不规范案件26起。（罗易文）

【广告管理】 2020年，区市场监督管理局围绕重点工作、重要会议活动及群众热点问题，加大监管监测和查处力度，确保广告意识形态领域安全；在直接关系人民群众生命财产安全重点领域，开展广告监管专项行动；加强对传统媒体及互联网等新媒体广告监测，公开曝光违法广告典型，严厉查处虚假违法广告；突出对低俗庸俗媚俗广告、非法野生动物及其制品交易广告、口罩等防护用品广告、借疫情宣传疫病防治内容等虚假违法广告监测，加强对直接关系人民群众健康安全，社会关注度比较高食品（保健食品）、药品、医疗器械、房地产、投资理财广告及涉及意识形态导向类广告重点监测，提升广告监测覆盖率。全年，监测广告经营单位43家，监测各类广告1504条次，查处违法广告行为案1起。（罗易文）

【价格监督管理】 2020年，区市场监督管理局开展价格监督管理工作，对各大商场、超市下发告诫书，要求所有商品明码标价，标价做到货签对位、填写完整、不得涂改，降价商品使用降价标价签，并如实标明原价和现价。治理违规涉企收费，规范民生等重点领域市场价格秩序，做好节假日市场价格监管和价格投诉举报办理工作，维护群众和企业合法权益。加大对乱收费查处和整治力度，开展商超、电动车头盔、电价专项整治，未发现哄抬价格违法现象。（罗易文）

【市场秩序整顿】 2020年，区市场监督管理局加大执法力度，规范市场竞争秩序，提升执法稽查工作成效。加强反垄断和反不正当竞争执法，依法查处垄断协议、滥用市场支配地位、滥用行政权力排除限制竞争和不正当竞争行为，强化直销监管，严厉打击传销。全年，立案118件，结案109件，罚没款67.41万元。（罗易文）

【食品安全监管】 2020年，区市场监督管理局开展校园及周边食品安全、夜市食品安全、网络餐饮平台等专项整治工作。利用食品抽检监测手段，准确掌握各个食品领域安全状况和关键风险点，督促企业建立自查和风险问题报告制度，加强对食品安全管理人员、企业职工食品安全知识培训和考核，落实考核上岗制度；开展餐饮业食品安全监督量化分级管理年度及动态等级评定工作，进行疫情防控期间蔬菜供应点、餐饮配送单位全覆盖式检查指导。全年，监管食品生产经营单位1587家，其中食品生产企业7家、熟食品加工基地小作坊64家、食品经营户812家、餐饮经营户704家；开展餐饮业食品安全监督量化分级管理年度及动态等级评定548家，农副产品抽检592个批次、熟食品加工基地抽检412批次，抽检餐饮具700份，进行冷链食品监测129家676处；立案查处食品类案件38起，结案38起，罚没款45.85万元。（罗易文）

2020年9月17日，区市场监督管理局在汇民市场检查食品安全（宋爱华 摄）

【夜市食品安全整治】 2020年，区市场监督管理局开展夜市食品安全整治行动。检查各夜市疫情防控工作落实情况，检查市场开办方从业人员和出入顾客健康码、各项疫情防控措施，对不落实或落实不到位经营户实施劝导、警告、直至责令停业整改，降低疫情输入和传播风险隐患；检查经营户主体资格、食品原料采购、索证索票、进货查验、台账记录，检查加工操作规范标准、加工经营场所环境卫生、从业人员持健康证上岗及从业人员个人卫生、餐饮具清洗消毒、餐厨废弃物规范处理；实行常态化夜市执法，每周

二、周五安排专组工作人员在就餐高峰期对夜市进行巡查，建立夜市从业人员微信群，线上督促各负责人落实食品安全主体责任；执法人员定期在夜市开展食品安全宣传活动，对可导致食源性疾病发生因素、食物中毒原因、食物中毒预防等相关内容现场进行讲解，通过发放宣传资料等方式宣传国家食品安全法律法规和政策，普及食品安全科普知识，发动群众参与食品安全监管。全年，检查餐饮及食品经营单位1812家次，开展食品安全培训班8期，参加600多人次。（罗易文）

【药品安全监管】 2020年，区市场监督管理局严格药品、医疗器械、化妆品、防疫物资全链条监管，开展防疫物资专项检查，消除监管盲区盲点，加强风险防控和质量管理，保障药品、医疗器械、化妆品质量安全。围绕药品领域存在突出问题，开展疫苗，血液制品，毒、麻、精、放药品，中药饮品，执业药师挂证行为回头看，药品集中采购和使用中选药品等专项整治工作。开展药品科技活动周宣传活动，牵头组织医药企业通过发放药品安全科普惠民宣传资料、展出展板、义诊、测血压、测血糖、现场演示急救等形式，向市民普及药品安全使用知识，宣传药品安全监管法律法规、政策措施，引导公众树立科学用药意识。全年，抽检药品31个批次，检查药品经营使用单位216家次，发现问题22项；下发责令改正通知21份、行政约谈1家、立案查处1起，罚没款5000元；核查药品经营单位口罩、防护服、消毒液票据、供货企业资68家次；行政约谈未备案销售医用口罩商店1家；组织召开培训例会6次，参加181人次，发放各种用药宣传资料900多份。（罗易文）

【医疗器械清网行动】 2020年，区市场监管局开展医疗器械清网行动，采取线上与线下联动、信息与产品结合方法，严厉打击医疗器械销售违法违规行为。4月至6月，指导医疗器械网络销售企业全面自查整改网络销售医疗器械产品资质、信息发布、销售记录以及储存运输条件等方面问题，并向医疗器械监管部门提交报告；7月至10月，重点检查医疗器械网络销售企业“线下”无照（资质）经营、“线上”销售未取得注册证或备案凭证等非法医疗器械产品、展示虚假企业及产品信息等行为，以查处“线上”非法产品信息为线索，实施“线下”追查，曝光“黑网站”，取缔“黑窝点”；10月至12月，指导企业整改，约谈企业法定代表人或主要负责人，对发现的违法违规行为依法从严查处，对存在严重违法违规行为第三方平台、医疗器械网络销售企业及法定代表人列入失信企业和失信人员名单向社会公开，实施联合惩戒。行动期间，检查医疗器械经营单位31家次，查处违规医疗器械10家；检查无菌和植入性医疗器械经营单位36家次，行政约谈医疗器械批发企业1家，下发责令改正通知书2份，立案查处1起，罚没款52573.75元。（马志　罗易文）

【化妆品安全科普宣传周活动】 2020年5月25—31日，区市场监管局开展主题为“安全用妆，伴您同行”第二届全国化妆品安全科普宣传周活动。活动主要以线上活动为主，利用抖音、微信、独山子在线、独山子零距离等网络媒体，向市民普及化妆品安全使用知识，宣传化妆品安全监管法律法规、政策措施，引导公众树立科学护肤、安全用妆意识，引导企业落实质量安全主体责任，促进化妆品行业健康发展；举办“化妆品安全网络知识竞赛”，采用有奖竞答形式寓教于乐；举办专家直播间活动，以“美白类化妆品的安全使用”为宣传重点，邀请业内专家和资深皮肤科医生线上直播，解读美白类化妆品安全使用和不良反应相关知识。活动期间，对化妆品经营单位非法经营使用医疗器械立案8起，罚没款3.19万元。

（马志　罗易文）

【质量监管】 2020年，区市场监督管理局建立新型产品质量安全监管机制，开展流通领域重点商品抽检，突出消费品、工业产品、防疫、食品等相关产品质量安全监管，全面提升产品质量。组织儿童和学生用品专项守护行动，开展电线电缆、危险化学品等质量安全专项整治；监管生产许可证企业5家，公开企业产品标准34家292项，涵盖产品334种；检查区内危化品企业危化品质量安全26家次。全年，开展产品质量分级分类监管32家次、检验检测机构进行监督检查6家次，发现问题并责令整改21项。

（罗易文）

【计量认证】 2020年，区市场监督管理局开展计量强制检定和检验检测认证专项整治工作，促进计量工作惠及民生。对供电、供气、供水计量器具开展统计及监督检查；对各大市场、超市计量器具进行检定。全年，监管在用电表49300多台、在用燃气表34100多台、衡器（电子秤、台秤）605台、医疗计量检测仪器978台、眼镜行业计量器具20台、出租车计价器278台、环境监测和车辆检测类计量器具450台，检查加油站10家次29台（81枪）。（罗易文）

【特种设备安全监管】 2020年，区市场监督管理局督促特种经营主体履行安全主体责任，营造社会共治氛围。推进电梯维保管理系统和应急救援平台建设，加快电梯安全共治体系建设；开展压力管道、大型游乐设施、液化石油气瓶等特种设备安全专项治理，规范和指导特种设备使用单位加强全过程风险防控，提升特种设备应急救援能力。全年，检查电梯使用单位58家次，663部次；核查住宅电梯隐患14处，下达监察指令书14份。（罗易文）

【普法依法治理】 2020年，区市场监督管理局加强执法人员能力培训，通过组织执法专题培训，开展传帮带和优秀案件、优秀案卷、优秀办案人员等评比交流活动，打造高素质专业化执法队伍，提升干部职工综合执法能力；把监管压力最大、人民群众关切最多、社会影响最广泛案件作为执法重点，提升大案要案办理能力；从普法责任制建设、系统内普法及实践、推动社会普法等方面入手，梳理和总结开展“七五”普法工作经验、做法、成效，圆满完成“七五”普法验收；落实重大行政执法法治审核制度，保证所有一般程序处罚案件审核率100%。全年，组织普法学习、培训61场次，参加3830多人次；以微宣讲方式进行入户走访宣讲400多次；核审案件71件，召开案审会议6次。（罗易文）

【跳蚤市场开设】 2020年，区市场监督管理局按照区委、区政府合理布局、市场运作要求，与相关部门联合在武昌路市场南门、玛依塔柯时代广场南广场开设2个跳蚤市场，为市民搭建旧物交换平台。每个市民均可参加，不收摊位费，市场内可交易服装、鞋帽、小商品、旧家电家具、个人休闲用品和儿童玩具等多品类货物。全年，参与市民2万多人。（罗易文）

【维护权益】 2020年，独山子区消费者协会（简称区消协）建立消费投诉联络站微信群，设立33个消费维权服务站、1个快速通道（通过12315系统直接转入该经营单位由其接收解决答复），构建规范高效消费维权工作网络，收到投诉后快速分流，迅速解决。将12315消费者投诉电话、12345政府阳光热线和政府政民互动平台联合起来，协调解决消费热点难点问题。全年，接待来访和电话咨询150人次，收集整理消费投诉热点问题10类，受理消费者申、投诉470件，挽回经济损失317592元。（罗易文）

【行政约谈】 2020年，区消协以凝集你我力量为主题开展全区重点行业行政约谈会。对各大商场，超市，餐饮，通信，家电，汽车，服务（包括美容美发、健身、洗染、摄影、维修、洗车、宾馆酒店、加油站、加气站等）等行业进行约谈。督促经营单位解决消费纠纷，指导经营单位建立消费维权自律体系和长效管理机制，敦促企业、经营者诚信经营、守法经营，预防和减少侵害消费者合法权益的违法违规行为发生，督促各经营单位不断强化自律意识和消费维权意识，遵守法律法规，自觉履行保护消费者合法权益义务，把消费纠纷关口前移，把问题解决在柜台前。全年，约谈4次，约谈60家单位112人；收集意见建议12条，解决问题15个。（罗易文）

【“3·15”活动】 2020年，区消协结合“3·15”国际消费者权益保护日，开展《中华人民共和国消费者权益保护法》知识进商场、超市活动，对超市管理人员和员工进行培训，指导经营者快速解决消费投诉，完善商场内部管理，加强经营者合法经营、诚信服务自律意识；在独山子在线、区政府门户网站、《独山子石化报·商业消费周刊》刊登独山子区消费投诉十大典型案例、十大消费投诉热点和重点消费警示。（罗易文）

## 民营经济管理

【概况】 2020年，独山子区私营个体经济协会（简称区私个协会）维护个体工商户和私营企业合法权益，反映个体工商户、私营企业及其从业人员合理意见和要求，提供法律咨询与服务，协助区政府有关部门对个体私营经济经营活动进行监督管理。截至年底，有会员3958家（户）。全年，举办线上学习培训活动10次，参加2000多人次；慰问会员单位66户，送慰问品9900元。（刁秋琳）

【服务兴会】 2020年，区私个协会组建商户会员微信群，宣传上级疫情防控各项措施，利用电话、网络解答反馈会员提出的各项问题，向上级反馈并全力解决或答复会员诉求和困难，缓解会员及商户焦躁情绪。开展上门接送商户查看水电、处理食材、检查清洗机器设备等服务，提供奶粉、眼镜配送及部分商户紧急配货服务，解决特殊需求群体实际困难。联合相关部门2次向全区经营用房业主（房东）发出减免房租倡议，号召房东主动减免房租，减轻租户经营负担，以实际行动支持复工复产，得到积极响应。全年，组建微信群8个，入群商户3900多家；传达疫情防控相关信息2000多次，发送短信超过22000多条次，拨打电话2500多通次，统计商户填报从业人员旅居信息及返程信息2000多人次；为商户提供配送服务1300户1448次；志愿者车辆行驶里程10000多千米，获得房东减免房租商家1871家520.54万元。（刁秋琳）

【社会责任】 2020年，区私个协会第一时间发起众志成城战胜新冠肺炎疫情爱心捐赠倡议书，会员在自身生意受到影响情况下，依然响应号召，为奋战在抗疫一线民警、医务工作者及所有工作人员送去紧缺物资。得知本地援鄂护士功成归来，区私个协会会员单位主动报名，为援鄂英雄捐款捐物并提供志愿服务。协会安排车辆为会员提供上门接送服务，号召会员参与社区及相关单位门岗值班、生活用品配送等志愿者服务，真心回馈社会，勇于承担社会责任。组织义务植树，主动认领植树任务，发动会员保质保量完成秋季义务植树任务。全年，向社会捐款捐物会员253家31.04万元；向援鄂英雄赠送商品及服务29.71万元；参与小区值班、生活用品配送等志愿服务800多人次，主动认领植树任务10000棵，参加植树会员2000多家。（刁秋琳）

【桥梁作用】 2020年，区私个协会发挥桥梁作用，贴近商户服务会员，为非公经济发展提供优质高效服务。摸底商户贷款需求，收集减免房租及复工复产数据，针对贷款、复工存在问题，向上级部门反映；联系“三大运营商”（移动、电信、联通）及各保险公司，协商会员优惠政策，降低会员运行成本；电话问询食品、汽车维修中心销售经营户现状，为部分商家租用公租房提交申请；协调商户具体享受暖气减免问题，统计个体工商户贷款情况，收集准南市场商户困难诉求，统计疫情期间商户食材损失情况，发布私营企业及个体工商户经营情况调查问卷，调查结果形成报告上报相关部门；协助市场监督管理局做好复工前准备，通知商户进行店面消杀、配备防疫物资及按时核酸检测，推动复工复产。全年，统计有困难诉求会员186家，收集上报会员商户需求信息568条，协调解决率98%。（刁秋琳）

【教育培训】 2020年，区私个协会组织会员收听习近平总书记在中国人民志愿军抗美援朝出国作战70周年大会重要讲话，组织会员参加区工商联组织的第三次新疆工作会议精神、党的十九届五中全会精神和《关于加强新时代民营经济统战工作的意见》学习，协助区经济发展中心发放扶持政策宣传册，统计会员困难诉求，宣传贴息贷款政策，在私个协各微信群安排专人对区政府发放的消费券使用进行宣传答疑，协助工商联宣传政府政采云采购平台，组织会员参加独山子区2020年贷款政策解读培训班，向会员宣传自治区及市、区各项扶持政策；发起祝贺独库公路博物馆隆重开馆活动，自费制作条幅营造现场氛围；联合第十三社区举办红色力量、圈圈联盟活动，为第十三社区商家引流客户；配合公安部门宣传防止网上贷款诈骗，文明城市创建等工作。全年，举办各类培训10多期，参加会员1000多人次。（刁秋琳）

## 烟草销售管理

【概况】 2020年，独山子区烟草专卖局（简称区烟草专卖局）监督烟草专卖经营企业经营活动，办理烟草专卖许可证、准运证，依法打击制假售假、走私贩私烟草制品等不法行为，提供卷烟专卖、营销服务。全年，监督管理卷烟持证户同比增长14.1%，新增持证户同比增长24.8%，各类涉烟违法案件同比减少13.8%，销售收入同比增长7.2%。（鲁燕）

【市场监管】 2020年，区烟草专卖局持续强化市场监管力度，发挥与公安、邮政、市场监管等部门协作机制作用，密切联系区公安分局，对进入独山子辖区车辆开展专项检查，联合市场监管部门开展专项执法，与辖区快递企业和邮政物流部门联合开展不定期检查；持续提升“互联网+政务服务”水平，实现让数据多跑路，让群众少跑腿。全年，开展检查和专项检查16次，检查车辆1000多台次；日常监管走访客户1528户次；双随机年度工作计划抽查比例20%，完成率100%。（鲁燕）

【卷烟营销】 2020年，区烟草专卖局帮助零售客户调库存、育品牌、稳经营，促进经济平稳运行；以库存分离和自动采集为切入点规范市场信息采集工作；利用五步法提升现代终端含金量，建设现代终端；开展以诚信互助小组为载体探索卷烟信用体系建设创新课题，按照线上为主、线下为辅工作思路开展小组活动。全年，安装新零售信息系统10户，开展国家局信息采集12户，“档位+信息采集”10户；建成现代终端99户；开展小组活动90场次。（鲁燕）

【电子烟监管】 2020年，区烟草专卖局主动监测电子烟销售动态，建立辖区内电子烟经营户档案，打击向未成年人销售电子烟行为，协调市场监管部门开展联合检查，督促各类市场主体不得向未成年人销售电子烟，保障未成年人免受电子烟侵害。全年，开展专项检查3次，发现问题7项，销项率100%。（鲁燕）

【信息搜集】 2020年，区烟草专卖局发动全体专卖人员、卷烟零售客户通过互联网、贴吧、QQ、微信、闲鱼、抖音等自媒体收集涉烟信息，重点留意辐射到辖区信息，锁定整理后，向上级监管部门报告。全年，收集到销售走私烟、假烟微信账号2个，销售加热不燃烧新型烟草制品微信账号1个。（鲁燕）

【普法依法治理】 2020年，区烟草专卖局开展网络学法和答题活动，全体员工均顺利通过网络学法考试；根据区消费者协会统一安排，参加“3·15”国际消费者权益日宣传服务活动。宣传真假烟辨识要点、投诉举报方式和流程，对群众疑问做出解答；举行“12·4”国家宪法日宣传活动，利用电话、微信、QQ等多种平台，对零售户进行烟草专卖相关法律法规宣传，以部分涉烟违法犯罪活动为例，加强宣传警醒效果。全年，组织网络学法和答题活动6次，参加54人次；举办法治宣传活动2次。（鲁燕）

【安全管理】 2020年，区烟草专卖局持续落实一岗双责制，以签订安全责任书形式，层层压紧压实主体责任，形成安全培训—监督检查—整改落实循环机制。设兼职安全管理员1人，定期对车辆、办公场所及库房进行安全隐患排查并记录台账。全年，组织并参加各类消防培训及应急演练108人次，无事故案件发生。（鲁燕）

## 《新疆的反恐、去极端化斗争与人权保障》白皮书摘要（之三）

新疆自古就是中国领土。包括新疆天山南北的广大地区古称西域，早在先秦时期就同中原地区保持着密切联系。随着秦、汉两个统一的封建王朝的建立，多民族大一统成为中国历史发展的主脉，新疆地区始终在中国统一多民族国家格局下发展。公元前60年，西汉在新疆地区设立西域都护府，标志着新疆地区正式纳入中国版图。公元123年，东汉改西域都护府为西域长史府，继续行使管理西域的职权。三国曹魏政权继承汉制，在西域设戊己校尉。西晋在西域设置西域长史和戊己校尉管理军政事务。隋代，结束了中原长期割据状态，扩大了郡县制在西域的范围。唐代，中央政权对西域的管理大为加强，先后设置安西大都护府和北庭大都护府统辖天山南北，于阗王国自称唐朝宗属，随唐朝国姓李。宋代，西域地方政权与宋朝保持着朝贡关系，高昌回鹘尊中朝（宋）为舅，自称西州外甥。喀喇汗王朝多次派使臣向宋朝朝贡。元代，设北庭都元帅府、宣慰司等管理军政事务，加强了对西域的管辖。明代，中央政权设立哈密卫作为管理西域事务的机构。清代，清政府平定准噶尔叛乱，中国西北边界得以确定。此后，对新疆地区实行了更加系统的治理政策。1762年设立伊犁将军，实行军政合一的军府体制；1884年在新疆地区建省。1949年中华人民共和国成立，新疆和平解放。1955年成立新疆维吾尔自治区。在中国共产党领导下，新疆经济社会面貌发生了翻天覆地的变化，进入历史上最好的繁荣发展时期。尽管新疆地区历史上曾出现过一些王朝、汗国，但它们都是中国疆域内的地方政权形式，都是中国的一部分，从来不是独立国家。新疆是中国领土不可分割的一部分不容置疑。

# 脱贫攻坚

## 产业项目扶贫

【概况】 2020年，独山子区协作扶贫工作领导小组办公室（简称区扶贫办）按照“一村一产业、一户一项目”思路，引导村民调整产业结构，把贫困户联结在产业链上，帮助每个村在种植业、养殖业、畜牧业以及小型加工业等方面优选品种和项目，带动村民由传统农业向特色农业转型，确保村村有主导产业、户户有增收项目。截至年底，独山子区选派协作扶贫干部300多人，在新疆喀什地区完成扶贫项目35个，投入专项扶贫资金3087.1万元，解决就业3000多人。独山子石化公司在新疆伊犁哈萨克自治州察布查尔锡伯自治县（简称察县）完成扶贫项目近30个，投入资金4700多万元；在喀什地区完成“惠民生”项目120多个，投入资金2000多万元。全年，独山子区在喀什地区扶贫产业项目投入500万元，独山子石化公司在喀什地区完成“惠民生”项目22个，投入资金415万元。 （于洪波　黄银凤）

【组织保障】 2020年，区扶贫办建立协调工作机制，制定2020年协作扶贫工作实施方案，组建工作专班，细化职责分工，挂图作战。与喀什地区签订协作扶贫合作框架协议，协调相关单位选派扶贫干部到喀什地区开展帮扶工作，通过两地互访和及时召开双方联席会议，共同商讨协作扶贫项目，对实施过程中存在问题认真分析、明确措施、及时解决，定期听取协作扶贫工作汇报，实时了解工作开展情况；动员社会各界力量参与扶贫，共同推进送医、送教、产业合作、劳动协作等项目落地生根。选派审计工作组到喀什地区开展扶贫资金使用情况专项审计，规范协作扶贫资金使用，严防扶贫领域腐败和作风问题。开展脱贫攻坚专项“回头看”工作，进行自检自查，梳理问题清单，明确整改措施，形成整改台账，做到靶向治疗。全年，区内协作扶贫投入财政资金601万元，召开扶贫协作专题会议2次，学习研究扶贫政策7次，区政府选派协作扶贫干部2人，领导实地考察调研6次（区领导3次、独山子石化公司领导3次），自查问题8项，整改销项率100%。 （于洪波　黄银凤）

【基层党建项目】 2020年，区扶贫办统筹金山路、西宁路、新北区街道党工委与疏勒县部分乡镇及村党支部开展基层党建共建活动，签订携手奔小康协议，双方就互派干部交流学习，在党建、经济、文化、旅游等方面交流合作进行协定。1月6日，疏勒县亚曼牙乡党支部一行到独山子区与西宁路街道党工委就组织建设、协作扶贫进行交流，互通观念，互学作风。西宁路街道党工委开展“情暖2020脱贫攻坚——暖冬行动衣物捐赠”活动，将收到的衣物捐赠给疏勒县贫困人员。六一儿童节之际，各街道党工委与签订协议乡镇联系，开展党建活动，动员社区居民为疏勒县儿童捐赠物资。独山子石化公司党委与察县坎乡齐格勒克村党支部、阔洪齐村党支部建立党建共建关系，从组织共建、困难共帮、人才共育等方面，加强党建工作帮扶指导。近年来，独山子石化公司党委给察县基层党组织赠送党建学习书籍，共同开展学习型、服务型、创新型基层党组织创建活动，组织察县基层青年干部、优秀教师、校长及骨干教师到广州、乌鲁木齐等地培训，不断提高察县基层党组织业务能力。独山子石化公司“访惠聚”驻村工作队组织喀什地区帮扶村“两委”（村党支部委员会、村委会）班子吸引和吸纳返乡大中专学生和群众向党组织靠拢，发展致富带头人为党员，参与村级事务管理，培养后备人才，健全基层管理制度，推进星级化党支部创建。截至年底，独山子石化公司党委与察县开展党建工作交流活动4次，组织干部、教师到自治区内外参加培训100多人；“访惠聚”驻村工作队协助帮扶村“两委”发展党员45人。全年，街道党工委与疏勒县签订携手奔小康协议乡镇10个、村党支部3个，暖冬行动捐赠衣物133箱5000多件，六一为疏勒县儿童捐赠物资287箱。（于洪波　黄银凤　郭楷）

【蔬菜产业扶贫项目】 2020年6月19日，区扶贫办考察调研组到疏勒县巴合齐乡供销社参加冷链运输车交接仪式，为疏勒县捐赠价值20万元的冷链运输车14台，缓解疏勒县蔬菜销售中的运输难题，并详细了解疏勒县蔬菜种植及购销情况，深入探讨相关领域合作交流问题。2019年，区扶贫办通过调研，找准疏勒县蔬菜产业发展面临的问题，确定蔬菜产业扶贫项目，制订帮扶对策，决定给疏勒县捐赠一批冷链运输车，促进疏勒县合理配置资源，把种植、加工、冷藏、运输、销售等相关企业链接起来，打造蔬菜全产业链条，推动全县蔬菜产业转型升级，切实促进农业增效、农民增收。（于洪波　黄银凤）

【关爱困境儿童项目】 2020年，区扶贫办协调区悦伴湾社会工作站参与脱贫攻坚工作，承接困境儿童关爱发展示范项目。社会工作站针对喀什地区村小学和幼儿园普遍存在课外活动较少、学生文化体育等娱乐活动匮乏等现状，开展国家通用语言培训，举办才艺第二课堂；针对部分村民孩子辍学、家长与孩子沟通不畅等问题，举办家长学校；针对留守儿童及单亲家庭问题学生，开展心理辅导；帮扶因监护缺失而陷入困境的儿童。定期组织开展儿童角活动，帮助家庭掌握正确教养子女方法。早在2019年，独山子区与疏勒县就开始实施“疏山童缘”困境儿童帮扶项目，通过启迪社会服务工作站搭桥，第六小学学生与疏勒县塔孜洪乡中心小学学生结为成长伙伴。暑假期间，塔孜洪乡200名小学生到独山子区开展“疏山童缘”融情活动，促进两地学生交流交融、互帮互助、健康成长。截至年底，社会组织承接关爱困境儿童扶贫项目5个，帮扶陷入困境儿童100人，投入60.7万元。（于洪波　黄银凤）

2019年4月2日，独山子“疏山童缘”困境儿童帮扶项目在第六小学启动　（种玉忠　摄）

【红花产业园项目】 2020年，独山子石化公司制订察县扶贫计划，协调企业驻地大型超市设置察县红花油、大米、苹果等特色农产品专柜，发动新闻媒体进行产品宣传；购买察县特色农产品，进行消费扶贫；倡导企业员工到察县旅游，带动察县特色产品、民俗文化产品消费，实现产业扶贫与消费扶贫无缝衔接。2003年，公司开始定点扶贫察县，派挂职干部开展扶贫工作。2016年，根据察县加尕斯台乡盛产优质红花籽，但产品单一、销路窄、利润低情况，投入990万元分三期建设红花产业园。2017年9月，建成红花分拣、生产、储存和深加工中心，创立雅其娜红花籽油品牌，解决一批贫困户就近就地稳定就业，每户年均增收2000元；察县红花种植面积开始逐年增加。2018年，雅其娜红花籽油因亚油酸含量高，能够有效预防高血脂和脂肪肝，在第十八届中国高端食用油产业博览会上获得金奖。截至年底，红花产业园收购察县红花籽6500多吨，生产红花籽油1000多吨，产值达1.44亿元，红花种植面积占察县总播种面积30%，惠及当地贫困家庭800多户2000多人，公司购买察县特色产品420多万元。全年，用于消费扶贫资金300万元，设置特色产品专柜超市3家。（于洪波　黄银凤　郭楷）

【生态经济林项目】 2020年10月，独山子石化公司在炼油新区开展义务植树活动，从察县购买的60万元苗木在此扎根，将绿化建设与消费扶贫挂钩，是公司将脱贫攻坚工作与生态文明建设有机结合的创新实践。2018年，公司根据党中央、国务院退耕还林政策，从保护和改善生态环境出发，与察县协商，将易造成水土流失耕地有计划、有步骤地停止耕种，按照适地适树原则，投入2200万元因地制宜地植树造林，恢复森林植被，实施生态扶贫经济林项目，为该地贫困户提供就业岗位，提升贫困户收入。种植果树挂果后，收益的30%交给贫困户，贫困户年收入超过1.2万元。截至年底，察县增加林地2000多万平方米，为该地贫困户提供就业岗位300多个，公司从察县采购各类种苗200多万元。（于洪波　黄银凤　郭楷）

【食品加工项目】 2020年，独山子石化公司总经理到察县调研定点扶贫工作，参观考察县加尕斯台乡塔兰奇食品厂生产车间和主打产品时，提出将塔兰奇食品厂生产的民族特色食品引入公司供应商流程，既可实现消费扶贫，也能让公司员工品尝美食。2004年，公司为塔兰奇食品厂捐赠一批烤箱和员工服装，培训技术人员，投入50万元扩建生产线，使塔兰奇食品厂逐渐形成规模，成为实现脱贫致富产业之一。食品厂每天生产近1吨民族风味糕点，不仅供应察县几所学校，在乌鲁木齐等地市场也供不应求，成为该地闻名遐迩的名牌企业。截至年底，食品厂可提供就业岗位30多个，员工最高可收入5万元。2016年，在公司扶持下，加尕斯台乡组织贫困户发挥制作传统食品技能，采取“公司+合作社+贫困户”市场化运营模式，成立馕产业园。通过集中统一配料、标准化手工制作、订单化生产方式，对接外部市场，有效降低馕产业园运营风险。截至年底，馕产业园有打馕专业户10多户，每户每天生产几百个馕，年收入翻几番。

（于洪波　黄银凤　郭楷）

【一村一产业，一户一项目】 2020年，独山子石化公司高度重视脱贫攻坚收官之战，管理层定时前往喀什地区定点扶贫村开展调研，与县乡主要领导面对面交流，现场协调解决各类问题。驻村“访惠聚”工作队结合定点村实际情况，制订定点村特色产业发展长期规划、扶贫脱困措施及一户一策脱贫巩固方案，帮助贫困人口稳定增收，防止返贫，确保未脱贫人口全部如期脱贫。在国家和自治区脱贫攻坚工作普查中，全部帮扶村顺利摘掉贫困帽子，完成消除绝对贫困任务。从2014年开始，公司“访惠聚”驻村工作队引导村民调整产业结构，帮助村民大力发展种植业、养殖业、畜牧业以及小型加工业等，采取“公司+农户经营”模式，组织实施小型磨面厂、商用门面房、温室大棚、纺织服装厂、果品加工厂、林果业、万寿菊种植、畜牧养殖等一批扶贫项目，带动农民由传统农业向特色农业转型，初步形成一村一品、区域联动扶贫产业发展格局。截至年底，独山子石化公司连续选派“访惠聚”驻村工作队47个、特困村第一书记8人、干部205人，到喀什地区泽普县4个村、叶城县8个村，开展“访惠聚”驻村工作及深度扶贫工作；投入资金2000多万元，完成“惠民生”项目120多个。（于洪波　黄银凤　郭楷）

## 教育支援

【概况】 2020年，区扶贫办针对协作扶贫地区构建较为完善的教育扶贫制度，实施一系列补短兜底教育扶贫工程项目，落实有针对性教育扶贫倾斜政策，努力实现“人人有学上、个个有技能、家家有希望、县县有帮扶”，促进教育强民、就业安民，全面完成教育扶贫各项任务。全年，选派到喀什地区支教教师24人、到南疆支教公务员95人、到岳普湖县中等职业技术学校开展技能培训教师3人，疏勒县选送教师到独山子区培训24人；在喀什地区举办各类培训班17期，参加培训1600多人次。（于洪波　黄银凤）

【基础教育支援】 2020年，区扶贫办协调区教育局针对疏勒县基础教育薄弱状况，加强师资培训、合作培养、课程开发等援助。选派中小学、幼儿园双向挂职校（园）长、支教教师到疏勒县、塔什库尔干县、英吾斯坦乡开展中小学语文、数学、英语、物理、化学、生物、政治、历史、地理教学及幼儿教育支教，通过集体备课、师徒带教、设立名师工作室等方式，针对课堂教学、促进教师专业成长、提高教学质量等方面实施精准帮扶，提升该地教师业务能力。疏勒县也积极选派教师到独山子区参加教育教学技能培训。2016年至今，选派到喀什地区支教教师100人，挂职校（园）长18人，疏勒县选送到独山子区培训教师136人。全年，选派到喀什地区支教教师2批24人，其中双向挂职校（园）长8人；在喀什地区举办讲座12场、示范课5节、说课3场、教学研讨25次、听评课141节，受益师生2630多人次；疏勒县选送24名教师到独山子区参加为期30天跟班学习。

（张楠楠）

【职业教育帮扶】 2020年，区扶贫办协调克拉玛依职业技术学院对口帮扶喀什地区岳普湖县中等职业技术学校和泽普县职业高中，双方在专业师资、品牌建设、技能发展、课证融通等方面达成初步合作意向。克职院派出维修电工、汽修、信息技术方面骨干老师到岳普湖县中等职业技术学校进行技能培训，提升该校师生专业素质和业务能力；帮助泽普县职业高中梳理教学管理制度，完善人才培养方案、教学计划、中专申报相关材料的制订与整理。岳普湖县中等职业技术学校和泽普县职业高中也派出教师到克职院学习培训。2016年至2020年底，克职院选派岳普湖县中等职业技术学校和泽普县职业高中支教教师14人，两所学校选派特岗教师到独山子区学习培训60人。全年，选派3名教师到岳普湖县中等职业技术学校开展为期10天支教活动。（黄建国　邹军）

【公务员支教】 2020年12月，2019年招录到独山子区工作的40名公务员结束在新疆喀什市四个乡幼儿园支教工作陆续返回独山子，这批支教公务员因新冠肺炎疫情延期半年返回独山子。支教期间，他们克服疫情防控给生活和工作带来的重重困难，不畏艰辛，用耐心和爱心教各乡镇幼儿园孩子国家通用语言，业余时间为村民办农民夜校，使孩子和村民国家通用语言水平不断提高，对祖国认同感日益增强。2017年，为补齐新疆南疆四地州学前国家通用语言教育“短板”，自治区决定每年选派新招录公务员及教师到南疆四地州农村幼儿园支教一年，独山子区执行自治区决定，每年将新招录公务员派到南疆地区支教。截至年底，派到阿克陶县及喀什市所辖乡镇31所幼儿园支教公务员3批次95人。（黄银凤）

2018年12月5日，支教公务员在阿克陶县原种场幼儿园给小朋友上课（同毓梅　摄）

【专业技术培训】 2020年，区扶贫办在疏勒县开展“授农以渔、带农致富”活动，通过“理论培训+实训实做+参观考察学习培训”等方式重点对务农人员推广培训农作物种植和畜牧养殖最新技术，带动农民致富。多年来，区扶贫办在疏勒县有针对性开展驾驶员、缝纫、地毯编织、畜牧养殖等技术培训，独山子石化公司“访惠聚”驻村工作队开展农业种植、畜牧养殖、林果业种植、西式糕点制作、中式面点制作、裁缝裁剪技术、钢筋工、砌筑工等职业技能培训，举办就业技能、乡村电子商务、农民合作社管理等专业培训班；使村民掌握一技之长，同时引导村民转变观念，鼓励、指导村民自主创业、发展庭院经济，努力增产增收，不断提高生活质量。截至年底，独山子区投入培训费60多万元，举办各类培训班560多期，参加学习1万多人次。全年，举办各类培训班17期，参加培训1600多人次，培训专业技术人员359人、基层干部60人，参加农作物种植和畜牧养殖最新技术培训90人，培训后就业率达95.6%。（于洪波　黄银凤　郭楷）

## 医疗支援

【概况】 2020年，区扶贫办不断调整完善医疗精准扶贫政策，协调区卫健委、独山子人民医院对定点扶贫地区实施“进修培养、技术指导、专题培训”三位一体“人才造血计划”，落实核查普惠制、大病住院特惠制、慢病用药保惠制，并不断规范受援医院诊疗行为，提升医务人员技术水平。全年，为疏勒县购买价值220万元医疗设备，选派医疗骨干6人，举办各类培训20场；下乡义诊7次，受益村民1.5万多人次。（于洪波　黄银凤）

【医疗设备药品帮扶】 2020年，区扶贫办为疏勒县人民医院、巴合齐乡和亚曼牙乡卫生院购买配套医疗设备，从根本上解决疏勒县医疗设备老旧、工作效率低下问题。向疏勒县卫健委捐款，购买连花清瘟胶囊，帮助抗击新冠肺炎疫情。多年来，先后为疏勒县15个乡镇购置医疗设备，给卫生院捐赠诊疗床、治疗仪、药橱柜、电脑、检查仪器等设备，为察县捐赠各种医疗设备，解决扶贫地区医疗资源匮乏问题。截至年底，捐赠医疗设备价值250万元以上。全年，为疏勒县购买医疗设备12台，价值220万元，捐赠抗疫款12.5万元。（于洪波　黄银凤）

【技术帮带】 2020年，区扶贫办协调独山子人民医院选派骨科、放射科、检验科、眼科、妇产科、超声室医疗业务骨干组成扶贫医疗队，到疏勒县人民医院、维吾尔医医院开展疾病诊疗、业务讲课、技术培训、检查检验等工作。在儿童入托体检时，筛查出一些儿童病常见患者，仔细分析检查结果，与疏勒县医护人员讨论合理治疗方案，进行业务指导和临床诊断，并提出增强村民预防保健及传染病防护意识。在进行孕产妇及儿童乙肝大小三阳、儿童肺部结核、严重水痘、儿童蛔虫症、皮肤病、甲状腺疾病、孕期产检、儿童维生素D缺乏等相关疾病筛查时，3个镇、12个乡村民自费包大巴车到县妇幼保健站找专家进行超声检查，扶贫医疗队根据县妇幼保健站要求，设置工作目标及培训计划，使疏勒县医务人员尽快熟悉、掌握正常甲状腺及乳腺声像图，掌握常见疾病诊断思路、甲状腺疾病超声诊断技术，在已有超声基础上巩固腹部、泌尿系及妇科疾病超声诊断，并且规范超声报告。全年，选派6名医疗骨干到疏勒县，疏勒县医务人员参加小儿疾病诊断和检查等相关培训20场，参加60多人；扶贫医疗队开展门诊检查2350人次，完成各类手术24台次，超声诊查1500多人，儿童及妇科诊疗2000多人，筛查出先天性心脏病儿童20例，完成村民体检6000多人。（张帆）

【下乡义诊】 2020年，独山子人民医院与疏勒县妇幼保健站医生下乡开展妇产科和优生优育、老年人常见病等方面巡回、义诊，为孕妇提供围产保健检查，向孕妇宣传产前预防等知识；为村民答疑解惑，针对不同病情，提出符合各自特点的诊疗方法，并建议病情严重村民到医院做深入检查与治疗。全年，开展下乡义诊活动7次，受众1.5万多人次。（张帆）

## 保障改善民生

【概况】 2020年，区扶贫办加大“惠民生”项目投入，接收安置定点扶贫地区富余劳动力转移就业人员，无缝衔接产业扶贫与消费扶贫，爱心捐赠生产、生活用品，资助困难学生就学，圆满完成脱贫攻坚任务。截至年底，“惠民生”项目投入资金2000多万元，安置转移就业人员投入资金295万元，捐赠衣物12.5万多件、化肥6.4吨、煤278吨，资助贫困大学生30人。全年，“惠民生”项目投入资金415万元，用于消费扶贫资金611.45万元。（于洪波 黄银凤）

【改造生活环境】 2020年，独山子石化公司“访惠聚”驻村工作队加大定点扶贫地区民生项目投入，在泽普县建成投用引水渠改造、小学操场改造、教学点翻新、新建冲水厕所等项目。从2014年开始，“访惠聚”驻村工作队修公路、打水井、盖房子、安装路灯、修防渗渠、更换灌溉水线等，改善村民出行困难、用水紧张、房屋破旧状况；引入天然气、网络，购买家具，发展庭院经济，提高村民生活水平；修建群众活动中心、儿童托幼中心、小学食堂及运动场，完善村卫生所，改造村委会、幼儿园、小学卫生间，植树造林，改善村容村貌。截至年底，完成“惠民生”项目120多个，投入资金2000多万元。全年，完成“惠民生”项目22个，投入资金415万元。

（于洪波 黄银凤 郭楷）

【消费扶贫】 2020年，区扶贫办制定全区消费扶贫工作实施方案，与各相关部门、单位对接，召开工作推进会议，指导各部门、单位通过“832”平台采购贫困地区农副产品。引导全区各大商超设立疏勒县农副产品专柜，帮助其拓宽销售市场，推动全区消费扶贫工作。独山子石化公司协调企业驻地大型超市设置察县农副产品专柜，购买察县特色农产品，实现产业扶贫与消费扶贫无缝衔接。全年，组织全区57家单位通过“832”平台购买疏勒县农副产品81.45万元，独山子石化公司用于消费扶贫资金300万元。

（于洪波 黄银凤 郭楷）

【“爱心”核桃及红枣销售】 2020年，独山子石化公司“访惠聚”驻村工作队协调公司工会、团委通过公司内部网站、独山子在线官微等媒体及移动客户端等平台发布认购“爱心”核桃及红枣消息，帮助喀什地区泽普县村民销售红枣、核桃。泽普县奎依巴格乡玉吉米勒克村盛产优质薄皮核桃和红枣，核桃种植面积280多万平方米，红枣种植面积40多万平方米，由于交通不便、没有销路等原因，基本陷入丰产不增收困境。2014年，独山子石化公司“访惠聚”工作队驻村后，重点发展核桃、红枣种植业，推进畜禽养殖业，带动村民致富。每年秋天，动员公司员工及独山子区居民认购玉吉米勒克村的核桃和红枣，进行消费扶贫。同时指导村民开设网店，通过网络向全国各地推销村里农副产品，并根据消费者意见，将核桃10公斤包装改为5公斤包装。2019年2月，玉吉米勒克村一举摘掉深度贫困村“帽子”，人均可支配收入由2014年5600元增加到2019年的9400多元。全年，全区购买“爱心”核桃80吨、红枣80吨，销售额达230多万元。（于洪波 黄银凤 郭楷）

2020年10月28日，独山子石化公司驻新疆喀什地区泽普县“访惠聚”工作队帮助当地村民销售的“爱心”核桃运抵独山子　　（尼加提·卡德尔　摄）

【劳务协作】 2020年，区扶贫办接收疏勒县富余劳动力转移就业人员（简称转移就业人员），协调区人办资源服务中心根据转移就业人员掌握国家通用语言实际情况，进行编班，采取分班教学、依班施教方式，不断提高转移就业人员国家通用语言水平，并开展法律法规培训、岗前培训、创业培训，深挖岗位储备，使转移就业人员稳岗就业。每月组织转移就业人员开展歌咏比赛、联欢会、拔河比赛等各类文体娱乐活动，丰富业余文化生活。组织“黎明脚步”爱心团队等社会力量向转移就业人员捐赠衣物等，解决生活困难，使其感受到党的关怀和温暖，产生幸福感、归属感，尽快融入本地生活，激发工作热情。2017年，独山子区开始接收南疆富余劳动力转移就业人员，投资维修、扩建宿舍、餐厅等，提供统一生活必需品，营造良好生活环境，落实随迁落户政策，子女入学享受与本地子女同等待遇。截至年底，安置转移就业人员投入资金295万元，接收转移就业人员1193人，安置子女就学132人，捐赠衣物847件，组织开展国家通用语言培训120多场次。全年，接收转移就业人员153人，转移就业人员融入社区居住夫妻44对，安置子女就学41人，捐赠衣物550件。

（于洪波　黄银凤）

【外出务工】 2020年，独山子石化公司驻泽普县各村“访惠聚”工作队引导村里富余劳动力转移就业，密切关注县域内各企业用工信息，要求村安居富民建设工程队用工优先从当地贫困户中招录，中国石油在叶城县西合休乡建加油站需要工作人员，与加油站负责人沟通后，帮助村民写简历，进行专业培训，争取工作岗位。2014年以来，“访惠聚”工作队主动与塔西南油田、金胡杨景区及其他用工企业对接，为企业和村民牵线搭桥，帮助寻找更多就业渠道和就业岗位，有组织输出保安、餐饮、宾馆、建筑等服务人员，引导村里富余劳动力转移就业。同时推行发展产业带动一批、就业创业转移一批、解难帮困扶持一批等模式，结合家庭实际，合理调配劳动力，通过成立合作社、设立公益性岗位、建设惠民市场、开办十小店铺、自主创业、发展庭院经济等途径，开辟村民增收致富新渠道，解决各村富余劳动力。截至年底，转移就业2200多人，各村贫困户家庭年人均纯收入1.6万元，所驻村人均收入达17200多元。

（于洪波　黄银凤　郭楷）

【慈善捐助】 2020年，区扶贫办协调区总工会、区慈善协会、独山子山森商贸有限公司、新佳美保洁有限公司等单位，在全区开展“与爱同行，快乐成长”爱心公益捐赠活动，向疏勒县捐赠棉被；区慈善协会协调新疆舒特制衣公司将全区爱心人士捐赠衣物进行分拣、清洗、消毒和烫熨，由邮政速递分类整理、装箱，发往疏勒县；街道办动员社区居民为疏勒县儿童捐赠学习用品、书籍等；独山子石化公司“访惠聚”驻村工作队给高考录取学生捐款，独山子石化组织党员干部开展爱心捐款活动，捐赠学习、生活用品，资助贫困大学生求学。从2014年开始，区扶贫办与独山子石化公司每年组织市民向协作扶贫地区捐赠学习、生活用品等，组织民营企业爱心捐款，资助贫困学生求学，投入大量扶贫款不断改善扶贫地区村民物质生活水平。截至年底，区扶贫办与独山子石化公司捐赠衣物12.5万多件、文化用品41箱、电脑100多台、办公用品870多件、图书1.1万多本、轮椅30辆、自行车28辆、化肥6.4吨、煤278吨，购买家具送给贫困户1717户，资助贫困学生33.6万元，民营企业捐款22万元。全年，区扶贫办捐赠各种物资281箱14935件（其中棉被560条、衣物、学习物品、书籍等5500多件），居民捐款1545元；独山子石化公司捐赠电脑10台、学习用品500件、电视机20台、衣物1500多件，爱心捐款资助30名贫困大学生上学，独山子石化公司“访惠聚”驻村工作队为25名高考录取学生捐款12500元。

（于洪波　黄银凤）

# 炼油化工

## 工程设计与监理

【概况】 2020年，新疆寰球工程公司（简称新疆寰球公司）承揽独山子石化公司乙烯厂聚苯乙烯扩能改造、塔里木石化乙烷制乙烯、广东石化炼化一体化、独山子区“三供一业”等项目设计、监理与部分项目建设业务。全年，承揽设计项目486项（含上年度结转项目137项）、监理项目12项，实现营业收入6.67亿元，超额4.2%；完成合同金额4.75亿元，超额5.5%；实现利润434万元，缴纳税费3053万元。（史飞）

【企业经营】 2020年，新疆寰球公司执行工程总承包项目5个，其中独山子石化公司乙烯厂聚苯乙烯扩能改造、增加乙烷接卸设施2个工程总承包项目一次投产成功；独山子区“三供一业”项目70个标段竣工验收58个；承建中国石油重点项目——独山子石化公司塔里木乙烷制乙烯项目、广东石化炼化一体化项目有序推进。全年，执行设计项目486项（含上年度结转项目137项）、监理项目12项，参与投标23项，中标16项，中标金额4.25亿元。（史飞）

【内部管理】 2020年，新疆寰球公司完成化工石化医药行业和石油天然气行业4个专业甲级资质延续，取得市政行业乙级证书；持续开展提质增效活动，通过设计优化、工程管理优化、清理欠款，实现增收；开展安全生产三个月专项整顿、安全生产专项整治三年行动，以减少事故带动增收。全年，检查整改质量问题87项、HSE（健康、安全和环境管理体系）问题217项，通过QHSE管理体系再认证审核，通过国家一级结构师考试1人、获得奖励18万元，实现增收2037万元。（史飞）

【科技创新】 2020年，新疆寰球公司修订获奖项目奖励管理规定，碳五烯烃烷基化原料预处理技术优化研究等科研项目顺利实施；与大庆华科、广东新华粤等企业签订$C_5$树脂技术、设计合同；新疆合成橡胶工程技术研究中心与业内多方展开合作交流，企业名片效应初显；完成中国石油《压缩天然气加气站建设规范》新版修编工作。全年，获得奖励150多人次，申报国家专利3项；完成集团公司技术秘密申报认定8项，技术研发课题有序推进7个。（史飞）

【乙烷制乙烯项目】 2020年，新疆寰球公司参与位于新疆巴音郭楞蒙古自治州库尔勒上库高新区石油石化园的独山子石化公司塔里木石化乙烷制乙烯工程部分项目可行性方案研究、总体设计、基础设计及工程总承包工作。该项目主要包括60万吨/年乙烯装置、

2020年10月29日，新疆寰球公司参与的独山子石化公司塔里木石化分公司乙烷制乙烯工程建设项目吊装乙烯裂解炉（马宇　摄）

30万吨/年全密度聚乙烯（FDPE）装置、30万吨/年高密度聚乙烯（HDPE）装置，配套公用辅助工程主要包括给排水，供电，电信，供热，采暖，通风及空调，氮氧站，空压站，维修（包括机修、电修及仪修），全厂性仓库（包括化学品库及综合仓库），煤储运，中心化验室，火炬等。10月29日，由寰球公司承建的乙烷制乙烯项目乙烯裂解2号炉烟囱完成吊装，标志着乙烯裂解炉主体安装全部完工。乙烯裂解炉在塔里木乙烷制乙烯项目中处于龙头地位，其生产能力及技术的高低，直接决定整套乙烯裂解装置生产规模、产量和产品品质。（史飞）

## 工程建设

【概况】 2020年，独山子石化公司推进炼化业务转型升级，大幅调整产品结构，实施装置新建及改扩建工程。全年，9万吨/年聚苯乙烯扩能改造项目建成投产，金沟河引水工程建成通水，建成投用重膜包装线5条；在建塔里木石化分公司60万吨/年乙烷制乙烯工程、废水减排及回收利用项目、二代功能尿素项目、炼油三苯罐区建设项目，新建220千伏变电站项目、6万吨/年溶聚丁苯橡胶生产线。（郭楷）

【企地战略合作】 2020年4月1日，独山子石化公司与新疆塔城地区沙湾工业园区管委会在独山子玛依塔柯酒店举行战略合作协议签订仪式。公司副总经理白继晨与沙湾县委常委、沙湾工业园区管委会书记范正权在协议上签字。此次战略合作，着重推进独山子石化公司金沟河引水工程输水线路穿越沙湾工业园哈拉干德区相关事宜。双方就加强合作、互为支持，科学统筹上、中、下游炼化产业协调发展，延伸产业链，提高企业综合效益达成共识。为企地加强互联互通和经贸务实合作开辟新空间、注入新动能，为增进企地友谊、助力彼此发展，共建周边命运共同体、利益共同体搭建新平台。（郭楷）

【聚苯乙烯GPPS扩能改造项目中交】 2020年11月10日，独山子石化公司聚苯乙烯GPPS（通用级聚苯乙烯）单元扩能改造项目举行中交仪式。聚苯乙烯产品加工应用范围广泛，客户需求量大，新装置早一天建成投用，就能早一天抓住市场先机，对正在追求高质量发展、加快结构调整的独山子石化公司来说，项目重要性不言而喻。但是年初因突如其来的新冠肺炎疫情，聚苯乙烯GPPS单元扩能改造各项目组只能利用网络居家办公，分别建立项目管理方、业主方、供货厂家、设计单位，电气、仪表维护单位、外协厂家技术、销售等人员20多个微信群，业主、设计方、厂家直接技术对接，打通关键设计部分“最后一公里”。5月，受部分省份疫情防控影响，扩建项目部分核心设备无法到货，寰球公司安排管理团队到其他省市厂家催货，日夜兼程一周跑9家单位，催交催运。7月，采购的300多个重要阀门因疫情被压在乌鲁木齐市华凌市场，2个月后才运到独山子，工期延后40多天；施工单位在困难面前不等不靠，主动创新想对策，利用连通管抢回半个月工期。8月，德国进口切粒机因疫情无法按期抵达，公司派专人冒险远赴德国催货；10月16日，由空运发来的切粒机抵达现场，比计划到货时间晚15天；为抢回这半个月工期，乙烯厂、属地车间和三修维护单位紧密配合，中油一建施工队伍发扬铁军精神，加班加点连续作战，仅用20多天完成造粒系统安装和测试。10月19日，项目首个核心系统热油炉天然气一次点火成功，查出的32项问题整改完后，11月10日，项目顺利中交。聚苯乙烯GPPS单元扩能改造项目实施过程中，技术组实施70多项技术改进措施，其中，增加1台聚合反应器提高反应转化率至100%，使经济效益最大化；改善GPPS生产线产品质量参数，提高产品等级2项措施已申报国家专利。（郭楷）

2020年11月10日，独山子石化公司聚苯乙烯GPPS单元扩能改造项目中交（种玉忠 摄）

【金沟河引水工程】 2020年7月11日，独山子石化公司金沟河引水工程试运行供水成功。金沟河位于塔城地区沙湾县境内，水量丰富，河床上常年水流不断，金沟河引水工程始建于2019年5月，分3个标段施工，全长55.6千米，设计年供水量3000万立方米。该工程由新疆北方建设集团公司（简称北方建设）和新疆炼化建设集团（简称新疆化）共同施工建设。截至年底，向独山子石化公司供水1000多万立方米。（郭楷）

【乙烷制乙烯工程】 2020年11月21日，独山子石化公司塔里木石化分公司乙烷制乙烯工程建设指挥部成立，采用“一体化管理+总承包+监理”模式，全面负责乙烷制乙烯工程建设施工管理、HSE管理、人力资源管理、开工与生产准备等工作。该项目位于新疆巴音郭楞蒙古自治州库尔勒上库高新区石油石化园，拟用地面积147.64万平方米，项目总投资905183万元，其中项目资本金为323326万元，占项目总投资的36%。寰球公司是该项目总体设计单位和主力承包商，中国化学工程第十一建设有限公司、中国石油天然气第六建设公司、中国化学工程第一岩土工程有限公司、中国化学工程第十三建设有限公司为该项目建设施工单位。全年，完成塔里木乙烷制乙烯项目总体形象进度83%。（郭楷）

## 生产经营

【概况】 2020年，独山子石化公司建设“三大工程”（低成本、高端化“创效工程”，世界一流示范企业“强身工程”、国际一流现代化石化基地“筑梦工程”），加快改革创新，推进党建工作与生产经营深度融合，统筹疫情防控与生产经营；构建和谐企地关系，推进原油加工、储备及石油化工产品生产销售等业务发展。9月11日，按照中石油集团公司党组部署，接管塔里木油田公司塔里木石化分公司，作为独山子石化公司二级特类单位。截至年底，资产总额273亿元，具备1000万吨/年原油加工、200万吨/年乙烯生产（含60万吨在建）、80万吨/年尿素、45万千瓦发电和500万立方米原油储备能力，可生产燃料油、树脂、橡胶、化肥等16类500多种石化产品。全年，加工原油709万吨，生产乙烯141万吨、化肥72.3万吨，实现销售收入362.9亿元，上缴税费86.8亿元，炼化盈利20.9亿元、化肥盈利5700万元。（郭楷）

【深化改革】 2020年，独山子石化公司推进扁平化管理方案实施，压减管理层级，减少用工。深化全员绩效考核，一岗一薪、易岗易薪；公开选聘技术攻关、产品开发、产品销售项目经理，建立揭榜挂帅公平竞争机制，谁能干谁干。推进业务主辅分离、专业化重组，整合化验分析、行政后勤、仓储运输业务，向区政府移交离退休管理业务。全年，精简机构21个，减少用工364人；向区政府移交离退休人员进行社会管理5432人，其中离退休职工党员2088人。（郭楷）

【石化产品生产】 2020年，独山子石化公司统筹油田液化气、轻烃和自治区内炼厂互供料结构、品质、价格，做到量价匹配、应接尽接。保持原料、组分、产品低库存运行，减少资金占用，优化炼化相互转换的调节能力。根据原料性质差异，实施分储、分输、分炼，提高三烯收率；优化乙烯、丙烯、碳四产品路线，科学调整生产经营方案，高负荷生产，经济技术指标保持行业领先，蒸馏和高密度聚乙烯装置达到国际先进，新区乙烯燃动能耗连续8年领跑行业榜单，首次获得全国乙烯行业水效领跑者称号，盈利水平排名中国石油天然气集团公司炼化板块第一。全年，炼油在67%低负荷工况下优化加工方案，成品油比例同比下降3.2%，高标号汽油、自产乙烯原料同比增长13%和2.9%；乙烯9号裂解炉长周期连续运行142天，新区乙烯负荷达到104.5%，创历史新高；三烯收率58.4%，同比增长1.5%，高密度聚乙烯、全密度聚乙烯、顺丁橡胶装置负荷率分别达到110%、120%、115%，化工商品总量同比增长30%；电厂汽机实现三年一修，动力站锅炉运行周期突破15个月；44项重点指标中，30项同比提升，25项达到近三年最好，16项排名板块前三，9项第一。（郭楷）

【医疗防护用品原材料生产】 2020年1月23日，独山子石化公司成立稳定生产保运领导小组，根据国务院应对新冠肺炎疫情联防联控机制医疗物资保障组的调度安排，从生产计划调控、乙烯原料进厂、三剂准备、维护保运力量落实等方面，周密安排部署，加大医用口罩及防护用品原材料聚丙烯S2040生产。聚烯烃一联合车间为保证装置满负荷生产，统计三剂库存，核算每日用量，提前上报计划，聚丙烯S2040产量由每小时23吨逐渐调整为28吨，日均产量达到624吨，可供生产外科医用口罩6240多万只。仓储运输中心克服用工短缺、物流运输不畅等困难，确保24小时优先外运，聚丙烯S2040运输周期由48小时压缩成4小时。全公司一线干部职工主动放弃春节休假，吃住在单位，全力以赴，保障下游医用口罩生产企业需求，助力全国抗击新冠肺炎疫情。3月3日，独山子石化公司研究院进行医疗防护用品生产专用料熔喷布的研发，仅用4天时间研发成功，已经组装完成聚丙烯熔喷布专用料生产线的聚烯烃一联合车间立即投料生产，全年生产熔喷布专用料10多吨。面对全国防疫物资紧缺的严峻形势，独山子石化公司克服重重困难，出色完成各项生产任务，国务院应对新型冠状病毒性肺炎疫情联防联控机制医疗物资保障组给独山子石化公司发来感谢信，感谢独山子石化公司识大体、顾大局，为疫情防控作出突出贡献。（郭楷）

**【提质增效】** 2020年，独山子石化公司开展“战严冬、转观念、勇担当、上台阶”主题教育活动，形成一切成本皆可降共识。深挖产业链、供应链、价值链潜力，提高公开招标率，加强财务、“三剂”（催化剂、溶剂、添加剂）和检维修管理，压减专项费用。坚持一费一策，细化降费措施到部门单位和班组岗位，逐月考核。强化预算管理，事前算够、事前算赢；强化对标先进，紧盯收率、损失、费用等核心指标；强化质量管理，解决产品质量合格不好用问题，打造品牌工程；强化合规管理，加强重大事项法律论证，严格合同管理，规范招投标。全年，举办提质增效勇担当大讲堂等系列活动600场，组织如何看、怎么办、如何干大讨论473次，收集合理化建议1.97万条，实施提质增效措施11类170项，梳理成本中500万元以上大额费用43项；存货周转次数同比提高2.5次，修理费同比最低年度下降8.3%，煤炭采购价下降35元/吨，铁路延时费减少530万元，五费同比下降56%；增收降费16.1亿元，炼油、化工、化肥完全加工费月度最低分别为139元/吨、1157元/吨、310元/吨。（郭楷）

**【安全管理】** 2020年，独山子石化公司加强一体化管理体系、双重预防机制和安全文化三项建设，启动安全生产专项整治三年行动计划，实行全员安全生产记分制、高危作业安全生产挂牌制、安全生产承包制，推行无作业日、集中动火日，开展零违章活动。组织作业许可、危化品运输、防泄漏、防着火爆炸专项整治和罐区、装卸栈桥等专项检查，常态化开展全员安全经验共享、查找身边隐患、行为规范化治理活动。全年，检维修作业总量同比下降69%，月度零违章车间达48%；识别风险21.2万个、治理隐患9600多项，削减员工不安全行为5144项，闭环治理隐患6120项。（郭楷）

**【“小神探”智能定位仪上岗】** 2020年10月，独山子石化公司炼油厂第三联合车间“小神探”智能定位巡检系统投入运行，提升智能化水平，车间对装置运行及各岗位巡检状况监控更加便捷。“小神探”智能定位巡检终端具备3种定位方式，通信内容包括定位信息上报、呼叫信息上报及后台对终端参数查询与设置；带有呼救按键，佩戴人员遇到紧急情况时，长按该键超过1秒钟，终端会向后台服务器发送呼救信号，提醒后台人员救援；能检测到佩戴人员的运动状态，当终端检测到巡检人员静止在一处位置超过设定时间，会自动向后台服务器发送静止超时信息，提醒后台人员注意。岗位人员带着“小神探”巡检，每到达一个巡检点，“小神探”都会触发标牌上的巡检点，按照岗位巡检内容检查各工艺参数及设备运行情况，后台操作人员可以在第一时间了解巡检人员行动轨迹及巡检点有无漏检。“小神探”智能定位仪作为智能化工厂建设的组成部分，除收集、处理数据外，还可提升工作效率，为装置安全平稳生产保驾护航。（郭楷）

**【十大合理化建议评选】** 2020年，独山子石化公司面对疫情导致市场低迷、交通受限等严峻挑战，鼓励员工出主意、想办法，优化生产、降本增效。各级工会发动群众，在安全环保、生产优化、工艺技术、机动设备等方面提出降低加氢循环氢尾气至裂解气压缩机尾气排放量增产三烯、聚乙烯装置21线抗静电剂注入改造、聚乙烯直注系统改造投用后对仪表测量系统优化、聚乙烯装置23M840水封端基础加固减振等增效措施及建议55条，采纳48条。经过逐级评审及公示，评出十大合理化建议及15条优秀合理化建议进行奖励。乙烯厂、供水供电公司、炼建公司获得优秀组织奖。全年，采用合理化建议产生经济效益2.1亿元。（郭楷）

**【青工创新创效活动】** 2020年，独山子石化公司团委以公司提质增效工作部署为契机，开展青工创新创效活动。鼓励广大青年开展提合理化建议、岗位实践等活动，培养创新创效意识，为提质增效做贡献。一线员工从生产、技术、机动、工艺、安全、综合管理等方面提出百万吨乙烯9号炉燃料气管线增加截止阀助力装置长周期运行、聚丙烯熔喷专用料生产关键技术攻关、罐区流速报警软测量实现及优化、聚乙烯装置高压氮气系统新增应急线减少生产波动频次、利用人机交互实现全密度反应器出料系统快速投用等创新创效项目79项，在降低生产成本、促进安全环保和提升工作效率等方面取得显著成效。12月10日，公司团委召开2020年青工创新创效项目评审会，参与汇报代表队15支，评委通过综合打分从15个展示项目中评出2020年度十佳优秀项目，颁发一等奖1个、二等奖2个、三等奖3个。（郭楷）

2020年12月10日，独山子石化公司团委召开2020年青工创新创效项目评审会，颁发年度十佳优秀项目奖

（马晓娟　摄）

【杰出青年评选】　2020年，独山子石化公司开展2019—2020年度杰出青年评选活动。组委会对各部门、各单位推荐的43名在生产经营、工程建设、疫情防控等一线扎实工作、业绩突出、具有较强示范性的青年进行评选，广泛听取和收集各方面意见，经群众满意度测评、网络投票、实地考察，结合组织、纪检、信访等专业部门意见综合评定，确定正式名单，通过公示，评出杰出青年及优秀青年进行表彰。各级团组织以评选活动为契机，发现和树立一批先进典型，通过团属阵地、微信、报刊等平台，宣传先进事迹，鼓励团员青年学习先进、创先争优。6月15日，召开表彰大会，表彰杰出青年10人、优秀青年10人。（郭楷）

【石油精神大讲堂】　2020年，独山子石化公司以提质增效勇担当，抗疫发展双胜利为主题，深化“战严冬、转观念、勇担当、上台阶”主题教育，开展“弘扬石油精神，提升良好形象”大讲堂活动。宣讲员分别以国务院发来感谢信、忍受病痛保供抗疫物资、“团结一心，攻坚克难，成功提高HIPS（高抗冲击聚苯乙烯）线负荷”、成功实现茂金属连续转产、“聚焦主要矛盾，精准施策，确保设备零事故”、主动请缨人工码垛、守护环保设施投用、用心用情打造舌尖上“生产力”“设备检修铁军招之即来，来之能战，战之能胜”等内容，讲述一个个有情怀勇担当、舍小家为大家、突破创新、变不可能为可能等石油行业动人故事。全年，举办大讲堂活动4场，参加宣讲员11人，现场聆听660多人次；组织战严冬、转观念、勇担当、上台阶主题教育宣讲活动252场，参加37800多人次。（郭楷）

【队伍建设】　2020年，独山子石化公司坚持培训为主、以赛促训方针，制订年度培训计划，举办大讲堂及第十三届职业技能竞赛、首届“安康杯”青年安全技能大赛等活动，精选员工参加全国乙烯装置技能大赛、集团公司首届一线生产创新大赛等竞赛，培养专家、骨干。完善领导干部考核评价机制，提拔优秀人才到领导岗位。全年，举办大讲堂4场，参加1200人，各类培训班100多期，参加培训6560人次；考核领导班子42个、领导248人，调整领导干部170人次，提拔副总师6人，提醒谈话14人；享受国务院特殊津贴专家3人，选聘技术骨干759人、中石油集团公司和公司级专家60人、国家级和省部级技术能手67人；参加全国乙烯装置操作工职业技能竞赛夺得2金、2银、1铜牌及团体二等奖，参加中石油集团公司首届一线生产创新大赛获得团体三等奖、国际业务健康知识百日答题活动获得最佳组织奖；获得省部级以上荣誉562项，涌现出全国、自治区、中石油集团公司劳动模范20多人。（郭楷）

【首届空中朗诵会】　2020年4月5日，独山子石化公司在独山子朗诵学会微信群里举办弘扬石油精神，建功新时代首届空中朗诵会。朗诵者通过微信音频隔空朗诵，观众通过网络隔空观看，活动持续90分钟。参赛作品大多为原创，表现石化公司自我加压、创新发展，员工辛勤工作，在疫情防控期间克服困难、坚守岗位生产运输抗疫物资的爱国精神、石油精神和独山子精神。6名白衣为甲、逆行出征支援武汉抗疫归来在乌鲁木齐隔离的医护人员，相约网上朗诵《若我归来》，表达全国数百万名医务人员面对来势汹汹的疫情，感天动地、生死救援的家国情怀。本地诗人阿

紫朗诵原创诗歌《美好》，表现疫情期间大家之所以岁月静好，是因为有无数医务工作者、疾控工作者、公安民警、社区工作者、企事业单位职工等在为大家负重前行。参加比赛的朗诵爱好者48人，参赛作品经整理发布在独山子在线官微，引发网友投票热情，参与2.7万多人。诗歌《弘扬石油精神，共唱青春赞歌》获一等奖，《与你相遇，何其幸运——写给催化装置》《因为有你》获二等奖，《检修颂》《诗意中国》《中国力量》获三等奖，《致敬劳动模范》《愿为你下一场声势浩大的雪》获优秀奖。（郭楷）

【首届“安康杯”技能大赛】 2020年9月22日，独山子石化公司在公司消防支队门前举办首届“安康杯”青年安全技能大赛决赛。公司工会以《中华人民共和国消防法》为主要内容，组织各基层工会开展“安康杯”青年安全技能大赛，增强一线员工消防灭火技能，检验公司专职消防员队伍训练水平和灭火实战能力，以赛促训，强化员工安全责任意识，补齐短板，加强安全文化建设，提升员工应急处置能力和消防专业队伍救援能力。此次竞赛涉及12家直属单位，共计280名团员青年参加，15支队伍86人进入决赛，决赛队伍依次参加义务消防员竞赛、专职消防员竞赛及石油化工应急处置竞赛等项目比赛。评出优胜个人和集体，公司领导为获奖单位及个人颁奖。（郭楷）

2020年9月22日，独山子石化公司在公司消防支队门前举办首届“安康杯”青年安全技能大赛决赛

（尼加提·迪里木拉提　摄）

【润滑油生产】 2020年，中国石油天然气股份有限公司新疆润滑油分公司（简称新疆润滑油分公司）生产冷却液等车辅产品，销售及发运新疆地区昆仑牌各类润滑油。全年，生产冷却液产品1.1万吨，销售昆仑润滑油、脂、剂、液等各类产品4.75万吨，营业收入3.98亿元，上缴各类税费1268万元。（张文雷）

【体系认证】 2020年，新疆润滑油分公司由销售板块划入炼化板块，组织各专业管理人员及内审员，对照炼化板块7个专项量化审核表进行一一对标检查，定期组织召开专题会议，逐条落实整改方案、整改负责人及整改期限，形成闭环管理。10月23日，QHSE体系审核第三小组进行QHSE体系审核，通过查阅资料、访谈、现场检查等方式进行审核，10月25日召开审核末次会议，通报审核结果，最终得分为86.1分，全国润滑油行业排名第四。（张文雷）

【安全环保工作】 2020年，新疆润滑油分公司与各单位签订安全环保责任书，针对三个杜绝、四个100%（杜绝一般B级及以上生产安全事故、杜绝一般突发环境事件和环境违法违规事件、杜绝集团公司规定升级处理的安全环保事故事件，有毒有害作业场所检测率100%、员工职业健康体检率100%、固体废物合规处置，废水、废气排放达标率100%、新改扩建项目安全环保职业卫生三同时执行率100%），利用生产会、安全例会、安全活动板报、LED屏等载体向员工宣传安全环保理念和行为规范，开展安全环保专题活动；领导干部编制个人安全行动计划，每季开展一次行为安全观察与沟通活动；定期对电气安全、设备设施、施工现场、消防及气防设施及外租库房等，开展安全生产自查自检活动；利用生产淡季，制订安全生产管理，冬季“八防”（防冻凝、防滑、防交通事故、防工伤、防火、防爆、防井喷、防中毒窒息）等培训计划，开展员工培训工作。全年，组织安全生产自检自查48次，安全专项检查12次，内部量化审核2次，外部量化审核1次，发现现场问题167项，整改销项率100%。（张文雷）

【员工培训】 2020年，新疆润滑油分公司开展全员培训活动，采用线上视频授课、微信群、抖音等形式，组织党建与综合、营销、技术与服务3大类培训。全年，实施培训项目43项，开展各类培训146次，参加培训2044人次。（张文雷）

## 产品销售

【概况】 2020年，中国石油天然气股份有限公司西

北化工销售独山子分公司（简称西北化工销售公司）营销、运输独山子石化企业生产的合成橡胶、合成树脂、合成纤维等化工产品及化肥和其他液体化工产品。全年，发运各类产品301.98万吨，首次突破300万吨，比历史最好成绩多发运28万吨，大区调运计划完成率100.03%。（李学寨）

【基础管理】 2020年，西北化工销售公司开展岗位梳理和分工优化调整，明晰各岗位工作职责，实现工作量相对均衡；制定岗位绩效三七分配方案，在完成科室及岗位梳理基础上，对30%变动薪酬进行二次分配，按照同岗同薪、以岗定薪、岗变薪变原则，调整各岗位系数，率先在调运科完成大岗位竞聘；修订分公司绩效管理考核细则，完善党员管理、KPI指标、事件考核等考核条款，增强考核针对性、有效性、操作性；开展岗位节点梳理，找出本岗位、岗位之间、科室之间工作节点，纳入绩效考核，统一各岗位工作标准，工作衔接更加流畅；开展学制度、守纪律工作，组织员工每周学习制度，加大各项纪律抽查，以制度促管理，员工行为更加规范；修订并实施公司食堂六项实施细则和评先选优、轮岗、交流三项管理制度，员工满意度得到提升。全年，组织集中学习各项制度33次，修订基础管理措施40多条。（李学寨）

【提质增效】 2020年，西北化工销售公司开展提质增效专项行动，全员动员，树立一切成本皆可降理念，制订提质增效方案及具体措施，把降本提质贯穿于经营管理各个环节。强化管理，眼睛向内，坚持能修不换新、能干不找人、能省不浪费。加强计划和源头控制，优化运输方案，争取税费减免及铁路运输优惠政策，降低运营性成本。全年，制订提质增效方案8项、具体措施27条，可控费用同比减少49.8%。（李学寨）

【安全管理】 2020年，西北化工销售公司落实三级安全管控，有计划开展三个层面专项安全检查，加大中油运输危化品运输安全监管；组织“安全月”消防技术比武、网上知识答题系列活动，开展全员安全教育，组织职业健康、冬防、急救等知识培训，识别危害和环境因素，梳理安全关键节点，确保安全生产。全年，组织安全教育11次，各类培训4次，参加150多人次；识别危害和环境因素60条，梳理安全关键节点53个，实现安全环保零事故目标。（李学寨）

【市场营销】 2020年，独山子石化公司坚持以销定产、以产促销、快产快销策略，强化市场引领，实施专项营销，加强与大区销售合作，不断扩大市场份额。利用一季度市场低迷窗口期，腾出生产线试产市场需要新产品。全年，开发茂金属聚丙烯mPP35S、赛车轮胎专用料RC3840S等新产品11个，比年初计划增加5个；燃气管材料、地暖管材料销量同比增加6000吨和1万吨；茂金属聚乙烯与埃克森公司产品价差由1223元/吨缩至475元/吨，注塑料DMDA8008H售价比一般通用料高出近2000元/吨，三元共聚膜料TF1007及锂电池隔膜料T98G推价400元/吨；高效市场配置率70%，同比提高0.6个百分点。（郭楷）

## 产品运输

### 道路运输

【概况】 2020年，独山子石化公司仓储运输中心（简称仓储运输中心）管理物资仓储，实施公铁联运，提供物资配送、检验服务及通勤客运服务，是独山子石化公司工厂到现场的仓储物流一体化平台、中国石油天然气集团公司物资仓储管理扁平化首批实施单位。7月22日，独山子石化公司将物资供应公司、运输公司优化整合为仓储运输中心。全年，发运树脂橡胶产品1042吨，认定盈利4997万元。（夏正良）

【基础设施】 2020年，仓储运输中心有仓储库区3个，总库容119万平方米，设有保温、气瓶、危化品、阁楼式货架等各物资专用型库房、料场、料棚，可存储甲类危化品，有各类车辆设备625台，通勤客车90辆。（夏正良）

【道路运输管理】 2020年，仓储运输中心打通工厂到库房、库房到市场的仓储运输一体服务链，量化管控物资装卸、配送时间，压减仓储费用。建立长途业务费用定额、降低空载机制，进行各类车型单车油耗、效益大排序，通勤业务推行上座率评价，优化线路，提升乘坐率，特车、值班车实行生产计划评价管理，提升车辆使用率，提高员工替代劳务用工积极性。成立对标工作组，构建中心、专业、基层三个层次的对标体系，确立可衡量的对标指标及三年发展目标。全年，减少劳务用工93人；压减仓储费用

3.8%，发运树脂橡胶产品1042吨；设运行线路64条，优化通勤业务线路4条，压减车辆20辆，车辆使用率提高9%；接送员工200万人次，运行费用同比减少1962万元；确立可衡量对标指标10项，发现问题30项，制订整改措施238项。（夏正良）

【安全生产】 2020年，仓储运输中心修订安全生产责任制考核实施细则，设计安全环保责任指标，实施考核办法纳入KPI考核（关键绩效指标考核法）。梳理机关干部岗位安全责任清单，严抓目标导向过程责任，集中作业管控，组织开展HSE安全风险研判，做到日安排、日研判，常态化开展员工行为规范化管理。编制危化品管理责任清单，重点监管化学品、易制毒易制爆物品、危化品库房、危货车辆，管控储存、运输等各环节风险。打通隐患发现、评估、录入、整改、验证、短信推送管理流程，推进双重预防机制。编制到货物资验收标准工作手册，建立物资验收标准在线查询库，共享国家、行业及企业标准，杜绝不合格货物进入现场。中国石油炼化板块审核组开展"四不两直"（不发通知、不打招呼、不听汇报、不用陪同接待，直奔基层、直插现场）应急处理突发抽查，危化品泄漏着火突发事件应急能力得到好评。全年，考核关键绩效指标43次，纠正员工不安全行为892次，评估危害因素921项，识别环境影响因素48项，整改问题121项；开展分厂级应急处突演练6次，车间级52次，班组级175次；共享国家、行业及企业标准444项，发现质量隐患125项，退换货57项。（夏正良）

## 铁路运输

【概况】 2020年，独山子石化公司铁路运输公司（简称铁路运输公司）运输进出厂原油、油田液化气、成品油、化工产品及其他各类物资。截至年底，有铁路线9条、火车装卸站台5个、32吨和70吨龙门吊各1座，可同时装卸车皮10节、罐装槽罐3节。全年，装卸各类产品及物资69817节，运输货物（标重）405.8万吨，同比增长17.5%。（李少华）

【经营管理】 2020年，铁路运输公司完善专业管理制度，制定对标先进行业管理提升行动方案，编制专业管理提升计划，完善相关方车辆交接协议、安全界面划分，固化、优化内部运输措施，均衡组织运输作业；外排扣修车，阶段实现雅克拉—独山子之间液化气运输取消隔离车，实现整列运输。加强员工行为规范治理，发现不规范行为及时纠正，加大正向激励和违章者处罚力度。组织从严管理大讨论，针对上级和内部审核发现问题，利用5WHY分析法（对一个问题点连续以5个为什么自问）推进整改落实。开展学习规章制度，整改低、老、坏活动，做到整改一项问题，提升一类管理。全年，发现不规范行为1068项，内部审核问题390项，整改率100%；外排扣修车4421辆，装卸化工棚车31773节、成品油16853节、原油11299节、油田液化气6136节，其他产品3756节。（李少华）

【设备管理】 2020年，铁路运输公司开展设备标准化工作，定期检查、验收、评比，发现问题及时纠正。进行检修攻关，集中解决机车增压器漏油、柴油机水锤故障、呼吸阀喷机油、轮对迟缓等重大隐患，确保机车上线安全运行，设备故障同期减少；对标国铁，完善作业规程，确保资产使用合规、管理受控；整改信号联锁及机车信号系统隐患，督促奎屯金茂电力设计院开展交接站电采暖改造电力专业设计，委托新疆寰球工程公司开展水暖及其他专业设计。全年，组织综合维修道岔186组，线路100千米，更换失效轨枕430根，检修维护保养信号机698架次，轨道电路782个区段，电缆箱盒936个；机务完成9495、3678机车落轮2套、辅修机车3台，返厂大修0101机车，设备故障同期减少5起；规程评审531条，修改建议203条，采纳171条，全面清查在账固定资产2684项。（李少华）

【环境保护】 2020年，铁路运输公司严控污水处理、自动化废气处理系统运行，每月记录环境监测中心及炼油厂化验室取样分析数据，并与污水COD现场分析表进行比对，发现问题及时处置，未发生污水外排超标事件，废气处理装置运行正常。全年，非甲烷总烃去除率98%以上，年度环保指标完成率100%。（李少华）

【安全管理】 2020年，铁路运输公司确定年度安全重点工作，推进双重预防机制，坚持日常巡检制度，发现安全隐患及时排除；严格全员安全记分管理，确保全员参与。利用国家铁路集团事故资源，举一反三，开展每日风险提示、月度风险预警活动；实施防泄漏、防着火爆炸等专项整治行动。王正海、吕军辉等员工发现重大隐患，受到独山子石化公司表彰奖励。全年，识别风险 734 项，清理低风险作业清单 202 条、高风险作业清单 3 条，开展专项整治行动 5 次，发现问题 24 项，整改率 100%。（李少华）

2020 年 12 月 14 日，铁路运输公司列检员检查列车安全隐患（李少华 摄）

【队伍建设】 2020 年，铁路运输公司制订一岗多能培训管理方案，开展操作岗位工作写实、“不忘初心担使命，抗疫发展双胜利”宣讲、技能竞赛等内培、外训活动，组织员工参加公司各类培训及第十三届职业技能竞赛铁路货运员（车务）工种技能竞赛，以赛代训，提高员工操作技能及业务素质。建立员工健康台账，研判病患员工，分级管控，做好帮扶工作；常态化开展送温暖活动，走访慰问、解决困难，精准帮扶，提高职工对企业认同感、责任感。全年，派外培训 4 期，参加 6 人；参加公司培训班 7 期，培训 279 人次；内部培训 956 课时，参加 4125 人次；参加各类竞赛获奖 6 人，单位获得优秀组织奖 1 次；职工总体满意率 89.98%，同比上升 4.58%。（李少华）

2020 年 9 月 24 日，铁路运输公司组织员工参加独山子石化公司第十三届职业技能竞赛（马晓娟 摄）

## 管道运输

【概况】 2020 年，国家管网集团西部管道有限公司独山子输油气分公司（简称西部管道独山子分公司）通过管道运输石油、天然气，管理维护相关设备。10 月 1 日，因机构改革，中国石油西部管道公司独山子输油气分公司划转为国家管网集团，更名为国家管网集团西部管道公司独山子输油气分公司。全年，完成上级公司下达各项指标。（杨浩镭）

【管辖范围】 2020 年，西部管道独山子分公司立足一个基地（独山子基地）、两个“国门”（阿拉山口原油首站和霍尔果斯压气首站）、6 个基层单位（独山子作业区、乌苏作业区、阿拉山口作业区、霍尔果斯作业区、精河压气站、独山子维抢修中心），依托一个维抢修中心（独山子维抢修中心），附带一个物资供应站工作模式，运营管理包括新疆伊犁哈萨克自治州、博尔塔拉蒙古自治州、塔城地区、克拉玛依市、石河子市、新疆生产建设兵团第四、七、八师境内西气东输二线管道、阿拉山口—独山子原油管道、独山子—乌鲁木齐成品油和原油管道、西气东输三线管道、伊霍煤制气管道及其相关站场。（杨浩镭）

【经营管理】 2020 年，西部管道独山子分公司制订年度关键检修作业计划，调整仪表检定、安全阀校验、压缩机健康体检作业计划，严格控制机组、过滤器等切换作业；开展气线阀室连通、阿—独线低点增加截断阀等工艺简化优化整合配套研究论证；制定压缩机无故障运行 8000 小时攻坚战方案，进行技术改革和推广应用。全年，健康体检机组 21 台（组），推广应用科技项目 32 项，获得国家管网集团西部管道公司技术革新奖 10 项，霍尔果斯作业区在国家管网集团西部管道公司压缩机综合考评中名列第二名，乌苏作业区获得国家管网集团西部管道公司优胜作业区 7 次。（杨浩镭）

【管道环焊缝检测】 2020 年，西部管道独山子分公司分析 2017—2020 年焊缝排查数据，总结提炼固化经验做法；编制《环焊缝排查标准化流程手册》，确保开挖过程安全和排查质量；规范细化检测过程管理，率先实施焊缝编号做法，建立健全台账管理制度，修订《站内工艺管道检测与评价规程》，明确地上、埋地焊缝检测方法；设计制作阀室引压管专用支撑，确保施工过程安全；注重管道补口防腐质量，强化培训、设置门槛，开展干线管道补口防腐作业能力考评；自主运用 RTK 测绘定位技术，对建设期环焊缝坐标进行现场精确定位，提升工作效率。全年，完成干线管道环焊缝检测 482 道，组织干线管道补口防腐作业能力考评 3 次。（杨浩镭）

**【应急管理】** 2020 年，西部管道独山子分公司健全应急预案体系，重点突出无人、少人站应急能力提升，新增现场处置方案、应急处置卡，针对不同区域漏点工艺处置存在的差异性，开展工艺管线分级，提升应急效率及质量。扎实推进情景构建实战演练，完成西三线伊宁二门站分输支线重建情景构建等演练；阿拉山口输油站与地方各部门建立定期应急演练联动机制，提升协同作战能力；不定期开展应急处置措施抽查和测评，结合测评结果制订改进提升措施。全年，新增现场处置方案 4 个、应急处置卡 5 个；开展安全应急演练 4 次，参加 1200 多人次。（杨浩镭）

**【承包商管理】** 2020 年，西部管道独山子分公司抓实准入、选商、过程管控、绩效考评等全过程管理，从严施工项目软硬件把关和审核，推行分公司承包商安全自律卡，促使承包商树立施工必须安全意识，做细做实承包商安全培训，对现场监护人员开展针对性风险告知和提示，确保现场风险措施落地；强化三个共同体（利益共同体、事业共同体、命运共同体）建设，做优战略承包商评估，培育长期合作承包商队伍，实现共商、共建、共赢。全年，处罚承包商 9 家，纳入黑名单 3 家（人）。（杨浩镭）

**【绩效管理】** 2020 年，西部管道独山子分公司建立并完善指标库，加大个人绩效占比，督促绩效落后人员绩效提升，对年度与季度绩效排名靠后的 10% 员工，制订专项提升方案，由副主任以上领导进行帮扶；对连续两个季度都落后员工组织专项提升培训班，督促提高工作积极性、主动性。严格按照绩效考核结果进行兑现，体现多劳多得、少劳少得原则；加强奖励发放及时性，调动员工工作积极性、主动性，激励和推动各科室不断提升绩效指标。（杨浩镭）

**【人才培养】** 2020 年，西部管道独山子分公司开分类、分层、分级培训，集中资源和精力开办内训师、体系管理等管理提升类培训班，结合实际需求送教上门、送教下站，确保关键培训资源与工作需要相匹配；发挥培训矩阵管理功能，结合员工能岗匹配要求合理制订培训计划；开展各类取证培训，确保特种作业岗位全部持证上岗；开展新员工入职培训，通过每月学、每月考方式，巩固和提升基层岗位员工业务知识；实施油、气站场人员半年度互换，科室与属地作业区双重导师带徒模式，组织实习生季度总结汇报会、实习期转正答辩考核，为打造复合型人才打好基础。全年，完成各类培训项目 31 期，参加 353 人次；开展各类取证培训 8 期，参加 52 人次；选聘中级内训师 10 人、初级内训师 36 人，聘任技术带头人 5 人、技能骨干 5 人；开展新员工入职培训 3 次，实习生总结汇报会、答辩会 6 次，评选出优秀实习生 8 名。

（杨浩镭）

**【安全管理】** 2020 年，西部管道独山子分公司开展“低老坏”（低标准、老毛病、坏习惯）问题整治，安全升级管理，大排查，大梳理，大反思活动，安全生产三年专项整治行动等重点工作。抓实风险研判，实现风险预知预测预防；做好现场安全管控，严格许可签批，从源头提升风险识别水平和现场执行效果，确保风险管控措施针对性和有效性；常态化开展员工安全履职能力评估，确保关键安全生产岗位人员安全环保能力素质达标，系统提升基层员工风险识别能力和风险削减能力。乌苏作业区深入践行零缺陷理念，获得自治区质量信得过班组二等奖；分公司被评为国家管网集团西部管道公司质量安全环保先进单位。

（杨浩镭）

# 地方企业

## 天利集团

【概况】 2020年，天利集团深加工化工产品，再加工炼油产品，销售合成塑料、合成橡胶、添加剂及石油焦等石油化工产品。年末，资产总额43亿元。全年，加工原料73万吨，同比提高15.6%；销售产品82万吨，经营收入27.51亿元，实现税费1.6亿元。

（孙士博）

【深化改革】 2020年，天利集团合并生产运行部和技术质量部，成立技术生产质量部；将苯乙烯厂并入化工二厂，制衣厂并入综合服务中心；拆分公用工程管理中心，其中污水装置并入化工三厂，空分空压、循环水、换热站等装置并入化工一厂，消防泵站并入化工二厂。12月，控股公司克拉玛依市天利恒华石化有限公司完成整体设立，变更为克拉玛依市天利恒华石化股份公司，并召开创立大会。建立内部劳务市场，放宽内部退养条件，持续优化队伍结构；推行干部到行政化和公开竞聘，完成25名任期届满副职岗位公开选拔和8名正职岗位五年轮岗调整，实现干部能上能下。尝试引进阿米巴经营模式，在内部7个部门和单位试点运作。

（孙士博）

【战略规划】 2020年，天利集团坚持市场化经营理念，突出创新引领，强化对标调研，通过领导挂帅、深度调研、例会推进等举措，资源、技术、高端化、人才、体系、信息化6项战略规划架构成型；以市场为导向外出调研4轮，完成自治区内10家资源企业调研，同国内38家高等院校、科研单位深入交流 $C_5$（碳5）、$C_{8+}$（碳8+）、$C_9$（碳9）3条产业链规划；开展市场分析，结合市场需求确立技术及高端化产品规划方向，开展2轮技术市场调研，对标国内外产品，形成产品竞争力报告，对接高等院校指导橡胶应用和胶黏剂质量提升，对接科研院所开展橡胶催化剂技术研究，持续借助外力，从市场、技术、效益三方面把关规划方案。先后到多家高度市场化运作企业调研学习，与3家咨询公司开展技术交流，明确体系与信息化规划深度融合目标；提出提素质、控总量、调结构、强机制总目标，完成人员分析报告；对标知名企业了解先进信息技术应用，组队外出实地调研，确定平台+服务信息化建设模式。

（孙士博）

【生产运行】 2020年，天利集团推进双重预防（风险分级管控和隐患排查治理）机制和长周期运行攻关，各装置生产波动同比降低50%。针对装置技术和质量瓶颈梳理25项攻关清单，对应制订控制措施和长期改造方案；成立机械密封泄漏、腐蚀防护与修复、管线振动超标治理等7个预警攻关组，解决曝气机水下主轴磨损检修频率高、压滤机进料泵运行周期短等瓶颈问题。石油萘装置实施调整系统真空度措施，萘产品馏出口合格率提高至98%以上；尝试高效阻聚剂，加氢催化剂平稳运行13个月，多加工原料2万多吨；苯乙烯装置通过双防预警，E-8601运行周期延长四个半月，重油浆管线8个月未发生结焦堵塞，苯乙烯收率攻关后达94.4%，同比提高0.5个百分点；橡胶装置完善运行数据库，预判并解决冷冻机组电机转子不平衡问题；后处理挤压机实施主轴材质升级等技措，非计划停机同比减少2次，连续运行93天无解体大修，刷新纪录；石油树脂装置建立68处易腐蚀点位监测台账，识别出常压塔顶压力表接管腐蚀减薄、2号装置水洗系统玻璃钢内衬脱落等隐患，通过攻关，2号装置单烯烃加工量提高0.3吨/小时，缓解单烯烃高库存压力，增产874吨；加氢树脂装置针对管线震动、腐蚀等问题开展预警攻关，加氢进料泵出口主管线振动峰值下降94%；修复加氢反应器缺陷25处，保障装置按期开工。全年，加工乙烯焦油16.9万吨、$C_8$+15.8万吨、裂解C57.8万吨。

（孙士博）

【提质增效】 2020年，天利集团开展“战严冬、转观念、勇担当、上台阶”主题教育，前置监测原料性质变化，及时调整操作，加工损失率同比降低0.09个百分点；平稳完成7套装置间歇满负荷运行，合理调配橡胶、树脂原料配比，实现异戊二烯、单烯烃全加工，$C_5$产业链增效显著。石油萘增产高效产品，加工混合二甲苯生产工业用裂解$C_9$一等品，加氢装置停工7个月，增产高效产品，加工混合二甲苯生产裂解$C_9$一等品，为混合二甲苯平衡加工提供技术保障；安全推迟树脂装置例行检修，独立核算单位减亏显著。指导下属亏损单位结合实际强推开源节流，综合服务中心通过优化人力资源、多方拓展业务等举措实现减亏；制衣业务采取下调计件工资、大力推行降库等办法实现盈利；天利天元化工厂实施转型分流改革，关停灭火器充装和乙烯编织袋生产线，稳妥分流安置人员。全年，完成公司级提质增效项目42项，各类成本硬下降10%目标达成，实现降本2460万元；石油萘1号加氢装置降耗199万元，双环戊二烯掺炼加工增效860万元，增产路标漆树脂1182吨；优化人力资源、多方拓展业务实现减亏948万元，增效金额完成计划进度107%；涌现出刁晶晶、马庭飞、化工一厂等一批积极开展创新攻关增效先进个人和集体。

（孙士博）

【市场开拓】 2020年，天利集团强化计划统筹，打造供应链，增加异地仓储，开展电商销售，提供现场技术服务，逐渐形成进、产、储、运、销服务高效价值链。推广高端产品，开展质量提升攻关，缩窄橡胶各批次间门尼值（门尼值是用门尼黏度计测定的数值，门尼黏度反映橡胶加工性能的好坏和分子量高低及分布范围宽窄），拉伸强度力学性能实现恒定，稳定控制树脂产品加德纳色度（是量测黄色深浅一维度量，数值从1到18，数字越大表示颜色越深），提高产品市场认可度。稳定80F橡胶与国内知名下游客户供需关系，打开$C_9$加氢树脂市场，开发胶黏剂终端大客户，尝试出口北美、东南亚市场，品牌知名度逐步扩大。全年，新增国内有实力长期稳定用户12家，新增异地仓储2处，提供现场技术服务83次；橡胶门尼值缩窄50%，树脂产品加德纳色度控制在3以内；开发胶黏剂终端大客户3家；电商销售产品6.2万吨，销售$C_9$加氢树脂3500吨，出口胶黏剂550吨，高端产品产销量同比增长183%。

（孙士博）

【项目工程】 2020年，天利集团一批项目相继立项、建成。9月15日，重启3万吨/年双环戊二烯装置项目；11月13日，化工南北区通道项目建成通车，促使南北区高效联通；12月2日，3万吨/年双环戊二烯装置项目配套的产品储运及加工改造项目通过立项。

（孙士博）

【安全管理】 2020年，天利集团严格执行零容忍、严监管、强预防、严追责安全管理制度，落实数据库支持、动态化监测、模型化分析、规程化执行总要求，建立“双防”模型，制订相应管理模板，实行风险分级预警管控，排查治理各类隐患。从严治理低老坏（低标准、老毛病、坏习惯）问题，编制完善低老坏专项整治问题清单，结合实际分阶段运行，查找问题，及时整改，压实各级安全管理责任。执行5个零容忍（油气泄漏零容忍、不合格承包商零容忍、特种设备带病运行零容忍、火灾零容忍、环保违规零容忍）负面清单和安全管理两清单一模板制度，从严监管，推行承包商人员黑名单制度和全员安全生产记分办法。全年，建立“双防”模型104项，制订相应管理模板186个；排查治理各类隐患2697项，专项整治问题清单382项；查出问题隐患6829个，整改率99.71%，考核率78.94%，问题同比降低48.6%；百票违章率（每100张施工作业票违章数量占比）同比下降93.4%。

（孙士博）

## 天利高新

【概况】 2020年，天利高新研发、生产、储运和销售己二酸、MEK（甲乙酮）、MTBE（甲基叔丁基醚）、聚丙烯粉料等精细化工系列产品，为独山子石化公司提供部分产品包装及生产用天然气供应服务，建设EVA项目，中交重质包装膜项目、新增MTBE储罐项目、焚烧炉项目。年末，资产总额36.16亿元。全年，国内销售己二酸8.1万吨、聚丙烯粉料4.55万吨、顺丁橡胶4.4万吨、甲乙酮1318吨，出口己二酸、甲乙酮4256吨；实现营业收入23.92亿元，盈利139万元，纳税总额1.03亿元。（曹宪富）

【生产运行】 2020年，天利高新拥有7.5万吨/年己二酸、1.5万吨/年二元酸酯、4万吨/年甲乙酮、8万吨/年MTBE、4万吨/年聚丙烯、1.8万吨/年聚丙烯改性树脂、5万吨/年顺丁橡胶、1亿条/年编织袋、6亿方/年天然气输气管道等生产装置；通过调整碳四加工路线，优化产销衔接，保证大负荷运行后路畅通，年内未发生非计划停工，顺丁橡胶、甲乙酮均超计划完成全年目标，主要产品产销量实现同比增长。全年，非正常循环时间同比减少22.9小时，下降18.7%，装置平稳率99.4%；关键原料进厂34.1万吨，较计划增加2.9万吨；主要产品产量37.3万吨，较计划增加3.6万吨。（曹宪富）

【技改攻关】 2020年，天利高新改造己二酸厂精酸增稠器滤拍，解决滤拍破损问题，稳定产品质量；聚丙烯厂实施回收丙烯线增加电伴热技措项目，实现冬季回收丙烯返催化裂化联合车间气体分离装置，提高精丙烯纯度；顺丁橡胶厂对胶罐单元胶罐连接线、出胶线等实施改造，实现在线切换清理等功能；通过延期使用催化剂、试用恩曼除垢设备等方法，为装置低成本、长周期运行提供技术支撑；完成市科技项目固体废物综合处置关键技术及应用的工业化建设工作，得到市专项资金支持。全年，己二酸厂实现C类产品批次同比下降47%，B类及以上产品合格率同比提高4.4%；聚合丙烯纯度同比提高10.9%；顺丁橡胶厂优等品率95.74%，同比提高5.74%。（曹宪富）

【提质增效】 2020年，天利高新落实提质增效措施，通过增加产量，降低产品加工成本；通过技术改造、工艺调整，降低动力成本；通过持续严控员工总量，降低人工成本；对各类采购合同进行复议谈判，推进积压编织袋消耗、催化剂延期使用、聚丙烯厂喷料球阀国产化等工作，降低采购成本；坚持推价销售、产销平衡低库存战略，提高销售效益。全年，减少用工127人，征集提质增效项目158项，降低加工成本4200多万元、动力成本1400多万元、采购成本544万元，五项费用较预算减少438万元，实现降本9900多万元。（曹宪富）

【EVA项目建设】 2020年5月10日，天利高新举行EVA项目总承包现场开工仪式，工艺装置区现场施工全面展开。20万吨/年EVA项目由大庆石化工程有限公司设计，按照EPC（工程总承包）模式施工。项目总投资24.62亿元，建设周期约26个月，计划2022年6月30日中交，9月30日投料试车。项目总占地面积2897.13万平方米，其中主装置区占地面积222.2万平方米、火炬系统占地面积79.9万平方米，厂外配套设施占地面积615万平方米。项目采用德国利安德巴塞尔高压管式专利技术，设计压力高达360MPa（G），工艺流程长，联锁、顺控复，技术含量高。产品EVA树脂（乙烯—醋酸乙烯共聚树脂）是一种高分子聚合物，醋酸乙烯含量在18%～30%，可广泛应用于光伏电池封装胶膜、电线电缆、发泡制品、农用棚膜、涂覆等领域。主要生产原料为聚合级乙烯、醋酸乙烯，辅助生产材料主要为引发剂（过氧化物）、调节剂（丙烯）、引发剂溶剂、滑爽剂（芥酸酰胺、油酸酰胺）、抗氧剂、阻聚剂（对苯二酚）等。火炬系统燃料为天然气，由天利高新输气厂供应。项目投产后预计年均净利润2.8亿元，所得税0.94亿元。EVA项目是独山子石化公司加工轻烃炼油及乙烯优化调整项目的配套项目，也是天利高新未来几年的“天字号”工程。全年，累计投入安全工时42.88万工，浇注混凝土2.55万立方米，安装钢结构2600多吨；项目总体施工形象进度29.3%，总体设备材料采购完成率92.6%。（曹宪富）

【重质包装膜项目中交】 2020年10月15日，天利高新重质包装膜项目中交，完成机组带料调试和配方试验，机组提速试验满足产能指标，产品膜厚合格，质量达到冬、夏季指标要求。（曹宪富）

2020年10月15日，天利高新重质包装膜项目中交

（王宏斌 摄）

【新增 MTBE 储罐项目中交】 2020 年 12 月 24 日，天利高新新建 MTBE 储罐项目中交，通过 PSSR（工艺设备启动前安全检查）验收，实现投用，增加 MTB 仓储能力 8000 立方米。 （曹宪富）

【焚烧炉项目中交】 2020 年 8 月 5 日，天利高新焚烧炉项目中交，三组分废液持续投烧成功，截至年底，三组分废液投烧 8200 多吨，日均处置危废 60 立方米，平均产气量 20 吨/小时。 （曹宪富）

【技能培训】 2020 年，天利高新结合 EVA 项目建设，制订选拔借调员工专项培训计划，组织 EVA 项目部及 5 家单位开展储备项目建设、管理人才培养。开展管理干部 HSE 履职能力评估、操作服务岗位员工上岗培训和考核等工作，加强中高层干部、专业管理及技术人员、操作技能人员三支队伍培训。全年，进行人才梯队建设验收，检查、抽考员工 80 人，增岗 256 人次、复岗 134 人次；聘期考核和续聘两级技术骨干 19 人、技能骨干 93 人、技师 8 人，考核一般管理专业技术人员 391 人；举办线下培训班 63 个，培训员工 2619 人次，参加独山子石化公司培训班 60 人次；组织己二酸装置操作工、循环冷却水处理工、电工工种参加独山子石化公司第十三届职业技能竞赛，获得个人赛奖牌 7 人，获得团体赛第一名 2 个。 （曹宪富）

【安全管理】 2020 年，天利高新推进双重预防机制建设，完成 HAZOP（危险与可操作性研究）、FMEA（失效模式与影响分析）、JSA（工作安全分析）等工具方法模板学习轮训，推行集中动火管理，严控作业总量，发动全员开展查找身边隐患、防泄漏、防着火爆炸专项治理活动，完成三、四级重大危险源数据上传自治区，强化风险监测预警。全年，投资 400 多万元，完成安全环保隐患治理项目 16 个；开展 7 个模板学习轮训，完成工具方法培训 173 人；各单位自查上报隐患 1513 项，整改销项 1508 项；作业总量同比下降 37%，三级及以上风险作业降低 21%；发生事故 5 起，同比下降 50%。 （曹宪富）

【甘做村民贴心人】 2020 年，天利高新管理干部田川强"访惠聚"工作进入第三年。在担任喀什地区叶城县西合休乡亚尔阿格孜村驻村第一书记期间，田川强带领村民完成乡村公路铺设和富民安居房、游牧民定居房建设，实现通水、通电、通车。自费以年 2000 元/667 平方米价格签订 3 年土地承包合同，买种子、种蔬菜，并带领村民开垦荒地 2 万平方米，建成蔬菜大棚 15 个，为村民勤劳致富带好头。亚尔阿格孜村周边山势险峻，田川强帮助牧民成立"养殖合作社"，将全村牛羊、鸡鸭集中起来统一养殖，牲畜成活率提高到 98%；组织 200 多个富余劳动力参加乡村公路、水利、电站、网络基站建设。积极帮助兴建惠民市场、十小店铺，多方联系村民参加糕点制作、食品加工、商超经营等方面培训学习，帮助村民建立农牧产品销售渠道，以心换心甘做村民贴心人。村民生活水平有较大提升，人均年收入从不足 1000 元提升至 1.5 万元；贫困户人均可支配收入增长幅度高于全国平均水平；11 月，叶城县全县退出贫困县序列。中国新闻网、中新网客户端、人民日报客户端、《中国石油报》等媒体刊登人物通讯《扶贫书记田川强的心儿在远山》《叶城亚尔阿格孜村第一书记田川强：他的心儿在远山》《田川强：以心换心甘做村民贴心人》，报道田川强扶贫故事，并被全国多家知名网络媒体转载。 （曹宪富）

## 炼建公司

【概况】 2020 年，新疆炼化建设集团有限公司（简称炼建公司）经营炼油化工工程建设、油田建设、压力容器制造、压力管道安装、工业与民用建筑施工等业务，维护和保运石化装置。拥有化工石油工程施工总承包壹级资质、房屋建筑工程施工总承包贰级资质，取得各级压力容器制造及球罐现场组焊许可资质证，各类压力管道安装资质，中华人民共和国进出口企业资质证书及对外经济合作经营资格证书，取得独立承包境外化工石油工程及国际招标工程资格，取得工艺阀门检验检测机构资质认定证书。全年，承建项目 9 个，账面收入 44504 万元，账面成本 43693 万元，净利润 811 万元。 （秦琳）

【项目建设】 2020 年，炼建公司为拓展自治区内外市场，对各部门、各项目部、各参战单位进行整体规划、统筹协调，填补公司近十年 PC（采购、施工总承包）项目空白。承建独山子石化公司废水减排、天利高新 EVA 及 MTBE（甲基叔丁基醚）储罐汽油添加剂、广东石化原油储罐等重点项目，并有序推进；竣工验收独山子石化公司金沟河引水工程、商储库隐患整改、乙烷接卸设施球罐、原油接卸设施、天利高新 MTBE 储罐等项目。全年，承建项目 9 个，其中重点项目 3 个，实现项目收入 18441 万元。 （秦琳）

【检维护业务】 2020 年，炼建公司承担独山子石化公司、天利集团公司、天利高新和广西石化、呼和浩特石化检维护任务；推行模板化维保施工，做到维护范围增加，服务质量不减。全年，日常维护任务计划完成率 99.8%，月度检修计划完成率 99%。安全阀专项检验 598 台，LDAR（泄漏检测与修复）检测 218.14 万点，服务满意度平均 98.34 分，高于 96 分的全年目标值。 （秦琳）

【提质增效】 2020 年，炼建公司组织“战严冬，转观念，勇担当，上台阶”主题教育活动，开展提质增效专项行动。全年，实施提质增效措施 50 项，增效 3695 万元，其中开源增收 1819 万元，降本增效 1876 万元。 （秦琳）

【科技创新】 2020 年，炼建公司焊接专家工作室针对炉管组对安装、焊接领域攻关创新，带领青年职工自主研发《一种管道组对固定装置》《炉管吊装装置》《管道加工装置》《一种薄钢板焊接工装》技术成果，获得国家发明专利 4 项。 （秦琳）

【技术培训】 2020 年，炼建公司以赛促练、以练促学、以学促用，员工主动学习意识增强，发挥培训基地和谷刚焊接专家工作室作用，通过自主培训、专家授课、外聘专家指导，员工技能提升明显。全年，在独山子石化公司和市技能竞赛中，夺得 1 金、2 铜及优秀选手称号，焊接、电气专业获集体二等奖和优秀组织奖。 （秦琳）

2020 年 12 月 20 日，炼建公司焊接专家杜亮（左三）在谷刚专家工作室给青年职工授课 （秦琳 摄）

【企业文化】 2020 年，炼建公司党、工、团紧密结合，发挥党建带群建、群建促党建功能，开展特色活动。工会依托职工之家创建，开展专项劳动竞赛、岗位技能大赛，动员全体员工为公司提质增效活动献计献策；团委依托青工创新创效项目，营造助力生产、青年先行良好氛围，获得独山子石化公司十佳创新创效项目 1 项。响应独山子石化公司“大干 100 天，确保废水减排项目顺利交工”号召，成立党员先锋队 7 支，青年突击队 2 支，驰援现场，全力推进项目进度。 （秦琳）

## 天鼎集团公司

【概况】 2020 年，独山子区天鼎投资集团有限责任公司（简称天鼎集团公司）经营城市建设投资、项目投资、工程建设、房地产经纪业务。全年，资产总额 173871 万元，净资产 156086 万元，营业收入 8447 万元，上缴税金 807 万元。 （郑娜）

【经营管理】 2020 年，天鼎集团公司针对资产使用率低、效益值不高问题，采用整合大物业体系进行集中管理，创新招商模式去空置率，将资产摸底分类后制订科学方案，该退还的退还，该交易的公开交易，该市场化的市场化经营，引导公司资产优质稳定发展。引进奎屯美美公司承接文化中心整体物业服务及 C 座商业化运营项目，促进资产市场化运营、可持续发展。全年，经营收入 8447.45 万元，缴纳税金 806.62 万元。 （郑娜）

【工程项目建设】 2020 年，天鼎集团公司对各类工程做好事前、事中、事后三环节控制，做到事前预测分析、事中检查纠偏、事后落实评估，把风险及错误降到最小值。全年，新建工程有通信安全业务用房（南京路 7 号项目）、区游客集散中心 LED 大屏采购、晶都花园二期 3 项；续建工程有自来水厂、北京路 2 号 2 项；参与融资建设工程项目 8 项。 （郑娜）

【安全管理】 2020 年，天鼎集团公司定期举行消防安全演练，不定期抽查委托单位管理及运营，对检查出的问题下发整改通知单并要求限时反馈整改情况。全年，召开内部综治安全会议 24 次，组织安全生产知识学习 12 次，组织城投大厦安全、消防

演练 38 次。（郑娜）

【租金减免政策落实】 2020 年，天鼎集团公司落实疫情防控期间独山子区租金减免政策，统计上报租金减免数据，采取以延长租期为主的减免方式，与租户逐一确认、签订补充协议。全年，减免个体工商户 128 户、中小微企业 14 家 6 个月租金 405.89 万元。

（郑娜）

## 城建开发公司

【概况】 2020 年，独山子区城市建设开发有限责任公司（简称区城建开发公司）承建房屋建筑工程、市政工程、维护维修工程，生产混凝土，清运、填埋生活垃圾，提供绿化、保洁、物业服务。具有建筑工程施工总承包二级、市政公用工程施工总承包二级、消防设施工程专业承包二级、建筑装修装饰工程专业承包二级、建筑幕墙工程专业承包二级、城市及道路照明工程专业承包三级、测绘丙级资质。全年，承揽建筑工程 34 项，营业收入 25312 万元，利润总额 660 万元，净利润 495 万元，上缴税金 1340 万元。

（李佩佩）

【工程建设项目】 2020 年，区城建开发公司承揽独库公路游客服务中心配套商业街建设项目、百盛佳苑商品房及底层车库（四期）新建项目、独山子生活垃圾无害化处理场一期封场项目、通信安全业务用房项目、污水处理厂至检修库管线新建项目、污水处理厂进厂水管线改造项目（在建）、两湖旅游基础设施建设项目、劳动力市场及实训基地综合项目、普货及一般化学品（空车）停车场建设项目、产业园标准化厂房建设项目、生活物资应急保障库建设项目、产业园基础配套设施建设项目、产业园中转库房及物资储备库建设项目、红色旅游基础设施建设项目（一标段）、安庆路改造工程、增加及改造路灯工程、义务植树项目、花溪道路建设项目、游客集散中心设施配套（十四块地）建设项目、南环路西侧临时围堰（防洪渠）建设项目、西检查站改造项目、南环路（南京路）防洪渠维修项目、南京路商业街基础配套设施建设项目、南京路改造项目（韶山路—大庆路）、城市综合整治提升道路节点景观设计一期建设项目、园林检维修项目、壹号井家园西侧道路建设项目、北京路二号市政公用工程建设项目。全年，承揽建筑工程 34 项，房屋建设工程施工面积 5.3 万平方米，市政园林工程总造价 12813 万元。（李佩佩）

【维护维修项目】 2020 年，区城建开发公司实施区工建局市政工程维护项目、公房维修项目、教育系统维修项目、暖气管线维修项目、天鼎集团维修项目、区疾控中心改造项目。全年，维护维修项目完成产值 4017.57 万元。（李佩佩）

【绿化保洁】 2020 年，区城建开发公司开展道路绿化保洁维护、区域绿化管护、街道小区绿化保洁维护、校园绿化维护、校园清雪工作。全年，绿化、保洁面积 583 万平方米，收入 2142.78 万元。（李佩佩）

【物业服务】 2020 年，区城建开发公司提供所属商铺租赁管理、住宅小区物业、办公楼宇物业、青年食堂、株洲路 6 号和爱老服务中心及食堂综合物业管理。全年，提供物业服务小区 8 个、楼宇 6 座、食堂 2 个、爱老服务中心 1 个，产值 1932.31 万元。

（李佩佩）

【混凝土生产】 2020 年，区城建开发公司生产混凝土 13.7 万立方米，销售 5345 万元，销售矿粉 9 万元，实现产值 55354 万元。（李佩佩）

【垃圾清运填埋】 2020 年，区城建开发公司实施区无害化生活垃圾填埋清运工作。全年，收集餐厨垃圾 1987.78 吨、污水 2092.46 吨，清运建筑垃圾 72.49 万立方米，拉运污泥 3831.92 吨、工业及废渣垃圾 15 吨，填埋场覆土 2.41 万立方米，处理渗滤液 7571 立方米，产生清水 3393 立方米，垃圾填埋率 100%。

（李佩佩）

【贯标认证】 2020 年，区城建开发公司向第三方机构四川三峡认证有限公司申请质量认证，四川三峡认证有限公司对公司施工项目部、拌合厂、建筑工程施工、市政公用工程施工、沥青混凝土生产所涉及质量管理进行审核，通过 ISO 9001 质量管理体系（GB/T 19001—2016，GB/T 50430—017）、OHSAS18001 职业健康与安全管理体系（ISO 45001：2020）、ISO 14001 环境管理体系（GB/T 24001—2016）审核认证。

（李佩佩）

【安全管理】 2020年，区城建开发公司与施工队、业务部门及关联分公司签订安全生产责任书，组织员工参加HSE（健康安全环保体系）培训，消防安全培训，开展百日安全无事故、节前安全大检查等活动。全年，签订安全生产责任书施工单位15家、业务部门9个；参加HSE培训1330人，合格率100%；举办安全教育22场次，参加1330人次；开展各项应急演练16场次，参加230多人次；开展安全检查36次，排查安全隐患655项，整改销项100%；各施工项目组织防疫检查75次，整改防疫隐患346项，安排劳务工人核酸检测6550人次。（李佩佩）

【自身建设】 2020年，区城建开发公司制订年度员工培训计划，通过学习不断提高员工综合素质和业务能力。全年，参加专业技术人员继续教育36人，参加安全考核证继续教育9人，参加岗位证书培训5人；参加二级建造师继续教育3人、会计从业资格继续教育10人；参加特种工种取证培训1人，考试合格率100%、取证率100%。（李佩佩）

## 北方建设集团独山子分公司

【概况】 2020年，新疆北方建设集团有限公司独山子分公司（简称北方建设独山子分公司）承揽水利水电、建筑、道路、市政、房地产开发等建筑工程。全年，承建工程3项，合同造价14680.56万元，完成产值8615.93万元，上缴利税66.69万元；完成清欠任务1150.33万元。（杨霞）

【经营管理】 2020年，北方建设独山子分公司修订经营管理办法和绩效考核办法，细化考核内容及各科室对口项目考核目标和工作流程，明确奖罚准则，完善项目成本控制统一格式，安装指纹考勤机，严格员工考勤制度；将思想政治工作融入生产经营全过程，及时掌握员工思想动态，为员工分忧解难，使员工轻装上阵，全身心投入工作。全年，发放职工工资总额216.47万元，人均收入5.81万元；为职工缴纳社保统筹55.72万元，覆盖率100%，其中养老保险金27.98万元、医疗保险金25.12万元、失业保险金0.87万元、工伤保险金及生育保险金合计1.18万元、大额医疗金0.58万元，住房公积金29.35万元。（杨霞）

【在建工程】 2020年，北方建设独山子分公司承建奎屯易辰房地产开发有限责任公司青北家园新建23栋楼房项目（一标段）。项目部落实公司经营管理办法，加大员工绩效考核力度，确保施工安全。承建独山子石化公司金沟河引水工程一标段输水工程，项目部根据招标文件和现场勘察，制订该标段排水方案，考虑该标段地下水较高，为确保开挖基础不被水破坏，采取挖土方与排水紧密结合方式，先排水、降水，再进行分层开挖；管道安装及建筑物基础施工时，利用分段排水沟结合集水井进行抽排水。全年，青北家园项目完成20栋楼基础及地下室工程施工，产值606万元；金沟河引水工程完成产值900万元。（杨霞）

2020年11月4日，北方建设独山子分公司金沟河项目部引水工程一标段隧洞工程主体贯通（杨霞 摄）

【新建工程】 2020年，北方建设独山子分公司承建奎屯河引水工程（团结干渠改造项目）施工二标段工程，合同开工日期2020年6月25日，竣工日期2021年5月20日，合同造价5400万元。项目位于奎屯河四连，渠道总长2.7千米，主要工程量：1.9万立方米混凝土、土方开挖18万立方米、回填10万立方米，钢筋1900吨等，项目部落实公司经营管理办法，建管局考核办法，加强员工绩效考核，提升员工管理业务水平，提高工作效率。全年，完成土方开挖2.2千米、混凝土垫层2.2千米、箱涵1000立方米混凝土，产值390万元。（杨霞）

# 商贸·农业

## 商　贸

### 综　述

【机构改革】 2020年4月，因机构改革，独山子区工业和信息化局（商务局）（简称区工信局）将电力管理职责移交区发改委；6月，接收区委网信办信息化办公室职责（同时接受6名工作人员），成立区信息化中心。（黄继虎）

【编制产业发展规划】 2020年，区工信局通过单一来源谈判确定北京泛华集团为编制独山子区产业发展与项目实施规划单位，经过3次向各相关部门、相关企业征求意见，完成规划初稿，编制费用320万元。（黄继虎）

【产业结构基本情况】 2020年，全区规模以上工业企业实现工业销售产值393.62亿元，同比下降8.5%，产品销售率97%，同比下降1.7%。石油石化主业加工原油709.29万吨，同比增长15.0%；生产汽油92.56万吨，同比下降6.6%；生产煤油22.70万吨，同比下降35.6%；生产柴油244.12万吨，同比增长18.9%；生产液化石油气12.45万吨，同比增长4.7%；生产石油焦30.10万吨，同比增长26.5%；生产合成橡胶8.18万吨，同比增长44.6%；生产乙烯141.00万吨，同比增长27.2%；生产初级形态塑料209.90万吨，同比增长29.1%。全区规模以上工业企业9家，完成工业增加值128.82亿元，同比增长15.4%（可比价，下同），其中地方企业完成工业增加值10.66亿元，同比增长10.0%；重工业完成工业增加值128.11亿元，同比增长15.6%；轻工业完成工业增加值0.71亿元，同比下降17.5%。全区实现社会消费品零售总额149368.5万元，同比下降21.51%；其中批发业实现零售额5760.2万元，同比下降21.07%；零售业实现零售额130443.2万元，同比下降20.39%；餐饮业实现零售额8997.8万元，同比下降31.31%。（黄继虎）

【固定资产投资】 2020年，独山子区成立固定资产建设项目工作领导小组（办公室设在区工信局），制订政府投资项目推进工作方案和固定资产投资任务分解方案，优化投资结构。实施天利高新EVA、产业园区基础配套设施、污水处理厂改扩建、妇幼保健及精神康复综合楼、基层政权基础设施等项目，改造南京路、北京路等道路，新装更换路灯，亮化美化沿线商业街。全年，安排投资项目95项，投资35.32亿元，其中地方投资25.26亿元，新装更换路灯1860盏。（黄继虎）

【工业经济运行监测】 2020年，区工信局与重点工业企业建立长效沟通机制，每月了解独山子石化公司、天利高新、天利集团等重点企业经营情况和重点项目推进情况，主动了解存在问题，帮助协调解决或及时反映，争取上级支持，确保石化主业平稳运行、稳中有进；“三天一炼”（天利高新、天利集团、天云公司、炼建公司）实现扭亏为盈，天利股份上市稳步推进。全年，开展企业运行状况调研12次，参加25人次。（黄继虎）

【优惠政策落实】 2020年，区工信局对辖区企业实施政策支持。全年，为新佳美家政服务公司争取上级家政服务业补贴5万元；为舒特工贸公司争取流动资金贷款贴息28050.02元，推动纺织服装产业持续向好发展；推动国网独山子供电公司落实电力优惠政策，优惠电价180.24万元；协助天利高新、蓝德精化、天虹实业、炼建公司等申请认定困难企业，争取失业保险稳岗返还资金3330万元。 （黄继虎）

【产业园区规划】 2020年，区工信局主动申请上级资金，依托石化产业和区位优势，规划建设独山子区产业园区，园区规划面积52.2平方千米（含前期建设的石油石化产业区26.2平方千米、特色工业旅游区5.4平方千米），其中综合物流产业区规划面积13.5平方千米、高新技术产业区规划面积7.1平方千米；产业园内设置综合物流产业区，在西九公里处打造智能物流园项目，完善基础配套设施，建设普货及一般化学品停车场和标准化厂房，为发展物流业创造良好环境；积极争取上级支持，智能物流园项目列入市级“十四五”规划，成为自治区级物流体系重要节点。全年，投入2.4亿元，建设标准化厂房5000平方米。 （黄继虎）

【招商引资】 2020年，区工信局推进招商引资工作，制订2020年招商引资工作方案和强招商、促投资、稳增长措施四十三条等政策文件，落实招商引资项目区领导联系机制，确保项目踏点建设；组建招商专班，依托市级驻外投资贸易中心开展驻外招商；与江苏省区域产业合作联盟签订协议开展委托招商；区领导带队赴其他省市招商，对接上海、江苏、成都、重庆、西安、青岛等地优秀企业，积极推广宣传发展优势和项目；海荣科技、慧洋康养小镇、辉煌世纪SOHO综合楼、盛淮固废处理等一批项目顺利落地。7月15日，组织全区招商引资工作任务部门在区经济发展服务中心会议室举办招商引资专题培训，介绍招商引资工作目的，明确项目界定、投资金额统计等标准，对全区产业和区位优势、配套基础设施建设情况和相关政策等进行说明，详细解读重点招商产业方向，分析产业发展现状和资源优势，列举重点招商项目事例，帮助各部门厘清产业发展方向和招商引资重点工作。全年，落实招商引资项目94个，到位资金15.33亿元，增长23.43%，编制储备项目60多个，总投资100亿元。 （黄继虎）

【信息化项目建设】 2020年，区工信局规划全区5G网络基站基础设施建设，指导电信、移动、联通在独库大本营、天利高新、政府、医院、高校、商圈、广场等重点区域进行利旧及新建5G基站；严把技术审核关，做好信息化项目和设备采购工作，推进信息化项目建设管理。以智慧党建平台项目为基础，整合资源，构建城市大脑项目建设，发挥日常城市指挥调度、应急事件处置等功能，推动城市治理体系和治理能力现代化。全年，投资300多万元，实现光纤宽带率98%，城区宽带总出口由55Gbps提高至200Gbps，城区光纤覆盖率达到100%。 （黄继虎）

【电力监管】 2020年，区工信局做好电力监管工作，疫情期间协调国网供电公司关注居民电费余额，对出行不便用户主动收集电卡帮助购电，推广网上国网线上服务；组织国电实施各类线路设备巡视，清理树障，发现缺陷及时消除；做好高考、元旦、春节、独库公路通车节、独库首届泥火山电音节、中秋、国庆等节假日、重大活动及疫情防控保电工作；协调国网供电公司以政府规划为依托，修编独山子区“十四五”电网规划，完善2020年至2030年电网各类储备项目。全年，完成远程签约3.76万户，远程充值6.46万笔；完成计划工作383项（其中带电作业计划18项、停电计划60项、不停电计划294项、补充计划11项），发现缺陷隐患261条，其中用户侧用电安全隐患16条，整改率100%；完成各类线路设备巡视640条次，完成284棵树障清理，累计发现缺陷222条、已消除184条；出动保电工作人员280人次、应急保障车辆38次。 （黄继虎）

【跨省产业合作】 2020年，区委区政府多次派人到江苏省开展产业链招商工作，与江苏省工信厅及江苏省产业合作组织进行有效对接，江苏省工信厅积极回应，江苏省相关产业结构调整与独山子相关产业发展

2020年10月11日，区政府与江苏省产业合作组织在市政府驻上海联络处举行区域合作产业联盟签约仪式

（黄继虎 供）

契合度较高、合作空间广泛，最终双方就实现独山子区产业链精准招商达成合作共识。10 月 11 日，区政府与江苏省产业合作组织在市政府驻上海联络处举行产业合作签约仪式，产业链招商取得实质性推进。（黄继虎）

【物流园建设】 2020 年，独山子区主动融入丝绸之路经济带核心区建设，取得上级支持，依托独山子石化产业和区位优势，以危化品专业物流为特色，推动综合物流产业发展，构建大物流。在西九公里以石油化工物流为主导产业，配套园区火车货运站，引进社会投资建设智能公路港项目，打造智能物流园，此项目被列入市“十四五”规划，成为自治区级物流体系重要节点。园区入驻中联油西北公司、中国石油西北化工销售独山子分公司、西气东输二线输气分公司及检维修中心、新疆寰球公司等中央石化企业，新疆天利高新石化股份有限公司、新疆天利石化控股有限公司、独山子蓝德精细石化股份有限公司等多家地方石化企业。截至年底，投入建设资金 2.4 亿元，建成园区面积 13.5 平方千米，建设普货及一般化学品停车场和标准化厂房 5000 平方米。（王少轩）

【民营企业账款清欠】 2020 年，区工信局严格落实工作职责，加大力度清理政府部门、国有企业拖欠民营企业账款，加大民营企业账款清偿力度。全年，完成清欠 11442 万元。（黄继虎）

【安全管理】 2020 年，区工信局定期开展区内大型商超、加油站、快递物流公司、二手车市场、外卖企业安全隐患排查，重大节日期间对责任区进行安全大检查，有针对性开展安全培训及应急演练。全年，组织安全培训及演练 12 次，参加 450 多人次；对商超 12 家、加油站 7 家、快递物流公司 9 家及国网独山子区供电公司全覆盖安全检查 35 次，发现并整改安全隐患 143 项。（黄继虎）

## 商贸服务企业选介

### 穗丰粮贸公司

【概况】 2020 年，独山子区穗丰粮油贸易有限责任公司（简称穗丰粮贸公司）经销粮油，收购、储备粮食，派遣劳务，提供物业管理、绿化保洁、酒店餐饮、物联网配送及保安服务。全年，资产总额 10293.16 万元，提供就业岗位 30 多种，解决本地就业 500 多人次，总收入 1712.26 万元，上缴税金 19.49 万元。（许林梅）

【粮油经销】 2020 年，穗丰粮贸公司生产面粉 2670.76 吨（含次粉、麸皮 687.08 吨），同比减少 2961.24 吨；销售面粉 1934.67 吨（不含次粉、麸皮），同比减少 2082.33 吨，面粉销售收入 587.81 万元，同比减少 832.13 万元；购入大米 486.72 吨，同比增加 81.72 吨，实现销售 401.68 吨，同比减少 34.32 吨，销售收入 264.77 万元，同比减少 31.1 万元；调入桶装食用油 490.93 吨，同比减少 45.07 吨，实现销售 463.55 吨，同比减少 23.45 吨，食用油销售收入 380.87 万元，同比增加 49.67 万元。（许林梅）

【粮油储备】 2020 年，穗丰粮贸公司结合本地夏季气候干燥、冬季气温较低气候特点，采取冬季注入冷源降低粮温，夏季密闭仓房隔热保冷准低温保粮措施，有效防止发霉、生虫等情况出现，做到粮情周周查、卫生日日清。全年，迎接检查 90 多次，无失误；完成四级储备粮任务 16500 吨，其中中央临时储备粮 7500 吨、自治区级储备粮 5000 吨、市级储备粮 1000 吨、区级储备粮 3000 吨，完成两级储备油保管任务 150 吨，检验小麦粉 2000 吨。（许林梅）

【物业服务】 2020 年，穗丰粮贸公司康景物业公司从事办公楼物业服务、住宅物业服务及维修服务，为公共区域及办公室提供清扫服务，开展第六居民区、第九居民区、第十居民区、第十一居民区、第十二居民区绿化保洁工作，进行水、电、暖、办公设备、办公网络维修维护。拓展城区绿化保洁维护业务，服务区域占全区总面积三分之一以上，体量和服务面积同比增加一倍多。进行原有道路、广场、景观带缺失绿植恢复，补栽各类树木，完成迎宾花园三期景观改造提升工作。投入清雪设施设备和绿化养护设备，开展居民区、办公楼清雪作业。全年，清扫服务办公室 64 间，提供办公楼会议服务 2500 多场，开展公厕保洁服务 58 个、各类维修维护 18800 多次；补栽各类树木 50600 株，设备投入 500 多万元；新增从业人员 300 人，组织小区安保培训 140 多次。（许林梅）

【御诚保安】 2020 年，穗丰粮贸公司御诚保安公司以成为规范化、专业化安保公司为目标，以军事化管理为抓手，以标准化服务为支撑，在提供优质服务前提下，继续开拓克拉玛依市场，探索奎屯、胡杨河市市场，顺利通过ISO 9001体系认证。全年，承接办公楼安保服务区域28处，安保人员100人，保安持证率85.23%；招聘安保人员76人，上岗率100%；组织岗前培训360课时、岗位练兵培训80课时、技能培训144课时，参加1631人次；组织员工思想政治学习48次，参加1325人。（许林梅）

【宾馆业务】 2020年，穗丰粮贸公司独山子宾馆实施升级改造，更换老旧设施、打造智能化，聘请新疆著名酒店管理咨询公司，提升专业管理和服务品质，依托独库公路优质旅游资源平台，向全国各地游客提供先进酒店服务；探索国有企业混合所有制改革，与克拉玛依市喜欢餐饮管理有限责任公司合作，以联合经营方式，引进新疆知名餐饮品牌禾田烤包子，打造新疆特色餐饮。全年，对员工进行业务知识培训60次，派员工外出学习业务技能12人，承接政府送餐及临时医学观察点任务创收201.6万元。（许林梅）

【天晓物联】 2020年，穗丰粮贸公司天晓物联网有限责任公司（简称天晓物联）以5分钟掌上超市快消品为切入点，辅以本地生活服务和商家加盟，采取线下实体门店和线上电商平台同步销售方式，致力于物联网产品销售与配送，开创“商品零售+网络销售+创新服务+增值有偿服务”经营模式，开启线上无接触配送服务，为居民配送生活物资，成为全区唯一一家拥有自主研发线上销售系统互联网超市。联合社区开展小区流动售卖，向十几个社区居民配送生活物资；利用郁金香文化旅游节、武昌路跳蚤市场、第八社区居委会幸福巴扎等平台，推广、宣传线上App，拓展线上业务，线上加盟商覆盖生活方方面面，满足居民一站式购全商品需求；与区政府、独山子石化公司等单位合作，开展大宗团购业务。全年，销售额831万元，加盟商从14家增加至47家，日接单、配送200多单，线上订单同比增加205%；生鲜销售品种10多种，单月销量60吨；大宗团购业务销售营业额253万元，同比增长153%。（许林梅）

【便利店建设】 2020年，穗丰粮贸公司建设生活物资应急储备库和便利店项目，五分钟便利店保障中心正式投入运营，承担五分钟便利店所有生活物资采购、仓储、物流配送，依托生活物资应急保障库，以贸易为主、储存为辅、兼顾政府战略肉储备任务。五分钟便利店项目进展顺利，组建新的管理团队，采取招商、店面建设、经营模式、设备采购同步分组进行方式，在周边区域、自治区内、其他省市多地考察，确定以连锁运营模式，实行统一管理，销售商品涉及生鲜、粮油、日用百货、调料副食等。全年，五分钟便利店开业33家，区政府补贴19.29万元。（许林梅）

【安全工作】 2020年，穗丰粮贸公司每月开展安全生产大检查，重要节日开展节前安全生产大检查；通过悬挂横幅、发放宣传册、播放安全教育片、制作安全教育展板、举办安全知识讲座、开展安全知识竞赛等形式开展各类安全知识宣传活动；通过安全生产月、今冬明春安全季、百日安全无事故等专项活动，开展安全生产专项整治；疫情期间制订安全预警机制、应急预案、监督检查机制等制度，现场培训，利用网络平台宣传，对公司办公区域、生产区域、公共区域和各重点部位进行每日2次消毒及清洁作业，不留死角；安全管理工作持续完善，开展安全生产、安全储粮、安全用工大检查。全年，制订安全工作制度16项，开展各类安全生产宣传教育活动46场次，参加4400多人次；组织开展安全应急演练52次，参与770多人次；开展专项整治活动4次，公共场所消毒876次；组织安全检查96次，查处、整改安全隐患问题73项，整改销项率100%；未发生重大安全生产事故，被评选为2020年区级平安单位。（许林梅）

【社会责任】 2020年，穗丰粮贸公司对符合减免政策各小微企业和个体工商户进行房租减免；为社会困难群体提供就业岗位，为务工人员安置适合工作，协助提高就业生活技能；开展疫情防控工作，担负生活物资保障任务，成立疫情防控领导小组，自筹资金，保障粮油、蔬菜、生活用品等生活物资必需品供应；做好粮油储备、投放工作，先后紧急、提前付款、预定，确保储备充足，投放有序，粮油、果蔬供应覆盖全区，确保政府供餐点和超市、社区便民菜店等民生保障点物资供应；坚持物资不涨价，以低于市场价格15%进行销售，保障全区粮油、果蔬市场价格稳定和供给充足；开展爱心助防疫活动，为执勤民警免费提供饭菜。全年，为小微企业10家、个体工商户64家减免租金约110万元；为社会困难群体提供就业岗位550个，安置来自喀什地区叶城县、莎车县社会富余劳动力转移人员92人；为保障疫情期间生活物资供应，投入500多人次，调拨资金500多万元、生活物资500多吨，采购大米、清油200多吨；担负疫情防控期间区政府集中供餐点职责，就餐配送量日均1900多份，获得优秀评价5次；志愿加入党员先锋队参与社区物资配送50多人。（许林梅）

## 吉利化工集团

【概况】 2020年，吉利化工集团管理工业园区，仓储、销售、运输石油石化产品，提供燃气配送、各类检验检测服务。全年，配送瓶装燃气近15万瓶，上缴税金453万元。（殷亚玲）

【化工物流园】 2020年，独山子化工物流园是一家集城镇燃气配送、罐式车辆物流、石油石化产品销售仓储、国际道路运输、检验检测、农产品加工、车辆维修、餐饮停车住宿服务等设施齐全，功能完善的多功能园区，园区已入驻企业15家。吉利化工集团负责园区入驻企业管理，发挥联合党支部、团支部和党群工作部门作用，管理指导化工物流园各家企业良好运营。通过工会组织维护员工权益，构建和谐劳动关系；开展文化体育活动，加强员工之间沟通与交流、交融。全年，组织各类线上线下培训8次，参加320多人；组织各项文体活动12场次，参加1600多人次。（刘强）

【燃气供应】 2020年，吉利化工集团各公司主要给全市各区居民及餐饮行业提供瓶装燃气配送服务。全年，配送瓶装燃气近15万瓶。（孙华忠）

【货物运输】 2020年，吉利化工国际物流公司主要为石化企业提供服务，为新疆各油田和石化企业运输工业产品。全年有运输工业品车辆160多辆。（刘成）

【质量管理】 2020年，吉利化工集团母公司吉利化工公司通过健康、质量、环境管理体系换证审核认证，取得认证证书；通过国家道路运输安全标准化二级达标企业认证年度审核；获得自治区诚信企业称号。（曹静）

【检验检测】 2020年，吉利化工集团企业捷顺检测集团科技有限公司，根据国家法规标准对出租车计价器、液化气钢瓶和天然气瓶、常压罐体、压力表、油气回收装置进行检验检测。全年，检验检测出租车计价器285台、液化气钢瓶35000瓶、天然气瓶2400瓶。（刘杰）

【安全管理】 2020年，吉利化工集团（物流园）专家组，负责企业安全环保应急预案编制和审核工作，规范各项工作；成立以党支部书记为组长的公司安全环保和意识形态领域工作领导小组，从人力、物力、财力上全力保障。贯彻落实各项安防措施，重要节日期间，大力开展安全隐患排查工作，定期进行安全应急演练。全年，开展事故应急处置演练10次，参加290人次；排查安全隐患179项，全部整改合格，实现连续22年无安全生产事故。（史忠东）

【争优创先】 2020年，吉利化工集团为调动员工工作热情，促进企业文化发展，大力开展全员争创活动。每季度开展优秀班组和员工评选活动，对评选出的先进班组和个人在班组劳动竞赛、服务之星光荣榜和集团微信公众号上予以宣传展示，进行物质奖励。鼓励员工参加各类社会公益事业，组织义务植树活动。全年，义务植树300多棵。（孙华忠）

## 顺奥汽车公司

【概况】 2020年，新疆顺奥汽车销售服务有限责任公司（简称顺奥汽车公司）经营进口车与汽车配件销售、汽车维修与保养、美容装潢与精品车饰、汽车保险等业务。全年，销售各类汽车161辆，提供各类售后服务2099辆；销售及售后营业收入1175万元，上缴税金18万元。（陆萍　张雪梅）

【销售业务】 2020年，顺奥汽车公司销售宝马、奥迪、丰田、雷克萨斯等知名品牌进口汽车及中高端合资品牌汽车，引进国内品牌汽车吉利、荣威等；通过网络、电视、微信、公众号等方式扩大宣传范围，举办各类促销活动，不断创新销售形式，拓展销售业务。全年，销售各类汽车161辆，销售收入890万元。（陆萍）

【售后服务】 2020年，顺奥汽车公司转变经营理念，重视打造自身品牌，践行诚信服务，提高和培养客户忠诚度，通过主动上门、打电话、微信等交流方式，对客户所购汽车质量、售后进行了解，从而得到客户需求资料，为客户量身定做精品服务，提升客户服务体验，扩大公司知名度、提高客户回头率。全年，提供售后服务2099辆，营业收入285万元。 （陆萍）

## 民生商贸公司

【概况】 2020年，独山子民生商贸有限责任公司（简称民生商贸公司）经营中型商业连锁超市、品牌商品代理贸易，提供居民生活物资配送上门服务，为政府物资储备提供仓储服务。位于独山子区大庆西路35号。全年，营业收入4944万元，上缴各项税费95万元。 （张玲）

【经营情况】 2020年，民生商贸公司成为市、区首批民生保障应急企业，2月、8月市民两次居家防疫期间，完成生活保障任务，被列为疫情生活保障组成员，享受国家优先优惠政策。为政府提供储备肉及应急物资仓储服务，元旦、国庆、春节期间，参与政府储备肉投放工作。全年，储备应急物资10类3吨。储备生活物资3个大类20多个品种；投放储备牛肉11吨、羊肉31吨、猪肉68吨。 （张玲）

【安全管理】 2020年，民生商贸公司建立安全工作领导小组，修订安全管理制度，组织员工线上学习，利用微信、抖音等媒体平台，对员工实施防火、防电、防震、防病安全培训；落实安全检查制度，采取员工自查、部门互查、公司抽查、例行检查方式，发现安全隐患及时整改，确保经营活动正常开展。全年，举办安全培训12期，参加83人；发现安全隐患5个，整改销项率100%。 （张玲）

【配送物资】 2020年，民生商贸公司在新冠肺炎疫情防控封闭式管理期间，为区抗疫指挥机构采购应急物资3吨，成立应急保障突击队、党员先锋志愿者队伍，采取线上下单，线下配送方式，派出4辆运输车辆、40多名员工，挨家挨户为居民配送生活物资40多吨。 （张玲）

2020年8月10日，民生商贸公司员工为众鑫花园小区居民配送生活物资 （徐丽红 摄）

【员工权益】 2020年，民生商贸公司依法维护员工权益。全年，劳动合同签订率100%，社会保险缴纳率100%，员工工资发放率100%；办理健康证70次，为外地户籍员工办理医疗保险40人，为员工发放福利10万多元。

## 天地农牧公司

【概况】 2020年，克拉玛依市天地农牧实业有限公司（简称天地农牧公司）收购、加工、销售棉花，生产棉花打包带，承揽市政工程建设项目，提供植保防控服务。具有市政公用工程总承包三级资质、依法取得林木种子生产经营许可证、林业植物检疫登记证、独山子石化公司市场准入证。全年，资产总额18161万元，实现销售收入16081万元，缴纳税金63万元。 （李菲）

【棉花收购加工及销售】 2020年，天地农牧公司加强人员培训及安全生产管理，提高技能和管理水平，严把质量关，与上海、南京、浙江、陕西等地大型纺织厂建立合作关系，根据订单要求保质保量按时将货发往买家。全年，收购籽棉25803吨，加工销售皮棉9300吨。 （李菲）

【打包带加工】 2020年，天地农牧公司包装制品厂生产棉花用PET（聚对苯二甲酸乙二醇酯）包装打包带，凭借优异产品质量，首次入围兵团供应商。全年，生产销售棉花PET打包带81万套（一套八根）。 （李菲）

【植保防控服务】 2020年，天地农牧公司经竞争性谈判取得独山子区植保防控服务项目，防治及技术指导全区所有绿地（各类道路、广场、公园、游园、医院、学校、物业小区、单位庭院、防风林等）病虫害、鼠害等防治工作。（李菲）

【工程业务】 2020年，天地农牧公司继续履行区城市管理局购买城市管理大联动服务项目；承接并完成“三供一业”分离移交系统维修改造项目（七期）物业部分小区道路硬化、亮化、绿化及配套设施改造，第二、第三、第五居民区，锦园、靓园、昆园、虹园居民区绿化、局部场地铺装项目12标段第二居民区、第三居民区、第五居民区苗木种植24万株，局部硬化铺装1500平方米；14标段昆园、靓园、虹园、锦园苗木种植28万株，局部硬化铺装6610平方米。全年，种植苗木52万株，小区硬化铺装8110平方米，全部项目竣工、验收合格。（李菲）

【社会公益】 2020年，天地农牧公司支持社会公益事业，关注民生，履行社会责任、回馈社会。全年，慰问养老院老人，送慰问品4780元；2月2日率先通过区慈善协会捐款20000元作为疫情期间专项费用；党支部组织全体党员开展抗击疫情自愿爱心捐款活动，捐款4400元上交西宁路街道党工委。（李菲）

# 农　业

## 综　述

【畜牧业发展规划】 2020年，独山子区农业和水务局（畜牧兽医局、农业综合行政执法大队）（简称区农业和水务局）编制《独山子区曙光新区养殖基地畜牧业发展规划》，采用公开招标方式，委托新疆中盛弘宇建设科技有限公司实施规划编制工作。规划曙光新区养殖基地位于独山子区东北部20千米处，北面距离国道312线200米，南部为防洪坝，建筑面积分别为农业服务三产4万平方米、集贸市场5424平方米、仓储27363平方米、养殖基地80815平方米、市政、文化科技、环保设施10577平方米；规划人口为210户1100人，规划每户养殖规模，养殖牛100头，羊500只，鸡2000只，猪500头。（尹非）

【动物防疫检疫】 2020年，区农业和水务局对全区养殖和屠宰场所进行春秋两季室外消毒灭源；为养殖户发放消毒液，指导养殖户对圈舍内部进行消毒，养殖基地对每天进出车辆严格进行消毒；对全区各类畜禽实施强制免疫。全年，使用消毒液280吨，动用450多人次，强制免疫10.24万头（只），免疫密度均达到100%，无重大动物疫情发生。（尹非）

【蔬菜肉品检测检疫】 2020年，区农业和水务局农产品质量安全检测站对全区农贸市场、肉店、菜店、食堂等蔬菜肉品进行农药、兽药残留检测。全年，快速检测蔬菜农药残留样品579个，合格率100%；检测肉品瘦肉精、莱克多巴胺、沙丁胺醇32个样品，合格率100%；屠宰检疫牲畜1.66万头（只）、禽10.36万只，无害化处理养殖环节病死动物尸体0.38万头（只）。（尹非）

【机械设备监管】 2020年，区农业和水务局开展大型工程机械设备监管平台搭建安装工作。全年，搭建监控平台1处，安装GPS定位管控终端9辆；登记办理牌照47个，办理操作证204个；督导检查98次，检查车辆113辆次，查处违规案件1起，处罚金2000元。（蒋元章）

【农机管理】 2020年，区农业和水务局依法对绿丰农牧公司、城市建设开发有限公司、康景物业服务有限责任公司、光影传媒农业科技有限公司等企业拖拉机进行监管，定期进行农机安全检查，开展打非治违安全生产月专项活动，对区农机进行年审。全年，管理农业机械6台，机械总动力0.28万千瓦，农机驾驶员执证率100%。（蒋元章）

【惠农补贴】 2020年，区农业和水务局承担区委农村工作领导小组办公室相关工作，争取上级各项惠民政策补贴，补助奖励农牧民。全年，争取各项惠民政策补贴349.136万元，其中自治区农牧民补助奖励资金242.5万元、农业保险保费补贴96万元、基层农技推广补助8.536万元、养殖环节病死猪无害化处理补助2.1万元；发放养殖户养殖环节病死动物无害化处理补贴2.1万多元。（姜云基）

【农牧民补助奖励】 2020年，区农业和水务局申请自治区农牧民补助奖励资金242.5万元，根据自治区相关政策法规对取得草原承包证且履行草畜平衡义务的牧民进行补助奖励。全年，以一卡通形式向21户牧民以每户9万元封顶原则，发放资金184.875万元，结余57.625万元交回市财政。（姜云基）

## 水　务

【概况】 2020年，区农业和水务局管理全区水务工作，办理水务行政许可事项及有关非行政许可审批（备案）事项，征收水资源费和水土保持设施补偿费，统筹全区防汛抗旱工作，按照一河一策河长制工作制度管理全区河流。6月19日，接收区扶贫开发办公室移交的水库移民管理职责。全年，征收水资源费3.92万元、水土保持设施补偿费74.24万元。（孙新华）

【水资源情况】 2020年，独山子区境内有三条河流，分别为奎屯河、小巴音沟河、乌兰布拉克河，流经辖区长度分别为35千米、7.35千米、17.75千米，年总径流量6.23亿立方米，地下水区域总补给量约2.45亿立方米；有水源地5个，其中一水源供水量2661万立方米、二水源供水量1857万立方米、三水源供水量46万立方米、四水源供水量1036万立方米、五水源供水量1357万立方米。全年，法定用水指标10500万立方米，用水量6957万立方米，其中工业用水3916万立方米、城市生活绿化用水3041万立方米。（李进鹏）

【水资源费和水土设施补偿费征收】 2020年，区农业和水务局依据《中华人民共和国水法》《中华人民共和国水土保持法》《取水许可和水资源征收管理条例》等法律法规，严格按照文件规定的征收对象、征收范围、征收水量、征收标准进行征收。全年，征收水资源费3.92万元、水土保持设施补偿费73.24万元。（李进鹏）

【水务行政】 2020年，区农业和水务局受理和办理职权范围内水务行政许可事项及有关非行政许可审批（备案）事项。申报办理审批水土保持方案事项40项，新办（延续）取水许可证43个。配合水利部完成疑似违法违规扰动图斑核查、全区取水设施核查登记工作；大力开展县域节水型社会创建和节水机关创建工作，充分利用世界水日、全国城市节水宣传周和科普、节能宣传周等开展集中宣传活动，全年，开展宣传活动4次，发放节水宣传资料8000多份，悬挂宣传横幅30条，发放毛巾、鼠标垫等节水宣传纪念品5000多份。（李进鹏）

【防汛抗旱】 2020年，区农业和水务局申请建设独山子区南防洪渠水利改造项目，完成该工程可研、初设、施工图工作；建立主汛期防汛抗旱“137”会商研判制度，协同气象部门及时发布气象预警信息；修订完善安全应急预案，开展防汛抗旱应急演练，做好抗洪抢险、排涝、抗旱减灾、抗灾、救灾等准备工作；做好防汛宣传工作，主汛期来临前，在武昌路市场开展防汛知识宣讲，悬挂宣传横幅，在门户网站、微信平台发布防汛小知识，广泛进行防汛宣传，提升居民防汛安全意识。全年，总投资8320.20万元，组织安全应急演练2次，巡查水库、防洪渠等水利工程48次，发现问题11个，整改率100%。（李进鹏）

【河长制】 2020年，区农业和水务局调整独山子河长制工作领导小组，完善河长制工作制度，明确区级、街道河长职责，按照一河一策对独山子区河流加强管理，发现问题及时协调解决；加强水域岸线空间管控工作，完成《乌兰布拉克河（独山子段）岸线管理和保护规划》《小巴音沟河（独山子段）岸线管理保护规划》，确定乌兰布拉克河（独山子段）、小巴音沟河（独山子段）管理和保护范围，完成划界界桩项目前期工作，严格落实巡河工作。全年，区级、街道河长、巡河员开展巡河127次，组织开展集体巡河执法1次；查出乱倒垃圾、侵占河道、公示牌老化破损等问题5项，整改销项率100%。（李进鹏）

【水土保持宣讲“三进”活动】 2020年，区农业和水务局开展水土保持宣讲“三进”活动。开展水土保持宣讲进建设单位活动，通过“工改系统”对未办理水土保持手续建设单位，利用下发工作提示单、实地宣讲等方式，宣讲水土保持意义，讲明办理水土保持手续需要的材料和注意事项，明确建设单位水土流失防治责任范围，落实水土保持措施；推进水土保持宣讲进施工现场，按照水土保持设施与主体工程同时设计、同时施工、同时投产使用“三同时”原则，不定期对相关建设项目施工现场进行抽检，向现场施工单位宣讲水土保持相关知识，要求建设单位严格按照其编制的《水土保持方案》设计进行施工；推进水土保持宣讲进千家万户，通过悬挂横幅、设立水土保持宣传牌、发放宣传单、入户宣讲、举办现场讲解活动等方式，广泛开展水土保持法宣讲活动。全年，办理水土保持手续项目 20 个，足额征收水土保持补偿费 38.6 万元；检查施工现场 30 次，无水土保持违法案件；悬挂横幅 16 条、发放宣传单 2400 余份、举办现场讲解活动 2 次，参加 500 多人。（李进鹏）

## 畜牧养殖

**【概况】** 2020 年，克拉玛依市独山子绿丰农牧发展有限公司（简称绿丰农牧公司）监管区属牧场、草场，养殖、牲畜销售，发展牧业旅游经济。截至年底，有牧民 25 人，有跨区草场 493.58 平方千米，境内土地颁发不动产登记证 230 平方千米；有农牧设施 34 个（22 个冬窝子和 12 个春秋窝子）、养殖场 1 个及相关配套设施（占地面积 4 万平方米）、柳园小区 22 套房屋（其中 21 套住房，1 个文化站）。全年，销售收入 543 万元，盈利 80 万元。（帅萍萍）

**【畜牧业经营】** 2020 年，绿丰农牧公司开展牲畜常规免疫和强制免疫工作，指导牧民给动物打疫苗，春秋两季口蹄疫、小反刍注射，春秋两季药浴 12000 只羊，确保无重大动物疫病发生。2 月，从沙湾购买牛 12 头在疫情期间投放；7 月，从石河子购买羊 300 只，保障疫情封闭式防控期间城区居民肉食供应，截至年底，资产总额 92067 万元。全年，出栏牛羊 5000 多头（只），存栏羊 6000 多只；销售收入 543 万元，盈利 80 万元。（帅萍萍）

**【草场监督管理】** 2020 年，绿丰农牧公司制订草原防火应急预案，并定期开展演练。牧民严格按照载畜量进行轮牧，定期对草场进行巡查，发现隐患立即上报，及时处理。全年，开展草原防火应急演练 2 次；对草场（含跨区草场）巡查 12 次，发现游客车辆碾压草原事件 3 起，对当事人进行批评教育。（帅萍萍）

**【牧民转场】** 2020 年，绿丰农牧公司指导牧民在不同季节使用不同牧场，合理安排牧放数量，避免部分草场超载过牧，确保草原生态良性循环；3 月中旬，协助牧民将 6000 只待产母羊从毛溜沟冬草场转场到黑山（玛依塔乌山）、居里山（依什克他乌山）周边春秋草场；6 月底，协助牧民将羊群从春秋草场转至乔尔玛夏草场；9 月底，协助牧民将羊群从夏草场转至毛溜沟冬草场。全年，牧民转场 4 次，转场牛羊 2.4 万头（只）安全无事故。（麦德尔汗·赛力汗）

**【改建基础设施】** 2020 年，绿丰农牧公司在毛溜沟新建冬窝子，确保冬季人畜安全平稳过冬。通过竞争性谈判招标采购方式，确定新疆隆泉建筑安装有限责任公司为中标单位，经过紧张施工，于 11 月完成冬窝子竣工验收，改善牧民冬季放牧居住环境。全年，新建冬窝子 4 套，建筑面积 135 平方米，投资 23.6 万元。（帅萍萍）

### 《新疆的反恐、去极端化斗争与人权保障》白皮书摘要（之四）

新疆地区历来是多民族聚居地区。从古至今，新疆地区一直生活着很多民族，各民族迁徙往来频繁。最早开发新疆的是春秋战国时期生活在天山南北的塞人、月氏人、乌孙人、羌人、龟兹人、焉耆人、于阗人、疏勒人、莎车人、楼兰人、车师人等。秦汉时期的匈奴人、汉人、羌人，魏晋南北朝时期的鲜卑、柔然、高车、嚈哒、吐谷浑，隋唐时期的突厥、吐蕃、回纥，宋辽金时期的契丹，元明清时期的蒙古、女真、党项、哈萨克、柯尔克孜、满、锡伯、达斡尔、回、乌孜别克、塔塔尔族等，每个历史时期都有不同民族的大量人口进出新疆地区，都是新疆的共同开拓者。至 19 世纪末，已有维吾尔、汉、哈萨克、蒙古、回、柯尔克孜、满、锡伯、塔吉克、达斡尔、乌孜别克、塔塔尔、俄罗斯共 13 个主要民族定居新疆，形成维吾尔族人口居多、多民族聚居分布的格局。新疆地区既是新疆各民族的家园，更是中华民族共同家园的组成部分。

# 旅　游

## 旅游资源

【概况】 2020年，独山子区文化体育广播电视和旅游局（文物局、文化市场综合执法队）（简称区文体广电和旅游局）有计划有步骤地开发、利用和保护旅游资源，调控旅游资源运行。全年，管理影响较大旅游景区15处，其中国家AAA级旅游景区3处，新增景区3处（独库公路博物馆、天鼎·容锦自驾车营地、独山子南部生态园）。　（柴绪）

【独山子大峡谷】 位于独山子西南方，距城区30千米。该峡谷是奎屯河河水冲出天山后切割独山子西南方向倾斜平原形成的神奇峡谷，峡谷近南北走向，从谷底到谷肩高可达200米，谷壁悬崖陡峭，经雪水及雨水长年冲刷，谷壁布满刀刻斧劈般皱褶，雄浑险峻；谷底流水时分时合；谷肩地面是草原，形成河水潺潺、沟壑纵横景象，峡谷两岸台地层次分明，生长着蒿类、针茅等草本植物，部分地段台地有游牧民族古墓散落其中；每层台地地势平坦，在将军庙地段，还可以看到壮观的峡谷瀑布。由停车场修建观光木栈道直达每层台地，配套建有遮阳棚、安全防护栏、旅游厕所设施，便于游客观赏大峡谷；修建9D水晶玻璃桥、峡谷溜索、悬崖秋千、步步惊心索桥、高空单车、低空飞行、地轨滑道、荒野花海、冰雪大世界等项目供游客观光体验，“高空王子”阿迪力·吾守尔定期在大峡谷表演达瓦孜。　（柴绪）

【阿拉山温泉疗养院】 位于独山子城区西南40千米天山上。有两口泉眼常年喷涌泉水，水温在60℃以上，水中含有10多种微量元素，对皮肤病、关节炎等病症疗效明显；阿拉山及附近山沟风景秀丽，花草树木茂盛，是疗养好去处。20世纪40年代，独山子炼油厂在此设立疗养点供苏联专家疗养，20世纪50年代独山子矿务局在这里建立疗养所，后更名为阿拉山疗养院，工会开始组织职工去疗养。1998年，进行改扩建，增加客房。2011年，对客房、餐厅、文体活动中心等进行改扩建，可同时接纳200余人吃住。2016年，再次进行改扩建，建有高、中、低3个开放式温泉池及各类室内温泉包厢，可同时接纳200余人旅游度假。　（黄银凤）

【文化中心】 位于独山子区大庆东路34号，是国家AAA级旅游景区。2010年5月28日建成投用，占地面积6万平方米，总建筑面积4.83万平方米，建筑物平面呈凹字形，地下一层、地上四层，建筑物最高处32米，是独山子区标志性建筑物之一。文化中心自西向东依次为A、B、C三座功能建筑，A座设有档案馆和公共图书馆，B座设有会议中心、青少年动手实验室和规划馆，C座设有科技馆和影剧院，是一座功能齐全、设施完善的综合性文化场馆。2013年，获得第十一届中国土木工程詹天佑奖；12月，取得国家AAA级旅游景区等级资质。　（柴绪）

【体育中心】 位于独山子区南京路甲14号。2008年6月12日建成投用，占地面积约2.5万平方米，建筑面积2.3万平方米，是一座专业性多功能体育馆。主场馆只有一层，具备举办大型篮球、排球、网球、羽毛球、乒乓球比赛和进行综合训练功能，拥有3300个席位。副场馆有三层，第一层为健身房、体操室、跆拳道馆及餐厅，第二层为网球和排球训练馆，第三层为乒乓球训练馆。2010年，获得中国建

筑工程鲁班奖。（柴绪）

【东湖公园】 位于独山子区长岭路24号。面积为146853平方米，建成于1988年，是一座以宣传教育与娱乐休闲为主的综合性公园；全园划分为6个功能区：动物园区、水上娱乐区、安静游憩区、游乐设施区、纪念碑区、生产园务区，运营游乐项目有小跑车、碰碰车、空中脚踏车、迷宫（鬼屋）、观览车、划船、海豚戏水、动物观赏等，是一座集娱乐休闲和健身为一体的公园。（柴绪）

【城市公园】 位于大庆东路3726号。始建于2015年10月，2018年11月竣工，占地面积16.38万平方米，有近600平方米室外露天游泳池，以3.2万平方米湖面为主体，夏季可行船，冬季可滑冰，沿湖边分布道路、广场，休闲娱乐建筑、设施、设备，园林景观等，设置游船码头、亲水大台阶、浮台、木质亭台和平行于主路的水中木栈道等，可供游人散步及欣赏湖光水色，是一座集文化、旅游、休闲、娱乐为一体的综合性公园。（徐剑锋）

【烃花苑】 位于独山子区昆山路966号。占地面积6100平方米，拥有100多种热带、亚热带植物，分为热带植物、水生植物、藤本植物、竹林、蕨类植物等区域，国家一级保护植物——桫椤，也在此安家落户。园内提供餐饮服务，并根据周围植物品种，设计不同风格就餐区域，菜式汇集南北大菜，突出新疆地域特色。2013年，取得国家AAA级旅游景区等级资质；2019年11月，取消国家AAA级旅游景区等级资质。（黄银凤）

【泥火山】 位于独山子城区西南1千米处。独山子山主峰北面，有座被黄土覆盖的山丘，名曰泥火山，形成于70万年前，其海拔958.3米，相对高度200米左右；泥火山是地质学中一种自然现象，是世界上少见的自然景观，它是地下天然气在压力作用下，沿着地层裂缝夹带着水、泥、砂和岩屑不断地喷出地表所堆成的泥丘，形成该山原始喷发口保存完好；2000年以来，泥火山呈现时断时续喷发迹象，山顶有多个喷发口向外溢涌着灰绿色黏稠泥浆，泥浆中还不停地翻冒着气泡，散发着油气气味，流出的泥浆具有独特美容作用；在泥火山上可以欣赏到五颜六色七彩坡、彩色弓形大背斜、鸳鸯柱等奇特地质地貌景观。2016年，在泥火山北侧修建停车场和长约300米木栈道，可由停车场观光木栈道直达山上。（柴绪）

【新疆第一套蒸馏釜遗址】 位于独山子城区西南1千米的泥火山东侧沟谷台地上。1909年，清朝政府从俄国购进一套炼油（蒸馏釜）设备。1934年，在安集海建炼油厂，从独山子用土法采油运往安集海，用此套设备进行炼制，是新疆首次使用蒸馏釜炼制石油。1936年，将安集海炼油厂迁入独山子，由新疆地方政府和苏联政府联合成立独山子炼油厂，蒸馏釜安装在泥火山东侧沟谷台地上。1937年8月，此套釜式蒸馏装置炼出第一锅汽油，至1949年新疆和平解放前，共炼油11497吨，其工艺水平当时在国内首屈一指。2016年，独山子区复原蒸馏釜遗址。是中国石油企业精神教育基地。（柴绪）

【新疆第一口工业油井遗址】 位于独山子城区西南1千米的泥火山上。1909年，清政府从俄国进口采油机械，运至独山子开掘油井，并喷出工业油流，是新疆最早的工业油井，也是中国历史上最早的三大油井之一。此井仅比中国历史上第一口油井（延长油田“延一井”1907年6月开掘）晚两年，比玉门老君庙油田“老一井”（1939年开掘）早30年。2016年，独山子区对第一口油井遗址进行维修。2007年被列为自治区级文物保护单位；2013年被列为全国重点文物保护单位，是中国石油企业精神教育基地，是自治区文物保护单位；2020年，油井遗址入选中央企业工业文化遗产。（柴绪）

【展览（博物）馆】 位于独山子区喀什路2号，是国家AAA级旅游景区。始建于1955年，1956年投用，内设剧院和图书阅览室等，被称为石油工人俱乐部；该座颇具规模建筑采用苏式设计风格，投用后60多年，一直是独山子文化娱乐及会议中心，曾举行过各类活动，放映过上万场次电影；1965年和1983年经过2次整修，成为承载独山子历史的重要文化建筑。2015年底，第三次加固改造工程竣工，更名为独山子展览（博物）馆，12月对外开放，集展览、会议、办公于一体，展馆设有基本陈列厅、石油工人俱乐部专题展厅、王继谔生平事迹专题展厅和临展厅，基本陈列厅由序厅、油海扁舟、旭日东升、激情岁月、砥砺奋进、厚积薄发、跨越发展和尾厅八个部分组成，通过800多张历史图片、300多份文件文献、200多件（套）文物实物及20多处主题雕塑、复原场景、半景画、沙盘模型、多媒体影像、科技互动等展项，在中国经济社会和石油工业发展大背景下，全方位再现中国石油工业发祥地之一、国际一流现代石化基地——独山子百年历史进程。石油工人俱乐部专题展厅反映它的兴建、功能使用和改造新生，重现这座老建筑给独山子人留下的历史记忆。是首批中石油集团公司石油精神教育基地、自治区爱国主义教育基地、自治区民族团结进步教育基地、自治区社会科学普及基地。2007年，被列为自治区级文物保护单位；2020年12月，取得国家AAA级旅游景区等级资质。（柴绪）

【独库公路博物馆】　位于北京路2-1号，是国家AAA级景区，也是目前全国唯一一座以公路命名的博物馆。始建于2018年10月，2020年6月竣工投用，建筑面积1700多平方米，陈列展厅面积1200平方米，分为序厅、城市、历史、景观、尾厅五部分。序厅以不朽传奇独库风华为主题，展示独库公路沿途地质地貌、壮美风光；城市篇以戈壁明珠天山骄子为主题，展示独山子区情、历史沿革、城市名片、发展大事记及人文历史景观；历史篇以开天辟地英雄筑路为主题，用大型油画、雕塑、珍贵文物、藏品展示天山精神和公路建设场景等；景观篇以同天四季魅力独库为主题，展示独库公路沿途美丽景区、景点等；尾厅以启梦天山畅游新疆为主题，展示新疆各地特色风光。是市爱国主义教育基地、民族团结进步教育基地，区爱国主义教育基地；2020年12月，取得国家AAA级旅游景区等级资质。（徐剑锋）

【南部生态园】　位于独库大本营规划二路以南，独库公路以东。占地面积约1065600平方米，分为果树区、风景林区、花海区。果树区种植香妃海棠、黄太平、新冠新帅、鸡心海棠、塔山红等品种果树2.42万棵，占地面积153180平方米；风景林区种植黄金树、金叶榆、火炬、白榆等风景树1.25万棵，面积785880平方米；花海区占地面积126540平方米。2020年开园，以果实采摘、风景观赏为主。（徐剑锋　雷涛）

【冰峰滑雪场】位于国道217线（独库公路）东侧，距离城区15千米。2013年10月建成投用，占地面积44万平方米，建筑面积1.4万平方米，设有游客接待中心、雪具大厅、餐厅、客房、停车位360个，可同时接待旅客3000人。有练习雪道、初级雪道、中级雪道、一号高级雪道、二号高级雪道、雪圈道、单板雪道，装备双板、单板、雪圈、雪地摩托等雪具，安装有索道拖牵、缆车、魔毯。（马思宇）

【天山滑雪场】位于国道217线（独库公路）东侧，距离城区9千米。2001年9月建成投用，占地面积40万平方米，建筑面积2500平方米，设有酒店、餐厅、雪具服务大厅、停车位500多个，提供住宿服务和新疆风味饮食，可同时接待游客2000人。有高、中、初级滑雪道、超级雪圈道、越野道及单板U型池道，装备雪地摩托车6辆，小型压雪车1辆，有雪地转转转、雪地坦克、香蕉船、雪爬犁等儿童嬉雪设备，安装有索道拖牵、缆车、魔毯。（马志）

【油田那仁王滑雪场】位于国道217线（独库公路）西侧，距离城区5千米。2017年11月建成投用，占地面积66.6万平方米，建筑面积4200平方米，设有雪具服务大厅、餐厅、民宿、客房、停车位300多个，可同时接待游客600人。有初级、中级滑雪道和雪圈道，装备双板、单板、雪橇、雪圈等雪具设施，安装有动力索道拖牵和动力魔毯。（马志）

## 旅游设施建设

【概况】　2020年，区文体广电和旅游局以独库大本营旅游集散中心为核心，实施两湖旅游（荷花湖、东湖公园）和红色旅游（独库小镇）、绿丰农牧公司、独山子大峡谷二期配套工程、花溪景观带、游客服务中心、独库公路博物馆、民宿等旅游项目建设，发展旅游经济。全年，投资3.2亿元建设旅游项目10项，其中新建项目5项，在建项目5项。（徐剑锋）

【红色旅游基础设施建设】　2020年，区文体广电和旅游局红色旅游基础设施建设项目总投资约3000万元，由北京万合创景设计院和石河子设计院共同设计，于7月初开工，施工单位为区城建开发公司。该项目主要对石油工人俱乐部、中苏石油股份公司办公旧址、石油工人疗养院、朱德下榻处等苏式历史建筑进行外立面改造和周边景观提升，对新疆第一口油井遗址、第一套蒸馏釜遗址进行保护性开发；完成石油工人俱乐部外立面改造、石油工人疗养院1号楼外立面改造、朱德下榻处周边种植等其他配套设施建设。（解辉）

【两湖旅游基础设施建设】　2020年，区文体广电和旅游局两湖（东湖、荷花湖）旅游基础设施建设项目总投资约5020万元，由石河子设计研究院设计，项目于7月开工，建设单位为区城建开发公司。该项目对东湖公园动物园进行改扩建、对东湖公园与荷花湖公园进行景观提升工程、对两座公园基础设施进行完善，完成总工程量的60%，东湖公园狮虎山、黑熊沟、草原动物生活馆、萌宠馆、珍禽馆、表演馆等均已封顶，荷花湖灌木、乔木完成种植，健身步道及庭院灯全部建设、安装完毕。（解辉）

【天鼎·容锦自驾车营地】 2020年，区文体广电和旅游局监管天鼎·容锦自驾车营地，营地位于独山子区北京路2号（独库公路零公里附近），占地4.5万平方米，坚持建一物、添一景设计理念，提供休憩、观光、休闲、住宿、餐饮、自驾车营地等多项服务，自驾车营地设自驾车（房车）营地30个，营地中特设水幕地图，为全国各地穿越独库公路而来的自驾车友们提供准确行车线路和供给分布提示；该自驾车营地建成投用，有利于破解旅游旺季供需结构性矛盾，缓解旅游旺季住宿难、停车难等问题，满足游客特别是自驾（房车）游客多元需求。（徐剑锋）

【花溪景观带】 2020年，区文体广电和旅游局花溪景观带位于独库大本营，总投资约6000万元，建设规模146653平方米，绿化土方换填、土壤改良，绿化灌溉系统安装，苗木、花卉种植，景观小品、景观水系建设，栈道及场地建设、景观亮化等项目建设已全面完成。（解辉）

【独山子大峡谷二期】 2020年，区文体广电和旅游局管理独山子大峡谷二期工程，项目由克拉玛依市逸景旅游开发有限公司建设，位于独山子大峡谷景区，总投资约6000万元，规划占地85337平方米，建设地轨循环滑道、荒野无动力拓展乐园、荒野花海、萌宠乐园、玻璃星空房、冰雪世界乐园、商业街等基础设施及旅游配套服务设施。截至年底，已完成客运索道、地轨循环滑道、冰雪乐园、商业街等配套设施建设，完成投资约4300万元。（解辉）

【游客服务中心配套建设】 2020年，区文体广电和旅游局游客服务中心配套商业街项目位于独库大本营区域，于4月开工，项目建设包括露天夜市、室内夜市、餐饮广场、主题酒店、绿化景观及配套设施等，规划面积约17000平方米，总建筑面积14000多平方米，其中餐饮区使用面积6200平方米，住宿使用面积8000多平方米。截至年底，完成游客服务中心配套商业街建筑主体建设。（徐剑锋）

【康养小镇】 2020年，区文体广电和旅游局监管慧洋康养小镇建设，项目位于独库大本营区域，由新疆慧洋生态科技有限公司于4月开工建设，规划占地面积50300平方米，建筑面积38000平方米。以中式建筑风格为主，建设集民宿、酒店、康养、医院、娱乐为一体的建筑群，区域内康复养生、文娱休憩、文化旅游一体相连。截至年底，完成投资约5300万元。（解辉）

【民宿】 2020年，区文体广电和旅游局制订完善民宿经营管理办法，由民宿管理公司负责，整合闲置房产，构建多元旅游住宿格局，发展民宿经济，为游客提供吃、住、行、游、购、娱乐等个性化服务。修缮半亩山田经典民宿（第二居民区第4、5栋苏式老建筑），建筑面积600平方米，有客房12套（其中一套客房曾是党和国家领导人朱德当年视察独山子炼油厂时下塌处）、床位26张，房间内一切设施家具恢复上世纪五十年代原貌，红色木地板，红色木楼梯，果绿色墙裙，欧式吊顶，苏式钢丝床，设有接待处和朱德下塌处参观区。修建疆山印象民宿（喀什路8号），由原独山子炼油厂职工宿舍1、2、4号楼组成，建筑面积4700平方米，有客房185间（套），其中家庭房21套、大床房19套、标准房145间，使用炼塔、安全帽、钳子、扳手等石油炼化元素作装饰，每个房间窗外对应一个独特石油景观，院内有草莓采摘园、葡萄走廊及信鸽、孔雀观赏区，设有自助烧烤等体验式游乐活动区。绿丰农牧公司实施乡村振兴战略，创新打造"牧业+旅游"经营模式，将柳园小区4套闲置牧民房屋改造为民宿，租赁给独山子鑫湖印象酒店经营。截至年底，全区有民宿管理公司4家，管理民宿12家。（徐剑锋）

## 旅游服务企业选介

### 天联旅行社

【概况】 2020年，克拉玛依市独山子天联国际旅行社（简称天联旅行社）开发设计旅游线路，提供个人及组团旅游服务，参加全国新疆冬春旅游线路设计大赛及冬季旅游推介会。全年，组织出境旅游12人次，同比减少908人次；组织自治区内游368人次，同比减少1098人次，收入65万元。（胡红山）

【出境游】 2020年，天联旅行社主要经营泰国、日

本及欧洲等国家出境游。全年，组织出境游12人次。（胡红山）

【签证中心】 2020年，天联旅行社成立国际旅行签证中心，为全区群众提供旅游出行便捷服务。全年，办理韩国签证2本。（胡红山 伊力哈木·阿地力）

【线路开发】 2020年，天联旅行社在儿子娃娃来撒野——我与新疆有个约会、克拉玛依之歌旅游行程中加入新疆冰雪风情、新疆美食、独山子地貌风景、独库公路、冰河探险、温泉养生、少数民族家访及拓展培训、研学等元素，推出一日游、二日游、三日游等多条独特运动康养精品旅游线路，形成集民俗体验、休闲研学、疗养度假、观光考察为一体的旅游目的地；在携程、去哪儿、驴妈妈等全国旅游知名网站进行线路推广，新疆人民广播电台949、969台也进行联线采访和推广；针对一部手机游新疆的特点，开辟新疆人游新疆的各条线路，其中双湖之恋（塞里木湖·喀纳斯湖）喀纳斯双飞5日游为主打产品。全年，接待游客300多人，旅游收入44万元，各类自驾游线路接待游客100多人，带来旅游收入10万元。（于海波）

【主题游】 2020年，天联旅行社根据不同人群的不同需求，开展自治区内观光、会议考察、拓展、探险、阿拉山康养等主题旅游活动，形成具有天联国际旅行社特色线路产品。全年，通过游客互送协议，往阿拉山输送游客300多人，开展温泉冰雪季、亲子嘉年华活动5次，参加游客1000多人次。（胡红山 于海波）

【冬春旅游线路大赛】 2020年，天联旅行社设计“儿子娃娃来撒野——我与新疆有个约会”线路参加全国新疆冬春旅游线路设计大赛，从全国上百个旅游企业、旅游学院、研学机构参赛作品中脱颖而出，进入新疆冬春旅游线路设计大赛复赛。之后，以独山子旅游资源为背景，加入新元素，形成独特运动康养项目，11月10日，获得全国新疆冬春旅游线路设计大赛十强。（于海波）

【冬季旅游推介会】 2020年1月9日，天联旅行社与区文体广电和旅游局联合在乌鲁木齐独山子大酒店举办风景这边独好独山子冬季旅游推介会，向与会者推介独山子冬季旅游项目，通过天联旅行社牵头成立温泉联盟委员会，向与会者推介阿拉山温泉、五江温泉、古海温泉、博乐温泉和沙湾温泉等资源，让更多游客去体验温泉和冰雪文化的实力和魅力。自治区旅行社协会、50多家旅游企业、新闻媒体、独山子区旅游协会会员单位代表及部分旅游爱好者100多人出席会议。（于海波）

## 康辉旅行社独山子分公司

【概况】 2020年，新疆康辉大自然旅行社有限公司独山子分公司（简称康辉旅行社独山子分公司）提供个人及组团旅游服务。全年，组织旅游183人次，同比减少96%，营业收入39万元。（欧冰涛）

【国内游】 2020年，康辉旅行社独山子分公司克服诸多不利因素影响，推广组织国内各自然、人文景点旅游。全年，接待赴北京、大连、青岛、厦门、张家界、云南等地旅游12人次。（欧冰涛）

【自治区内旅游】 2020年，康辉旅行社独山子分公司依托自身地理优势，在市场恢复阶段，推出独库公路拼车自由行相关旅游产品，吸引国内各地游客来独山子走独库公路。全年，组织自治区内游171人次。（欧冰涛）

## 冰峰旅行社

【概况】 2020年，克拉玛依市独山子区冰峰旅行（社）有限责任公司（简称冰峰旅行社）开发设计旅游线路，提供个人及组团旅游服务。全年，旅游业务收入约2万元，同比减少97.9%。（马思宇）

【自治区内游】 2020年，冰峰旅行社受疫情影响，结合本地形势，及时调整营销策略，提升服务品质，推广新疆境内各自然、人文景点及红色旅游。全年，接待游客18人次，收入2万多元，同比减少97.9%。（马思宇）

【线路开发】 2020年，冰峰旅行社开发“金三角”（独山子、奎屯市、乌苏市）周边一日游和大美新疆北疆四日游线路。全年，推出乌苏市佛山国家森林公园待普僧景区醉人风光一日游、石河子军垦第一犁天赐温泉一日游、喀纳斯最后的净土四日游，伊犁塞外江南好风光四日游等旅游线路4条，组织游客18人次。（马思宇）

## 冰峰滑雪场

【概况】 2020年，独山子区鑫捷安旅客运输有限公司冰峰滑雪场（简称冰峰滑雪场）提供冬季滑雪娱乐及滑雪培训服务，举办滑雪美食烧烤狂欢季、迎新春趣味滑雪比赛、越野e族雪地争霸赛等活动。全年，举办各种冰雪旅游活动12场（期），接待游客7559人次，收入118.45万元，同比减少34.3%。（马思宇）

【环境设施建设】 2020年，冰峰滑雪场加大基础设施投资，新建雪具大厅一座，建筑面积3910.16平方米，投入资金1300多万元；聘请专业公司对索道进行维修，雪道宽度、坡度均按国家标准进行修整。截至年底，滑雪场占地面积289710平方千米，建有40米宽初级雪道350米、落差45米，中级雪道1000米、落差52米，高级雪道1200米、落差55米；40米宽雪圈道350米，25米宽单板雪道和雪地摩托车专用道，可同时容纳500人滑雪。8个蒙古包和休息客房全部安装暖气，可以容纳100人休息就餐。

（马思宇）

【冰雪游】 2020年，冰峰滑雪场参与独山子泥火山冰雪旅游节项目，接待日常游客滑雪娱乐，开设青少年儿童滑雪课程，举办青少年滑雪冬令营、滑雪美食烧烤狂欢季、迎新春趣味滑雪比赛、越野e族雪地争霸赛等活动。全年，举办各种冰雪旅游活动12场（期），接待游客7559人次，收入118.45万元。（马思宇）

2020年12月6日，青少年滑雪冬令营在冰峰滑雪场开营 （种玉忠 摄）

## 旅游活动

【概况】 2020年，区文体广电和旅游局制订全区旅游活动计划，联合相关部门举办“中国旅游日”、独库公路通车节、郁金香文化旅游节、冬季旅游启动仪式等大型旅游活动，促进全区旅游经济发展。独库公路通车仪式首次在央视现场直播，独库公路通车节案例在第八届中国旅游产业发展年会上获得2020年度中国旅游影响力节庆活动案例荣誉，这是本年度新疆唯一一个获得此项荣誉城市。全年，举办各类大型旅游活动10多场次。 （徐剑锋）

【郁金香文化旅游节】 2020年4月27日—5月5日，独山子区在东湖公园花卉基地举办第十届郁金香文化旅游节活动。做好新冠肺炎疫情防控各项保障工作，首次采取预约、错峰、限流和免门票入园参观等措施，由新疆天娇文化旅游公司牵头，进行市场化运作，大幅度降低活动财政保障经费。通过园内赏花、文艺演出、全疆美食、儿童娱乐、玉石奇石展、花卉盆栽展、小商品展等项目，整合区内大峡谷、酒店、泥火山、展览（博物）馆、本地名小吃等资源，并投放电子消费券，开启“独山子五一消费嘉年华”活动，撬动文化旅游消费。旅游节期间，举办小型多样文艺演出26场次，参与演职人员2540多人；参与展出商家70多户，吸引首批自治区内旅行团10个500多人，拉动餐饮、住宿、加油加气等消费200多万元；接待各地游客3.82万人次，实现旅游消费76.96万元。 （徐剑锋）

2020年4月27日—5月5日，独山子区在东湖公园花卉基地举办第十届郁金香文化旅游节 （种玉忠 摄）

【中国旅游日活动】 2020年5月17日，独山子区在市民广场举行文旅融合、美好生活2020年中国旅游日活动启动仪式，现场宣传游客文明出行、安全旅游、绿色消费、理性维权等方面内容，推广独山子旅游纪念品、旅游特产，发布独山子及周边旅游路线特惠方案，介绍独山子利用石油工业、城市建设、文体事业优势，推进独库大本营、独山子大峡谷、独库小镇、滨河景观带、国营牧场等重点项目建设，开发利用东湖公园、荷花湖公园等资源，建设集康养休闲、观光度假、科普宣传、旅游购物、餐饮娱乐为一体的旅游多业态商业圈的现状。游客可以结合自治区一部手机游新疆平台，利用物联网、大数据等技术，查询景区景点、星级酒店、夜市广场、购物中心等内容。（徐剑锋）

【独库公路通车仪式】 2020年6月13日，独山子区在独库公路零公里处举行“2020荒野之旅，独库有路”独库公路通车仪式，自治区、市、区领导，独库公路沿线地区代表，天山公路养护单位代表，各地旅行企业、房车协会、自驾协会、户外俱乐部负责人、各大媒体记者及独库公路筑路老兵代表等参加仪式。自治区、市、全国自驾车协会代表相继致辞，为独库公路博物馆揭牌，为荒野之旅，独库有路车队代表授旗。当日过境车辆超过4000辆。独库公路通车仪式首次在央视进行现场直播，央视《朝闻天下》等全国主流新闻媒体进行宣传报道，新浪微博、各类直播间、抖音短视频阅读量超过3550万人次。（徐剑锋）

2020年6月13日，独山子区在独库公路零公里举行“荒野之旅，独库有路”独库公路通车仪式 （种卫忠 摄）

【全国自驾旅游培训班】 2020年9月26—27日，区文体广电和旅游局承办的心灵四季，美丽中国全国自驾游业务培训班在玛依塔柯酒店开班。此次培训班由国家文化和旅游部资源开发司支持、自治区文化和旅游厅指导、中国旅游车船协会主办，来自全国各省（区、市）、新疆生产建设兵团各级文化和旅游行政管理部门负责人及自驾游房车露营行业协会主要负责人等150多人参加，邀请中国旅游车船协会、中国社会科学院财经战略研究院等单位著名专家授课。通过此次系统培训，进一步推动独库公路自驾游软、硬件升级，提高本地自驾游相关企业业务能力，为新疆乃至全国自驾游提供样板。（徐剑锋）

【旅游创业园揭牌】 2020年11月18日，独山子区在独库公路博物馆举行独库旅游创业园揭牌仪式，该园区位于南部旅游区，以独库公路博物馆、游客服务中心为基础，以独库夜市、天鼎·容锦园林宾馆、康养小镇、天山牧歌、滑雪场、独山子大峡谷景区及其他规划招商创业项目等整个南部旅游区为核心，打造成集游客服务、购物、餐饮、住宿、娱乐等多功能为一体的综合性旅游创业平台。全年，旅游行业带动新增就业471人。（徐剑锋）

2020年11月18日，独山子区在独库公路游客服务中心举行独库旅游创业园揭牌仪式 （康熙 摄）

【冬季旅游启动仪式】 2020年12月26日，区文体广电和旅游局在独山子天山滑雪场举办2020年冬季旅游启动仪式，该活动属于第七届全国大众冰雪季、炫丽新疆系列活动之一，自治区旅游协会、独库公路沿线各地州旅游主管部门、文化旅游协会领导及景区负责人、新闻媒体等200多人参加，旨在塑造独山子区冬季旅游特色魅力，展现四季宜游旅游城市形象，实现淡季不淡、旺季更旺；启动仪式上，推介冰雪欢乐送独山子全城互动冬季旅游优惠政策，为联盟商家代表授牌。启动仪式后，与会人员参观独山子大峡谷及独库公路博物馆，深入了解独山子冬季旅游魅力。（徐剑锋）

## 旅游行业管理

【概况】 2020年，区文体广电和旅游局规范旅游市场秩序，监督管理旅游服务质量，维护旅游消费者和经营者合法权益，指导开发旅游线路，宣传推广旅游产品。6月，成立区旅游发展服务中心。全年，组织旅游行业培训5期，参加500多人次；接待游客同比恢复62.98%、旅游收入同比恢复38%。（徐剑锋）

【旅游资源管理】 2020年，区文体广电和旅游局依法对全区旅游景点、设施，旅游服务企业、酒店等进行管理。在城区主干道、独库大本营等区域新增或更换旅游引导标识牌，在独库大本营、独山子大峡谷等区建设厕所、停车位等，改善景区景点“三难一不畅”问题。全年，管理登记在册旅游经营场所19家，旅行社8家，宾馆，酒店，民宿94家（其中，玛依塔柯酒店为五星级，玛依塔柯宾馆、独山子宾馆、桃李园大酒店为三星级），新增宾馆、酒店13家，新增床位1464张，同比分别增长32.5%、47.86%；新增及更换旅游引导标识牌17块，新建厕所4座、停车位1284个。（徐剑锋）

【旅游宣传】 2020年，区文体广电和旅游局举办郁金香文化旅游节、独库公路通车节、独库公路冬春旅游资源交流会等活动，提升独库公路自驾游在新疆乃至全国示范引领作用；举办各类旅游推介会，《佣兵》《奇妙之城》《发现之旅》《北纬45.6°》等剧组相继在辖区拍摄取景，提升独山子影响力和知名度；成立天骄文旅公司，推出独库礼物系列文创产品，填补旅游文创产品空白。全年，举办各种旅游交流会活动14场次；推出独库礼物系列文创产品10多种；发展智慧旅游，独山子旅游微信公众号发布信息949条，关注人数23847人，同比增长10.4%，平均每篇阅读约750人次，在新疆旅游新媒体矩阵中周排名均位列前五。（徐剑锋）

【冬春旅游推介会】 2020年1月10日，区文体广电和旅游局承办“风景这边独好”百家旅游企业走进独山子冬春旅游推介会在乌鲁木齐独山子大酒店召开。区相关部门领导向与会者介绍独山子区优势旅游资源、发展思路和冬春旅游各项活动，针对各大客源地市及旅行商进行定点推广宣传和介绍。自治区旅行社协会、60多家旅游企业及新闻媒体、涉旅企业150多人出席推介会。（徐剑锋）

【旅游企业座谈会】 2020年4月12日，独山子区召开全区旅游企业座谈会，来自全区旅游工作相关部门、单位及旅游企业代表30多人参加座谈会，共商独山子旅游业振兴之路。区天骄文旅公司、大峡谷景区及各星级酒店、滑雪场、旅行社等旅游企业，围绕发展经验和存在问题，从资源共享、线路设计、产品创新、宣传营销等多个方面进行交流发言，就挖掘本地资源、设计线路、加强宣传，特别是充分利用好“独库大本营”、独库公路作用和优势等方面建言献策。会议要求全区各旅游企业迎难而上，挖掘和利用好旅游核心魅力，建立资源共享、合作共赢发展机制，培育旅游新业态，打造独山子旅游品牌，提高旅游产品知名度、影响力和服务水平，调动自治区内市场，拉动内需，活跃旅游市场。（徐剑锋）

【高峰论坛】 2020年6月12日，独山子区在玛依塔柯酒店举办2020年独库公路旅游资源推介暨自驾游行业高峰论坛，来自浙江、江苏、山东、上海、福建、安徽等省市30多家旅行企业及自治区内外新闻媒体120多人参加论坛。独山子区领导对独库大本营旅游集散中心、独山子大峡谷景区、泥火山、独山子展览（博物）馆、独山子石油工业基地等旅游资源及相关旅游招商项目等进行宣传推介，中国旅游车船协会自驾游与露营房车分会秘书长作题为“旅游产业复兴自驾旅游先行”专题报告，中国旅游协会旅游营销分会副会长、品橙旅游CEO进行主题为旅游市场复苏演讲，浙江省旅游协会秘书长、江苏省旅游协会副秘书长、华东六省一市自驾游协会联盟副主席、新疆自驾旅游协会副秘书长等发表讲话。论坛围绕荒野之旅，独库有路未来发展主题进行讨论，在完善独库公路自驾游公共服务体系建设，开发自驾游、房车游旅游产品和旅游线路，促进独库公路沿线自驾游共同繁荣发展等方面提出建议。论坛现场举行自驾目的地等级划分试点验证城市授牌仪式，独山子区依托独库公路自驾游品牌成为全国10家试点验证城市之一。（徐剑锋）

【冬春旅游资源交流会】 2020年12月25日，区文体广电和旅游局在玛依塔柯酒店举办2020—2021年独库公路冬春旅游资源交流会，自治区旅游协会、伊犁哈萨克自治州、阿克苏地区、博尔塔拉蒙古自治州、巴音郭楞蒙古自治州、塔城地区、阿勒泰地区、石河子市、昌吉回族自治州、克拉玛依市和周边县市区等地旅游主管部门、旅游协会、重点旅游景区数十家单位负责人及20多家媒体应邀参加交流会。会上，阿克苏地区、阿勒泰地区、克拉玛依区、独山子区、白碱滩区、库车市、乌苏市和乌尔禾区世界魔鬼城景区、赛里木湖景区、巩乃斯景区、沙湾县鹿角湾景区等进行旅游资源推介。独山子区与库车市签订独库公路旅游产业发展友好合作协议，致力两地紧密融合、联动发展；各地州围绕独库公路沿线县市区文化旅游联动合作进行研讨，共同探讨拟研发以独库公路为核心主轴、全面辐射沿线周边旅游线路产品，打破区域行政壁垒，强化区域旅游协作，宣传独库公路沿线各县市区地方特色、历史文化及城市新名片，带动独库公路沿线地州市全域旅游发展。（徐剑锋）

# 金　融

## 银　行

### 工行独山子支行

【概况】 2020年，中国工商银行股份有限公司克拉玛依独山子支行（简称工行独山子支行）办理存款、贷款，同业拆借，结算，票据承兑、贴现、转贴现，各类汇兑等业务；发放银行卡，提供信用证服务及担保，代理保险业务，经营经中国银行保险监督管理委员会批准的其他业务。全年，人民币各项存款余额19.89亿元，各项贷款余额6.21亿元；实现本外币账面营业利润3116.21万元，同比减少501.1万元；人均实现账面营业利润51.9万元，同比减少7.39万元。

（闫照宏）

【业务经营】 2020年，工行独山子支行坚持稳中求进，树立以客户为中心经营理念，坚持客户至上，服务实体宗旨，以优质服务实现客户质与量提升，以服务品质提升带动业务发展，做好存款争揽和贷款发放工作，各项经营管理工作持续稳步发展，经济效益得到提高，疫情中高风险解除第一时间复工，为居民提供优质服务。全年，实现净利润3617万元，同比减少501万元；人民币各项存款余额19.89亿元，同比增加1.36亿元，其中储蓄存款余额13.53亿元，同比增加0.74亿元，机构、公司存款同比增加0.62亿元；各项贷款余额6.21亿元，同比下降0.4亿元；实现中间业务收入1134万元，同比增加183万元。

（闫照宏）

【业务拓展】 2020年，工行独山子支行走访代发工资单位，开展社保客户、存量客户、潜力客户、新增客户等重点特色存款宣传，提升潜力客户贡献度；找准目标精准营销，利用安心账户托管业务加大地方债资金争揽力度；做好全量客户全员分层营销维护，持续做好政府、财政、社保、医院等重点存量客户关系维护，借助于优势、新型产品，深挖客户存款潜力；通过加大对地方企业和政府招商引资项目信贷支持力度，获得当地政府对存款支持；加强对公客户维护，确定客户经理、支行行长分层营销模式，强化中高端个人客户维护；制订支行重点客户走访计划，由领导带队走访，通过多沟通汇报、勤走访服务，从业务发展中找切入点，挖掘目标客户潜力，借助先进支付、缴费平台等优势，发展场景建设，拓展他行优质客户；宣传推广小微企业新产品、新业务。全年，发放小微企业贷款47户3383万元，增加小微企业有贷户36户。

（闫照宏）

【内控案件防范】 2020年，工行独山子支行开展制度治理年主题活动，围绕优制度、学制度、用制度、守制度四个板块开展系列文化宣传及管理活动，加强内控案防管理，严格履行内控案防工作职责；加强各部门和网点负责人管理，切实履行案件查防第一责任人职责；加强对重点岗位、重点业务、薄弱环节管理，时刻掌控风险源、风险点和风险人员，通过加大检查督查力度，提高全行风险控制水平，将内控案防工作落到实处。全年，实现零事故、零案件。

（闫照宏）

【客户服务】 2020年，工行独山子支行持续加强服务管理，开展2020服务先行主题活动，推行预服务，改善客户等候体验；开展送福字进万家迎新春活动，

拉近与客户距离。全年，客户平均排队等候时间为8.8分钟，同比减少1.56分钟。（闫照宏）

【复工复产放贷】 2020年，工行独山子支行制订详细的疫情防控工作方案和应急处置预案，开辟绿色审批通道，简化业务流程，对于受疫情影响严重的小微企业给予多种帮助，能贷尽贷、快贷，全力支持企业复工复产。疫情防控期间，向5家小微企业发放复工复产贷款近200万元。（闫照宏）

## 农行独山子支行

【概况】 2020年，中国农业银行股份有限公司克拉玛依独山子支行（简称农行独山子支行）办理存款、贷款，同业拆借，结算，票据承兑、贴现、转贴现，各类汇兑等业务；发放银行卡，提供信用证服务及担保，代理保险业务，经营经中国银行保险监督管理委员会批准的其他业务。全年，实现中间业务收入404万元，同比增长25.46，其中对公类中间业务收入66万元、个人类中间业务收入338万元；实现本外币营业收入1689万元，纳税24.9万元。（李立红）

【业务经营】 2020年，农行独山子支行各项存款余额43807万元，同比增长11.8%，其中对公存款余额14809万元，同比增长3.6%；个人存款余额28999万元，同比增长16.5%。各项贷款余额55390万元，同比增长2.6%，其中法人贷款余额46813万元，同比下降0.7%；个人贷款余额8578万元，同比增长25.9%。（李立红）

【风险管理】 2020年，农行独山子支行实施领导班子成员案防包点制（案件防控与支行营业室结合），落实一岗双责，班子成员对支行营业部和各管理岗位分工负责，定期对各方面工作开展督导检查；每季度召开案防会议，通过运用典型案例及营业网点办理业务中违规操作录像，有针对性开展案例分析和案防教育，强化内控管理，防止各类案件发生。全年，开展案例分析和案防教育4次，参加72人次；进行督导检查4次，全年无案件、无事故。（李立红）

【三线一网格管理】 2020年，农行独山子支行落实三线一网格（党建线、纪检线、运营线，员工行为管理网格化）管理模式，通过强化党建线，提升党支部战斗堡垒作用；通过强化纪检线，切实将纪委监督工作沉到网点、落到基层；通过强化运营线，增加运营主管纪检监察岗位职能，压实员工管理责任；通过员工行为网格化管理，有机整合案防资源，防控案件风险。（闫照宏）

## 中行独山子区支行

【概况】 2020年，中国银行股份有限公司独山子区支行（简称中行独山子区支行）办理存款、贷款，结算，票据承兑、贴现、转贴现，各类汇兑等业务；发放银行卡，提供信用证服务及担保，代理保险业务，经营经中国银行保险监督管理委员会批准的其他业务。全年，人民币各项存款余额78312万元，人民币贷款余额48488万元；本外币税后利润-226万元，同比减少981万元；本外币营业收入2073万元，同比增加136万元；上缴各项税金161万元，上缴企业所得税302万元。（兰东红）

【业务经营】 2020年，中行独山子支行克服疫情不利影响，人民币各项存款余额7.8亿元，同比增加9429万元，其中个人存款余额5.37亿元，同比增加5422万元；公司存款余额2.46亿元，同比增加4070万元；外币各项存款余额638万美元，同比增加53万美元；人民币贷款余额4.85亿元，同比下降6753万元，其中公司贷款余额3.79亿元，同比减少5598万元；零售贷款余额10629万元，同比减少1155万元。实现本外币税后利润负增长226万元，同比减少981万元；实现本外币营业收入20743万元，同比增加136万元；上缴各项税金161万元，上缴企业所得税302万元。（兰东红）

【内控管理】 2020年，中行独山子支行坚持合规经营，落实一岗双责，全员签订合规承诺书，逐级落实责任。开展学制度、重执行、严问责合规执行年暨案件警示教育活动，组织合规培训和一把手讲合规警示教育课，通过自导自演形式讲案例、学制度，严格执行零容忍规定，杜绝或减少屡查屡犯问题。每季度召开支行风险内控专题会，分析内控管理中存在的问题，通过业务自查，找差距、补短板，整理完善客户信息。每季度定期开展员工家访、访谈教育和员工异常行为排查，及时发现问题、化解矛盾、消除隐患。全年，开展内控案防培训40多次，

参加410多人次。（兰东红）

【防诈骗宣传】 2020年，中行独山子支行开展打击非法集资、防电信网络诈骗宣传活动，向客户宣传非法集资的特点及危害，提示客户守好钱袋子，提高风险防范意识。开展金融知识普及月活动，利用厅堂及线上进行宣传。全年，发放宣传材料100多份，线上宣传200多人次。（兰东红）

【安全管理】 2020年，中行独山子支行结合消防安全专项整治三年行动，邀请政安防火知识宣传中心对员工进行消防安全知识培训，组织员工观看引发火灾的微视频宣传片，提高员工防火意识。组织员工到消防救援大队现场观摩消防救援技能、装备展示和灭火演练。加强重大节假日前消防安全检查，定期开展消防演练，全年，开展消防安全检查10次，更换到期灭火器60个；开展各类应急演练28次，参加210人次；开展消防宣传活动4次，参加70多人次。

（兰东红）

## 建行独山子支行

【概况】 2020年，中国建设银行股份有限公司克拉玛依石油分行独山子支行（简称建行独山子支行）办理存款、贷款，结算，票据承兑、贴现、转贴现，各类汇兑等业务；发放银行卡，提供信用证服务及担保，代理保险业务，经营经中国银行保险监督管理委员会批准的其他业务。全年，存款余额130594万元，同比增加18606万元，其中企业存款余额31544万元、同比增加707万元，个人存款余额99050万元、同比增加17900万元；各类贷款余额158379万元，同比减少3284万元；中间业务收入1905.61万元，其中公司类中间业务收入495.29万元、个人类中间业务收入1310.31万元。（孙建玲）

【金融服务保障】 2020年，建行独山子支行落实政府、监管机构和上级行党委对疫情期间支持服务实体经济、不抽贷、不断贷等工作要求，指派公司客户经理、对公柜员留守单位值班，确保疫情期间客户信贷需求有人受理并及时申报，保证对公业务办理和信贷业务不受影响；要求居家办公的对公客户经理保证每日通过微信或电话，保持与客户的联系，掌握客户发展，了解客户需求；通过二级分行高层+县域支行本级+公司客户经理+支行对公柜台四级联动营销模式，赢得客户信任，争取业务发展机会；保持与总行、区分行审批部、公司部、国际部等部门和条线沟通与联系，以总行+一级分行+二级分行+县域支行在业务办理流程方面四级协同配合，确保业务办理合规性、流畅性，提高办事效率，保证客户信贷资金足额、按时发放到位。全年，办理新疆区分行首笔信用证议付业务1.5亿元；区分行首笔国际商业转贷款800万元；办理融通盈6笔，金额2.71亿元；办理信用证业务2笔，金额1.5亿元；办理国际信用证2笔，金额950万欧元。（孙建玲）

【内管内控】 2020年，建行独山子支行开展漠视侵害群众利益、涉黑涉恶专项行为排查、非法集资风险排查等专项整治工作，每季度开展员工行为排查，对所经办各类业务自查自纠；每月召开1次风险例会，组织员工学习各类规章制度、典型案例，不断强化员工风险防范意识，提高风险防范能力；开展防疫、消防、防暴恐、防诈骗等知识培训及实战演练活动。全年，开展自查自纠活动4起，查出问题3项，整改3项；组织各类培训学习16场次，参加388人次；消防及其他应急演练20次，参加386人次。（孙建玲）

【金融宣讲】 2020年，建设银行独山子支行指派专人前往驻区部队、独山子人民医院、第一社区、第六社区开展建行“普惠金融”在行动——防范金融风险知识普及宣讲活动，宣传讲解保护银行卡信息和个人信息、防范电信诈骗、消费者权益保障、防范假币等基础知识，提高居民金融防范意识，避免经济损失。全年，开展宣讲活动5次，参与300多人次。

（孙建玲）

2020年10月22日，建行独山子支行在第六社区开展建行“普惠金融”在行动活动，向居民宣传防范金融风险知识（任丽红　摄）

【客户服务】 2020年，建行独山子支行倡导用心服务，完善规章制度、规范员工服务言行，营业网点专设银发柜台为老年客户提供专项服务；建立员工优质文明服务奖罚档案，实施客户评议机制，将服务质量与奖金挂钩；通过对客户深入了解和研究，摸清客户业务需求，量身定制精细化服务方案，力争使每一位客户满意。全年，通过上级行检查发现服务不规范问题4个，对4名责任人给予扣减绩效工资处理，客户满意度达100%。（孙建玲）

## 昆仑银行

【概况】 2020年，昆仑银行股份有限公司克拉玛依分行大庆路支行（简称昆仑银行）办理存款、贷款，同业拆借，结算，票据承兑、贴现、转贴现，各类汇兑等业务；发放银行卡，提供信用证服务及担保，代理保险业务，经营经中国银行保险监督管理委员会批准的其他业务。截至年底，设置自助设备21台、自助缴费机4台、POS机47台，布放自助发卡机5台，配备网银体验机3台，个人征信查询机1台。全年，各项存款余额40.08亿元，辖内占比43.85%，其中对公存款11.95亿元，辖内占比46.64%；个人存款28.13亿元，辖内占比42.76%；各项贷款余额8.05亿元。（马晓慧）

【风险防控】 2020年，昆仑银行提升案件风险防控能力，执行上级案防工作部署，落实案防工作责任，夯实工作基础，持续传导强监管、严问责的信号与压力，扎实做好风险防控工作，继续保持零案件。

（马晓慧）

【产融结合】 2020年，昆仑银行围绕地方发展战略，在信贷投放、续贷对接、线上服务等方面制订一系列措施，通过摸排提供精准有效金融服务，将“油企通”“银企通”“商信通”“昆仑E贷”“燃气贷”“昆仑快贴”等信贷产品引入企业，解决企业融资难、融资贵问题。全年，摸排个体工商户200多户，支持疫情防控及复工复产累计放贷金额956万元。（马晓慧）

【首台个人征信查询机投用】 2020年，昆仑银行取得中国人民银行克拉玛依市中心支行授权，在大庆东路城投大厦一楼设置独山子首台个人征信查询机，填补独山子区此前没有个人信用报告自助查询服务的空白，为居民查询、打印个人信用报告，后续办理个人住房公积金贷款、消费类贷款等事宜提供便利，居民凭本人身份证即可自助获得自己个人信用报告。

（马晓慧）

2020年11月22日，昆仑银行在大庆东路城投大厦设立独山子首台个人征信查询机。图为工作人员指导客户使用查询机（谷伟 摄）

## 邮政储蓄银行

【概况】 2020年，中国邮政储蓄银行股份有限公司克拉玛依市独山子区支行（简称邮储银行独山子区支行）办理存款、贷款，同业拆借，结算，票据承兑、贴现、转贴现，各类汇兑等业务；发放银行卡，提供信用证服务及担保，经营经中国银行保险监督管理委员会批准的其他业务。全年，储蓄余额62760.95万元，同比增长18.86%，其中公司存款余额2304.03万元，同比增长275.34%；贷款余额25960.59万元，同比下降13.61%；缴纳税款101.12万元。（崔丽洁）

【内控管理】 2020年，邮储银行独山子区支行落实监管部门及上级行内管理工作各项要求，强化内部管理，落实从严治行，全面开展经营管理自查自纠工作，对检查中发现的信贷管理、个金业务发展等方面存在的问题，逐项进行纠正，及时落实整改措施，确保各项工作合法合规。针对重点薄弱环节、重点业务和重点人员开展专项检查，加强案件治理，坚持一手抓安全稳定，一手抓经营发展工作方针，把严控风险放在突出位置，深入排查案件风险。开展员工日常行为排查工作，结合近亲属、员工非法集资风险、非法集资和套路贷等专项排查，掌握员工日常行为和思想动态。全年，未发现案件及可能诱发案件行为。

（崔丽洁）

# 保险·证券

## 中国人寿独山子支公司

【概况】 2020年，中国人寿保险股份有限公司克拉玛依市独山子石油支公司（简称中国人寿独山子支公司）通过销售人身保险产品收取保费，将保费进行投资，运用投资所得收入支付保单所确定的保险赔偿。全年，保费收入8700万元，受理理赔案件642件，理赔给付696.32万元，满期给付977.65万元。

（努尔斯曼·阿布力孜）

【险种】 2020年，中国人寿独山子支公司经营理财保险、养老保险、健康保险、少儿保险、定期寿险、终身寿险、意外保险7类个人险，经营员工福利系列、计划生育保险系列、小额贷款保险系列、建筑工程保险系列4类团体保险，涉及险种100多个。

（努尔斯曼·阿布力孜）

【客户服务】 2020年，中国人寿独山子支公司推进以精细化管理、专业化服务为重要内容的改革与创新，对内建立以制度梳理和流程优化为抓手的规范管理模式和以业务发展为中心的后援服务理念，对外做好保全、理赔等基础管理工作。以增值服务和销售支持为侧重点提升服务品质，开辟VIP（贵宾）尊享服务通道，丰富VIP超值服务内涵，推进“国寿1+N”品牌建设。全年，开展客户培养活动15场，参加客户450多人次；理赔案件642件。

（努尔斯曼·阿布力孜）

【风险管控】 2020年，中国人寿独山子支公司落实销售风险管理监督职责，开展打击非法商业保险活动、非法集资和反洗钱大排查等系列风险管理专项检查治理工作，推进反洗钱工作，提升自身管控能力。全年，组织风险管控学习16次，参加500多人次；开展风险管理专项治理检查活动6次。

（努尔斯曼·阿布力孜）

【社会责任】 2020年，中国人寿独山子支公司为全区在校贫困家庭学生“平安险”保险，保险责任涵盖伤残，重疾、意外、住院津贴、医疗费用补偿等内容；成立国寿防疫先锋队，奋斗在防疫第一线，全心全意为居民服务，主动为中小企业减费增额服务。全年，捐赠270人，保险金额5481万元；减费增额惠及中小企业20多家，减保费30多万元。

（努尔斯曼·阿布力孜）

## 太平洋寿险独山子支公司

【概况】 2020年，中国太平洋人寿保险股份有限公司独山子支公司（简称中国太保寿险独山子支公司）通过销售保险产品收取保费，将保费进行投资，运用投资所得收入支付保单所确定的保险赔偿。全年，承保4945件，保费收入200400万元；理赔案件158件，赔付金额239万元。 （郝小辉）

【险种】 2020年，中国太保寿险独山子支公司经营金诺人生及附加重大疾病保险、金佑人生附加重大疾病保险（2019版）、爱无忧3.0专属防癌险、超能宝（庆典版）等重疾保障类产品，长相伴（庆典版）、长相伴A款、安行宝（庆典版）、守护专享等身价保障类产品；心安怡、安心、安享百万、乐享百万（H2019）、畅享未来（H2019）等健康医疗保障类产品；老来福（2018）、月添福、聚宝盆等财富规划类产品；经营安贷宝期缴保险、团体意外伤害保险、附加团体意外医疗保险、附加团体意外补贴保险、燃气险、建工险、学平险、驾赔、团意、旅游及驾行天下和幸福全家宝等险种。 （郝小辉）

【移动端保全作业】 2020年，中国太保寿险独山子支公司从客户投保前信息查询、客户投保及后续保障至期满，整个过程公司均实现网上操作，为客户提供网上操作6大终端：移动终端保全（神行太保保全）、微信保全、太平洋寿险App保全、云柜面保全、机器人保全、慧保全。 （郝小辉）

【客户服务】 2020年，中国太保寿险独山子支公司通过延时服务、新保客户回访、免填单服务、快速理赔服务、异地理赔服务、咨询投诉等服务向客户做出承诺；将新技术应用、客户体验、服务评价纳入日常经营管理中，持续推动转型升级，努力实现“数字太保”；把全国数据联网，保单全国迁移，通过全国统一客服电话“95500”及时向客户征询意见、反馈、核准信息。全年，接到报案电话158通，线上线下共接待客户5000多人次。 （郝小辉）

【“数字太保”服务】 2020年，中国太保寿险独山子支公司围绕打造“数字太保”战略目标，以新技术应用驱动公司商业模式转型升级，“神行太保”App（互联网应用软件）成为营销员标配，加载云投保等62项功能，覆盖销售、契约、服务、管理4个类型；客户投保、保全业务变更、客户服务、理赔等一系列服务全部使用移动工具操作完成，客户也可随时查询自己保单信息、缴费信息，享受“数字太保”服务。全年，为客户提供“数字太保”服务4500多人次。（郝小辉）

【异地理赔服务】 2020年，中国太保寿险独山子支公司继续开展异地理赔、保单后续处理等服务，客户在任何地方提出理赔诉求，公司都支持跨地域案件处理，没有地域限制。全年，为客户提供异地理赔、保单后续处理等服务103人次。（郝小辉）

【“太e赔”及“太慧赔”服务】 2020年，中国太保寿险独山子支公司继续开展医疗费用理赔、重大疾病理赔、医疗补贴理赔作业数字化、便捷化、极速化“太e赔”服务，客户在家中报案、拍照上传所需理赔资料，足不出户即可享受理赔服务。全年，为客户提供“太e赔”“太慧赔”服务137人次。（郝小辉）

【关爱天使服务】 2020年，中国太保寿险独山子支公司继续推出礼仪天使服务，每日上午12:00前完成报案客户信息筛选及核对工作，将因伤住院客户就诊医院、科室、病房等信息发送到公司委托的邮政礼仪公司，邮政礼仪公司礼仪天使代表接到信息后，于次日12:00前穿戴统一服装佩戴授带将鲜花送到客户手中，代表公司以鲜花礼仪形式慰问客户。全年，为客户提供关爱天使服务158人次。（郝小辉）

【NPS服务评价】 2020年，中国太保寿险独山子支公司推出NPS服务评价平台（为提升客户满意度而开发的一个公司与客户之间的交互平台），平台涵盖客户生命周期主要环节，寿险十大旅程包括投保前信息获取、投保、续保、退保/犹豫期退保、理赔、给付、信息咨询与查询、保单变更、投诉、增值服务等，均能收到一个NPS服务评价链接，可以及时准确收集到客户对此项业务的评价指数。（郝小辉）

## 新华人寿独山子支公司

【概况】 2020年，新华人寿保险股份有限公司独山子支公司（简称新华人寿独山子支公司）通过销售人寿保险产品收取保费，将保费进行投资，运用投资所得收入支付保单所确定的保险赔偿。因机构改革，隶属关系由新华人寿保险股份有限公司伊犁中心支公司奎屯营销服务部变更为新华人寿保险股份有限公司克拉玛依中心支公司。全年，保费收入2000多万元，理赔案件142件，赔付147.4万元。（李静）

【险种】 2020年，新华人寿独山子支公司经营险种有健康险——多倍保A1、康健吉顺B、健康无忧$C_5$；医疗险——康健华贵（百万医疗）、住院无忧（住院医疗）、高额意外医疗，意外险——畅行无忧A（百万身价险）、高额意外、交通险；理财险——惠金生年金险等。（李静）

【客户服务】 2020年，新华人寿独山子支公司通过全国统一客户电话联络中心“95567”、App掌上新华移动服务平台、新华保险微信公众号等服务渠道面向全国客户提供全年无休投保咨询、理财顾问预约、理赔报案、保单查询、信息修改、回访等在线服务。全年，接待客户1800多人，接通电话6000多个，新增客户1000多人。（李静）

【社会责任】 2020年，新华人寿独山子支公司积极参与文明城市创建志愿服务、义务植树、慰问环卫工人、社区自愿服务等社会公益活动。全年，参与公益活动6场次，参与1000多人次；义务植树600多棵；慰问环卫工人2次，送慰问品（金）8000多元。

2020年11月10日，新华人寿独山子支公司慰问环卫工人
（李静 摄）

## 人保财险独山子支公司

【概况】 2020年，中国人民财产保险股份有限公司克拉玛依市独山子支公司（简称人保财险独山子支公司）通过销售保险产品收取保费，将保费进行投资，运用投资所得收入支付保单所确定的保险赔偿。全年，受理理赔案件2757件，赔付1720万元，缴纳税费717.19万元。 （孙红祝）

【优化客户体验】 2020年，人保财险独山子支公司以客户为中心，主动对接客户需求，实现客户线上化，加快数字化建设，以科技赋能销售、承保、理赔、服务、运营；投入使用智能机器人、声纹识别技术，“人工+自助+机器人”三合一线上服务体系初步构建，重构业务核心系统，建立自主可控技术体系，数字化转型取得新成效；开展抗疫捐赠，组织志愿服务，支持复工复产，保障“不打烊”、服务不断档。截至年底，家庭自用车客户线上化率89.0%，同比提高29.5%；家庭自用车理赔线上化率93.2%，同比提高26.5%。 （孙红祝）

【警保联动服务】 2020年，人保财险独山子支公司推动“放管服”（简政放权，放管结合，优化服务）改革进程，依托大数据，链接交通管理系统，将以往多个平台之间碎片化服务整合进同一个服务平台，打破政企之间数据壁垒和服务壁垒，实现交通事故快处快赔及车驾管业务等一站式服务；与交警大队联合在车管所、九公里交警大队分别设立警保联动服务站，在第十三社区警务站设立“放管服”专人专柜，为居民群众新车落户、车辆审验、驾照审验、车辆保险提供一站式便民服务。全年，提供服务6000多人次。 （李静）

## 太保财险独山子支公司

【概况】 2020年，中国太平洋财产保险股份有限公司克拉玛依市独山子支公司（简称太保财险独山子支公司）通过销售财产保险产品收取保费，将保费进行投资，运用投资所得收入支付保单所确定的保险赔偿。9月，因机构改革，中国太平洋财产保险股份有限公司奎屯中心支公司独山子支公司更名为中国太平洋财产保险股份有限公司克拉玛依中心支公司独山子支公司。全年，保费收入568万元，其中车险业务收入325万元，非车险业务收入243万元。 （付晓英）

【客户服务】 2020年，太保财险独山子支公司一手抓防疫、一手抓经营，积极安排部署各项工作，强化服务意识，以客户为导向，做好车险商改工作平稳过渡；专享赔2.0品牌升级，以一个核心、六大产品、三个支持品牌内容为指导，从单一理赔向综合服务升级，为客户提供更专业、更全面服务；树牢太保服务意识，倾力打造责任、智慧、温度品牌影响力，用服务和品牌树信心，为人民健康和安全保驾护航。全年，线上接待客户同比增长50%，吸收新客户同比增长38%，接通电话298通。 （付晓英）

【典型案例】 2020年1月16日，太保财险独山子支公司承保交强险的一辆车，在一小区门口撞到一位行人，理赔人员第一时间到达现场，因行人腿部骨折，车主和工作人员及时将伤员送至医院，经过工作人员协调，双方达成一致意见，为客户赔付12万元，客户表示工作人员服务态度好，有耐心，自己也意识到购买商业险的重要性。 （付晓英）

## 平安财险独山子支公司

【概况】 2020年，中国平安财产保险股份有限公司独山子区支公司（简称平安财险独山子支公司）通过销售财产保险产品收取保费，将保费进行投资，运用投资所得收入支付保单所确定的保险赔偿。1月1日，因机构改革，中国平安财产保险股份有限公司奎屯中心支公司独山子支公司更名为中国平安财产保险股份有限公司克拉玛依中心支公司独山子支公司。全年，保费收入2650万元；受理案件1200多件，赔付588万元。 （彭媛媛）

【客户服务】 2020年，平安财险独山子支公司秉承诚信第一、效率第一、客户至上、服务至上服务宗旨，推广以鞠躬、微笑为主的平安礼仪，结合全国统一客服电话“95511”专线职能，为客户提供便捷快速承保、理赔服务。由专家（通过平安医疗理赔专业资格考试医疗理赔专业人员）对客户和三者提供7×24小时电话咨询服务。理赔指引服务，提供从报案起全流程理赔程序、理赔资料及理赔处理指导；医疗建议服务，提供住院、伤残评定等阶段咨询和建议；

法律咨询服务，提供事故处理、诉讼相关法律法规咨询和建议。全年，受理客户咨询电话1200多个，接待客户人1000多人次，解决各类问题500多件。
（彭媛媛）

【简单快赔服务】 2020年，平安财险独山子支公司持续优化理赔全流程，推广线上理赔，通过好车主App办理赔，压缩各环节作业时间。在流程简化、IT系统改造、管理与风险监控等方面改革，总公司对全国分支机构理赔人员进行条线化垂直管理，实现理赔全流程监控，达到简单快赔1天内赔付。开展先赔付，再修车业务，在客户确认事故车辆维修方案及平安收齐有效理赔单证影像件以后，立即理算结案赔付，客户大小不限，理赔金额不限，出险次数不限。开展万元以下报案到赔款1天到账业务，家用车赔付金额在万元以下、纯车损、单方事故案件，且当日进厂维修，承诺从报案到赔款1个工作日完成。超出承诺期限，按3倍银行活期日利率支付罚息。全年，快赔案件受理1200多件，赔付金额588万元。
（彭媛媛）

【结案支付即时到账服务】 2020年，平安财险独山子支公司开展结案支付即时到账服务，赔款金额单笔支付5万元以下案件，赔案结案发起支付，赔款即时到账，支付时效极限压缩，不受节假日等非工作时间影响；收款账户户名为被保险人，包括个人和单位，收款账户开户银行属于中、农、工、建、交、平安、招商等120家银行。全年，办理结案支付即时到账1200多次，涉及588万元。 （彭媛媛）

【省心调解服务】 2020年，平安财险独山子支公司对所有车险人伤案件事故责任明确、治疗终结、理赔单证资料齐全，同意在平安指定调解点（含平安职场、交警大队、法院、仲裁、人民调解委员会等）调解的案件提供包括工作日5×8小时平安职场调解服务、外部调解点并定期陪同调解等多途径调解服务，帮助客户在最短时间内达成有效赔偿协议，避免不必要损失和事故处理纠纷烦扰。全年，调解案件200多起。 （彭媛媛）

【平安好车主App一站式用车服务】 2020年，平安财险独山子支公司完善互联网科技平台，全面推进车险业务互联网化探索，以用车助手、安全管家平安好车主App为核心载体，聚合最广泛优质车生态服务资源，涵盖车保险、车服务、车生活，为车主提供一站式用车服务，洗车、年审代办、加油优惠等。全年，为车主提供一站式服务1000多次。 （彭媛媛）

## 中华财险独山子支公司

【概况】 2020年，中华联合财产保险股份有限公司独山子支公司（简称中华财险独山子支公司）通过销售财产保险产品收取保费，将保费进行投资，运用投资所得收入支付保单所确定的保险赔偿。新增中华倍爱保、中华臻爱保等健康险种。全年，保费收入871万元；受理理赔案件400多起，支出各种赔付款300多万元，同比减少15%。 （胡超雯）

【客户服务】 2020年，中华财险独山子支公司通过全国统一服务电话“95585”提供客户咨询及投诉服务；根据客户风险等级筛选优质客户，投保后享受一系列免费增值服务；为客户提供免费代办年审、免费安全检测、免费道路救援、拖车等附加服务；通过线下电脑端、手机“共享保”“中易保”等多个平台为客户提供全方位服务。全年，接到报案电话468通，接待客户3656多人次，探视回访客户300多人，享受增值服务客户2000人，享受附加服务客户350人，网上销售564单。 （刘兆峰）

【异地通赔服务】 2020年，中华财险独山子支公司受理来自伊利、喀什等地到独山子探亲访友客户跨地域理赔诉求，工作人员在得知消息后第一时间协助客户报案，同时与报案人所在地公司进行联系，开展事故前置调查工作，经核实被保险人出险事故属实后，立即按规定进行理赔，让客户在独山子也享受到全国各网点同样的优质服务。全年，受理跨地域处理案件25起，赔付10万多元。 （胡超雯）

【“共享保”服务】 2020年，中华财险独山子支公司通过“共享保”服务，为客户提供利用手机自助测算投保车辆险、个人健康险、家庭财产险等服务。全年，完成自助投保35单。 （胡超雯）

## 华融证券

【概况】 2020年，华融证券股份有限公司克拉玛依独山子证券营业部（简称华融证券独山子营业部）提供证券经纪、证券投资咨询、证券交易、证券投资服务，代销金融产品，销售证券投资基金。截至年底，有客户 24208 户，同比增长 10.17%；资产规模 22.18 亿元，股基市场份额 0.042%；双融余额 1.07 亿元，同比增长 48.13%。被新疆分公司授予扎实奋进奖。全年，金融产品标销 9.6 亿元，同比增长 45.5%，营业净收入 1853 万元。（裴娟娟）

**【合规风控】** 2020 年，华融证券独山子营业部开展合规专项培训及督导，对合规简报、机构监管情况通报、合规通报等内容进行专项学习，对手机下单、服务留痕、营销行为等风险点做实时强调和督导，严防客户投诉及业务风险；开展专项合规检查工作，发现问题隐患第一时间整改；实施反洗钱工作审核，做好日常预警处理和维护，重点完成低风险客户反洗钱定期审核工作。全年，开展合规专项培训及督导 36 次，专项合规检查 10 次；发现问题隐患 9 处，整改率 100%。（裴娟娟）

**【反洗钱行动】** 2020 年，华融证券独山子营业部设立反洗钱工作领导小组，制订反洗钱行动实施方案，开展反洗钱专项行动。5 月 18 日，举办客户身份识别专项培训会，学习《中国人民银行关于加强反洗钱客户身份识别有关工作的通知》，掌握客户及其交易目的、交易性质、实际控制客户自然人和交易实际受益人详细资料，保存客户身份资料和交易记录，保证足以重现每项交易，以提供识别客户身份、监测分析交易情况、调查可疑交易活动和查处洗钱案件所需信息；7 月 2 日，组织学习反洗钱相关理论知识，网上程序推演，模拟交易现场，严守底线，持续提升合规和反洗钱管理水平；11 月 2 日，召开合规及反洗钱专项会议，针对业务过程中出现的移动通信工具报备、监管报表信息报送问题等详细解读，开展反洗钱专项自查自纠工作。全年，举办反洗钱培训 6 期，参加 70 人次；内部自查自纠 2 次。（裴娟娟）

**【投资者教育】** 2020 年，华融证券独山子营业部创新投教方式，自主开展线上投教活动，利用微信、抖音、腾讯 QQ 等媒体平台实施线上培训，组织客户参与总公司举办的线上投资策略报告会及小融开讲，组织客户参加新疆证券业协会组织的开展和打击“杀猪盘”投资者教育专项活动、金融知识进万家、携手科创板，理性共成长等一系列投教活动，提高客户金融知识水平和防范风险能力。全年，开办线上培训班 4 期，参加客户 500 多人，参加线上投资策略报告会、小融开讲等投教活动 2000 多人次。（裴娟娟）

## 《新疆的反恐、去极端化斗争与人权保障》白皮书摘要（之五）

维吾尔族是经过长期迁徙、民族融合形成的，不是突厥人后裔。维吾尔族先民的主体是隋唐时期活动在蒙古高原的回纥人，曾经有乌护、乌纥、袁纥、韦纥、回纥等多种译名。当时，为了反抗突厥的压迫和奴役，回纥联合铁勒诸部中的仆固、同罗等部组成了回纥部落联盟。744 年，统一了回纥各部的首领骨力裴罗受唐朝册封。788 年，回纥统治者上书唐朝，自请改为“回鹘”。840 年，回鹘汗国被攻破，回鹘人除一部分迁入内地同汉人融合外，其余分为三支：一支迁往吐鲁番盆地和今天的吉木萨尔地区，建立了高昌回鹘王国；一支迁往河西走廊，与当地诸族交往融合，形成裕固族；一支迁往帕米尔以西，分布在中亚至今喀什一带，与葛逻禄、样磨等部族一起建立了喀喇汗王朝，并相继融合了吐鲁番盆地的汉人、塔里木盆地的焉耆人、龟兹人、于阗人、疏勒人等，构成近代维吾尔族的主体。元代，维吾尔族先民在汉语中又称“畏兀儿”。元明时期，新疆地区各民族进一步融合，蒙古人尤其是察合台汗国的蒙古人基本和畏兀儿人融为一体，为畏兀儿补充了新鲜血液。1934 年，新疆省发布政府令，决定统一使用“维吾尔”作为汉文规范称谓，意为维护你我团结，首次准确表达了“Uyghur”名称的本意。

# 科学技术

## 科技管理

【概况】 2020年，独山子区科学技术局（外国专家局）（简称区科技局）编制全区科技项目规划并监督实施，统筹科学技术研发、创新及成果推广应用，培育和管理高新技术企业、科技型中小微企业，组织科技合作与科技人才交流活动。全年，获得国家、自治区、市科技立项3项，科技支持资金75万元；14家企业进入国家科技型中小企业信息库，协助2家企业签订产学研科技合作协议4份，通过高新技术企业认证4家。 （王媛）

【科技立项】 2020年，区科技局编制科技创新“十四五”发展规划，开展科技计划立项工作，提升科技赋能“一主多元”能效和竞争力，落实国家科技助力经济重点项目“基于激光熔覆工艺的石油化工装置重大零部件现场在线修复技术研发”、自治区区域协同创新专项（科技援疆计划）“嵌套网格质量预报模式下的环境空气监测与溯源系统的应用下推广”等项目。出台《独山子区科技创新服务券管理办法（暂行）》，支持企业开展科技创新。全年，申报拟立项项目6个，获国家科技助力经济重点专项1个、自治区区域协同创新专项1个、市级科技计划项目1个，争取自治区科技资金45万元、市科技支持资金30万元；市级在研项目完成中期评估2个，使用市级科技计划项目配套资金21万元；区级科技计划项目立项6个，区级在研项目完成验收1个，兑现科技奖励资金30万元，为5家企业兑现创新服务券补贴9.83万元。 （王媛）

【科技培训与合作】 2020年，区科技局开展科普及科技培训活动，深化产学研合作，支持企业自主创新。独山子区与四川省德阳市高新区签订深化科技创新战略合作协议，协助新疆天利恒华石化公司与四川大学高分子研究所、四川迈斯铭达工程公司签署$C_5$树脂质量提升技术协议，协助新疆天云石油化工公司与中国石油大学（华东）安全环保与节能技术中心签订环保产业与研究战略协议、与石河子大学签订共同开发粉煤灰改良土壤技术科研合作协议。全年，开展各类科普培训与活动55场，参与4.3万人次；调研走访企业55家，协助2家企业签订产学研合作协议4份。 （王媛）

【高新技术企业培育】 2020年，区科技局建立企业为主体、市场为导向、产学研相结合的区域技术创新体系，与四川德阳市、四川大学、中国石油大学、石河子大学开展多种形式产学研合作，吸引高校院所和大型企业面向全区科技型中小企业开放科技资源，引领全区高新技术产业健康快速发展。通过调研、筛选，开展培训指导，对具有自主知识产权、研发能力较强、成长性较好企业，纳入高新技术企业培育计划，组织参加高交会，促进其快速成长。协助独山子红有智联信息技术公司、新疆天利高新石化股份有限公司、新疆舒特工贸有限公司、新疆中迅通智能科技工程有限公司开展高新技术企业认定工作。全年，申报并入选自治区科技型中小企业培育库企业14家，高新技术企业通过再认证2家，通过高新技术企业认证4家，同比增长80%；举办科技培训班3期；组织15家企业28人参加深圳高交会；区九州科技发展有限公司与浙江远望集团签订120架无人机采购合同，与贵州无人机协会达成合作协议。 （王媛）

【“双创”大赛】 2020年8月26日，区科技局承办第七届新疆创新创业大赛（克拉玛依赛区）暨第五届克拉玛依创新创业大赛。采取线下及线上路演方式进行，由技术专家对参赛项目进行线上评审，选出优秀企业参加第七届新疆创新创业大赛，在新疆赛区获胜企业代表新疆参加第九届中国创新创业大赛。参加大赛企业76家，进入自治区赛企业12家、全国赛企业6家，其中区企业进入自治区赛4家、进入全国赛3家；区企业获得自治区决赛一等奖1个、二等奖2个、三等奖1个，自治区行业赛第一名5个、第二名1个、第三名1个，区九州科技发展公司、科鼎工程技术公司、蓝奥新材料科技公司参加第九届中国创新创业大赛。（王媛）

# 石化行业科研

## 独山子石化公司科技信息处

【概况】 2020年，独山子石化公司科技信息处（简称科技信息处）调研、论证、立项、组织实施新产品开发及成果评审与申报，管理工艺技术，实施技术改造、科技攻关、新技术项目引进，论证支出项目，审定技术和产品方案，审查化工三剂（催化剂、溶剂、添加剂）承包方资质，管理知识产权及无形资产，收集技术信息。全年，修订完善程序文件18份、信息系统运维指导书80多册，信息系统维护成本较年初预算减少569.5万元，组织实施在研科技项目37项、科技攻关项目34项、提质增效技措6项，组织生产新产品11个、改进产品质量11个，应用系统脱域14个。（龚树鹏）

【基础管理】 2020年，科技信息处修订《工艺防腐管理规定》等程序文件，编制和完善各类信息系统运维指导书，补充完善管理职能，优化记录，推进电子化、网络化工作。梳理生产波动清单，分析波动原因，从吃透技术、风险辨识、预防措施等方面延伸管理，落实工艺变更风险排查管控要求，确保装置安全平稳运行。定期进行工艺防腐、工艺联锁报警、网络安全等专项检查，发现问题立即整改。全年，修订完善程序文件18份、信息系统运维指导书80多册，开展工艺防腐、联锁报警、网络安全等专项检查18次，发现各类问题291项，整改销项率100%，报警数量同比下降76.2%。（黄金晖）

【提质增效】 2020年，科技信息处从基础环境运维、硬件运维、应用软件运维、安全运维等方面采取各类措施降低信息系统维护成本。优化工艺防腐技术和设备腐蚀监检测体系，解决蒸馏装置塔顶换热器腐蚀问题。针对原油硫含量和酸值持续上升问题，制订控制指标和现场管控方案，加强现场工艺防腐和腐蚀监测。组织开展三剂提质增效工作，优化聚烯烃管材料及其混配料、大中空等产品添加剂配方，炼油厂催化装置试用辛烷值助剂，引进试用新的催化剂、添加剂，指导各相关单位通过优化用量、流程改造、国产替代、比质比价、错峰采购等措施降低成本。全年，信息系统维护成本较预算减少569.5万元，同比降低34.8%，较预定目标降低6.3%；优化添加剂配方产品11个，引进试用新催化剂7种、添加剂13种，降低成本4200万元。（黄金晖）

【科技攻关项目】 2020年，科技信息处实施炼油厂五套关键装置长周期运行攻关、降低静设备泄漏攻关，进行炼油装置主要设备和装置流程模拟研究，开展常减压装置各主塔和换热网络模拟和乙烯料裂解性能模拟对比分析，乙烯厂聚合装置挤压造粒系统电气长周期运行改造等科技攻关项目及技措。全年，开展科技攻关项目34项，完成24项，在研10项，组织实施提质增效技措6项。（宋长轩　黄金晖）

【科研项目】 2020年，科技信息处组织实施国家重点研发计划项目“高性能合成橡胶产业化关键技术”，中石油股份公司重大科技专项“聚烯烃高端管材专用料升级技术开发及工业应用”，试产聚丙烯发泡料EPP0723、己烯-1共聚线性聚乙烯膜料LL6209AA、小中空聚乙烯HD5502FA、丁烯-1线性聚乙烯膜料LL0220AA、薄壁注塑聚丙烯HP60、PPH聚丙烯管材HT03B等产品，解决DGDZ3606制品析出物、T4401H韧性、两个流延膜端面发红、GPPS500NT色差、T171E耐黄变等问题。全年，组织实施在研科技项目37项，其中国家项目2项，中石油股份公司项目17项，新开科研项目7项；计划试产新产品5个，实际生产11个，改进产品质量11个。

（刘宏伟　张春秀）

【信息化工作】 2020年，科技信息处编制数字化转型、智能化发展试点企业工作方案，组织梳理应用系统，制订整合方案，停用低效系统和“僵尸”服务器，清理绩效系统和其他系统重复功能；开展域控服务专项整治，实现使用域控账户应用系统脱域；扩展办公计算机虚拟桌面平台容量，经远程和现场调研后启动网络融合，部署运行局域网安全感知和防护设备，解决数据通信和网络安全技术难点问题，为即时通信、电子邮件、虚拟桌面、移动办公等提供保障。实施物联网扩展项目中可视化调度、机泵在线监测子项，完成工业互联网项目机组状态信息采集、边缘计算设备部署等统建项目。开展 ERP（信息管理系统）设备管理功能扩展、固体产品分牌号核算、MES（制造执行系统）专业功能提升、智能巡检系统优化等工作。针对疫情防控常态化，组织开发员工行程管理程序；根据离退休业务社会化需求，开展人事档案数字化工作。在塔里木油田化工业务划转独山子石化公司期间，组织开展 ERP 应用扩展工作，优化实施方案，在中石油集团公司炼化企业首创。全年，停用低效系统 4 个、“僵尸”服务器 60 多台，实现 23 个使用域控账户应用系统脱域 14 个。（黄金晖　苏大伟）

【科技成果】 2020 年，科技信息处申请专利 18 项，其中发明专利 10 项；获得授权专利 8 项，其中发明专利 6 项；认定技术秘密 5 项，按程序解密技术秘密 1 项；登记软件著作权 2 项；各单位科技论文外发期刊投稿 234 篇，发表 112 篇，参加学会交流论文 89 篇。（张春秀　龚树鹏）

## 独山子石化公司研究院

【概况】 2020 年，独山子石化公司研究院（简称石化公司研究院）根据发展规划和生产需求，开发新产品；研究新技术应用，攻关生产瓶颈。全年，确定提质增效项目 65 项，制订提升措施 163 项，提质增效节约成本 729.47 万元；在研科技项目 37 项，新开科研项目 7 项，开展科技攻关项目 34 项，研发新产品 11 个，改进产品质量 11 个，在 20 套装置推广运用 APC（先进过程控制）技术；科研运行费用支出 6351.84 万元，比预算下降 8.79%。（赵亮）

【提质增效】 2020 年，石化公司研究院确定项目，责任落实到人，从成本降费、节能降耗、对标提升、化工产品质量提升等方面细化过程管理，针对物料消耗、动力、办公费等指标按月、季开展经济活动分析，找出“出血点”，制订提升措施，深入评价计划、预算执行情况，及时发现问题。深化对标管理，保持指标行业先进性，从战略、组织、运营等方面确立对标目标，制订具体实施措施。全年，确定提质增效项目 65 项，制订实施措施 163 项，开展经济活动分析涉及指标 22 项；确立对标目标 28 项，制订实施措施 93 项；提质增效节约成本 729.47 万元，同比下降 8.74%。（赵亮）

【新产品开发】 2020 年，石化公司研究院自主研发 SSBR3840S、3550S、1540S、1040 等系列合成橡胶新牌号，其中聚丙烯发泡料 EPP0723、己烯-1 共聚线性聚乙烯膜料 LL6209AA、小中空聚乙烯 HD5502FA、丁烯-1 线性聚乙烯膜料 LL0220AA、薄壁注塑聚丙烯 HP60、PPH 聚丙烯管材 HT03B 等试用正常，橡胶产品进行性能测试和厂家实验。优化汽油在线调和系统全流程工艺，模拟研究炼油装置主要设备和装置流程，对常减压装置各主塔和换热网络模拟及乙烯料裂解性能模拟进行对比分析，调研和立项原油快评技术应用。研发做医疗口罩及防护服、手术帽、消毒帷布等医疗用品的聚丙烯原料熔喷布。全年，在研科技项目 37 项，其中国家级项目 2 项、中石油集团公司级项目 17 项；新开科研项目 7 项，研发新产品 11 个。（赵亮　刘继新）

【技术改造】 2020 年，石化公司研究院开展炼油厂蒸馏、催化、制氢及乙烯裂解等关键装置长周期运行攻关。蒸馏装置腐蚀得到管控，电脱盐合格率 100%，产品质量合格受控，长周期运行各项操作参数正常。催化装置油浆系统冲蚀及高温硫腐蚀得到有效控制，制氢转化炉出口温度波动幅度优化值在 10℃以内，乙烯厂裂解气干燥器运行周期延长，裂解炉运行周期延长，实现全工况氮氧化物达标排放，无非计划停工，新建 9 号裂解炉炉运行周期达 142 天，裂解气干燥器运行周期由 48 小时延长到 72 小时。开展炼油厂降低静设备泄漏攻关，同比减少 20 次，降低 62.5%，大型换热器无泄漏。乙烯厂降低过渡料攻关，过渡料比例 2.25%，同比降低 0.79%，挽回效益约 695.2 万元。动力站锅炉高钠煤掺烧比例达到 30%，节约用煤费 1039 万元。乙烯厂聚合装置挤压造粒系统电气长周期运行攻关，非计划停机 2 次，电气设备故障率同比下降 71%；加热炉管理得到提升，

35台工艺加热炉达标率94.3%。解决DGDZ3606制品析出物、T4401H韧性、两个流延膜端面发红、GPPS500NT色差、T171E耐黄变等产品质量瓶颈问题10多个。针对茂金属聚丙烯生产存在问题，经过反复摸索，找到影响装置长周期运行因素。开展橡塑产品添加剂配方成本优化技术攻关，完成UHXP-4808等11个产品添加剂配方优化，当年节约成本700多万元，后续每年可节约2000万元以上。全年，开展科技攻关项目34项，改进产品质量11个，完成目标项目24项，实施提质增效技措6项。

（赵亮　宋长轩　黄金晖）

【技术应用】 2020年，石化公司研究院推动新区乙烯装置实时在线优化技术应用，进行原料优化、全流程优化子系统测试。创新使用MES（制造执行系统）系统资源，扩展实施报警信息管理平台，助力报警管理和优化，具备炼化企业推广价值。在100万吨/年蜡油加氢装置及炼油装置推进APC（高级过程控制）技术应用，提高装置运行效能，实现生产关键绩效指标提升。在汽油在线调合系统实施全流程工艺优化，在炼油装置广泛开展主要设备和装置流程模拟研究，在常减压装置各主塔和换热网络模拟和乙烯料裂解性能开展模拟对比分析，推进全流程工艺优化工作。全年，在20套装置推广运用APC技术，APC技术整体投用率90%以上。（赵亮　宋长轩　黄金晖）

【熔喷布研发】 2020年3月3日，石化公司研究院接到中石油集团公司熔喷布（是制造口罩中间过滤层的主要原料，能过滤细菌，阻止病毒传播）专用料研发任务。当晚组成5人研发攻关团队，开始查资料、寻思路、定方案，吃住在实验室，一次次推研实验，攻克一个个瓶颈。3月7日，研制出熔体流动速率为1500克/10分钟熔喷布专用料，并掌握产品生产技术，为公司组建熔喷布专用料生产线打下坚实基础。

（赵亮）

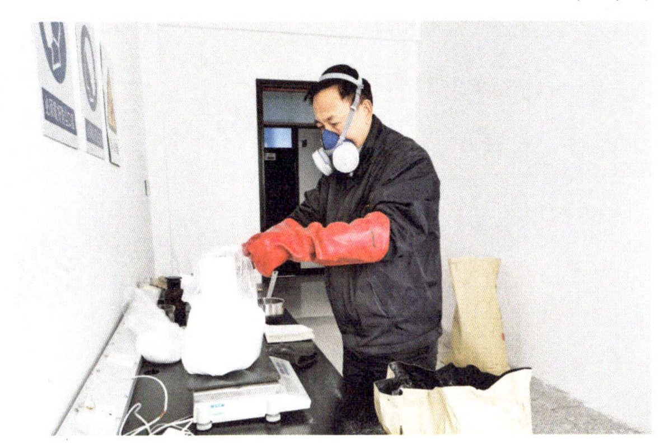

2020年3月6日，独山子石化公司研究院科研人员研制熔喷布专用料（同毓梅　摄）

【科研成果】 2020年，石化公司研究院研发系列合成橡胶新牌号，推动新区乙烯装置实时在线优化技术应用，重质油悬浮床加氢项目中试成功，打破国外核心技术垄断，实现连续转产茂金属产品技术历史性重大突破。全年，“无规共聚透明聚丙烯系统产品的开发”获自治区科技进步二等奖；“降低催化裂化装置NOX技术开发”“催化裂化反应系统耦合强化技术及装备的开发与应用”“关键仪表在线管理技术开发与应用”“三元共聚聚丙烯专用料的开发”获行业学会科学技术奖；“PE-RT管材专用料开发”“聚乙烯装置排放尾气回收应用研究”“聚苯乙烯GPPS线导光板材专用料开发”“100万吨乙烯装置节能减排技术研究与应用”获中石油集团公司科技进步奖；获国家级发明专利4项，论文获中石油企业协会2020年度石油石化企业管理现代化创新优秀论文二等奖1篇。

（赵亮　刘宏伟　张春秀）

# 教　育

## 综　述

**【教育系统师生基本情况】** 2020年，独山子区教育系统有教职工1395人，专任教师1161人（其中聘用教师277人），高级教师109人、一级教师348人、二级教师511人，在校学生13315人，班级362个。

（张楠楠）

2020年独山子区教育机构及师生情况统计表

表8　　单位：人

| 单位 | 教职工 | 其中 | | | | | | 班级 | 在校学生 | 其中 | |
|---|---|---|---|---|---|---|---|---|---|---|---|
| | | 专任教师 | 聘用教师 | 特级教师 | 高级教师 | 一级教师 | 二级教师 | | | 进城务工人员子女 | 女生 |
| 一幼 | 36 | 30 | 8 | 0 | 1 | 7 | 18 | 10 | 327 | 115 | 154 |
| 二幼 | 40 | 25 | 8 | 0 | 0 | 7 | 13 | 7 | 178 | 87 | 86 |
| 三幼 | 48 | 43 | 15 | 0 | 1 | 9 | 15 | 12 | 355 | 196 | 171 |
| 四幼 | 38 | 27 | 4 | 0 | 1 | 7 | 15 | 11 | 364 | 0 | 170 |
| 五幼 | 22 | 17 | 1 | 0 | 0 | 1 | 14 | 6 | 150 | 104 | 70 |
| 六幼 | 42 | 31 | 10 | 0 | 1 | 5 | 23 | 11 | 378 | 0 | 191 |
| 七幼 | 25 | 17 | 2 | 0 | 0 | 5 | 11 | 7 | 184 | 70 | 79 |
| 八幼 | 44 | 37 | 10 | 0 | 0 | 9 | 25 | 12 | 461 | 0 | 205 |
| 九幼 | 36 | 32 | 16 | 0 | 2 | 4 | 11 | 11 | 412 | 2 | 182 |
| 小计 | 331 | 259 | 74 | 0 | 6 | 54 | 145 | 87 | 2809 | 574 | 1308 |
| 伶俐天天幼儿园 | 37 | 0 | 24 | 0 | 0 | 0 | 0 | 12 | 455 | 153 | 198 |
| 创新学校 | 16 | 11 | 11 | 0 | 0 | 1 | 1 | 7 | 110 | 10 | 2 |
| 小计 | 53 | 11 | 35 | 0 | 0 | 1 | 1 | 17 | 565 | 163 | 200 |
| 幼儿教育合计 | 384 | 270 | 109 | 0 | 6 | 55 | 146 | 106 | 3374 | 737 | 1508 |
| 一小 | 113 | 107 | 24 | 0 | 7 | 46 | 33 | 34 | 1377 | 353 | 652 |

续表8

| 单位 | 教职工 | 其中 | | | | | | 班级 | 在校学生 | 其中 | |
|---|---|---|---|---|---|---|---|---|---|---|---|
| | | 专任教师 | 聘用教师 | 特级教师 | 高级教师 | 一级教师 | 二级教师 | | | 进城务工人员子女 | 女生 |
| 二小 | 89 | 78 | 30 | 0 | 6 | 25 | 35 | 24 | 816 | 463 | 404 |
| 五小 | 74 | 65 | 12 | 0 | 8 | 28 | 23 | 18 | 677 | 418 | 323 |
| 六小 | 119 | 114 | 0 | 0 | 3 | 43 | 50 | 36 | 1504 | 237 | 739 |
| 七小 | 82 | 77 | 35 | 0 | 5 | 24 | 31 | 28 | 1115 | 59 | 35 |
| 小学教育合计 | 477 | 441 | 101 | 0 | 29 | 166 | 172 | 140 | 5489 | 1530 | 2153 |
| 一中 | 180 | 143 | 39 | 0 | 25 | 38 | 42 | 34 | 1416 | 801 | 714 |
| 三中 | 159 | 142 | 23 | 1 | 24 | 38 | 62 | 40 | 1505 | 193 | 87 |
| 小计 | 339 | 285 | 62 | 1 | 49 | 76 | 104 | 74 | 2921 | 994 | 801 |
| 二中 | 195 | 165 | 5 | 1 | 25 | 51 | 89 | 42 | 1531 | 284 | 143 |
| 中学教育合计 | 534 | 450 | 67 | 2 | 74 | 127 | 193 | 116 | 4452 | 1278 | 944 |
| 总计 | 1395 | 1161 | 277 | 2 | 109 | 348 | 511 | 362 | 13315 | 3545 | 4605 |

**【基础性教育】** 2020年，独山子区教育局（民族语言文字工作委员会）（简称区教育局）拓展教育资源，推进学前教育普及普惠工作，均衡发展全区义务教育。做好未成年人思想道德建设及校园欺凌治理工作，强化学生思想政治工作。妥善安排南疆富余劳动力转移就业人员随迁子女入学，享受与本地学生同等教育环境、教育资源及待遇，保证无辍学学生。落实义务教育“两免一补”政策，为困难学生发放生活补助；落实高中助学金政策，为困难学生发放助学金。全年，为700人次困难学生发放生活补助80万元，为60多人次高中生发放助学金13万元；在市基础教育质量监测中获得“8+”称号学校7所、“7+”称号学校1所，第六小学学业水平全市第一；全区中考高中录取率普通类达87%，单列类达56.6%；高考理科总体一批次上线率48.07%、二批次上线率90.1%，文科总体一批次上线率27.5%、二批次上线率83.5%；本科上线率83.39%，同比增长7.7%。

（张楠楠）

**【成人自学考试】** 2020年6月23日，因机构改革，独山子区招生考试中心更名为独山子区教育事业发展服务中心（招生考试中心），落实成人自学考试各项招生考试政策和要求，坚持依法治考、从严治考原则，组织开展全区秋季（因新冠肺炎疫情取消春季）自学考试报名、考试工作。秋考设10多个专业246门课程，报考人数574人次，其中教育学、心理学报考人数131人次。

（张楠楠）

**【德育教育】** 2020年，区教育局推进课程育人、文化育人、活动育人、实践育人、管理育人、协同育人系统工程建设，将德育目标和内容通过多种途径落实到学校日常管理各方面和各环节，推动习近平新时代中国特色社会主义思想进教材、进课堂、进师生头脑。利用爱国主义教育课前三（五）分钟、“我是中国人”、中华经典诵读工程、校园欺凌治理、“民族团结一家亲”“三进两联一交友”“护苗行动”、青少年模拟法庭竞赛等活动，开展爱国主义教育、国防教育、理想信念教育、社会主义核心价值观教育、中华优秀传统文化教育、生态文明教育、心理健康教育等，引导师生坚定理想信念，增强“五个认同”，铸牢中华民族共同体意识，培养学生良好道德品质和行为习惯。全年，开展德育主题教育、爱国主义教育、法律教育等活动100多次，参加师生12.7万多人次；评选表彰2019—2020学年度市级优秀学生87人、优

秀班干部 40 人、美德少年 19 人、先进集体 72 个。（张楠楠）

【教学教研】 2020 年，区教育局以聚焦课堂、反思课堂、研究课堂为理念，推进生本课堂教学改革，指导各学校根据不同课型灵活设置情景导入、自主学习、小组交流、互评互助、当堂检测等教学环节，引导学生运用自主、合作、探究学习方式完成学习目标。在小学开展打造“和一”课堂，完善“六真”课堂、生态课堂、问学课堂、阳光成长行动研究；在中学进行“助学”课堂、“耕思”课堂、“恋学”课堂等行动研究，探索更加符合各学校实际情况的教学模式。加强与新疆生产建设兵团第二中学、江汉油田教育集团合作办学和交流，提升学生运用知识解决问题能力。邀请江苏省常熟市教研员开展高考备考策略研究线上讲座，为高考考生提供语文、数学、物理、化学、英语等各科考场临考技巧，提高升学率。全年，在全区中小学青年教师解题能力和体艺教师基本功比赛中，评出解题能力成绩优秀学校 3 所、体艺基本功成绩优秀学校 3 所、成绩优秀教师 67 人；参加各级各类课堂教学评比及教学设计评比获得国家级奖项 29 人次、省部级奖项 53 人次、市级奖项 67 人次。（张楠楠）

【名师工作室】 2020 年，区教育局发挥名师工作室示范、辐射作用，围绕教师教什么、怎样教，学生学什么、怎样学，开展讨论，指导各学校选择课题研究项目进行立项，合理分工，科学开展活动。全年，17 个名师工作室开展的教育教学课题申报自治区级、市级项目立项 28 个，名师工作室出版专著 2 本；王栓英语名师工作室核心成员刘捍英被聘为新疆生产建设兵团中小学教师继续教育培训专家，语文名师工作室主持人杜艳萍被聘为自治区特级教师，刘萍书法名师工作室成员程静芳作品获得第十一届“羲之杯”全国诗书画家邀请赛二等奖、赵敏作品获得“石榴籽杯”教师书法篆刻比赛二等奖，任春梅名师工作室获省部级、厅局级奖项 15 项。（张楠楠）

【内初班开课】 2020 年 9 月，独山子区首届新疆区内初中班（简称内初班）开课，承办内初班的第一中学采取全日制、寄宿制、混合（区内初班学生和学区班学生）编班教学模式，制订《生活老师每月之星评选方案》《星级文明宿舍评选制度》等考核办法，加强宿舍管理和生活教师管理。制订时间安排表、常规管理和值周教师检查考核制度表，建立健全学生会组织，设置食管部、宿管部、纪律部和文体部，对学生在各个区域考核结果进行登记和通报，规范学生行为。通过开展宿舍内务整理比赛、内初班优秀师生访谈会、内初班冰雪创作大赛、生理健康专题讲座、节约粮食专题讲座、观看爱国主义电影等主题教育活动及举办篮球、足球、排球、乒乓球、羽毛球等健身活动，培养学生良好学习和生活习惯，丰富学生业余文化生活。全年，内初班设教学班级 17 个，有学生 692 人；开展主题教育活动 59 场次、开设校本德育课程 21 课时、生活课程 9 课时；表彰星级文明宿舍 200 多次、评选“每月之星”教师 8 人。（张楠楠）

【基础设施建设】 2020 年，区教育局加强学校基础设施建设，第三中学教学楼、第二中学宿舍楼项目竣工，交付使用；确定托幼一体化幼儿园项目前期方案，完成施工前各项手续；维修改造第一中学运动场和第六小学运动场及室内风雨操场，利用义务教育阶段薄弱环节和能力提升工作资金完善中小学教学设施，增加校图书馆藏书量，改造老旧网络系统，改善全区办学条件。全年，支出中小学运动场及室内风雨操场维修改造费 319 万元；为 5 所小学、2 所初中采购教学智能黑板 99 台、购置直饮水机 88 台、补充图书支出 413 万元。（张楠楠）

【课后托管服务】 2020 年 10 月，区教育局指导各学校为有需求学生提供课后托管服务，每天下午放学后 18:30—19:30 期间，通过开展童话故事、古诗词吟诵、折纸等特色课，美术、乐器、科技、体育等实践课，语文及英语阅读指导、数学思维训练、作业辅导等针对性辅导课，帮助学生基本完成当天作业，帮助

2020 年 10 月 27 日，第七小学老师在教室辅导课后托管学生写作业（种玉忠 摄）

家长解决无人看管、无力辅导学生等实际困难，避免监管盲区、减少意外事故，促进学生健康成长。（张楠楠）

【教师节座谈表彰会】 2020年9月9日，独山子区在第三中学召开庆祝第三十六个教师节座谈会，区委、区人大常委会、区政府、区政协主要领导及分管领导、教育局领导、教师代表参加座谈会，与会领导代表全区各族干部群众向奋战在教育战线教职工致以节日问候，向关心和支持全区教育事业的社会各界表示衷心感谢，表彰在教育教学中的先进集体和个人。座谈会上表彰区级优秀班主任15人、优秀教师（优秀教育工作者）50人、优秀保育员9人、重教善教家庭14个，嘉奖一批获得优秀教育成果的单位和个人。（张楠楠）

【校外培训机构管理】 2020年，区教育局优化校外培训机构申报流程，建立日常工作积分制，将积分靠前机构设置为放心机构，规范校外培训机构办学方向、日常管理、教学管理、安全管理等办学行为，向社会公布有证机构名单、设置标准和举报电话。与区相关部门开展联合执法行动，依法依规监管注册校外培训机构，查处无证办学机构。全年，审批并颁证朗韵艺术有限公司、丹色尔艺术有限公司2家，监管审批登记校外培训机构25家；开展联合执法行动3次，依法取缔违规办学机构4家，处理各类投诉事件21件，检查培训机构29家，下发整改通知12份，整改销项率100%，设立放心机构5家。（张楠楠）

【社区学校】 2020年，区教育局制订提升社区学校办学水平工作实施方案，从家庭教育、通用常识、医疗保健、特长技能、传统文化等方面推进“一街一特、一社一品”特色创建工作，开发优化国学经典诵读、合唱、剪纸、太极拳、石头画、插花美甲、瑜伽、经络保健操等品牌课程，打造百姓学习之星和终身学习品牌项目。组织开展春节联欢、端午融情手绘报创作赛、居家抗疫作品展、清明节缅怀英烈、“我们是血脉相连的一家人”演讲比赛等活动。十五社区的石头画作品在独库公路博物馆展出并销售，第四社区学校国学经典诵读课堂被评为市级优秀居民学习品牌。全年，开发特色课程57项，有专业特色课教师68人，选派工作人员进入社区学校授课35人，举办各类活动8场次，参与居民3000多人次。（张楠楠）

【语言文字工作】 2020年，独山子区语言文字工作委员会宣传贯彻执行党和国家语言文字工作方面的政策和法律法规，加强社会用语、用字规范化指导与督查，定期检查全区社会用字情况，发现问题主动与相关单位沟通，予以限期整改；为全区各族群众提供协议书、结婚证、离婚证、判决书、公章、部分少数民族新生儿取名等翻译服务。在第二十三届全国推广普通话宣传周活动期间，联合团区委、区委宣传部、区文化体育广播电视和旅游局，借助独山子电视台、LED电子滚动屏、微信公众平台等媒体，以“同讲普通话，携手进小康”为主题，在学校，社区通过“五个一”活动（举行一次师生硬笔书法比赛、办一期推普周板报或手抄报、召开一次主题班会、组织一次推普社会宣传活动、开展一次“啄木鸟”纠错活动），开展普通话推广宣传活动。全年，翻译、审核各类公章（含企业用章）530枚，翻译各类证书309份，为部分少数民族新生儿取名提供翻译服务81人次；开展社会用字情况联合检查行动1次，涉及商铺15家，查处整改1家；全国推广普通话宣传周活动期间，张贴宣传画260幅、海报140张，开展各类活动200多次。（张楠楠）

【安全检查】 2020年，区教育局与中小学、幼儿园签订平安校园目标责任书，定期开展消防设施排查、电气线路检查、假期施工安全检查、危化品安全存储和管理检查、学生安防检查等各类专项安全检查。联合市场监管等相关部门每月对学校食堂进行现场检查，实施食品原材料溯源平台，“明厨亮灶”全时段全覆盖等措施，发现食品安全隐患及时督促整改。定期对各校园二次饮用水、饮用水器具消毒情况进行检测，建立问题清单，发现问题督促整改。全区各学校通过市、区综治办验收，被评为市教育系统平安校园。全年，签订平安校园目标责任书19份，开展专项安全检查20多次、查出安全隐患203项，整改销项率100%，饮用水达标率100%。（张楠楠）

【师资建设】 2020年，区教育局深化中小学校长、幼儿园园长专业培训，开展校长职级制评定工作，加强学校领导专业化建设，提升教育转型能力。组织教师参加全国、省、市、区项目培训，邀请自治区内外专家，针对课堂教学，对教师进行线上培训；组织开展中小学青年教师解题能力和体艺教师基本功比赛，青年教师“三五八”（三年成才、五年骨干、八年专家）业务过关考核，为教师提供锻炼、展示、发展的舞台，提升教学质量。完善中小学（幼儿园）绩效考核指导意见，体现多劳多得、优绩优酬原则，激发一线教师教学积极性。通过各种渠道招聘语文、数学、英语等科目教师，补充教师队伍。全年，考核评定高级校长 3 人、中级校长 7 人、初级校长 12 人，招聘 10 个科目教师 41 人，参加“三五八”业务过关考核教师 132 人，被评定为优秀教师 36 人、优良教师 29 人，参与全国培训教师 67 人次、自治区级培训教师 252 人次、市级培训教师 1340 人次、区级培训教师 456 人次、校本培训教师 2850 人次；教师线上培训邀请自治区内外专家 10 人，受益教师 1000 多人。

（张楠楠）

# 学前教育

## 第一幼儿园

**【概况】** 2020 年，独山子区第一幼儿园（简称第一幼儿园）保育和教育相结合，开启趣味学习，启迪智慧教学方式，探索绿色教育特色课程，对幼儿实施德、智、体、美全面发展教育。位于准南路 7 号。全年，有大班 2 个、中班 3 个、小班 3 个、托儿班 2 个，在册幼儿 327 人

（黄琳）

**【保育教育】** 2020 年，第一幼儿园培养幼儿自理能力，进行幼儿饮食、睡眠、盥洗的教育和良好行为习惯培养。在疫情防控下实行停课不停学，通过 QQ 群、微信群、钉钉群等网络平台，向幼儿家长推送有声绘本、亲子游戏等课程。9 月，开园前组织家长及幼儿进行入、离园演练，入园后班级进行幼儿疫情防护知识宣讲；开展线上家长开放日活动，多方面、多角度让家长了解幼儿在园期间的生活和学习；在校园封闭管理下，教师每天在接离园时间护送幼儿确保安全，大手牵小手成为幼儿园一项制度。全年，进行家访 213 人，收到家长表扬信 3 封，家长感谢锦旗 4 面。

（黄琳）

**【特色教学】** 2020 年，第一幼儿园开启趣味学习，启迪智慧教学方式。开展绿色教育特色课程探索，举办“音你而来·乐趣无限”首届艺术节，编排《古诗联唱》《中国功夫》《千字文》等节目；举办第一届“童心畅享·创意无限”幼儿美术作品展，表现幼儿对美好事物的认知能力；根据幼儿兴趣点，在小班教学中开展微主题活动，对文学、音乐、美术课程及课后进行主题案例分享活动，小班组“棒棒糖”、中班组“秋天的翅膀”、大班组“跟着‘线’走”及各班冰雪主题获得教师和家长好评；在中、大班开展珠心算教学，编写《启智开慧珠心算》教材，进行幼儿基础认知能力测试和游戏化特色教学研究。全年，在中国珠心算协会发起的首届珠心算网络答题活动中，由教师辅导参加答题的幼儿 5 人，获得特等奖 1 个，一等奖 4 个。

（黄琳）

**【师资培训】** 2020 年，第一幼儿园参加市教育局组织的幼儿园教师强基计划网络培训，各教研组开展教师职业道德、班级常规培养、开展“一课三研”、园本课程研发及疫情防控知识等多层次培训。选派教师到新疆喀什地区泽普县、疏勒县挂职锻炼、送教。全年，参加市幼儿教师网络培训 25 人、幼儿园组织教师珠心算普及培训 24 人；外派到其他省挂职培训 2 人；参加全区“三五八”青年教师过关考核 7 人、获得优良以上成绩 5 人。

（黄琳）

**【军民共建】** 2020 年，第一幼儿园开展军民共建交流活动，国庆节、中秋节期间，大班小朋友录制手势舞《奔腾吧！中国》《中国么么哒》等节目，同爸爸妈妈一起制作节日贺卡，到驻区部队慰问，给军营带去一份特殊问候。驻区部队官兵来幼儿园慰问，为孩子们成长助力，给幼儿园捐赠幼儿服装 200 件、电脑 5 台。

（黄琳）

2020 年 1 月 8 日，第一幼儿园教师到驻区武警机动大队开展慰问活动　（董喆　摄）

**【安全防疫】** 2020 年，第一幼儿园在春季开学前做好疫情防控，严格执行校园封闭管理。开展疫情知识、消毒工作培训，对师生进行一人一册建档和流调

跟踪；制订三案九制，明确责任分工，开展疫情防控应急演练，建立观察室，配齐应急物资用品，严格做好每天消杀工作；明确六项预警工作，做好每日幼儿5次体温监测，在饮食起居方面不交叉、不聚集，进行“一米线”教育和卫生防疫小常识教育活动；发放“致家长一封信”宣传防疫知识，在全园教职工和党员中进行抗疫情献爱心捐款活动；组织师生在园内做核酸检测，进行环境采样工作，保障疫情“日上报”和零事故。全年，教职工抗疫情献爱心捐款7812元，党员捐款4310元；参加疫情防控安全演练88次参加2897人，安全检查10次，发现安全隐患24项，整改销项率100%。（黄琳）

2020年9月1日，第一幼儿园保健医生为入园幼儿采集新冠肺炎核酸检测样本（王艳红 摄）

【教学成果】 2020年，第一幼儿园组织参加各级各类比赛、竞赛，提高教师自身业务素质，展示教研教学及幼儿活动成果。徐园园市级小课题“运用儿歌培养小班幼儿生活礼仪的实践研究”顺利结题；幼儿园获得第十六届“当代杯”全国幼儿教师职业技能大赛先进单位。全年，在全国首届珠心算网络答题活动中教师获得优秀教练员4人、参赛幼儿5人中获得特等奖1人、一等奖4人，获得团体一等奖。（黄琳）

## 第二幼儿园

【概况】 2020年，独山子区第二幼儿园（简称第二幼儿园）保育和教育相结合，追求健康成长办园风格，推进身体健康、心理健康、社会适应三大园本化教育方式，对幼儿实施体、智、美、德全面发展教育。位于伊宁路6号。全年，有大班2个、中班2个、小班2个、托班1个，在册幼儿178人。（刘芮芮）

【特色教育】 2020年，第二幼儿园创建开设健康课程，追求健康成长办园风格，实施“乐康”文化，在渗透式“乐康”课程基础上，推进身体健康、心理健康、社会适应三大块园本化健康教育，进行幼儿基础认知能力测试和游戏化特色教学研究。通过线上线下开设珠心算、经典诵读等课程；利用晨读、课间、餐后时间，诵读《三字经》《千字文》《唐诗三百首》等经典古诗词；在每个班级设立“小小报餐员”，教育孩子珍惜粮食、不浪费粮食，开展“我是光盘小达人”活动。全年，开展特色教学活动12次，参加2000多人次。（刘芮芮）

2020年12月23日，第二幼儿园大一班幼儿进行珠心算训练（郭志霞 摄）

【教工培训】 2020年，第二幼儿园通过教师园本教研、师徒结对、业务练兵、观摩课、展示活动等多种形式，整合家长、社区与社会资源，提升教育水平，组织外派学习，线上线下培训，提升教师专业素养。加强青年教师专业技能培训，每周三进行《幼儿园教学指南》《幼儿园教育指导纲要》《教案编号规程》学习并考核。通过案例分析、专题研讨、技能大赛、论文比赛等活动，提高教师专业水平；举办教师珠心算培训班，提高教师珠心算教学水平；做好特殊体质幼儿登记，对高烧惊厥、抽搐等情况应急方法知识培训；开展炊事员、保育员岗位练兵活动，提升专业技能。全年，举行各岗位练兵活动8场次；参加区教育局组织的玩教具比赛，获一等奖1个、三等奖1个。（刘芮芮）

【卫生保健】 2020年，第二幼儿园严格按时按要求消毒，完成消毒灯改造施工项目；幼儿食品严格执行检验检疫，做好晨午检工作，定期组织幼儿健康体检，通过健康小报、健康小视频，线上家长会向家长宣传卫生保健知识；抗击新冠肺炎疫情期间，做好防疫消毒工作，开展针对发热、呕吐、腹痛等症状的应急演练。全年，更换消毒柜 4 个，幼儿体检 273 人，体检率 100%。（刘芮芮）

【安全检查】 2020 年，第二幼儿园成立平安志愿者小分队，查找安全隐患，检查午睡、用餐、卫生、消毒、幼儿护理等工作，对园内大型玩具、户外活动器械、电器、水电管线等进行安全检查，开展防震、防火、减灾疏散等应急演练活动，邀请辖区民警对教师进行防诈骗教育。全年，开展安全专题学习 28 场次、参加 968 人次；组织应急演练 32 次、参加 838 人次；查出安全隐患 31 项，整改销项率 100%。（刘芮芮）

【志愿者服务】 2020 年，第二幼儿园成立志愿者队伍，发挥党员先锋模范作用，带动团员青年参与每周一次的爱国卫生运动，维护幼儿园内外周边环境，捡拾垃圾、烟头，清理杂草、积雪和结冰路面。抗击新冠肺炎疫情期间，参与社区志愿服务，帮助居民买水买电买药、倒垃圾。开展文明城市创建活动，发放文明城市创建宣传单，清理墙面小广告，劝导文明停车，参与交通文明劝导活动。全年，参与志愿活动 35 次。（刘芮芮）

【教学成果】 2020 年，第二幼儿园通过参加全国、自治区、市各类比赛，提高教职工自身业务素质，展示教研教学成果。全年，参与市小课题申报 5 人；陈莹支教新疆喀什地区泽普县时，在县教育局组织的现场教研比赛活动中获得一等奖；参加县举办安全生产网络课堂作品获一等奖；参与社区完成各项防疫工作，被泽普县泽普镇社区评为优秀工作者、获自治区级以上教学、教研成果 7 项。（刘芮芮）

## 第三幼儿园

【概况】 2020 年，独山子区第三幼儿园（简称第三幼儿园）实行保育和教育相结合原则，打造可看、可听、可玩、可演特色环境，推进润雅文化课程体系建设，对幼儿实施体、智、美、德全面发展教育。位于第十居民区内。全年，有大班 4 个、中班 3 个、小班 5 个，在册幼儿 355 人。（寇云）

【特色教育】 2020 年，第三幼儿园坚持润雅文化办园特色，规划特色环境，打造可看、可听、可玩、可演特色环境，以课程建设拓展幼儿乐学空间与教师发展空间，增强师生幸福感，推进幼儿园课程体系建设。让幼儿在说说、唱唱、跳跳中展示润雅文化成果，体现出“古风雅韵”氛围环境；以“亲”课堂为载体，以培养具有中华文化意识的新六艺娃和新时代“六艺师”为目标，因地制宜，不断丰富“润心·雅行”教育的内涵。构建“健课程+探课程+礼课程+书课程+乐课程+游课程”的“润德”课程教学体系；每个单项课程都遵循幼儿学习和发展规律，通过雅环境、积经验、趣游戏、善观察、精科研充实润雅文化核心内涵；提升幼儿在做中玩，做中学的好习惯，学会分享、协商、合作与谦让品质。全年，开展教研活动 5 次，区级教研展示 1 次。（寇云）

【家园共育】 2020 年，第三幼儿园在疫情防控期间在线上组织网络家长会；通过 QQ 群、家长作业、调查问卷、美篇、每周小汇报、每月大汇报等形式，提升与家长沟通技巧，让家长及时了解幼儿成长变化，发挥家委会参与幼儿园管理、教育教学、家长作用，组织参与对话式家园交流会，使家长对幼儿园教育教学工作、卫生保健工作有全面、感性认识。全年，给家长发放幼儿园服务质量网络调查表 3 次、师德师风调查表 1 次；在教职工中发放服务质量网络调查表 2 次、征询合理化建议 1 次，收集并答复意见和建议 48 条。（寇云）

【教学教研】 2020 年，第三幼儿园推行“三部曲”教研模式，运用双培养机制，对新教师、发展型教师、成熟型教师进行梯队式培养，通过师徒结对、指导教师跟踪观察、教学研讨课的承担等途径，锻炼与提高教师教科研能力，开展幼儿园课程评价，提升教师实施课程专业能力，落实润德课程目标，提升课程本身结构内容品质和成效，促进师资队伍向师德高尚、业务精湛、充满活力的高素质专业化方向发展。通过市级特色学校文化创建督导评估。全年，完成微课题 4 项，申报微课题 9 项。（寇云）

【师资培训】 2020 年，第三幼儿园利用特色课程开展教师培训，培养具有教学特色特长的教师，采取外培内训措施；以党员志愿帮扶、云讲课、云说课、云端研讨、岗位练兵、参加比赛等方式，从理论和基本功培训入手，建立职业道德考核评价机制，做好以老带新、以优带新、以学促新工作。全年，组织教师业务培训 23 次，参加 42 人次；外出培训 3 次，参加 3 人次；参加全区“三五八”青年教师过关考核 4 人，优良 1 人，参加区第一届手工玩教具制作大赛获二等奖 1 人。（寇云）

【健康安全】 2020 年，第三幼儿园做好疫情防控工作，为幼儿入园做好准备。开展疫情知识培训、消毒工作培训、对师生一人一册建档和流调跟踪；严格做好每天消杀工作。执行校园封闭管理，做好每日幼儿 5 次体温监测，在饮食起居方面做好不交叉、不聚集。坚持每日食堂自查，无接触送货取货，采购和入库均按要求做到各类账目的台账流水记录清晰，确保食品安全卫生无污染。坚持每月进行一次各类安全应急演练。全年，全园安全检查 8 次，排查安全隐患 73 项，整改销项率 100%。（寇云）

## 第四幼儿园

【概况】 2020 年，独山子区第四幼儿园（简称第四幼儿园）实行保育和教育相结合原则，小班以爱家为主题、中班以爱家乡为主题、大班以爱国为主题，开展幼儿基础认知能力和游戏化特色教学，对幼儿实施体、智、美、德全面发展教育。位于长岭路 48 号。全年有大班 3 个、中班 3 个、小班 5 个，在册幼儿 364 人。中共党员 13 人。（罗洁）

【特色教学】 2020 年，第四幼儿园小班以爱家为主题、中班以爱家乡为主题、大班以爱国为主题，开展珠心算、幼儿基础认知能力测试和游戏化特色教学研究，让幼儿快乐学习。全年，开展特色教学活动 9 次，参加 2100 多人次；参加全国珠心算大赛大班幼儿 2 人，分别获得一等奖 1 个、二等奖 1 个。（马文君）

2020 年 10 月 31 日，第四幼儿园鉴定大班幼儿珠心算等级（王雪 摄）

【教学教研】 2020 年，第四幼儿园落实“雁阵”培养教学计划，通过“领雁名师工作室”组织特色文化、专业技能等各项培训工作，利用“头雁领航、群雁奋飞、雏雁丰翼”雁阵效应做好以老带新、以优带新、以学促新工作。开展分层次培训计划，制订培训菜单，进行一对一指导和督促。开展心理测试、线上培训、云上教学观摩、一课多研、同课异构教研活动；从确定课题、设计课例、课堂实践、互动交流、示范展示来提高教学水平和实施课程能力。全年，开展各类教学培训 40 多场次、开展观摩、展示、交流等研讨活动 50 多场次，外派培训学习 4 人。（罗洁）

【教师培训】 2020 年，第四幼儿园，培养四幼“雁阵”团队，强“头雁”、领“群雁”、带“雏雁”，优化提升教师队伍专业教学水平；制订“做专业的教育者”保教研训菜单，教师通过参加坊主培训、知网专家培训、摄影专家培训、花艺专家培训、园本培训、区级交流培训，结合自身制订个人发展计划，提高业务素质。全年，各类业务培训 17 场次，外出参加培训 63 人次，其中自治区内 58 人次、其他省市 5 人次。（马文君）

【家园共育】 2020 年，第四幼儿园发挥家长委员会民主管理及监督职能，召开家委会讨论制订年度工作计划、为提高教师家庭教育指导工作开展线上培训、专家讲座，筹备组织家长开放日、迎六一、迎新年等大型活动。利用家长开放日，邀请家长听课、评课、参与环境创设；邀请社区家庭教育工作者、教师志愿者以及心理咨询师进行如何平缓渡过分离焦虑、培养孩子良好的阅读习惯、如何正确做好幼小衔接等讲座。全年，组织线上培训、专家讲座 16 场次。（贾燕）

【安全管理】 2020 年，第四幼儿园推行人人都是安全员的安全理念，重视设施设备维护保养，建立隐患排查整改档案，对安全隐患较多设备及时报废。把防火、防暴、防震、防盗、防中毒和传染病等安全教育与技能培训有机结合，促进安全意识培养和安全操作习惯形成。全年，参与安全教育平台教师授课 100%，安全培训 8 次、参加人数 448 人次；开展各种安全应急演练 16 次、参加人数 1656 人次。（杨娟）

【健康卫生】 2020 年，第四幼儿园强化新冠肺炎疫情防控和应急处置能力，开展防疫演练、传染病预防及开学相关制度培训，联系家长进行防疫知识宣传；对班级物品、室内外环境全面清洁消毒。合理编排食谱，针对幼儿营养需求，及时更换食谱，确保幼儿膳食营养平衡。全年，签订《返校人员健康卡》390份；发放“致家长的一封信”350份；进行环境采样24次363个点位，做到全覆盖100%。（李红玲）

【教学成果】 2020年，第四幼儿园通过参加各类比赛，竞赛，提高教师自身业务素质。课题“‘逻辑狗’思维游戏课程在幼儿园使用的实践策略研究”和“在建构游戏中促进中班幼儿操作能力提升的实践研究”通过并结题；组织教师参加全网首届珠心算网络答题活动西部活动区获团体一等奖；在市第十届职业技能竞赛（保育员）项目中获团体三等奖；教师王鲁宵、赵佩在自制玩教具比赛中分别获第二名、第三名；在参加中珠协组织的珠心算培训师（中级）培训中，王雪被评为优秀学员。（高云筱）

## 第五幼儿园

【概况】 2020年，独山子区第五幼儿园（简称第五幼儿园）实行保育和教育相结合原则，结合“冰和雪”主题，有针对性设计系列主题冰雪活动，推广冰雪运动，将课程带到游戏中，对幼儿实施体、智、美、德全面发展教育。位于独山子区安庆路。全年，有大班2个、中班2个、小班2个，在册幼儿150人。（王娟）

【园本教研】 2020年，第五幼儿园进行以课题研究为抓手的“悦动”课程实施模式，加大教研力度，改革课堂教学，以听取“推门课”方式，完善听课、议课制度，以研带教，提高教育质量。完善户外主题活动区域的环境创设，通过微主题活动开展提升教师专业素养和幼儿健康发展理念。结合“冰和雪”主题，依据幼儿不同年龄特点，设计系列主题冰雪活动，创设室外滑雪道，推广冰雪运动，将真游戏带到幼儿园冰雪课程之中，并融合生成课程资源，对小课题研究和园本课程建构有新突破。全年，开展专题研讨活动6次，市级立项课题3项。（王娟）

【教师培训】 2020年，第五幼儿园组织不同层次教学业务培训，提高教师教学素质，引导教师自主学习，组织参加自治区《3～6岁儿童学习与发展指南》强基线上培训及教师教学游戏化线上培训。重视对新教师培养，安排老教师与新教师搭班结对，帮助新教师提高业务水平；邀请江苏省常熟市教育专家进行业务培训，组织教师参加管理能力培训；引导教师在线学习，寻找优秀网络培训资源，创新课程，开设“生活化课程——好吃的海带、自制煎饼、大蒜的不同媒介成长、爆米花等新课程。依托“书香独山子”活动，通过制订学习计划，每周记录阅读笔记、书写阅读心得，每月经验分享交流，促进教师专业水平。全年，选送市评比交流培训心得18份，创新生活化新课程3门；教师阅读专业类图书54本，人均阅读4本。（王娟）

【家校共育】 2020年，第五幼儿园采取线下与线上相结合授课方式，每月进行一次家长讲座，宣传家庭教育知识，将幼儿表现拍摄照片、录制视频发在家长微信群，使家长快速了解幼儿在园表现，有针对性实施家庭教育。通过讲故事、做游戏、唱儿歌、学舞蹈及动手操作等活动，让幼儿在娱乐中学习知识、在生活起居中学会文明就餐和文明礼让、在故事中学习礼仪和礼貌、在课堂中进行感恩教育等五大领域教学内容，完成班级幼儿教育教学目标，促进幼儿健康成长。全年，给家长发放通知书、致家长的一封信400多份。（王娟）

2020年12月28日，第五幼儿园老师教幼儿舞蹈（王娟 摄）

【卫生保健】 2020年，第五幼儿园实施病毒知识、防护知识、体能训练打卡学习和训练，确保幼儿掌握正确洗手法及保持一米距离等基本防疫措施；严格执行健康检查制度，计划内免疫接种查验率达到100%；新入园幼儿体检率达100%；教职员工持健康合格证上岗合格率100%。根据每学期对特殊体质幼儿实行专案管理，定期和家长约谈跟踪特殊体质幼儿健康状况；根据市场实际情况制订合理幼儿营养食谱。全年，组织开展疫情防控培训35场、演练74多次、教职工专业知识培训16次、园部研判128次；针对家长和幼儿防控培训100多次、抽查教职工疫情防控应知应会5次；进行自检自查，查出问题20个，整改销项率100%。（王娟）

【安全管理】 2020年，第五幼儿园健全安全管理机制，成立安全工作领导小组，完善安全保卫工作规章制度；不定期检查幼儿管理、门卫值班、值班巡逻、防火防灾等规章制度。全年，签订安全责任书156份；开展消防演练8次、防震演练8次；开展安全教育培训16次、食堂电气设备管理知识考核8次；对各班级幼儿进行交通安全教育课12节、防火安全演练1次、班级消防安全知识教育12课时；消防隐患排查4次，排查隐患1处、重点部位隐患排查20次，排查隐患5处，整改销项率100%。

（王娟）

2020年9月24日，第五幼儿园组织全体师生开展消防火灾演练 （王娟 摄）

【教学成果】 2020年，第五幼儿园通过参加各类比赛、竞赛，不断提高教师自身业务素质，展示教研教学及学生社团活动成果。参加区教育局组织巧手做教具、慧心做教育自制玩教具大赛获得优秀组织奖。教师刘家乐、邱丽丹、万元获市教育局资助宣传微课等制作大赛一等奖，刘佳获市教育局资助宣传微课等制作大赛二等奖，杨金萍、潘翠玲、王娟、施雪获市教育局资助宣传微课等制作大赛三等奖，万元获市职业技能竞赛委员会十一届技能大赛三等奖。（王娟）

## 第六幼儿园

【概况】 2020年，独山子区第六幼儿园（简称第六幼儿园）实行保育和教育相结合原则，开展珠心算教学、特色足球活动等特色教学，对幼儿实施体、智、美、德全面发展教育。位于丽景佳苑小区。用地面积6033.22平方米，全年，第六幼儿园有大班3个、中班2个、小班6个，在册幼儿378人。（李月）

【特色教学】 2020年，第六幼儿园制定工作计划及各班教学计划，根据幼儿年龄特点合理安排教学内容，力求做到生活化、情趣化、艺术化和儿童化，注重发挥幼儿主体性；开展珠心算教学活动、开学第一课活动、特色足球活动等特色教学研究；组织教师进行说课评课活动及园内观摩课活动，组织常规教研和主题研讨相结合、课题研究和成果分享相结合、教学研究和课题分享等活动，促进保教质量。全年，组织教研活动48次、幼儿活动12次，申报自治区级课题3项、申报市级课题1项。（李翠英）

【保育教育】 2020年，第六幼儿园组织保育员开展学习、跟班指导、观摩交流，提高保教水平。科学组织幼儿一日活动，以游戏为幼儿基本活动，培养幼儿学习兴趣和动手、动脑能力、发展幼儿智力。组织保育员业务培训、跟班指导、观摩交流，提高保教水平。全年，组织保育员老师业务培训每周1次，业务技能比赛6场次，参加48人。（刘静）

【师资培训】 2020年，第六幼儿园提高教师演说、唱歌、舞蹈、绘画、手工制作等技能为目标，采用“走出去、请进来”方式，通过邀请专家讲座、专题讨论、活动观摩、分层培训等形式，提高教职工业务水平。倡导新教师与老教师结对，以师带徒做好教学传、帮、带工作；运用现代化教学手段精心设置教学活动，组织各教研组开展生成式教学研讨和交流活动。全年，开展专题培训9场、业务培训9场、培训32人、开展各类教学活动10次、参加32人。

（李翠英）

【家园共育】 2020年，第六幼儿园通过网络家长会、亲子活动，利用家校通、班级QQ群电话等方式与家长交流和沟通，开展小班亲子活动，赢得家长理解、支持和配合，寓知识技能于游戏之中；做好幼、小班级衔接工作，每周更新“家园桥”，教学计划上传到班级微信群，以利于家长了解幼儿学习情况，向家长宣传育儿知识。全年，召开家长会 22 场次，参加 360 人；亲子活动 11 场次，参加 350 人。（李翠英）

【安全工作】 2020 年，第六幼儿园成立安全工作领导小组，教职工全体签订安全目标责任书，定期进行安全教育，做到明确分工，人人有责。开展生命教育培训和演练，熟知八项预警机制。开展幼儿安全教育主题活动，分类、分月、分阶段开展交通安全、消防安全、生命安全等课程。让幼儿通过有效活动学习地震、水灾、火灾发生时自救方法，知道上下楼梯靠右走、安全出口位置方向，学习正确拨打特殊电话号码等。全年，开展应急疏散演练 2 次、参与 650 人次，疫情防控演练 49 次，参与班级 11 个、参与教师 48 人，预发热知识抽查率 100%。（刘静）

【教学成果】 2020 年，第六幼儿园组织教师参加市、区各类比赛，提高教师自身业务素质，展示教研教学成果。田菊花，许丽丽、贺晓敏、吴树林、王雪华、马玉婷参与的课题《在区域游戏中培养小班幼儿动手能力的实践研究》在市第一期校长论坛中被评为优秀课题。（李翠英）

## 第七幼儿园

【概况】 2020 年，独山子区第七幼儿园（简称第七幼儿园）实行保育和教育相结合原则，对幼儿实施德、智、体、美全面发展教育。位于延安路 4 号。全年，有大班 2 个、中班 2 个、小班 2 个，托班 1 个，在册幼儿 184 人。（孟丽丽）

【教研教学】 2020 年，第七幼儿园继续进行新教学方式和教学风格，提高教师专业素质修养，要求教师尊重孩子、走近孩子，在活动中学习观察、记录幼儿一言一行，加强幼儿养成性文明纪律教育，形成良好行为习惯。组织各班开展我爱幼儿园教育，以大班为实验班，实施课程生活化教学模式，让幼儿以生活经验进行知识重塑和积累，从而实现其教育价值。全年，完善园本课程 2 个；组织开展基本功评比活动 2 次，参加 100 人次。（薄思琦）

【教师培训】 2020 年，第七幼儿园制订全员继续教育计划，加强师德师风和业务培训。通过师带徒、名师工作室、每月过关课、评课，课题研究、岗位练兵、参加比赛等方式，从理论培训和基本功培训入手，做好以老带新，以学促新工作；邀请专家讲座、专题讨论、活动观摩、分层培训等形式；制订保育工作常规，请妇幼保健所分批培训保育员；苦练教学基本功，提高活动设计、组织和评价能力。全年，举办交通安全、妇科卫生、中医养生等讲座各 1 期；选派教师外出观摩学习 2 人、保育员培训 1 次、参加 30 人次；进行教师培训 9 场次、参加 260 多人。（薄思琦）

【后勤保障】 2020 年，第七幼儿园建立由保健医生、班组保教人员、保育员、后勤炊事人员组成的后勤保障队伍，根据季节合理编排食谱，针对幼儿营养需求，及时更换食谱；食堂持续使用阳光餐厅设备，实施“五常法”（常组织、常整顿、常清洁、常规范、常自律）管理，严格执行消毒制度，做到“四定”（定人员、定岗位、定职责、定责任），严格按时按要求消毒；幼儿食品严格执行“四把关”（把好进货关、把好保管关、把好制作关、把好入口关）制度。定期组织幼儿体检，通过健康小报和展板形式，向家长宣传卫生保健知识和防疫知识；对园内大型玩具、户外活动器械、电器、水电管线等每天进行安全检查，发现问题及时报告、及时处理。全年，新增户外大型玩具 3 套，户外玩具收纳柜 4 组。（薄思琦）

【安全管理】 2020 年，第七幼儿园开展教职工、幼儿和家长安全培训，排查幼儿园班级、公共区域以及食堂安全隐患，对食品进货渠道进行查验，确保无过期产品，定期对食堂工作人员进行食品安全培训；发现隐患及时处理并记录上报。严格执行校园封闭式管理制度，在疫情防控期间完成维修人员健康卡登记以及流调等资料。全年，与教职工签订安全责任书 42 份，与家长签订入园安全协议 184 份；组织安全知识学习 6 次，参加 200 多人次；开展各类安全检查 48 次，发现隐患 127 项，整改销项率 100%；开展地震逃生应急演练 6 次、防火应急演练 2 次，参加 816 人次。（薄思琦）

【教学成果】 2020 年，第七幼儿园参加各级各类比赛，不断提高幼儿教师业务素质，展示教学、教研活动成果。全年，参加各级、各类教学竞赛、各类比赛

活动，获得特等奖、一等奖、二等奖、三等奖、优秀奖及其他奖项 73 项。（薄思琦）

## 第八幼儿园

【概况】 2020 年，独山子区第八幼儿园（简称第八幼儿园）实行保育和教育相结合原则，将音乐与游戏相结合，开展艺术教学的特色教学，对幼儿实施德、智、体、美、劳全面发展教育。位于西宁路 3301 号。全年，有大班 4 个、中班 4 个，小班 4 个，在册幼儿 461 人。（王璐）

【特色教学】 2020 年，第八幼儿园创新教学模式，在每周一次小教研、两周一次大教研基础上，对生成课主题墙做进一步研讨，使教师更加了解幼儿成长过程，在研讨活动中提升教师专业技能及总结梳理能力；因疫情防控要求，将观摩课改为模拟课堂和说课展示特色教学，开展一课三研教学活动，深入研究艺术领域上课模式，总结幼儿在音乐游戏中的活动经验；在教学观摩展示中，教师进行生动演示解说，展示个人学习理论、研究教材和设计教学能力。全年，开展教学观摩活动 12 个班级 1 次、参加 36 人次；教学培训 8 次、参加 30 人次；教研活动 24 次、参加 30 人。（薛菲）

【师资培训】 2020 年，第八幼儿园研讨夯实教师艺术基础知识。针对教师教育教学中存在困惑，发挥名师工作室和特色教学小组职能，对青年教师业务进培训考核，加大业务练兵和理论知识培训力度。全年，开展各类培训活动 7 次、参加 230 人次，参与培训教师达到 94%；开展课题研究 4 项，其中结题 2 项；教师考核 12 次，获得优秀 5 人，优良 7 人；参加“三五八”技能考核 1 次，2 人获得优良。（薛菲）

【家园共育】 2020 年，第八幼儿园以线上视频形式召开家长会、组织家长参与家庭教育讲座，听取家长意见和建议，在讨论中为家长答疑解惑；运用多样有趣活动形式使幼儿养成节约粮食，拒绝浪费好习惯；学唱社会主义核心价值观歌曲，寓教于乐，让幼儿建立正确道德行为，养成良好道德习惯；在大班开展诗词诵读活动，在小班举行我可以、我最棒、让我来”自理能力大赛，让家长看到孩子在园期间成长。全年，组织家长召开家长座谈会 4 次，参加 130 人次；线上家庭教育培训 3 场次，参加 354 人次；线上节日活动开放观摩 2 场次，参加 150 人次。（薛菲）

【安全管理】 2020 年，第八幼儿园建构安全管理目标责任分解网络图，明确安全责任划分区，建立责任区检查台账，成立安全工作领导小组，定期检查解决问题。加强晨午检及幼儿全日健康观察巡检，建立核酸监测台账，建立环境采样台账，建立消杀专班台账。严格值班工作制度，做到定人、定岗、定责并保证通信工具畅通。全年，签订安全目标责任书 38 份；开展安全培训 12 次、处突演练 13 次；开展防震、消防避险演练 5 次；开展安全隐患自检自查，发现隐患 4 处，整改销项率 100%。（付桂兰）

【教学成果】 2020 年，第八幼儿园在市以校为本课题立项活动中，立项微型课题 4 个，其中课题顺利结题 2 个。组织开展在小班组、中班组、大班组通过“新闻联播前线报道”形式，展示教学教研成果。在第十七届“当代杯”全国幼儿教师职业技能大赛中获先进单位，有 8 人获得一等奖，20 人获得二等奖，15 人获得三等奖；获全国、自治区、市级教学教研成果 8 项 26 人次。谭红岩、薛菲被评为促进幼儿教师专业化模范园长。（薛菲）

## 第九幼儿园

【概况】 2020 年，独山子区第九幼儿园（简称第九幼儿园）实行保育和教育相结合原则，对幼儿实施体、智、美、德全面发展教育。位于长岭路 6196 号。全年，有大班 3 个、中班 4 个、小班 4 个，在册幼儿 412 人。（陈思霖）

【家园共育】 2020 年，第九幼儿园通过开设基础课程、科学课程及兴趣课程，将主题教育与幼儿园整合课程相结合，创新家庭教育模式。做好常规家长培训工作，定期召开线上家委会会议，通过家委会的桥梁作用，听取家长的意见和建议，不断提高教育教学质量。全年，开设项目课程 12 项。（陈思霖）

【园本课程】 2020 年，第九幼儿园通过开设青年教师公开课、骨干教师观摩课等方式，考核教师教学水平，开展园本课程研讨培训活动。探索给幼儿自主选择权利、尊重幼儿原有生活经验、关注幼儿发展寻常时刻、支持和推进幼儿自发生成活动、让儿童成为活动主体、成为活动主动建构者教学模式。全年，开设青年教师公开课 40 节、骨干教师观摩课 10 节。

（陈思霖）

2020 年 4 月 16 日，第九幼儿园组织教师在多媒体教室开展园本课程研讨培训活动　（陈思霖　摄）

【师资培训】 2020 年，第九幼儿园通过师徒结对、开设每月过关课、评课，岗位练兵、参加比赛等方式，从理论培训和基本功培训两条线入手，做好以老带新，以优带新，以学促新工作。全年，园部开展教学培训 30 次；教师外派培训 2 人次、参加市级培训 27 人次、区级培训 14 人次；参加全区“三五八”青年教师过关考核 5 人，考评优秀 3 人、考评合格 2 人。（陈思霖）

【安全工作】 2020 年，第九幼儿园与教职工及幼儿家长层层签订安全目标管理责任书，做到明确分工，人人有责。定期对各班级午睡、用餐、卫生、消毒、幼儿护理等工作进行检查，定期召开安全例会、对工作人员进行消防、安全常规等进行专项培训，对园内大型玩具、户外活动器械、电器、水电管线等进行安全检查，每日早晚开展入园出园检查工作，发现问题幼儿及时与家长联系。全年，开设安全课程 44 节，开展安全演练 20 次；进行专项安全培训 6 次、参与消防等专业宣传教育活动 2 次、签订安全责任书 55 份。（陈思霖）

## 创新外国语学校

【概况】 2020 年，克拉玛依市创新外国语学校（简称创新外国语学校）面向全区提供学前教育，实行保育和教育相结合原则，注重幼儿口才训练和兴趣特长培养，开设机器人构建课程、非洲鼓音乐课程，对幼儿实施体、智、美、德全面发展教育。是一所民办学校，位于长岭路 28-3 号。全年，有大班 4 个、中班 1 个、小班 1 个、托班 1 个，在册学生 110 人。

（常国权）

【特色教育】 2020 年，创新外国语学校针对幼儿特点因材施教，关注幼儿学习的主动性和创造性思维，培养幼儿学习兴趣。推广国家通用语言，注重学生口才训练和兴趣特长培养；突出英语学习，强化外教对学生语言环境的影响作用；开设机器人构建课程、非洲鼓音乐课程。全年，开设特色课程 2 门，开展专题研讨活动 4 次。（常国权）

【卫生保健】 2020 年，创新外国语学校做好新冠疫情防控工作；做好新生入园体检和日常流行病预防工作；幼儿活动室、午休室每天保持通风和消毒清洁、紫外线消毒工作；培养抓好幼儿良好生活习惯，重视照顾幼儿身体健康，做到饭前便后洗手，饭后擦嘴、漱口等良好生活习惯。全年，做好幼儿预防接种工作，幼儿疫苗接种率 100%。（常国权）

【师资培训】 2020 年，创新外国语学校提高教师教学教研水平。有计划地进行教学专业培训，抓好教研活动。利用线上开展新冠疫情防控期间的家长公开课活动，通过打分评比、提意见等方式，促进教师提高教学水平；通过青年教师公开课比武活动，相互切磋技艺，不断提升教师授课水平。全年，聘请学科带头人 2 人，开展学科培训 2 场次，线上家长评课活动 2 次。（常国权）

## 天天幼儿园

【概况】 2020 年，独山子区伶俐天天幼儿园（简称天天幼儿园）提供学前教育，实行保育和教育相结合原则，课程力求生活化、情趣化、艺术化和儿童化，对幼儿实施体、智、美、德全面发展教育。是一所民办幼儿园，位于哈密路 2 号。全年，有大班 7 个、中班 3 个、小班 2 个，在册幼儿 455 人。（吉佳丽）

【保育教育】 2020 年，天天幼儿园根据孩子年龄特点，合理安排教学内容，做到生活化、情趣化、艺术化和儿童化；以抽查及听课方式定期检查教师备课和授课情况，在听完每节课后与教师及时交流，并进行点评纠正，鼓励教师在班级内大力开展各类活动，给幼儿提供放飞梦想，展示才艺的舞台。开展线上教学活动，组织家长带领幼儿进行互动小游戏，丰富幼儿假期生活。全年，开展讲课活动次数2次、听课抽查次数24次、参加活动人数48人，评出优秀示范讲师3人举行创意美术、趣味识字和运动小达人活动458人次。（吉佳丽）

【家园共育】2020年，天天幼儿园开展线上教学活动，组织家长带领幼儿进行互动小游戏，丰富幼儿的假期生活。全年，举行创意美术、趣味识字和运动小达人活动12次，参与458人次。（吉佳丽）

【后勤保障】 2020年，天天幼儿园根据季节合理编排食谱，结合幼儿营养需求，定期更换食谱。严格执行消毒制度，预防疾病发生，做到“四定”（定人员、定岗位、定职责、定责任），配备专门餐具消毒柜，教室、食堂配有紫外线消毒灯，严格按时按要求消毒，食堂工作公开化、透明化。幼儿食品严格执行“四把关”（把好进货关、把好保管关、把好制作关、把好入口关）制度；保健医生每天做好晨检细节工作，严格预防传染病在园内传播，让家长安心放心。（吉佳丽）

## 基础教育

### 第一小学

【概况】 2020年，独山子区第一小学（简称第一小学）传授阅读、书写、表达、计算等基本知识和基本技能，开发“和润”阅读集、“和韵”童声合唱、“和雅”书法特色课程，引进“好分数”评价体系，培养学生观察、思维、动手操作和自学能力。位于烟台路4号。全年，有教学班34个，其中一年级7个班、二年级6个班、三年级5个班、四年级5个班、五年级6个班、六年级5个班，在册学生1377人。（王玮）

【教学教研】 2020年，第一小学教学以新课程理念为先导，以教学反思为抓手，以课堂教改为重点组织进行课堂改革；着重以提高培训效率为主、以理论专题讲座、课例展示相结合方式进行校本培训；组织教师开发“和润”阅读集 、“和韵”童声合唱 、竖笛、黏土、我爱线条、足球、篮球、“和雅”书法等特色课程教材；从备、上、批、辅、考、评诸环节着手，加强教学常规检查，引进“好分数”评价体系，规范考试制度，以考促教，以检测结果来提高综合学科课堂教学质量。开展珠心算教学活动，纳入校园特色教学文化课程。全年，开发特色校本课程8门；组织进行两次线上钉钉教学，参与授课教师99人、授课2216节、线上学习学生41.7万人次，给有需要学生提供延时托管服务，加强学生学习辅导，授课教师95人、学生8.58万人次；开展多种形式的研讨课、展示课128场次，参与2065人次，学科教研骨干承担校本培训22场、参与活动516人次，组织教师参与市小课题研究，完成课题结题工作8个，新立项目3个；在市学业质量检测中，综合评价为“8+”型学校。（刘利）

【师资建设】 2020年，第一小学开展师徒结对活动，骨干教师发挥传、帮、带示范引领作用，在青年教师中坚持“三五八”培养工程，开展两字一画日日练，组织教师读书沙龙、解题能力比赛、基本功比赛等，促进提高青年教师业务水平。全年，组织各类业务比赛39场，参与1620人次；组织青年教师岗位练兵36场，参与562人次，组织“和律”杯朗诵比赛等活动8场，参与230人次，获奖教师9人。（刘利）

【德育教育】 2020年，第一小学创新师德师风建设形式，召开德育专题工作会议，组织班主任线上培训，将培训、活动、管理有机结合起来。成立新一届校级家委会，在德育工作中纳入社会主义核心价值观教育、理想信念教育、法治教育、生态文明和心理健康教育，渗透在日常教学中。开展防欺凌（扫黑除恶）主题教育、禁毒教育、爱国主义教育、冰雪研学活动、疾病预防教育、法制教育、安全教育、“12·2”交通安全日、“12·4”宪法日等活动。全年，开展文明城市城建宣传教育12场，参加18084人次；召开主题班会34场，参加46818人次；家庭教育指导站组织家长参加市家庭教育线上公开课7场，参与家长1530人次；组织学生及家长开展“书香家庭，亲子共读”活动13场，征集优秀亲子共读阅读分享65篇；开展黑板报比赛、板报小报评比、线上迎新年音乐会等活动30多场次，参加1800多人次。（马媛　何蕾）

2020年1月6日，第一小学在冰峰滑雪场举办“冰雪奇缘，助力冬奥”少儿滑雪研学活动 （朱新文 摄）

【传统文化教育】 2020年，第一小学可开展传统文化教育，增添校园书香氛围。加强中华优秀传统教育，引导学生更加全面准确认识中华民族历史传统、文化积淀，提高孩子们民族自尊心和爱国主义思想。全年，开展春节、元宵节、清明节、端午节、中秋节、重阳节尊老爱老等系列主题活动6场，参加9042人次。 （何蕾）

【社团活动】 2020年，第一小学社团主要以文学、社科、艺术为主要发展特色，开办模拟飞行器、机器人、航模、创客、建筑模型创作、围棋、琵琶、合唱、小记者、工笔画、书法、环艺设计、田径、足球、篮球、科学探索、轮滑、校报编辑、乒乓球、羽毛球、竖笛、鼓号队、绘本等内容，促进校园文化建设，使学生在德、智、体、美、劳全面发展。全年，有学生社团24个，社员560多人；参加自治区第十六届科技节模拟遥控飞行获一等奖5个、三等奖1个；参加自治区第二届青少年创意编程与智能竞赛中获智能设计一等奖2人，获scratch（编程语言和在线社区）创意编程项目二等奖1个、三等奖2个；参加自治区“我爱祖国海疆”系列青少年科技模型网络教育竞赛获得一等奖8人、获得二等奖6人，获得三等奖3人；参加市首届小学生科学影像节科学微电影活动获得一等奖3个、二等奖8个、三等奖13个；参加市少年儿童科幻画比赛获得二等奖1个、三等奖6个。 （何蕾）

【安全管理】 2020年，第一小学制订安全管理处置预案，建立安全保卫制和责任追究制，层层签订安全责任书。通过“三小课”（升旗课、班会课、心理健康与安全教育课）、手抄报、黑板报等途径开展安全教育活动，班主任和任课教师将安全教育渗透日常教育教学过程；利用宣传栏、广播、网络宣传有关法律法规及安全知识，定期邀请辖区警官、司法讲师开展法律知识专题讲座，举办演讲、普法知识竞赛等，对师生开展预防意外伤害、防劫、防盗、防暴、防毒、防火、交通等安全教育；组织师生参观法院和开展模拟法庭活动；结合防疫工作采取错峰放学，每天安排护校队、值班人员、学校领导、保安人员上下学高峰期护送学生进出校门。全年，开展全员参与查找身边安全隐患活动4次，举办交通安全教育讲座10多场、受教育16476人次；检查学生安全乘坐公交车300多次、开展安全教育宣传活动35次，排查安全隐患65项，整改销项率100%。 （张静）

【教学成果】 2020年，第一小学参加全国、省、市各类比赛、竞赛，提高教职工自身业务素质，展示教研教学及学生社团活动成果。全年，参加各类教学教研竞赛、比赛活动获特等奖、一等奖、二等奖、三等奖、优秀奖32人、奖项73个。 （王玮）

## 第二小学

【概况】 2020年，独山子区第二小学（简称第二小学）传授阅读、书写、表达、计算等基本知识和基本技能，在“传播家文化，打造真学堂”理念下，完善新教师真研、真放、真赏，学生真问、真思、真练“六真”特色教学理念，建构正气如松、奉献如榆、求上如葵三大课程体系，培养学生基本观察、思维、动手操作和自学能力。位于和田路4号。全年，有教学班24个，其中一年级4个、二年级4个、三年级4个、四年级4个、五年级4个、六年级4个，在册学生816人。 （常鸣）

【教研教学】 2020年，第二小学在“传播家文化，打造真学堂”理念下完善新“六真”学堂理念，教师真研、真放、真赏，学生真问、真思、真练，向课堂要质量。语文学科探索“先学学堂”、数学学科探索“探究式学堂”、英语学科探索“单元整合式学堂”、艺术学科探索“共情艺堂”特色课堂模式，建构完善正气如松、奉献如榆、求上如葵课程体系，开设社会成长课程、思维成长课程、语言成长课程、健康成长课程、艺术成长课程。全年，开设选修课程42门，学生参与率100%，学生满意度97.7%，家长支持度

93.3%；校领导听课500节次、教师68人听课3000节次。（张峰）

2020年9月15日，第二小学组织全体教师在多媒体教室举办"六真"学堂培训　（刘萍　摄）

【师资建设】　2020年，第二小学按照分层培养、逐级提升的原则建构教师专业成长进阶图，以教师教龄为参考将全校一线教师分为适应、稳定、发展、成熟、成名、引领六个阶段，从自我现状分析、总体发展计划、专业理论学习、学年度目标等方面制订自己专业发展规划表。每周对任职5年内教师组织一次专项培训，任职1年内新教师每月上汇报课1节，在青年教师中坚持"三五八"培养工程；对3年以下教龄教师进行师徒结对，发挥骨干教师"传帮带"作用，落实"五个一"要求（每周听师傅一节课，每月上一节汇报课，每学期提交一份教案、一篇教学反思、一篇论文）。被评为市教育现代化发展性示范学校。全年，组织教师参加线上、线下各级各类培训专题24个、参加386人次。（董永明）

【德育教育】　2020年，第二小学优化德育教育工作机制，开展爱国主义、理想信念、社会主义核心价值观、道德文明、基本素质、中华优秀传统文化、生态文明、心理健康主题教育。培育载体丰富的"小爱、阿福"德育序列化课程；进行"小爱、阿福居家抗疫"行动、"团团陪你宅，全区少先队员在线互动""学雷锋"线上活动、清明节"缅怀英烈，爱我中华"系列活动及"美好生活，劳动创造"主题教育读书等项活动。让学生在实践活动中增长知识、锻炼能力；组织六年级学生参加区"模拟法庭"比赛，获得小学组第二名、少先大队获得全国优秀少先队集体称号。（闫信竹）

【校园文化建设】　2020年，第二小学开展校园文化建设，推进四合院家文化幸福教育特色，将幸福教育与学校文化、课程建设、课堂教学等各个方面融在一起，全方位创造独具特色校园文化。开展学雷锋行动志愿服务以及"小爱阿福爱劳动""环保小卫士"实践活动课程，增强学生社会责任感、创新精神和实践能力，形成健康文明生活方式。为入学新生举行庄重的开笔礼，通过端正衣冠、朱砂启智、击鼓鸣志、人字开笔、送祝福五大环节，让新同学在仪式中领略中华民族文化精髓，把上学求知看成一个神圣的使命。让书法教育进课堂，各年级开设硬笔、毛笔书法课，由专业书法老师授课，书法团队教师自编硬笔书法学本《小爱阿福教你学写字》、毛笔书法学本《小爱阿福教你学书法》进入课堂使用，师生通过参加各级各类培训、赛事、展事，获奖人数众多。（董永明　刘萍）

【体育教育】　2020年，第二小学坚持健康第一指导思想，寓快乐于体育教学之中，强调在体育教学过程中以学生为主体，发展学生个性，创造精神和实践能力。组织特色体育大课间活动，开展月体育赛事活动，有一分钟跳小绳、二分钟跳大绳、迎面接力赛、足球联赛、篮球联赛、冬季长跑活动等。（龚义人）

【卫生健康】　2020年，第二小学重视卫生健康工作，完善三案九制疫情防控工作，职责明确，层层抓落实。3月，学校建立两所健康观察室，建立师生一生一册台账，做好学生晨检午检工作，倡导环境卫生、科学洗手等卫生行为，提高广大师生自我防护能力；利用钉钉直播、班会、QQ群、广播等多种形式对预防结核病日、全国学生营养日、碘缺乏日、世界无烟日、爱眼日、爱牙日、预防秋冬季传染病等进行宣传。全年，开展各类宣传活动23场次；卫生保健室诊治常见疾病及外伤122例；对人员聚集场所设施、用具表面人员接触较多部位等环境卫生防疫采样29场次，开展防疫工作培训24次、六项预警防疫机制演练36次。（鲜艳）

【安全工作】　2020年，第二小学落实消防安全"一岗双责"制度，完善学校安全管理工作，明确职责，形成一级抓一级、层层抓落实的责任网络。开展防震减灾、食品卫生、道路交通、防火、防电、防溺水、防踩踏等安全知识教育，定期举办应急演练。全年，举办各类安全教育培训及应急演练12次、参加学生

500 多人次。（杜春）

2020 年 5 月 12 日，第二小学组织师生开展防地震应急演练（武民 摄）

【家校社合作】 2020 年，第二小学打造以学校为主、以家庭为基础、以社会为依托的三结合教育环境，增强学校教育合力。全年，面向家长开展教育专家、市级名师和市级家庭教育讲师系列讲座 15 期、召开钉钉线上家长会 3 次。（蒋潇晖）

【教学成果】 2020 年，第二小学通过参加全国、省、市、区各类比赛、竞赛，不断提高教职工自身业务素质，展示教研教学及学生社团活动成果。获得全国第六届小学生小古文读写大赛金园奖，AI 技术在中小学校本课程中的应用研究课题实验学校、青年教师在区青年教师解题能力和体艺基本功比赛中成绩优秀，参加各级各类教学教研竞赛、比赛活动奖项 9 项，获特等奖、一等奖、二等奖、三等奖、优秀奖 14 人。（隋云）

## 第五小学

【概况】 2020 年，独山子区第五小学（简称第五小学）传授阅读、书写、表达、计算等基本知识和基本技能，构建小组合作学习模式，推进学校生态和谐课堂建设，培养学生基本观察、思维、动手操作和自学能力。位于南海路 19 号。用地面积 24918 平方米，绿化面积 4076 平方米。全年，有教学班 18 个，其中，一年级 3 个班、二年级 3 个班、三年级 3 个班、四年级 3 个班、五年级 3 个班，六年级 3 个班，在册学生 677 人。（高旭锐）

【教学教研】 2020 年，第五小学秉承培养健康人教学理念，以提高学生学科核心素养为目标，开展以学生发展为本，构建生态课堂校本课题研讨活动，以提高学生基本能力为基础，构建小组合作学习模式，推进学校生态和谐课堂建设，提高课堂效率，成立学术委员会。全年，组织生态课堂研讨课 23 节，其中优质课 13 节、申报成功市级小课题 4 个。（杜娟 陈琼）

【德育教育】 2020 年，第五小学以小学生日常行为规范养成教育为抓手；从《小学生守则》入手，重点从防疫工作、养成教育、学习习惯、社会公德和文明礼貌等方面进行教育。建立“五色花”德育评价体系，在学生个体上进行德、智、体、美、劳等方面综合评价，举办“红领巾迎国庆”少儿科普魔方大赛、“爱国心・中秋情”系列活动；各任课教师根据内容进行细化评价细则，做到全员、全过程、全方位育人。全年，获得金牌 108 人次、银牌 225 人次、铜牌 348 人次；参与文体系列活动 693 人次；开展系列主题活动，参与 4800 多人次；开展勤俭节约主题活动和“美好‘食’光”活动，参与 1460 多人次。（程静）

【教师培训】 2020 年，第五小学通过外出培训、校内网络培训、教育论坛等形式，发挥学科带头人、骨干教师作用；开展潜心练字，丰盈寒假活动，做到每周一晒；与 8 年以内教师签订师徒合同 11 份；与喀什市疏勒县教师 3 人与本校骨干教师签订师徒协议书；利用名师工作室、观摩听评课、岗位练兵、比赛评比等方式，在青年教师中坚持“三五八”培养工程，加大教师培训力度。全年，开展骨干教师校本课培训讲座 7 场次；教师参加解题能力大赛暨体艺基本功大赛 31 人，其中 6 人成绩优秀，综合成绩排名位于全区第一，被评为优秀单位；组织校内微课及计算机专业培训 7 场次，教师参加其他省市培训学习 11 人次、自治区内培训学习 217 人次。（杜娟 陈琼）

【特色课程】 2020 年，第五小学参与中珠协与北师大认知神经科学与学习研究课题，一年级 3 个班分别开展珠算课程、数学建模、英语课程研究，通过三项课程学习，提升学生数学思维能力。开展珠心算教学活动，纳入校园特色教学文化课程，在青少年益智教育中取得良好成效。在珠心算名师工作室引领下，利用课间、周末指导 2~6 年级原珠心算学生社团学习。全年，珠心算团队参加 2020 全国首届珠心算网络答题（西部赛区）比赛，获得特等奖 2 人，一等奖 3

人，团队一等奖。（杜娟）

【健康安全】 2020年，第五小学制订守好校门管理制度，每日安排“小红帽”老师、“小黄帽”学生在校外护导，每天上下学期间做好学生疏导工作；每月开展一次安全应急演练活动，以加强学生自我保护能力和学生应对紧急突发事件能力。不定期对学生进行法制安全教育，尤其是在学生“两点一线”、预防欺凌、预防诈骗等内容进行宣传教育，每周五以温馨提示等形式对家长做宣传教育，家校配合做好学生安全和防疫工作。（程静）

【教学成果】 2020年，第五小学通过参加全国、省、市、区各类比赛，不断提高教职工自身业务素质，展示教学成果，在全国珠心算西部赛区网络答题比赛中荣获得团体特等奖，在市第二届青少年创意编程及智能设计大赛优秀组织单位。全年，参加国家、自治区、市级各类教学教研竞赛、比赛活动获各级各类奖项21人次、奖项25个。（陈琼）

## 第六小学

【概况】 2020年，独山子区第六小学（简称第六小学）传授阅读、书写、表达、计算等基本知识和基本技能，实施美育提升行动，促使每个学生学会1~2项艺术技能，创建校园特色文化，培养学生基本观察、思维、动手操作和自学能力。位于青岛路4号。全年，用地面积46995平方米，校舍建筑面积18982平方米，绿地面积8818平方米，有仁爱楼、植爱楼、悦爱楼、怀爱楼教学楼4幢，校园网络使用率100%。有教学班35个、其中一年级6个班、二年级6个班、三年级6个班、四年级6个班、五年级6个班，六年级5个班，学生1504人。（陈建兵）

【教学教研】 2020年，第六小学通过多样化作业布置、批阅、质量检测等措施，提高线上教学水平。在疫情防控期间停课不停研，通过教研活动促进教师专业成长，利用微信、QQ、钉钉相结合方式，开展线上授课、课程作业、问题讨论等多项教学环节。开展以学生发展为本，构建生态课堂为主题的校本课题研讨活动，深入研究“问学”课堂模式，进行各学科“问学课堂—复习课”研讨课比赛，以赛促研。成立学术委员会，强化德育、智育、体育、美育和劳动教育，实施美育提升行动，让每个学生学会1~2项艺术技能。重视研究教学成果推广，基于目标课堂教学、课程纲要、教育质量提升、校园特色文化创建等开展课题研究，市级小课题《小学高年级数学错题本的有效应用实践研究》成功结题；各学科教师参加市“运用情境教育理论培养小学生学会学习和健康生活核心素养策略研究”，确立子课题为主题性大单元情境课程在小学阶段对改善学生学习方法和行为习惯实践研究。全年，新增市级校本课题2个、申报自治区德育课题4个。（周敏）

【教师培训】 2020年，第六小学通过教师专业技能比赛，提升教师专业知识素养、基本功训练，开展读书活动，以学习推动工作，以工作促进学习。增设名师培养计划，培养对象每学期上一节展示课、一节公开课、进行一次校本培训、投稿一篇在QQ群进行经验分享；建立导师团及课题指导部，通过外出参加培训、聘请专家授课、本校组织培训等形式，发挥骨干教师、名师工作室、评课、课题研究、岗位练兵、参加比赛、师带徒等方式，在青年教师中坚持“三五八”培养工程，提高教师队伍自身素质和业务能力。全年，青年教师专业汇报课78节，选派教师赴其他省市学习6人、自治区内各类培训52人，参加国家级现场课、录像课比赛中获奖11人、自治区级各类比赛中获奖20人、市级各类比赛中获奖56人。（周敏）

【德育教育】 2020年，第六小学将德育工作贯穿于各项活动、教育教学之中。对学生礼仪、纪律、行为有明确规定和要求；狠抓养成教育、及时纠正学生不规范言行，从主动向老师敬礼问好、放学排路队等行为抓起，有步骤地进行强化训练，发挥学生主体作用，从“要我这样做”转变为“我应该这样做”，养成自觉行为习惯。全年，对学生进行文明礼仪教育24次、纪律教育24次、爱国主义教育5次、传统文化教育12次；开展“我是小雷锋”活动6次、“安全伴我行”12次、创建平安校园活动8次、开展讲英雄故事，学英雄品质活动95次，参与师生15000多人次。（张苗苗）

【社团工作】 2020年，第六小学社团选修课程种类多样，有文体类、艺术类、科技类等多项。组织学生社团参加各类线上活动和线上比赛，为学生提供展示自我的舞台。新增课程有机器人制作、影像制作，创意编程与智能设计、科技创意发明等项，给学生提供充满想象力和充分发挥创造力空间。全年，有社团36个，社员1050人，组织学生参加自治区、市各类比赛20人，均获二、三等奖和鼓励奖。（刘捍英）

【安全工作】 2020年，第六小学落实安全工作措施；每月开展一次安全应急演练（含消防、防震等演练），以加强学生自我保护能力和学生应对紧急突发事件能力。班主任不定期对学生进行法制安全教育，进行预防欺凌、预防诈骗等内容宣传教育，安全员坚持每天上传自治区综治平台信息、教师利用安全平台布置安全作业。在疫情防控期间，学校做好校园全封闭管理，制订守好校门管理制度，每日安排近20名“小红帽”老师、15位“小黄帽”学生在校外护导，每天上下学期间做好学生疏导工作。全年，安排教师每日在大门口值班7人、值周5人，在4个公交站台安排教师组织学生安全上车值勤8人，制订安全应急预案13份、应急演练13次，组织师生安全教育60多次；全校学生完成市安全教育平台作业，参与率达到100%；更换消火栓玻璃、应急照明灯、安全出口指示灯等62处，查找安全隐患60多处，整改销项率100%。（宋玉）

【教学成果】 2020年，第六小学通过参加自治区、市各类比赛、竞赛，展示教研教学及学生社团活动成果参加各类论文、微课、课件等竞赛、比赛活动。以市科技“创新环境建设计划（软科学）项目运用情境教育理论”培养小学生学会学习和健康生活核心素养策略研究子课题立项，二（2）班、二（4）班、二（5）班、三（1）班、三（4）班、六（1）班获2019—2020学年度市先进集体奖，在2019—2020学年市基础教育质量检测中，评为“8+”型学校。全年，获国家、自治区、市级奖项55人次、自治区奖项21人次、市级奖项34人次；获市基础教育信息化应用示范校称号。（陈新蓉）

## 第七小学

【概况】 2020年，独山子第七小学（简称第七小学）传授阅读、书写、表达、计算等基本知识和基本技能，推动快乐、智慧、多元、高效“阳光学堂”教学模式，对教案上梳理知识点环节进行思维导图形式创新和升级，培养学生基本观察、思维、动手操作和自学能力。位于开封路961号。全年，有教学班28个，其中一年级6个班、二年级6个班、三年级6个班、四年级5个班、五年级3个班、六年级2个班，在册学生1115人。（何艳　刘晓霞）

【教学教研】 2020年，第七小学推动快乐、智慧、多元、高效“阳光学堂”教学模式，各学科积极参与，对教案上梳理知识点环节进行思维导图形式创新和升级；组织各教研组、备课组开展线上教研，制订线上教学计划，教师利用线上进行一对一作业辅导，对前期无法参与线上学习的孩子做好辅导和补习计划，使他们尽快跟上正常教学节奏。备课组制订每日小备课时间表、每日进行小教研、落实听评课制度、进行教学技能比赛、每月教研有主题；论文比赛、说课比赛、读书心得比赛、“我讲我的教学”故事比赛、钢笔字比赛、解题能力比赛、前置学习单设计比赛、思维导图运用比赛、微课制作比赛、英语朗读比赛等。课题研究强调成果应用于教育教学实践所产生的效果，在完善学校课程研发，整理课程体系实践中遇到的难点问题，邀请市教研所教研员进行课题研究讲座。全年，教师上汇报课8节、人均听课40节、示范展示课26节，组织教学研讨活动9次；线上线下教师参与各项培训20多次；申报教学教研课题36人，成功申报自治区课题1项、市课题6项、申报立项市微型党建课题1项。（杨凤莲　柯静）

【教学改革】 2020年，第七小学开展各项竞赛活动，以赛促进教师专业成长，组织教师书写比赛、40岁以下教师解题能力竞赛、读书沙龙、课堂教学比赛等活动，每月组织青年教师汇报课。开展以课促研活动，用教学片段展示+说课+评课的形式进行课堂研讨；推进“说备课”教研形式，新授课采用说课+无生授课+补充研讨的形式，由老教师进行示范，带动所有学科教师每天按计划在备课组进行说备课，促进教师业务能力提高。改革评价方式，激发学生内驱力；每年新入学一年级学生严格作业要求，放学后对语、数、英三科不布置书面作业，以听、说、读作业为主，期末考试取消书面考试，以游戏形式检测学生听、说、读能力，做好幼升小衔接；让足球、篮球、书法、陶笛进课堂，落实体育艺术“2+1”项目；各年级积极开展线上家庭教育经验分享活动和家委会会议，针对家庭教育进行有效指导与培训，增进学校、老师、家长之间联系与沟通。在区教师解题能力和基本功评比中，获得艺体基本功比赛优秀学校。全年，获国家级奖52人次、自治区级奖18人次、市局级奖33人次、区级奖30人次。（刘晓霞）

【德育教育】 2020年，第七小学把纪律教育、法制教育和心理健康教育纳入德育教育范围，以学生日常行为规范教育为基础，加强对学生思想道德、行为规范和礼仪常规教育。围绕校园文化建设，积极开展各类主题教育活动；组织教职工和少先队员积极参加文明交通劝导志愿服务活动，党团员教师带头开展“小手拉大手”活动、动员师生主动加入文明餐桌行动，学生制作文明餐桌小报录制小视频，班主任则利用班会课进行主题教育，参与文明上网行动、社会公益活动，进行如何与家长沟通交流培训，让年轻教师做到热心对待家长、耐心对待孩子、用心对待工作。全年，向新疆喀什地区塔什库尔干塔吉克县柯克亚乡小学捐赠文具等物品2350件；开展爱国主义主题教育15次、安全法制教育实践4次、文明礼仪教育实践5次、社会实践等活动8次。（郭新雪）

【教师培训】 2020年，第七小学开展师德师风、阳光学堂办学理念培训，坚持“三五八”培养工程，开展以赛促学活动，进行青年教师汇报课、骨干教师比赛课、推门课、优秀论文、优秀故事评选、前置性学习单、思维导图评比等技能比赛。以学科集体教研为依托，侧重教学实践过程中所遇问题探讨和解决，通过课例研究、教学观摩、教育教学训练、课题研究，举行师徒结对，组织青年教师在线上进行以师德师风、班级管理、成长规划、信息技术运用等培训，加强集体教学研讨力度，老教师带动青年教师每天进行“说备课”；利用线上进行简笔画、钢笔字、粉笔字培训。全年，进行青年教师汇报课5次，组织教学常规检查8次，组织大型教学研讨活动9次。（张慧敏）

【社团工作】 2020年，第七小学稳步推进“春山暖阳”社团课程，给予航模科技类、美术实践类社团配备充分设备材料，在迎新展演中利用单独录制、后期制作合成后进行线上播放；在“阳光教育”体系下将社团划分为德、智、体、美、劳、创新6大类。全年，成立学生社团40个，其中民族舞社团获2019—2020学年度市先进集体奖。（许千）

【安全工作】 2020年，第七小学落实各项安全工作部署，层层签订安全责任书，每天上下学采用“8+1”护导模式，落实安全工作直线责任和属地管理。全年，组织各类防火，防震等演练50次、应突演练4次；安全教育培训30多次、制订安全应急预案20多次。（陈亮）

【卫生防疫】 2020年，第七小学做好新冠肺炎疫情防控工作，严格落实校园六项预警机制，充分利用预警演练、建立健康台账、专项组工作会、班会、家长会（线上）等，扎实做好校园疫情防控知识培训工作，严禁学生课间和休息时间聚集、扎堆、串班，开展家校“两点一线”和“一米线”主题活动；进行爱耳日、预防结核病日、爱国卫生月、全国学生营养日、碘缺乏日、世界无烟日、爱眼日、爱牙日、预防秋冬季传染病健康教育。教育学生树立垃圾分类意识，组织到社区进行垃圾分类实践活动，在分捡垃圾劳动中增强绿色、低碳、环保意识。全年，对全校学生进行体检和常见病检测工作，利用广播进行健康教育12次。（郑红霞）

【教学成果】 2020年，第七小学通过参加全国、省、市、区各类比赛、竞赛，展示教研教学及学生社团活动成果。在市学业水平测试中获得8A+称号荣誉，被评为2019—2020学年优秀教育成果奖，参加各类论文、微课、课件等竞赛、比赛活动。以市科技“创新环境建设计划（软科学）项目运用情境教育理论”培养小学生学会学习和健康生活核心素养策略研究子课题立项，二（2）班、二（4）班、二（5）班、三（1）班、三（4）班、六（1）班获2019—2020学年度市先进集体奖。全年，获国家级奖项55人次、自治区奖项21人次、市级奖项34人次；获市基础教育信息化应用示范校称号。（阿依努热·胡加布都拉）

## 第一中学

【概况】 2020年，独山子第一中学（简称第一中学）引导学生掌握必需的文化科学基础知识和基本技能，具备一定自学能力及分析问题、解决问题、分辨是非、抵制不良影响能力，培养学生养成实事求是的科学态度、追求新知识的探索精神、爱国主义情操和集体主义观点，养成文明礼貌、遵纪守法行为习惯及良好品德。位于淮南路17号。有教学班34个，其中初一年级14个、初二年级14个、初三年级6个，在册学生1416人。参加初中升高中考试284人，上线199人，上线率70.07%；参加内高班考试16人，录取8人。（安金锋）

【教学教研】 2020年，第一中学根据内初班和学区班实际情况，制订详细教学、教研工作计划，推进教研、备课制度，通过校本培训和线上培训相结合方式帮助教师快速成长。每周定期检查教研和备课活动，严把教研、备课活动质量关，做到周周检查，周周反馈，提高教研与备课活动实效性。坚持以赛代培，组织教师参加助学教学研究、考核课比赛、教师论坛、共读一本书等活动，不断提高教学质量，围绕新课程改革，通过集体学习、教师自学、讨论、专题汇报等形式使全校教师在校本研训中吸收、消化课改理念。全年，开展校本培训5次，校本比赛4次，市级课题项结题4项，自治区立项课题4项。

（安金锋　李淑婷）

【德育培养教育】 2020年，第一中学结合学生成长特点，编写包含行为常规、文明礼仪、环境保护、诚信教育、法治教育、入学教育和结合内初中班新生实际情况，编写包含内务整理、文明就餐、洗漱洗衣、个人卫生等内容德育课程校本教材，每日对学生行为规范和班级常规进行检查评比，每周小结公布，每月汇总公布，把考核结果纳入班级量化考评。强化学科渗透，把德育工作渗透在教育教学之中，利用课堂教学加强学生思想政治教育，结合有重大意义的节日，开展各种活动加强学生思想品德教育。文明礼仪教育常抓不懈，通过国旗下讲话、主题班会、专题讲座等教育活动强化学生文明意识；日常教育重点放在问候师长、文明交谈和各类文明习惯等方面，逐步培养起学生文明礼仪习惯。全年，编写德育课程校本教材30课时；开展各类活动40多次；召开全体年级主任、班主任工作例会10次，举办阳光大讲堂4次、心理咨询室接待学生120人次。（胡睿）

【师资培训】 2020年，独山子第一中学着重从课堂管理、课堂教学规范性、有效性等方面提高新教师课堂教学能力，坚持“三五八”培养工程；定期开展常规教学工作及期中、期末质量检查评比交流，对教学工作情况做到随时跟踪，加强督导，通过教研活动、集体备课活动和随堂听课活动，促进教师之间相互学习、共同进步。通过开展每周培训及研讨交流课夯实基本功，通过“走出去”和“请进来”选派骨干教师到其他省市进行学习，从而实现一人学习，全校受益。全年，选派骨干教师到上海、北京、杭州等地参加跟岗培训和线上培训120多人，开展各类校本培训12次，参加800多人次。（李淑婷）

【安全健康教育】 2020年，第一中学在新冠肺炎疫情防控期间加强学生管理，将防疫情工作延伸到每个家庭，开展电话“大家访”活动，建立出疆学生一人一档管理，建立督查队伍，对疫情防控措施落实情况进行检查、通报、督促整改。制订学校安全、意外事故、守好校门等处置预案，层层签订安全责任书。班主任和任课教师将安全教育渗透日常教育教学过程；利用宣传栏、广播、新媒体等宣传有关法律法规及安全知识，定期举办专家讲座、报告会、演讲、普法知识竞赛等，对师生开展预防意外伤害、防劫、防盗、防暴、防毒、防火、防交通事故等安全教育。全年，进行电话家访300多次，举行防疫情宣传教育95场次，举办安全教育专题讲座13场，参加9986人次，下发家长告知书11封；组织开展灭火器使用培训6次；组织安全应急演练21次，参加10652人次；开展防火防震演练13次，参加4769人次；检查安全隐患76处，整改销项率100%。（戴建瑞）

【教学成果】 2020年，第一中学通过参加全国、省、市、各类比赛、竞赛获展示教研教学、学生社团活动成果各类奖项；在市中小学家庭消防安全作品大赛中被评为优秀单位，参加市第七届青少年科技创意发明大赛中被评为优秀组织单位。全年，参加自治区级以上教学成果竞赛获得一等奖、二等奖、三等奖、优秀奖37项，参加其他竞赛、比赛等活动获得奖项71项。（王娟）

## 第二中学

【概况】 2020年，独山子区第二中学（简称第二中学）以“耕思”课堂理念为抓手，变换角度挖掘学生才能，变换方式让学生通过课堂活动实现学习目标，引导学生掌握必需的文化科学基础知识和技能，发展学生志趣、特长，培养学生追求新知识的热忱及自学能力和分析问题、解决问题能力，养成实事求是、独立思考、勇于创造的科学精神及为国家富强和人民富裕而艰苦奋斗的献身精神，具备良好道德品质及道德评价、自我教育能力和习惯，养成遵纪守法、文明礼貌行为习惯。位于北京路7号。全年，有42个班级，其中高一年级13个班、高二年级14个班、高三年级15个班，在册学生1531人；高考理科600分以上9人，最高分631分，500分以上62人，一本上线率47.7%，上线率90.9%。文科最高575分，一本上线率25.3%，上线率84.2%。双语最高557分。

（石德光）

【教学教研】 2020年，第二中学教学教研以“耕思”有效课堂为抓手，推进课程改革，发挥名师作用，提升名师工作室研究项目，加强教师教学的学习交流；鼓励教师钻研教学，组织教师参加同课异构教学设计、教学研究、基本功比赛、教师论坛等系列“耕思”有效课堂教学教研活动。全年，名师工作室开展教研活动52项，校级公开示范课16节，区级公开示范课2节，区级“三五八”（教龄满3年、5年、8年）比赛课15节，青年教师公开课16人次，随堂听课400人次；举办各类讲座27次，邀请专家讲座3场次、开展学科教研活动150多次；参加赛课、论文、获奖106项；在各类期刊发表论文及文章20多篇；课题研究，市小课题结题7个、自治区课题立项3个。

（石德光）

【校本课程】 2020年，独山子第二中学“耕心”课程不断完善发展，多样校本课程丰富学习生活，开设学科拓展类、专项研究类、兴趣特长类、综合实践类，增加学生对学科兴趣、培养学生特长、促进学生全面有个性发展，组织学生参加语文写作大赛、自治区美好生活劳动创造书画大赛、中学生英语优秀作文比赛，数学、物理、化学、生物、信息技术五大联赛，开展跆拳道比赛、抗疫小报展等。校本课程的开发同时促进教师专业发展，促进学校形成“耕心”课程文化特色。全年，开设学科4大类34门选修课程、开设特色课程《生命与急救》；组织学生参加各类课程比赛等活动3次，获得奖项20个。

（石德光）

【德育培养教育】 2020年，第二中学通过校会、集会、班会、团日活动、文体活动等德育活动载体，组织开展理想信念教育、社会主义核心价值观教育等主题教育。通过线上开学典礼、线上家长会、线上家委会会议、创城倡议宣传活动、校园欺凌防治、疫情防控教育形式进行德育教育；开设心理健康课，做好个案追踪辅导，开展谈话谈心和团体辅导，完善心理危机干预机制；引导学生增强调控心理、自主自助、应对挫折、适应环境能力，培养学生健全人格。全年，组织宪法知识讲座、体育运动、美术作品展等多项活动26次，参加学生12365人次。

（石德光）

【师资建设】 2020年，第二中学以线上直播讲座形式组织教师培训，外出参加培训、聘请专家授课、本校组织培训等形式，利用名师工作室、评课、课题研究、岗位练兵、参加比赛等方式，在青年教师中坚持“三五八”培养工程，做好以老带新、以优带新、以学促新工作，不断提高教师自身素质和业务能力，加强教师队伍建设。全年，派出教师到其他省市参加研修10人；参加教学观摩、教学比赛、教学研讨会等学习培训35人；组织各类直播培训360人次；选派优秀教师到新疆喀什地区疏勒县支教一年1人，送教送讲座7人次。

（石德光）

【安全管理】 2020年，第二中学制订学校安全、意外事故等处置预案，校长、主管领导和教师层层签订安全责任书。班主任和任课教师将安全教育渗透日常教育教学过程。全年，参与校园值班596人次、组织护校队、班车站引导员1209人次；组织学生安全疏散演练6场次、应急处突演练11次；发现安全隐患67处，整改销项率100%。

（石德光）

【教学成果】 2020年，第二中学通过参加全国、省、市、区各类比赛、竞赛，不断提高教职工自身业务素质，展示教研教学成果。全年，参加自治区语文学科讲课大赛、自治区高中数学说课比赛、自治区英语录像课、市第二届生物实验说课大赛等教学技能大赛中获各类奖项28人次，获一等奖、二等奖、三等奖、优秀奖及其他奖项48个。

（石德光）

## 第三中学

【概况】 2020年，独山子第三中学（简称第三中学）引导学生掌握必需的文化科学基础知识和基本技能，具备一定自学能力及分析问题、解决问题、分辨是非、抵制不良影响能力，培养学生养成实事求是的科学态度、追求新知识的探索精神、爱国主义情操和集体主义观点，养成文明礼貌、遵纪守法行为习惯及良好品德。位于西宁路2718号。全年，有教学班40个，在册学生1505人；其中初一年级14个班、初二年级14个班、初三年级14个班；参加中考407人，普通高中录取率85%；被录取到其他省市高中班考生16人、录取率57.1%。（刘华荣）

【教学教研】 2020年，第三中学注重教学时效性，从教学流程管理抓起，抓实计划、备课、作业批改、上课、听课、单元测验、课外辅导等环节。鼓励教师参与课题研究，探究课堂模式和校本课程实施过程中发现问题作为研究课题，建设有特点的拓展型、探究型课程鼓励教师参与课题研究，探究课堂模式和校本课程实施过程中发现问题作为研究课题；开设校本教材为雅智课程使用教材，课程总体分为体育模块、艺计模块和多彩学科模块三大系列，组织编写实用性较强综合习题模块册，涵盖学校所有学科，满足学生多元发展个性需要，促进学生健康成长。培养学生自主、合作、探究的学习能力，促进学生学习方式由“记中学”向“悟中学”“做中学”转变；抓教学流程管理、质量监控、优化学习时间，有效提高教学针对性和实效性。全年，参加雅智课程教学54人、开设雅智课程50门；开展汇报课96次、展示课20次、示范课、观摩课20次，参加802人次。（刘华荣）

【师资建设】 2020年，第三中学结合教师自身特点与个人意愿，招募培训讲师团，设定培训项目与课程。为新入职教师制订培训三年规划课程，采取基本功培训、业务能力培训、粉笔字比赛、师徒结对、汇报课、转正答辩、一年过关考核；3年以下青年教师每月上一次公开课；教龄4年以上教师采取参与课题研究、撰写高质量论文、成为课题组核心人员，参加“三五八”青年教师过关考核、市级教坛新秀比赛等各级各类比赛；为教龄8年以上教师采取申报名师工作室、名师导学活动、课题组主持人、参加市级教学能手比赛、参与市级骨干教师评选等措施。让15年以上教师采用上邀请课方式学习汲取老教师授课经验。多角度全方位地对教师业务能力进行提升，完善教师培训课程体系框架与具体内容。全年，进行教师专业培训9场次，青年教师汇报课44节、完成“我的代表课”教学实录与反思18篇，参加213人次；参加其他省市学习8人次，参加自治区内各类培训131人次；教师承担自治区线上教研活动4人、承担市继续教育培训任务5人。（刘华荣）

【德育培养教育】 2020年，第三中学把学生道德教育、爱国主义教育、法制与纪律教育和身心健康教育纳入德育教育范围，初一、初二学生开设心理健康教育课，开放心理咨询室，为学生提供个别心理咨询服务。利用升旗仪式和主题班会时间定期组织开展主题教育活动；组织学生参加劳动美社会实践和志愿服务活动、到红色教育基地参观学习、把少代会、团代会、入团仪式规范化，以增强学生责任感和荣誉感。拓宽德育渠道发挥“三结合”教育优势，加强学校、家庭、社会联系，形成共同抓好德育工作合力。全年，组织开展各类活动9次；举办家庭教育讲座4场、法制教育2次、道德大讲堂活动4次；组织参观红色教育基地2次、参加学生1502人。（刘华荣）

【安全管理】 2020年，第三中学通过预防为主、防治结合、安全教育、演练等形式，增强教职员工及学生安全意识和自我防护能力。学校各部门人员层层签订安全责任书245份责任书，制订大型活动安全预案5个，学校建立事故处置领导小组，制订意外事故处置预案制度。全年，完成“8+1”值班护导管理并做好疫情下学生上下学高峰期工作，教师参加校园值班582人次、高峰期护导665人次、车站护导665人次、卡点及小区护导928人次。（刘华荣）

【教学成果】 2020年，第三中学通过参加全国、省、市、区各类比赛、竞赛，不断提高教职工自身业务素质。教师费秀英、杜艳萍参加第九届全国语文教师教学基本功大赛继续教育均授课30节课、杜艳萍承担初中语文学科《阿长与〈山海经〉》三课时授课、承担新疆师范大学2019年级学科教学（语文）专业硕士学位研究生“中学语文课程设计与实现”课程授课任务；教师才次克、张媛在“2017—2019年自治区英语中考试卷不分体型分析”做主题发言；教师钟汉荣在“提升自治区部分县市义务阶段学生教学运算能力”项目中，被聘为专家导师团队的教师，在全疆线上教学承担初中数学《有理数的乘除法（2）》《平行四边形的判定》《第十六章二次根式习题课》3课时授课。创新美术社团、科技创新社团、女子篮球社团、刘嵘化学兴趣实验社团、初三（6）班、初三（10）班、周丹初三（9）班、初二（8）班、初一（11）班、初一（13）班、初二（12）班获2019—2020学年度市先进集体奖。全年，组织教师、学生参加各类竞赛、比赛活动中获各级各类奖项62人次，

获得国家级、自治区级、市级一等奖、二等奖、三等奖、优秀奖及其他奖项 36 个。（刘华荣）

## 高等职业教育

【概况】 2020 年，克拉玛依职业技术学院（简称克职院）培养石油石化企业及社会需要的高技能应用型专业技术人才，进行科学研究，推进学历证书+若干职业技能等级证书制度试点工作。面向全国招生。截至年底，设克拉玛依和独山子 2 个校区，独山子校区设置石油化学工程、汽车工程系两个系部，班级 60 个，在册学生 2524 人。全年，有全日制在校生 9193 人，其中高职学生 8076 人、中职学生 1117 人，本专科函授生 386 人，培训企业员工 1907 人次。

（李桂峰）

【基础设施建设】 2020 年，克职院独山子校区有教学楼 4 幢、学生宿舍 6 幢、学生餐厅 4 幢、实训厂房 12 栋、体育馆 1 座。3 月，经区政府批准，重庆路以东、长岭路以北划拨学院建设产教融合实训基地 14.4 万平方米。12 月 20 日，新建学生食堂交付使用，建筑面积 8398.75 平方米。全年，新建学生食堂投资 4775 万元，抗震加固及维修改造学生活动中心投资 1383.65 万元，改造校院配套设施及管网、维修校区路面及场地投资 6958.08 万元，实训室新增 4140 台套设备投资 1988 万元。（王林槐）

【教学工作】 2020 年，克职院出台专业人才培养方案指导意见，进行优质校建设中期检查报告的撰写及检查汇报，教务应用定制开发项目；申报并推进“1+X”（学历证书+若干职业技能等级证书）证书制度试点工作，推进“三教”改革，完成两批次课程录制协调和课程遴选、精品课程平台搭建在线开放。推进学分制改革，出台学分制改革实施方案学分置换办法”。线上开展毕业生大补考和结业生换证补考、开展 MHK（少数民族汉语水平等级考试）、专升本、英语四级等级考试工作。全年，修订完成 56 个统招专业、4 个百万扩招专业方案，争取自治区现代职业教育质量提升计划专项资金 1200 万元、本级财政建设资金 1142 万元，建成投用实训室 21 个；新增“1+X”证书制度试点项目 9 个，参与试点学生 340 人；推进专业和课程层面诊改 52 个、课程质控点 36 个，完成两轮 10 个专业、20 门课程诊断与改进；组织社会化考试 3109 人次，通过专升本考试录取学生 250 人。

（蒋定建）

【科学研究】 2020 年，克职院通过创新课堂教学实践，进行学术研究和课程研发，开展科研工作。全年，立项自治区自然科学基金项目 1 项、在研 1 项、结题验收 1 项；立项自治区高校外语教学改革研究项目 1 项、职业院校外语教学课程思政研究专项课题（教指委项目）1 项、2016 年自治区高校科研计划青年教师科研培育基金项目结题 3 项；立项市科技计划项目 1 项、市社科联项目立项 5 项、市区社科联项目立项 4 项；国家重点实验室开放基金项目立项 2 项；2019 年度中国石油和化工教育科学研究课题结题 3 项、全国职业院校精准扶贫协作联盟研究课题结题 3 项；立项院级项目 19 项、公开出版编著 1 部、公开发表论文 114 篇、其中知网收录 99 篇、中文核心期刊发表 5 篇；教职工获得实用新型专利授权 5 项、学生获得实用新型专利授权 4 项。（胡静）

【德育教学】 2020 年，克职院在高职、中职、本科三个学段，全覆盖开设《简明新疆地方史教程》和《简明新疆地方史读本》课程。引入超星学习通教学辅助系统，实现教学线上线下相结合。坚持立德树人根本任务，突出网络化宣传教育、课堂外实践性教育特点，继续“星级宿舍创建”活动，建设卫生好、守纪好、团结和谐好的学生社区；推进立德树人课外德育实践认证工作，构建星级宿舍、党团活动建设、团学干部培训、读书阅览听讲座、一操一课升国旗等立德树人德育实践体系，培养具有克职院特色的新时代大学生。石油工程系钻井技术专业 1832 团支部获自治区团委红旗团支部称号，学生李渊获自治区优秀共青团员称号。（李桂峰）

【招生就业】 2020 年，克职院通过邀请企业来校招聘、产教融合人才培养订单等方式，为应届毕业生提供就业岗位，毕业生人数与岗位比为 1∶4.9，就业质量稳中有升。全年，录取学生 3622 人（其中高职扩招 207 人、普通高职 2535 人、初中五年制高职 580 人、中职 300 人）；与自治区内 7 家企业签订产教融合人才培养订单 500 人；邀请企业来校招聘 140 多家，提供就业岗位 9000 多个，应届毕业生 1841 人，就业率 96.68%。（方屹）

【扶贫助学】 2020年，克职院在新疆和田市皮山县深度贫困村开展助力脱贫攻坚工作，向皮山县阔什塔格镇、巴什兰干乡、克里阳乡贫困乡镇学生帮扶。对口帮扶新疆喀什市岳普湖县中等职业技术学校和泽普县职业高中两所中职学校，与岳普湖中等职业技术学校在专业师资、品牌建设、技能发展、课证融通等方面达成初步合作意向；派出马雪山、王新浩、孙龙等维修电工、汽修、信息技术方面专业教师到岳普湖中职校开展技能培训工作，提升中职校师生素质和能力；帮助泽普职业高中梳理教学管理制度，完成制定人才培养方案、教学计划、中专申报相关材料制定与整理。全年，派专业教师3人到岳普湖中职校开展技能培训10天；向贫困学生捐赠衣物3000多件，价值15万元。为中高职学生办理各项资助1528.88万元。对入伍学生41人补偿学费30.5万元、退役复学学生43人学费资助37.98万元；为预科生285人办理学费减免114万元；为困难学生493人办理学费补助金、发放学费补助金93.67万元；中职免学费资助1634人次，建档立卡学生775人、享受各类资助706人，受助率达到91.09%。 （黄建国 邹军）

【志愿者活动】 2020年，克职院团委组织动员学院各系部团员青年奉献爱心，开展"抗击疫情，希望同行"大型募捐活动。全年，组织志愿服务队7个，有共青团团员志愿者5949人，签到活动386次，志愿服务时长18354.7小时，捐款61317.8元，组织无偿献血199人78700毫升。 （马莎莎）

【师资建设】 2020年，克职院通过线上线下等形式，加强教师、员工队伍培训力度。全年，专技类培训151人次，其中国家级培训17人次，省部级培训108人次，地级培训26人次；继续教育培训43人次，下现场实践锻炼1人次，少数民族特培1人次；县处级领导培训12人次，行政类培训50人次，招录人才引进43人。 （李桂峰 黄建国）

【教学成果】 2020年，克职院通过参加全国和自治区各类教学科研比赛中展示教学成果。承办自治区职业技能大赛，参加第六届中国国际互联网大学生创新创业大赛（新疆赛区），2020年全国大学生数学建模竞赛，2020年度"外研社·国才杯"全国英语演讲、写作、阅读比赛，第十三届全国三维数字化创新设计大赛等大赛，第十届全国电子商务"创新，创意及创业"挑战赛（新疆赛区），第一届全国技能大赛新疆选拔赛电子信息大类网络系统管理分项中获得自治区金奖，入围国赛。全年，获得自治区银奖1项、自治区铜奖8项；在各类技能大赛获自治区一等奖11项、自治区二等奖6项、自治区三等奖14项，国家二等奖2项、三等奖1项，市级一等奖1项、二等奖1项。 （蒋定建）

## 《新疆的反恐、去极端化斗争与人权保障》白皮书摘要（之六）

新疆地区各民族文化是中华文化不可分割的一部分。早在先秦时期，新疆地区就与中原地区展开了密切交流。考古证实，新疆地区出土的彩陶就受到中原地区仰韶文化的影响，在河南安阳的商代妇好墓中，陪葬了大量新疆和田玉制成的器物。西汉统一新疆地区后，汉语成为当地官府文书中的通用语之一，中原地区的农业生产技术、礼仪制度、书籍、音乐舞蹈等在新疆地区广泛传播。与此同时，琵琶、羌笛等乐器也由新疆地区或者通过新疆地区传入中原地区，对中原地区音乐产生重大影响。中华文化宝库中，就包括维吾尔族十二木卡姆艺术、哈萨克族阿依特斯艺术、柯尔克孜族史诗《玛纳斯》、蒙古族史诗《江格尔》等各民族的文化瑰宝。不可否认，新疆地区文化受到伊斯兰文化影响，但这既没有改变新疆地区文化属于中华文明的特质和走向，也没有改变新疆地区文化属于中华文化一部分的客观事实。增强中华文化认同是新疆各民族文化繁荣发展之魂，只有把中华文化作为情感依托、心灵归宿和精神家园，才能促进新疆各民族文化的繁荣发展。

# 文化体育

## 综　述

【机构改革】 2020年6月，因机构改革，区文体广电和旅游局接收区城市管理局移交的文化市场领域执法管理职能，区文体活动管理中心更名为区文体活动中心。 （徐剑锋）

【文体场馆设施建设】 2020年，区文化馆搬迁至文化中心B座二楼，将会议室改建成场馆，内设排练厅、舞蹈室、音乐室、阅览室、展览馆（创艺空间）培训室等，具有文艺演出、编排创作、展览等功能，对居民实行预约免费开放。游泳馆实行市场化运营，重新修缮投用。截至年底，全区有文化场馆4类60多个，面积3.2万平方米；有体育场地33类337个，其中室内场地105个、室外场地232个，面积63.77万平方米（室内5.7万平方米），人均体育场地面积约7.17平方米。 （徐剑锋　蒋博）

【文体队伍建设】 2020年，区文体广电和旅游局指导鼓励文体志愿者、文艺骨干发挥自身特长，投身于文艺创作，用不同文艺形式，为防疫阻疫、文明传播贡献自己的力量。街道文化站通过文体骨干为居民开设剪纸、插花、抖音拍摄制作、毛线编织、乒乓球、健身等公益培训班，发挥传、帮、带作用，带动更多人参加群众文体活动，营造良好文体发展环境，对人才成长和队伍壮大提供条件。截至年底，有社区文化指导员178人，社区体育指导员768人（国家级7人、一级25人、二级121人、三级615人），其中各级各类裁判员及教练员110人。全年，组织开展各类文体培训78场次，参加1350多人次；群众艺术团招募学员200多人。 （徐剑锋）

【文物及非物质文化遗产保护】 2020年，区文体广电和旅游局加强文物和非物质文化遗产保护和利用。向市文物局申请文物保护经费，完成第一口油井、第一套蒸馏釜维护方案评审，成功申请区展览（博物）馆、独库公路博物馆免费开放专项补助。12月，独山子炼油厂被确认为第四批国家工业遗产；该工业遗产由独山子油田遗址、新疆第一口油井遗址、展览（博物）馆、新疆第一套蒸馏釜遗址及配套设施，档案资料组成。全年，维护国家级文物保护单位1处、自治区级文物保护单位3处、市级文物保护单位1处，保护市级非物质文化遗产2项、区级非物质文化遗产3项。 （徐剑锋）

【文化市场安全管理】 2020年，区文体广电和旅游局与文化体育旅游市场经营单位签订安全管理责任书，常态化开展安全生产大检查工作，定期对文物保护单位进行安全检查，排查安全隐患，组织各文体旅游经营场所开展百日安全生产无事故、平安行业创建、“安全生产月”等专项活动。全年，开展文化体育旅游行业安全检查99次，其中区领导带队检查8次，联合检查19次，日常检查72次；检查星级酒店、歌舞娱乐场所、网吧、文体场馆等单位274家次，发现隐患103项，下发整改通知书3份，整改销项率100%。 （徐剑锋）

## 文体活动

【概况】 2020年，独山子区筹备建立群众艺术团，组建文艺小分队，提供公共文体菜单式、订单式服务，以元旦、春节、元宵节、清明节、端午节、七夕节、中秋节、重阳节等传统节日为契机，围绕“我们的中国梦——文化进万家”“我们的节日”、送文艺下基层等主题，举办春晚、花灯展、郁金香花展、独库公路通车节、自行车比赛、曳步舞交流活动、泥火山电音节等文体活动，推行全民健身计划，实施文化润疆工程。疫情防控封闭式管理期间，举办网络讲故事、网络厨艺、网络舞蹈、线上猜灯谜、网上看花灯等线上活动。原创作品《最美独库人》《馕儿香香》《天山筑路兵》入围市第六届舞蹈大赛，被纳入市文艺创作重点名录；足球协会代表新疆参加全国第十四届冬运会雪地足球赛获得男子丙组第五名。全年，群众艺术团招募学员 200 多人，举办大型文化活动 22 场、线上比赛活动 20 多场次，开展送文艺下基层活动 5 场，参与群众 3000 多人次。

（田涛　徐剑锋　蒋博）

**【春节晚会】** 2020 年 1 月 18 日晚，独山子区以新气象、新起点、新征程为主题在文化中心影剧院举办 2020 年独山子春节联欢晚会。春晚分为同一屋檐下、携手铸辉煌、相约再起航”三个部分，通过舞蹈、戏曲串烧、快板、健身舞蹈、经典歌曲联唱、歌伴舞等多种节目表现形式，反映独山子人在过去一年中取得的新成就和新变化，展示独山子人锐意进取、积极向上的精神风貌。（徐剑锋）

**【区足球队出征全国冬运会】** 2020 年 1 月，独山子区足球协会组队代表新疆参加在内蒙古呼伦贝尔市举办的第十四届全国冬季运动会雪地足球赛，这是独山子区首次在集体项目上代表新疆参加全国性综合运动会。雪地足球赛是在冰雪覆盖的足球场上进行角逐的一项新兴项目，首次纳入全国冬季运动会竞赛项目，由于场地小，一般采取 5 人制。独山子代表队在男子丙组雪地足球赛中，5∶0 胜青海省代表队、5∶0 胜贵州省代表队、3∶3 平黑龙江省代表队，以小组第一成绩挺进男子丙组冬运会八强，以两胜一平战绩取得男子丙组全国第五名好成绩。（徐剑锋）

**【线上元宵花灯展】** 2020 年 2 月，新冠肺炎疫情封闭式管理期间，独山子区以“欢乐中国年，和谐独山子”为主题举办第三十六届线上元宵花灯展。开展线上看花灯、猜灯谜活动 18 期，参与 1.6 万人次。展出花灯 35 组，其中市民广场摆放 23 组、沿街摆放 12 组；沿街灯组主要摆放在金山路街道办、西宁路街道办、新北区街道办以及城区主要交通路口合理位置，呈现出特殊时期不一样的夜景。（徐剑锋）

**【风筝比赛】** 2020 年 4 月 11 日，区文体广电和旅游局主办的“拥抱春天，放飞梦想”首届放风筝比赛在独山子大峡谷景区进行。参赛居民以家庭为单位在社区居委会报名，近 100 名参赛选手中有 7 旬老人也有四五岁的小朋友。比赛分成品组、手工组，成品组按照风筝在规定时间内放飞、留空及放飞高度等因素进行评比，手工组按照风筝造型设计、整体美观、起飞时间、留空及放飞高度等因素进行评比。经过 2 个小时分组比赛，评选出一等奖 2 名、二等奖 4 名、三等奖 6 名。（徐剑锋）

2020 年 4 月 11 日，区文体广电和旅游局在独山子大峡谷景区主办“拥抱春天，放飞梦想”首届放风筝比赛

（种玉忠　摄）

**【《牧云独库》MV 全国上线】** 2020 年 6 月 12 日晚，独山子区在独库大本营举办“荒野之旅，独库有路”——独库之夜大型文艺晚会，由国内知名主持人主持，央视相关网媒全程直播，自治区内外各大媒体悉数到场采访报道。晚会上，著名歌手、独库公路旅游宣传推广大使黄征首唱《牧云独库》这首由克拉玛依本土音乐人专门为独库公路创作的歌曲，他希望通过自己的演唱，把新疆原创音乐力量推荐到全国，让更多人了解《牧云独库》，了解新疆独库公路，让更多人听着《牧云独库》这首旋律优美、节奏明快的歌，放飞心情，驰骋在中国这条与众不同的公路上。6 月 13 日，黄征奔赴独库公路拍摄《牧云独库》MV。7 月 1 日，《牧云独库》MV 在全国上线。

（徐剑锋）

【曳步舞交流】2020年7月4日晚，独山子区在独库大本营游客服务中心举办曳步舞交流联谊活动。本次活动由独山子区黎明脚步舞团主办，来自独山子区、奎屯市、乌苏市和沙湾县7支曳步舞团队180人以舞会友。活动现场曳步舞运动者动作快速有力，在强烈震撼的音乐声中，展示强劲舞姿，张扬豪放个性，呈现健康自我形象，共同体验曳步舞的激情和魅力，加深彼此友谊，共同提高舞技，助推各地曳步舞运动健康发展。（徐剑锋）

# 公共文化资源

## 公共图书馆

【概况】 2020年，区公共图书馆与克拉玛依职业技术学院图书馆资源共享，实行开架借阅、免费办理借阅证、免费开放，馆内网络与互联网相联，全馆无线网络覆盖，实现借、阅、藏、查询功能一体化，读者通过电脑终端查阅或办理图书借阅、归还、续借等操作。图书馆建筑面积约1.4万平方米，为国家一级、自治区特级图书馆。截至年底，有工作人员15人，印刷类藏书设计容量约70万册，实有馆藏纸质图书45.8万册（少儿图书11736册）、电子图书117万种11TB、可用数字资源40TB。（徐剑锋　周佳）

【服务读者】 2020年，区公共图书馆打破原有集中供书模式，联合区新华书店定期开展“你选书，我埋单”阅读推广活动，与区武警中队、消防大队等单位签订“流动图书馆”协议，将图书送入相关单位图书室并定期更新图书，不断提升图书馆服务质量及读者满意度。全年，与相关单位签订“流动图书馆”协议18家、配送图书3061册。（徐剑锋　周佳）

【藏书管理】 2020年，区公共图书馆以为书找读者，为读者找书服务理念，加强对图书管理工作人员业务培训，提高服务质量和水平；定期分析读者进馆流量和借阅量，将馆藏书藉进行数据电子网络化、使用价值最大化；按不同读者群阅读要求，调整购置书目种类，满足读者需求。全年，采购新书500多册，其中新增少儿图书100多册，订购各类报纸杂志300多种，开馆时间为1216.5小时、进馆读者4.3万多人次、文献借还册数为7413册1402人次，办理阅览证792个。（徐剑锋　周佳）

【读书活动】 2020年，区公共图书馆为吸引更多读者，开展少儿“启智”阅读、年度十佳读者评选，“阅读分享”推广活动。全年，组织征集抗疫书法和少儿短视频展演等活动15场次，参与人数600多人次。（徐剑锋　周佳）

## 新华书店

【概况】 2020年，克拉玛依市新华书店独山子书店（简称新华书店）销售图书、配送学校采购教材教辅资料及免费教材，承揽政采云网上售书业务。全年，完成销售收入1132万元，同比下降4%；其中教材教辅销售（含免费教材）776.69万元、一般图书销售290万元、文化用品销售65.31万元，同比一般图书销售下降29.2%、教材教辅资料销售下降10.5%、文化用品销售增长4.5%。（刘远芳）

【教材教辅配发】 2020年，新华书店在做好疫情期间教材发行工作，早安排、早部署，主动与物流、教育等部门联系，跟踪发货进度，准确核实发行数字，配备课本配送专业车辆，严格落实库房、收货、配送等环节消毒流程，及时进行分发，打包、消毒。为避免大量人员聚集，防止新冠肺炎交叉感染，新华书店采取分时段错峰和送书到校相结合方式，确保课前到书，人手一册。全年，发行销售教材教辅资料750万元。（刘远芳）

【免费教材配发】 2020年，新华书店为区教育局实施学前幼儿教材免费政策提供服务，按要求为区教育局订购所需教材，及时将教材拆包、清点、分配，按数量免费配送到各幼儿园。为贫困学生提供免费教辅教材。全年，为全区9所幼儿园采购配送免费教材价值26.39万元；为低保贫困学生免教材费用81人1.74万元。（刘远芳）

【网上售书】 2020年，新华书店通过申请、审核，最终成功入驻“政采云”一站式政府采购云服务平台，各单位通过平台选书、购书、促进政府采购阳光透明、高效廉洁，提供免费送货上门服务，实现政府采购“最多跑一次”目标。全年，上传党建书籍50多种1300多册，销售图书1.2万元。（刘远芳）

## 展览（博物）馆

**【概况】** 2020年，独山子区展览（博物）馆〔简称区展览（博物）馆〕位于喀什路2号，整体建筑三层，是一座集历史记忆和现代科技于一体的地区性特别专题展览（博物）馆，以民办非企方式纳入自治区博物馆序列，为国家AAA级旅游景区，实行免费开放。被命名为独山子爱国主义教育基地、自治区爱国主义教育基地、自治区社会科学普及基地。截至年底，有藏品2081件、珍贵历史照片800多张、真实文件文献和实物100多件，国家二、三级文物24件，设有雕塑、场景、沙盘和多媒体等展项20多处。全年，有工作人员15人，接待游客团体97个，为参观人员提供服务3万多人次。 （徐剑锋）

**【展厅重置】** 2020年，区展览（博物）馆重新设计布展，将原三层展厅改建为两层展厅，整体建筑面积4400平方米，布展面积2700平方米。一层以石油之城为主题，用图片、数据、文字、文物来介绍独山子的过去和发展历程，展示荣耀及创业故事；二层以“魅力新城”为主题，用规划沙盘演绎辅助未来展望、3D动感影院等立体化综合展示平台展现发展蓝图；三层保留原功能为将来展示区域扩充预留空间。全馆设序厅、油海扁舟、旭日东升、激情岁月、砥砺奋进、厚积薄发、跨越发展、尾厅、俱乐部历史变迁专题展厅、王继谔生平事迹专题区10个展厅，用4大篇章40个展项内容多角度、全方位展现独山子这座现代石化城因油而生、因石化而兴从戈壁荒原崛起的100多年发展史。 （徐剑锋）

**【运营管理】** 2020年，区展览（博物）馆委托天云公司负责管理，按期开展民办非企年审工作。天云公司依据《旅游景区质量等级的划分与评定》细则，对展馆软硬件设施进行全方位提质升级，通过培训提高讲解员业务素质；开展文物征集工作，不断丰富馆藏品，提升游客满意度。坚持“一岗双责”安全责任制，层层签订安全责任书，完善各项安全防范制度和措施，建立健全文物案例责任制度体系。全年，更新展板8块，为社会公益团体提供服务23个，接待游客团体97个，参观人员提供服务3万多人次。

（徐剑锋）

**【教育基地打造】** 2020年，区展览（博物）馆通过举办世界博物馆日纪念活动、文化和自然遗产日宣传活动、“我们的中国梦”——文化进万家主题活动、“抗击疫情，与爱同行”剪纸作品专题展等活动，打造爱国主义、精神文明、石油石化科普、环境保护和民族团结等方面综合性教育基地。全年，举办各类主题活动10多场次。 （徐剑锋）

2020年7月9日，区展览（博物）馆举办“抗击疫情，与爱同行”剪纸作品展 （姜苗苗 摄）

## 独库公路博物馆

**【概况】** 2020年，独山子区独库公路博物馆（简称独库公路博物馆）位于北京路2-1号，目前是全国唯一以公路命名的博物馆，为国家AAA级旅游景区，实行免费开放，是非营利永久性机构，委托新疆文化旅游投资发展有限责任公司负责运营。被命名为区爱国主义教育基地、市爱国主义教育基地、市民族团结进步教育基地，是自治区红色旅游经典景区。全年，展出珍贵历史文件和实物500多件，接待参观团队300多个、新疆内外游客5.2万多人次。 （徐剑锋）

**【文物征集】** 2020年6月12日，独库公路博物馆正式开馆，展出历史文件及实物500多件。文物征集小组于2019年8月开始，去自治区交通厅公路局查阅独库公路原始档案2次，沿着乔尔玛、库车、库尔勒、乌鲁木齐路线寻访新疆内筑路官兵。两次出新疆去全国各地采访筑路官兵及军属和烈士亲人，召开座谈会。许多人忍痛割爱，捐献出自己珍藏几十年的物品。文物征集期间，征集小组辗转全国27个城市（不含中转城市），行程2万多千米，召开座谈会30多场，访问筑路老兵及当年历史见证者200多人次，征集实物、文献资料1000多件（套）、历史照片1540多张。 （毕鸿彬）

2020年10月12日，独库公路博物馆文物征集队在陕西省咸阳市征集文物 （毕鸿彬 供）

2020年6月12日，独山子区举行独库公路博物馆开馆仪式，筑路老兵代表向独库博物馆赠送锦旗以示感谢 （帕尔哈提 摄）

【场馆设置与配套建设】 2020年，独库公路博物馆展馆建筑面积1700平方米，分为序厅“不朽传奇，独库风华”、城市篇“戈壁明珠、天山骄子”，历史篇“开天辟地、英雄筑路”，景观篇“同天四季、魅力独库”，尾厅“启梦天山、畅游新疆”五个篇章；开辟有独库大本营基础设施、花溪景观带、“天鼎·容锦”自驾车营地、大峡谷景区二期、游客服务中心配套商业街；已实现开工项目有独库大本营康养小镇、天山牧歌旅游风情园等。设有游客接待区、旅游咨询区和综合购物区、改造游客服务中心，建成无障碍设施，按照标准设置母婴室，完善并规范各类标识。全年，更换、新建旅游导示牌17块，建成投用旅游厕所3座。 （徐剑锋）

【独库公路博物馆开馆】 2020年6月12日，独山子区在独库大本营游客服务中心广场举行独库公路博物馆开馆仪式。自治区、市、兵团第七师、新疆公路勘察设计院、和静县、尼勒克县、新源县、沙湾市、乌苏市等地区相关领导，区四套班子领导、独山子石化公司领导及46名独库公路筑路老兵出席仪式。区委书记致辞，独库公路博物馆馆长介绍独库公路博物馆筹建情况，区人大常委会、区政协相关领导为11家“老兵之家”定点酒店和餐厅企业授牌，区委、区政府领导致辞并为老兵代表颁发纪念章，发布“红色油城，英雄之路”助力筑路老兵重走独库公路公益项目，相关领导和筑路老兵代表一同为独库公路博物馆开馆揭幕。“宝石花”志愿服务队老年大学合唱团演唱《战天山》《中国人民解放军军歌》《祖国不会忘记》，表达出对修路官兵崇高敬意。筑路老兵代表在仪式上表示独库公路博物馆的修建是一项功德无量的大事，向独库公路博物馆赠送旌旗，表达对独山子区的谢意。 （徐剑锋）

【筑路老兵重返独库公路】 2020年6月12日，独山子区独库公路博物馆开馆仪式结束后，独库公路筑路老兵进入博物馆参观，看着一幅幅当时的筑路照片，凝视着当年用过的钢钎、十字镐、矿灯、衣物，阅读着一篇篇英雄事迹，感受着后人的敬仰，自豪自己曾经是一名修筑独库公路的兵。13日，老兵们参加独库公路通车仪式后，踏上曾经流过血汗、留下青春记忆的天山公路。一路上，大家一直在追忆往昔峥嵘岁月，回忆曾经的步步惊心，诉说生离死别的战友情怀，到乔尔玛烈士陵园隆重祭奠建设独库公路中牺牲的战友。老兵们表示几年来通过微信、网络看到独库公路在全国越来越有影响力，常常期待着能够重走这条自己修建的路，感谢独山子区现在给他们提供这次机会，并且设立筑路老兵重走独库公路公益基金，让他们圆了梦想，还能与天南地北的战友重聚，共叙相思情，携手看望长眠天山公路的战友。受邀到独山子区参加这次活动的筑路老兵46人，其中自治区内35人、其他省市11人（均在65岁以上，最大年龄68岁）。 （徐剑锋）

【筑路老兵重走独库公路公益项目上线】 2020年6月12日，独山子区在独库公路博物馆开馆仪式上宣布“红色油城，英雄之路”助力筑路老兵重走独库公路公益项目正式上线，开通线上线下两条捐赠通道。1974年，由国务院、中央军委下令修建战备国防公路——独库公路，于1983年9月建成通车。10年里，13000多名官兵在这里艰苦筑路，2000多名官兵受伤致残，168名官兵长眠天山。如今独库公路已成为全国网红公路，每年游客当中就有当年的筑路老兵。有一部分筑路老兵及烈士亲属因为家庭困难，没有条件到独库公路为烈士扫墓，因此区慈善协会设立此项公益基金，凡参加独库公路建设的退伍老兵及烈士家属持原部队有关证件、当地低保证、烈士证、因病致困等相关证明，即可向区慈善协会提出申请，帮助他们实现愿望。全年，收到捐款 150300 多元。（徐剑锋）

【讲解员队伍建设】 2020 年，独库公路博物馆重视讲解员队伍建设，发挥爱国主义教育基地作用。讲解员要具备专业知识，运用灵活多变讲解需求，以陈列为基础，运用科学语言和其他辅助方式，将知识传递给观众；通过岗前培训、岗位培训、专业培训，提升讲解员整体文化素养和业务水平。在讲解服务方面，针对不同游客群体准备不同版本讲解词，在讲解中突出具体故事，把解放军筑路官兵栉风沐雨、英勇拼搏精神穿插进日常讲解中，让游客加深体会独库公路修建艰辛，增强讲解感染力；增加独库公路沿线地质灾害科普知识讲解，提醒游客在游览时做好相关自我防护。全年，接待参观团队 300 多个，自治区内外游客 52000 多人次。（徐剑锋）

## 企业文化

【概况】 2020 年，独山子石化公司公共服务公司（简称公共服务公司）围绕送健康下基层活动，为公司员工提供各类文化、体育服务。5 月 12 日，独山子石化公司将公共事务管理公司、文体接待服务公司整合为独山子石化公司公共服务公司，按二级机构管理，业务接受行政事务中心领导。全年，参与举办各类大型文体活动 23 场，开展各类宣讲活动 41 场次，开设各类送健康下基层文体培训课 65 天。（严坤）

【文体活动】 2020 年，公共服务公司发挥文体资源优势，参与组织、策划郁金香节社区演出、中国旅游日开幕式主持、独库公路博物馆开幕主持、自行车比赛开幕、闭幕主持，全国自驾游旅游推介、独库博物馆宣传词录音、泥火山电音节独唱、金山路街道舞蹈演出、夜市文化广场演出、团委空中朗诵会、团委化妆舞会、石化公司大讲堂系列专场，承办石化公司职工混合气排球赛。全年，与光影传媒有限公司合作推动文化进夜市等活动演出 23 场，举办社区工作人员综合素质提升培训班 2 期 20 节课，各类主题宣讲活动 41 场次，启动新动力俱乐部健身项目授课 49 节课，参与学员 1200 多人。（严坤）

【送健康下基层】 2020 年，公共服务公司围绕送健康下基层活动，面向生产一线员工开设舞蹈、瑜伽、无氧健身、乒乓球等各类培训。在新冠肺炎疫情封闭管理期间，通过网络平台，每周固定时间，教练线上开课、员工线下打卡学习，举办网上健康大讲堂，帮助员工居家健身。全年，各类文体培训开课 65 天，现场参与培训 6800 多人次；举办网上健康大讲堂 148 课时，参与员工 10146 人；发布教学视频 128 个，视频点击率 11.3 万次、平均每月观看 4000 多人次。（严坤）

2020 年 10 月 12 日，公共服务公司在文化中心开设舞蹈培训课（郑惠 摄）

## 文学艺术

【概况】 2020 年，独山子石化公司文学艺术界联合会（简称石化公司文联）联络、协调、指导、服务各文学艺术协会，组织会员开展文艺创作、文艺评论、文艺活动、学术交流、人才培训等活动。8 月，独山子石化公司党委将石化公司文联调整为中国石油文联分支机构。全年，批准加入省部级以上文学艺术协会会员 18 人；举办线上、线下文学艺术讲座 4 场次，开展各类文学艺术活动 10 多次，组织开展文艺惠民活动 10 多场次，获奖文学艺术作品近 40 篇（幅、首）。（顾伟）

【会员发展】 2020 年，石化公司文联向中石油美术家协会、新疆美术家协会、新疆书法家协会申请会员入会。经中石油美术家协会审议，批准宁岩、郑荣晖、李德学、孙志鸿、唐晓壑、付晓丽、柏兴民、陈佳佳、吴艳萍、刘春艳 10 人加入协会；经新疆美术家协会审议，批准李德学、孙志鸿、刘春艳3人加入协会；经新疆书法家协会审议，批准李成、谢国瑞、李彦明、冉小雄、赵敏5人加入协会。截至年底，有文学艺术协会9个，会员985人。全年，申请加入省部级以上文学艺术协会会员20人，批准入会会员18人。（顾伟）

**2020年石化公司文联各协会会员情况统计表**

表9　　单位：人

| 协会＼级别 | 国家级 | 省级 | 中石油级 | 市级 | 区级 |
|---|---|---|---|---|---|
| 作家协会 | 2 | 13 | 11 | 15 | 30 |
| 音乐家协会 | 2 | 7 | 3 | 18 | 220 |
| 书法家协会 | 2 | 20 | 14 | 20 | 55 |
| 美术家协会 | 1 | 10 | 12 | 15 | 40 |
| 摄影家协会 | 1 | 10 | 3 | 50 | 340 |
| 舞蹈家协会 | 2 | 2 | 2 | 10 | 60 |
| 影视家协会 | 0 | 0 | 0 | 0 | 20 |
| 戏剧家协会 | 1 | 0 | 0 | 0 | 20 |
| 朗诵家协会 | 0 | 0 | 0 | 0 | 200 |
| 合计 | 11 | 62 | 45 | 128 | 985 |

【人才培养】 2020年5月，西部杂志社、绿风诗刊社、兵团绿洲杂志社在独山了建立文学（诗歌）创作、培训基地，并挂牌。石化公司文联邀请电影学院教授王明益到独山子举办戏剧表演艺术讲座，西部杂志社社长黄永中到独山子举办现实主义文学创作谈讲座，同时举办线上美术、摄影、书法等艺术讲座。组织会员参加生态环保部2020年“美丽中国，我是践行者”生态环保主题摄影及书法大赛、自治区总工会“中国梦·劳动美·新疆好”民族团结一家亲职工书法作品展、“文化润疆·薪火相传”自治区美术教师作品巡回展，协助摄影家沈久泉在广东公安美术馆举办“大美新疆”沈久泉摄影作品邀请展，出版《独山子石化文联——文化专刊》，刊发会员作品。全年，举办线下讲座2次，参加100多人次；举办线上讲座2场次，参加100多人次；出版刊物1期，刊发32名会员小说、散文、随笔、诗歌、美术、书法、摄影作品55篇（首、幅）；沈久泉在广东展示摄影作品71幅，参加摄影及书法大赛作品20幅、职工书法作品展作品51幅、美术教师作品巡回展作品60幅。（顾伟）

【“创艺空间”】 2020年，石化公司文联将体育中心足球场边旧宿舍改造为“创艺空间”，由本土管子画家付剑锋设计、装饰，布置付剑锋工作室、艺术作品回顾展区、陈列优秀摄影作品和美术作品展区，展出摄影协会、美术协会、书法家协会作品，为本土美术、摄影、书法爱好者搭建艺术创作平台，展示独山子石化工业和人文方面建设成就，助力文化旅游发展。邀请国内美术、音乐、摄影、书法名家举办讲座、培训、交流等活动，定期引进各地优秀艺术作品，进行文化交流，丰富全区各族群众文化生活。被命名为自治区华侨联合会“侨胞之家”及“中国侨联文化交流基地”，并授牌。全年，举办各类活动4次，参加200多人次；接待参观者1万多人次。（付剑锋）

2020 年 6 月 24 日，独山子“创艺空间”作品展区正式对外开放 （种玉忠 摄）

【文艺惠民活动】 2020 年，石化公司文联组织会员开展文艺惠民活动。开展“我们的中国梦——文化进万家”迎新春写春联主题活动、“送万福进万家”书法公益活动、“我们的中国梦——文化进万家”文艺活动；举办“迎新春”“铭记历史，砥砺前行”“纪念抗战胜利 75 周年”“抗美援朝出国作战 70 周年”等主题书法作品展，丰富群众文化活动。全年，组织开展文艺惠民活动 10 多场次，参与会员 500 多人次，参与群众 2980 多人次；为离退处、天利高新、社区等单位书写春联 2000 多副，为驻区部队战士书写春联 200 多副。 （顾伟）

2020 年 1 月 22 日，石化公司文联书法家协会会员到驻区部队举办“我们的中国梦，文化进万家”迎新春写春联主题活动 （顾伟 摄）

【文艺成果】 2020 年，石化公司文联会员作品在中国石油思政部，中国石油文联，新疆文学艺术界联合会，《中国石油报》，《新疆日报》，天山网，中国出版集团爱心诗社，“学习强国”，央视频，“百城万人读中国，众志成城《战瘟神》”全国大型公益诵读活动等 34 个平台推出，部分文学作品在国家、省、市、中石油集团公司等的刊物和网络媒体上发表，参加本土网络作家银珉《此生，让我成为你的英雄》获批中国作家协会网络文学中心重点作品扶持项目；参与各类作品大赛、作品展取得丰硕成果。全年，创作发表各类作品 300 多篇（首、幅），获奖作品近 40 篇（幅、首）。 （顾伟）

2020 年石化公司文联文艺成果统计表

表 10

| 作者 | 作品名称 | 参加活动名称或发表刊物 | 奖项 |
|---|---|---|---|
| 顾伟 | 组诗《迷蒙的光亮从前方展开》 | 第二十六届克拉玛依“黑宝石”文艺奖评选活动 | “黑宝石”文艺奖 |
| 阿迪力·胡加力木 | 小说《生活如此美好》(维吾尔文) | | |
| 宁岩 | 油画《阳光灿烂》 | | |
| 吴艳萍 | 油画《时空·记忆》 | | |
| 王志科 | 楷书《政之所兴，在顺民心》 | | |
| 李彦明 | 隶书条幅《经典用语》 | | |
| 张珍敏 | 摄影《冬日暖阳》 | | |
| 吕永新 | 作曲《我的幸福你的美》 | | |
| 赵巍 | 编导少儿群舞《长大后》 | | |

续表10

| 作者 | 作品名称 | 参加活动名称或发表刊物 | 奖项 |
| --- | --- | --- | --- |
| 王菁编排 | 编导女子群舞《情醉塔什库尔干》 | 第二十六届克拉玛依“黑宝石”文艺奖评选活动 | “黑宝石”文艺奖 |
| 秦权 | 集邮《从邮品中看新疆独山子的变化》 | | |
| 崔秀军 | 集邮《独山子石化发展》 | | |
| 张波 | 摄影《我持彩练当空舞》 | 香港第十届全国摄影艺术展览风光摄影类 | 金奖 |
| 张波 | 摄影《人——自然与棉》 | 丝路军垦圣地·胡杨文化新城第五届“金色胡杨魅力七师”摄影大赛 | 一等奖 |
| 张波 | 摄影《星空下的胡杨河市》 | 第二十二届全国艺术摄影大赛艺术摄影类 | 优秀奖 |
| 申兴月 | 摄影《岁月》 | 新疆第二十一届摄影艺术作品展记录类 | 银奖 |
| 张鹏 | 摄影《溪流》 | 新疆第二十一届摄影艺术作品展创意类 | 入选奖 |
| 刘兆进 | 摄影《余晖下的博格达》 | 新疆第二十一届摄影艺术作品展风光类 | 铜奖 |
| 李彦明 | 秦简条幅《乐论》 | 第七届“当代中国”大书法艺术比赛毛笔类 | 优秀奖 |
| 赵敏 | 行书《唐王维诗数首》 | 自治区首届“石榴籽杯”教师书法篆刻作品展 | 二等奖 |

# 档　案

## 地方档案

【概况】 2020年，独山子区档案馆（简称区档案馆）接收、管理全区相关单位文书档案、照片档案、声像档案、实物档案，征集特殊档案，提供查阅服务，开展馆藏档案数字化、信息化建设。截至年底，档案馆库区建筑面积1178.54平方米，馆藏档案为228740卷（件），馆藏资料为10362卷（册），馆藏档案跨度64年。全年，接收各类档案12096卷（件），查阅利用档案4460卷（件），完成档案数字化扫描57500页。

（杨光明）

【档案接收】 2020年，区档案馆采取召开调研会、现场指导、面对面辅导等措施，帮助区机关各单位（部门）建立文件材料归档制度、确定归档范围、规范归档流程，强化归档意识，实现归档工作全覆盖。全年，接收进馆48个单位文书档案4852件、34个部门发文汇编1556份、各类专业档案7244卷（件）〔其中房产档案3900卷（件）、会计档案1030卷（件）、城建档案2314卷（件）〕，收集资料图书236卷（册）。

（杨光明）

【业务培训指导】 2020年，区档案馆指导区机关各单位（部门）整理文书、照片、实物档案和专业档案，对新成立单位档案归集整理进行业务培训，对新冠肺炎疫情防控工作档案和国有企业人事档案移交规范化指导。全年，培训指导75家单位档案管理业务166次。

（杨光明）

2020年6月13日，区档案馆工作人员到金山路街道办指导会计档案整理工作　（杨光明　摄）

【档案利用】 2020年，区档案馆为企事业单位和公民个人在城建、财务、劳动仲裁、职工参保、房产、婚姻、公证、房产等方面查询、查阅档案提供服务；

配合各机关单位内控审查、审计和巡视巡查工作查阅文书和会计档案。全年，接待各类查档业务485人次，提供文书、会计、专业、实物档案4460卷件。（杨光明）

【档案宣传】 2020年，区档案馆开展“6·9”国际档案日系列宣传活动，悬挂宣传条幅2条、布置宣传展板8块、发放宣传资料200份。组织开展“档案见证小康路、聚焦扶贫决胜期”主题征文活动，在“独山子零距离”微信公众号推出题为“守护历史，传承文明，资政育人，服务社会——档案在您身边”宣传文章。举办档案专题知识讲座，有3个街道办19个社区兼职档案员22人参加。（杨光明）

【档案数字化】 2020年，区档案馆协调人员对馆藏文书档案、照片档案进行数字化，指派专人质检、校对数字化档案数据，同步备份、归档数据，实现纸质档案与数字档案共存、共用。全年，完成47家单位档案数字化工作，录入目录4500条，扫描内容57500页。（杨光明）

【馆库安全管理】 2020年，区档案馆组织档案工作人员对档案库房、办公场所进行安全检查，做到不留死角，不留隐患；每月定期对档案防火、防潮、防虫等设施进行检查，做到档案资料无遗失、无毁损；每周对档案柜、温湿度计、火警自动报警系统、灭火器、电源电线等进行完好率检查；定期进行消防应急演练，安全事故为零。全年，进行安全专项检查12次；对来馆参观和查档人员进行安全教育、填写安全教育确认表492张。（杨光明）

## 企业档案

【概况】 2020年，独山子石化公司信息网络公司情报档案中心（简称情报档案中心）收集、整理、鉴定、统计公司各部门（单位）文书档案、基建档案、会计档案、声像档案、实物档案等，指导、监督协调各部门（单位）及协作单位档案归档，开展档案信息化建设及档案研究与宣传工作，提供档案查阅服务。全年，接收各类纸质档案1.6万卷/（件、张），电子档案52.6GB，其中管理类档案7308件、会计类档案7197卷、建设项目类档案2025卷、工程设施合同类档案4017件；情报专业编辑出版《石化综合信息》48期、《新疆石油化工》2期；完成专题情报课题调研9项；完成其他省市企业专项调研报告8家；为炼化装置提供攻关课题资料1200多篇、搜集行业信息上传门户专栏6000多篇；收集整理上传科技文献资料信息4000多篇，购置科技图书544册。（付宗燕）

【档案接收】 2020年，情报档案中心接收公司撤并整合5个驻外办事处的档案，进行清点、核对、归档整理。对塔里木石化分公司合并重组档案进行无缝衔接管理，督促指导其档案中心及乙烯项目开展E6档案系统搭建、工程档案资料收集、存档等档案业务，推进“塔石化乙烷制乙烯”项目档案管理规范化、制度化，确保塔石化档案数据顺利迁移及档案查阅利用。全年，整理驻外办事处归档会计档案2537卷，提供利用塔石化档案230人次，3600卷/件次。（付宗燕）

【档案管理】 2020年，情报档案中心对涉密档案进行年代分隔，调整密级管理类档案，按规定逐份解密涉密档案。工作人员到“聚苯乙烯扩能改造项目”施工现场指导工程档案归档工作，确保项目文件归档完整、准确、系统、规范。新冠疫情防控封闭管理期间，开设无接触式服务窗口，使用电话查档、先预约后查档、分批分时段查阅等方式，做到档案查询服务多样化。全年，调整密级管理类档案5000多份，鉴定到期解密档案2371件；提供利用档案1460人次14056卷/（件）次，复印档案2204张；到施工现场指导工作10多次，参与项目验收工作56项。（付宗燕）

2020年6月12日，情报档案中心工作人员调整密级管理类档案（林青 摄）

【专题档案编辑】 2020年，情报档案中心查找有关中苏石油公司时期、克拉玛依油田等历史资料，编写中国石油档案故事，组织编辑专题目录、图片精选、制作馆藏照片专题PPT及文字汇编，完成《14万吨乙烯建设图片展》《独山子石化外事图片集》《到访过独山子的艺术界名人们》《发现克拉玛依大油田前后》《独山子石化公司档案工作影像》《独山子早期石油人——杨拯陆》等专辑；编写2018—2019年《组织沿革大事记》《2018—2019年组织沿革大事纪要》；围绕国际档案日宣传主题，制作“履行社会责任，助力脱贫攻坚——档案见证独石化驻村帮扶”宣传PPT和展板。全年，完成图片专辑7部，编写大事记2部3万多字。（付宗燕）

【业务培训】 2020年，情报档案中心推出档案业务小微培训，进行按需办班，提供业务指导培训服务。小微培训采用业务标准讲解、纸质档案整理示范和录入档案系统示范相结合方法进行，培训形式灵活多变，互动性强，快速提高归档人员业务素质。全年，组织小微培训班每期10多人、开班培训10多次，参加培训100多人。（付宗燕）

【安全保障】 2020年，情报档案中心加强消防安全管理，确保馆藏档案安全，健全机制，加强管理，不断使档案安全管理规范化，制度化，科学化。推进馆内消防灭火系统隐患治理工作，配合相关单位完成项目招投标、七氟丙烷钢瓶采购安装等工作。从根本上消除安全隐患，增强消防应急处置能力，整改消防灭火系统安全隐患，确保档案安全工作落到实处。全年，消防灭火系统更换、整体调试七氟丙烷钢瓶50个、氮气瓶10个。（付宗燕）

## 传 媒

【概况】 2020年，独山子石化公司新闻传播中心（简称新闻传播中心）以《独山子石化报》、独山子有线电视、独山子在线官微、独山子在线抖音等多平台发布与运营新闻，维护全区有线电视网络。设计注册独小微商标，获得新闻出版、网络传播、教育培训、文旅演出等四大类商标注册证书。全年，电视播报独山子新闻123期，出版《独山子石化报》71期，在中央及省部级媒体、石油媒体发稿292篇；编辑发布网络媒体作品696期次，单条播放点击率185万次；处理有线电视故障1096次，满意率100%。（赵岢君）

【新闻业务】 2020年，新闻传播中心围绕公司党委中心工作，认真做好党的建设、疫情防控、提质增效、扶贫攻坚、文化建设等重点工作新闻报道，开设重点栏目，提高受众关注度。重点推出纪念抗日战争胜利75周年、志愿军抗美援朝出国作战70周年等专刊、专题；组织大型网络直播活动“云端走进绿色独山子石化”。全年，推出各类新闻报道1500多篇、专题片26部，在省部级媒体平台刊发稿件93件；编辑发布独山子在线官微359期、粉丝数突破6万、微信作品单条点击量突破25万；发布抖音作品337条，单条最高播放量达160多万次；推送微博1841条。（赵岢君）

【聚焦抗疫报道】 2020年，新闻传播中心在新冠肺炎疫情防控期间，采编骨干冲向一线，成立报道突击队，新闻发布强化移动优先，微信平台实现每日推送，免费开放全部电视频道；抗疫报道聚焦生产一线、防控重点、先进典型。全年，采取电视集中报修，协调社区入户处理各类电视线路故障42次；发布各类稿件700多篇，在中新社、新华社、《人民日报》等国家和省部级媒体平台上刊发、转发新闻报道60多条。（赵岢君）

【媒体融合】 2020年，新闻传播中心结合自身实际，打造报纸、电视、微信、微博、抖音、微网站全媒体传播矩阵，构建全天候、多平台、立体化传播格局，新媒体创新持续深入，提升媒体传播力、引导力、影响力和公信力，突出从物理融合到心理融合，心灵融合到文化融合，推进全媒体建设，形成合力，提升凝聚力，启动全媒体人才队伍三年建设计划。截至年底，完成第一阶段全媒体过关验收，覆盖采、编、播全流程，过关率超过80%。（赵岢君）

【十佳表彰】2020年11月6日，新闻传播中心召开第二十一届记者节座谈会，表彰十佳新闻工作者、优秀通讯员。其中：十佳新闻工作者有吴长占、马晓娟、崔山平、冯爱红、邢媛媛、谷伟、林青、吾布力哈斯木·卡德尔、刘静、王惠娟，十佳优秀通讯员有李林锘、常国敬、王光辉、罗祥、卢新瑞、肖丽娟、李艳琴、翟琴、李党生、聂文君。（赵岢君）

2020 年 11 月 6 日，独山子石化公司新闻传播中心在传媒大楼召开第二十一届记者节座谈会，表彰十佳新闻工作者　　（李秦　摄）

2020 年 11 月 6 日，独山子石化公司新闻传播中心在传媒大楼召开第二十一届记者节座谈会，表彰十佳优秀通讯员　　（李秦　摄）

**【提质增效】** 2020 年，新闻传播中心开办提质增效、脱贫攻坚、提升治理体系治理能力现代化等专题栏目，开展“战严冬、转观念、勇担当、上台阶”主题教育活动。开拓对外创收服务业务，广告业务外包转自营，推广“天山云”业务，强化有线电视业务创收。全年，制订单位内部措施 38 项，下达部门经营指标 96 项，完成率 100%。　（赵哥君）

**【新闻业务成果】** 2020 年，新闻传播中心 30 多名记者及通讯员参加重大新闻征文及比赛 6 类，取得各类成果 23 项。　（赵哥君）

2020 年新闻传播中心新闻业务成果一览表

表 11

| 参加单位或个人 | 获奖作品 | 获奖名称 | 颁奖部门 |
| --- | --- | --- | --- |
| 谷伟、赵明蓬 | 电视消息“重走天山路，重温战友情” | 第三十届新疆新闻奖三等奖 | 新疆新闻工作者协会 |
| 许家华 | 消息“公司实现税费连续三年新疆第一” | 中国石油新闻奖一等奖 | 中国石油新闻工作者协会 |
| 同毓梅、冀德全 | 通讯“感谢独山子石化，我们脱贫了！” | 中国石油新闻奖一等奖 | 中国石油新闻工作者协会 |
| 曾永 | 言论“向作风不实宣战” | 中国石油新闻奖二等奖 | 中国石油新闻工作者协会 |
| 陶彩英 | 副刊作品“暖心巧克力” | 中国石油新闻奖二等奖 | 中国石油新闻工作者协会 |
| 张杰 | 网络及融媒体·图文“独山子有个大花园，可惜你不一定能进去” | 中国石油新闻奖二等奖 | 中国石油新闻工作者协会 |
| 李志强、许家华 | 消息“芳菲六月，独石化向总书记交出完美答卷” | 中国石油新闻奖三等奖 | 中国石油新闻工作者协会 |
| 李志强 | 通讯“走近洗罐工” | 中国石油新闻奖三等奖 | 中国石油新闻工作者协会 |

续表11

| 参加单位或个人 | 获奖作品 | 获奖名称 | 颁奖部门 |
| --- | --- | --- | --- |
| 李志强 | 网络及融媒体·图文“2017—2019这两年，我们都经历了什么？看完我嗨了” | 中国石油新闻奖三等奖 | 中国石油新闻工作者协会 |
| 李志强 | 网络及融媒体·图文“脑洞大开！‘火炬’没那么闹心” | 中国石油新闻奖三等奖 | 中国石油新闻工作者协会 |
| 马晓娟 | 通讯“‘弹药库’作业，打造安全模板” | 中国石油新闻奖三等奖 | 中国石油新闻工作者协会 |
| 编辑中心 | 网络及融媒体短·视频“前方奋战，后方支援” | 中国石油新闻奖三等奖 | 中国石油新闻工作者协会 |
| 张春华 | 副刊作品“春联里40年的生活变化” | 中国石油新闻奖三等奖 | 中国石油新闻工作者协会 |
| 罗基础 | 副刊作品“情怀” | 中国石油新闻奖三等奖 | 中国石油新闻工作者协会 |
| 张晓玲、王琦 | 通讯“奋战大修无人旁观” | 石油和化工行业新闻宣传奖（优秀新闻作品）三等奖 | 中国石油新闻工作者协会 |
| 同毓梅、帕孜那提、张杰 | 通讯“同穿一双鞋，走过十年路” | 中国企业新闻奖二等奖 | 中国企业报协会 |
| 曾永 | 评论“向作风不实宣战” | 中国企业新闻奖二等奖 | 中国企业报协会 |
| 谷伟 | 消息“站在希望的花田里” | 中国石油电视新闻奖一等奖 | 中国石油新闻工作者协会 |
| 李秦、王艳 | 消息“3101汽轮机设备“移植”精益求精” | 中国石油电视新闻奖二等奖 | 中国石油新闻工作者协会 |
| 于文亮、王硕、马波 | 专题“弘扬石油精神，共唱青春赞歌” | 中国石油电视新闻奖二等奖 | 中国石油新闻工作者协会 |
| 陈巳文、谷伟 | 消息“高温下的抽芯作业” | 中国石油电视新闻奖三等奖 | 中国石油新闻工作者协会 |
| 林青、王艳 | 消息“废胶变宝，年增效益300万元” | 中国石油电视新闻奖三等奖 | 中国石油新闻工作者协会 |
| 谷伟、李秦 | 新闻“开通在即，记者带你提前探访独库公路” | 行业电视新闻奖三等奖 | 中国石油新闻工作者协会 |

# 卫生健康

## 综 述

【医疗卫生机构基本情况】 2020年，独山子区有医院3家（独山子人民医院、盛元康复医院、壹昇堂中医医院），基层医疗卫生机构6个（社区卫生服务中心2个、社区卫生服务站4个），专业公共卫生机构1个（疾病预防控制中心），民营医疗企业18家，有卫生技术人员856人、卫生机构设置床位570张。

（张家瑄）

【医联体建设】 2020年，独山子卫生健康委员会（简称区卫健委）全面整合“独医通”健康服务平台，自主开发微信小程序，实现患者线上咨询、家庭签约、预约诊疗、报告查看及视频咨询服务及预约。利用柔性专家帮扶机制，引进心血管、神经、脑外等其他省市著名专家团队及重点技术，选派多批骨干医务人员到四川成都中西医结合医院、上海同仁医院、上海肺科医院专项学习，开展学术交流活动。推进分级诊疗、慢性病管理，实现检验、影像、心电区域中心化，常态化开展区域影像、心电等同质化服务，实施远程诊断。专家下沉社区坐诊，健康小分队提供入户诊疗、居家护理等健康服务，开展“一站式”采血、快捷结算等创新服务。全年，引进其他省市著名专家团队20个、重点技术6项，26个专业与自治区内外建立专科医联体医院17家，开展创新服务8项，远程心电诊断4893人次、X线诊断4275人次；专家下沉社区坐诊335人次，健康小分队提供服务2051户。

（张家瑄）

【“健康细胞”工程】 2020年，区卫健委把健康细胞工程渗透融入到日常各项工作中，开展社区健康教育、全民健康教育、“健康细胞”工程创建活动。打造智慧医疗，实现互联网医院上线服务，完善心理健康服务网络，人民医院成为首批自治区互联网医院。推进医养结合，独山子人民医院、盛元康复医院纳入市级定点残疾人康复机构名录。加大社区基本医疗建设，推进分级诊疗和双向转诊工作，鼓励民营医疗机构参与公益医疗服务。规范传染病及突发公共卫生事件应急处理管理，有效控制麻疹、细菌性痢疾、新冠肺炎等传染病发生。全年，下沉基层医疗卫生机构药品30种，体检7.5万多人次，上转853人次、下转1350人次，占出院人数11.95%；接种流感、乙肝、甲肝、百白破、脊灰、狂犬病等疫苗2.44万人次，无甲类传染病发生，有效控制乙类、丙类、其他类传染病148例；与美容机构签订拒绝非法医疗美容承诺书70份，签订率100%；规范企业职业病防护措施167家，医疗机构执业行为公示率100%。

（张家瑄）

【爱国卫生运动】 2020年，区卫健委实行爱国卫生工作日报和消杀工作周报制度，每周进行明察暗访，每月开展联合大检查。组织发动全区企事业单位、社区、学校、餐饮行业等通过周三城乡大清洁，垃圾大清运”、周五卫生大扫除、五一“爱国卫生周”、第三十二个爱国卫生月及每月社会公益日等活动，对背街小巷、卫生死角进行清扫，清除病媒生物滋生地，控制传染源，切断传播途径。对居民小区进行卫生考核，并将考核结果在网上公示。全年，开展联合卫生检查行动27次，发现问题400多处，整改销项率100%。

（张家瑄）

【病媒生物防治】 2020年，区卫健委通过公开招标方式与市卫士生物科技有限公司签订服务合同，采用社会化服务模式开展全区病媒生物防治工作。通过定期投放老鼠、蟑螂、蚊子、苍蝇消杀药物，消杀全区机关事业单位、集贸市场、商业网点、居民住宅楼道、居民家中等地存在的“四害”，将“四害”密度控制在国家标准范围内，预防病媒传染病的发生和流行。派出工作人员督导检查，每周上报病媒生物防治工作进度，通过市、自治区国家卫生城市考核验收。全年，投入经费150多万元，为3万多户居民家庭发放灭蟑药品粉剂68000袋、饵剂35000盒、各类消杀药剂4000公斤，消杀重点部位面积152万平方米；开展“四害”密度监测督查工作4次，发现问题8项，整改销项率100%。（刘梓叶）

## 卫生监督

【概况】 2020年，独山子区卫生监督所（简称区卫生监督所）监督管理全区医疗卫生、公共卫生、饮用水卫生、学校卫生、职业卫生、消毒产品、传染病防控。全年，办理卫生许可证75本，查处医疗机构案件13起；对医疗机构进行量化分级监督检查170家次，下发监督意见书110份；检查公共经营场所卫生251家，下发卫生监督意见书600多份；学校传染病防控专项监督检查及饮用水检测合格率均为100%，监督管理存在职业病危害因素企业21家。（马云龙）

【医疗机构监督管理】 2020年，区卫生监督所每季度开展医疗机构执业人员执业注册情况、执业资质、执业范围、消毒情况、医疗废物及污水处置等监督检查，对全区医疗机构非法行医、超范围执业、使用非卫人员、不规范处理医疗废物及污水等违法行为进行专项突击检查，实施医疗机构执业记分，设置违法行为执业记分公示栏。抽样检测治疗室台面、护士手表面及消毒后器械，监测医疗机构消毒效果与灭菌质量，评价医疗机构消毒设备运转是否正常、消毒药剂是否有效、消毒方式是否合理、消毒效果是否达标。为医疗机构执业人员提供业务培训服务；新冠肺炎疫情防控期间免费为医疗机构发放隔离衣、帽子、口罩、消毒液等防疫物资，帮助指导医疗机构做好居家封闭后复工工作。全年，民营医疗机构18家执业许可证持有率100%；对医疗机构进行量化分级监督检查170家次，下发监督意见书110份，医疗机构执业行为公示率100%；查处涉医疗机构（医）案件1起、公共场所案件12起，罚款35100元，没收相关器械、药品和非法所得24292元；开展医疗机构传染病监督检查200家次、院感消毒效果24家次，抽检样品60多份，合格率100%；举办培训班6期，参加培训人员130多人次。（马云龙）

【公共场所卫生监督】 2020年，区卫生监督所结合新冠肺炎疫情防控工作要求，对重点区域、重点行业进行检查，指导全区公共场所完善公示栏，对经营单位量化分级信誉等级、卫生监测结果、有效健康合格证明进行规范化公示；开展公共场所经营单位疫情防控工作指导培训，发放公共用具和消毒宣传资料，并给缺乏防疫物资经营场所发放温度计、口罩等，督促经营者保持内外环境卫生，定期不定期进行监督检测。全年，开展防疫知识培训2次；抽样检测经营单位公共用具美发场所102家、美容场所70家、住宿场所50家，抽检样品400多份，合格率99%；监督检查8家商场超市22次，下发监督意见书20多份；监督检查5家洗浴场所10次，下发意见书10份；检查游泳馆、候车室2次，下发监督意见书4份；检查书店、图书馆1次，下发监督意见书2份，发现问题1项，整改率100%；监督检查集中使用消毒餐具、饮具单位2次，检查消毒餐具31份，合格率100%；监督检查集中餐饮具消毒单位3次，下发监督意见书3份，抽检样品15份，合格率100%；进行卫生监督检查和量化分级管理监督检查4次，量化分级实施率100%。（马云龙）

【饮用水抽样检测】 2020年，区卫生监督所按照《中华人民共和国传染病防治法》《生活饮用水监督管理办法》相关要求，每季度对供水单位水质浑浊度、色度、pH值进行快速检测，对不合格单位责令限期整改。全年，对2家集中供水单位、13家二次供水单位开展快速检测60家次，发现问题2家，整改率100%。（马云龙）

【学校卫生督查】 2020年，区卫生监督所对全区学校卫生专业技术人员或专兼职保健教师配备、健康教育课开设、组织学生体检及建立学生健康档案情况进行监管，定期检查学校教学环境、教室人均面积、课桌椅、黑板、教室采光照明、教室微小气候、传染病防控、管供水人员健康合格证持有等情况，检测师生饮用水浑浊度、色度、pH值等情况。全年，19所学校传染病防控专项监督检查合格率100%，饮用水合格率100%，管供水人员健康合格证持有率100%。

（马云龙）

【职业卫生监督管理】 2020年，区卫生监督所坚持监督到位、指导到位、服务到位“三位一体”工作模式，对可能存在职业病危害的企事业单位、个体工商户及在日常监督执法中发现的存在职业病危害单位进行摸底排查，将存在职业病危害单位纳入监管体系，落实一户一档。依法监督检查相关单位职业危害因素申报情况、企业“三同时”落实情况、从业人员职业健康防护及体检情况，对违法行为进行立案处罚。联合独山子人民医院，以职业病防治宣传周等为契机，通过现场指导、传单发放、集中授课等方式开展职业卫生相关知识培训。全年，摸排调查可能存在职业病危害因素企业167家，存在职业病危害因素企业21家；开展日常监督执法行动25次，下达监督意见书25份；开展尘毒危害治理专项检查4批次，上报重点监管企业3家，下发监督意见书12份；开展重点项目监测专项检查下达监督意见书18份，开展联合监督检查及技术指导15次，开展职业卫生培训受益职工4000多人。

（马云龙）

【医疗废物管理】 2020年，区卫生监督所对全区医疗机构设医疗废物收集、运送、贮存、处置工作实施监督管理，制订意外事件紧急处理预案，建立医务人员及从事医疗废物分类收集、运送、处置等工作人员和管理人员培训教育制度，指导各医疗机构设立医疗废物暂存间（柜），建设医疗污水处理设备，规范医疗废物处置行为，检查医疗废物处理日常工作落实情况。全年，组织医疗机构进行医疗废物相关法律法规培训2次，实施全覆盖检查3次，医疗废物暂存间（柜）设立率100%，民营医疗机构安装医疗污水处理设备17家。

（马云龙）

【办证管理】 2020年，区卫生监督所依据《公共场所卫生管理条例》及公共场所卫生许可量化评分标准，严格按照受理、审核、审批程序办理卫生许可证和健康证。全年，办理卫生许可证75本，“五病”（伤寒、痢疾、病毒性肝炎、活动性肺结核、化脓性或渗出性皮肤病）调离率100%；办理放射诊疗机构2家。

（马云龙）

【宣传培训】 2020年，区卫生监督所以每月社会公益日活动、职业病防治周、安全生产月等活动为契机，开展医疗卫生知识宣传活动，给居民发放宣传资料。采取以会代训、现场学习等方式，培训公共场所经营者，提高其遵纪守法自觉性和业务能力。全年，开展医疗卫生知识宣传活动13次，发放宣传资料4000多份；举办公共场所从业人员培训8次，发放宣传资料5000多份、各类卫生知识手册350多册，参加培训500多人次。

（马云龙）

## 疾病预防控制

【概况】 2020年，独山子区疾病预防控制中心（健康教育中心）（简称区疾控中心）预防控制传染病、地方病、寄生虫病、慢性非传染性疾病等，对实施情况进行质量控制和效果评估，建立突发公共卫生事件监测、预警及应急处理运行机制；管理实验室检测、疫苗冷链保管、计划免疫接种，实施新冠肺炎核酸检测。全年，规范管理各类传染病121例，接种各类疫苗25645人次，建立慢性病档案50676人，登记、治疗、管理结核病12例，性病门诊就诊干预53人次，孕产妇早孕建卡率99.02%，新冠肺炎核酸检测367822人次。

（徐菡）

【传染病监测】 2020年，区疾控中心对全区传染病及突发公共卫生事件应急处理进行规范管理，控制麻疹、细菌性痢疾、新冠肺炎等传染病的发生，规范肠道传染病管理，开展肠道传染病监测。新冠肺炎疫情防控期间，完善部门联动机制，发挥大数据及部门协作优势，加强不明原因肺炎、医院发热门诊监测，对疫情信息接报、处理、进展情况进行完整规范记录，做好对密切接触者判定和追踪管理，常态化培训疫情防控各专项组、各行业监管部门消杀工作人员，落实街道、部门、单位、个人“四方责任”。全年，报告法定乙、丙类传染病62例，其他传染病59例；哨点医院送肠道传染病样本109份，检测阴性100%；自愿咨询检测艾滋抗体和梅毒60人次；新冠肺炎核酸检测367822人次，环境检测样本49500份。

（陈琳　徐菡）

【免疫规划管理】 2020年，区疾控中心利用电视、报纸、出租车顶灯、微信等各类媒体宣传国家免疫规划政策及实施免疫规划保护公众健康的重要意义，在相关人群中有计划地进行预防接种，预防和控制特定传染病发生和流行，提高群众健康水平和卫生文明水平。在金山路街道社区卫生服务中心、西宁路街道社区卫生服务中心、十三区社区卫生服务站设立固定预防接种门诊，在独山子人民医院妇产科设新生儿卡介苗和乙肝疫苗接种点，在急救中心设狂犬疫苗接种点；组织开展两轮小儿脊髓灰质炎补充免疫接种活动，第一中学内初班学生免费接种流感、麻腮风疫苗活动，60岁以上老人及3～7岁幼儿免费接种流感疫苗活动。全年，接种流感疫苗5735人次、脊灰疫苗7113人次、卡介苗497人次、乙肝疫苗1870人次、百白破疫苗2865人次、麻腮风疫苗1740人次、A群流脑疫苗1491人次、A+C群流脑疫苗2301人次、甲肝疫苗877人次、白破疫苗1156人次，接种率均超过90%。 （张玮）

【慢性病综合防治】 2020年，区疾控中心慢性病科建立健全健康教育体系，通过在社区卫生服务中心、街道社区、离退休管理站举办知识讲座、发放慢性病防治知识宣传资料、开展咨询活动等，实施慢性病防治全民教育工作，倡导慢性病早发现早治疗，进行个性化健康干预。全年，建立慢性病档案50676人，管理60岁以上老年人4269人、高血压患者12027人、Ⅱ型糖尿病患者4629人；上报户籍肿瘤患者139例、心血管疾病191例。 （杨甜）

【结核病防治】 2020年，区疾控中心开展结核病防治专项行动，在报纸、微信群、信息公众号等媒体发布世界防治结核病日宣传信息及相关知识，鼓励群众到定点医疗机构咨询检查。通过对病人家属及密切接触者筛查、学校结核病主动筛查、全民体检结核筛查等途径，主动发现肺结核病人，加大对病人追踪力度，尽量减少已发现病人失访，确保发现一例，登记一例，管理一例，治疗一例。全年，开展防治结核病督导活动12次，登记、治疗、管理结核病12例，其中非结核病防治机构报告8例，追踪到位率100%，到位后排除3例；耐药筛查12例，耐药筛查率100%。 （刘阿虎）

【性病艾滋病防治】 2020年，区疾控中心通过横幅、户外电子显示大屏幕、出租车顶灯、微信、宣传材料、咨询等方式，宣传性病及艾滋病防治相关法律法规和知识；在医院设立性病及艾滋病自愿咨询检测点，在高危人群中开展性病及艾滋病哨点监测，对性病及艾滋病感染者和病人定期进行随访。全年，在微信公众号开展专题宣传1期、悬挂宣传横幅1条、制作张贴宣传画260张、发放宣传折页2000份、电子屏播放宣传片15天、出租车顶灯滚动播放宣传知识30天；性病门诊就诊干预53人次，开展HIV（艾滋病）检测53人次；涉毒人群HIV（艾滋病）检测60人次，美沙酮门诊服药5681人次；随访艾滋病病例250人次，CD4（免疫细胞）83人次。 （刘阿虎）

【地方病管理】 2020年，区疾控中心在学生、孕妇中随机采集样本，通过化验分析，了解全区地方病情况。通过在日常生活中发放预防地方病宣传资料，解答群众咨询，引导地方病患者纠正错误饮食习惯等方法，开展地方病管理工作，检测碘盐使用结果表明独山子区不是碘缺乏病高危地区。全年，给学生200人、孕妇100人中采集样本300份，检测碘盐使用覆盖率100%、合格碘盐使用率100%，检测孕妇尿碘含量185微克/升、儿童尿碘含量260微克/升；随机抽取8～10岁儿童样本200份，检测甲状腺肿大率3%。 （李莎莎）

【妇幼保健】 2020年，区疾控中心通过监测妇幼卫生信息，及时审核上报围产保健、儿童保健、托幼机构、住院分娩及三病报表，规范管理梅毒感染孕产妇及其所生婴儿。全年，孕产妇早孕建卡率99.02%，系统管理率82.46%，住院分娩率100%，三病（乙肝、梅毒、艾滋病）检测率100%；出生缺陷发生率4.26%、婴儿死亡率3.9‰，无孕产妇死亡；3岁以下儿童系统管理率87.94%、7岁以下儿童健康管理率91.27%、0～6个月婴儿纯母乳喂养率77.37%；5岁以下儿童生长迟缓率2.3%、低体重率0.02%、超重率26%、肥胖率22%、贫血患病率8%。 （曹福兰）

【学校卫生监测】 2020年，区疾控中心对全区中小学、幼儿园开展学生常见病监测，为后期学生常见病干预提供基础数据。开展接种证入学审验、传染病防控培训和督导，促使学校卫生工作正常运行。全年，常见病监测随机抽取学生1840人。 （李莎莎）

# 社区卫生服务

【概况】 2020年，独山子区社区卫生服务管理中心（简称社区卫生服务管理中心）收集社区卫生信息，开展健康咨询、健康教育活动，进行社区卫生诊断，实施计划免疫管理和免疫接种，登记、报告传染病病例，提供妇女、儿童卫生保健服务及家庭医师签约服务。全年，建立电子健康档案5万多份，家庭医生服务签约9438人；接诊143857人次，开处方186750张，检验9407人次，超声检查1455人次；专家医生坐诊281次，服务患者1324人次；接受医院下转患者1669人，上转医院患者1057人。（马宁）

【公共卫生服务】 2020年，社区卫生服务管理中心通过维护、更新居民电子健康档案，为高血压患者、糖尿病患者、孕妇、儿童等提供定期随访检查、免疫接种、指导用药、健康咨询、饮食治疗等服务。与社区居委会、学校、幼儿园等合作，普及健康教育知识；与区卫生监督所合作，监测、督导辖区水源地和学校饮用水卫生；摸排辖区残疾人信息，评估残疾人健康情况，为残疾人提供健康保健服务。全年，建立电子健康档案50676份，更新电子健康档案5337份，其中残疾人健康管理档案431份；为高血压患者提供服务2922人、糖尿病患者提供服务1554人、孕妇提供孕期产前随访服务454人，为新生儿及产妇提供访视服务1011人，为居民提供体检服务14220人，为儿童提供一类疫苗预防接种16970人次、二类疫苗接种3664人次、脊髓灰质炎补充免疫5615人次；为3岁以下儿童提供体格检查、营养指导等服务2337人，为8所托幼机构提供儿童体检服务3371人；开展健康教育宣传活动23次，举办健康教育讲座70场，受教育13500多人次；监测饮用水卫生情况96次，登记、开具辖区非院内死亡证明44例。（马宁）

【药事管理】 2020年，社区卫生服务管理中心通过随机抽取各中心（站）处方方式，开展处方点评制度及抗菌药物分级管理制度，落实跟进国家组织药品集中采购和使用工作。全年，采购药品450种，采购金额2900万元，抽取处方2160张，其中基本药物使用率100%，处方合格率大于95%；抗菌药物处方抽查4800张，抗菌药物使用率小于15%，抗菌药物使用合格率大于95%。（戴芸）

【院感控制】 2020年，社区卫生服务管理中心完善医院感染三级管控工作，指定专人负责医院感染病例登记、报告及处置，切实落实医院感染病例监测上报制度。管好一次性用品，保证患者医疗安全，防止院内感染。根据医院感染质量考核标准每月进行自检自查，同时接受独山子人民医院院感科和区卫生监督所定期督导检查，发现问题及时整改，未发生院内感染及职业暴露事件。结合实际，组织开展传染病防治、自身防护技术、手卫生消毒、抗生素使用、医疗事故处理等一系列专题讲座和学术交流，增强医务人员及工勤人员防范意识，防止发生交叉感染和职业暴露。全年，举办各类专题讲座和学术交流活动30多次，参与1200多人次。（马宁）

【家庭医生服务签约】 2020年，社区卫生服务管理中心通过在社区居委会、学校、幼儿园等地开展家庭医师签约服务宣传、义诊咨询等活动，普及健康教育知识，提高居民对家庭医师签约服务知晓率。结合慢病门诊、预防保健工作，完善60岁以上老年人、孕妇、儿童、残疾人、慢性病患者、重性精神病患者、特殊传染病患者等重点人群档案，在居民自愿基础上签订签约服务协议，做到家庭有医生，医生有家庭。全年，有家庭医生团队9支，家庭医生服务签约高血压患者2712人、糖尿病患者1096人、儿童3258人、孕产妇366人、老年人3153人、低保户82人、残疾人464人、重性精神病患者268人、计划生育特殊家庭29人。（马宁）

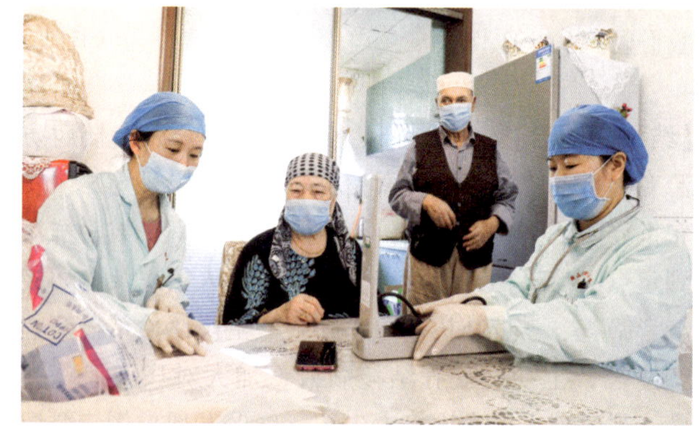

2020年5月28日，社区卫生服务管理中心家庭签约医生到居民家中提供诊疗服务（李秦 摄）

【医疗废物管理】 2020年，社区卫生服务管理中心修订完善医疗废物处置工作流程和管理制度，建设独立医疗垃圾暂存间及污水处理系统，加强医疗废物管理督查，发现问题限时整改并“回头看”。采取分散与集中、理论与实际相结合办法，对医务人员及工勤人员进行医疗废物分类、收集、贮存、包装、运送、交接等流程培训，严格按照医疗废物管理制度执行，对一次性医疗废物回收实行双签制，杜绝医疗废物外流。全年，举办医疗废物管理培训10多次，参加700多人次。（马宁）

## 医疗服务

【概况】 2020年，克拉玛依市独山子人民医院（简称独山子人民医院）为人民群众提供医疗、预防、保健、计划生育、康复、疫情防控等医疗卫生服务，指导社区卫生服务中心业务技术，帮助解决疑难问题，承担全国、自治区、市医疗科研课题，是一所集医、教、研、防为一体的二级甲等医院。占地面积11.3万平方米，建筑面积5.3万平方米，床位编制470张，实际开放床位530张。6月15日，因机构改革，接收区政务服务中心健康证办理业务。全年，门急诊就诊量37万人次，其中互联网医院问诊10763人次，实施住院手术3325例、门诊手术量2826例，急危重症抢救4576人次，急诊处理危急值381次，抢救成功率98%以上，EICU多学科协作救治危重症46人；体检7.5万人次；实现医患安全零投诉，第三方测评医院服务满意率99%。（张帆）

【经营管理】 2020年，独山子人民医院完善医疗管理体系，细化防拥堵、防猝死、防意外伤害、防传染病等管理要求，健全医疗应急及质量夜查制度，严格落实医疗核心制度，强化妇幼、重精、死亡、肿瘤、心血管等报告管理，加强限制性医疗技术、新技术管理，杜绝违规行为，加强病历内涵质控、组织输血、有创、四合理等专项检查考核，开展对危急值、手术并发症、非计划再手术、医疗不良事件等监控与督查，120院前急救进行准军事化管理，杜绝医疗不良事件发生。全年，梳理医疗体系法律法规51条，管理制度111项、应急预案43个，临床路径管理覆盖专业27个、病种163个，入径病人占入院病人68.51%，占出院病人67.94%，临床路径管理率66.45%；上报危急值879例；院前急救调度6000多次，院前急救4324人次，同比增长96.5%，平均时限7.4分钟。

（张帆）

【行业合规管理】 2020年，独山子人民医院建立健全行业合规管理长效管理机制，加强行业法律法规、行业规范宣传培训工作。医用高、低值耗材SPD（供应、管理、配送）物流系统自治区内首家上线，高值耗材全面推行寄售制，实现植、介入耗材使用前验收、一物一码及标准化全程可溯源管理。对接药品SPD系统与门诊自动发药设备，资质证照实现电子化管理，通过自治区药监局医用耗材飞行检查。全年，督导落实上级安全文件57个，专项培训国家法律法规、行业规范20个，高值耗材引进279种，新增128种。（张帆）

【分级诊疗】 2020年，独山子人民医院按照疾病轻重缓急及治疗难易程度进行分级，不同级别医疗机构承担不同疾病治疗，逐步实现从全科到专业化医疗过程，形成基层首诊、双向转诊、急慢分治、上下联动的分级诊疗模式。鼓励并规范常见病、多发病患者首先到基层医疗卫生机构就诊，对于超出基层医疗卫生机构功能定位和服务能力的疾病，由基层医疗卫生机构为患者提供转诊到医院服务；医院畅通慢性期、恢复期患者向基层医疗卫生机构转诊渠道，逐步实现不同级别、不同类别医疗机构之间有序转诊，推动医疗资源合理配置和纵向流动。全年，专家下沉社区坐诊及服务335人次，上转853人次，下转1350人次，下转占出院人数的11.95%。（张帆）

【院感防控】 2020年，独山子人民医院强化医院感染防控主体责任，建立健全院内感染病例发现、登记、报告、分析、反馈制度，加强医疗器械消毒、手卫生、病房消毒隔离、抗生素应用等管理工作，监测全院灭菌剂及消毒剂规范使用，设置各科室清洁区、污染区、无菌区，对重点科室消毒隔离工作不定期督查，增强无菌观念意识，提高无菌操作技术，将医院感染隐患消灭在萌芽之中。发现院内感染病例，立即按规定程序上报，及时进行隔离治疗，采取相应防范措施，对出院病例不定期抽查。疫情防控期间，医护人员升级个人防护，配齐防护物资，严格落实各项防控措施，每日查问题、补短板、堵漏洞，加强住院患者及陪护筛查，严格进门关口，取消探视，全面落实不交叉、防聚集要求，坚决守住疫情防控前沿阵地，同时完成全区急诊急救和正常诊疗工作，未发生感染事件。经市医疗机构环境卫生学采样检测结果全部达标。全年，实施院感防控设施改造33项次，污水投放消毒药剂1825千克，收集处置医疗废物85380.6千克；开展疫情防控防护用品穿脱培训12次。（张帆）

【业务拓展】 2020年，独山子人民医院增补精准康复专科等培育重点专科，建成由重点学科、重点专科、培育重点专科组成的医院学科体系。派出多学科团队到上海肺科医院胸科专修，学习腔镜下肝动脉瘤切除术、脑动脉取栓术、腹主动脉瘤腔内隔绝术等填补性新技术；推进临床营养建设，选定重症医学科、内分泌科等科室作为首批试点科室，选派医护人员学习培训；推进颌面、血液、胸科、儿保、口腔、职业病等专科业务，儿保中心开展微量元素、铁蛋白等检测和发育评估，职业病科在独山子石化公司建立职业卫生监测点，实施建设项目职业病危害现状评价。全年，组成医院学科体系重点学科5个、重点专科15个、培育重点专科20个（新增9个），实施填补性新技术7项；日间诊疗患者623人次，实施33个日间手术病种532例，占住院手术的22.85%；门诊手术2826例，同比增长12.28%；实施腔镜手术427例；介入手术532例，同比增长5.77%；其中急诊PCI（经皮冠状动脉介入的治疗）手术43例，同比增长16.22%；胃肠镜检查4667例，同比增长18.4%；其中无痛胃肠镜手术2983例，同比增长48.56%；多学科会诊患者20次；职业病科在独山子石化公司设监测点1016个，在15家驻区单位设职业卫生检测监测点200个，实施建设项目职业病危害现状评价1项。

（张帆）

【“互联网+医疗”】 2020年，独山子人民医院建立互联网医院，设立体验服务中心，开通线上药品库存查询、在线咨询、就诊卡充值、线上心理评估自评等功能，提供在线问诊开药，线下配送服务。配合新冠肺炎疫情防控需求，开发核酸检测快速开单缴费及我的证明功能，实现快速核酸检测，实时查询检测结果。建立科室、患者短信推送平台，加强病区管理。全年，线上开处方2000多张，各类药品免费配送4249单，预约诊疗率60.7%，同比增长15.4%；专家下沉社区坐诊及服务335人次；健康小分队发挥积极作用，开展入户诊疗、居家护理等健康服务2051户。核酸检测快速开单缴费42196人次，发送干预信息1万多条。

（张帆）

【健康管理】 2020年，独山子人民医院利用每月社会公益日、“5·12”护士节等活动，举办各种形式健康教育宣传、咨询活动，提高群众健康意识。优化健康管理平台，利用网络对高血压、糖尿病、恶性肿瘤等新发首发病例进行网络直报，根据门诊患者就诊档案、居民体检报告等筛查高血压、高血脂、糖尿病等慢病患者，对确诊患者建立慢病档案，纳入健康管理，并进行随访干预。给全区中小学生体检，填补学生健康水平测定及评价、学生重点常见病监测空白。全年，体检60964人次，其中中小学生体检9872人；完成团检汇总分析报告330多份，现场解读17场；筛查慢病患者2万多人次，电话随访8319次，发送干预短信23394条。

（张帆）

【科研教学】 2020年，独山子人民医院配合厚博学院转设，修葺专用教学楼，购置教学设施，补充完善教学制度，挂牌全科医生培训独山子分中心，与上海肺科医院、上海复旦大学附属儿科医院达成合作帮扶意向，与市中心医院签订科教专项合作协议。选派专业人员到成都中西医结合医院及上海同仁医院对口学习，接收克拉玛依厚博学院、石河子大学高职学院、石河子护校、甘肃医学院、塔城地区卫生学校等院校学生实习，开展援疆专家巡诊活动，加快师资队伍培养。鼓励院科研人员积极申报科研项目，对在研项目，及时与项目负责人沟通，从人力、物力上给予支持，并进行跟踪检查；对即将结题项目，抓好收尾环节，开展成果申报工作；大力培养学术骨干，提高医院科研水平。“lncRNA MALAT1/miRNA-663a负反馈环路经由Notch1通路调控创面修复的机制研究”课题成为2020年自治区创新环境（人才、基地）建设专项——自然科学计划（自然科学基金）面上项目。全年，补充教学制度17个，购置教学设施40多万元，参与讲师、工程师培训158人，派外培训116人次；开展援疆专家巡诊活动7轮，参与21人次，外援专家获批市级特聘专家称号7人；承担自治区级继教项目4项、市级继教项目19项，同比增长58%；结题院级科研项目14项；实习生带教47人次，同比增长38%；康复科接收专业进修学习2人，4家医院参观学习康复专项30多人；在核心期刊发表论文2篇、国家级期刊发表论文66篇。

（张帆）

【发热留观医院设置】 2020年，独山子人民医院设置独立发热留观医院，完善隔离分区、设备、设施、制度、流程，制定启动预案。组建多学科救治专家及医护团队，遵循平战结合原则，细化各项防控、救治措施，开展疫情防控应急演练，按照及时发现、快速处置、精准管控、有效救治目标要示，做好应对疫情准备。全年，设置发热留观病房15间，收住发热患者160例；制定院科二级各项疫情防控应急演练方案 100 多个，开展应急演练 281 次；院级防控督查 300 多次，发现问题 350 多项，整改销项率 100%。（张帆）

【诊疗中心规范化建设】 2020 年，独山子人民医院推进胸痛中心、卒中中心、孕产妇救治中心、新生儿救治中心等规范化建设。卒中中心全脑血管造影、颈部动脉血管狭窄支架置入等介入技术日趋成熟，并独立成功实施急性缺血性脑动脉取栓术。孕产妇救治中心对孕产妇开展妊娠风险分级评估，按照风险严重程度，评估结果分别以绿色（低风险）、黄色（一般风险）、橙色（较高风险）、红色（高风险）、紫色（传染病）进行标识。将评估为橙色、红色、紫色高危孕产妇实行专案管理，做到发现一例、登记一例、报告一例、管理一例、救治一例，全力维护每一位孕产妇和新生儿的生命健康。新生儿救治中心加强早产儿救治、新生儿呼吸支持技术提升，规范 NICU（新生儿重症监护中心）管理，增加双水平 CPAP（持续气道正压通气）呼吸机、新生儿高端保温箱等设备，实施 NCPAP（经鼻塞持续气道正压通气）呼吸机治疗技术。开设哮喘、慢阻肺、戒烟、睡眠、肺结节、气道介入等专科专病门诊，实施无痛支气管镜检查、肺康复、肺功能检查等技术，建立睡眠诊疗室、呼吸门诊综合诊疗室。9 月，MMC（标准化代谢性疾病管理中心）门诊正式运行，实现患者在中心内一站式诊断、检查、开方、宣教等诊疗服务，提升糖尿病等代谢性疾病规范化管理率。全年，上报国家平台胸痛患者 45 例，介入手术达标 19 例；分娩孕产妇 509 例，其中高危孕产妇 199 例，无孕产妇、新生儿死亡；收治危重新生儿 207 例，其中窒息新生儿 13 例，复苏成功率 100%；完成支气管镜诊疗 56 例、睡眠监测及治疗 153 例、肺康复 73 例。（张帆）

【实施国家集采药品】 2020 年，独山子人民医院优化用药目录，形成科学合理用药结构，尽量从国家集采目录中选择采购药品，切实落实国家组织药品集中采购政策，让患者以低廉价格用上质量更高的药品，减轻患者负担，节约医保基金支出，提升医保基金使用效率，提高老百姓医疗保障水平。全年，从国家集采目录中选择药品 3 批，勾选药品 87 种，新增基本药物 22 种；上报药品不良事件 87 例。（张帆）

【推进 DRG 工作】 2020 年，独山子人民医院推进 DRG（疾病诊断相关分组）工作，成立 DRG 项目工作组，针对不同人群，在全院范围内进行侧重点不同的多层级培训，达到全员知晓。加强病案首页质量管理，通过多方协作，实现临床医师写得准，编码人员编得对，信息系统传得全，共同提高病案首页质量，使病案首页真实表达医疗质量。同时使医院医保基金管理从被动管理转变为主动管理，为 DRG 收付费改革奠定基础；以 DRG 评价系统为抓手，从调整病种结构入手，抓大放小，控制小病种（低权重病组）比例，提高大病种（高权重病组）比例，调整医院收治病种结构。全年，病案首页质量得到控制 12051 份，重点病案首页质量得到控制 76 项；完成疾病编码库 3.5 万、手术编码库 1.2 万匹配；病案总入组率 99.93%；CMI（医院出院病人例均权重）0.8420，位列全疆 96 家二级医院第四；RW（权重）大于等于 2 的疑难病例占比 2.79%，三、四级手术占比 17.55%。（张帆）

【医保专项整治行动】 2020 年，独山子人民医院建立打击欺诈骗保、自查自纠专项治理工作组，形成多部门协作联动运行机制，运用医保数据分析、智能审核、群众举报、明察暗访等手段，每月开展专项检查。对财务科、收费窗口等医保基金支付使用情况进行深入分析，检查是否存在冒名顶替医疗保险卡住院或开药、挂床住院、分解收费、超标准收费、重复收费、套用项目收费、不合理诊疗、伪造或提供虚假就诊材料、串换药品耗材及诊疗项目、虚假售药等违规违法行为，列出问题清单，限期整改。全年，建立专项工作组 10 个，发现问题立查立改，整改销项率 100%。（张帆）

【基础设施建设】 2020 年，独山子人民医院改造感染楼，建成发热门诊；建成投用妇幼精康楼、标准化代谢性疾病管理中心，搭建核酸采样点，组建 PCR 实验室（是基因扩增实验室，主要用于新冠肺炎病毒核酸检测）；修葺专用教学楼。（张帆）

【三级综合医院建设】 2020 年，独山子人民医院按照《三级综合医院基本标准》，规范临床科室设置，增设输血科、耳鼻喉科、眼科等科室，除胸外、血液专业外，一般专科技术 199 项已完成 170 项，达标率 85.4%。床位、科室设置、卫生技术人员、房屋、基本设备、规章制度等均达到要求，三级综合医院设置纳入市卫生发展规划，通过自治区专家组评审，市卫健委向自治区卫健委报送设置申请。（张帆）

【业务培训】 2020 年，独山子人民医院采取外培、内训等方式开展继续教育，提高员工业务水平。建立“钉钉云”课堂，通过线上线下、集中实操与网络视频相结合等方式进行内部业务培训；派出多学科团队到上海专修，填补技术短板。全年，外派培训 94 人次；实施继续教育项目 23 个，参加 1425 人次；组织院级培训 1322 场，参加 46789 人次，远程视频培训 764 场，参加 14884 人次；举办“云课堂”考试 102 场，参加 12434 人次。（张帆）

## 生育服务

【概况】 2020 年，区卫健委组织实施计划生育、优生优育政策法规及相关知识宣传活动，开展孕前型管理、计划生育奖励扶助及信息化建设工作，提供优生优育及婴幼儿照护服务，指导基层计生协会参与社区服务工作。全年，信息系统登记已婚育龄妇女 15291 人，参与优生优育服务妇女 14128 人次，出生人口 553 人，办理生育服务证 406 本；发放扶助金 24.42 万元、一次性奖励金 19 万元、独生子女父母保健费 24725 元，发放叶酸 1440 盒。（张钰）

【协会工作】 2020 年，独山子计划生育协会（简称区计生协会）结合“5・29”协会纪念日、“7・11”世界人口日、“9・25”公开信发表日、幸福工程项目——救助贫困母亲行动、生育关怀行动等，开展计划生育、优生优育政策法规等宣传教育服务工作，组织计划生育志愿者队伍，促进基本公共卫生服务最终目标实现。落实一孩、二孩生育服务证登记制度、特批再生育审批制度，在评优、评先、优秀人才推荐、干部任用等工作中实施计划生育“一票否决”制度，坚持计划生育工作把关在前，杜绝带着问题推荐、提拔等现象发生。在新冠肺炎疫情防控期间，借力独山子在线官微、独山子零距离、西宁红光、魅力新北等微信公众号，宣传计划生育政策、婚孕前优生健康检查、母子保健手册办理等政策法规和健康知识。全年，管理基层计生协会 99 个，有计划生育志愿者 2000 多人，办理一孩生育服务证 200 本、二孩生育服务证 197 本，特批再生育审批 9 例；发现并立案处理往年违法生育案件 3 件，征收社会抚养费 9.06 万元；发布宣传信息 33 篇，受惠 1 万多人次。（张钰）

【信息化建设】 2020 年，区卫健委加强信息化建设，与相关部门联动进行围保建卡、住院分娩、强化免疫、人口死亡、出生落户、婚姻登记、入园登记等多方信息共享，建立信息比对机制，每月共享相关人口信息，完善全员人口统筹系统人员信息，实现优生优育服务信息化管理。全年，全区育龄妇女 19944 人，其中已婚育龄妇女 15291 人；出生人口 553 人，其中常住人口出生 437 人、流动人口出生 116 人，男性出生 292 人、女性出生 261 人，出生率 6.92‰；死亡人口 368 人，死亡率 4.60‰；人口自然增长率 2.32‰。（张钰）

【奖励扶助】 2020 年，区卫健委落实计划生育特扶家庭“三个全覆盖”专项行动，为每户特扶家庭送去联心卡，定期走访，掌握家庭成员健康状况，为其提供专业健康建议及扶助资金，实现街道、社区两级联系人制度全覆盖，家庭医生签约全覆盖，就医绿色通道全覆盖。对享受特别扶助人员和新增人员进行三级资格初审、复审和实名制公示，严格把关审核城镇居民计划生育家庭一次性奖励申请、发放工作。全年，为 23 户特扶家庭 37 人发放扶助金 18.42 万元，为新增 6 人发放一次性扶助金 6 万元、购买住院护理补贴保险 1.3 万元；为 38 名无业居民发放一次性计划生育奖励金 19 万元，为 340 户流动人口和无业居民 424 人发放独生子女父母保健费 24725 元。（张钰）

【孕前型服务管理】 2020 年，区卫健委完善出生缺陷三级预防措施，加强婚前医学检查、孕前优生健康检查、早孕建卡项目宣传力度，提高育龄群众知晓率和参检率。通过在区民政局和独山子人民医院体检中心放置婚前检查宣传资料展示架，在社区悬挂孕前优生健康检查宣传横幅，在各街道办生育服务证办理处发放早孕建卡宣传单，结合计划生育纪念日活动，宣传传染病危害、出生缺陷、母婴安全等问题对家庭和社会带来的负担和影响，引导育龄群众科学育儿、优生优育。对已婚育龄妇女开展孕情检查、随访服务，预防和减少非意愿妊娠。给参与婚前医学检查、孕前优生健康检查、早孕建卡群众发放小礼品及叶酸。全年，参加查环妇女 1214 人次，查孕妇女 12914 人次，婚前医学检查、孕前优生健康检查率均为 100%；发放叶酸片 1440 盒、婚前检查小礼品 500 份、孕前优生健康检查小礼品 800 份。（张钰）

【婴幼儿照护服务】 2020 年，区卫健委结合居民对婴幼儿照护服务需求，备案审核 0～3 岁婴幼儿托育机构，按照诚实信用、安全健康、科学规范、儿童优先原则和相关标准及规定签订承诺书，确保托育婴幼儿安全健康。在区行政服务中心、独山子人民医院、客运站、金盛时尚百货公司、独库公路博物馆设立母婴服务室，为携带婴幼儿外出办事群众提供便利服务。全年，审核婴幼儿托育机构 7 家，设立母婴服务室 5 间。（张钰）

# 疫情防控

## 区疫情防控

【概况】 2020 年，独山子区新冠肺炎疫情防控工作领导小组（简称区疫情防控工作领导小组）贯彻落实习近平总书记统筹抓好疫情防控和经济社会发展一系列重要讲话和重要指示批示精神，根据自治区党委、市委工作安排部署，实施外防输入、内防反弹防控策略，强化协调联动，从细处入手，全力以赴开展疫情防控工作。全年，全区防控疫情捐款 968844.33 元，捐赠物资价值 286211.6 元，支出疫情防控资金 6398 万元，发放各类救助金 32.1 万元，处理群众困难诉求 3 万多件；开展全民核酸检测 8 轮，检测 113.7 万多人次；实施流调 4398 人次、集中医学观察 1626 人次。（于洪波）

【组织领导】 2020 年 1 月，区委、区政府面对突发新冠肺炎疫情及时成立疫情防控工作领导小组，下设专项工作组及守好“三道门”和“八项监测预警机制”工作专班，制定疫情防控工作方案，细化工作措施，明确职责分工，及时召开会议，安排部署、研判分析疫情防控工作。在原有指挥体系不变情况下，因时因势及时调整综合防控（隔离、流调、检测、社会面防控），社区防控，医疗救治，生活和医疗物资保障，企事业机关（企业、机关事业），项目建设和招商引资，学校工作，大培训，检查指导，关心关爱服务等专项组，每个专项组安排一名常委任组长，确保疫情防控全面到位、处置高效。在人民医院设立发热门诊及独立发热留观医院，挑选宾馆作为集中医学观察点，构建三级疫情防控圈，严格落实外防输入、内防反弹一系列工作措施。全年，设立专项工作组 19 个，召开疫情防控工作安排部署会议 100 多次、研判分析会议 400 多次。（黄银凤）

【三级疫情防控圈构建】 2020 年，区疫情防控工作领导小组构建外围防控圈、街面防控圈、社区防控圈三级疫情防控圈，实施“六保”（保居民就业、保基本民生、保市场主体、保粮食能源安全、保产业链供应链稳定、保基本运转）工作法，严格管控宾馆酒店、商超、市场等人员密集场所，落实公共场所扫码、测温、消杀等措施。区公安分局采取“东检查站通行人员和客车、西检查站通行货车、南检查站双向管制”分流措施，进行检查站精准分流，物资车辆全程跟控，确保基本生产、生活需要，检查过程中强化 7 日内有效核酸检测阴性证明通行。建立公安检查站与机关企事业单位、社区等协调联动机制，通过“信息化+人力手段”，运用大数据查清拟来独返独人员信息，做好重点疫情地区拟来独返独人员摸排工作，细化管控流程，形成闭环工作模式。2 月、8 月，全区进行封闭式管理。各社区居委会统筹“访惠聚”工作队、区机关服务社区干部、志愿者等各支力量服务群众，控制人员流动，严防扎堆聚集，把各项疫情防控措施宣传到位，落实到每一个楼栋单元、每一户居民。全年，西检查站通过运送生产、生活物资车辆 11 万辆次，全程跟控物资运输车辆 1 万多辆；审核检查站推送新疆（境）外入区人员 38316 人次；发现涉疫等信息 275 条，办理各类涉疫情行政案件 15 起。（于洪波　张万明）

【消毒消杀】 2020 年，区疫情防控工作领导小组组建专业消杀队伍、消杀分队，制定下发《独山子区新冠肺炎消毒指导手册》，分层分级加强培训，配备专用消杀车辆、消杀器材及各类消毒防护物资，对全区公共场所点位开展常态消杀工作。明确办公楼、社区、农贸市场、学校、养老机构等场所消毒方法和流程，在全区各行业单位内推行消毒间标准化建设，统一规范配液地点，拖把、消毒桶、抹布分类标识、分色管理、定位放置，全覆盖培训各行业领域消毒消杀人员，组织行业领域开展现场联合演练、桌面推演活动，提高消杀工作人员防范意识和处突本领。全年，有专业消杀人员 22 人、消杀分队人员 784 人，配备消杀专用车 2 辆、改装储备车 3 辆、喷雾消杀器材 30 多件，常态消杀单位 420 多家、场所点位 5000 多个；全区规范设置消毒间场所达 90% 以上；培训行业领域工作人员及消杀人员 7840 多人，组织 45 家行业领域开展现场联合演练 5 次、桌面推演 2 次。（于洪波）

【流行病学调查】 2020年，区疫情防控工作领导小组组建由公安、街道、社区、疾控、医疗机构等相关单位工作人员组成的流行病学调查（简称流调）队伍，对重点地区旅居史人员进行反复筛查、摸排，针对协查函推送人员、发热门诊及隔离病房人员的密接者开展流调工作，发现密接者及时落实管控举措。通过对“公安大数据+疾控+社区”三者推送人员流调和大数据分析，追踪源头，找传播链尾，排查溯源，做到不断链、不漏人。全年，参与流调工作人员70人，开展发热门诊及隔离病房人员流调4160人次，协查函推送人员流调238人次。 （于洪波）

【集中医学观察】 2020年，区疫情防控工作领导小组组建由观察点负责人、区派干部、纪检干部、医务人员、警务人员、后勤保障人员等组成的集中医学观察点工作人员队伍，挑选宾馆作为储备集中医学观察点，将每一个观察点划分为“三区”（清洁区、半污染区、污染区），明确岗位职责、防护要求、消毒要求、废物收集、医疗废物管理等规范，制订应急预案及流程图，定期开展应急演练，确保遇到突发情况能够精准快速处置。对上级和外地推送、自行排查的二、三层密接人员，坚决落实集中医学观察措施。每个集中医学观察点服务人员均在15人以上，对集中医学观察人员实时开展健康监测、心理疏导，确保吃好、睡好、上中药，为老年人、儿童、糖尿病患者等提供个性化餐食。全年，用作储备集中医学观察点宾馆8家，集中观察点工作人员139人，实施集中医学观察人员1626人次、医学观察人员4人，伙食标准每天每人80元。 （于洪波）

【核酸检测】 2020年，区疫情防控工作领导小组投入抗疫特别国债改扩建区疾控中心核酸检测实验室，建设独山子人民医院PCR实验室，采购提取、扩增仪器。组建由区疾控中心、独山子人民医院、基层医疗卫生机构相关工作人员组成新冠肺炎病毒核酸采样、检测队伍，制订重点人群及全民核酸检测计划，以重点人群循环检测不漏、全民检测全覆盖为目标，开展核酸检测工作。分类做好台账登记，实时自检自查，形成问题清单，发现问题及时整改落实。科学建立采样、检测人员梯队，依托信息化手段，从底数摸排、人员登记、现场采样、样本送检全流程信息化管理，不断提高日检测能力。独山子人民医院及区疾控中心日均检测量由0.5万管提升至0.6万~0.7万管以上，超过自治区日均0.5万管标准。检测结果共享至独山子区“红色家园”、克拉玛依市“城易服务平台”及“国家核酸检测平台”，居民可实时查询核酸检测结果，为居民出行提供便利服务。按照自治区《环境检测点位分类》标准，动态摸底全区环境新冠肺炎病毒核酸检测点位，制订环境采样计划，建立环境监测采样专业人员队伍，组织开展环境采样技术培训，开展现场联合演练及桌面推演活动。与工信、市场监管、公安等相关部门密切联动，对商家从区外集中采购冷链食品，实行“三定五专”（定点、定线、定人，专区、专库、专人、专车、专班）管理，每周二、周三进行冷链食品及运输环境核酸检测采样，检测结果阴性后方可销售使用，加大冷链食品安全监督抽查，指导经营户落实索证索票，建立购销台账，确保冷链食品可追溯。全年，投入抗疫特别国债1400万元，参与核酸检测采样人员239人、检测人员120人，开展全民核酸检测8轮，在独山子人民医院检测人员47.7万人次，在区疾控中心检测人员66万人次，检测结果均为阴性；参与环境监测采样专业人员142人，统计环境监测点位1353个，采样38900份，覆盖率100%，检测结果均为阴性；开展现场联合演练4次，桌面推演2次；设置冷链食品样本采集点位446个、采样1363管4668份，检测结果均为阴性；下架国产海鲜1530.6千克、进口海鲜460.9千克、进口肉类2941.8千克、冻肉类产品2378.8千克。

（于洪波）

【日常监测预警机制建立】 2020年，区疫情防控工作领导小组通过区疾控中心、独山子人民医院、基层卫生服务机构、公安检查站、社区居委会等部门建立疫情监测预警机制。独山子人民医院建立以大门预检分诊为中心，门急诊、各专业诊室为一体的三级预检制，加装门禁系统，杜绝发热患者无序就医；采取预检分诊、发热门诊一体化运行、发热患者闭环化管理，入院执行“扫码+核酸报告查验+测温+流调”四部曲，落实发热患者“137”（每1天发热门诊主任研判、每3天专家组研判、每7天院领导专家组研判）研判机制。区疾控中心对疫情信息接报、处理、进展情况进行完整规范记录，以便完整反映疫情发生、发展状况，及时采取和调整防控措施，控制疫情蔓延。加强不明原因肺炎、医院发热门诊监测，发挥大数据及部门协作优势，查明可能感染源，做好对密切接触者的判定和追踪管理；定期开展全民核酸检测、环境核酸检测。各基层医疗机构全覆盖式建立发热哨点（发热门诊），调配高水平医护人员到发热门诊坐班，强化预检分诊筛查，发挥哨点作用。公安检查站在检查入区人员行程码及测温时，发现发热或行程码异常人员，引导进入检查站隔离区，立即报告相关部门进行规范处理。社区居委会接到上级和外地推送协查人员、发热门诊及隔离病房人员密接者，立即开展流调工作，第一时间落实各项管控措施，快速切断传染途径。全年，扩建预检分诊用房 140 平方米，建设发热候诊室 80 平方米，查出发热人员 5734 人，其中儿童 3105 人，收住发热患者 160 例，预检 7.5 万多人次。（张帆　于洪波）

【培训指导】 2020 年，区疫情防控工作领导小组科学制订培训方案，通过网络培训、现场培训、面对面培训、集中培训等方法，分别针对各相关单位开展流调、核酸采样检测、消杀、集中医学观察、传染病网络报告等工作培训、演练。在卫生系统内开展专业技能大练兵，各行业主管部门对所辖行业领域工作人员开展二次培训、演练，确保每名专业技术人员掌握基本知识、基本技能、基本方法。全年，开展各类培训 860 多场次，参加 1 万多人次，多部门现场联合演练 2 次、桌面推演 4 次，覆盖行业领域主管部门 40 多家。（于洪波）

【物资保障】 2020 年，区疫情防控工作领导小组拓宽购置渠道，采购、储备防护物资和医疗救治药品，对于医用防护服、口罩等专业医疗物资，保障充足供应；对民用防护物资加大存量，保障测温仪、口罩和消毒液等及时供应；做好疫情专项药材储备，保障群众日常药品需求。在 2 次全区范围内封闭管理期间，加强与周边地区沟通协调，积极推动米面油、肉蛋奶、蔬菜水果、日用百货储备和供应，全力保障居民家中菜篮子。对各类农副产品进行价格监测和公示，坚决打压哄抬物价违法行为。投放政府储备肉，设立便民销售点，蔬菜、副食品供应点，部分餐饮店、医药经营机构、理发店、宠物店、废品收购站等正常营业，满足人民群众基本生活需求。成立中医医疗救治组，调配中药预防汤剂，开足马力熬制，并提供中药治疗颗粒剂，优先保障留观人员、街道办、社区居委会、公安、医疗及独山子石化公司等一线工作人员服用。全年，投入各项防疫物资保障经费 2600 多万元，投放政府储备肉 55 吨；封闭管理期间设立便民销售点 175 个、蔬菜及副食品供应点 110 个，正常营业餐饮店 24 家、熟食品加工店 9 家、馕房 5 家、面包店 1 家、医药经营机构 19 家、理发店 2 家、宠物店 1 家、餐盒供应商 2 家、废品收购站 2 家，服用中药预防汤剂及颗粒剂 2.55 万人；库存各类成人口罩 37.7 万个、儿童口罩 8.7 万个、防护服 1.44 万套、隔离衣 5.33 万套、核酸检测扩增试剂 3.71 万份、核酸提取试剂 3.75 万份、胶体金检测试剂 3.99 万份、1∶5 病毒采样管 4.49 万管，满足全员核酸检测 4 轮、常态化疫情防控使用量 3 个月。（于洪波）

【校园疫情防控】 2020 年，区疫情防控工作领导小组指导中小学校、托幼机构落实常态化疫情防控主体责任，督促各学校、幼儿园做好开学疫情防控工作应急方案，严格执行返校复课流程，开展开学前校园无死角环境清洁消毒全面检查，储备足够数量疫情防控物资，提高应急处置能力。开学后切实落实健康检测和数据筛查工作，常态化开展核酸检测，坚持测温、戴口罩，开展“因为爱你，离你一米”上下学疏散活动。定期对学校二次饮用水进行检测，保障师生饮水、用水安全。全年，检测饮用水器具定期消毒达标率 100%。（于洪波）

【医疗援助】 2020 年，独山子人民医院组织预检分诊、发热门诊、发热留观医院等医护人员组成医疗队，分批去湖北武汉，新疆乌鲁木齐、和田地区、克拉玛依市参加疫情防控工作。2 月 3 日，独山子人民医院护理人员参加新疆第二批援鄂医疗队，逆行去湖北武汉参与医疗救治和疫情防控工作，抵达武汉接受“方舱医院”专业培训后，立即投入到“方舱医院”轻症患者紧张救治工作中。护士李金秀在支援武汉防疫工作中服务热忱耐心、任劳任怨，受到武汉患者程玲妹认可，程玲妹给独山子人民医院寄来锦旗，表达谢意。全年，派出 11 支医疗队分 14 批次支各地开展疫情防控工作，参与医护人员 156 人次，去湖北武汉参加医疗救治和疫情防控护理人员 6 人。（黄银凤）

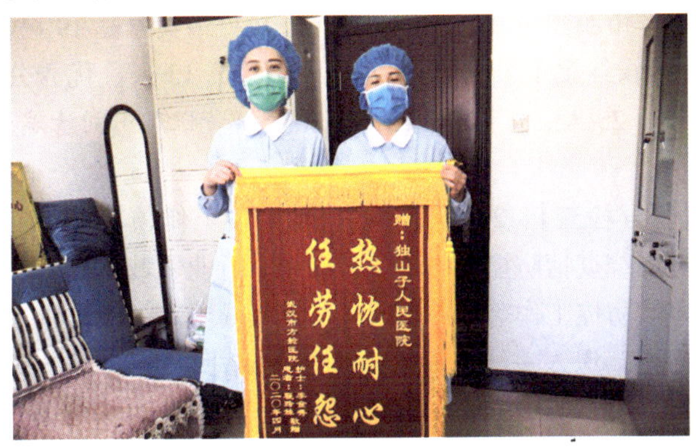


2020 年 6 月 30 日，独山子人民医院收到武汉患者程玲妹赠送的锦旗，向支援武汉抗疫护士李金秀表达谢意（田媛媛　摄）

【服务群众】 2020年，区疫情防控工作领导小组在全区封闭管理期间，发布共产党员靠前线红色号召令和“红细胞”党员倡议书，动员全区各级党组织和党员干部冲锋在疫情防控一线，在各社区居委会组建临时党支部和党员突击队，领导干部带领党员突击队承担最艰巨的防疫任务。临时党支部统筹社区居委会工作人员、“访惠聚”工作队员、区机关服务社区干部、志愿者等各支力量，统一集中吃住在居委会，开展小区巡逻、门岗值守、物资配送、垃圾清运、应急事项处置等服务群众工作。区机关公务车辆除保障指挥部运转外，全部调配至社区居委会，用于居民购水、电、气和送医、送药等服务。针对居家医学观察居民，各社区居委会制订志愿者、联户长管理办法，按照一户一册、一人一册管理要求，成立关爱小组，摸排、收集群体困难诉求。主动为孤寡、老弱、病残、孕家庭送医、送药、送餐，为生活困难群众提供救助，确保第一时间帮扶到位。热线电话24小时开通，工作人员耐心接听解答，按照集中受理、分类处置、统一协调、部门联动、一事一结机制，协调各部门及时解决群众咨询、求助、投诉、举报和建议。区机关四套班子领导带头帮助联点社区及联点企业举一反三整改落实自治区、市两级督导检查反馈问题和自检自查发现问题。服务社区干部表现优秀者及时提拔使用，在年度考核中优先推荐表彰。全区封闭管理期间，组建临时党支部及党员突击队106个，投入服务社区党员干部2000多人，招募志愿者3400多人；设置热线电话3部，接听群众困难诉求电话1000多通，解决困难诉求5300多件，为群众配送生活物资31.5万次，提供代开药服务1万多人次，清运生活垃圾1520.58吨，给生活困难群众发放救助金32.1万元；整改问题191项，整改销项率100%；帮扶联点企业87家；提拔表现突出干部4人，火线发展党员7人，推荐市级先进基层党组织4个、抗疫最美家庭19户、“三八红旗手”15人、优秀共产党员13人、优秀公务员25人、优秀干部27人。 （黄银凤 刘清瑞）

【督导检查】 2020年，区疫情防控工作领导小组重点围绕疫情防控指挥部各专项组、行业领域主管部门疫情防控工作落实情况及党员、领导干部工作作风等问题，深入一线采取末梢验证、“杀回马枪”等方式指导、督导，确保力度不减、节奏不变、尺度不松。对落实疫情防控措施不力，作风漂浮的每日通报；对不担当、不作为，工作不落实，出现漏管、失职、渎职的严肃问责。全年，检查各类场所650多次，核实问题线索65条，给予党纪政务处分10人，组织处理49人。 （黄银凤）

【“千人入千企”活动】 2020年9月，区工信局指导全区各单位围绕“摸实情、解难题、督防控、融资金”等方面内容，开展“千人入千企”活动。全区干部职工包联企业及个体工商户，由区四套班子领导、区机关干部、街道社区干部对所有市场主体进行一对一帮扶，形成千名干部联点千家企业工作机制。区机关工作人员深入走访调研，了解联点企业状况，收集意见建议，宣传落实减税降费、减免房屋租金等惠企政策，为企业协调解决人员返岗轮岗、物资供应、道路运输、资金短缺等困难。发放电子消费券，完善明珠商圈、玛依塔柯时代广场等主要商业区配套设施，以高质量服务助推中小微企业和个体工商户提振信心、渡过难关、复工复产。全年，帮助200多家企业解决各类困难诉求842件；发放电子消费券57.95万张，价值451万元，拉动消费2300多万元；减税降费4.82亿元，减免房屋租金2180万元；发放企业贷款204笔20.42亿元，个人无抵押小额信贷461笔3400多万元。 （黄继虎）

【宣传报道】 2020年，区疫情防控工作领导小组发挥官方微信公众号、抖音、网络、电视、报纸等宣传平台作用，利用横幅、海报、宣传单、宣传手册、社区大喇叭、各类LED电子屏等宣传媒介，构建全覆盖、无死角宣传网络，及时发布疫情防控最新图文信息，宣传报道医护工作者、社区居委会工作人员、公安干警、志愿者等防疫一线先进典型人物；组织专业人员拍摄制作《航拍独山子：静谧中彰显万众齐心抗疫的磅礴力量》防疫宣传片、《相信明天》歌曲MV、《幸得有你，山河无恙，向独山子区支援武汉的白衣天使致敬》抗疫护士归来宣传片，编制居民健康防护小贴士、中药方剂、口罩使用指南等疫情防控宣传片，在宣传平台上发布，引导群众树立科学防控，众志成城，坚决打赢疫情防控阻击战的信心。同时加强网上巡查管控，及时处置负面信息。全年，发放防疫宣传单、海报、手册等15万份，发布防疫常识、复工复产、疫情防控图文等信息1250多篇次；制发短视频281条，制发小视频170多部，制作抖音作品20多部；发送宣传短信10万多条；宣传报道防疫先进典型人物59人次，防疫宣传片浏览量近6万人次；独山子零距离、独山子在线、《独山子石化报》等媒体平台采用宣传稿件90多篇、微视频1部；处理疫情防控负面舆情信息72条，落查72人（批评教育70人、行政拘留1人、移交外地1人）。

（于洪波　田涛）

## 独山子石化公司疫情防控

**【概况】** 2020年，独山子石化公司面对国内突发新冠肺炎疫情，克服人员出行受阻、交通运输受限、终端消费低迷等不利影响，坚持外防输入、内防扩散，不断完善常态化防控机制和突发疫情应对措施，取得疫情防控阻击战、效益实现保卫战阶段性双胜利。全年，制定各类疫情防控方案19个，召开疫情防控工作会议109次，做核酸检测14.85万人次。（郭楷）

**【组织领导】** 2020年，独山子石化公司在全国疫情暴发第一时间成立疫情防控工作领导小组，坚持政府统一指挥、保障生产生活平稳、分级管控等原则，制定疫情防控应急预案及防疫物资储备、门岗检查规范、员工上岗及通行证管理等方案，设立统筹综合协调、生产保障、人员管控、信息宣传、综合防控、物资保障、关心关爱、承包商管理、督导检查疫情防控专项工作组，按照属地管理、分级负责，谁主管、谁负责工作原则，逐级签订军令状，承包商与业务主管部门签订责任状，严格落实防疫措施，构建各负其责、齐抓共管疫情防控工作格局。及时召开会议，研究部署疫情防控工作。全年，设立疫情防控专项工作小组9个，制定各类方案19个，召开疫情防控工作会议109次。（郭楷）

**【人员管控】** 2020年，独山子石化公司采取外防输入、内防扩散措施，细化非必要不外出研判标准，严格执行人员请销假和外出报备制度，细致摸排全员旅居信息。加强会议管理，严控会议时长、人数，严格消毒、隔位就座，疫情防控关键时期采用视频会形式召开防疫例会，暂停召开生产会，隔日召开晨会。严格餐饮管理，落实分餐、取餐、送餐制，避免人员聚集。组织员工及承包商开展全员核酸检测，做到应检尽检。全年，做核酸检测14.85万人次。（郭楷）

**【督导检查】** 2020年，独山子石化公司整合监督资源，集聚专业优势，成立总经理办、纪委办、人事处、企管处等多部门联合的疫情防控督导组，开展四不两直监督检查、体系审核专项检查，每天督导检查各点位疫情防控工作，重点检查直属单位、监管法人单位及中油一建、六建、七建，新疆电建等承包商办公及生产经营场所、公共服务场所、施工现场等重点管控区域药物消杀情况，消毒、测温、佩戴口罩、人员管控要求落实情况，通勤车、控制室、门岗三道关口把关情况，督促问题整改，快速补齐短板。加强考核问责，把疫情防控工作与各级领导干部业绩考核挂钩，制订疫情防控工作责任追究实施办法和专业管理考核实施细则，及时表彰奖励表现优秀单位和个人，严肃通报问责作风漂浮、整改不力、工作滞后等失职失责问题，推动各项防控措施真落地、见实效。全年，督导检查点位352个，查出问题327项，整改率100%；追责3人。（郭楷）

**【联防联控】** 2020年，独山子石化公司按照统一领导、统一指挥、统一行动、统一标准要求，对接市、区两级防控指挥部，及时通报情况、共享信息、掌握政策。争取地方政府支持，快速协调解决物资运输、人员通行、复工复产等问题。协助政府开展疫情防控，配合消杀大型货运车辆、押运省外车辆，协助区政府落实防疫物资货源，给区政府援助口罩、测温设备等物资，将应急储备库用于存放政府采购的生活物资。封闭式管理期间，抽调212人配合区政府工作人员在28个封闭小区开展代购生活物资、清运垃圾、环境消毒等疫情防控和生活服务。（郭楷）

**【宣传报道】** 2020年，独山子石化公司组建战疫报道突击队，安排主力记者，驻扎防疫工作最前沿，利用报纸、网络和新媒体手段，开辟防疫专栏、推出专题报道、张贴防疫挂图，创新报道手法，突出新媒体特色，策划战疫故事、战疫先锋等栏目，全面反映公司抗击新冠疫情、保障安全生产的亮点成绩、先进典型、感人事迹。全年，开辟《夺取疫情防控与提质增效双胜利》《战疫时刻》《战疫先锋》《抗疫故事》《战疫微友报道》《抗疫科普》《助力复工复产》《战严冬转观念勇担当上台阶》等10个专栏，在报纸、电视、微信等媒体刊发抗疫相关新闻报道626篇。（郭楷）

# 社会保障

## 劳动监察

【概况】 2020年，独山子区劳动监察大队（简称区劳动监察大队）依法检查、督促、纠偏、处罚用人单位和劳动服务主体遵守劳动保障法律法规情况，开展企业诚信等级评价，建立企业诚信档案。全年，对企业进行劳动保障守法诚信等级评价244家；协调解决投诉案件265起，涉及1126人、金额1230万多元；立案处理3件，结案率100%。（唐强）

【劳动用工检查】 2020年，区劳动监察大队开展清理整顿人力资源市场专项行动、建筑业劳动用工专项执法检查、用人单位遵守劳动用工和社会保险法律法规专项检查、保障进城务工人员工资足额支付及根治欠薪等专项行动。全年，检查辖区用人单位90多家，涉及在建项目50项，下发调查询问通知书16份、限期改正指令书6份，存在问题均整改完毕，整改销项率100%；协调解决投诉案件265起，涉及1126人，涉及金额1230万元，立案处理3件，结案率100%。（唐强）

【政策法规宣传】 2020年，区劳动监察大队通过现场培训、下发劳动监察建议书、入户指导、编印发放宣传资料、微信公众号、QQ群等形式做好劳动保障政策法规宣传和指导；在日常巡查、隐患排查、案件处理中以案释法，督促指导用人单位规范用工、引导劳动者依法维权，切实预防和化解劳动争议。全年，举办专场培训及座谈会10场，接待群众政策咨询1300多人次，发放劳动合同、宣传资料17000多份。（唐强）

【“两网化”管理】 2020年，区劳动监察大队推进劳动监察“两网化”工作，指导企业运用劳动监察年审系统，进行网上用工登记备案、劳动保障监察年审。全年，对用人单位网上年审和劳动用工备案244家，涉及13000多人次；办理城区建筑业劳动用工备案30多家，涉及3600多人次；企业劳动合同签订率95%以上、建筑业劳动合同签订率85%以上。（唐强）

【建筑业劳动用工监管】 2020年，区劳动监察大队召开规范建筑业劳动用工管理、保障进城务工人员工资支付专题会议，推进农民工工资专用账户、实名制管理、工资保证金、维权公示、应急处置等制度落实；加强对建筑业劳动用工日常监管和矛盾隐患排查，确保工人工资按月支付。全年，区建设项目50项，涉及施工企业31家3600多人次；办理42项新建项目进城务工人员工资保证金1092万元；退还72项竣工验收项目进城务工人员工资保证金863万元。（唐强）

【诚信企业等级评价】 2020年，区劳动监察大队定期联合就业、社会保险等部门对用工25人以上企业进行检查指导，开展意见征询与用工管理疑难问题探讨，指导企业完善规章制度，以上年度遵守劳动保障法律法规情况作为企业诚信评价依据，对诚信企业给予政策优惠，对失信企业进行联合惩戒。全年，对企业进行劳动保障守法诚信等级评价，A级127家、B级117家。（唐强）

【“双随机、一公开”检查】 2020年，区劳动监察大队联合区社会保险管理局对纳入随机抽查范围企业开展随机执法，对检查中存在问题企业均要求整改。全年，进行随机企业执法检查8批次105家，抽查企业覆盖率60%以上。（唐强）

## 劳动争议仲裁

【概况】 2020年，独山子区劳动人事争议仲裁院（简称区仲裁院）依法受理劳动人事争议案件，保护当事人合法权益。全年，接收仲裁申请70件，立案受理61件，涉及人数61人，涉及金额165.25万元；结案61件，其中裁决15件，调解46件，调解率75%，结案率100%。（段培）

【建立裁审衔接机制】 2020年，区仲裁院健全劳动人事争议处理制度，完善矛盾纠纷多元化解机制，建立区法院、劳动仲裁院“裁审衔接机制”，统一裁审理念和标准，规范裁审程序，提高劳动争议处理准确性，减轻当事人诉累。9月30日，确立区劳动争议裁审衔接机制，区仲裁院与区法院通过案件回访与反馈、案卷资料调阅、重大疑难案件会商、庭审观摩、创建工作微信群等方式，促进业务沟通和交流，提高案件办结质量和效率。全年，案外调解处理投诉案件102件，涉及207人，涉及金额128.83万元。（段培）

【“互联网+调解”工作】 2020年，区仲裁院“掌上12333”开通运行劳动人事争议调解网上申请业务，通过“互联网+调解”与线下调解相结合模式开展调解工作。全年，在各街道办事处设立劳动争议调解中心和“互联网＋调解”网络受理平台3个，企事业单位设立基层调解委员会62家。（段培）

【“涉疫情”处理】 2020年，区仲裁院加强用人单位内部劳动用工监管，妥善处理“涉疫情”劳动争议。协同劳动监察、信访、社保等部门对企业开展指导服务，帮助企业规范劳动用工，发现问题及时整改，帮助企业排查用工风险隐患；疫情期间劳动人事争议处理以调解为主、仲裁为辅，增加个案协调处理频次、力度，促使双方当事人在平等自愿基础上达成和解协议；开辟“绿色通道”，对“涉疫情”劳动争议案件建立快立、快调、快审机制，通过部门联动、缩短办案周期等方式，妥善处理争议案件。全年，处理“涉疫情”案件31起，涉及人数130人，涉及金额39.6万元。（段培）

【法律服务】 2020年，区仲裁院通过举办座谈、进街道社区宣传、接待来电来信来访、提供法律咨询等形式做好劳动保障法律法规宣传和法律维权服务，引导用人单位规范用工，引导劳动者依法维权，切实预防和化解劳动争议、维护劳动关系和谐稳定。全年，接收仲裁申请70件，立案受理61件，结案率100%。（段培）

## 住房保障

【概况】 2020年，克拉玛依市住房公积金管理中心独山子分中心（简称住房公积金管理独山子分中心）归集职工住房公积金，办理个人住房公积金提取、发放、回收等业务，建立相关档案，核算、管理及保值、增值住房公积金。全年，归集公积金汇缴7.37亿元，提取4.42亿元，放贷0.68亿元，偿还贷款1.92亿元。（高小凤）

【公积金使用】 2020年，住房公积金管理独山子分中心取消住房公积金大病支取，规范住房公积金贷款申请条件，为防范住房公积金风险，个人住房公积金贷款担保费用转由住房公积金管理中心承担。（高小凤）

【信息化管理】 2020年，住房公积金管理独山子分中心完善住房公积金核心业务系统，拓宽贷款还贷资金缴款方式，简化住房公积金业务受理资料，简化提取、贷款业务办事流程，开通手机公积金信息管理平台，实现受理、审批和监管网络信息化，达到零材料、零跑路、零审批要求，进行实时管理、实时监督。（高小凤）

【防疫和复工复产】 2020年，住房公积金管理独山子分中心在疫情防控期间，组织工作人员到各社区参加志愿者活动，帮助社区做好门岗值班，给社区居民配送生活物资，维持核酸检测现场秩序；利用微信、QQ群加大住房公积金对中小企业复工复产优惠政策宣传。截至年底，申请公积金缓交中小企业14家2068人，金额1803万元；不做逾期处理公积金贷款584笔，金额11192万元。（高小凤）

【档案管理】 2020年，住房公积金管理独山子分中心重视档案管理，对档案管理流程进行优化、细化，明确责任和分工。截至年底，将2003—2020年近18年的贷款合同档案重新进行编排目录、编号装盒6000多份；对2004—2020年近17年已经还清贷款的贷后合

同进行目录编制、整理、上架3759份。（高小凤）

## 医疗保障

【概况】 2020年，独山子区医疗保障局（简称区医保局）落实医疗保险、生育保险、长期照护保险、医疗救助、医疗保障关系转移等制度，建立健全医疗保障基金安全防控机制，监督管理纳入医保范围内医疗服务行为和医疗费用，依法查处医疗保障、生育保险、长期照护保险领域违法违规行为。全年，参加城镇职工基本医疗保险42260人、城镇居民基本医疗保险21027人；征收城镇职工基本医疗保险费用46094.29万元、城镇居民医疗保险费用3301.24万元。（毛芮）

【医保接转】 2020年，区医疗保障局办理参保人员医疗保险转移接续业务，有效接续转移参保人员缴费年限及个人账户结余基金。全年，接续医疗关系转移业务154人次，其中转出53人次，转入101人次。（毛芮）

【异地就医】 2020年，区医保局简化异地就医备案流程，缩短备案变更时间，使参保人员实现在异地就医定点医院持卡看病即时结算。制订医保工作手册，落实首问责任制、AB岗工作制、限时办结制和一次性告知制等，规范工作制度，落实工作职责。全年，办理转院转诊235人次，异地就医备案395人次，发放医疗保险宣传手册22000多册。（毛芮）

【医疗费审核报销】 2020年，区医保局按照公平、公正、公开审核原则，执行初审、复审、终审三审制，确保审核准确无误。为方便参保人员报销医药费用，于5月1日将城镇职工医药费审核报销业务下沉至三个街道办事处。全年，支付城镇职工基本医疗保险费19355.26万元、补充医疗保险费920.46万元、城镇居民医疗保险费1083.58万元、生育保险医疗费用375.94万元、生育津贴763.58万元。（毛芮）

【医保基金减征缓征】 2020年，区医保局做好各项医疗保险基金征缴工作，积极与税务部门配合，及时掌握各单位缴费信息，催促欠费单位按时足额缴费。落实疫情期间支持企业复工复产、实行医保费减征缓征政策。全年，完成民营企业减半缴费415家、企业缓缴费18家，完成率100%；减征医保费用383.24万元，参保率97.8%；征缴职工基本医疗保险6467.67万元，城乡居民医疗保险601.56万元，补充医疗保险1293.13万元，长期照护保险669.8万元，进城务工人员保险34.2万元。（毛芮）

【医疗救助】 2020年，区医保局按照扶贫帮困、分类施救指导思想，将城乡低保户、城市“三无”（无劳动能力、无收入来源、无法定抚养义务当事人）人员和因病致贫家庭作为救助重点，制订救助方式、救助标准及救助比例，提高医疗救助资金使用效率。全年，医疗救助303人次，救助资金39.58万元。（毛芮）

【长期照护保险】 2020年，区医保局将城镇职工医疗保险参保人员纳入长期照护保险（因年老、疾病或伤残而丧失日常生活自理能力需要长期照护的人，提供护理费用或护理服务的保险）保障范围，为参保人员办理新增长期照护保险，宣传长期照护险政策，实现符合条件参保人员应保尽保。全年，享受待遇56人，支付总费用84.5万元。（毛芮）

【医保基金监管】 2020年，区医保局开展打击欺诈骗保专项行动，加强医保基金监管，对查出问题药店负责人进行约谈，责令其限期整改，确保医保基金规范合理使用。全年，召开打击欺诈骗保专题会议2次，督导检查医保定点医疗机构3家、定点药店29家，查处并追缴定点药店违规刷卡资金6624.6元，查处违规骗保1人次，金额1.69万元。（毛芮）

2020年5月16日，区医保局工作人员检查医保定点零售药店刷卡情况（王大伟 摄）

【医疗保险缴费年限认定】 2020年，区医保局落实医保关系转移接续办法，实现医疗保险缴费年限在各地互认，累计合并计算。办理退休人员年限认定业务，推进退役士兵医疗保险接续工作。全年，完成退休人员年限认定244人，审核认定和接续退役军人医

疗年限31人；办理医疗账户清退27人。（毛芮）

## 社会保险

【概况】 2020年，独山子区社会保险中心（简称区社保中心）登记社会保险，审核社会保险费申报，实施社会保险征缴、管理、使用、待遇支付以及社会保险关系建立、中断、转移、接续、终止和基金转移等工作。6月，区社会保险管理局更名为区社会保险中心，归口区人力资源和社会保障局管理。全年，登记参加基本养老保险49024人，登记参加机关事业单位养老保险3532人，登记参加职业年金3532人，登记参加失业保险33682人，登记参加工伤保险34098人；征缴社会保险基金6.07亿元，养老金社会化发放率100%。（周春霞　张明）

【社保扶贫】 2020年，区社保中心落实低保对象、特困群体城乡居民养老保险个人缴费政府代缴政策，60岁以上贫困人口养老待遇应发尽发，低保对象、特困群体应保尽保。全年，为低保、残疾173人代缴居民养老保险84100元；为城乡居民发放养老待遇1709人次66.07万元。（周春霞）

【社保基金管理】 2020年，区社保中心健全完善社会保险经办风险防控机制，着力提升社会保险防控能力，建立健全内控监督检查和留痕报备机制，落实社保不相容岗位分离制度，实现经办业务全程可追溯、查询和社保基金征缴及社保待遇发放电子化。全年，征收各项社会保险6.07亿元，支出5.62亿元（不含区属机关企业养老金发放）；企业养老保险退休2129人，核发待遇7713万元；机关事业养老保险退休977人，核发待遇6985.31万元；发放失业保险金2185人次、失业补助金4742人次、失业基金代缴医疗保险2185人次、失业保险临时价格补贴2616人次，累计发放795.74万元；支付294人次工伤保险定期待遇97.62万元；支付125人次工伤保险一次性待遇702.4万元。（周春霞　张明）

【征管职责划转】 2020年，区社保中心加强与税务部门统筹协调，优化信息共享平台，完善联合工作机制和对账机制，稳妥推进后续社保费征收体制改革工作。11月1日起，区属企业职工、个体工商户、自由职业和灵活就业人员养老、失业、工伤保险费交由税务部门征收，原社保经办业务流程不变。社保经办机构负责社会保险登记、权益记录、核定费额和待遇发放，其中包括单位和灵活就业人员新参保登记、险种新增、暂停、基本信息和参保信息变更、单位和个人注销等业务。（周春霞）

【保险业务移交】 2020年，区社保中心按照时间节点实施医疗保险全责移交，实现社保与医保银行账户分离，培训区医保局工作人员医疗保险业务，协助解决工作难题，保障医疗保险业务交接顺畅。全年，开展业务培训3次，召开业务协调会3次。（周春霞）

【落实“减免缓返”政策】 2020年，区社保中心在疫情防控期间，帮助企业应对风险，稳定就业岗位，实施阶段性“减免缓返”企业社会保险费政策；对中小微企业免征养老、失业、工伤保险单位缴费部分；对大型企业、民办非企业社会团体减半征收养老、失业、工伤保险单位缴费部分；对受疫情影响生产经营严重困难企业，继续缓缴社会保险费至年底，缓缴期间免收滞纳金；加大失业保险稳岗返还力度，放宽失业保险稳岗返还申领条件，提高返还比例。全年，减半征收企业、民办非及社会团体20家社保费560.94万元；免征中小微企业537家，有354家按单位参保个体工商户社会保险费8279.52万元；办理企业社保缓缴7家；为496家企业和个体工商户发放稳岗补贴541.99万元，返还困难企业6家上年度社会保险费7054.71万元。（周春霞）

【标准化服务】 2020年，区社保中心优化社保大厅功能区，设立综合服务区、自助服务区、暖心服务区和业务办理区；设立公示牌、楼层引导牌、功能区域指示牌，设置咨询服务台，由专职人员提供政策咨询和业务解答，提供免费复印资料服务，实行“人工导服+电子叫号”。引入“一机双屏”服务新模式，通过“我录入，你查看”服务新模式，办事群众随时查看、随时咨询，提高业务透明度。采取送政策上门，问需求服务主动服务方式，推行不见面服务，通过线上核定人员增减变动，大数据比对办理社保减免；通过零申报、零填表、零跑腿，由企业申报为主动核发稳岗补贴；通过掌上办、网上办计发失业保险待遇，减轻企业用工成本，稳定市场主体，稳住就业岗位。全年，对高校毕业生就业创业指导专题培训103人；就业走访联系企业2050家次，摸排各类用工岗位3680个；重点培育经营性人力资源服务机构，为企

业开展中介服务27家，登记399人，达成就业意向127人，成功就业24人。（周春霞）

【全民参保】2020年，区社保中心建立对口联系服务企业机制，让企业员工了解养老保险、工伤保险、失业保险及社保缴纳基数等政策，提高企业员工参保意识，登记企业员工参保情况，推进参保扩面工作，落实全民参保计划。全年，开展政策宣讲12场，通过电话宣传和回访企业573家，新增个体工商户参保单位391家；企业养老保险参保缴费21357人，完成率102.1%；机关养老保险参保缴费2631人，完成率100%；城乡居民养老保险参保缴费253人，完成率125%；失业保险参保缴费18556人，完成率113%；工伤保险参保缴费24769人，完成率114%。（周春霞）

【“同舟”计划】2020年，区社保中心实施工伤保险“同舟计划”，建立和完善人社、住建等部门间信息互通、联合督导机制，督促建筑施工企业和建设项目做到应保尽保。全年，建筑企业按项目参保61家，其中进城务工人员参保工伤保险6203人次。（周春霞）

【待遇支付】2020年，区社保中心确保各项社会保险待遇按时足额发放，维护工伤职工合法权益，按政策对工伤职工供养亲属发放抚恤金、伤残津贴。全年，发放失业保险金2185人次，失业基金代缴医疗保险2185人次，失业保险临时价格补贴2616人次，为4742人次发放失业补助金795.74万元；为391人发放技能提升补贴59.65万元；为294人次支付工伤保险定期待遇97.62万元；为125人次支付工伤保险一次性待遇702.4万元；工伤定期待遇374人次增发5.9万元。（周春霞）

【社保卡发放】2020年，区社保中心推进通过社会保障卡发放各项社保待遇。新增待遇全部进卡，推进尚未进卡人员待遇进卡工作。全年，发放二代社保卡7472人，提交制卡信息161人，注销353人，转移422人，户政信息变更746人。（周春霞）

## 社会救助

【概况】2020年，独山子区扶贫开发办公室（简称区扶贫办）开展全区城市居民最低生活保障、特困人员供养、儿童救助、临时性救助等工作。全年，为城乡居民219人发放最低生活保障金及救助金218.71万元，为397人发放各类社会救助金83.37万元；发放老人特殊生活补贴51968人次765.76万元，为17人发放临时救助金2.46万元；进行疫情期间困难群众专项救助2503人，发放救助金和救助物资计59.33万元，区内协作扶贫投入资金600.65万元。（周雪海）

【困难救助】2020年，区扶贫办完善低收入家庭、困难残疾人、临时性救助、特困人员等社会救助制度，建立健全城市困难群众长效帮扶机制，牵头制订《独山子区临时救助备用金实施方案》。全年，向低收入家庭14户28人发放节日慰问金、六项补贴等救助金8.8万元；为特困人员3人支付供养费和生活救助金7.96万元；向破产企业职工遗孀、精减人员（五七工）、困难老年居民共70人发放生活补贴费23.48万元；向孤儿1人、受艾滋病影响儿童6人发放基本生活费6.87万元；向困难残疾人3人、重度残疾人270人发放补贴32.89万元；向10户16人发放临时救助金3.43万元。（周雪海）

【发放最低生活保障金】2020年，区扶贫办深入调查、摸清底数，准确掌握困难居民具体情况，严格按照程序，对城乡居民最低生活保障实行三级审核、动态化管理，自觉接受群众监督，实现应保尽保，应退尽退。全年，给138户低保户219人发放城乡居民最低生活保障金152.98万元，支出除低保金之外价格补贴、节日补贴等临时或一次性补助金65.73万元。（周雪海）

【疫情中困难群众专项救助】2020年，区扶贫办主动开展受疫情影响困难群众关心关爱工作，为916人发放救助金44.48万元，为1587人发放牛奶、面粉等生活物资和口罩、消毒液等防疫物资计14.85万元。（周雪海）

【区内协作扶贫】2020年，区扶贫办根据区委、区政府安排，发挥资源优势，向对口扶贫的新疆喀什地区疏勒县进行精准扶贫，选派工作人员去疏勒县开展协作扶贫工作，对务农人员推广培训农作物种植和畜牧养殖最新技术。全年，选派工作人员开展扶贫工作2人，组织57家单位在“832平台”购买农副产品81.45万元，培训农畜牧新技术90人。（木叶赛尔·阿不力克木）

# 社会生活

## 离退休管理

### 区属离退休管理

**【概况】** 2020年，独山子区老干部活动中心（老年大学、关心下一代工作委员会办公室）（简称区老干部活动中心）落实离退休人员“两项”待遇，维护老年人合法权益，组织离退休人员开展有益于身心健康的文化、体育活动。4月，因机构改革，由独山子区离退休管理站（区机关老干部活动中心）更名为独山子区老干部活动中心（老年大学、关心下一代工作委员会办公室），归口区委老干部局管理。全年，管理区属离退休人员849人，其中遗属16人、离休干部2人、处级以上干部28人、科级干部212人、退休职工591人；70岁以上老人139人、80岁以上老人53人。（赵媛）

**【生活待遇】** 2020年，区老干部活动中心对离退休人员提出问题认真解决、耐心服务，落实离退休人员各项待遇。全年，支出活动经费34.77万元；发放离退休人员生活补助金42.45万元、各项福利品费用28.18万元、伤残补助金1.60万元；协助离退休人员办理陪护9起，支付陪护费2.07万元；处理丧事13起，发放丧葬抚恤金29.58万元；走访、看望、慰问住院和特殊困难18人次，送慰问品0.21万元；送生日蛋糕839人；重大节日走访慰问离退休人员56人次，送去慰问金1.68万元。（赵媛）

**【文体活动】** 2020年，区老干部活动中心组织离退休人员开展“银龄风采”系列活动。开展“不忘初心践承诺、脱贫攻坚献余热”主题活动，举办“不忘初心跟党走、笔墨丹青敬献党”“爱国情、强国志、报国行”书画展，举行“迎新年、送祝福”写春联，“迎五一、游家乡、我和亲戚共赏郁金香”“‘民族团结一家亲’、浓情粽意庆端午”包粽子，“情动中秋、乐在国庆”趣味运动会，“迎冬至、包饺子、送温暖”等主题活动；组织参加克市门球交流活动。全年，参加市门球交流活动2次，参加比赛13人次；书画展参与36人，参展作品80多幅；开展各类文体活动8次，参加1330多人次。（赵媛）

2020年6月29日，区老干部活动中心在阅览室举办“不忘初心跟党走，笔墨丹青敬献党”庆七一书画展（赵媛　摄）

2020年6月16日，区老干部活动中心在第十七社区开展“‘民族团结一家亲’，浓情粽意庆端午”包粽子活动（帕尔哈提　摄）

## 独山子石化公司离退休管理

【概况】 2020年，独山子石化公司离退休管理处（简称石化公司离退处）为石化公司离退休职工和内部退养职工提供各类服务，落实各项待遇，维护离退休职工合法权益。按照独山子石化公司与区政府签署的国有企业退休人员社会化管理移交协议，实施退休人员社会化管理改革工作。全年，移交资产570项、退休职工5432人，退休职工党员转移党组织关系2088人，管理离休干部16人、内部退养职工1080人，管理服务离退休职工遗孀、遗属68人及外地精减人员（五七工）100人。 （李锡全）

【企业退休人员社会化管理】 2020年9月14日，独山子石化公司与区政府签署国有企业退休人员社会化管理移交协议。石化公司离退处按照退休人员社会化管理改革工作部署，配合区国资委、区委组织部、街道办、社区居委会进行企业退休职工、退休职工党员、场所及设施、退休人员社会化管理服务职能移交，将党组织、退休人员社会化管理服务职能移交给街道办，退休人员服务场所、设备、设施等无偿划转给街道办及社区居委会，划转后资产由街道办和社区居委会管理维护，并向社会开放。向独山子石化公司党委重新申请党组织架构，建立机关党支部、干休所党支部，协助其他单位处理异地党员组织关系转接中存在的问题。全年，移交退休人员服务场所、设备、设施等资产570项（含活动场所6处），移交退休职工5432人，移交退休职工党员组织关系2088人，建立机关党支部、干休所党支部7个。（方晔　洪雪飞）

【关爱助困】 2020年，石化公司离退处实施扶贫帮困暖心工程，克服因疫情防控对走访入户影响，建成抗疫防护网络，询访关爱守护离退休人员，加强与社区沟通协调，通过社区管理人员为退休人员联系看病、拿药、购买生活用品等，关爱帮扶高龄、独居老人，让退休人员在特殊时期依然感受到党组织关怀，感受党组织关怀和石化公司大家庭温暖，坚持家访探病制度和重大节日走访慰问制度，在春节和七一前夕开展专项走访慰问老党员、80岁以上离退休人员。全年，走访慰问离退休人员2264户，探望病人606人次；为460户身患重病、高龄、孤寡独居退休职工和遗属申请发放困难补助金和大病救助金103.3万元；为6126人发放春节慰问品、为6265人发放五一节慰问品、为6366人发放重阳节慰问品、为15723人次发放节日慰问金1370万元；经审核为6360人发放暖气、物业费补贴1628.9万元；为1745人发放特殊困难群体暖气、物业费补贴847.8万元；为1149人次报销医药费615万元。 （师海燕　徐剑虹）

【助力一线抗疫】 2020年，石化公司离退处党委以微党课、电话联系、微信公众号等形式宣贯学习疫情防控知识，号召党员协助社区抗疫，并为抗疫捐款。 86岁老党员王树璞每天坚持学习，抄写2小时笔记，撰写心得体会，常常去社区讲微党课。老党员杨泮功、吴钦合主动参加志愿者队伍，加入抗疫一线。88岁老党员徐用惠自愿交纳1万元特殊党费、老党员库斯曼·色列克巴音自愿交纳5000元特殊党费助力抗疫。全年，1389名党员为抗疫捐款175489元，在抗疫中表现突出老党员28人。 （洪雪飞）

【文体活动】 2020年，石化公司离退处应用多媒体平台、网络教学方式，开设书法、绘画、舞蹈、健身球、民族舞等课程5门；开设书法班，京剧、豫剧、秦腔4个线下培训项目。全年，开设各类培训项目9项，学员196人，参加7276人次；在中石油集团公司离退休职工管理中心及中国石油报社联合举办的“同心奔小康，奋进新时代”系列主题征文活动中获得优秀组织单位，蔡国隆摄影作品《乐享金秋》获得一等奖；在市“中国梦·劳动美·新疆好”民族团结一家亲职工书法展中李成、王春彦获一等奖，程寄秦、王兴国获二等奖，张显智、王秀梅获三等奖。 （王鸿梅）

## 家属退休管理

【概况】 2020年，新疆天利石化控股集团有限公司家属管理中心（简称家属管理中心）为退休家属提供服务，落实各项待遇，维护退休家属合法权益。截至年底，管理退休家属2092人，其中独山子石化公司家属1837人、区所属单位家属117人、代管新疆生产建设兵团驻区单位家属116人、代管克市家属10人、认定视同缴费年限家属12人。全年，去世家属62人，新增家属110人，发放各类补贴36161人次。 （周颖）

【落实待遇】 2020年，家属管理中心按时、准确为退休家属发放生活补贴、遗孀补贴、节日补助、工伤补贴等，经常性电话联系异地安置退休家属，及时办理医药费报销、福利发放等工作。全年，发放各类补贴36161人次，办理医疗报销初步审核264人次，审核发放采暖及物业费人员信息1857人。（王亚平）

【为老服务】 2020年，家属管理中心通过电话、网络视频、走访等多种形式对退休家属情况进行摸底调查，了解退休家属服务需求及建议意见，认真做好退休家属思想理论服务、政策法律服务、医疗保健服务、特殊困难服务、精神生活服务、发挥作用服务。切实做到家属生病住院、直系亲属丧事、婚产、家庭不睦、生活重大困难、家庭意外事故等必访。全年，帮助申请大病补助家属2人20000元；看望生病、行动不便家属34人，协助办理丧事62人；申请发放困难补助金182人次76.3万元。（周颖）

# 就业服务

## 人力资源服务

【概况】 2020年，独山子区公共就业服务中心（简称区公共就业服务中心）开发就业岗位，登记就业失业人员，发布就业信息，落实就业优惠政策，推进创业促就业，鼓励和扶持自主创业，实施创业担保贷款，安置富余劳动力转移就业人员。6月，由人力资源服务中心更名为区公共就业服务中心。全年，组织网络招聘会18场次，实现就业1621人，就业补贴支出2314.05万元，落实复工复产就业创业相关政策补贴637.05万元；城镇登记失业率控制在1.5%以下，年末调查失业率控制在4%以下。（冯凯）

【就业安置】 2020年，区公共就业服务中心利用区政府网、宣传手册、微信平台等多种载体，宣传就业创业扶持政策，采取稳住就业存量、扩大就业增量、兑现就业奖补、实施技能培训等措施，开展就业援助；加大公益性岗位开发力度，做好就业安置工作；突出抓好高校毕业生、退役军人、困难人员等重点群体就业。鼓励社会力量开办职业培训学校，培育本地经营性人力资源服务机构，满足企业用工需求。挂牌成立独库旅游创业园，配套支持政策，小微企业孵化基地被评为国家小型、微型企业创业创新示范基地，有效发挥旅游及创业创新带动就业作用。全年，发布就业岗位3460个，“零就业家庭”动态为零，接收富余劳动办转移就业人员550人；组织网络招聘会18场，其中大型招聘会3场，参加企业128家，提供就业岗位2750个，网络点击量29000多次，为128家招聘企业推荐求职人员1400多人次，新增就业1621人。（冯凯）

【职业培训与服务】 2020年，区公共就业服务中心实施职业技能提升行动，利用补贴性政策引导企业开展适应岗位需求和发展需要的技能培训，通过免费提供毕业报到登记、职业指导、职业介绍、政策宣传、创业指导、组织招聘会、落实补贴政策扶持等方式，为失业人员提供就业服务，有效化解就业结构化矛盾。全年，审核和代企业申请市职业技能提升资金1038.44万元；开展各类职业培训21546人次，就业1621人，实现上级就业指标190.71%。（冯凯）

【就业资金使用】 2020年，区公共就业服务中心建立就业专项资金台账，制订年度资金预、决算和分配方案，定期听取资金使用情况汇报，督导检查资金支出和落实情况。全年，支出就业补贴资金2951.1万元，其中公益性岗位补贴支出928.15万，社会保险补贴支出477.49万元，就业见习补贴支出94.22万元；企业吸纳就业贷款贴息补贴支出42.18万元；自主创业类补贴51.15万元；职业培训补贴1.21万元；抗疫援助金补贴62.9万元；独库旅游创业园创业资金161万元；创业实训基地创业资金100万元；创业孵化基地300万元；灵活就业人员社会保险补贴511.65万元。（冯凯）

【高校毕业生就业】 2020年，区公共就业服务中心开展就业指导培训，联系用工单位，根据单位用工计划组织双选会和专场招聘会，鼓励符合用工条件单位申请就业见习基地，促进毕业生就业。全年，登记高校毕业生181人，开展就业指导7场次，举办网络招聘会6场次，提供高校毕业生就业岗位348个、见习岗位247个，区机关事业单位、街道社区招考工作人员8场次，提供岗位176个；自治区高校毕业生实名制系统录入767（包含户籍迁移等其他登记26人）

人，就业716人。（冯凯）

【扶持创业】 2020年，区公共就业服务中心大力宣传《中华人民共和国就业促进法》和就业再就业相关政策，加强与企业合作，搭建就业平台。组织开展创业培训，帮助创业者了解市场、筛选项目，解决疫情防控当中复工复产及创业困难，协调解决税收减免、申请创业担保贷款等问题；开展"一站式"创业担保贷款服务、兑现房屋租金补贴等政策，为创业人员提供无息贷款，降低创业成本。全年，为企业（或个体工商户）发放创业贷款26家310万元。（冯凯）

【专项聘录】 2020年，区公共就业服务中心完善考试方案、严肃考场纪律、细化聘录流程，组织工作人员参加执法证及劳动保障监察员证培训考试，确保各专项招考工作顺利进行。全年，组织开展消防、社区、公安系统专项招考4次，报名322人，经考核录用117人。（冯凯）

【档案保管】 2020年，区公共就业服务中心为高校毕业生、复转军人、社会人员提供档案管理、转接和查询等服务，规范化、制度化、科学化管理档案。全年，接收档案574份，转出164份，结存2118份。（冯凯）

## 劳务派遣

【概况】 2020年，独山子区信达劳务有限责任公司（简称信达劳务公司）根据劳动力市场需求，向社会招收一些具有劳动能力、符合市场需求人员，培训后作为公司劳务人员，转租或派遣给其他用人单位，从中获取劳动力差价。隶属区穗丰粮油贸易有限责任公司，是区属国有独资企业。全年，主营业务收入2434.1万元，其他收益54.9万元，营业外收入2.64万元，缴纳税费108.45万元。（朱喜霞）

【劳务人员派遣】 2020年，信达劳务公司根据区企事业单位不同需求，定制相应劳务派遣方案，负责派遣人员管理；公司与每一位被派遣人员依法签订、续订和解除劳务合同，按规定给被派遣人员发放工资薪酬、代收代缴社会保险、处理劳动争议等。全年，续订劳动合同195人，解除劳动合同50人；为区机关事业单位22家派遣公益性岗位就业195人。（朱喜霞）

【见习基地】 2020年，信达劳务公司是独山子区就业见习基地之一，设置区城市管理局协管员、区污水处理厂操作工、区农业和水务局工作人员、区市场监督管理局工作人员、区人社局工作人员、区公共就业服务中心工作人员、区人大常委会工作人员、区委组织部工作人员就业见习岗位，提供就业见习服务，被评为区优秀见习基地。全年，为73人提供就业见习服务。（朱喜霞）

【"三支一扶"人员管理】 2020年，信达劳务公司管理独山子区招募"三支一扶"（大学毕业生到农村从事支农、支教、支医和扶贫工作）人员19人，结合工作实际开展岗前培训，严格落实"三支一扶"人员各项待遇政策。根据区人社局、编办等部门要求，结合"三支一扶"人员所学专业，向区社保中心派遣6人、区人社局派遣1人、区公共就业服务中心派遣6人、西宁路街道社保所派遣1人、新北区街道社保所派遣1人、金山路街道社保所派遣2人、金山路街道劳动保障事务所派遣1人、金山路街道社会事务服务中心派遣1人。

【劳务承揽】 2020年，信达劳务公司承揽独山子石化公司炼油厂、热电厂、铁路运输公司、供水供电公司、信息网络公司、研究院等6家单位、12个车间生产辅助业务。全年，有辅助岗位员工155人，派遣"三支一扶"人员19人，劳务承揽223人；进行安全应急演练11次；安全专项学习36次，事故案例学习12次，安全考试5次；累计培训966人次，其中岗前培训483人次、安全专项培训193人次，签订安全生产责任书161份；安全隐患检查72次，发现各类问题116条，整改销项率100%。（李涛）

【运输服务】 2020年8月，信达劳务公司运输公司与供应处总库进行机构重组，更名为仓储运输中心。撤销部分岗位，驾驶员分配在仓储运输中心运输一部；提供高质量运输服务，确保生产工作平稳运行，定期查找安全隐患，降低运输公司经营风险。全年，有现场管理人员2人、通勤车辆驾驶员31人、推土机驾驶员24人、吊车驾驶员2人、危化品驾驶员1人、平板车驾驶员1人，运输服务员工120人。（李胚胚）

【人力资源服务】 2020年，信达劳务公司通过独山子在线微信平台、电视台、微信群，举办外地现场招聘会、人力资源服务中心招聘会、电视广告招聘等方式招录各类专业人员，对录用人员进行就业培训，提供就业岗位。全年，有求职人员410人，推荐至企业及个体工商户就业28家。（朱喜霞）

## 社会事务

【概况】 2020年，独山子区民政局（简称区民政局）管理全区社会事务及基层政权建设，进行婚姻登记，收集、整理、归档婚姻档案，管理地名及墓地，提供殡葬服务。将区扶贫开发办公室水库移民管理职责移交区农业和水务局。全年，考取社会工作师证15人，办理婚姻登记513对。（占飞）

【社区建设】 2020年，区民政局成立社区服务小分队，通过现场交流、互动摸排等方式，细化社区职责、明确社区分工、为社区减负增效。完成城乡社区工作者基础信息更新、补充完善工作，指导社区居委会进行主任、副主任和委员增补选举。组织社区居委会符合条件工作人员参加全国社会工作师考试，并开展取证培训工作。全年，录入城乡社区工作者信息4071条，增补选举主任、副主任、委员的居委会6个；参加社会工作师取证培训50人，考取中级社会工作师证10人、助理社会工作师证5人，有中级社会工作师47人、初级社会工作师60人。（占飞）

【婚姻登记】 2020年，区民政局简化办事程序，开展规范化婚姻登记工作，提高办事效率和服务质量。利用婚前检查宣传资料，有针对性地对前来办理结婚登记青年男女宣传婚前医学检查重要性，提高婚前检查率。做好婚姻档案收集、整理、归档工作，接待合理查档人员；办理电话及网上预约婚姻登记。全年，办理结婚登记320对、离婚登记193对，补领结婚证162件、离婚证73件。（占飞）

【地名管理】 2020年，区民政局地名办公室对独山子区与乌苏市、沙湾县和奎屯市界线进行全线巡检，开展边界地名标牌、界桩加固及维修工作。核对全区地名、地址信息，清理、整治不规范地名，发现误差及时整改。编撰区标准地名词典、标准地名录、标准地名图集和最美地名故事；完成二维码门牌采购制作安装工作。全年，下发命名批复文件2份，办理门牌证350个；新增及补做街路牌30块，路牌立柱刷漆91块，清洗维修街路牌2次657块。（木叶赛尔·阿不力克木）

【殡葬服务】 2020年，区民政局殡葬管理所开展公墓绿化工作，建设公益性公墓。倡导绿色低碳祭扫，引导群众采用敬献鲜花、植树绿化、网络祭扫等文明祭奠，减少火灾隐患和环境污染。为丧户提供遗体运输、存储、火化、下葬等殡葬服务，春节、清明节祭扫期间，出动人员及车辆，保障祭扫安全。截至年底，公墓绿化投入90万元，绿化面积4.3万平方米。殡仪馆有遗体运输中巴车2辆，遗体接运面包车2辆，特殊值班皮卡车1辆，遗体冷藏柜15个。遗体火化率35.6%，为群众提供吊唁服务10950人次；春节、清明节祭扫期间出动保障人员109人，保障车辆、机械30台次，疏导祭扫车辆3930辆，疏导祭扫人员10459人。（周峰松）

## 社会组织

【概况】 2020年，区民政局注册、管理社会组织，督促社会组织年检，指导、服务社会组织。全年，注册登记社会组织1家，参与年检社会组织35家；扶持培育社会组织承接项目14个，投入资金190.94万元。（陈发儒）

【社会组织注册年检】 2020年，区民政局依法注册社会组织，严格审查各社会组织人员变动、经费支出、重大活动、遵纪守法等情况，根据具体问题依法做出不同处理意见，督促社会组织进行年检。截至年底，登记注册社会组织39家，其中社会团体25家、民办非企14家。全年，注册登记民办非企社会组织1家，社会组织信息变更9家；参与年检社会组织35家，其中社会团体年检合格20家、不合格3家，民办非企业年检合格10家、不合格2家。（陈发儒）

【社会组织管理】 2020年，区民政局坚持民办、公助原则，同社区整体建设相结合，大力发展为老人、少年儿童、残疾人等弱势群体提供志愿服务的公益性社会组织，对基础好、作用突出社会组织，通过购买服务方式，予以资助扶持。通过福彩公益金扶持培育善承社工服务站、启迪社会服务工作站、悦伴湾社会工作站、多彩阳光社会工作服务站承接社会公益项目，组织志愿者开展文明城市创建、社会公益日、新冠疫情防控志愿服务，在第十一社区居委会建立首个志愿者服务工作站，并举行揭牌仪式全年，扶持培育社会组织承接项目14个，其中自治区福彩公益金项目4个，投入资金55万元；承接市级福彩公益金项目7个，投入资金100万元；承接区级日托养老项目3个，投入资金35.94万元；参与志愿服务志愿者300多人，服务时长5万多小时。（陈发儒）

2020年9月19日，区民政局组织志愿者在重点路段十字路口开展文明交通劝导活动（同毓梅　摄）

2020年12月28日，区民政局在第十一社区居委会举行首个志愿者服务工作站揭牌仪式（谷伟　摄）

# 老龄事业

## 为老服务

【概况】2020年，独山子区完善老龄事业发展体系，推进养老服务体系建设，落实老年人优待政策，维护老年人合法权益，指导、监督养老机构运行管理，推进医疗卫生和养老服务融合发展。截至年底，全区有60岁及以上老年人10334人，占总人口的11.96%。其中，65岁及以上老人7880人，占总人口的9.12%；80岁及以上老人1917人，占总人口的2.22%；百岁老人2人。全年，办理老年优待及优惠证410本，为老年人提供家庭医生签约服务3107人次，为老年人提供免费洗浴14190人次，为老年人免费体检809人，养老服务中心入住老人118人。

（张家瑄　毕达丽汗·木扎塔尔）

【老年优待】2020年，独山子区老龄工作委员会办公室（简称区老龄办，归口区卫健委管理）完善社会保障制度，将惠民政策落到实处，为老年人办理优待、优惠证，老年人可以凭证免费进入公共文体活动场所、免费乘坐城区公交车等。全年，为65岁老人办理老年优待证406本，为60岁以上老人办理老年优惠证4本。（张家瑄）

【医养结合】2020年，区老龄办推进医疗卫生和养老服务融合发展，创新运作模式，统筹各方资源，满足居家、社区及机构集中养老等不同层面服务需求，实现老有所养、老有所医目标。截至年底，有两证齐全医养结合机构1家、养老日间照料中心3家。全年，完成60岁以上老年人健康登记5784人次，家庭医生签约服务3107人次；健康管理65岁以上老年人3580人次，医养结合服务指导2026人次；慢性病及老年人电子化中医管理3261人次。（彭李飘雪）

【慰问活动】2020年，区老龄办落实老年人优待政策，重大节日期间入户慰问离退休人员，对低保、“空巢”、困难老人进行节日慰问，开展尊老、爱老、敬老活动，让其感受到组织关心和关怀；动员、组织各部门和社会各界为老年人办实事、送温暖。全年，慰问老人3415人次。（张家瑄）

【落实老年人待遇】2020年6月，独山子区养老服务管理中心更名为区为老服务中心（简称区为老服务中心）落实老年人免费洗浴、免费乘车、旅游景点景区免门票等待遇，组织老年人免费体检。全年，为老年人提供免费洗浴14190人次，支出洗浴费4.97万元；为老年人免费体检809人，支出体检费40.45万元。（毕达丽汗·木扎塔尔）

【养老服务】 2020年，区为老服务中心指导至信爱老服务中心开展机构养老服务。强化养老基础设施建设，改善养老服务硬件设施，为老人提供优质服务。成立心理咨询志愿服务队，开通24小时心理咨询热线，通过视频、电话等方式为院内工作人员和老人提供情绪疏导、情感支持、危机干预等心理援助服务。全年，提供养老服务278人次，居家养老服务4657人次；养老服务床位由180张增加至414张，养老服务中心入住老人118人，测评满意度98%。 （牛卉）

【养老日托站】 2020年，区为老服务中心指导善承社工站、多彩阳光社工站、悦伴湾社工站、至信爱老服务中心等社会组织，为全区老年人提供生活照料、家政服务、送餐上门、康复保健等养老日托服务。全年，养老服务投入47.92万元，提供服务6000多人次。 （牛卉）

## 老年大学

【概况】 2020年，独山子区老年大学（简称区老年大学）制订全年学习计划，设置学习专业，管理学员及聘用教师，总结探索老年教育办学经验。全年，聘用任课教师31人，有教学班31个，开设课程21门，参与学员1096人。 （张国彬）

【教学情况】 2020年，区老年大学在疫情防控期间进行线上指导上课，继续开展三种课堂教学方式；第一课堂（专业课程教学）教学内容生动有趣、实践性强，组织学员技能评比及常规专业考核，综合评定教学质量及教学成果；第二课堂（主题教育讲座）通过网络平台开设党支部主题教育讲座；第三课堂（社会公益活动）融入社会，在各类汇报表演中巩固学习成果。开通网上老年大学，提供舞蹈、音乐、摄影、书画、美食、养生、运动、历史、旅行等课程（教学视频），网上课程丰富，分类清晰，学员可通过手机满足在家学习的愿望。为学员们指导具体操作步骤，帮助学员丰富宅家生活，停课不停学，学习不延期，采取贴近生活、灵活多样教学方法，营造“玩中学，学中乐”学习氛围。全年，开设网上特色课程9门。 （张国彬）

【文体活动】 2020年，区老年大学组织学员以第三课堂为载体，参与社会活动，强化自我价值认同，增强乐观向上精神。全年，开展文体活动15场次，提供精品节目20个，组织参与大型演出3场次，受益学员1000人次。 （张国彬）

【才艺展示】 2020年，区老年大学以实践教学为主、理论教学为辅，将课堂教学与社会实践相结合；疫情防控期间，联合区图书馆举办抗疫书法网络展，承办“贺华诞，颂党恩”“庆国庆，迎中秋，立家规家训，树廉洁家风”“永远跟党走”老年大学书法网络展，参加市文体旅游局、市总工会、市文联各类展览书画、纸艺展、舞蹈赛。全年，组织舞蹈、合唱、电子琴、音乐班等班级学员参加各类会演15场次。 （张国彬）

## 关心下一代工作

【概况】 2020年，独山子区关心下一代工作委员会（简称区关工委）发挥“五老”（老干部、老专家、老战士、老教师、老模范）人员优势和作用，围绕青少年健康成长，开展青少年爱国主义、理想信念、思想道德、民主法制等教育工作。全年，设立基层关工委组织22个，开展教育宣讲活动30多场次。（张玲玲）

【组织建设】 2020年，区关工委实行“党建带关建”下“双主任”领导机制，街道党工委书记任名誉主任、分管关工工作副主任及“五老”人员任主任。构建起党委领导、街道社区配合、关工委主动作为、社会力量参与的工作格局。全年，建立基层关工委组织22个，其中街道关工委3个、社区关工委19个。 （张玲玲）

【教育宣讲】 2020年，区关工委建立“五老”人员宣讲团，按照职能分成传统文化、家庭教育、思想道德（爱国主义教育）、民族团结进步、法制教育、科学技术、生活技能、健康教育8个宣讲组和文体艺术关爱组。宣讲内容为红色基因传承、科学技术、生活技能、健康教育、家庭教育等。全年，组成“五老”人员宣讲团70人，设专业宣讲组9个，开展宣讲活动30多场次，寒假期间计划开课61节，受教育青少年4379人次；向市里推荐优秀宣讲课件9篇。 （张玲玲）

【读书活动】 2020年，区关工委积极开展动员参与全国“中华魂”读书活动，成立中小学校读书活动领导小组；制订读书活动方案，利用国旗下讲话和课件广播，对读书重要性进行宣讲，持续分享读书与成长小故事，精心策划读书活动启动仪式、读书活动表彰仪式等，调动学生读书热情和主动性，把“要我读”转变为“我要读”。全年，发放“中华魂”读物 1730 本；向市关工委推荐报送“中华魂”（爱我中华——中华人民共和国成立七十周年）优秀征文 30 篇。

（张玲玲）

**【主题教育活动】** 2020 年，区关工委指导区教育系统关工委组织中小学举办读书、征文、演讲、书画比赛、网上朗诵等活动，开展 “扣好人生中第一粒扣子”“爱国主义教育课前三（五）分钟”“培育国旗文化”“爱国主义歌曲进校园”“我是中国人”“唤醒归属感，增强自豪感”“认好中国字、写好中国字、说好中国话、读好中国书”“中华经典诵读工程”“新时代好少年”等主题教育活动。开展“关爱明天、普法先行”—青少年普法教育活动，提升青少年法制观念。邀请教育、疾控、公安等相关部门专业人员，进行禁毒、防艾等宣讲，通过展示实物图片、讲述真实案例，生动开展禁毒防艾教育。组织社区工作人员、老师、学生志愿者开展学雷锋活动，到社区慰问困难家庭，陪老人聊天、整理家务、赠送学生绘画。全年，宣讲主题 26 项，向市教育局推荐参赛绘画作品 209 幅、书法作品 102 幅、朗诵视频 83 个、演讲视频 42 个。（张玲玲）

## 残疾人事业

**【概况】** 2020 年，独山子区残疾人联合会（简称区残联）维护残疾人合法权益，解决残疾人实际困难，稳定残疾人就业，发放残疾人福利，推动残疾人康复事业，核发中华人民共和国残疾人证，组织残疾人开展文体活动。7 月，区残联办公室由区卫健委联合办公楼整体搬迁至南京路 27 号区住建局联合办公楼 1 楼。全年，新增残疾人 23 人；安置残疾人就业 4 人，为 14 家用人单位发放残疾人就业社保补贴 93 人 18.6 万元，为 4 家用人单位发放超比例安置残疾人奖励金 39.2 万元；征收残疾人就业保障金 672 万元。

（陈一波）

**【残疾人基本情况】** 2020 年，区残联对持证残疾人进行基本状况调查，健全残疾人基本状况大数据，实现残疾人基本状况信息化动态管理，推进全区残疾人事业全面发展。全年，登记在册残疾人 868 人，残疾人纳入最低生活保障 48 人，0～16 岁残疾儿童 29 人，在校残疾学生 18 人，困难残疾人家庭 3 户（其中有小学生 2 人、初中生 1 人）。 （陈一波）

2020 年独山子区残疾人基本情况统计表

表 12 单位：人

| 类型<br>类级 | 视力残疾 | 听力残疾 | 言语残疾 | 肢体残疾 | 智力残疾 | 精神残疾 | 多重残疾 | 合计 |
|---|---|---|---|---|---|---|---|---|
| 一级 | 11 | 23 | 1 | 24 | 10 | 17 | 38 | 124 |
| 二级 | 2 | 21 | 0 | 45 | 23 | 35 | 25 | 152 |
| 三级 | 37 | 44 | 4 | 109 | 46 | 33 | 11 | 284 |
| 四级 | 18 | 37 | 4 | 180 | 29 | 36 | 5 | 309 |
| 合计 | 68 | 125 | 9 | 358 | 108 | 121 | 79 | 868 |

**【康复训练】** 2020 年，区残联残疾人康复指导中心委派康复技术专家，对残疾人健康情况进行评估，分类精准指导残疾人康复训练，转介重度脑瘫、智障、孤独症儿童 5 人去自治区定点康复机构进行康复训练；摸底调查残疾人家庭需求，为有需求的残疾人配发、更换轮椅、洗浴凳、充气垫、坐便器、腋杖、手

杖，改造无障碍设施，发放康复保障金。全年，为87人次配发、更换残疾人辅助器具165件，为16户残疾人家庭进行无障碍设施改造投入3.5万元，为178人听力及言语残疾人发放无障碍信息补贴2.136万元，为听力残疾人配发助听器4人，为4名残疾儿童发放助听器电池1152粒；为40名贫困精神残疾人服药救助、补贴3.6万元。（陈一波）

【困难救助】 2020年，区残联通过摸底调查，解决贫困残疾人基本生活保障问题，为各类残疾人发放生活补贴、代缴城乡居民养老保险及医疗保险，为困难残疾人家庭发放救助金及学生助学金等，保障残疾人基本生活需求。审核签订残疾人阳光家园日托站救助合同，不定期对残疾人日间照料站运行情况进行检查。5月17日，开展全国助残日宣传活动，与“独库骑迹”爱心机车俱乐部、阳光社工服务站、五分钟掌上超市开展慰问活动，给困难重度残疾人家庭送去慰问品及慰问金。全年，扶贫帮困各类残疾人573人次，补贴79.54万元；为67人代缴城乡居民医保1.34万元，为32人代缴城乡居民养老保险1.28万，审核发放351人次无业残疾人基本生活费23.14万元，为13名困难残疾人家庭发放助学金0.65万元，为9名大中专院校残疾学生发放自强奖学金及生活补贴3.9万元，为27名0~14岁残疾儿童发放康复救助金0.972万元，为25名日托残疾人支付托养费用20.3万元。（陈一波）

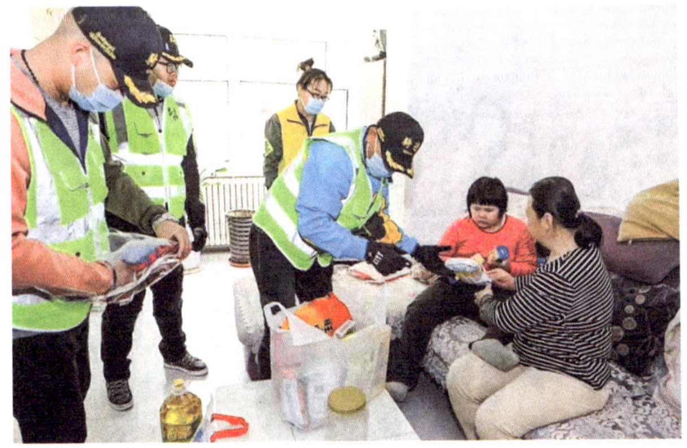

2020年5月18日，区残联与多彩阳光社工站、“独库骑迹”爱心机车俱乐部、五分钟掌上超市联合开展助残日慰问活动（邱红艳　摄）

【就业保障】 2020年，区残联对符合条件、有就业意向残疾人进行筛查，鼓励残疾人自主就业，进行就业培训；录入残疾人实名制就业系统信息，信息数据100%；对比例内安置残疾人就业和超比例安置残疾人就业单位实施社保补贴和奖励。全年，安置残疾人就业4人，为14家用人单位发放残疾人就业社保补贴93人18.6万元，为4家用人单位发放超比例安置残疾人奖励金39.2万元，为自主创业残疾人发放社保补贴7人2.1万元；征收残疾人就业保障金672万元（进入区县级账户金额）。（陈一波）

【定点康复机构设立】 2020年，区残联与市残联、市人民医院协调，经过申请、备案，专家组审核，独山子区人民医院和盛元康复医院纳入市残疾人康复定点医疗机构名录中，被确定为区首批残疾人定点康复机构，解决残疾儿童无法就近进行康复训练的困难，减轻残疾人家庭亲属陪同康复期间经济负担。全年，纳入康复定点医疗机构2家。（陈一波）

【辅助器具适配补贴发放】 2020年，区残联出台《独山子区残疾人基本辅助器具适配补贴（暂行）办法》，实施残疾人基本辅助器具适配补贴试点工作，面向有辅助器具需求的残疾人逐步推行由无偿免费适配向个性化、便利化和专业化精准适配转变，由全额免费配发向适当补贴转变，为市出台残疾人基本辅助器具适配补贴办法提供经验。全年，争取试点补贴经费30万元。（陈一波）

【残疾人文化周】 2020年6月19—25日，区残联制订残疾人文化周活动方案，组织残疾人在独山子大峡谷举办文化周启动仪式，开展小康残疾人文化周和我爱祖国、我爱油城“民族团结一家亲”活动，联合多彩阳光社工站，组织残疾人去独山子大峡谷、城市公园、独库公路博物馆参观游览，开展残疾人家庭无障碍改造工作，实施残疾人救助工程，慰问困难残疾人家庭。全年，组织残疾人观光游40人，慰问困难残疾人家庭22户，完成残疾人家庭无障碍改造16户，改造部位73处，费用3.5万元，验收、回访满意率100%。（陈一波）

## 慈善事业

【概况】 2020年，独山子区慈善协会（区慈善捐助中心、区红十字会）（简称区慈善协会）募集慈善资金，实施扶贫开发项目，开展社会救灾赈济、扶贫救济、慈善救助及慈善公益等活动，资助困难群众，开展“三救”“三献”活动。7月3日，区红十字会成立，在区慈善协会挂牌。全年，募集善款资金1434198.15元，其中含存款利息收入36869.84元、项目及爱心捐款397452.68元；接收物资56995件，价值308871.6元；资助贫困人员1065人次，发放金额70306.8元，发放款物合计1341081.5元。

（张硕昌）

【账户管理】 2020年，区慈善协会账户由财政局统一核算，按财务统一管理规定，严把内控流程，账户内款项支出根据年度工作计划由协会办公室提出申请，经协会领导（区领导）审批后，由财政局支付。坚持每月公示捐赠物资，每季度公示财务收支情况，年底进行财务审计。全年，接收各类捐款365122.3元，支出款项194253元。（张硕昌）

【社会捐赠】 2020年，区慈善协会利用捐赠款接收专户，坚持专户管理、专款专用、专物专供原则，对各类捐款物资分类造册登记并建立相关台账，根据具体情况，适时予以发放。全年，接收捐款1434198.15元（含市慈善总会拨款及社会各界定向捐赠资金及物资308871.6元），其中疫情捐赠善款968844.33元，捐赠物资价值286211.6元，疫情防控指挥部采购防疫物资使用捐赠资金910457.1元；结余疫情防控资金58387.23元；筹集爱心午餐、助学项目3564元，接收筑路老兵重走独库公路公益项目捐赠金额150344.66元。（张硕昌）

【慈善帮扶】 2020年，区慈善协会开展慈善情暖万家系列慰问活动。全年，慰问困难群众85户，慰问金14500元；发放米、面、油、鸡蛋等价值12000元；为8户单亲特殊困难家庭发放救助金17000元；在国庆节、中秋节期间慰问困难群众20户，发放救助金6000元；为大、中专贫困学生21人发放助学金68142.8元。（张硕昌）

【慈善宣传】 2020年，区慈善协会利用每月社会公益日活动、服务联点社区走访等时机宣讲《中华人民共和国慈善法》等相关法律法规，向居民介绍慈善协会工作职责、慈善事业意义等；通过捐赠平台及微信公众号等媒体，广泛宣传慈善法律法规及区慈善事业发展情况。全年，门户网站发布信息53篇，公众订阅号微信平台采用慈善事业信息55篇。（张硕昌）

【献爱心工程】 2020年，区慈善协会以节俭、环保、爱心为理念，动员全社会通过捐赠、变卖废纸和单位过期报刊积聚善款，捐赠数量及时公示，救助贫困家庭先心病患儿。全年，接收各单位捐赠废旧报纸、书籍475千克，杂志16千克。（张硕昌）

【红十字会活动】 2020年，区红十字会开展“三救”（救援、救灾、救护）和“三献”（献血、献造血干细胞、献遗体或器官）活动，整合社会力量与新疆天山救援队签订合作协议，完善救援措施，开展公益类救护培训；实施中国人体器官捐赠志愿登记卡发放。全年，招募造血干细胞采集数50人，举办救护培训10场次、救护员上岗培训20人，取得救护师资格证10人；登记中国人体器官捐赠志愿者10人。

（张硕昌）

【“暖心饺”公益活动】 2020年12月7日，区慈善协会联合新闻传播中心、区总工会等部门发起“暖心饺”公益项目线上捐款活动。活动期间，收到社会各界“暖心饺”捐款170002.86元，发放饺子2015份，支付饺子款40300元；为全区环卫工人每人发放手套、帽子、围脖三件套价值120408元。（张硕昌）

2020年12月18日，区慈善协会与相关单位联合开展给环卫工人送冬至“暖心饺”公益活动（康熙 摄）

## 民族宗教事务

【概况】 2020年，独山子区民族宗教事务局（简称区民宗局）统筹指导全区民族宗教事务，开展法律法规、政策及基本知识宣传教育工作，协调处理民族宗教关系中的重大事宜，依法对宗教人士、宗教活动场所及宗教活动进行管理，开展平安宗教场所创建活动。全年，开展法治进宗教场所宣传活动 50 多次，组织开展各类学习 53 次，派出工作人员参加自治区、市及其他地区培训学习、经验交流 56 人次，举办民族宗教工作培训 30 多场次。（周晓晨）

**【民族成分变更】** 2020 年，区民宗局依法开展民族成分确认及更改、起名、改名等工作，对申请人所提供的各类资料及证明认真核对，经审核符合办理条件的申请人给予办理。全年，答复咨询问题 13 人次，申请资料进行复核并依法做退回处理 4 人次，办理民族成分变更 2 人次、起名 54 人次。（周晓晨）

**【执法检查】** 2020 年，区民宗局联合金山路、西宁路、新北区街道办，区委政法委、区委组织部、区工信局、区市场监督管理局、区教育局等单位开展全区食品行业营业场所联合执法检查，同时配合市局开展清真食品管理检查。检查期间，发现问题，要求当场进行整改或移交相关单位整改和处理。全年，开展执法检查行动 4 次，检查辖区内营业场所 3200 多家次，收回不符合规定清真标志牌 18 块，发现问题商品和食品 39 件，整改问题 170 多项，整改销项率 100%。（周晓晨）

**【社情走访】** 2020 年，区民宗局走访街道办事处、社区居委会及区直机关各部门（单位）、独山子石化公司、晟通热力公司、独山子人民医院、金融系统及其他驻区企业，与各单位负责人、信息员及个别信教群众进行沟通交流，开展社情走访活动，宣传民族宗教政策、法规，增强各族群众学法、遵法、守法、用法意识，及时了解掌握存在的民族问题，做到底数清、情况明。全年，走访单位 70 多家次，走访群众 350 多人次。（周晓晨）

**【宗教事务管理】** 2020 年，区民宗局组织区宗教场所民主管理委员会、驻第五社区居委会工作队、区宗教人士在五区宗教场所召开会议，调整区宗教场所民主管理委员会成员，安排调整后工作交接及分工，部署宗教事务工作。组织党员干部及宗教人士开展《宗教事务条例》《新疆维吾尔自治区去极端化条例》《简明新疆地方史》、三个白皮书、第三次中央新疆工作座谈会精神及习近平总书记系列重要讲话精神学习，开展中华文化、社会主义核心价值观、国家法律法规等书籍及宣传册进宗教活动场所活动。全年，组织开展各类学习 53 次，入户宣讲 541 户次，受教育群众 875 人次；为信教群众解决落户问题 1 件。（周晓晨　刘浩）

**【平安宗教场所创建】** 2020 年，区宗教场所民主管理委员会制定平安宗教场所创建计划和实施方案，完善宗教场所管理制度，指导宗教场所在政策、法律、法规规定范围内开展合法宗教活动。提高宗教人士、信教群众知法、守法意识。定期组织宗教人士开展政治理论学习，宣传党的路线、方针、政策和国家法律法规。要求宗教场所自觉接受区政府消防安全、卫生防疫等相关部门监督检查，及时向有关部门反映社情民意。经市宗教工作领导小组考核验收，区宗教活动场所被命名为平安宗教场所。全年，开展法治进宗教场所宣传活动 50 多次，参加 470 人次；向宗教人士开展宣传活动 48 次，参加 360 人次。（周晓晨）

# 安全生产和应急管理

## 安全生产

【概况】 2020年，独山子区应急管理局（简称区应急管理局）监督管理危险化学品、烟花爆竹及工矿商贸行业安全生产，指导、协调、监督、检查、考核全区有关部门安全生产工作。9月，区应急管理局党组撤销，成立区应急管理局党委。全年，发生生产安全事故1起，无人员伤亡，经济损失下降90.02%；发生生产经营性道路交通事故6起，死亡2人，受伤6人，直接经济损失1.33万元；检查单位、场所5万家次，发现隐患5964项，整改销项率100%。（蔡进前）

【安全生产监督管理】 2020年，区应急管理局加强制度建设，修订区安全生产目标管理责任书，与区领导、责任单位党政负责人签订年度安全生产目标管理责任书，在春节、“两会”、国庆等重点时节，制订下发区安全生产方案、通知等文件，协调相关部门对企业开展隐患整改“回头看”。全年，制订下发各类方案、通知23份，各类安全工作文件33份；签订安全生产目标管理责任书70份，召开安委会例会4次、安全生产专题会2次；开展联合检查66次，查出一般安全隐患241项，全部整改销项，整改率100%。（蔡进前）

【安全生产许可】 2020年，区应急管理局依法完成危险化学品经营许可证取证、换证14家，办理烟花爆竹经营许可3家，注销危险化学品经营企业2家，行业安全生产许可取证率100%。（蔡进前）

【专项整治】 2020年，区应急管理局加强风险隐患排查治理，开展非煤矿山、危险化学品、烟花爆竹、工矿商贸等企业隐患排查和专项整治工作。全年，检查单位、场所5万家次，发现整改隐患5964项，下发责令限期整改指令书55份。发生生产安全事故1起，无人员伤亡，经济损失下降90.02%；发生生产经营性道路交通事故6起，死亡2人，受伤6人，直接经济损失1.33万元；行政处罚企业3家，罚款54000元；查处各类违法行为43000多起，罚没款247.1万元。（蔡进前）

【宣传教育培训】 2020年，区应急管理局联合区消防救援大队、区农业和水务局、区自然资源分局、区生态环境分局、区民政局在武昌路市场设点开展防震减灾宣传活动；LED显示屏不间断播放宣传标语；微信群、朋友圈扩散转发防震减灾相关讯息；学校利用QQ群、校园广播、家长微信群、安全教育平台给师生和家长宣传防震减灾小常识；“5・12”宣传周利用独山子在线、青春玛依塔克等平台推送宣传信息，在政府移动代理服务（MAS）短信平台发送宣传短信；组织部门安全管理人员、企业主要负责人、安全管理人员安全生产业务培训。全年，悬挂横幅20条，设置流动展板6块，发放科普宣传折页10000份、“5・12”纪念日手提袋1000个，开展地震科普培训57场次，在媒体平台推送宣传信息6篇，组织防震减灾培训1次，参加200多人。（蔡进前）

## 应急救援

【概况】 2020年，区应急管理局完善应急预案体系，建立健全事故灾难和自然灾害分级应对制度，组织开展预案演练，推动应急避难设施建设。截至年底，建有应急避难场所 12 处，区级应急物资储备库 1 处，储备应急物资避难场所 6 处，储备应急物资 158 种 1.8 万件。全年，修订完善应急预案和救灾物资储备管理办法 5 个，开展各类应急演练 8 场次，参与 3.2 万人次。 （蔡进前）

【应急体系完善】 2020 年，区应急管理局完善应急物资保障机制，修订自然灾害、防汛抗旱等专项应急预案和救灾物资储备管理办法，补齐应急避难物资，开展各类综合应急演练。结合重要节点加强风险隐患排查治理，落实重点行业领域专项整治，鼓励企业自主开展专家查隐患行动，构建风险分级管控和隐患排查治理双重预防体系。科学组织抗震救灾等应急演练，提升防灾减灾救灾能力。强化药品和医疗器械监管，开展化妆品专项整治。加强食品安全监管，开展食用农产品、农药残留、餐饮具等监督检测。截至年底，建有应急避难场所 12 处、区级应急物资储备库 1 处、储备应急物资避难场所 6 处，储备应急物资 158 种 1.8 万件。全年，建立覆盖街道社区灾害信息员队伍 24 人，组织灾害信息员视频培训会 1 次，完善突发事件应急预案修订汇编 31 个。 （蔡进前）

【应急演练】 2020 年，区应急管理局制定完善独山子区地震、火灾发生应急预案、应急综合演练方案，组织开展全区地震综合应急演练、森林草原初级防火演练、一中高中生高考期间突发地震及火灾处置及逃生演练；排查水库、防洪渠、山洪灾害隐患，开展防汛抢险应急演练；组织居民区抢险救灾、南广场避震逃生、灾民安置、环境消杀、卫生防疫、灾后处理等科目演练。全年，组建应急救援队伍 16 支，修订完善应急预案和救灾物资储备管理办法 5 个，开展各类应急演练 8 场次，参与 32000 多人次；开展防汛抢险应急演练 2 场次，参与 80 多人；开展森林草原初级防火演练，参与 60 多人；组织中学生进行突发地震、火灾处置及逃生演练 32000 多人次；开展各类应急演练 1000 多场次，参演人数 3.2 万人次；发布灾害性天气预警 53 条。 （蔡进前）

2020 年 5 月 8 日，区应急管理局联合相关单位在南环路棚户区开展地震应急救援演练 （李秦 摄）

## 气象监测

【概况】 2020 年，独山子区气象站（简称区气象站）完善气象应急预案，提供专业气象科技服务，发布灾害性天气监测和短时临近预警信息，评估灾害，收集上报灾情。全年，取得人工及自动观测数据 26.6 万个，发布预警信息 8 次、专题预报 6 次，进行人工增雨作业 2 次。 （窦春伟）

【气象观测】 2020 年，区气象站通过自动观测站、人工观测等方式观测气象情况，收集云状、能见度、天气现象、气温、气压、相对湿度、雪深、冻土、蒸发量、风向风速及地表和地中温度等气象数据。全年，收集人工观测数据 1.6 万个，自动站观测数据 25 万个，各类原始记录表 800 多份，编制统计月报表 12 份，观测准确率 98%。 （窦春伟）

【气象服务】 2020 年，区气象站根据气象观测资料进行气候资源分析、评估和研究，发布灾害性天气监测和短时临近预警，按级别启动应急响应，落实应急措施，实施区域应急联动，并完善重污染天气应急预案。在重大天气情况、中高考、节假日期间，通过手机短信、电话等及时发出天气（预警）信息，提醒各生产单位和居民及时做好应对准备工作。全年，发布天气预报 365 次、预警信息 8 次、专题预报 6 次，发布雷暴、暴雨、暴雪和道路结冰各类预警信息 38 次，重大天气预报准确率 95% 以上；编发手机气象短信 4500 多条，接听咨询电话 700 多次，为 25 家单位提供天气预报服务，给相关单位提供专项数据资料 40 多份。 （窦春伟）

【气象设施维护】 2020 年，区气象站定期对设备进行巡检及仪器清洁，发现安全隐患及时处理，保障气象观测和预报设备正常运行。全年，支出天气预报气象资料费和光纤租用费 8.2 万元，巡检 19 次，发现隐患 5 项，销项整改率 100%。（窦春伟）

## 地震监测

【概况】 2020 年，独山子区地震局（简称区地震局）监测预报地震灾害，开展地震灾害预防、地震应急演练、防震减灾法律法规及相关知识宣传。12 月，因机构改革，区地震局由区应急管理局代管事业单位变更为区政府直属事业单位。全年，速报灾情 6 起，收集地震监测信息 21 条、监测数据 1080 个，发现并修复设备故障 12 项，开展地震应急演练 11 次。（杨芳馨）

【监测预报】 2020 年，区地震局落实周会商、月会商震情分析制度，与周边地区开展协作、联系、信息交流，实现观测数据共享。在各社区及相关单位设立防震减灾助理员和灾情速报员，建立全区成员单位联络测报网络，确保地震监测信息收集渠道畅通；调整宏观观测点，安排专人开展地震宏观异常观测，加大群测群防工作力度。及时处理和报送数据，将分析后数据与新疆地震局监测台网分析数据进行比对，确保资料连续可靠。区地震前兆台网数据进入中国地震局数据库，台站数据运行率符合新疆地震局要求。全年，设立防震减灾助理员和灾情速报员 76 人，监测数据连续率达 99%。（杨芳馨）

【设施维护】 2020 年，区地震局对地震应急设备相应软件及时升级，对管辖台站进行巡检，每月按时对仪器进行标定，保证设备正常运转。对自治区地震局建于独山子区的中国大陆构造环境监测网络 GNSS（全球导航卫星系统）基准站进行维护，每周对观测站外部环境变化进行记录，对台站内部设备运行情况进行检查，填写运维工作日志，确保供电、通信、监控、避雷设施完好。全年，巡检排查设备 45 次，发现故障 12 项，整改销项率 100%；测震台数据连续率达 99%。（杨芳馨）

【应急演练】 2020 年，区地震局在居民区、学校、广场、办公楼等地开展抢险救灾、避震逃生、灾民安置、环境消杀、卫生防疫、灾后处理等科目综合应急演练，针对演练中出现的问题及时修改完善应急预案，增强预案可操作性，将地震可能造成的危害降到最低。举行全区各相关部门联合地震应急桌面推演，市政府指导组现场指导。全年，举办大型应急演练活动 5 场、地震应急桌面推演 1 次，指导各学校社区开展地震逃生疏散演练 20 多场。（杨芳馨）

2020 年 5 月 14 日，区地震局联合全区各相关部门在区机关二楼会议厅开展地震应急综合演练桌面推演活动（杨芳馨　摄）

【防震减灾宣传】 2020 年，区地震局通过区政府移动代理服务短信平台、LED 显示屏、微信群等发布防震减灾相关知识；通过校园 QQ 群、校园广播、家长微信群、学校安全教育平台向师生、家长宣传防震减灾科普知识；在独山子在线、青春玛依塔克等媒体平台推送宣传防震减灾信息。定期在社区、学校、企业、市场、商场、建筑工地、养老院等人员密集场所，通过悬挂横幅、设置展板、发放科普宣传单（册）等方式宣传防灾减灾知识，举办防震减灾知识讲座，逃生演练、救护演练等活动；开展防震减灾进社区、进学校、进企业、进机关活动。全年，悬挂宣传横幅 20 多条，制作宣传展板 6 块，发放科普宣传单（册）1 万多份，发送宣传短信 1 万多条，开展地震科普培训 57 场次，通过媒体平台推送宣传

2020 年 5 月 12 日，区地震局与相关单位在武昌路市场南门开展防震减灾知识大型宣传活动（杨芳馨　摄）

信息 6 篇。（杨芳馨）

## 消防救援

【概况】 2020 年，克拉玛依市独山子区消防救援大队（简称区消防救援大队）综合监管全区消防安全，推动消防安全责任制，预防全区火灾事故，监督消防执法及火灾事故调查处理；提升消防安全技防能力，指挥协调各类社会救援力量参加相关灾害事故救援行动。截至年底，配备消防行政执法车 4 辆、灭火及抢险救援消防车 12 辆、运兵车 1 辆、生活车 1 辆、消防宣传车 1 辆，器材装备 11 大类 155 种 2364 件。全区有地下消火栓 344 个，消防水鹤 9 个，天然水源 1 个。全年，发现并整改火灾隐患 3909 项；接火警 94 起，扑救火灾 28 起，抢救财产价值 30.9 万元。

（王震震）

【消防重点单位】 2020 年，区消防救援大队列管消防安全重点单位 89 家，其中商场（市场）、宾馆（饭店）、体育场（馆）、会堂、公共娱乐场所等公众聚集场所 44 家；医院、养老院和寄宿制学校、托儿所、幼儿园 3 家；国家机关 2 家；广播、电视和邮政、通信枢纽 1 家；客运车站 1 家；公共图书馆、展览馆、博物馆、档案馆以及具有火灾危险性文物保护单位 1 家；发电厂和 110 千伏以上的变（配）电站等电网经营企业 2 家；易燃易爆化学品生产、充装、储存、供应、销售单位 23 家；高层公共建筑 7 家；棉花收购站、加工厂 3 家；证券、期货交易市场 1 家，其他发生火灾可能性较大以及一旦发生火灾可能造成人身重大伤亡或者财产重大损失的单位 1 家；公安派出所列管消防安全重点单位 149 家，其中中心派出所 72 家，西宁路派出所 38 家，北京路派出所 39 家。（王震震）

【消防安全专项整治】 2020 年，区消防救援大队协调区住建局制定一城一策、一区一策综合治理方案，明确目标任务，完善全区建筑物消防车道标线，统一规划消防车通道，安装警示牌，打通消防生命通道；标准化、规范化管理高层建筑、商业综合体、石油化工、粮食收购加工储存和仓储物流场所等高风险场所，指导重点行业部门建立完善行业消防安全管理规定，定期开展消防安全大检查，实施消防安全 3 年专项整治行动。全年，老旧小区消防车道治理改造支出 100 万元，指导辖区 11 家物业公司统一规划消防车通道 160 条、安装警示牌 202 个，开展消防安全检查 16 次、张贴违停告知单 183 份，利用锁车器固定违停车辆 156 辆次、宣传教育 1.2 万多人次。

（王震震）

【智慧型感烟探测器安装】 2020 年，区消防救援大队运用物联网、大数据、移动互联网等信息技术，将感烟报警器接入市级“智慧消防”物联网大数据平台运行，提升消防安全技防能力，提高火灾初期预警和处置能力。为辖区消防安全重点单位、火灾高危单位安装智慧型独立式感烟探测报警器，为生活困难独居老人、残疾人等家庭免费安装独立式感烟探测器。全年，向辖区推广安装独立式感烟探测器 23 个，为困难家庭免费安装独立式感烟探测器 380 个。（王震震）

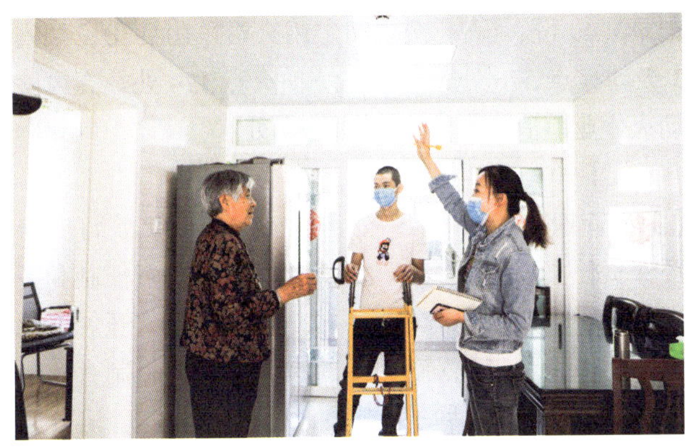

2020 年 5 月 14 日，区消防救援大队为生活困难独居老人、残疾人等家庭免费安装独立式感烟探测器

（同毓梅　摄）

【消防宣传】 2020 年，区消防救援大队详细制订消防宣传计划。全年，开展消防宣传进企业、进社区、进学校、进家庭活动 55 次，组织开展中小学生安全教育日、安全生产月、“119”消防宣传月等主题宣传活动 5 次，开展线上线下宣传体验活动 16 次，发送消防安全提示短信 10000 多条。（王震震）

## 企业消防

【概况】 2020 年，独山子石化公司消防支队（简称公司消防支队）监督公司内部消防安全，监护动火现场；监管全区各类油气管线消防安全，开展火灾扑救、抢险救援等工作。截至年底，配备消防设施设备配置有各类消防执勤车辆 40 辆，有抢险救援破拆器

材3套、侦检器材2套、防化洗消器材1套，防爆对讲机93部、车载通信35台及各类消防战斗服、空气呼吸器、呼救器等防护装备。全年，灭火救援10起，出动车辆133台次632人次。（陆佳）

【消防安全监督】 2020年，公司消防支队参与高风险作业的消防防火风险评估；跟踪实施装置开、停工消防验收，实施新建、改建、扩建项目消防“三同时”（同时设计、同时施工、同时验收）；执行消防票证审批程序，落实企业三、四级动火作业监督管理及高风险动火作业前消防条件确认审批制度。全年，抢修、检维修现场监护74次，出动90台车350人次，监护时长638小时，现场监护服务完成率均达100%；内部审查、验收5次，提出消防建议23项；办理消防车道临时占用审批表313份、《安全消防设施停用审批记录》49份、《石化公司固定用火票》1041份；抽查3级动火点516处，覆盖4级动火点174处，高风险动火作业前消防条件确认审批87处。（陆佳）

【安全管理】 2020年，公司消防支队逐级签订安全环保责任书，修订完善支队健康安全环保责任制和各岗位安全生产责任清单，形成一岗一清单。开展事故预防、风险隐患识别活动，推动双重预防机制有效运行，以月度安全活动为抓手，落实安全生产记分管理，规范员工安全行为；开展体系审核专项整治及安全专项整治三年行动工作。全年，进行HSE履职能力评估均为合格191人，开展班组安全活动1237次，学习事故事件案件49次，发现安全隐患221项，整改销项率100%。（陆佳）

【安全生产管控创新】 2020年，公司消防支队开展“青工创新创效”项目，助力企业安全生产管控，组织擅长电脑技术青年员工，以三维动画形式真实模拟装置工艺流程、人员应急处置等，三维技术运用到车间安全生产、设备管理等领域；制作职业健康安全操作视频库、应急处置预案视频等，拓宽员工职业健康安全培训方式，达到预防和减少事故与职业病的最终目的。全年，编制仿真模拟程序15项，制作各种3D视频16个、时长92分钟。（陆佳）

【岗位练兵】 2020年，公司消防支队开展消防业务理论培训、全员体能训练、战斗编程操号、消防基本科目及灭火救援器材、破拆工具器材的操作等专业培训。通过贴近实战岗位练兵，消防业务及格率和参考率均达到集团公司标准，单兵素质和整体素质得到提升。全年，开展系统性体能培训16项，编程操号及消防员训练科目24项，器材装备操作培训11大类234种，参训人员1984人次。（陆佳）

【应急演练】 2020年，公司消防支队修订灭火战斗预案，覆盖重点装置部位，采取桌面推演，导演演练，“四不两直”（不打招呼、不发通知、不听汇报、不用陪同，直奔基层、直下现场）三种演练方式，落实灭火救援战术训练，让各层级指挥员在装置区域和复杂环境下练指挥、练战法、练协同、练保障，检验支队灭火救援体系，不断提升队伍实战能力。全年，修订灭火战斗预案178套，开展综合演练25次，参演车辆312辆次，参演人员1524人次；“四不两直”演练26次，参演车辆333辆次，参演人员1649人次；各大队责任区灭火预案专项演练196次，参训车辆808辆次，参训人员3349人次。（陆佳）

【消防培训】 2020年，公司消防支队利用安全生产月，开展义务消防员培训；119消防宣传月期间，组织新员工及转岗员工进行火灾报警、火灾初期扑救、消防安全技能、消防设施器材使用等专项培训。全年，开展公司级义务消防员培训4次，培训人员471人次；厂级义务消防员培训7次，培训人员394人次；社会面消防安全培训3次，培训人员87人次。（陆佳）

2020年11月3日，公司消防支队组织独山子石化公司乙烯厂员工在厂区举办火灾初期扑救培训（曹文魁 摄）

# 街道·社区

## 街　道

### 金山路街道

【概况】 2020年，独山子区金山路街道办事处（简称金山路街道办）指导、支持、帮助辖区居委会开展工作，组织、协调、落实辖区内各项社会事务管理与服务工作。打造“幸福金山家”党建品牌，探索社区治理和服务模式，指导各社区根据自身特点建立“一社一品”党建品牌，推进城市基层党建和网格化管理工作。组织实施第七次全国人口普查，开展新冠肺炎疫情防控工作。按照“两办四中心”优化街道机构设置，将社会事务服务中心更名为社会事务（统计）服务中心（退役军人服务站），组建街道综合执法队。坐落着区农业和水务局、区公共就业服务中心、独山子人民医院、友好集团金盛时尚百货等企事业单位185家，有商户1573户，有幼儿园5所、小学2所、中学2所。截至年底，有居民小区29个、住宅楼385幢、平房30栋；居住着汉族、维吾尔族、哈萨克族、回族等23个民族8026户20399人，其中常住人口4346户9462人、流动人口3571户10937人、空户109户。 （鲜继蓉）

【“访惠聚”工作】 2020年，金山路街道驻有“访惠聚”工作队7支，队员33人。根据“五位一体”总体布局，打造“幸福金山家”党建品牌，探索社区治理和服务模式，创机制，理方法。根据自身特点打造各社区品牌，指导各社区建立“一社一品”。建立红色商圈、商圈联盟、幸福巴扎等互助平台，开展“幸福金山·春启繁盛”“幸福金山·夏盈乐至”等主题活动。统筹社区各支力量，围绕建强基层基础、做好群众工作两项任务，落实惠民政策，为群众办实事好事。全年，走访居民10.5万户次20.3万人次；解决群众反映问题5233件，受益群众9587人次；投入资金为群众办实事好事1104件，排查化解纠纷矛盾152件，排查安全隐患1541件，整改销项率100%；解决38人就业；新冠肺炎疫情防控期间为居民配送生活物资40089户次、送药2211户次、购买水电气2589户次，为201人解决困难诉求403件，垃圾清理40188户，每周对300多栋居民楼楼道、楼梯扶手等全覆盖消杀。 （鲜继蓉）

【综合治理】 2020年，金山路街道办在综合治理和平安创建工作中坚持一手抓稳定、一手抓新冠肺炎疫情防控，推进市域社会治理网格化管理试点工作，开展扫黑除恶、平安建设和全国文明城市创建等活动。全年，建成宣传园地占地1500平方米，制作“七五”普法宣传展板46块，发放宣传单13000多份，悬挂横幅80多条；开展联户长培训35场次，参加3850人次，开展各类应急演练642场，参加8830人次，民兵集结演练8次，参加228人次；组织扫黑除恶专项斗争培训会15场，参与500多人次；开展各项清查活动15次，出动各方力量4600多人次；组织综治培训4场次，召开综治联席会、民情恳谈会90场次，收集问题610件，调解成功率100%；市级优秀联户2组、联户长2名，平安创建率100%。 （鲜继蓉）

【城区管理】 2020年，金山路街道办与区相关部门建立联动机制，开展城市管理工作，治理不文明行为。切实履行河长制责任，对辖区小巴音沟河及奎屯河进行定期巡检。制订城市管理片区长责任制实施方案及相关制度，定期召开片区长会议，协同解决城市管理相关问题。全年，城管大联动平台处置工单13659件；处理阳光热线投诉484起；现场监督检查68次，发布检查通报并督促后续整改416次，治理乱堆乱建855处，清理小广告14种19460个；开展《克拉玛依市养犬条例》宣传68次，发放宣传单981份，受众18000多人次；联合14个职能部门协调解决各类城市管理问题51件；解决民生问题685件，召开联社片区业主大会会议2场次。（鲜继蓉）

【文明城市创建】 2020年，金山路街道办对辖区重点区域、难点问题，加大人力物力投入，聘请专业礼仪老师对工作人员进行礼仪培训，提升服务居民水平；利用广播、宣传栏、电子屏、公益海报等形式进行文明创建宣传，发挥党员、志愿者、联户长作用，开展每周爱国卫生大扫除，进行公益志愿服务，清理小广告、楼道杂物，规范电动车摆放，宣传文明创建小知识等。全年，发放《克拉玛依市民文明手册》9000本、文明城市创建小知识宣传单20000张，制作宣传展板20个、不锈钢宣传橱窗4个、各活动室规范制度10幅、墙面公益海报8幅、宣传文明标语4条。（鲜继蓉）

【社会民生】 2020年，金山路街道办了解和掌握辖区居民实际情况，实施以最低生活保障为基础，以医疗、教育等专项救助为补充的社会救助体系，提供优质服务，做好群众普遍关心的低保、医疗救助、老龄工作，使惠民政策落到实处。全年，服务辖区低保户58户、低收入家庭8户，发放低保金108万元；开展医疗救助46人次，补助金额67.3万元；走访慰问困难家庭374户828人；为6户单亲困难家庭发放救助金14500元，为8人办理慈善助学金额27208.8元；享受老年人特殊生活补贴1692人；为辖区80岁以上老人开展免费健康体检256人；办理老年优待证53本；办理城镇居民基本医疗保险参保322人；为住房困难家庭申请廉租房11户、困难家庭享受廉租房补贴5户。（鲜继蓉）

【助力复工复产】 2020年，金山路街道党工委深入辖区各企业，主动作为，全力做好援企稳岗各项服务工作。围绕政策宣讲、依法合规经营、风险防范化解、稳产稳工稳岗、优化营商环境等方面内容，为企业复工复产提供便捷、高效、多样的公共服务。组建“助产复工”专班，全覆盖走访辖区商铺，指导督促商户做好新冠肺炎疫情防控，宣传小额贷款等相关惠民政策，保障辖区商户充分享受政策红利，搭建“不愁售”微信销售群，打造“幸福巴扎”，帮助企业拓宽销路，每月集中展销食品加工企业、个体工商户优质产品。全年，辖区吸纳食品加工企业、餐饮店、商超140多家，复工复产中减免个体工商户房租391户115.66万元，延期交纳房租52户。（鲜继蓉）

【人大金山路街道工委建设】 2020年，人大金山路街道工委根据上级要求，街道“人大代表之家”更名为人大代表联络站，成为代表小组日常办事机构。了解民意，听取辖区内各级人大代表、人民群众对各方面工作提出的建议、批评和意见，及时反映协调并督促办理，工作实效性不断增强。全年，有市人大代表9名，区人大代表38名，组织人大代表学习培训4次、视察调研4次、座谈交流4次、代表选举1次，向区人大常委会递交议案1条、建议2条。

（鲜继蓉）

【优生优育】 2020年，金山路街道辖区有基层计生协会34个，结合“5·29”会员活动日、“7·11”世界人口日、“9·25”公开信日、“10·28”男性健康日等广泛开展计划生育政策、优生优育优教、生殖健康等科普知识宣传。全年，出生人口70人，办理生育服务证91本，特批生育服务证4户，补领独生子女光荣证5本；为13人申请计划生育一次性奖励65000元。（鲜继蓉）

【妇联活动】 2020年，金山路街道妇联组织《中华人民共和国妇女权益保障法》《中华人民共和国未成年人保护法》《中华人民共和国反家庭暴力法》等法律法规学习，通过开展亲子读书分享会、廉洁文化作品征集、家风家教宣传展示等活动，举办“妇女之家”“巾帼”志愿心理辅导员进社区签约仪式，促进家庭文明建设。全年，签约“巾帼”志愿心理辅导员7个；摸底上报贫困单亲母亲、重度残疾妇女47人，贫困家庭领取“爱心一元捐”资助金4户；上报“最美廉洁家庭”4户、“最美民族团结家庭”3户、“最美爱岗敬业最美家庭”4户、“孝老爱亲最美家庭”1户；开展“平安家庭”创建宣传活动30多场次，参与居民4000多人，通过电子屏、社区宣传栏发布各类宣传语60多条，入户走访13000多人次，授牌命名户数 7365 户，申报率 100%，创建率 97.93%。

（鲜继蓉）

【文体活动】 2020 年，金山路街道办以“‘幸福金山’群众大舞台”为平台组织举行经常性文艺展演，举行文艺演出、体育活动、知识竞赛、培训、征文等文化活动。全年，举办各类线上、线下教育活动 10 场次，150 人参与；进行宣讲 8 场次，500 多人参与；举办各类文化活动 71 场，7055 人参与，民族团结联谊活动 64 场次，参与群众 4535 人次。（鲜继蓉）

## 西宁路街道

【概况】 2020 年，独山子区西宁路街道办事处（简称西宁路街道办）指导、支持、帮助辖区居委会开展工作，组织、协调、落实辖区内各项社会事务管理与服务工作。打造“智慧西宁”党建品牌，建立“智慧西宁”指挥调度中心，构建网格、社区、街道三级网络工作体系，推进城市基层党建和网格化管理工作；组织实施第七次全国人口普查，开展新冠肺炎疫情防控工作。按照“两办四中心”优化街道机构设置，将社会事务服务中心更名为社会事务（统计）服务中心（退役军人服务站），组建街道综合执法队。坐落着区机关、独山子石化公司、天利高新、克职院独山子校区等企事业单位 81 家，有商户 806 户，有幼儿园 3 所、小学 2 所、大学 1 所。截至年底，有居民小区 23 个、住宅楼 613 幢、平房 15 栋，居住着汉族、维吾尔族、哈萨克族、回族、蒙古族等 25 个民族的居民 17286 户 34379 人，其中常住居民 10304 户 22590 人、流动人口 4421 户 11789 人、空户 2561 户，有出租房屋 893 户 3057 人。（廖菊香）

【“访惠聚”工作】 2020 年，西宁路街道驻有“访惠聚”工作队 7 支，有队员 32 人。由街道党工委统揽，“两办四中心”配合，统筹各社区力量，围绕建强基层基础、做好群众工作两项任务，发挥指导、帮助、协调、管理、服务五项职责，落实惠民政策，为群众办好事实事。全年，帮扶困难居民 215 户，开展月评价 8 次，督促整改问题 260 个，收集意见、建议 784 条，征集居民困难诉求 2809 条，巡查问题 1825 件，解决率 97%；走访居民 136351 户次 359325 人次，排查化解矛盾纠纷 245 件，为群众办实事好事 2372 件；向媒体推送各类信息 236 条。（廖菊香）

【社会民生】 2020 年，西宁路街道办抓好社区工作者职业化队伍建设，依托“宁·星”工作室，建立后备力量培养师资库，探索“五单”干部培养模式（谈单式研讨解难题、清单式培训定方向、菜单式学习强能力、点单式授课提素质、工单式作业展成效），对后备力量能力素质提升进行规划，举办“开口是金”培训班，提升街道、社区工作人员综合能力；打造“西宁红光”福民工程项目，把物业、绿化、教育等重点、难点问题以项目形式推进解决，由“大工委”成员单位及所辖社区认领项目，街道办定期跟踪、评估，确保项目落地。建立“智慧西宁”指挥调度中心，构建起“解决问题一通到底、社情民意一传到顶”的网格、社区、街道三级网络工作体系。其中，第十三社区“三微·四联”工作法被自治区评为优秀社区工作法、第十三社区《居民公约》入选自治区优秀居民公约。拍摄制作抗疫真人秀教学片，使居民懂得做好自身防护和消杀知识，受到市、区领导表扬并在全区进行推广。全年，开展专项培训 76 场次 380 课时。（徐晓婷）

【复工复产】 2020 年，西宁路街道党工委成立专题攻坚领导小组，深入辖区各企业，全力做好援企稳岗服务工作。围绕政策宣讲、依法合规经营、风险防范化解、稳产稳工稳岗、优化营商环境等方面内容，为企业复工复产提供便捷、高效、多样的公益服务。通过组建一支队伍、问题一起攻克、定期一轮反馈，走访摸排辖区各类商铺复工复产情况和困难诉求，大力宣传政策法规，积极解决用工困难、政策咨询等问题，推进辖区内“两新”组织安全复工复产。全年，发放相关宣传单 400 多份，开展线上、线下政策问答 136 人次，累计为个体工商户成功申请办理贷款 28 家。（谭云祥）

【综合治理】 2020 年，西宁路街道办整合综治中心、派出所、司法所和社区综治中心力量，实施社会综合治理，组织辖区综治单位签订平安建设工作责任书，强化矛盾纠纷排查调处和信访稳定工作，开展平安建设、文明城市创建、扫黑除恶专项斗争等活动。加强流动人口动态管理，严格落实“369 限时工作法”，每季度对出租房屋开展星级评定，积极构建群防群治体系。全年，选举联户长 1579 人，解决居民各类诉求 65 件，收集涉案涉乱问题线索 8 条，均已按时办结，解决率 100%；流动人口平台累积录入 3756 人、注销 9141 人；开展常态化应急演练 115 场次，1900 多人参加；组织开展安全生产大练兵活动，30 人参与；组织安全生产网上答题活动 640 人次；观看消防安全直播活动 320 人次；消防疏散演练活动 9 场次；安全生产专项检查 7 次，发放《电动车日常安全知识》1200 份，安全排查生产性、经营性场所 760 处，消除安全隐患 224 处，消项整改率 100%；申报平安家庭 13642 户、平安单位 142 家，创建成功 13533 户，创建率 96%。（鲁会泽）

【贫困救助】 2020 年，西宁路街道办构建以最低生活保障为基础，以医疗、教育等专项救助为补充的社会救助体系，了解和掌握辖区老人、残疾人和低保户实际情况，解决残疾人最关心、最迫切的问题。全年，有残疾人 344 人、低保户 28 户 38 人，办理老年优待证 141 份，发放老年人特殊生活补贴 323.81 万元，核对高龄补贴 2.2 万人次；发放低保救助金 20.6 万元、节日慰问金 3.38 万元、物价补贴 3.49 万元，为低保、低收入家庭报销暖气费 3.78 万元，水、电、气补助 1.5 万元，医疗救助 14 人 3.36 万元；为单亲特困家庭申请困难补助 1500 元；为困难居民 1 户申请公租房 1 套；发放残疾人生活费、补贴、慰问金 196.1 万元，为无业残疾人 116 人发放基本生活费 7.66 万元；发放困难残疾人生活补贴和重度残疾人 102 人护理补贴 12.24 万元；节日期间慰问残疾人 116 人次，发放慰问 1.74 万元；发放残疾人自主创业补贴 4 人 1.2 万元；发放大中专残疾学生助学金 1 人 2000 元。新冠肺炎疫情期间慰问困难家庭、个体经商户、重病家庭困难户等 256 户 509 人，发放慰问金 18.97 万元；为残疾人发放口罩 3790 个、消毒液 614 瓶、蔬菜包 30 份，开展“爱心一元捐”助学捐款 2905 元。（郑琰）

【城区管理】 2020 年，西宁路街道办开展文明城市创建工作，细化管理网格，建立协调处置机制，落实城市精细化管理大联动工作，科学统筹协调，召开住建、工信、公安等部门参与的片区长联席会议，加大环境卫生治理力度。推进诚信社区建设，推广“信易玫瑰”App 下载使用，发动居民积极参与社区治理，完成物业管理市场化选聘和进驻工作。为加强与周边地区友好交流合作，与昌吉市北京南路街道签订《友好街道共建协议》。全年，清理乱堆乱放 421 处，组织控烟检查 10 次，查出问题 23 项，处理城市管理问题工单 1998 件，整改销项率 100%；解决居民反映重点、难点问题 21 项；张贴文明城市创建海报 100 份，发放宣传单 10000 张，悬挂横幅 36 条；受理阳光热线居民诉求 285 起，政民互动 42 起，入户宣传 2300 多户，满意度达 95% 以上；持续推进第九社区和第十一社区垃圾分类试点工作，入户宣传 8900 多户 21000 多人次；组织签订《居民公约》协议书 15000 多户。（卫华）

【妇联活动】 2020 年，西宁路街道办妇联联系妇女、服务妇女、教育妇女、维护妇女儿童合法权益，开展“巾帼”建功活动，鼓励和引导广大妇女自主创业，宣传反家庭暴力法、妇女权益保障法、就业信息以及禁毒防艾、新冠肺炎疫情防控等知识，认真做好妇女教育、帮扶和维权工作。全年，举办各类女性教育培训、维权宣讲、座谈交流等活动 10 多场次，接待妇女来访 11 件次，调解率 100%；帮助失业妇女掌握一项专业技能，再就业妇女 2 人。（徐欣）

【普法宣传】 2020 年，西宁路街道办结合“6·26”国际禁毒日、“12·4”宪法宣传日等，组织开展法律知识学习和考试，聘请专职法律顾问，落实各社区律师坐班接访制度，提高居民法律意识。全年，开展普法宣传活动 3 次，发放普法宣传资料 3000 多份，悬挂横幅 20 条，张贴宣传海报 100 多张，展出普法、禁毒、反邪教等展板 5 次，受益 2000 多人次；利用宣传栏、宣传墙、LED 电子显示屏等媒体宣传方针、政策和法律法规 10000 条次；组织工作人员、居民观看法治教育片 11 次，受益居民 2000 多人次。（鲁会泽）

【人大西宁路街道工委建设】 2020 年，人大西宁路街道工委围绕经济社会发展和关系人民群众切身利益、社会普遍关注的重大问题，开展专题调研。根据上级相关要求，街道“人大代表之家”更名为人大代表联络站，成为代表小组日常办事机构。更新工作制度、工作职责、工作流程、接待日程安排、代表信息等内容，为辖区代表开展学习、培训、会议等活动提供平台，成为代表小组日常办事机构。全年，参与接访人大代表 120 多人次、接访群众 40 多人次，走访 70 多户 170 多人，收集社情民意 36 件，已解决 23 件，跟踪办理 13 件。（徐晓婷）

【优生优育】 2020 年，西宁路街道计生协会以生育关怀为主题，开展优生优育优教、生殖健康等科普知识宣传活动，提供优质服务。全年，辖区出生人口237人，死亡154人；办理生育服务证241本、独生子女证25本，"国免孕优"检查170对；辖区设置药具自选架14个、自选箱14个；组织开展"幸福工程——救助贫困母亲行动"公益捐款活动，287人次参与，捐款4400元，发放优生优育宣传单2200多张。（郑琰）

【劳动保障】 2020年，西宁路街道劳动保障事务所摸清辖区居民失业、就业情况，定期清查商业网点劳动用工情况，宣讲党和政府的各项惠民政策，落实各项利民、惠民待遇，帮助就业困难人员就业。全年，审核办理就业失业登记证236人；提供小额贷款资料申请23人；进行辖区内困难就业认定56人，劳动合同签订率100%；进行劳动就业宣传3000人次；受理解决各类诉求745件，居民满意率95%以上。（郑琰）

## 新北区街道

【概况】 2020年，独山子区新北区街道办事处（简称新北区街道办）指导、支持、帮助辖区居委会开展工作，组织、协调、落实辖区内各项社会事务管理与服务工作。推进"魅力新北·五心共建"党建项目，打造"一社一品"党建品牌，探索社区治理和服务模式，推进城市基层党建和网格化管理工作；组织实施第七次全国人口普查，开展新冠肺炎疫情防控工作。按照"两办四中心"优化机构设置，将社会事务服务中心更名为社会事务（统计）服务中心（退役军人服务站），组建街道综合执法队。坐落着区政务服务中心、区法院、区检察院、独山子石化公司离退休管理处等企事业单位79家，有商户600户，有幼儿园3所、小学1所、中学1所。截至年底，有居民小区12个，住宅楼429幢，居住有汉族、维吾尔族、哈萨克族等15个民族居民1.1万户2.4万人，其中常住人口8202户2.02万人、流动人口1574户4068人、空户1224户。（郭源）

【"访惠聚"工作】 2020年，新北区街道驻有"访惠聚"工作队5支，队员25人。统筹各社区力量，围绕建强基层基础、做好群众工作两项任务，探索社区治理和服务模式，落实惠民政策，为群众办好事实事。实施"魅力新北·五心共建"党建项目，将项目分类划分成不同微项目，由驻社区"访惠聚"工作队认领，打造"一社一品"党建项目。全年，召开"访惠聚"工作推进会2次、点评会4次，月评价8次；将党建项目划分为21类151个微项目，完成72项，长期开展79项；走访群众8132户次1.2万人，排查化解矛盾纠纷197件，帮扶困难居民125户，解决民生问题1975件。（郭源）

【文明城市创建】 2020年，新北区街道办开展平安建设，全国禁毒示范市、全国民族团结示范市、全国文明城市创建及扫黑除恶等活动。组织辖区综治单位签订平安建设工作责任书，定期召开综治会议；利用"魅力新北"微信公众号、辖区LED屏、联户单元微信群、宣传橱窗、展板向居民进行平安创建、扫黑除恶、文明城市创建、开展百日文化广场舞台、郁金香节、夜市开幕式等宣传活动。全年，开展各类活动30多次，发放宣传资料50000多份；推送专题宣传84期，制作宣传海报200份、平安宣传折页30000册；进行矛盾纠纷排查56次，调解纠纷264起，调解率100%；创建平安家庭8520户、平安店铺318家、平安单位57家；开展民族团结联谊融情活动97场次，惠及群众13000多人，开展各项文化活动7场次，7500多人参与。（郭源）

【综合治理】 2020年，新北区街道综治中心以网格化创新管理模式排查调处矛盾纠纷，落实分片区长制"大联动"工作，辖区按照区域划分为16个网格，街道社区网格员按照"一岗双责"对12345阳光热线平台进行管理，开展市容市貌专项整治，加强小区物业管理，做到发现问题及时处置，提升城市精细化管理水平。全年，12345阳光热线工单反馈226条，处置率超过90%；维修小区路灯、更换楼道灯128处，规范非机动车乱停乱放600多辆次，办理养犬证64本；整改违章建筑86处，违建专项整治宣传覆盖9478户，发放宣传单2000多份。（郭源）

【复工复产】 2020年，新北区街道党工委成立法律咨询室，向来访者提供法律援助，对辖区外来务工人员开展送法上门服务，对民营企业定期开展企业法律风险防控讲座，提供法律服务，助推民营企业健康复产，实现法律服务需求和法律服务供给精准对接。充分发挥街道"大工委"、社区"大党委"作用，对辖区复工建设项目进行跟踪服务，协助辖区企业做好务工人员统一管理，保障辖区建设项目顺利推进。全年，帮助民营企业申请审核工商信贷 108 户，对 88 户承租非国有房产商户，动员房东减租 45.45 万元。（郭源）

【社会民生】 2020 年，新北区街道办构建和完善以最低生活保障为基础，以医疗、教育、残疾等专项救助为补充的社会救助体系，落实党和政府的各项惠民利民政策，解决困难群众最关心、最迫切的问题。全年，有低保户 56 户 99 人，发放低保救助金 44.8 万元，发放低保家庭节日慰问金 98800 元；审批大、中专学生慈善助学申请 7 人，单亲及困难家庭特殊帮扶审批 2 人，申报困难家庭节日慰问金 7 人 2100 元；为困难重病患者申请医疗救助 3 人，在节日期间发放残疾人慰问品及慰问金 262 人 11000 元，为困难、重度残疾人发放两项补贴 90 人 86520 元，为 0~14 岁听力残疾者发放救助金、短信无障碍信息补贴 11 人 3960 元；办理一次性引导补贴 15 人，自主创业扶持奖励 22 人，灵活就业社保补贴 164 人次，处理欠薪问题 3 起，办理创业担保贷款 14 人，审核中小微企业社保补贴 8 家，推荐失业人员就业 67 人。（郭源）

【人大新北区街道工委建设】 2020 年，人大新北区街道工委有人大代表 49 人，根据上级相关要求，街道“人大代表之家”更名为人大代表联络站，成为代表小组日常办事机构。更新工作制度、工作职责、工作流程、接待日程安排、代表信息等内容，为辖区代表开展学习、培训、会议等活动提供平台，成为代表小组日常办事机构。探索代表参与居民代表大会等工作模式，将居民请进来，让代表“走出去”，实现零距离沟通群众，提高代表履职能力。全年，开展学习培训 58 次，知识竞赛 7 次，实地考察调研 26 次。全年接访群众 146 人，解决问题 110 件。（郭源）

【优生优育】 2020 年，新北区街道计生协会组织结合母亲节、“5・29”会员活动日、“7・11”世界人口日、“12・1”艾滋病日等纪念日及“婚育新风进万家”“关爱女孩”“生育关怀”等活动，开展优生优育优教、生殖健康科普知识宣传，提供优生优育服务。全年，出生人口 265 人，办理生育服务证 83 人，“国免孕优”69 人，开具婚育证明 23 份，发放独生子女光荣证 11 本；慰问独生子女伤残、死亡家庭 4 户 7 人，计生一次性奖励金申请 13 人，发放独生子女保健费 91 户 6655 元，开展各类活动 40 多场次，1200 多人次参与。（郭源）

【安全管理】 2020 年，新北区街道办联合北京路派出所对辖区重点区域、人员密集场所、企事业单位等进行安全隐患排查。成立百日安全无事故领导小组，制订工作计划，发动社会力量，加强消防安全知识宣传，组织开展安全教育宣传活动。全年，入户安全宣讲 6600 户次 21100 人次；利用 LED 电子显示屏滚动播放安全生产和消防安全标语 125 条，发放消防安全宣传单 3000 多份，悬挂安全生产横幅 25 条，受众 4000 多人；开展商业网点安全隐患专项排查 594 家，对出租房屋消防安全进行自检自查 148 户，组织开展消防演练 10 多次，实施防汛桌面推演 1 次，参与 30 多人，排查消防安全隐患 288 起，销项整改率 100%。（郭源）

【卫生健康】 2020 年，新北区街道办联动区市场监督管理局，组织各社区开展“爱国卫生月”专项整治活动，督促物业公司，做好卫生保洁工作。开展全民垃圾分类宣传活动，做好疾病预防控制、妇幼保健、卫生监督等工作，提高居民卫生健康意识。全年，发放各种宣传资料 1500 多份，悬挂横幅 15 条，张贴海报 300 多份，每周清洁消杀 18 处；清理卫生死角、清运垃圾 4000 多桶，集中清理楼道长期堆放杂物 600 多处，清除小广告 1200 多处，整顿商铺卫生等问题 34 家，下发书面整改通知书；处置城市管理信息化平台工单 7700 多条；配备垃圾分类桶 3010 个，发放分类垃圾袋 5000 个；督促物业公司对小区内地坪、草坪违规种菜修复处理 24 处,。（郭源）

# 社　区

## 第一社区

【概况】 2020 年，金山路街道第一社区居民委员会（简称第一社区居委会）协助区政府及其派出机关做好与居民切身利益相关的公共卫生、优生优育、优抚救济、劳动保障、社区教育等工作；宣传国家法律法规及政策，调解社区居民邻里纠纷，维护社区治安；打造“一米阳光”党建品牌，打通服务居民“最后一米”，设立“一站式”服务大厅，以数据多跑路，群众少跑路为原则，为群众办实事好事；开展第七次全国人口普查及新冠肺炎疫情防控工作。位于安庆路甲4号，辖区总面积130平方千米，是一个以流动人口为主的社区。有企事业单位37家、商户87户。截至年底，管理南苑小区、万兴佳苑等4个居民小区，住宅楼45幢，平房15栋，居住着汉族、维吾尔族、哈萨克族等11个民族居民800户2398人，其中常住人口412户924人、流动人口388户1474人，出租房屋94户。（李小雪）

【“访惠聚”工作】 2020年，第一社区驻有市派“访惠聚”工作队1支，队员4人。联合社区党组织打造“一米阳光”党建品牌，打通服务居民“最后一米”，设立“一站式”服务大厅，以数据多跑路，群众少跑路为原则，为群众办实事好事；统筹社区各方力量，完成打好访民情扎实基础、做好群众工作2项任务，认真落实惠民政策、为居民办实事、好事。全年，走访居民3200户次14400人次，商业网点190家次，收集各类问题88件，解决问题60件，跟踪解决28件。（李小雪）

【城市管理】 2020年，第一社区居委会全面实施城市管理片区长责任制，协同解决城市管理相关问题。组织社区志愿者参加义务劳动，保持辖区卫生环境良好。配合新冠肺炎疫情防控，做好日常消杀，检查辖区环境卫生、门岗保安扫码测温、商业网点食品卫生情况，整改反馈平台派单，组织召开联片区业主大会选聘物业公司。全年，配合文明城市创建整治“僵尸”车6辆、协助办理养犬证9本、处理私搭乱建8处、协助办理养鸽证2本、排查楼道堆积杂物400多次、整治乱堆乱放100多处；开展爱国卫生运动56场次；倡导14家商铺减免租金5.9万元。（李小雪）

2020年12月10日，第一社区居委会组织社区志愿者清理小区积雪（巴小军·桑吉玛 摄）

【社会民生】 2020年，第一社区居委会及时掌握低保对象信息，落实最低收入家庭廉租房租赁补贴政策，体现动态管理下应保尽保，坚持全程实行民主评议和三榜公示制，做到公平、公正、公开，做好改善民生工作。全年，有享受低保3户4人，低收入家庭1户1人，累计发放低保金25004元，发放物价补贴以及节日慰问金6870元；为困难家庭申请大病救助1人，救助金额3778元；核发70岁以上老人特殊生活补贴136人，重大节日慰问60岁以上孤寡、独居、高龄等困难老人60多次；收集民生问题88条，协调解决60条，矛盾纠纷调处16场次，调解率100%；新冠肺炎疫情防控期间向困难家庭发放临时救助金16000元，发放大米、面粉、84消毒液、一次性医用口罩等5户21人，为高龄独居老人免费配送三餐4户4人，配送93次。（李小雪）

【安置就业】 2020年，第一社区居委会扩宽就业渠道，开拓就业门路，提供就业岗位，努力解决部分居民再就业问题。在独库公路零公里附近、大峡谷景区分别建立零公里创业基地和阳光创业基地，开发奇石、水果、餐饮等零售业项目，实现居民增收，也为区旅游产业发展提供有益补充和支持。全年，审核办理就业失业登记证2本，调解劳动纠纷案件9起，免费提供商业摊位42个，安置就业152人。（李小雪）

【综合治理】 2020年，第一社区居委会综治中心将社区划分成2个网格，组织力量下沉到网格、责任落实到网格、服务细化到网格，及时掌握辖区情况，重点关注流动人口流入、流出情况，确保流动人口信息网上录入、网上维护，人来登记、人走注销。利用标语、横幅、LED显示屏、微信群、社区广播等方式全覆盖宣传扫黑除恶、禁毒、平安创建等知识；设置举报箱，动员群众检举揭发扫黑除恶线索；调节邻里纠纷；检查辖区企事业单位、施工驻地消防安全，组织开展应急演练活动。成立以联户长、义务联防员、志愿者、商户等组成的义务巡防队，巡查社区楼房、楼道、商业网点，向居民及商户宣传用气、用电、用水、消防安全、扫黑除恶、禁毒、平安创建等相关知识，推进社区综合治理工作。全年，社区广播开展各类宣传活动50多次，在社区悬挂宣传横幅30多条；检查消防安全30多次，开展消防安全演练10多次、应急演练40多次；受理居民纠纷15件，调解结案率100%；有联户长89人、义务联防员30人，义务巡逻 90 多次，入户宣传各类知识 3000 多户次，发放宣传资料 2000 多份，向平房住户 30 多户宣传燃煤取暖防火、防中毒知识；创建平安家庭 683 户。（李小雪）

【优生优育】 2020 年，第一社区计生协会摸清辖区流动人口信息，及时补充、变更、校录人口基础信息。结合“5·29”会员活动日、“7·11”世界人口日、“12·1”艾滋病日等开展优生优育优教、生殖健康等科普知识宣传活动，提供优生优育服务。全年，出生人口 12 人，死亡人口 10 人；已婚育龄妇女 426 人、流动人口中已婚育龄妇女 227 人，领取独生子女光荣证 8 本，进行“国免孕优”健康项目检查 4 人；开展生育服务宣传 20 多次，受众 2000 多人次。

（李小雪）

【文明城市创建】 2020 年，第一社区居委会对辖区脏乱差现象进行集中整改，运用大喇叭，宣传文明创建内容，入户宣传发放市民公约、文明手册，提高居民知晓率、参与率和满意率。发动联户长及居民对辖区小广告和乱堆乱放物品进行清理。对居民养犬、养鸽情况进行全覆盖摸排，敦促办理合法手续，做好疫苗接种，注重环境卫生，文明饲养；引导物业、联点单位配合社区参与文明城市创建工作。全年，开展志愿服务清理乱堆乱放 500 多处，处理私搭乱建 30 多处，规范摆放非机动车 500 多辆。（李小雪）

【妇联活动】 2020 年，第一社区妇联以联系妇女、服务妇女、教育妇女、维护妇女儿童合法权益为根本任务，开展“巾帼”建功活动。鼓励和引导广大妇女自主创业，认真做好流动人口妇女教育、帮扶和维权工作，切实关注辖区弱势群体，开展文明创建活动。全年，宣传“平安家庭”创建 10 场次，发放“平安家庭”创建宣传单 800 份，申报“平安家庭”条件 700 户，创建成功 683 户，创建率 98%。（李小雪）

【文体活动】 2020 年，第一社区居委会组织居民开展各项文体活动，促进社区健康和谐发展。全年，开展各项活动 60 场次、居民座谈会 8 场次、楼宇业主恳谈会 17 场次、文艺演出 6 场次、联谊活动 10 场次、线上培训 4 场次、培训学习 15 场次，参加 1800 多人次。（李小雪）

## 第二社区

【概况】 2020 年，金山路街道办第二社区居民委员会（简称第二社区居委会）协助区政府及其派出机关做好与居民切身利益相关的公共卫生、优生优育、优抚救济、劳动保障、社区教育等工作，宣传国家法律法规及政策，调解社区邻里纠纷，维护社区治安；打造“红二团”党建服务品牌，树立暖心、连心、凝心、向心服务理念，解决居民诉求和民生问题；开展第七次全国人口普查及新冠肺炎疫情防控工作。位于准南路 9-1 号，辖区面积 0.86 平方千米，有企事业单位 23 家、商户 86 户，有第一幼儿园、第五幼儿园、第五小学 3 所学校。截至年底，管理 6 个居民小区，住宅楼 74 幢、平房 15 栋，居住着汉族、维吾尔族、哈萨克族等 16 个民族的居民 1267 户 3817 人，其中常住人口 823 户 1768 人、流动人口 444 户 2049 人。（再努热·麦麦提伊力）

【“访惠聚”工作】 2020 年，第二社区驻有“访惠聚”工作队 1 支，队员 5 人。统筹社区各方力量，维护社会稳定、建强基层组织、做好群众工作和新冠肺炎疫情防控工作，打造“红二团”党建服务品牌，成立“红二团”志愿者服务队，以暖心、连心、凝聚人心、向心为服务理念，运用“三访”群众工作机制，有效解决管线老化、单元门破损、路面凹陷、路灯不亮、房屋漏水、暖气不热、无庭院灯、绿化等民生问题；以社区低收入家庭、残疾人、老年人为服务目标，设置 24 小时服务热线，及时回应居民所思所盼，帮助居民解决困难，化解难题。定期召开专题分析会、月度工作推进会，及时发现问题，建立问题清单，梳理解决风险隐患。全年，发展“红二团”志愿者服务队 500 多人，反映民生问题 10 条，矛盾纠纷调解 15 件，协调解决民生问题、困难诉求 800 多件；入户走访 4243 户次 9860 人次，宣传党的惠民政策 60 多场次；开展社区学校活动 12 场次，召开楼宇恳谈会 16 次、联户长会 4 次、民情分析会 306 次，举办“民族团结一家亲”联谊活动 9 场次，参加 502 人；向各类媒体投稿 120 多篇，发表 58 篇。（王强）

【综合治理】 2020 年，第二社区居委会综治中心根据辖区划分 3 个网格，实现力量下沉到网格、责任落实到网格、服务细化到网格，及时掌握辖区情况，确保流动人口信息网上录入、网上维护，人来登记、人走注销。利用宣传告示、悬挂宣传横幅、LED电子显示屏滚动播放、微信转发、社区广播等开展扫黑除恶宣传活动，通过联户长、社区警务人员、志愿者等推进社区综合治理工作。全年，推选联户长236人，摸排安全隐患126条，整改销项率100%；发放平安建设宣传册4000多份，张贴宣传告示350份，悬挂横幅50多条，发放扫黑除恶宣传单4000多份，LED电子显示屏滚动宣传50多次，微信群宣传360多次；设立24小时举报电话1部；组织培训10次，参加750多人次；开展宣传活动12次，受众1080多人次；发放安全消防宣传资料1000多份，举办专题讲座10场次，开展综治宣传活动14次；开展安全应急演练48场，856人次参加；平安单位创建率100%。（丁韶鹏）

【社会民生】 2020年，第二社区居委会认真落实党和政府各项社会救助政策，建立以最低生活保障为基础，以医疗、教育等专项救助为补充的社会救助体系。全年，为困难学生申请慈善助学金2人；为70岁以上老人发放特殊生活补贴454人，办理老年人优待证18本；开展健康教育培训1场，参加40人次；发放社区救助、医疗保险宣传材料450份，修复楼道灯34处、房屋漏水16栋，调解居民纠纷52件，接到居民困难诉求130件，解决率100%。

（再努热·麦麦提伊力）

【文体活动】 2020年，第二社区居委会利用社区文化、体育和教育资源，组织社区居民开展各项活动，促进社区健康和谐发展。依托春节、五一、端午节、十一、中秋节等重大节日，组织开展联欢会、趣味运动会、“红领巾小课堂”、学雷锋活动、才艺展示等活动。通过社区教育学校，举办各类法治讲座、知识讲座。全年，开展各类活动60多场次，参与1926人次；举办各类讲座40场次，1560多人次参加，评选“最美社区人”24人。（林欢）

【优生优育】 2020年，第二社区计生协会摸清辖区流动人口信息，及时补充、变更、校录辖区人口基础信息，提供优生优育服务。全年，出生人口14人，死亡人口33人；有已婚育龄妇女954人；开具婚育状况证明64份，开具免费技术服务介绍信4份，办理婚育状况证明25份，办理生育服务证5个，特批生育服务证2份，提供“国免孕优”服务2人，申请一次性奖励3人。举办优生优育活动4次，参加的居民250多人次。（林欢）

【妇联活动】 2020年，第二社区妇联以联系妇女、服务妇女、教育妇女、维护妇女儿童合法权益为根本任务，开展“巾帼”建功活动，鼓励和引导广大妇女自主创业，倡导树立文明新风，开展“最美家庭”“平安家庭”创建活动，促进家庭文明建设。全年，组织辖区妇女开展以“幸福家庭”“幸福母亲”为主题的健康知识讲座活动，参加400多人；发放“平安家庭”创建宣传单1800多份，宣传“平安家庭”创建22场次，评选“平安家庭”1606户，创建率98%。（朱娜）

【文明城市创建】 2020年，第二社区居委会按照文明城市创建部署，认真对照文明城市创建标准，利用宣传橱窗和张贴宣传单、悬挂横幅、入户发放宣传单、线上有奖答题等方式进行广泛宣传，提升辖区居民对文明城市创建知晓率。全年，张贴宣传画240多份、宣传横幅5条、6处LED屏滚动播放宣传标语，向居民发放文明创建小知识宣传单1742份。（林欢）

## 第三社区

【概况】 2020年，金山路街道第三社区居民委员会（简称第三社区居委会）协助区政府及其派出机关做好与居民切身利益相关的公共卫生、优生优育、优抚救济、劳动保障、社区教育等工作，宣传国家法律法规及政策，调解社区邻里纠纷，维护社区治安，开展第七次全国人口普查及新冠肺炎疫情防控工作。位于准南路21号，辖区面积0.59平方千米，有企事业单位12家、商户372户、有第一中学。截至年底，管理4个居民小区，住宅楼68幢，居住着汉族、维吾尔族、哈萨克族等12个民族的居民691户1536人，其中常住人口367户703人、流动人口324户833人。（王京兰）

【“访惠聚”工作】 2020年，第三社区驻有“访惠聚”工作队1支，队员4人。动员联点单位党员、居民注册使用“红色家园”微信小程序，发挥“传帮带”作用，帮带健强基层组织，提升基层干部素质能力，促进队社融合，推动“访惠聚”上水平、提效能。做好防疫期间为民服务工作，开展复工复产政策宣传和服务，对小额信用贷款等惠民政策进行宣传，创新设立防疫观察点检表台账在全区推广。全年，社区召开“两委”联席会44次、走访宣传惠民政策1200多人次，防疫期间为居民送生活物品和药品632人次、特别关爱老弱病残孕16人次、生活救助30多人、慰问50多人，开展楼道消杀检查122次，开展新冠肺炎疫情防控知识培训50多次；走访企业商户396家，协助商户申请小额信用贷款审批通过81家，放贷金额617万元。（王京兰）

【综合治理】 2020年，第三社区居委会根据辖区居民、商业网点和机关企事业单位分布现状，将社区合理划分成三个网格，力量下沉到网格，及时掌握辖区情况，定期召开网格培训会，发动各支力量发现微线索、收集上报微线索。以走访、楼宇间座谈会、电子显示屏、微信朋友圈、社区广播、定期召开网格培训会等多种形式，向居民、商户宣传平安创建、扫黑除恶、全国禁毒示范市创建、文明城市创建等相关知识，定期开展用电用暖、消防设施等安全隐患排查整治工作。全年，有联户长96人、义务联防队员21人、群众信息员96人、小区门卫22人，收集上报62条微线索；发放扫黑除恶专项斗争宣传单800多份，张贴各类宣传单800多份；困难诉求6条已全部处理解决，处理率100%；针对学生、老年人、商户等不同群体开展民法典、防电信诈骗等法治宣传教育活动10多次，受益1500多人。（王京兰）

【城市管理】 2020年，第三社区居委会建立联合业主委员会，组织动员居民、辖区单位、联点单位开展“靓丽环境绽新颜”志愿活动，组织清理小广告、积雪及卫生死角，清洁美化社区环境。针对辖区国有土地征迁区域，对原住户进行征迁协调，主动对征迁房屋进行安全管理，帮助居民搬迁；每月走访一次流动人口和出租房屋住户，每季度对出租房屋进行星级评定并公示。全年，二星级房屋26户61人、三星级房屋109户296人；检查环境卫生73次、集中整治乱堆乱放7次、开展环保知识宣传1次，收集居民诉求300多条，解决处理率100%。（王京兰）

【社会民生】 2020年，第三社区居委会落实各项惠民利民政策，解决群众最关心、最迫切问题。清洁美化社区环境，修缮居民楼后挡土墙、路灯和新增绿化地，协调物业公司进驻，小区环境逐步改善。全年，举办健康教育讲座2次，检查食品药品安全10次，授牌生鲜乳商户3家；助力复工复产，走访辖区企业12家，商业网点372家，为商户办理小额担保贷款申请617万元，办理贴息贷款81家；排查楼房和征迁区域安全隐患100多次，召开征迁协调会议3次；为独居老人清洗暖气管线2次，排查房屋漏水、下水管线问题30多起，整改销项率100%。（王京兰）

【平安创建】 2020年，第三社区居委会利用入户走访、联户长会议、居民代表大会、网格点评会、居民活动等形式向居民、商户宣传“平安家庭”创建、“平安店铺”创建相关知识。成立平安建设志愿者队伍，利用入户走访、十户联防、楼宇间座谈会、各类活动培训等多种形式向广大居民、商户宣传平安创建知识。全年，组织办公楼应急演练20多次，发放平安建设宣传单1300多份，入户宣传1000多户，受众2000多人，召开居民代表大会8场次，开展网格点评会8场次，423人参与；平安创建成功648户，创建率98.06%。（王京兰）

【文明城市创建】 2020年，第三社区居委会组织居民参与文明城市创建活动，宣传文明创建知识，开展科技、文化、体育、卫生、法律“五进社区”活动。对小区楼栋单元和楼前、楼后乱堆乱放等情况进行排查整治，提高自觉意识和文明创建知晓率、满意率，提高居民文明素质和社会文明程度。全年，社区有联户长91人，联点单位参与社区志愿服务累积491人次，发布文明城市创建宣传信息16条，微信群宣传150多条，入户走访宣传1536户；整改楼前自行车、电动车乱停放，小广告等各类问题350处。（王京兰）

【优生优育】 2020年，第三社区计生协会及时摸清辖区流动人口信息，及时补充、变更、校录辖区人口基础信息。利用宣传栏、宣传单、生育服务知识讲座、亲子趣味运动会、图片展等形式，推广婚育新风进万家活动，宣传优生优育知识。全年，有育龄妇女240人，发放优生优育宣传单2000份；开展优生优育讲座和入户宣传等活动8场次，“国免孕优”健康体检4人；申请计划生育一次性奖励3户3人，开具婚育状况证明10份，发放独生子女费315元；结合“5·29”会员活动日、“7·11”世界人口日、“9·25”纪念日、“10·28”男性健康日等举办活动4场次，

参加2000多人次。 （王京兰）

【文体活动】 2020年，第三社区居委会利用社区文化、体育、教育资源，积极组织社区居民开展各项活动，促进社区健康和谐发展。全年，开展民族团结联谊活动、趣味运动会、唱红歌、观看红色电影等活动6场次，参加380人次。 （王京兰）

## 第四社区

【概况】 2020年，金山路街道第四社区居民委员会（简称第四社区居委会）协助区政府及其派出机关做好与居民切身利益相关的公共卫生、优生优育、优抚救济、劳动保障、社区教育等工作，宣传国家法律法规及政策，调解社区邻里纠纷，维护社区治安；打造“四轮驱动”（队伍建设驱动、标准建设驱动、服务建设驱动、联动建设驱动）党建品牌，实行网格长、片区长、“访惠聚”工作队员、联户长“四长联动”治理模式，推行“队社融合”工作机制，为群众办实事好事；开展第七次全国人口普查及新冠肺炎疫情防控工作。位于金山路甲14号，辖区面积0.9平方千米，有企事业单位42家、商户105户，有第二幼儿园、第七幼儿园、第二小学3所学校。截至年底，管理着9个居民小区，住宅楼97幢，居住着汉族、维吾尔族、哈萨克族、蒙古族等10个民族的居民2199户5934人，其中常住人口833户1794人、流动人口1366户4140人。 （罗涵宇）

【“访惠聚”工作】 2020年，第四社区驻有“访惠聚”工作队1支，队员5人。落实“四帮带一聚力”工作要求，通过加强组织建设，在“四轮驱动”党建品牌引领下，建立健全民主议事工作机制，规范议事决策程序，深入推行“队社融合”工作机制，完善管用群众工作机制，成立关爱帮扶小组，做好团结关爱人员的思想帮教、关心关爱、困难帮扶工作。认真落实惠民政策、办好实事好事，做好群众工作和新冠肺炎疫情防控工作，实行网格长、片区长、工作队员、联户长“四长联动”治理模式。排查安全隐患、调解矛盾纠纷等，形成小事不出小区、中事不出社区、大事不出街道的基层治理格局。全年，走访居民17118户次、商业网点105个、企业42家，开展宣传教育活动60场，受众8360多人次；农牧民学校举办讲座50场，受益农牧民2980人次，收集各类问题379件，解决问题370件，处理率97.6%。 （李建峰）

【“两代表一委员”工作室建设】 2020年，第四社区居委会设“两代表一委员”（党代表、人大代表、政协委员）工作室，制订接访登记表，设置意见箱，采取轮流驻室接待群众、走访、坐班等工作方式，了解民生诉求，落实每月15日值班制度，帮助社区协调解决“三供一业”遗留问题，对群众反映的问题及时认真交由相关部门办理并跟踪落实。全年，解决居民楼渗水、邻里纠纷等民生问题170多件，开展辖区环境清理30次，为居民办实事10多次，解决居民矛盾纠纷40多次，解决率100%。 （李建峰）

【综合治理】 2020年，第四社区居委会综治中心根据辖区居民、商业网点、机关企事业单位分布现状，将社区划分为4个网格，建立网格党支部，网格内所有事务确保件件有着落、事事有回应，实现即提即商、即定即办。建立以网格长负总责，社区关爱联络员、工作队队员、综治专干、社区民警、便民警务站巡防队队员“五位一体”分工负责；关注流动人口变动情况，确保流动人口信息网上录入、网上维护，人来登记、人走注销。通过楼栋长、单元长、义务联防员、志愿者等，推进社区综合治理工作。全年，推选单元长313人、义务联防员50人；设立扫黑除恶举报电话1部、举报邮箱2个，发放扫黑除恶宣传资料10032份，张贴宣传标语269份，悬挂宣传横幅50条；开展商业网点安全演练192场次，参加商户315人次；开展安全应急演练48场次，960人次参与；对出租房屋流动人口进行专项排查4次，排查出租房屋累计1332户次，涉及流动人口累计3220人次；发放创建全国禁毒示范市宣传单5264份，悬挂横幅10条；召开民情恳谈会40次，收集问题79件，解决75件。 （买吉丽 于海壮）

【社会民生】 2020年，第四社区居委会构建和完善以最低生活保障为基础，以医疗、教育、残疾等专项救助为补充的社会救助体系。通过发放宣传材料、举办讲座等方式，宣传党和政府各项惠民政策，摸清辖区居民情况，落实各项利民待遇，为居民办实事好事。全年，办理就业失业登记64人；登记再就业人员7人；申请灵活就业补贴39人；申请创业贷款2人；申请创业补贴3人；申请无业残疾人生活费13人，摸底发放听力残疾人信息补贴费10人，节日慰问残疾人 13 次，开展助残宣传活动 9 次，残疾人社区康复 5 人次；核查低保家庭经济状况 4 次，新增低收入家庭 1 户，公租房补贴 2 户，新增公租房 1 户，慈善助学申请 1 户，低保医疗救助 7 户；组织 80 岁以上老人参加体检 200 人。（罗涵宇）

【微信公众平台建立】 2020 年，第四社区居委会开通社区微信公众平台；平台涵盖社区介绍、便民服务电话、办事指南、社区风采、通知公告、社区新闻、志愿者风采、社区党建等内容，方便居民快捷了解社区，参与社区活动。全年，建立居民微信群 18 个，关注居民 4851 人，发布图文信息 54 次 286 条，浏览阅读量 69127 人次；组织微信线上活动 4 次，600 多人次参与，收集居民反映问题 100 项。

（王雪梅　罗涵宇）

【优生优育】 2020 年，第四社区计生协会利用每季度全覆盖入户要求，进行入户走访，核对居民基本信息，推进基本公共服务均等化，促进流动人口社会融合，使居民了解计划生育政策，开展生育服务、优生优育优教、生殖健康等科普知识宣传活动。全年，利用居民微信平台进行宣传，组织线上有奖答题活动 2 次；开展“10・28”男性健康日、“5・29”会员活动日、“7・11”世界人口日、“9・25”纪念日活动 4 次；发放生育信息登记表 3 份、婚育状况证明 40 份，免费技术服务 20 次。（史飞月）

【妇联活动】 2020 年，第四社区妇联以联系妇女、服务妇女、教育妇女、维护妇女儿童合法权益为根本任务，开展“巾帼”建功活动，鼓励和引导广大妇女自主创业，引导她们树立文明新风，切实关注辖区弱势群体，组织学习妇女权益保障法、未成年人保护法、反家庭暴力法等法律法规，积极开展文明创建活动，促进家庭文明建设。全年，慰问贫困母亲 10 人、困难儿童 14 人；开展各类文体活动 26 次；发放“平安家庭”创建宣传单 5260 份，开展“平安家庭”创建宣传活动 72 次，创建“平安家庭”2197 户、“平安单位”5 家，创建率 100%。（王雪梅）

## 第五社区

【概况】 2020 年，金山路街道第五社区居民委员会（简称第五社区居委会）协助区政府及其派出机关做好与居民切身利益相关的公共卫生、优生优育、优抚救济、劳动保障、社区教育等工作，宣传国家法律法规及政策，调解社区邻里纠纷，维护社区治安；建立“五联五治・法治先行”工作机制，成立法官工作室，推进社区法治化进程，拓展社区党建工作品牌内涵，为群众办实事好事；开展第七次全国人口普查及新冠肺炎疫情防控工作。位于成都路 9 号，辖区面积约 4.7 平方千米，有企事业单位 5 家、商户 601 户，有第二中学 1 所学校。截至年底，管理 2 个居民小区，住宅楼 44 幢，居住着汉族、维吾尔族、哈萨克族等 8 个民族的居民 1004 户 2411 人，其中常住人口 609 户 1349 人、流动人口 395 户 1062 人。（李敏）

【“访惠聚”工作】 2020 年，第五社区驻有“访惠聚”工作队 1 支，队员 5 人。建立“五联五治、法治先行”工作机制（联系辖区党组织，突出政治引领；联系联点单位，突出法治保障；联系老干部、老模范、老党员，突出德治教化；联系辖区联户长和个体工商户，突出自治强基；联系优势资源，突出智治支撑），拓展社区工作品牌内涵，发挥工作队资源优势，成立法官工作室，推进社区法治化进程。促进社区和工作队各项工作全面提质增效，统筹联合社区各支力量，围绕建强基层基础、做好群众工作两项任务，落实惠民政策，为群众办好事实事。深入各商铺，提供复工协助和指导，宣传小额贷款等惠民政策，向辖区困难商户提供帮助。全年，为居民办好事实事 68 件，投入资金 5.91 万元，慰问群众 420 户次，协调解决居民纠纷 30 起，解决民生和困难诉求 273 件。

（李敏）

【综合治理】 2020 年，第五社区综治中心根据辖区居民、商业网点、机关企事业单位分布现状，将社区合理划分成 2 个网格，及时掌握辖区情况，重点关注流动人口变动情况，确保流动人口信息网上录入、网上维护，人来登记、人走注销。组织楼栋长、单元长、义务联防员和志愿者，协助开展扫黑除恶、新冠肺炎疫情防控、文明创建等工作。全年，推选单元长 138 人，给联户长派工 1300 多次，发放平安建设宣传册 2100 多份、扫黑除恶宣传单 2300 多份；组织商户安全应急演练 121 场，参加商户 2645 人次，企事业单位办公楼应急演练 41 场次，参与 562 人次；日常巡逻 500 多次；出租房屋流动人口专项大排查 32 次，排查出租房屋 480 多户次 1370 人次，排查人员密集场所

10处、企事业单位6家，收集信息6条，发现安全隐患58项，整改销项率100%；创建“平安单位”19家、“平安家庭”907户，创建率100%。（李敏）

【城市管理】 2020年，第五社区居委会责任落实到网格、服务细化到网格，通过入户走访、联户长反映、上级部门推送等方式，收集居民反映的问题，及时讨论解决。全年，修复损坏单元门15个、保温墙破损5处、楼道灯损坏46处、房屋漏水3栋；治理乱拉线135处、乱堆乱建59处，清理居民区小广告10种165条；接到群众困难诉求76件，解决处理率100%；为居民铺设纳凉区、增设休闲桌椅花费6000多元。（李敏）

【社会民生】 2020年，第五社区居委会构建和完善以最低生活保障为基础，以医疗、教育、残疾等专项救助为补充的社会救助体系。在政治、思想、生活上关心弱势群体，维护其合法权益，满足其精神文化需求，为其办实事好事。全年，为低保户3户5人发放最低生活保障金；为2户低保户和2户低收入家庭报销6项费用，重大节日慰问居民120户，辖区友好金盛超市、民生超市、全家福超市、大众百货超市为居民提供送货上门服务1100多户，社区慰问困难居民家庭40户，发放慰问金7200元；为70岁以上老人申请特殊生活补贴21人，停止（变更）12人，组织80岁以上老人体检57人；办理老年优待证45本；发放区属破产企业退休人员慰问品62份；组织居民参加全民健康体检986人；举办健康教育培训3场，150多人参加。（李敏）

【法官工作室】 2020年，第五社区居委会推进社区法官工作室建设，规范运行机制，发挥工作室在普法宣传、法律咨询和纠纷调处等方面的积极作用。从源头上化解矛盾纠纷，收集社情民意，拓宽法治与民生联系的桥梁，打通服务群众的便捷通道。每周一为法官工作室固定接访日，由法院派出1~2名法官在社区坐班，为来访群众提供法律咨询、纠纷调处和普法宣传等服务。社区指派工作人员轮流参与接访，在法官指导下记录工作台账、制作询问笔录、起草调解文书等，学习相关法律知识、调解技巧和工作方法，法官与社区调解员签订师徒协议，通过“一对一”实训教学，全面提高社区调解员队伍依法调解能力。全年，法官工作室接待来访群众326人次，协调解决各类矛盾纠纷151件次，开展以案讲法课堂17次。（李敏）

【优生优育】 2020年，第五社区计生协会摸清辖区流动人口信息，及时补充、变更、校录辖区人口基础信息。结合“5・29”会员活动日、“7・11”世界人口日、“10・28”男性健康日等，开展计划生育、优生优育优教、生殖健康等科普知识宣传活动。全年，出生人口6人，死亡人口17人；有已婚育龄妇女575人，办理“国免孕优”项目检查5人，办理生育服务证3个，开具婚育状况证明21份；开展计生政策宣传活动5次，200人次参加；发放宣传资料320多份、叶酸10盒。（李敏）

## 第六社区

【概况】 2020年，西宁路街道第六社区居民委员会（简称第六社区居委会）协助区政府及其派出机关做好与居民切身利益相关的公共卫生、优生优育、优抚救济、劳动保障、社区教育等工作，宣传国家法律法规及政策，调解社区邻里纠纷，维护社区治安；以“红细胞”工程、“民族团结一家亲”细胞工程、党员先锋突击队、主题党日活动为抓手，推广党建公益项目，为群众办实事好事；开展第七次全国人口普查及新冠肺炎疫情防控工作。位于北京路甲10号，辖区面积1.05平方千米，有天利高新石化股份有限公司、克拉玛依职业技术学院（独山子校区）、铁路运输公司、城建开发公司等企事业单位23家，非公企及商铺104家。截至年底，管理1个居民小区，楼房28幢、平房12栋，居住着汉族、维吾尔族、哈萨克族、回族等10个民族的居民828户1157人，其中常住人口338户640人、流动人口206户517人、空户284户。（文霞）

【“访惠聚”工作】 2020年，第六社区驻有“访惠聚”工作队1支，队员4人。社区党支部与工作队、社区警务室“三位一体”健全完善“大党委”机制，结合“红细胞”工程、“民族团结一家亲”细胞工程、主题党日活动，开展社区工作。发挥党员先锋突击队作用，统筹社区各方力量，建强基层组织，做好群众工作，加强新冠肺炎疫情防控，解决民生问题。解决小区2幢居民楼房外墙保温、停车位不足、道路不畅、路面破损、安装安全通行设施等民生问题。全年，为居民楼间停车场划分停车区域1600平方米，改造小区道路2处，增设新建便利店台阶扶手2个，安装网格宣传公示栏等2处；新冠肺炎疫情期间为困难居民发放临时救助金31200元、救助生活物资7124元、金麦穗基金2500元，解决各类困难诉求1681项、矛盾调解9起、发放46户1.2万元慰问物品和慰问金6500元；捐赠商户2户、居民6户7339元。（文霞）

【综合治理】 2020年，第六社区居委会坚持扫黑除恶与综合治理相结合，通过走访入户宣传、联户长会议、组织学习讨论等方式，加强流动人口、出租房屋规范化管理与服务，确保流动人口信息网上录入、网上维护，人来登记、人走注销。推动“平安家庭”“平安店铺”“平安单位”创建工作。全年，推选联户长56人、接待来访来电258起、调解纠纷25次，调解成功率100%；组织开展安全应急演练15次；发放禁毒知识及扫黑除恶宣传单1200多份、悬挂宣传横幅26条，张贴宣传单326张，通过微信、LED屏宣传236条；张贴安全生产挂图2张，悬挂安全生产横幅20条，发放宣传资料1000份；登记流动人口673人次，注销420人次；排查流动人口1500多人次，办理居住证267张，登记出租房屋67户，对辖区重点单位、娱乐场所、居民楼、商户等进行安全检查76次，发现安全隐患36处，整改销项率100%。（文霞）

【城市管理】 2020年，第六社区居委会落实文明城市建设规划，实施城市管理片区责任制，治理不文明行为，认真对辖区居民楼道及地下室进行清查，组织社区志愿者参加义务劳动，配合防疫开展日常消杀，督促物业落实辖区生活垃圾日产日清无积存，对严重影响城市文明的行为进行集中整治。扶持个体工商户复工复产。全年，符合小额信贷条件商户提交申请53户、申请成功8户、贷款64000元；个体工商户减免租金9户35600元；拆除辖区违法建筑31处，更换辖区分类式垃圾箱6个，清理乱堆乱放453处，清理小广告1682处。（文霞）

【社会民生】 2020年，第六社区居委会构建和完善以最低生活保障为基础，以医疗、教育、残疾等专项救助为补充的社会救助体系，落实各项利民惠民待遇。及时上报小区屋顶漏水、小区路灯损坏、平房拆迁等问题。全年，帮扶残疾人43人次，建立健全残疾人服务档案，建档率100%；统计用工单位102家，用工人数351人；为1户4人申请低收入家庭，发放低保金及节日慰问金20000多元；解决居民反映困难问题1996件；办理老年优待证22本，核对高龄补贴信息2290人次；节日期间慰问贫困家庭、孤寡及独居高龄老人103户300多人次，送去慰问品及慰问金21000多元；每月检查辖区食品药品经营商户50家。（文霞）

【优生优育】 2020年，第六社区计生协会定期组织清查辖区流动人口信息，及时补充、变更、校录人口基础信息。利用“5·29”会员活动日、“7·11”世界人口日、“12·1”艾滋病日等开展计划生育、优生优育优教、生殖健康等科普知识宣传活动。全年，出生人口6人，死亡13人，并及时录入PIS系统（全员人口数据库）；发放独生子女保健费185元；办理生育服务证明6份、开具婚育状况证明6份、“国免孕优”介绍信3份，发放叶酸12盒。（文霞）

【卫生与健康】 2020年，第六社区居委会开展健康知识宣传，普及各类健康知识，开展流动人口生殖健康知识讲座，引导群众树立科学健康生活方式。完成2轮儿童强化免疫工作，摸底适龄强化免疫儿童68人次；开展全民体检人员摸底并组织体检231人；定期检查辖区内食品、餐饮店165次；开展爱国卫生月活动48场次；组织流动人口生殖健康知识讲座2场次，参加58人次。（文霞）

【文体活动】 2020年，第六社区居委会开展“红领巾小课堂”，“快乐五四、相约‘郁’园”，“端午情长

2020年1月12日，第六社区居委会在桃李园酒店举办新春联谊活动暨“劳动者港湾”公益项目推广会

（木合塔尔·木沙 摄）

粽意浓、‘民族团结一家亲’”，“弘扬红色精神、传承革命传统”主题教育，“爱心助力高考、梦想扬帆启航”志愿服务，新春联谊活动暨“劳动者港湾”公益项目推广会等活动，丰富居民文体活动，促进社区健康和谐发展。全年，开展各项文体活动37场次，参与1200多人。（文霞）

## 第七社区

【概况】 2020年，金山路街道第七社区居民委员会（简称第七社区居委会）协助区政府及其派出机关做好与居民切身利益相关的公共卫生、优生优育、优抚救济、劳动保障、社区教育等工作，宣传国家法律法规及政策，调解社区邻里纠纷，维护社区治安；打造一站式服务平台，建成五分钟居民服务圈，实行“724”（7个工作日在岗、服务热线24小时在线）工作机制，为群众办实事好事；开展第七次全国人口普查及新冠肺炎疫情防控工作。位于长岭路29号，辖区面积0.7平方千米，有商户124户。截至年底，管理龙湖佳苑1个居民小区，住宅楼32幢，居住着汉族、维吾尔族、哈萨克族、回族等14个民族的居民1172户2832人，其中常住人口917户2247人、流动人口146户585人、空户109户。

（艾尔江古丽·库尔曼拜）

【“访惠聚”工作】 2020年，第七社区驻有“访惠聚”工作队1支，队员6人，统筹社区各方力量，健全完善“大党委”工作机制，建立定期联席会议制度，与联点单位签订年度党组织政治责任区联点共建目标责任书，着力加强制度建设，打造一站式服务平台，将社区服务业务前移到小区党群服务中心办理，建成五分钟居民服务圈，实行“724”工作机制，确保居民诉求及时受理处置。提升基层治理能力，落实惠民政策，为群众办好事实事。全年，完成“三供一业”施工改造2次、居民楼房暖气改造5栋、居民楼楼顶防水施工16栋、更换下水管线200多米、路面新铺沥青1100平方米；为低保户10户16人发放最低生活保障金及各项补贴131536元，为70岁以上居民发放高龄补贴165人221600元，节日慰问生活困难居民35户并发放18100元，慰问老党员、老军人34户并发放5089元；新冠肺炎疫情防控期间为生活困难居民发放蔬菜、消毒液、口罩等物资折合2000元，提供物资保障3000人，提供送医买药服务5356人次，完成水电气充值服务1622户次，为独居老人7人每日免费提供三餐；助力复工复产，指导个体经营业主申请小额信贷业务37户，其中14户符合申请条件放贷121万元，办理11户展期贷款92万元，帮助个体经营业主减免房租30个月67450元，缓交房租7个月9600元。（刘庆羽）

【“融聚情”活动】 2020年，第七社区居委会打造“七色花·融聚情”党建服务品牌，以“融聚情”为目标、以零距离服务为标准，整合社区、工作队、联点单位、社会组织、物业公司、业主委员会、联户长、志愿者等各支力量，结合党员政治责任区、“红细胞”党员活动等对社区低保、低收入、特困供养家庭联点帮扶，定期入户走访、帮难解困。全年，入户走访80多次，协调解决困难问题7件，开展志愿服务340人次、受益群众8000多人次；召开楼宇恳谈会18次，宣讲新疆“四史”“三个白皮书”等内容40多场次，参加普法学习2000多人次；利用寒暑假举办“红领巾课堂”、夏令营活动、国学讲堂、书法兴趣班、亲子讲座50多场次，参加1200多人次。

（周军）

【综合治理】 2020年，第七社区综治中心依托城市基层党建引领下网格精细化管理体系，结合实际将社区合理划分成2个网格，动员网格内联户长、警务室、司法所等各方力量参与社会治理工作，把责任落实到网格、服务细化到网格，解决居民提出的困难诉求，协调解决矛盾纠纷。区法院在社区设立法官工作室，有效缩短司法服务半径，实现矛盾不出社区工作目标，有效防控社会风险，维护辖区和谐稳定。全年，解决居民困难诉求23件；安全应急演练36场次，协调解决问题35件，上报信息65条，检查整改安全隐患150处，整改销项率100%。（黄亮）

【城市管理】 2020年，第七社区居委会与区城市管理局、区生态环境分局、区住建局等部门建立联动机制，开展城市管理工作，治理不文明行为。组织联点单位及联户长参加义务劳动，确保卫生环境良好。全年，上报城管通信息2894条；组织义务劳动37次，清理垃圾死角78处，清理出垃圾75吨，疏通下水井37次；整治乱堆乱放89处，拆除私搭乱建11处；处理阳光热线46条；处理城管通工单68条。（黄亮）

【社会民生】 2020年，第七社区居委会从解决群众最关心、最迫切的问题入手，认真落实党和政府的各项社会救助法规政策，建立起以最低生活保障为基础，以医疗、教育等专项救助为补充的社会救助体系。全年，为低保户发放最低生活保障金9户14人；申请慈善救助2人，发放救助金8000元；申请医疗救助2人、临时救助25人、就学救助1人、其他类救助50人次；节日慰问生活困难居民30户，发放慰问金26000元；办理老年人优待证10本，为70岁以上老年人发放特殊生活补贴168人，组织80岁以上老人体检34人。 （马君）

【劳动保障】 2020年，第七社区居委会摸清辖区居民失业、就业情况，清查商业网点劳动用工情况，加大劳动保障宣传和培训力度，宣讲党和政府的各项惠民政策，拓宽就业渠道，帮助居民解决再就业困难，落实各项利民待遇。全年，发放劳动保障、医疗保险等宣传材料200多份，解决再就业安置3人；企业退休人员退休金领取资格认证2人次，企业退休人员纳入社会化管理20人，慰问60人次。 （马君）

【为残疾人服务】 2020年，第七社区居委会建立起以最低生活保障为基础，以医疗、教育等专项救助为补充的社会救助体系。全年，有残疾人53人，申请无业残疾人生活费5人，发放残疾人一次性护理用品3人，开展助残宣传活动3次；新冠肺炎疫情防控期间护送残疾人去医院5次，帮助5人买药，送菜、倒垃圾200多次；发放节日慰问金7500元，为残疾中小学生提供教育补助金3人1500元，为残疾大学生1人申请自强奖学金5000元、申请生活费助学金5000元；进行残疾人需求调查53人，组织残疾人参加体检52人。 （谭群芳）

【文明城市创建】 2020年，第七社区居委会以创建全国文明城市为抓手，结合辖区实际情况制定城市管理工作目标和任务，扩展问题收集方式、畅通问题上报通道、强化监督落实反馈，闭环解决各项难题。整治车辆乱停放、乱穿马路，小广告，白色污染等，通过入户宣传、悬挂横幅、发放宣传单、电子屏播放、社区大喇叭、微信、楼宇恳谈会等方式广泛宣传。全年，整治乱堆乱放，清除各类安全隐患41处；解决群众关心的难点问题6件；组织专项垃圾清理活动5次，54人参与；对辖区小广告进行清理445处；开展环境卫生大消杀活动5次，宣传普及防疫及健康生活知识参加803人次。 （艾尔江古丽·库尔曼拜）

【优生优育】 2020年，第七社区计生协会定期组织开展人口清查，摸清辖区流动人口信息，及时补充、变更、校录计生PIS系统中辖区人口基础数据信息。利用“5·29”协会会员活动日、“7·11”世界人口日、“9·25”公开信发表、“10·28”男性健康日等开展形式多样优生优育优教、生殖健康等科普知识答题、讲座及宣传活动。全年，出生人口7人，死亡人口21人；有已婚育龄妇女564人，办理“国免孕优”项目检查5人，办理生育服务证6本（其中特批2本），给11户家庭发放独生子女费660元；走访新生儿家庭送大礼包3户；处理人口数据反馈信息11条；开展生育服务政策宣传活动11次，发放叶酸3盒；慰问特扶家庭1户、困难家庭3户。 （侯谚）

【妇联活动】 2020年，第七社区妇联以维护妇女合法权益，切实提高妇女整体素质为主线，加强政治理论学习，组织妇女学习、讨论新《中华人民共和国婚姻法》《中国妇女发展纲要》等知识。利用广播、宣传栏、张挂横幅等形式，大力宣传男女平等基本国策以及党的基本路线、方针、政策，开展维护妇女合法权益工作。全年，举行维护妇女合法权益咨询活动并发放《反对家庭暴力共建幸福家园倡议书》30份；开展妇女健康知识讲座1期，受益妇女50多人次。 （王翠静）

【拥军优属】 2020年，第七社区居委会梳理社区退役军人数据，核对优抚对象，走访慰问退役军人家庭，落实优抚政策。配合相关部门做好征兵宣传工作。全年，慰问老军人4次11人，送慰问品折合2200元；参加兵役登记学生15人。 （马君）

【文体活动】 2020年，第七社区居委会利用社区文化、体育、教育资源，积极组织社区居民开展各项活动，促进社区健康和谐发展。举办“百日广场文化活动进万家”活动，举行风筝节比赛、五一郁金香游园等联谊活动。全年，举办文化活动27场次，参与演出1000多人次、观众3000多人次；开展防电信诈骗、安全生产、心理健康等讲座7场次，参加居民500多人次。 （郭玉祥）

## 第八社区

【概况】 2020年，金山路街道第八社区居民委员会（简称第八社区居委会）协助区政府及其派出机关做好与居民切身利益相关的公共卫生、优生优育、优抚救济、劳动保障、社区教育等工作，宣传国家法律法规及政策，调解社区邻里纠纷，维护社区治安；建立街道统筹—社区主导—网格服务—联户单元自治四级组织机构，开展“认领一个心愿，成就一个梦想”为民服务活动及第七次全国人口普查、新冠肺炎疫情防控工作。位于延安路5号，辖区面积3.87平方千米，有企事业单位66家、商户198户，有创新学校（民办）1所。截至年底，管理3个居民小区，住宅楼25幢，居住着汉族、维吾尔族、哈萨克族、回族、蒙古族等11个民族的居民411户1078人，其中常住人口250户585人、流动人口161户493人。（李艳艳）

【“访惠聚”工作】 2020年，第八社区驻有“访惠聚”工作队1支，队员4人。建立社区“大党委”统筹、社区主导、网格服务、联户单元自治4级组织机构工作机制；开展“认领一个心愿，成就一个梦想”“爱心公益日”、与非公企业单位联建等内容丰富、形式多样为民服务活动，认真落实惠民政策，为群众办好事实事。全年，走访居民3215户次、商业网点253家次，宣传惠民政策及法律法规5041人次；开展各类宣传教育活动78场，受众4581人次；慰问低保、低困群体72人次，帮扶安置就业5人，收集各类居民关注问题135件，整改销项率100%。

（李艳艳）

【综合治理】 2020年，第八社区居委会根据辖区居民、商业网点、机关企事业单位分布现状，将社区合理划分成2个网格，形成由社区、网格片区负责人、网格管理员组成的三级联动管理机制，力量下沉到网格，及时掌握辖区情况，确保流动人口信息网上录入、网上维护，人来登记、人走注销。通过楼栋长、联户长、义务联防员、志愿者等，推进社区综合治理工作，开展扫黑除恶专项斗争、文明创建、全国民族团结示范市创建等工作。全年，推选单元长66人、参加“红细胞”活动党员81人；设立举报电话1部、举报邮箱3个，发放宣传资料5219份，张贴宣传标语467张，悬挂宣传横幅45条；开展安全应急演练72场次，1084人次参与；进行出租房屋流动人口专项排查11次，排查出租房屋726户次，涉及流动人口3057人；发放创建全国禁毒示范市宣传单825份，悬挂横幅50条，张贴文明城市创建海报152份；收集问题18条，整改销项率100%。（李艳艳）

【文明城市创建】 2020年，第八社区党总支以创建文明和谐社区为目标，利用宣传栏、板报、政务公开栏等多种形式宣传社会主义荣辱观、公民基本道德准则、文明城市创建法规和政策；开展居民、联户长、党员“红细胞”志愿者活动；针对辖区各类卫生问题进行整改，提高居民文明素养。全年，组织志愿者活动42场次；发放文明创建主题宣传册1583本，制作海报220份，制作宣传栏15处，召集居民座谈会5场次；清除积存垃圾186处，清理卫生死角2189处。整改私搭乱建28处，清理乱堆乱放建筑垃圾135处。（李艳艳）

【社会民生】 2020年，第八社区居委会建立以最低生活保障为基础，以医疗、教育等专项救助为补充的社会救助体系。从解决群众最关心、最迫切的问题入手，建立民生问题一户一册，设立“一站式”服务大厅、每日“百通岗”，实现业务受理、办理、办结一步到位，达到居民“最多跑一趟”标准；设置便民服务工作站，免费向居民提供各类应急维修工具的借用服务；设立楼宇公共服务工作站，由社区优秀联户长担任站长，协助收集居民各类信息诉求，建立沟通联动机制。全年，有72家用人单位劳动用工1452人，签订劳动合同1452份，再就业人员9人；有低保户21户27人，低收入1户1人，发放低保生活保障金149040元；有残疾人16人，申请无业残疾人生活费3人、派发辅助器具2人、发放听力残疾人信息费补贴2人，结合爱耳日、助残日开展活动2场次、宣传6场次；慰问老军人和老党员3人、发放慰问品折合800多元；审核发放辖区91名70岁以上老人特殊生活补贴；为辖区独居老人提供志愿服务4次，慰问生活困难老人35人次；创业帮扶1户，资助1万元。

（李艳艳）

【优生优育】 2020年，第八社区计生协会定期组织开展人口大清查活动，摸清辖区流动人口信息，及时补充、变更、校录辖区人口基础信息。利用“5·29”会员活动日、“7·11”世界人口日、“10·28”男性健康日等及“婚育新风进万家”“关爱女孩”“生育关怀”等活动开展优生优育优教、生殖健康等科普知识宣传，提供优生优育服务。全年，出生人口3人，死亡人口8人；有已婚育龄妇女145人，开展优生优育宣传8场次，发放宣传资料2000多份，办理“国免孕优”、生育服务登记、婚育状况证明、免费技术服务10人次，处理人口数据库反馈信息463条，核查计生信息系统数据4次。（李艳艳）

【妇联活动】 2020年，第八社区妇联维护妇女儿童合法权益，开展“巾帼”建功活动，鼓励和引导广大妇女自主创业，引导树立文明新风。关注辖区弱势群体，开展文明创建活动，促进家庭文明建设。全年，进行“展女性风采，做时代新人”“三八”妇女节乒乓球比赛活动1次、女职工权益保护知识竞赛1次，慰问辖区贫困母亲4人次、困难儿童4人次；参加家庭美德新风文章评比活动1次，参加4人；发放“平安家庭”创建宣传单1356份，进行“平安家庭”创建宣传6场次，创建“平安家庭”411户、“平安单位”4家，创建率98%。（李艳艳）

【文体活动】 2020年，第八社区居委会利用社区文化、体育、教育资源，积极组织社区各族居民开展丰富多彩的民族团结文体活动，促进社区健康和谐发展。全年，开展节日送祝福、郁金香节游园、幸福巴扎开幕式等活动32场次，参与1252人次；开展主题团日活动及志愿服务员活动26次，参与854人；组织青少年开展学雷锋公益活动6场次，举办青少年各类手工、文体活动5场次，参加青少年210人次。（李艳艳）

## 第九社区

【概况】 2020年，西宁路街道第九社区居民委员会（简称第九社区居委会）协助区政府及其派出机关做好与居民切身利益相关的公共卫生、优生优育、优抚救济、劳动保障、社区教育等工作，宣传国家法律法规政策，调解社区邻里纠纷，维护社区治安；创建“先锋西宁”党建品牌，打造社区治理新模式，为居民分忧解难；开展第七次全国人口普查及新冠肺炎疫情防控工作。位于博乐路2号，辖区面积5平方千米。坐落着企事业单位24家、商户50户。截至年底，管理虹园小区、晨园小区（新疆生产建设兵团第七师125团家属院）、绿岛佳苑、奎屯公路管理局独山子分局家属院、客运站家属院5个居民小区，住宅楼74幢、平房15栋，居住有汉族、维吾尔族、哈萨克族等13个民族的居民2645户3663人，其中常住人口1311户1734人、流动人口623户1929人、空户711户，出租房屋112户245人。（王乾）

【“访惠聚”工作】 2020年，第九社区驻有“访惠聚”工作队1支，队员4人。创建“先锋西宁”党建品牌，坚持日常学习，落实社区工作人员绩效考核制度，开展主题党日活动，打造社区治理新模式。每月召开一次社区“大党委”联席会，完善条块结合、资源共享、优势互补、共驻共建工作格局。完善网格化管理，将工作队队员分配至每个网格，明确走访任务和内容，坚持每季度全覆盖式走访入户，为居民系统讲解医疗、教育、社保等惠民政策。新冠肺炎疫情防控期间，组织社区工作人员和志愿者服务队，吃住在社区，为居家居民做好各项生活服务保障。解决五队家属院、客运站家属院小区物业基础改造，疏通下水道，帮助辖区残障人士解决无障碍设施。全年，“大党委”成员单位及联点单位认领社区项目43个、党员认领岗位13个；为小区独居老人办理智慧养老服务22人，为居民购买水、电、气、药品、生活物资22000多户次；为居民解决热点、难点民生问题21个；社区开展活动62场次，参加居民1530人次；上报信息98篇，被国家、自治区、市、区等各级媒体采用79篇。（王乾）

【“两代表一委员”工作室建设】 2020年，第九社区居委会设“两代表一委员”（党代表、人大代表、政协委员）工作室，制订接访登记表，设置意见箱，采取轮流驻室接待群众、走访、坐班等工作方式，了解民生诉求，建立民情台账，对群众反映的问题，能现场解答的现场解答，不能现场解答交由相关部门办理并跟踪落实。全年，有“两代表一委员”13人，接待群众10批次16人，收集问题12条，解决率100%。（王乾）

【综合治理】 2020年，第九社区综治中心根据辖区居民、商业网点、机关企事业单位分布状况，将社区划分成3个网格，完善网格化管理，将工作队队员分配至每个网格，明确走访任务和内容，确保不漏户、全覆盖。制订联席会议制度，定期召开会议及时掌握辖区情况，推进社会矛盾化解，创新社会管理。开展法律法规、社会公德、安全防范、禁毒知识、非法集资防诈骗、扫黑除恶等知识宣传，提高居民懂法守法、用法意识。与出租人签订出租房屋治安责任书，对出租房屋施行网上动态管理。全年，推选联户长139人，开展联户长培训8次450人；开展各类宣传活动8场次，发放宣传资料2000多份，参加450多人；进行安全应急演练10次，参加150人次，查出安全隐患100多项，整改销项100%；调解矛盾纠纷12起，调处成功100%；录入流动人口1809人，办理居住证明100多份，与出租房屋人签订治安责任书113份。（王乾）

【城市管理】2020年，第九社区居委会落实文明城市建设规划，实施城市管理片区责任制，依托网格化管理划分片区，责任到人的管理运作模式，治理不文明行为，监管居民区消防安全及卫生情况。全年，检查居民楼74幢、178个单元楼道卫生100多次，清理生活垃圾2270多处；集中检查食品类商铺18家200多次、饭馆24家280多次；制止不文明养犬行为5起，排查安全隐患108处，新画停车位300多处；张贴各类宣传海报60多张，发放各类类宣传单2300多份；配合区城市管理局拆除违章建筑12处，新增办公楼节水设施5处，新建垃圾分类箱4处。（王乾）

【优生优育】2020年，第九社区计生协会开展“零距离”婚育新风宣传工作，搭建居民与社区之间的交流平台，利用“5·29”会员活动日、“7·11”世界人口日、“10·28”男性健康日等开展优生优育优教、生殖健康等科普知识宣传活动，开展“国免孕优”健康惠民政策及办理流程宣传。全年，出生人口24人，死亡人口8人；有已婚育龄妇女569人；张贴宣传图5张，发放宣传单和宣传手册800多份；组织优生优育政策知识讲座4次，节日走访慰问家庭困难计生家庭2户。（王乾）

【社会民生】2020年，第九社区居委会构建和完善以最低生活保障为基础，以医疗、教育、残疾等专项救助为补充的社会救助体系。关心弱势群体，维护其合法权益，满足其精神文化需求，在政治、思想、生活上关心弱势群体，维护其合法权益，满足其精神文化需求，为其办实事好事。全年，有低保户1户，残疾人30人；为残疾人申请燃油费补贴5人，为重度残疾人申请困难生活费补助3人，为无业残疾人申请生活费补助2人，为生活困难居民申请医药费补贴2人；组织居民测血压、测血糖、按摩活动6场次，受益900多人次；为70岁以上13位户籍老人办理特殊生活补贴每人每月100元，办理“老人优待证”25本，4次慰问企业退休社会化人员54人次。（王乾）

【拥军优属】2020年，第九社区居委会召开学习经验交流会、联谊会和组织有关文体活动，加强军地之间交流，在春节、八一建军节走访慰问退役军人、军属、伤残退伍军人，建立军民共建服务站，密切军民关系。全年，走访慰问32人次，为优抚对象发放补贴45437元，采集军人军属信息卡82张，悬挂“光荣之家”牌82个；为驻区部队家属开展就业创业培训2场次30多人，开展文化活动4场次80多人；驻区部队对辖区居民开展帮扶慰问4场次100多人，为辖区居民开展志愿服务2场次60多人。（王乾）

## 第十社区

【概况】2020年，西宁路街道第十社区居民委员会（简称第十社区居委会）协助区政府及其派出机关做好与居民切身利益相关的公共卫生、优生优育、优抚救济、劳动保障、社区教育等工作，宣传国家法律法规及政策，调解社区居民邻里纠纷，维护社区治安；设立“一站式”服务大厅，让数据多跑路、群众少跑路，为群众办实事好事；开展第七次全国人口普查及新冠肺炎疫情防控工作。位于烟台路1号，辖区面积1.75平方千米，是以流动人口为主的社区。有区机关、独山子石化公司、新疆寰球工程公司等企事业单位65家、商户146户，有第一小学、第三幼儿园2所学校。截至年底，管理天景颐园、晶都花苑等7个居民小区，住宅楼156幢，居住着汉族、维吾尔族、哈萨克族等13个民族的居民3315户5976人，其中常住人口1300户2757人、流动人口1354户3219人、空户661户，出租房屋384户。（林妍君）

【“访惠聚”工作】2020年，第十社区驻有市派“访惠聚”工作队1支，队员5人。联合社区党组织设立“一站式”服务大厅，以数据多跑路，群众少跑路为原则，统筹社区各支力量，围绕建强基层基础、做好群众工作两项任务，落实惠民政策，为群众办实事好事。以新冠肺炎疫情防控为抓手，以党建为引领，推进各专项工作与城市基层党建工作深度融合，形成多项重点工作齐头并进工作格局，协助社区组织开展贫困户摸排，关心、爱护和帮助困难群体。解决群众诉求，通过与区住建局、物业管理公司等单位反复沟通，修缮小区基础设施，分户改造晶都花苑6幢主水管线及暖气管线。举办我们的中国梦——文化进万家之“多彩非遗，美好生活”文化展、“爱在端午 粽享父爱”我们一起过端午、“再走英雄路”庆七一参观独库公路博物馆等主题活动。全年，慰问群众433场次1125人；上报各项诉求47起，为居民办实事办好事10件；新增小区路灯15个、庭院灯21个、小区石桌椅16个、健身器材5个，更换破旧设施7项；组织开展各类文体活动活动20场次；撰写宣传稿件115篇，国家级媒体采用2篇、自治区级媒体采用7篇、市级媒体采用15篇。（林妍君）

2020年7月1日，驻第十社区“访惠聚”工作队组织社区党员到独库公路博物馆举办“再走英雄路”庆七一主题党日活动（冯霞 摄）

【综合治理】 2020年，第十社区居委会结合社区实际情况，针对流动人口多、流动性大特点，将社区划分成五个网格，实行网格化管理，网格内设网格长，协调网格内所有事项，分层分类开展精细化管理、精准化服务；采取一户一档方式，对居民入户调查；对党员信息、居民信息建档，搭建居民自治管理平台；一站式服务大厅设置居民意见填写卡，值班员进行登记并梳理落实工作，做到知民情、解民愿，提高居民安全感、参与率、满意率。全年，推选网格长5人；走访入户全覆盖辖区居民宣传3次，悬挂横幅5条，发放宣传单5000多份，开展扫黑除恶活动6场，戒毒人员10人；组织平安志愿者队伍公益活动6场，平安单位成功申报31家、平安店铺申报146家，平安创建率高达100%。（林妍君）

【城市管理】 2020年，第十社区居委会各支力量下沉网格，发挥各自特长，开展“五微”（微服务、微治理、微关爱、微互助、微调解）活动服务居民。在文明城市复检工作中，制作宣传展示刊播“讲文明树新风”“图说我们的价值观”等专题宣传，提升城市管理质量。全年，新冠肺炎疫情防控期间设置临时菜店7个、商店1个，购置水电气1100多次，购置药品1300多次，用车送医1500多次，配送生活物资20000多次，为独居老人送蔬菜56户；帮扶146家商铺复工复产，助力申请小额信贷17家，成功贷款13家，减免房租34家；制作宣传展板102块，组织志愿者342人整治辖区卫生；志愿服务站点提供居民服务132次，受益群众达2000多人。（林妍君）

【社会民生】 2020年，第十社区居委会构建和完善以最低生活保障为基础，以医疗、教育、残疾等专项救助为补充的社会救助体系。全年，有低保户13户18人，咨询申请低保8人；走访低保户206人次，享受惠民补贴10人15871元、大病救助4人，发放低保金66150元，低保户公租房申请3人；组织低保户参加社区公益活动32人次；有残疾人58人，给重度残疾人19人发放补助1520元、生活补贴1520元、发放节日慰问金13000元；领取残疾人精准康复辅助器材3人，申请大中专残疾学生助学金1人；为无业残疾人发放新冠肺炎疫情防护用品13套，为听力、言语残疾人8人享受无障碍信息微信补贴960元；节日慰问困难残疾13户6500元。（林妍君）

【优生优育】 2020年，第十社区计生协会组织开展妇女普查和综合防治工作，开展经常性孕情、环情监测服务，定期对育龄人群生殖健康检查；进行计划生育、优生优育优教、生殖健康等科普知识宣传活动。全年，有已婚育龄妇女919人，出生人口24 人，死亡人口46人；发放计生宣传单536多份，开具婚育状况证明48份，慰问计划生育特殊家庭12户，计划生育一次性奖励金申请4人；发放独生子女保健费8户540元；举办优生优育宣传活动5次，参加152多人次，提供“国免孕优”项目服务1人；发放叶酸25盒。（王滢）

【妇联活动】 2020年，第十社区妇联组织各族妇女开展三八妇女节联谊、母亲节座谈等活动，引导各族妇女弘扬中华民族家庭美德、树立良好家风。帮助妇女调解家庭婚姻矛盾，维护妇女儿童合法权益。定期慰问困难家庭，了解困难访求，推荐心理辅导员，帮助辖区妇女纾困解难。在各方妇女群众中开展民族团结优秀家庭、最美家庭评选活动。全年，开展活动10场次，参加641人次；调解家庭婚姻矛盾2起，慰问困难家庭3户，为有需求家庭推荐心理辅导员6人次；推荐民族团结优秀家庭1户、最美家庭1户。

（林妍君）

【为老服务】 2020年，第十社区居委会为老年人提供必要生活服务，满足其物质生活和精神生活需求。建立以家庭为核心、以社区为依托、以专业化服务为依靠，为居家老年人提供社会化服务。全年，70岁以上老年人享受特殊生活补贴516人，发放金额3550800元；新增申请70岁以上老人特殊生活补贴86人，因去世、户籍变更停止发放21人，申请“老年优待证”36人；为企退社会化管理人员申请订阅《老年康乐报》197份，申请灵活就业社保补贴79人；组织80岁老人参加体检51人次，流感疫苗接种669人次，节日慰问企退社管人员120人次；新冠肺炎疫情期间临时救助困难家庭21户，发放慰问金12000元。

（林妍君）

## 第十一社区

【概况】 2020年，西宁路街道第十一社区居民委员会（简称第十一社区居委会）协助区政府及其派出机关做好与居民切身利益相关的公共卫生、优生优育、优抚救济、劳动保障、社区教育等工作，宣传国家法律法规及政策，调解社区居民邻里纠纷，维护社区治安；设立“一站式”服务大厅，方便群众就近办事；把商圈内经营商户凝聚在一起，由社区牵头成立商圈理事会，打造“网红新街”；将天天幼儿园闲置空地开辟成菜园，由居民认领种植，解决居民私种蔬菜、破坏绿地问题；开展第七次全国人口普查及新冠肺炎疫情防控工作。位于哈密路4号，辖区面积0.57平方千米，有企事业单位3家、商户147户，有伶俐天天幼儿园1所（民办）。截至年底，管理桃园、梅园、松园、杏园4个居民小区，住宅楼70幢，居住着汉族、维吾尔族、哈萨克族、回族、蒙古族等13个民族的居民2230户4191人，其中常住人口1231户2338人、流动人口683户1853人、空户316户，出租屋152户。

（马锐）

【“访惠聚”工作】 2020年，第十一社区驻有“访惠聚”工作队1支，队员4人。“访惠聚”工作队与居委会修订完善社区“三重一大”等制度，建立考核管理法，考核结果公示、民主测评公示、检查通报公示，规范考评体系；搜集民生问题，落实惠民政策，开辟“长者食堂”，为老年人提供配餐服务，解决留守、独居老人托养和就餐问题；开辟社区阳光菜园活动，为群众办实事好事。打造红色新街、改造杏园小区东门道路、完成办公楼改造；将社区门球馆改造成综合性体育馆，开设舞蹈室、歌咏室、书画室、棋牌室等综合性活动场所；启动“一站式”服务大厅，方便群众就近办事。全年，修订完善制度16项，“一站式”服务大厅设置办理事务54项；铺设3幢居民楼前道路100多米；建立可供50人就餐的“长者食堂”，为老龄人提供爱心餐；设置垃圾分类点4处；在杏园小区和松园小区安装儿童娱乐滑梯2套；上报信息85篇，被国家、自治区、市、区等各级媒体采用26篇。

（马锐）

【综合治理】 2020年，第十一社区综治中心根据辖区居民、商业网点、机关企事业单位分布状况，将社区合理划分成3个网格，力量下沉到网格、责任落实到网格，及时掌握辖区情况，推进社会矛盾化解、创新社会管理。通过走访、发放宣传单、LED电子显示屏播放、微信群发布、举办座谈和交流会等方式，开展平安创建、禁毒、扫黑除恶、非法集资防诈骗等宣传工作。关注流动人口变动情况，确保流动人口信息网上录入、网上维护，人来登记、人走注销，落实综合治理各项措施和目标任务。全年，开展流动人口排查27次，新增流动人口1195人，注销819人，信息登记率95%，办理居住证104人；使用LED屏滚动播放扫黑除恶、平安创建、禁毒等宣传标语累积20000多条，设置举报箱1个，悬挂横幅200条，向居民发放扫黑除恶宣传购物袋1500多个、各类宣传资料10000多份，张贴宣传画400张，微信公众号发布各类信息2000多条，集中宣讲扫黑除恶知识15次，受众350多人次；创建平安单位3家、平安商铺89家、平安家庭1660户；开展普法宣传教育活动22次，参加300多人次；开展矛盾纠纷排查39起，调解成功率100%。

（杨航）

【社会民生】 2020年，第十一社区居委会构建和完善以最低生活保障为基础，以医疗、教育、残疾等专项救助为补充的社会救助体系，落实各项惠民利民政策，解决居民实际问题。开辟“长者食堂”项目，通过社工承接服务，利用社工站长者食堂运营经验及配餐优势，整合社区资源，为社区符合条件且有需求的老年人提供营养、便捷、安全的个性化配餐服务，解决好留守、独居老人托养和就餐问题，打造为老服务特色亮点。全年，有低保户7户9人、残疾人71人、精神障碍17人；申请低保救助2人，为困难居民申请公租房1人；为无业残疾人发放生活费及春节慰问金8人18480元，申请残疾人辅助器具5人、无障碍改造6名、听力残疾人免费助听器4人；申请重度残疾人护理补贴5人，办理残疾人证2本；申请办理就业失业登记证101人，申请创业担保贷款审核10人；有70岁以上老人613人，办理老年优待证37本；申请老年人特殊生活补贴613人，组织80岁以上老人体检216人；慰问困难家庭、四老军人、独居“空巢”老人120多人次；解决居民反映楼栋维修等难点问题59件。（刘晶晶）

【城市管理】 2020年，第十一社区居委会落实城市精细化管理大联动工作，定期对小区、居民楼道、地下室等进行卫生检查，做到日检周查月小结，发现问题及时处理。全年，发放宣传资料2700多份，清除非法小广告183多处，清除垃圾106吨，上报城管通工单2046件，处理区政府政民互动平台及12345阳光热线投诉54起；受理城管信访投诉54件，处置率100%。（魏捷抒）

【打造网红新街】 2020年，第十一社区党总支探索基层党建新模式，以制度建设为保障，以活动开展为抓手，把商圈内不同行业、不同经营商户松散的经济实体紧密凝聚在一起，由社区牵头成立商圈理事会，建立议事会议制度、共驻共建制度、包联结对帮扶制度，打造网红新街，助力经济发展。引进商业街改造项目，首次由房东与区政府共同作为改造项目发包方，实施南京路商业街美化亮化硬化工程；提升改造项目、规划商业街改造设计方案，促成商户117家与房东74户签订改造项目承诺书；项目改造完成后，彻底改观了路道狭窄、卫生状况差、基础设施落后的形象，成为家喻户晓的城市名片。全年，解决商家反映各类问题50多件，解决率100%，网红新街商户为高考学生提供免费用餐、免费供水服务54家。（李帅军）

【阳光菜园】 2020年，第十一社区居委会为解决居民私种蔬菜、破坏绿地问题，利用“大党委”成员单位天天幼儿园的资源，将园内闲置空地开辟成菜园，冠名阳光菜园，发动社工站、社区志愿者、社会组织四社联动安装菜园围栏，举行阳光菜园项目启动仪式，成立菜园认领组，由居民抽签选地，发放工作牌，签订种植协议，规定将30%种植成品无偿捐赠辖区困难居民，年底以种菜能手和公益巧匠进行表彰。全年，划分种植菜地8畦，表彰种菜能手和公益巧匠16人，无偿捐献各类蔬菜近120千克。（魏捷抒）

2020年9月15日，第十一社区居委会在天天幼儿园举行“阳光菜园”项目启动仪式（徐欣 摄）

【卫生与健康】 2020年，第十一社区居委会定期整治商户门前三包、公共场所及背街小巷等市容市貌环境卫生，维护市政环卫设施，检查食品安全。组织开展各类健康教育讲座及强化免疫活动，提高居民健康意识。全年，开展辖区卫生检查265次，食品及餐饮店检查107次，张贴健康教育宣传画106张，发放健康素养宣传册30本；开展慢性病知识讲座、青少年心理健康知识讲座等6场次，参加189人次；协助完成0~5岁儿童强化免疫184人。（魏捷抒）

【优生优育】 2020年，第十一社区计生协会开展妇女普查和综合防治工作，常规随访、期内随访；提供孕情、环情监测服务，定期对育龄人群生殖健康检查；开展计划生育、优生优育优教、生殖健康等科普知识宣传活动。全年，有已婚育龄妇女673人，出生人口19人，死亡人口44人；发放计生宣传单600多份，办理生育服务证5本，开具婚育状况证明21份，慰问计划生育特殊家庭2户，计划生育一次性奖励金申请1人；发放独生子女保健费15户1020元；举办优生优育宣传活动4次，参加180多人次，提供“国免孕优”项目服务2人；发放叶酸10盒。（王燕）

【社区学校】 2020年，第十一社区居委会发挥成员单位资源优势，组织专业力量，收集居民诉求，利用晚上或周末时间，通过社区学校开设法律法规、非物质文化特色课、医疗服务、就业及创业培训、剪纸、手工制作等课程，提高居民素养，解决群众实际问题。全年，开课12节，参加居民280人次。（陈强龙）

【文体活动】 2020年，第十一社区居委会优化社区文化、体育、教育资源，利用春节、五一、端午、中秋、十一等重大节日，组织居民开展喜迎国庆、楼栋文化、家庭文化、广场文化、知识讲座等文体活动。全年，有文体队伍8支152人，举办各类文体活动22场次，参加1000多人次。（毛小燕）

【妇联活动】 2020年，第十一社区妇联组织各族妇女开展“阳春三月魅力女人节”插花、“巧手做巴哈力”等活动，引导各族妇女弘扬中华民族家庭美德、树立良好家风。帮助妇女调解家庭婚姻矛盾，开展反家庭暴力法知识讲座、观看妇联教育宣传片、12338维权热线微信总动员活动等提升妇女维权意识。全年，举办各类活动15场次，参加750人次；评选“最美妇女之友”17户；调解矛盾纠纷14起；观看宣传教育片8场次80多人次。（毛小燕）

【首个志愿者服务工作站建立】 2020年，第十一社区居委会以创建文明城市为契机，建立全区首个志愿者服务工作站，引导社区志愿者服务社会、传播文明。组建“四季花”志愿服务队，划分绿管家联盟、绿色微课堂、绿色小分队类别，设立认领岗位，明确岗位标准，促进商圈、居民圈、志愿圈互通融合。全年，开展志愿服务活动8场，参加400多人次。（毛小燕）

## 第十二社区

【概况】 2020年，西宁路街道第十二社区居民委员会（简称第十二社区居委会）协助区政府及其派出机关做好与居民切身利益相关的公共卫生、优生优育、优抚救济、劳动保障、社区教育等工作，宣传国家法律法规及政策，调解社区居民邻里纠纷，维护社区治安；开展聚人心、贴人心、润人心、融人心、暖人心“五心”服务，为群众办实事好事；开展第七次全国人口普查及新冠肺炎疫情防控工作。位于大庆东路44号，辖区面积0.73平方千米，有企事业单位7家、商户63户、第四幼儿园1所。截至年底，管理昆园、靓园、锦园3个居民小区，住宅楼96幢，居住着汉族、维吾尔族、哈萨克族等22个民族的居民2582户4996人，其中常住人口1590户3716人、流动人口627户1108人、空户263户，出租房屋102户。（郭姝丽）

【“访惠聚”工作】 2020年，第十二社区驻有“访惠聚”工作队1支，队员7人。统筹社区各方力量，围绕建强基层基础、做好群众工作两项任务，落实惠民政策，为群众办实事好事，创新工作思路，在3个小区建立网络党支部，发挥党建引领聚人心作用；开展聚人心、贴人心、润人心、融人心的“五心”服务。开展经常性敬老爱老活动，为70岁以上的居民送慰问品，组织志愿者为老人义务打扫卫生、免费理发，定期召开专题分析会、月度工作推进会，及时发现问题，解决风险隐患。全年，选出联户长256人，社区党员与困难家庭结成帮扶对子30多户，为困难家庭捐款10000多元，为居民解决困难诉求、办实事好事86件；新冠肺炎疫情期间，帮助私企办理低息贷款5家，动员私营商铺房东减房租47家，社区收到感谢信6篇、锦旗2面，发放《疫情防控知识》等宣传单6000多份，悬挂新冠肺炎疫情防控横幅22条、标语海报60多张，受教育群众2500多户5700多人；开展“民族团结一家亲”联谊融情活动24场次，参加700多人次，上报各类信息稿件86篇，被市级以上媒体采用24篇。（郭姝丽）

【综合治理】 2020年，第十二社区综治中心根据辖区居民、商业网点、企事业单位分布状况，将社区合理划分成3个网格，力量下沉到网格，责任落实到网格、服务细化到网格，及时掌握辖区情况，推进社会矛盾化解、创新社会管理。开展平安创建、禁毒、扫黑除恶等宣传工作；关注流动人口变动情况，确保流动人口信息网上录入、网上维护，人来登记、人走注销，落实综合治理各项措施；通过联户长、义务联防员、志愿者等，推进社区综合治理工作。全年，推选联户长270人，应急安全演练40多场次，参加人员400多人次；统计风险隐患点220个，整改销项率100%；评选平安家庭2103户，平安家庭创建率97.87%；招募社区禁毒志愿者27人，发放禁毒宣传资料2500多份，张贴禁毒标识250多份，悬挂禁毒标语横幅160多条；开展禁毒知识宣讲活动10次，参加4000多人次；悬挂扫黑除恶宣传标语300条，悬挂横幅12条，展出展板2块，开展扫黑除恶全覆盖宣传教育活动5次，受教育群众4500多人次，张贴发放各类宣传资料8000多份；解决群众实际困难400多个；开展流动人口、出租房屋大清查80次，

核查1200人次；调解矛盾纠纷20起，调解成功率100%。（郭姝丽）

【城市管理】 2020年，第十二社区居委会以定人、定岗、定责、定目标、定考核、定奖惩的管理模式，监管居民区卫生，迎接文明城市创建复检，开展爱国卫生大检查、健康教育宣传等活动。排查、协调解决社区居民生活中遇到的问题。全年，统计上报屋面漏水118户、暖气不热42幢，处理屋面施工遗留问题15幢；协调解决阳光热线投诉问题57起；协调处理堵塞下水道、漏水、水管冻裂跑水等问题47次。帮助居民更换楼道灯11盏，安装昆园17栋挡土墙防护围栏1处、不锈钢防滑跌扶手8个，维修加固石桌石凳12处；协调处理“三供一业”改造遗留问题5件，组织保洁员清理辖区卫生死角50多处，处理装修垃圾乱堆放问题10处，开展志愿者清扫义务活动4次，对个体经营商户进行食品、药品安全检查25家。（郭姝丽）

【社会民生】 2020年，第十二社区居委会构建和完善以最低生活保障为基础，以医疗、教育、残疾等专项救助为补充的社会救助体系，做好低保、慈善助学、老龄等服务工作。全年，有残疾61人，申请临时救助1人、医疗救助3人，享受低保1人，停止低保1户，变更迁入低保户并管理1户；新冠肺炎疫情防控期间，为居民送菜10000多次；倾倒生活垃圾3160次；送医送诊、购买药品5000多次；为居民购买水、电、气3000多次；对低保低收入家庭发放救助金及慰问品10户，发放困难个体工商户救助金17家、发放新冠肺炎疫情防控物品109人；开展关爱残疾人活动5次，进行残疾人家庭无障碍改造2家；申请老年人特殊生活补贴50人，办理老年优待证21本，组织辖区80岁以上老人免费体检90人；节日慰问困难家庭62户，开展“暖心饺”捐赠活动1次。（郭姝丽）

【劳动保障】 2020年，第十二社区居委会调研就业创业、社会保障、人事人才、劳动关系等情况，摸清辖区企业单位失业就业信息，清查商业网点用工、复工复产等状况，宣讲惠民政策，落实各项利民待遇，维护劳务用工人员及商业网点业主合法权益。全年，办理就业失业登记证48人，自主创业人员申请灵活就业社保补贴52人，申请创业担保贷款2人；务工、无业、个体人员参加就业培训3次，就业16人。（郭姝丽）

【优生优育】 2020年，第十二社区计生协会开展妇女普查和综合防治工作，常规随访、期内随访，提供孕情、环情监测服务；宣传计划生育、优生优育优教、生殖健康等科普知识。全年，出生人口23人，死亡人口20人；办理生育服务证20本，开具婚育状况证明25份，办理“国免孕优”项目检查7人，慰问计划生育特殊家庭1户；发放独生子女保健费39人2540元。（郭姝丽）

【妇联活动】 2020年，第十二社区妇联以联系妇女、服务妇女、教育妇女、维护妇女儿童合法权益为根本任务，开展“巾帼”建功、联谊会、健康讲座、文明创建等活动，促进家庭文明建设。全年，评选最美家庭7户，推荐最美家庭4户，慰问困难家庭25户，调解家庭婚姻矛盾1起，举办“三八”妇女节联谊会、心理健康讲座活动3次，参加98人次。（郭姝丽）

## 第十三社区

【概况】 2020年，西宁路街道第十三社区居民委员会（简称第十三社区居委会）协助区政府及其派出机关做好与居民切身利益相关的公共卫生、优生优育、优抚救济、劳动保障、社区教育等工作，宣传国家法律法规及政策，调解社区居民邻里纠纷，维护社区治安；开创“三微四联”工作法，商圈经济与基层治理相结合，实现服务群众“零距离”；设立“户外之家”，向环卫工人、进城务工人员、交警、出租车司机、快递员等户外工作者开放，提供热可纳凉、冷可取暖、渴可喝水、累可歇脚、伤可用药服务；开展第七次全国人口普查及新冠肺炎疫情防控工作。位于西宁路11号，辖区面积约0.66平方千米，有企事业单位2家、商户189户。截至年底，管理东方花园、锦绣花园2个居民小区，住宅楼75幢，居住着汉族、维吾尔族、哈萨克族等16个民族的居民2020户4660人，其中常住户1569户3925人、流动户294户735人、空户139户，出租屋18户。（包秀珍）

【“访惠聚”工作】 2020年，第十三社区驻有“访惠聚”工作队1支，队员4人。统筹社区各方力量，围绕建强基层基础、做好群众工作两项任务，设立“户外之家”，向环卫工人、进城务工人员、交警、出租车司机、快递员等户外工作者开放，提供热可纳凉、冷可取暖、渴可喝水、累可歇脚、伤可用药服务，收集群众反映困难诉求及意见建议，落实惠民政策。全年，为东方花园小区路灯加装立杆与加臂灯、在居民楼栋安装声控灯投入35000多元，投资建设北门小广场85000多元；收集居民问题及诉求762条、解决659条；上报信息210篇，被各级媒体采用62篇；《居民公约》被自治区评为优秀村规民约。（包秀珍）

【为民服务】 2020年，第十三社区居委会落实新冠肺炎疫情防控工作部署，以网格为单位，做到网格内不漏户、户不漏人，普及新冠肺炎疫情防控知识，及时向居民解疑释惑，做好新冠肺炎疫情防控风险沟通工作。协调4家菜店、1家大型商超保障小区生活供应。全年，招募志愿者70多人，发放宣传单10000多张、新冠肺炎防疫知识手册5000多份，宣传条幅16条，每日运送生活必需品1000多千克，代购药、水、电、气累计1300多户，专车运送看病860多人，协调居民异地办理急事难事212件；为独居老人免费送餐10户17人；为行动不便老人送爱心蔬菜大礼包14户；为7户困难家庭发放救助金5500元，为5户困难商户发放救助金2500元；为困难商户减免房租、物业费、暖气费78万元，协助办理小额贷款500多万元。（包秀珍）

【综合治理】 2020年，第十三社区综治中心根据辖区居民、商业网点、企事业单位分布状况，将社区合理划分成3个网格，力量下沉到网格、责任落实到网格、服务细化到网格，及时掌握辖区情况，推进社会矛盾化解、创新社会管理。通过入户走访、发放宣传单、充分利用微信群等网络平台、线上交流等方式，开展平安创建、禁毒、扫黑除恶等宣传工作。关注流动人口变动情况，确保流动人口信息网上录入、网上维护，人来登记、人走注销，做到以户管人，落实综合治理各项措施和目标任务。全年，有联户长203人、培训12次，参加689人次；登记流动人口1356人、注销656人；排查流动人口598次、夜查33次；排查出租房屋386次，检查365人次；评选三星级出租房屋18户。（包秀珍）

【城市管理】 2020年，第十三社区居委会运用城市精细化管理大联动工作机制，采取网格化管理方式抓好环境整治，把社区建设成管理有序、服务完善、文明祥和社会生活共同体。定期清查小区、楼道及地下室，收集群众反映的困难诉求及意见建议，发现问题及时处理。全年，整改文明城市创建中发现问题500多处，检查小区卫生300多次，协助城市管理局处理私搭乱建176处，对商铺、饭馆、药店等进行安全检查30多次；检查生鲜乳制品点位16次，整修基础设施损坏7处，办理养狗证12个，发放宣传单1000多份，协调解决阳光热线居民反映问题56起。（包秀珍）

【劳动保障】 2020年，第十三社区居委会摸清辖区居民失业就业情况，摸排商业网点劳动用工情况，宣讲各项惠民政策，落实各项利民待遇，维护劳务用工人员和商业网点各业主合法权益。全年，走访个体工商户及私营企业100多家，发放劳动用工信息采集表300多份，督促用人单位与350多名劳动者签订劳动合同并备案，签订率和备案率100%。（包秀珍）

【社会民生】 2020年，第十三社区居委会构建和完善以最低生活保障为基础，以医疗、教育、残疾等专项救助为补充的社会救助体系。在政治、思想、生活上关心弱势群体，维护其合法权益，满足其精神文化需求，为居民办实事好事。全年，办理“老年优待证”19本，组织28名80岁以上老人免费体检，为148名老人发放高龄补贴24万元，为42名企业退休社会化管理人员发放节日慰问品2万多元；辖区有残疾人34人，为5名听力残障残疾人每月发放10元无障碍信息补贴；每季度为2名无业残疾人每人发放基本生活补助660元，每月为5名重度残疾人每人发放护理补贴100元。（包秀珍）

【卫生与健康】 2020年，第十三社区居委会组织开展各类健康教育讲座及强化免疫活动，提高居民健康意识。全年，适龄儿童强化免疫403人次，60岁以上老人流感疫苗接种203人，举办慢性病知识讲座、青少年健康知识讲座6次，参加270多人次。（包秀珍）

【优生优育】 2020年，第十三社区计生协会设置咨询台，开展计生政策咨询活动；举办婚前知识培训，发放宣传资料，帮助居民转变婚育观念；健全和完善宣传教育、科学管理、优质服务三位一体工作机制，开展计划生育、优生优育优教、生殖健康等科普知识宣传活动。全年，已婚育龄妇女908人，出生人口38人，死亡人口12人；宣传“国免孕优”健康项目600多户次，提供“国免孕优”服务4人；开展健康知识讲座5场，受益群众260人；计划生育系统变更805人，办理生育服务证8本；为31人发放独生子女保健费1700元。（包秀珍）

【“三微四联”工作法】 2020年，第十三社区党委结合辖区商圈特点，联合驻社区“访惠聚”工作队、商圈理事会，坚持一周一梳理、一月一议事工作制度，开创“三微四联”工作法，将商圈经济与基层治理相结合，实现服务群众“零距离”。将驻社区“访惠聚”工作队员、社区工作人员、社区志愿者、社区“红细胞”党员等编为若干个宣讲小分队，制订微课堂宣讲计划，通过“十分钟微党课”“五分钟微课堂”“五分钟微梳理”方式，利用短、平、快、新微党课，开展宣讲活动；打破区域划分原则，与其他社区协作，进行资源整合，运用联片整合、联席议事、联动服务、联建联创工作法，开展各项服务工作。整合社区律师、社区人民调解员、商圈理事和市场监督管理人员等，打造“红色力量，圈圈联盟”“老鱼工作室”等党建品牌。“三微四联”工作法入选自治区首批优秀社区工作法；“红色力量，圈圈联盟”品牌被评为区级优秀项目，在结项汇报中被评为二等奖。全年，组织“微党课”教育35次、讨论11次；社区“大党委”成员单位设置党建项目7类36项，参与联盟单位200多家，认领“红细胞”工程党员1200多人，为居民解决各类热点、重点民生问题16个，调解民间纠纷600多起，调解成功率98%以上。（包秀珍）

## 第十四社区

【概况】 2020年，西宁路街道第十四社区居民委员会（简称第十四社区居委会）协助区政府及其派出机关做好与居民切身利益相关的公共卫生、优生优育、优抚救济、劳动保障、社区教育等工作，宣传国家法律法规及政策，调解社区居民邻里纠纷，维护社区治安；将物业纳入社区网格管理，建立“红色物业”阵地，设置社区党群服务点，联动社区各方力量，关心、爱护、帮助社区困难群体；开展第七次全国人口普查及新冠肺炎疫情防控工作。位于长岭路69号，辖区面积0.86平方千米，有企事业单位85家、商户149户、第六小学1所学校。截至年底，管理众鑫花园、美林花园2个居民小区，住宅楼115幢，居住着汉族、维吾尔族、哈萨克族等12个民族的居民3768户9430人，其中常住人口3308户7927人、流动人口378户1503人，出租房屋82户。（王丽娜）

【“访惠聚”工作】 2020年，第十四社区驻有“访惠聚”工作队1支，队员6人。统筹社区各方力量，围绕建强基层基础、做好群众工作两项任务，入户收集民生问题，建立民生台账，进行销项管理，打造“红色物业”阵地，建立社区党群服务点，落实惠民政策。完善红色物业“1+3+X”联动工作机制，联动居委会、业委会、物业三方，将物业纳入社区网格管理，选优配强业委会成员，联动各方力量，形成社区治理合力。关心、爱护和帮助困难群体解决问题，宣传优惠政策，开展宣传教育，为群众办实事好事。创新宣讲形式，成立宣讲小分队，利用楼宇院落、健身小广场、物业站等场地，以多场次、小范围向居民进行党的十九届五中全会和中央新疆工作座谈会精神宣讲。全年，入户走访1015次9629人；慰问群众136户次，送慰问品1.12万元；梳理物业代办事项54项，召开“红色物业”三方联动会议10次，陪同居民看病就医26次；开设国家通用语言课堂11场次，参加417人；开展民族团结联谊活动12场次，参与578人；上报信息流转单114条，收集帮扶对象困难诉求9条，排查化解矛盾纠纷9件，调解成功率100%。（迪力亚尔·地力木拉提）

【综合治理】 2020年，第十四社区综治中心根据辖区居民、商业网点、企事业单位分布状况，将社区划分为4个网格，通过走访、发放宣传单、国旗下宣讲、商铺电子显示屏播放、微信群发布、举办讨论会等方式，开展平安创建、禁毒、扫黑除恶、非法集资防诈骗等宣传工作。关注流动人口变动情况，确保流动人口信息网上录入、网上维护，人来登记、人走注销，落实综合治理各项措施和目标任务。全年，推选联户长382名，联户长培训6场次，参与人数700多人次，开展各类宣讲33场次，受众6031人；发现安全隐患16处，整改销项率100%；录入流动人口信息2200多人次，信息登记率100%；办理居住证406人，矛盾调解16起，调解成功率100%；与出租房主签订综合责任书与担保书82份，签订率达100%。（陈骋）

【劳动保障】 2020年，第十四社区居委会宣传国家医保补贴政策，落实各项利民待遇，维护劳务用工人员及商业网点业主合法权益。全年，检查劳动用工24次，劳动合同签订率100%；办理就业失业登记证64本，申请办理小额担保贷款认定9人，办理个体、灵活就业人员社保补贴101人次。（王亚楠）

【社会民生】 2020年，第十四社区居委会构建和完善以最低生活保障为基础，以医疗、教育、残疾等专项救助为补充的社会救助体系，关心弱势群体，维护其合法权益，为居民办实事好事。全年，有残疾人75人，申请办理残疾证2人，发放困难、重度残疾人护理补贴22人次26400元，无业残疾人基本生活费6人15840元，听力残疾人无障碍短信补贴16人1920多元，发放康复辅助器具3件；有低保户3户3人，停保1人，临时救助申请1户，救助金5000元；办理老年优待证31本、办理70岁以上老人享受高龄补贴198人，为80岁以上老人免费体检59人，为60岁以上老人免费接种流感疫苗431人；新冠肺炎疫情期间临时救助家庭共申请15户，发放救助金5200元及慰问品2000元，口罩800个、消毒液168瓶；慰问企业退休社会化管理人员54人，慰问孤寡老人、单亲困难家庭等56人次；接收群众捐赠衣物251件，“暖心饺”公益活动捐赠30份600元。（王亚楠）

【文体活动】 2020年，第十四社区居委会搭平台、建队伍、举办特色课堂，为辖区居民提供多角度、多层次、多元文化服务，组建文艺队和志愿服务队，举办社区读书节、书友会、亲子阅读等活动，发挥“宁聚·馨生活”文化活动阵地服务功能。全年，举办各类文体活动、讲座竞赛，参观游览、志愿服务、社会实践等活动93场次，参与4781人次；开展志愿服务活动11场次，参与500多人次；参观学习10场次550人次；知识竞赛答题活动8场次450人次；开展青少年爱国教育、禁毒知识培训、青少年心理健康知识、家长学校等活动22场，500多人参加；举办舞蹈、京剧、烘焙、剪纸等活动12场次，参与700多人。（田吉东）

2020年11月27日，第十四社区居委会在活动室举办“红歌嘹亮，唱响祖国”文艺汇演（木合塔尔·木沙　摄）

【优生优育】 2020年，第十四社区计生协会利用“5·29”会员活动日、“7·11”世界人口日、“10·28”男性健康日等时间节点及婚育新风进万家、关爱女孩、生育关怀等关爱活动，开展优生优育优教、生殖健康等科普知识主题宣传活动。全年，登记出生人口77人，死亡人口25人；办理生育服务证26个；开具婚育状况证明27份；办理光荣证1人；开具“国免孕优”介绍信5份；慰问计划生育特殊家庭4户，递交纳入特殊扶助家庭申请材料1份；发放符合纯居民保健费75人4295元，发放叶酸20盒。（李敏）

【卫生与健康】 2020年，第十四社区居委会组织开展各类健康教育讲座及强化免疫活动，提升环保质量，提高居民健康意识。适龄儿童脊髓灰质炎强化免疫接种497人，开展新冠肺炎疫情防控公益活动100多次，参与1430人。（李敏）

【妇联活动】 2020年，第十四社区妇联发挥妇女组织作用，引导妇女、服务妇女，维护妇女儿童合法权益，开展各项活动，增强妇女自尊、自信、自立、自强意识。全年，推荐最美家庭2户，创建平安家庭3344户，创建率达90.8%；慰问困难家庭5户，调解家庭婚姻纠纷3起，推荐心理辅导员5人次；开展妇联活动8场次，参加160多人次。（唐琪）

## 第十五社区

【概况】 2020年，新北区街道第十五社区居民委员会（简称第十五社区居委会）协助区政府及其派出机关做好与居民切身利益相关的公共卫生、优生优育、优抚救济、劳动保障、社区教育等工作，宣传国家法律法规及政策，调解社区居民邻里纠纷，维护社区治安；开展第七次全国人口普查及新冠肺炎疫情防控工作。位于天津路386号，辖区面积1.2平方千米，有区法院、区检察院、区行政服务中心、城投大厦等企事业单位13家、商户156户，有第三中学、第八幼儿园2所学校。截至年底，管理幸福佳苑、美好佳苑、理想佳苑、天馨美墅4个居民小区，住宅楼180幢，居住着汉族、维吾尔族、哈萨克族等13个民族的居民2974户7252人，其中常住人口2638户6382人、流动人口127户741人、空户181户，出租房屋28户。（张国庆）

【“访惠聚”工作】 2020年，第十五社区驻有“访惠聚”工作队1支，队员5人。统筹社区各方力量，建立居委会、业委会和物业公司三方参与的“两委一业”议事会等民主议事工作机制，共商共建共享居民小区事务；围绕建强基层基础，组建暖心便民服务队、邻里守望服务队、党员先锋服务队，为居民提供日常看护暖心服务，物业免费维修服务，宣传党的各项理论知识、惠民政策等服务；将企业复工发展与深化民族团结工作进行融合，打造柠檬夜市民族团结示范点；落实惠民政策，为群众办实事好事。定期召开专题分析会，分析研判辖区存在的风险隐患。全年，走访居民11896户次29008人次，走访商户1650家次，为居民解决问题104件；组织柠檬夜市开幕式，当天就餐1500多人，营业额10万元；开展宣传教育及文化体育活动31场次，参加居民1099人次。（张国庆）

【综合治理】 2020年，第十五社区综治中心根据辖区居民、商业网点、机关企事业单位分布状况，将社区合理划分成4个网格，力量下沉到网格、责任落实到网格、服务细化到网格，及时掌握辖区情况，推进社会矛盾化解、创新社会管理。通过入户走访、发放宣传单等方式，开展平安创建、禁毒、扫黑除恶、全国民族团结示范市创建等宣传工作。关注流动人口变动情况，确保流动人口信息网上录入、网上维护，人来登记、人走注销，落实综合治理各项措施和目标任务。全年，推选联户长263人，定期召开会议，登记报备信息76条，组织开展网格大清查83场次，发现安全隐患567处，下发整改通知书319份，整改销项率100%；收集社情民意50多条，修复更换公共设施8件，处理暖气不热问题12家；发放平安创建、非法集资、禁毒、扫黑除恶等宣传单7960多份，张贴扫黑除恶通告700多份；调解纠纷37起，调解成功率100%；签订出租房屋治安责任保证书44份，评选出租房屋二星级10户、三星级34户；创建平安单位28家，平安家庭2428户，创建率98.4%。（梁天安）

【城市管理】 2020年，第十五社区居委会落实城市精细化管理三方联动工作要求，定期对小区、居民楼道、地下室等进行卫生检查，做到日检周查月小结，发现问题及时处理。开展文明城市创建复检、爱国卫生月卫生大检查、健康教育宣传等活动。全年，清理楼道乱堆乱放906处、楼道小广告896处，查处整改违章搭建22处，整治环境卫生300起，督促物业公司整改46次；上报城管通工单1584件，协助区政府政民互动平台处理问题52起、12345阳光热线投诉65起；化解矛盾纠纷310多件，解决下水常年堵塞等疑难问题40多件。（韩文艳）

【社会民生】 2020年，第十五社区居委会构建和完善以最低生活保障为基础，以医疗、教育、残疾等专项救助为补充的社会救助体系，落实党和政府的各项惠民利民政策，解决群众最关心、最迫切的问题。开展新冠肺炎疫情防控工作线上线下志愿服务，环境消杀防控、人员不聚集监督管理。全年，在新冠肺炎疫情期间为居民提供生活用品1.5万户次，购买药品800多人次，购买水、电、气4138户次，协调就医服务695人次；为新冠肺炎疫情期间困难商铺落实“两免一减”政策、办理小额信贷，协调私营企业减免房租12000元，精准救助经济困难人员29人14500元；为低保户按时发放救助金1户4人，申请发放慈善助学金2人；有残疾人67人，为4名无业残疾人发放生活补贴金5280元，为13名无业残疾人发放护理补贴2080元，为9名残疾人机动轮椅车发放燃油补贴费2340元；修建无障碍设施4处，发放残疾人辅助器具4套；办理老年优待证45本，为70岁以上老人发放生活补贴费171人，组织80岁以上老人体检20人；适龄儿童脊髓灰质炎强化免疫接种446人；为52名企业退休社会化管理人员发放3次节日慰问品，免费发放《老年康乐报》1040份，为独居老人每日送餐19户，慰问弱势群体176户次。（庄冬梅）

【优生优育】 2020年，第十五社区计生协会开展人口大清查活动，摸清辖区流动人口信息，补充、变更、校录辖区人口基础信息。全年，出生人口78人，死亡人口11人，有已婚育龄妇女2045人；开具婚育状况证明25份，开具免费技术服务介绍信15份，办理婚育状况证明28个，办理生育服务证28本，提供“国免孕优”服务15人，申请一次性奖励3人，举办优生优育活动5次，参加居民150多人次。（庄冬梅）

【劳动保障】 2020年，第十五社区居委会摸清辖区居民失业就业情况，清查商业网点劳动用工情况，加大劳动保障宣传和培训力度，宣讲党和政府的各项惠民政策，拓宽就业渠道，帮助居民解决再就业困难，落实各项利民待遇。全年，审核就业失业登记证资料33人，参加培训145人次，协助辖区无业人员就业25人次；申请个体灵活就业社保补贴25人；协调农民工工资拖欠问题4人，协助讨要欠薪13000元。社区新冠肺炎疫情期间精准摸排生活困难人员救助29

人，发放救助金 14500 元。（张国庆）

【文体活动】 2020 年，第十五社区居委会利用社区文化、体育、教育资源，组织社区居民开展各项活动，促进社区健康和谐发展。打造石头画手工室，宣传民族团结和新疆民族特色，作品进入独库公路博物馆专门陈列售卖。全年，开展文艺会演、趣味运动会、健康知识讲座等活动 33 场次，参与 800 多人次。（张国庆）

## 第十六社区

【概况】 2020 年，新北区街道第十六社区居民委员会（简称第十六社区居委会）协助区政府及其派出机关做好与居民切身利益相关的公共卫生、优生优育、优抚救济、劳动保障、社区教育等工作，宣传国家法律法规政策，调解社区居民纠纷，维护社区治安；打造“石榴花开，情满十六”党建品牌，通过爱心超市、情系朝阳、情满夕阳”等党建项目，解决居民有需求无服务、社会组织有项目无阵地、辖区单位有资源无平台等问题，为群众办好事实事；开展第七次全国人口普查及新冠肺炎疫情防控工作。位于开封路 789 号，辖区面积 0.913 平方千米，有商户 217 户，有第六幼儿园、第七小学 2 所学校。截至年底，管理瑞景佳苑、丽景佳苑 2 个居民小区，住宅楼 57 幢，居住着汉族、维吾尔族、哈萨克族等 17 个民族的居民 1866 户 4496 人，其中常住人口 1458 户 3831 人、流动人口 244 户 665 人、空户 148 户，出租房屋 16 户。（朱伟）

【“访惠聚”工作】 2020 年，第十六社区驻有“访惠聚”工作队 1 支，队员 9 人。围绕建强基层基础，打造“石榴花开，情满十六”党建品牌，以社区党委为核心新型社区治理模式和服务体系，做好群众工作两项任务，统筹社区各方力量，落实惠民政策，在爱心超市、情系朝阳、情满夕阳项目里解决居民有需求无服务、社会组织有项目无阵地、辖区单位有资源无平台等系列问题，为群众办好事实事。定期召开专题分析会、月度工作推进会，总结工作经验，及时发现问题，解决存在的风险隐患。对社区重点工作、城市基层党建服务项目、好人好事、典型人物进行宣传报道。全年，参与志愿者服务活动 857 人，慰问居民 76 户次，送慰问品 15600 元；集中入户走访 4 次 1521 户，开展各类活动 5 次，参加 126 人；宣传稿件在国家级报刊发表 3 篇、自治区报刊发表 7 篇、市级报刊发表 52 篇。（朱伟）

【综合治理】 2020 年，第十六社区综治中心根据辖区居民、商业网点分布状况，将社区合理划分成 2 个网格，将社区工作人员、“访惠聚”工作队队员、社区民警、“红细胞”党员、双联户长等统一纳入网格管理。梳理重点要素，实施分类管理，创新社会管理方式，及时掌握辖区情况，化解社会矛盾。通过入户走访、发放宣传单、商铺 LED 电子显示屏播放、微信群发布、举办讨论会等方式，开展平安创建、禁毒、扫黑除恶、非法集资防诈骗等宣传工作。关注流动人口变动情况，确保流动人口信息网上录入、网上维护，人来登记、人走注销，落实综合治理各项措施和目标任务。全年，走访入户 1521 户 18240 人次，建立双联户 1866 户，推选双联户长 188 人，开展双联户长工作培训会议 3 场次，参会 315 人次；排查出租房屋 17 户 43 人，流动人口 103 户 689 人，组织商铺 168 家、非公企业 78 家消防演练 89 场次，参与群众 2180 人次，组织应急演练 46 场，参与 118 人次；收集解决家庭困难问题 14 件、就学 1 件、救助 5 件、其他困难问题 8 件，解决暖气不热、屋面漏水等问题 23 件；调解居民矛盾纠纷 17 件，调解成功率 100%。（李昊沅）

【城市管理】 2020 年，第十六社区居委会开展文明交通劝导、清洗公交站台、打扫社区卫生死角等社会公益活动及爱国卫生运动，强化城市精细化管理；定期对小区、居民楼道、地下室等进行卫生检查，做到日检周查月小结；及时处置城市通工单、阳光热线举报工单，解决居民反馈问题。倡导垃圾分类，以居民喜闻乐见形式进行垃圾分类宣传，开展可回收垃圾兑

2020 年 11 月 28 日，第十六社区居委会组织工作人员、社区志愿者清洗打扫公交站台（邵雯　摄）

换生活用品活动，增强居民垃圾分类意识。全年，上报处置城市通工单2600件，处置阳光热线举报工单132起，为居民解决热点、难点问题9个。（陈瑶）

【社会民生】 2020年，第十六社区居委会构建和完善以最低生活保障为基础，以医疗、教育、残疾等专项救助为补充社会救助体系。开展线上线下志愿服务，收集社情民意，解决居民子女入学入托、修剪楼前树枝、维修健身器材、楼道卫生等问题。节假日慰问残疾人、低保户、困难家庭、企业退休社会化管理人员和军属等，救助生活困难群体。全年，收集社情民意116条，解决房屋漏水、暖气不热、道路硬化等问题12件，解决居民其它实际问题16项32件；帮助辖区商户复工复产，申请成功贷款17户136万元；有低保户13户21人，发放低保金139116元，临时物价补贴11000元，发放节日慰问金10100元；有残疾人56人，提供服务5次，申请无业残疾人生活费6人，派发辅助器具3人；节假日慰问残疾人、困难家庭、低保户、企业退休社会化管理人员、军属等144人次，送慰问金33300元；临时救助1人，救助困难大学生4名9426元。（张茜）

【优生优育】 2020年，第十六社区计生协会利用“5·29”会员活动日、“7·11”世界人口日、“10·28”男性健康日等时间节点开展婚育新风进万家、关爱女孩、生育关怀等关爱活动，普及优生优育优教、生殖健康等科普知识。摸清辖区流动人口信息，及时补充、变更、校录辖区人口基础信息。全年，出生人口40人，死亡人口21人，办理生育服务证15本，出具婚育证明8份；发放计生宣传册200多册、宣传单170多份；开展生育服务宣传活动5场次，参加120多人次；提供“国免孕优”服务8次，发放独生子女保健费10人705元。（张茜）

## 第十七社区

【概况】 2020年，新北区街道第十七社区居民委员会（简称第十七社区居委会）协助区政府及其派出机关做好与居民切身利益相关的公共卫生、优生优育、优抚救济、劳动保障、社区教育等工作，宣传国家法律法规及政策，调解社区居民邻里纠纷，维护社区治安；依托“物美同心、服务为民”党建品牌，创建“红色物业”，成立“绿管家”温馨物业服务队，建设功能齐全的党群服务点，实现从居民跑腿到数据跑路，使党群服务点成为党员和群众寻找党组织的红色地标；开展第七次全国人口普查及新冠肺炎疫情防控工作。位于西宁路4281号，辖区面积3.7平方千米，有商户32户。截至年底，管理百盛佳苑、泰和佳苑、天麓艺墅3个居民小区，住宅楼105幢，居住着汉族、维吾尔族、哈萨克族等23个民族的居民2180户5012人，其中常住人口1675户4205人、流动人口57户807人、空户448户，出租房屋10户。（李佳欢）

【“访惠聚”工作】 2020年，第十七社区驻有“访惠聚”工作队1支，队员4人。统筹社区各方力量，维护社会稳定、建强基层组织、做好文明城市创建整改攻坚和群众工作，整体规划、建设配备功能齐全的党群服务点，建设便民服务大厅、居民议事厅、快递驿站等功能用房，配备自助取件机、智能查询机、水暖物业缴费机等服务设施，设置社区“全岗通”、物业服务岗、移动服务岗，为居民提供党建、行业、群众等3大类22项服务事项；落实惠民政策，引进电动车充电桩、智能售水机、自助洗车机等多项便民服务设施；组织社区小学生开展“您的多余，我的需要，换换爱”公益活动，培养小学生有爱心、会节约品行。全年，走访辖区居民4580户次22000多人次，解决热点、重点民生问题260件，慰问困难群体、建筑工人、物业员工、退休老党员等180多人次，发放慰问品价值20000多元；组织开展法律法规等宣讲活动20多次，受教育群众600多人次；在国家级、自治区级、市级、区级等媒体发表信息100多篇，其中省级以上媒体采用20多篇。（陈宝宏）

2020年4月14日，驻第十七社区“访惠聚”工作队在泰和小区广场组织小学生举办“您的多余，我的需要，换换爱”公益活动（谷伟　摄）

【综合治理】 2020年，第十七社区综治中心根据辖区居民、商业网点分布状况，将社区合理划分成2个网格，力量下沉到网格、责任落实到网格、服务细化到网格，及时掌握辖区情况，化解社会矛盾，创新社会管理。通过走访、发放宣传单、国旗下宣讲、举办讨论等方式，开展扫黑除恶、禁毒、消防安全、新冠肺炎疫情防控、民族团结示范市创建、文明城市创建等工作。关注流动人口变动情况，确保流动人口信息网上录入、网上维护，人来登记、人走注销，落实综合治理各项措施和目标任务。全年，开展平安创建1741户，选出联户长163人，召开联户长例会10场次；集中排查登记出租房屋及流动人口10户621人次，排除安全隐患2项；核查流口平台信息2143人次，办理居住证明121人；开展扫黑除恶宣讲8场，参加260多人次；发放扫黑除恶宣传材料3124多份，受教育群众12000多人次，开展禁毒宣传活动4场次，参加125人次；开展法律法规宣传教育4场次，参加116人次。（高丙勇）

【社会民生】 2020年，第十七社区居委会构建居委会、业委会、物业服务企业、联点单位及大党委成员单位、社会组织五方联动工作机制，明确主体职责、厘清相互关系、畅通沟通联系渠道；完善以最低生活保障为基础，以医疗、教育、残疾等专项救助为补充的社会救助体系，落实各项惠民利民政策，解决困难群众最关心、最迫切的问题。全年，党群服务点为居民提供党建服务、行业服务、群众服务22项，提供服务700多人次，服务残疾人26人，发放生活补助金17292元；节日期间慰问残疾儿童、困难家庭29人次，送慰问金3720元；办理老年优待证16本，为70岁以上老人发放高龄补贴金56人52800元，为企业退休社会化管理人员28人发放节日慰问品价值13500元。（李佳欢）

【“红色物业”创建】 2020年，第十七社区党委统筹各方力量，依托“物美同心、服务为民”党建品牌，创建“红色物业”，成立“绿管家”温馨物业服务队，建立平台联载、网格联管、五方（居委会、业委会、物业、联点单位及“大党委”成员单位、社会组织）联动、同心联建、考核联检等制度，物业公司、业委会党组织实现双向进入、交叉任职。通过整体规划，建设配备功能齐全的党群服务点，建设便民服务大厅、居民议事厅、快递驿站等功能用房，配备自助取件机、智能查询机、水暖物业缴费机等服务设施，引进电动车充电桩、智能售水机、自助洗车机等多项便民服务设施；利用错时工作法，设置社区全岗通、物业服务岗、移动服务岗，为居民提供党建、行业、群众等服务。借助“红色家园”小程序，公开物业服务事项，居民通过物业报修模块下单报修事项，物业公司接单处理，网格员督办解决居民报修事项；通过小区互动解决小区各类物业问题，通过业主议事参与小区建设，实现从居民跑腿到数据跑路，使党群服务点成为党员和群众寻找党组织的红色地标。小区物业服务公司出资增加小区绿地面积、增设儿童滑梯、添加凉椅及亮化设施；小区业委会在小区内增设广角镜、维修人行道、为居民发放防疫物资。全年，制订管理制度5类12项，为居民提供服务事项3类22项，公开物业服务事项65项，解决居民报修事项160项，解决小区垃圾桶数量少、树木遮挡开车视线等问题86件；至信物业公司增设、添加小区设施出资8万元，物业费收缴率从年初的52%增至90%；业委会使用物业管理用房租金增加小区设施支出7万元，为每户居民发放防疫物资30元。（李佳欢）

2020年11月6日，第十七社区居委会在办公楼前举行“绿管家”温馨物业服务队成立仪式（同毓梅 摄）

【劳动保障工作】 2020年，第十七社区居委会摸清辖区居民失业就业情况，掌握商业网点劳动用工情况，宣讲各项惠民政策，落实各项利民待遇。全年，办理就业失业登记证89人，登记就业240人，解决就业2人，新冠肺炎疫情防控期间为商户复工复产申请办理小额担保贷款3人；检查商业网点40次，劳动用工合同签订率100%。（李佳欢）

【优生优育】 2020年，第十七社区计生协会利用“5·29”会员活动日、“7·11”世界人口日、“10·28”男性健康日等，开展优生优育优教、生殖健康等科普知识宣传活动，提供优生优育服务。全年，出生人口81人，死亡人口5人；办理生育服务证27本，发放计生宣传资料643份；为12户家庭发放独生子女保健费780元；办理独生子女一次性奖

励金1人，组织优生优育宣传活动4次，参加146人次。（李佳欢）

【人口普查】 2020年，第十七社区“两委”班子成立第七次全国人口普查工作领导小组，制定普查方案，明确分工，召开人口普查工作专题会议，安排工作进程。在辖区显眼位置悬挂横幅、张贴宣传画报，发放传单，利用LED电子显示屏播放，通过微信、抖音、短视频等新媒体，大力宣传人口普查的重要意义和具体要求，引导居民积极配合，如实填报。抽调社区工作人员为普查指导员，通过集体培训和“一对一”培训相结合方式，加强对普查员培训，确保全体普查员熟练掌握相关业务，提高普查数据准确率和精确率。全体普查员把握时间节点，于11月1日零时，正式开始第七次全国人口普查入户登记工作，普查员、普查指导员按照普查区域和对象特点，灵活安排工作时间，采取错峰工作法，入户逐人逐项登记普查信息，确保普查登记不重不漏、完整覆盖。按时完成全区户主姓名底册造册、短表录入、长表录入工作，入户登记1732户5120人。（李佳欢）

## 第十八社区

【概况】 2020年，新北区街道第十八社区居民委员会（简称第十八社区居委会）协助区政府及其派出机关做好与居民切身利益相关的公共卫生、优生优育、优抚救济、劳动保障、社区教育等工作，宣传国家法律法规及政策，调解社区居民邻里纠纷，维护社区治安；将社区工作人员、警务室民警、“红细胞”党员、联户长等力量划分至每个网格，依托网格建立康养、理发、车辆救助、医疗、早教、环境保护志愿服务队，为群众办实事好事；开展第七次全国人口普查及新冠肺炎疫情防控工作。位于长岭路6196号，辖区面积2.57平方千米，有企事业单位9家、商户79户，有第九幼儿园1所学校。截至年底，管理福景佳苑、天悦佳苑2个居民小区，住宅楼55幢，居住着汉族、维吾尔族、哈萨克族等15个民族的居民2351户4582人，其中常住人口1775户3801人、流动人口301户708人、空户248户，出租房屋27户。（李文祥）

【“访惠聚”工作】 2020年，第十八社区驻有“访惠聚”工作队1支，队员4人。统筹社区各方力量，围绕建强基层基础任务，落实惠民政策，新冠肺炎疫情防控期间助力复工复产，为个体工商户申请小额信贷，为群众办实事好事。定期召开专题分析会、月度工作推进会，总结工作经验，建立风险、隐患台账，及时发现和解决问题。全年，全覆盖式走访10000多户次30000多人次；慰问困难群体、低保户、老党员134人次，慰问资金19000多元；解决困难群体就业6件，办理就业失业登记证32本；解决房屋漏水、外墙保温破损、暖气不热等问题78项；开展各类活动6场次，参与居民600多人次。（李文祥）

【综合治理】 2020年，第十八社区综治中心根据辖区居民区、商业网点等分布情况，将辖区合理划分为3个网格，将社区工作人员、警务室民警、“红细胞”党员、联户长等力量划分至网格，依托网格建立康养、理发、车辆救助、医疗、早教、环境保护志愿服务队，及时掌握辖区情况，开展平安创建、扫黑除恶、禁毒、普法、防电信诈骗等宣传工作；排查流动人口，做到人来录入、人走注销。全年，建立志愿服务队6支，服务居民7次100多人；选出联户长166人，排查化解矛盾纠纷18起，调解率100%，联户长参与率95%；开展安全应急演练41场次，排查出租房屋125多次，核查流动人口1073人次，开展各类安全消防演练6场，参加180多人次，消防知识培训8场，发放消防宣传手册2000多份，发现安全隐患73个、消防隐患48项，销项整改率100%。（杜晓玉）

【城市管理】 2020年，第十八社区居委会协调物业服务企业、小区居民对小区、居民楼道、地下室等进行卫生大清扫，每月开展安全生产大检查，做到日检周查月总结。结合新冠肺炎疫情防控，做到人员不聚集、消杀不留死角，帮助企业复工复产；每周开展爱国卫生活动，每月对文明城市创建、健康教育、扫黑除恶等进行宣传。全年，上报处置城管通工单2680条，处置阳光热线求助、举报工单120起；拆除私搭乱建34项，处理草坪种菜、遛狗不拴绳、乱贴小广告等问题398项，解决率100%；开展文明养犬宣传活动2场；悬挂非法集资防诈骗等宣传横幅170多条；协调解决小区停车位400多个；申请办理小额信贷113万元，协调解决个体工商户新冠肺炎疫情困难减免房租、水电暖费30多万元。（杨斐）

【社区学校】 2020年，第十八社区居委会稳步推进社区学校工作，落实班级教学课程计划实施，做好学员考勤、考核、班级布置、档案及日常教学管理工作。结合社区居民需求，通过社区学校开展国家通用语言文字、政策法规、心理健康教育、医疗保障、书法、手工、诗朗诵等特色课程，提高居民素质，满足群众对美好生活的文化需求。全年，选派任课教师21人，开课18节，参加324人次。（杨斐）

【社会民生】 2020年，第十八社区居委会落实各项惠民政策，解决困难群众最关心、最迫切的问题，关注群众反映的困难诉求，实施以最低生活保障为基础，以医疗、教育、残疾等专项救助为补充的社会救助。全年，收集居民反映问题113件，处理反馈率100%；为居民做实事好事61件；为20户29人低保户发放生活补助金18.6万元；解决就业2人、办理医疗救助4户4人、慈善助学1人、临时救助3人，新冠肺炎疫情期间临时救助家庭39户；有证残疾人76人，发放无业残疾人3人生活费7920元；节日期间慰问单亲母亲、残疾儿童、困难家庭65人次；办理老年优待证18本，为企业退休社会化管理人员63人发放节日慰问品5次，为70岁以上老人发放高龄补贴金125人19万元。（戴新艳）

【优生优育】 2020年，第十八社区计生协会利用“5·29”计生协会日、“7·11”世界人口日、“9·25”公开信发表日等计生纪念日、公益日，开展生育服务、优生优育、生殖健康等科普知识宣传活动。开展妇女普查和综合防治工作，常规随访、期内随访；提供孕情、环情监测服务，定期对育龄人群生殖健康检查。全年，开展宣传活动6场次，发放宣传单350多份；举办计生知识讲座6场次，参加200多人次；登记出生人口52人，死亡人口6人；开展生育关怀及慰问行动8次；开具婚育状况证明26份、“国免孕优”介绍信12份；查验流动人口婚育证明5人次；办理光荣证2本。（陈娟）

## 第十九社区

【概况】 2020年，新北区街道第十九社区居民委员会（简称第十九社区居委会）协助区政府及其派出机关做好与居民切身利益相关的公共卫生、优生优育、优抚救济、劳动保障、社区教育等工作，宣传国家法律法规及政策，调解社区居民邻里纠纷，维护社区治安；建立“社区党委+业主委员会党支部+党员中心户+居民党员”四级协调互动服务网格，成立“红色业委会”，设立“一站式”服务窗口，为业主提供日常生活综合服务，为群众办实事好事；开展第七次全国人口普查及新冠肺炎疫情防控工作。位于韶山路5500号，辖区面积66.36平方千米，有企事业单位38家、商户114户。截至年底，管理天润佳苑1个居民小区，住宅楼32幢，居住着汉族、维吾尔族、哈萨克族、回族、东乡族等12个民族居民1109户2646人，其中常住人口875户2422人、流动人口111户224人、空户108户，有出租房屋15户。（周艺 张铁诚）

【“访惠聚”工作】 2020年，第十九社区驻有“访惠聚”工作队1支，队员4人。建立“社区党总支+业主委员会党支部+党员中心户+居民党员”四级协调互动党员服务网格，修订业主管理规约、召开业主大会；完善大党委联席机制，轮流举办主题党日活动、提供三项清单、每月一联席会议，真正实现资源共享、互帮互助。优化社区民族团结长廊、文化广场、社区篮球场等户外公共设施，形成合理实用社区文体服务格局，统筹社区各支力量，落实惠民政策，为群众办好实事好事。全年，走访3620多户次7200多人次，解决热点、重点民生问题48件；开展各类文体活动36场次，参加820人次。自治区级、市级、区级等媒体采用宣传信息85篇，其中自治区媒体采用6篇。（马燕 刘玉娟）

【综合治理】 2020年，第十九社区综治中心根据辖区居民、商业网点分布情况，将社区划分为4个大网格9个小网格，细化网格管理，及时掌握辖区情况。通过微信群、公众号、朋友圈及走访、发放宣传单、宣讲等方式开展平安创建、禁毒、扫黑除恶等宣传工作。联合区消防救援大队使用消防宣传车进行消防宣传，关注流动人口变动情况，确保流动人口信息网上录入、网上维护，人来登记、人走注销，落实综合治理各项措施和目标任务。全年，集中排查出租房屋15户324人次，开展大清查24次，参与排查480多人次，排查5200多人次，排除安全隐患6起；对出租房屋开展星级评定3次；核查流动人口平台信息3580人次；入户开展扫黑除恶宣传699户1335人，悬挂横幅18条，播放标语45条，张贴发放宣传单1820张；发放禁毒宣传单1200多份，开展禁毒宣传活动3场次，参加人数180多人次；组织消防安全检查6次；调解居民矛盾纠纷3起，调解成功率100%；申报平安单位28家，验收通过

100%。(艾尔兰·哈巴台 勇鹏 蒋彦瑜)

【建立"红色业委会"】 2020年，第十九社区居委会建立"红色业委会"，探索党建引领、业主参与、依法依规依约社区治理新模式，有效发挥服务小区居民、规范管理小区事务、监管物业公司等职能作用，实行"社区党委+业主委员会党支部+党员中心户+居民党员"四级协调互动服务网格，把党组织为民服务触角延伸到每家每户。强化物业队伍、财务、事务公开等方面管理，协调相关单位，设立"一站式"服务窗口，为业主提供购物、餐饮、家政、维修、邮电通信、费用代缴等多种居家日常生活综合服务，满足居民多样化需求。全年，召开社区业主联席会议12次，举办主题党日活动10次。(刘玉娟)

【城市管理】 2020年，第十九社区居委会落实城市精细化管理大联动，开展文明城市创建工作，定期对小区、居民楼道、地下室等进行卫生检查，发现问题及时处理。开展文明养犬、禁烟、禁止焚烧等卫生宣传活动，及时协调处理各类投诉举报。全年，集中整治环境卫生68次，清除死角、乱堆乱放问题210多处，清理小广告120多次，清除枯死树木2次，拆除鸽棚3处；发放文明养犬条例482份，张贴禁烟、禁止焚烧等环保标识70多处，张贴市民公约30多张，发放宣传资料3400多份；处置阳光热线举报工单74个；上报需协调解决的重点、难点问题36个，处理各类投诉167项，整改销项率100%。(姚亚宁 刘玉娟)

【社会民生】 2020年，第十九社区居委会构建和完善以最低生活保障为基础，以医疗、教育、残疾等专项救助为补充的社会救助体系。帮扶个体工商户复工复产申请信贷，开展关怀环卫工人等系列活动，关心残疾人等弱势群体，按时发放生活补助金，维护其合法权益，为其办实事好事。全年，有个体工商户57户，帮扶个体工商户申请贷款19户，成功贷款14户110万元；动员商铺出租减免房租18户70465元，减免暖气费76439元；有低保户18户32人，低收入1户3人，发放生活补助金254008元；节日期间慰问困难家庭47人次，送慰问金36500元；公租房租金补贴18户；办理慈善助学6人、大病救助2户2人；办理老年优待证20本，为高龄老人发放高龄补贴8人13000元；有残疾人33户33人，为无业残疾人发放生活补贴60720元，发放听力残疾人短信无障碍信息补贴840元。(罗永玲)

2020年12月18日，第十九社区居委会以"暖胃暖手暖心"为主题开展为环卫工人送饺子、手套慰问活动

(张磊 摄)

【劳动保障】 2020年，第十九社区居委会摸清辖区居民失业就业情况，清查商业网点劳动用工情况，做好就业援助工作。摸清辖区内无业人员底数，征求就业意愿，办理就业失业登记证，为灵活就业人员申请办理灵活就业社保补贴。全年，办理就业失业登记证14人，办理灵活就业社保补贴10份，推荐就业59人次，解决就业8人；检查商户12次，劳动用工合同签订率100%。(罗永玲)

【优生优育】 2020年，第十九社区计生协会及时掌握辖区流动人口信息，及时补充、变更、校录辖区人口基础信息，做到登记及时、信息准确、录入及时，开展优生优育优教、生殖健康等科普知识宣传活动。全年，开具婚育状况证明7份，办理生育服务证4人，开具"国免孕优"体检介绍信1份；补办计划生育光荣证2本、特服家庭复审1户2人；发放叶酸14盒；出生人口19人，死亡人口4人，给6户发放独生子女保健费540元；组织生育服务专项活动5次，参加168人次。(罗永玲 刘玉娟)

# 先进人物·荣誉

## 先进人物

### 全国劳动模范

曾飞鹏　男，汉族，中共党员，大学本科学历，生于1980年12月，2004年8月由辽宁石油化工大学化学工程与工艺专业毕业分配到独山子石化公司工作。走上工作岗位后他一头扎进生产一线，刻苦钻研，很快熟练掌握全装置所有生产技术，一步步成长为装置技术明星，成为装置关键时候能"一锤定音"解决生产技术难题的技术能手。先后担任乙烯厂乙烯一联合车间外操、内操、班长、值班长、副主任工程师、工艺副主任、安全副主任、生产副主任、车间主任等工作，现任乙烯一联合车间主任。被授予独山子石化公司技术明星、岗位能手、优秀员工、优秀实习生导师、安全环保卫士、劳动模范等称号，被评为独山子十大杰出青年，被聘为中石油集团公司企业级技术专家；2019年，获得全国五一劳动奖章；2020年，被授予全国劳动模范称号、中石油集团公司特等劳动模范称号。

2008年，他主动要求调到千万吨炼油百万吨乙烯工程项目建设第一线，参与百万吨乙烯装置建设开工和投产。他全程协助外商进行压缩装置三大机组安装、调试，帮助外商解决开工过程中遇到的各类问题。在百万吨乙烯装置设计、建设中多项重要修改意见被采纳，并先后发现不锈钢管件焊接质量问题、管线焊缝缺陷、螺栓垫片材质不符、HS界区阀法兰严重损坏等近50项质量隐患。

2015年，装置大检修，退料停工前，因8号风机故障联锁，装置陷入被动局面，他组织停工小组通宵研讨，综合评估装置实际运行情况，反复修订停工细节，紧急将原方案中6台炉改为5台炉退料停工，最终实现平稳优质停工目标。

2018年，他担任乙烯一联合车间主管生产的副主任后，采用一系列技术优化措施，使裂解炉热效率大幅提高（1号和2号炉热效率提高0.33%～0.58%），5号炉最高运行周期达到103天，创历史最好水平，装置8台炉运行时间达到129天。针对循环水换热器陆续出现泄漏、10-D-3741S干燥能力下降、裂解气压缩机因结焦导致高压缸位移和轴瓦温度持续上涨、乙烯精馏塔精馏效果持续恶化等装置难点问题，他和车间专家组成员深入研究分析，通过查询原始设计资料和论文资料、收集数据和专家会诊，制定隐患整改措施，成功解决制约生产"瓶颈"的疑难问题，使各项经济技术指标持续名列中石油前茅，装置运行水平达国际先进行列，实现公司盈利目标。为保证轻烃优化项目按计划顺利进行，他成立车间轻烃优化扩建项目组，负责轻烃优化扩建项目乙烯项目工艺技术，审核项目工艺基础设计、PID图、Hazop分析、sil定级分析、3D模型以及现场施工图纸，提出修订和优化建议，完善项目设计和施工，每天关注施工项目进度，遇到问题及时和扩建项目小组讨论、解决，确保项目质量、安全和进度按节点完成。

多年来，他凭借过硬技术功底积极参与乙烯核心装置生产技术科技攻关。减少汽油加氢装置三苯损失攻关，使加氢汽油中三苯损失由5%降至2%，提高经济效益，获公司科技进步成果一等奖。提高乙烯装置丙烯和混合碳四收率攻关，使丙烯和混合碳四产量增加，每年增加经济效益2600万元；降低乙烯一联合装置能耗攻关，使能耗大幅降低，达到全国同行业装置能耗第一水平，连续五年被评为全国乙烯行业能效领跑者第一名；不合格碳二回收系统应用于乙烯分离装置技措，在2014年实际开车生产中投用，回收碳二及以上轻组分物料近2000吨，创造经济效益1400多万元，获得中国实用新型专利（CN204310982U）；乙烯装置开停车过程优化技术攻关，节能减排取得突破性进展，在2015年大检修中应用，装置停工期间火炬实际排放量较2011年减少约80%，开工期间减少96%，具有极大推广价值；延长裂解炉运行周期、轻烃增量加工、降低装置能耗、裂解炉吹灰器、烧嘴技改和对流段化学清洗、不同原料优化和无备用8台炉运行等多项重大生产增效技术攻关，解决制约生产的多项技术“瓶颈”，为企业增效近亿元。同时发现处理分离装置脱乙烷塔“冻塔”、压缩机复水泵运行异常、丙烯球罐根部电磁阀法兰大量泄漏丙烯、氢气干燥器大阀压盖泄漏着火等重大事故隐患130多项，解决20多个生产技术难题，有效避免突发重大设备泄漏事故发生，获得通报表扬并嘉奖。

他在提高自身能力的同时，采取各种措施不断提升员工能力。先后开展领导干部带头授课、强化后备人才库骨干选拔、提升值班长队伍技术素养训练、骨干特训班、值班干部送课到班组、专家带你读规程、每天十页书等特色培训，将培养和锻炼人才提升到公司人才储备战略高度，以绩效改革为辅推动全员学习和进步。他通过乙烯厂“四化”管理基础平台，规范工作标准化程序，检修维修项目工作严格按工作模板实施界面交接、人员变更执行培训清单模板验收上岗、车间所有生产变动和施工项目均按照预约、审批同意后执行标准程序，班组工作均按照工作督查书面化程序下发执行和闭环，建立管理人员和操作员工“做事按程序、操作按规程”思想观念和行为习惯。

这些措施实施后，乙烯一联合车间先后转岗、离岗和新聘科级干部15人，新聘专业技术工程师12人，开展装置班组长竞聘选用20多人。车间有企业级技术专家1人，公司级技术专家4人，厂级技术专家4人，集团公司和公司两级技能专家2人，技师、高级技师6人，高级工程师和工程师12人。先后获得中央企业先进集体、基层建设千队示范工程示范单位、全国工人先锋号、集团公司百家标杆单位、能效领跑者标杆企业、集团公司安全先进基层站（队）等多项荣誉。公司安全先进基层站（队）等多项荣誉。

## 全国青年岗位能手标兵

**罗灵力** 男，汉族，中共党员，大学本科学历，生于1986年9月，2010年8月由西南石油大学毕业后分配到独山子石化公司工作。他扎根基层生产一线，忠诚岗位、埋头苦干，不断提升自己的工作能力，连续多年被评为独山子石化公司乙烯厂岗位操作能手。先后担任乙烯厂乙烯一联合车间操作工、班组长、值班长、副主任工程师、车间副主任，现任乙烯一联合车间副主任。2014年，参加独山子石化公司第十届技能竞赛获得银牌（第二名），被评为乙烯厂优秀共产党员；2015年，代表独山子石化公司参加中国石油乙烯装置操作工职业技能竞赛，获得金牌（第一名），被评为中央企业技术能手、中国石油天然气集团公司技术能手、独山子十大杰出青年，荣立个人二等功一次；2018年，被聘为独山子石化公司技术骨干，组建罗灵力劳模创新工作室；2019年，其工作室被评为自治区级劳模创新工作室；被聘为中国石油集团公司企业级技术专家，被评为市劳动模范；2020年，被授予第二十届全国青年岗位能手标兵称号。

参加工作后，罗灵力在车间广阔的技术平台上，用自己的勤奋和智慧，同100万吨/年乙烯装置一起成长和进步。2013年以来，以他为主要负责人实施的裂解炉8台炉运行优化、改进轻烃汽化系统、3台轻烃炉共运行、富余甲烷燃气回收等系列技术攻关，成功降耗增效达1000多万元。他组织的AE28003取样点VOCs改造工作，彻底解决急冷系统VOCs超标和排放等环保问题；他负责的工艺水排放线改造优化工作，大幅降低装置工作量、工艺水排放量和能耗；他实施的裂解炉对流段清洗、裂解炉特护攻关等一系列优化操作，使得对流段传热效率显著提高，通过对经济数据指标分析，仅裂解炉对流段清洗优化操作一项，使得裂解炉SS温度上涨16.5℃～29.5℃，燃料气耗量减少3696标准立方米/小时，裂解炉热效率平均提高0.91%，有效节约生产成本5387.6万元，实现全国首次乙烯装置8台炉（无备用炉）运行150天，乙烯燃动能耗494千克标油/吨乙烯好成绩，助力企业再获乙烯行业能效领跑者第一名，排名全国第一。

2018年，公司根据装置生产需要成立以罗灵力为技术领衔人，各级技术专家、技能专家、技师及工程师为主要成员的专家团队，组建罗灵力劳模创新工作室。工作室通过开展一系列隐患排查、“瓶颈”攻关、员工培训等活动，消除乙烯装置部分运行“瓶颈”和隐患，实现100万吨/年装置长周期安全、平稳运行。2019年，工作室因业绩突出，获得自治区级劳模创新工作室称号。

2019年，罗灵力面对公司五年一次大检修，6—10月连续奋战在检修一线，顺利完成乙烯装置9号裂解炉新建工作，最终9号炉项目一次投料开车成功，他和他的团队获得公司集体三等功，至此独山子石化公司具备140万吨/年乙烯生产能力。

罗灵力先后撰写数十篇专业技术论文，其中《乙烯厂裂解原料中甲醇的控制及消减措施》论文在行业期刊《乙烯工业》上发表，《100万t/a乙烯装置八台裂解炉运行模式的探讨及优化》《100万t/a乙烯装置工艺防腐体系的构建与管控措施》《急冷油塔系统的运行瓶颈与优化措施》《100万t/a乙烯装置碳三阻聚剂系统的运行瓶颈与换剂操作过程控制》等专业技术论文在行业期刊上连续发表，他参与的《降低裂解炉烟气〔NOx〕化物含量》《100万吨乙烯装置裂解炉节能降耗优化运行项目》分别获得中石油集团公司优秀QC小组成果一等奖与科技进步成果一等奖。

## 全国敬老爱老助老模范人物

**张华** 女，汉族，中共党员，大专学历，生于1967年2月，1985年6月由克拉玛依卫校毕业分配到克拉玛依职工医院总院工作，1987年12月调至独山子职工医院（现独山子人民医院）工作，2005年7月由石河子大学护理专业毕业，2009年9月任独山子养老中心主任及养老院院长。任职以来，她情系老人、用心服务，注重学习自治区内外先进养老服务理念和护理技术，带领全体人员认真开展医养结合运营模式的探索和实践，全方位满足老年人多样化养老、医疗服务需求，得到社会各界好评和肯定。先后获得独山子矿区模范护士长、独山子石化公司优秀思想政治工作者等荣誉，2020年被评为全国敬老爱老助老模范人物。

在养老院日常管理中，她建立健全各项规章制度，按照克民办《关于2018年克拉玛依市养老院服务质量建设专项行动实施方案》，落实提升养老机构服务质量各项措施，对照国家《养老院服务质量大检查指南》120项内容，对养老院工作逐条自检自查，并定期检查各项规章制度落实情况。将服务意识和服务质量作为评价养老服务满意度的重要手段，组织全员学习养老护理相关知识，不断提升队伍服务意识和服务能力。同时探索推出个性化护理工作模式，针对特级、一级护理老人身体情况，制定护理要点及护理流程，并张贴在老人房间，方便监督执行。每月对基础护理和护理文书进行质控，确保基础护理落实到位。定期召开家委会，邀请老人亲属代表参加，通报老人在院情况及养老院整体工作情况。每月召开伙食委员会及服务质量沟通会，对老人提出的问题，逐项处理和反馈；对满意度调查及质量委员提出的问题逐项改进，受到在院老人及亲属好评，不断提升养老院服务品质。每月组织养老院服务满意度测评，2020年综合满意率达98.78%，受表扬376人次，收到表扬信3封、锦旗3面，在克拉玛依市四家养老机构检查中评分排名第一。

她将安全事项融入养老院日常管理服务，与安全管理部门签订安全运营责任书，与员工签订年度安全承诺书，开展日常和专项安全检查及消防安全质控检查，及时整改问题和隐患，定期组织安全应急演练，坚持每年1月开展养老院安全质量月活动。结合养老院实际，邀请资源单位和社会组织等专业人员对老人及员工进行安全用电、预防火灾、地震逃生、防电信诈骗等专题讲座，提高养老院员工及老人整体安全意识，确保入住老人的安全。

为丰富老年人精神文化生活，她以春节、元宵节、五一、端午节、十一、重阳节等重大节日为契机，组织在院老人、员工及协作单位等举办迎新春联欢会、“新春纳福，喜庆元宵”猜灯谜活动、“粽情端午·大手牵小手”大型联谊活动、“迎重阳，庆祖国”老年人趣味运动会等活动，组织老人观看国庆阅兵式、郁金香文化展、电影等，每月常态化组织当月过生日老人过集体生日，每季度评选优秀员工及明星老人，让老人感受到集体的温暖，增强对养老院的归属感。

她充分利用健康教育及医院护理、康复、治疗等资源，打造医养结合特色服务。邀请保健医生、营养师为老人常态化开展每月健康知识讲座，重点讲四季常见疾病影响因素及预防、食物营养价值及饮食注意事项，并及时解答老人提出的问题。根据老人身体情况，给在院老人建立健康档案，对健康状况下降明显老人与亲属及时沟通，变更护理级别，做好风险识别。2020年，她根据国家发布的《养老机构疫情防控指南一、二》和养老机构全员封闭式管理规定，与全体医护人员共同努力，严格按工作程序和规范要求每日查房，落实消毒隔离制度，防止交叉感染，做到外防输入、内防扩散；同时做好在院老人防疫知识宣传、生活护理、饮食供应、心理疏导慰藉、医疗康复和场所消杀等工作，实现入住老人和员工零感染目标。

## 全国民政系统抗击新冠肺炎疫情优秀城乡社区工作者

**迪罗热·乌马尔江** 女，维吾尔族，中国共产党，大学本科学历，生于1996年7月，2019年8月由新疆农业大学毕业后考上自治区选调生，分配到独山子区新北区街道办工作，现任第十六社区居委会党委副书记。2020年初，新冠肺炎疫情在全国蔓延，她与全国所有社区工作者一样，投入到抗击疫情工作中。每天挨家挨户摸排社区人员情况，核对相关数据，宣传防疫知识，消杀办公楼，为社区居民送生活必需品、倾倒生活垃圾，购买水、电、气、药等，解决居民居家生活的后顾之忧，得到居民好评。她每天还在小区门岗值班，对进出小区人员进行扫码、测温、查证，同时负责社区工作者吃、住、行后勤保障工作。她能保证社区工作者每天按时吃上工作餐，却不能保证自己的吃饭时间，常常忙到深夜，回到宿舍时，大家早已入睡。她在2020年的疫情防控战役中，主动担当、任劳任怨，用实际行动践行共产党员的初心和使命，被评为全国民政系统抗击新冠肺炎疫情优秀城乡社区工作者。

## 自治区优秀共产党员

**徐春梅** 女，汉族，中共党员，大学本科学历，生于1977年9月，1998年9月由华中科技大学护理专业毕业就职于独山子人民医院，现任内二科护士长。她长期扎根护理一线，刻苦钻研业务，热情服务患者，不断提升自己的工作能力和服务水平。先后获得新疆“驼人杯护理用品创新大赛优秀奖”、克拉玛依市三八红旗手、武汉东西湖方舱医院先进标兵等荣誉；2020年，被授予自治区优秀共产党员称号。

2020年2月，徐春梅临危受命带队支援武汉抗疫。在武汉东西湖方舱医院工作期间，她始终把人民群众的安危放在首位，积极投身疫情防控第一线，对自己高标准、严要求，脏活、累活抢着干，危重任务冲在前，得到领导、同事和患者高度好评。7月，她带队支援乌鲁木齐疫情防控工作，面对快速组建的队伍中不同科室人员工作习惯不同，对新病区工作环境及工作流程不熟，新冠肺炎患者传染性高，工作难度大、任务繁重等困难和挑战，她认真履行感控监督员职责，带领团队白班高强度工作10个小时，夜班职守14个小时，按要求完成各项工作任务。作为有援鄂抗疫经验的护士长，在支援乌鲁木齐抗疫工作期间，她协助护士长完成病区筹建，制定科室17项制度职责，做好科室医护人员个人防护及消杀感控工作，完成人员感控培训5次200余人，为团队零感染打下坚实基础。在治疗工作之余，还组织病区患者开展做八段锦、呼吸操、跳新疆舞等活动，助力患者康复，受到患者广泛好评。

战“疫”以来，徐春梅忍痛将孩子交给父母照顾，自己全身心投入战“疫”中，有时候忙得两三天才能跟孩子和父母视频一次，每次都在孩子不舍的哭声中挂断视频。她用真心和细心照顾病患，还热心帮助同事解决护理工作中的各种困难诉求，用实际行动感染身边人，赢得同事及患者对她的信任和积极配合。在她和同事们的共同努力下，病区患者接连治愈出院，她们收到不少感谢信。

## 自治区抗击新冠肺炎疫情先进个人

**崔晨迪** 女，汉族，中共预备党员，大学本科学历，生于1993年10月，2016年8月由国家开放大学护理专业毕业就职于独山子人民医院，现任重症医学科护士。先后获得克拉玛依市三八红旗手、独山子区抗疫优秀团员、武汉东西湖方舱医院新型冠状病毒性肺炎防控阻击战中表现优秀等荣誉；2020年，被中共湖北省委授予“最美逆行者”称号，被评为自治区抗击新冠肺炎疫情先进个人。

2020年2月，崔晨迪参加新疆第二批援鄂医疗队，逆行到湖北省武汉市支援抗疫，抵达武汉接受“方舱医院”专业培训后，立即投入到“方舱医院”轻症患者紧张救治工作中，热忱耐心的服务，任劳任怨的工作态度，获得患者一致好评。2020年7月，跟随克拉玛依医疗队再次出征，到自治区新冠肺炎医疗定点医院工作。进入定点医院后，她每天除了开展给患者测生命体征、打针、测血糖、雾化、输液、抽血、输血、发药、发饭等工作外，还要开展血气分析、写护理记录、推着患者去拍CT、做B超等工作，同时承担理发师、修理工、护理员、心理疏导员等多角色工作。因隔离病房内不允许有保洁员，保洁工作全部由护士承担，她经常穿着防护服拖地、擦拭台面桌面、收拾各种垃圾。在重症病区工作期间，为预防呼吸机相关性肺炎，她每天都要清理患者呼吸道分泌物、倾倒呼吸机冷凝水、给患者进行口腔护理，同时还要做好患者基础护理，给患者洗头、晨晚间护理、擦拭大便等，获得科室老师及患者一致好评，用实际行动践行了一个共产党员的初心和使命。

**鲍静** 女，汉族，中共党员，大学本科学历，生于1990年8月，2014年7月由南京医科大学大学毕业就职于独山子人民医院，现任检验科检验师。工作中无论身处什么岗位，她始终发挥自身专业优势，冲锋在前，默默奉献。2018年，获得独山子区优秀团干部称号；2020年，被评为自治区抗击新冠肺炎疫情先进个人。

2020年7月，孩子刚满一岁，鲍静就主动报名参加援助乌鲁木齐市新冠肺炎病毒核酸检测队。抵达乌鲁木齐市第二济困医院后，她利用自己在PCR实验室工作过的经验，与领队带着2名成员进入PCR实验室核心区，把之前相同标本数量需要7小时检测时间缩短至3小时，将速度和质量发挥到极致，同时按照24小时随来随检工作机制，认真对待每份样本，遇到内标未起或单靶标阳性样本均进行复测，排除实验室操作导致的问题，并迅速反馈院方重采样本进行检测，确保结果准确，反馈及时。

2020年7月30日，她被借调至新疆和田地区支援新冠肺炎病毒核酸检测工作。和田市人民医院当时只提供4间空房，没有完善实验室，她积极与医院领导沟通协调，在最短时间内将原配备防尘KN95口罩调换成医用N95口罩，将生物安全柜、核酸提取仪、核酸扩增仪等设备调配到位，完成实验室组建工作。当天下午4点，她带着2名队友穿好三级防护服进入实验室Ⅱ区，开始核酸检测工作。她与团队17人分成3组，采取三班两倒轮班方式，确保在完成严格消杀情况下，实验室24小时运转，单日最高检测样本3557管。每天不管样本多少，她都第一个穿好防护服冲向核心区，作为组长她始终把自己的休息放到最后。

**刘珍珍** 女，汉族，中共预备党员，大专学历，生于1987年8月，2011年6月由平凉医学高等专科学校毕业就职于独山子人民医院，现任呼吸与危重症医学科护士。工作以来，面对工作困难主动担当，不逃避，不退缩，严格要求自己，对病患照顾得无微不至。2020年，被评为自治区抗击新冠肺炎疫情先进个人。

2020年2月，她参加新疆第二批援鄂医疗队，逆行到湖北省武汉市支援抗疫，抵达武汉接受“方舱医院”专业培训后，立即投入到“方舱医院”轻症患者紧张救治工作中，因为服务态度好，工作热情、任劳任怨，得到患者及同事一致好评。2020年7月，她跟随克拉玛依医疗队再次出征，到自治区新冠肺炎医疗定点医院工作。工作中她服从科室主任及护士长各项工作安排，协助组建病区，完善科室院感职责及相关规章制度，制作病区标识，制定各班次工作流程，调配科室医疗物资，开展全科医护人员防护服穿脱培训。为了节约医疗物资，她每天上岗时穿上“尿不湿”，做到上岗前少喝水或不喝水，尽最大努力降低防护服更换频率，忍受着汗水一次次浸透衣服的煎熬及口罩在脸部、脖子上勒出深深痕迹的痛苦，凭借党员坚强的意志支撑着，高标准履行医务工作者的使命和职责，获得患者一致好评，收到3封表扬信。

# 荣　誉

## 集体荣誉

### 2020年独山子区集体荣誉统计表

表13

| 荣誉级别 | 荣誉名称 | 荣誉获得单位 | 颁发部门 |
| --- | --- | --- | --- |
| 国家级 | 全国文明单位 | 独山子石化公司（复审通过） | 中央精神文明建设指导委员会 |
| 省部级 | 全国五四红旗团支部 | 友好集团独山子金盛时尚百货分公司团支部 | 共青团中央 |
| | 2020年度全国优秀少先队集体 | 团区委第二小学少先队大队 | 共青团中央、教育部、中国少工委 |
| | 全国节约型公共机构示范单位 | 区政府机关联合办公区 | 国家机关事务管理局、国家发展改革委员会、财政部 |
| | 全国科普大篷车项目“明星车队” | 区科协 | 中国科协科普部 |
| | 全国“中华魂”（爱我中华）主题教育活动先进集体 | 区关心下一代工作委员会 | 中国关心下一代工作委员会、教育部关心下一代工作委员会、全国“中华魂”主题教育活动组织委员会 |
| | 2020年度全国“安康杯”竞赛安全文化宣传工作先进示范单位 | 独山子石化公司 | 全国“安康杯”竞赛组委会 |
| | 2019年度自治区人民满意的公务员集体 | 区人力资源和社会保障局 | 自治区党委、自治区政府 |
| | 自治区抗击新冠肺炎疫情先进集体 | 独山子志愿者协会、独山子石化公司乙烯厂聚烯烃一联合车间 | 自治区党委、自治区政府 |
| | 自治区先进基层党组织 | 新北区街道第十七社区党委 | 自治区党委 |
| | 2019年度自治区科技进步奖三等奖 | 独山子石化公司（无规共聚透明聚丙烯系列产品开发） | 自治区政府 |
| | 2020年度自治区“民族团结一家亲”和民族团结联谊活动先进集体 | 独山子石化公司乙烯厂净化水联合车间、新北区街道办事处 | 自治区“民族团结一家亲”活动领导小组 |

续表13

| 荣誉级别 | 荣誉名称 | 荣誉获得单位 | 颁发部门 |
|---|---|---|---|
| 省部级 | 自治区文明单位 | 独山子石化公司、区委办、区政府办、区检察院、区委宣传部、区税务局、区财政局、区人社局、区城市管理局、奎屯公路管理局独山子分局、金山路街道办、西宁路街道办、新北区街道办、第二社区居委会、第三社区居委会、第四社区居委会、第十一社区居委会、第十二社区居委会、第十三社区居委会 | 自治区精神文明建设指导委员会 |
| | 2020年度自治区文明校园 | 第一中学、第三中学、第一小学、第二小学、第五小学、第六小学、第一幼儿园、第六幼儿园 | 自治区精神文明建设指导委员会 |
| | 第三批自治区"扫黄打非"进基层示范点 | 西宁路街道办 | 自治区"扫黄打非"领导小组 |
| | 自治区"扫黄打非"进基层示范标兵 | 第一小学 | 自治区"扫黄打非"领导小组 |
| | 武警新疆总队"四铁"先进大队 | 武警新疆总队克拉玛依支队机动大队(驻独山子区) | 武警新疆总队 |
| | 武警新疆总队"四铁"先进中队 | 武警新疆总队克拉玛依支队机动大队二中队(驻独山子区) | 武警新疆总队 |
| | 中石油集团公司先进集体 | 独山子石化公司乙烯厂乙烯一联合车间、炼油厂第一联合车间、热电厂除灰车间、研究院合成树脂应用研究所 | 中石油集团公司 |
| | 中石油集团公司史志工作先进集体 | 独山子石化公司总经理办公室秘书科(史志办) | 中石油集团公司 |
| | 中石油集团公司档案工作先进集体 | 独山子石化公司信息网络公司情报档案中心 | 中石油集团公司 |
| | 2019—2020年度中国寰球工程公司先进集体 | 新疆寰球公司独山子石化公司炼油及乙烯优化调整项目部、新疆寰球公司工艺室 | 中共中国寰球工程有限公司委员会 |
| | 2019—2020年度中国寰球工程有限公司示范党支部 | 新疆寰球公司第七党支部 | 中共中国寰球工程有限公司委员会 |
| | 2019—2020年度中国寰球工程公司优秀党支部 | 新疆寰球公司第六党支部 | 中共中国寰球工程有限公司委员会 |
| 厅局级 | 自治区模范职工之家 | 独山子石化公司设备检修公司工会委员会 | 自治区总工会 |
| | 自治区模范职工小家 | 独山子石化公司乙烯厂聚烯烃一联合车间工会小组、炼油厂重整加氢联合车间工会小组 | 自治区总工会 |
| | 自治区"安康杯"竞赛优胜班组 | 区城市建设开发公司安全部 | 自治区总工会、自治区应急管理厅 |
| | 自治区五四红旗团委 | 区公安分局团委 | 自治区团委 |

续表13

| 荣誉级别 | 荣誉名称 | 荣誉获得单位 | 颁发部门 |
|---|---|---|---|
| 厅局级 | 自治区五四红旗团支部 | 第十五社区团支部、区财政审计国资联合团支部、友好集团金盛时尚百货分公司团支部 | 自治区团委 |
| | 2020年自治区级防震减灾示范学校 | 第一小学、第六小学 | 自治区教育厅、自治区地震局 |
| | 自治区节约型公共机构示范单位 | 第六幼儿园 | 自治区机关事务管理局、自治区发改委、自治区财政厅 |
| | 自治区第二次全国污染源普查表现突出集体 | 独山子石化公司 | 自治区生态环境厅代章 |
| | 自治区2019年度防雷安全生产先进单位 | 独山子石化公司、独山子石化公司机动设备处 | 自治区气象局 |
| | 自治区线上“健步走”活动优秀组织奖 | 独山子石化公司 | 自治区文体和旅游厅 |
| | 2019年度自治区专职消防队伍建设先进单位 | 独山子石化公司消防支队 | 新疆消防总队、自治区消防工作联席会议办公室 |
| | 2019年度新疆油气田及输油管道安全保护工作成绩突出集体 | 独山子石化公司维稳信访办公室 | 自治区油气田及输油管道安全保护工作领导小组办公室 |
| | 中石油集团公司信息工作先进单位 | 独山子石化公司 | 中石油集团公司办公室 |
| | 2019年度中石油集团公司车载应急通信系统先进队伍 | 独山子石化公司车载应急通信系统运维队伍 | 中石油集团公司办公室 |
| | 中石油集团公司抗击新冠肺炎疫情先进集体 | 独山子石化公司乙烯厂聚烯烃一联合车间 | 中石油集团公司思想政治工作部 |
| | 中石油集团公司政策研究工作先进集体 | 独山子石化公司总经理（党委）办公室 | 中石油集团公司思想政治工作部 |
| | 中石油集团公司五四红旗团支部 | 独山子石化公司乙烯厂乙烯一联合车间团支部 | 中石油集团公司思想政治工作部 |
| | 中石油集团公司质量安全环保节能先进企业 | 独山子石化公司 | 中石油集团公司质量安全环保部 |
| | 中石油集团公司质量安全环保节能先进监管部门 | 独山子石化公司安全质量环保处 | 中石油集团公司质量安全环保部 |
| | 中石油集团公司质量信得过班组 | 独山子石化公司设备检修公司乙烯钳工车间维护七区 | 中石油集团公司质量安全环保部 |

续表13

| 荣誉级别 | 荣誉名称 | 荣誉获得单位 | 颁发部门 |
|---|---|---|---|
| 厅局级 | 2019年度中石油集团公司质量管理先进基层单位 | 独山子石化公司工程质量监督站 | 中石油集团公司质量安全环保部 |
| | 2019年度中石油集团公司先进HSE标准化站(队) | 独山子石化公司炼油厂重整加氢联合车间、乙烯厂橡胶联合车间、热电厂除灰车间、独山子140万立方米石油商业储备油库 | 中石油集团公司质量安全环保部 |
| | 2019年度中石油集团公司绿色基层队(站)、车间(装置) | 独山子石化公司炼油厂储运联合车间、热电厂锅炉车间 | 中石油集团公司质量安全环保部 |
| | 2019年度中石油集团公司节能节水先进基层单位 | 独山子石化公司炼油厂第一联合车间、乙烯厂净化水联合车间 | 中石油集团公司质量安全环保部 |
| | 2018—2019年度中石油集团公司人事统计工作先进单位 | 独山子石化公司人事处(党委组织部) | 中石油集团公司人事部 |
| | 中石油集团公司"十三五"统计工作先进单位 | 独山子石化公司 | 中石油集团公司规划计划部 |
| | 中石油集团公司出国管理先进集体 | 独山子石化公司 | 中石油集团公司国际部 |
| | 2019—2020年度中石油集团公司离退休系统宣传思想工作优秀组织单位 | 独山子石化公司离退休管理处 | 中石油集团公司老干部局 |
| | 2020年度环境社会责任企业 | 独山子石化公司 | 中国环境报社 |
| | 中国化工学会科学技术奖 | 独山子石化公司 | 中国化工学会 |
| | 全国职业院校精准扶贫协作联盟脱贫攻坚先进集体 | 克拉玛依职业技术学院 | 全国职业院校精准扶贫协作联盟 |
| | 2019年度市"民族团结一家亲"和民族团结联谊活动先进集体 | 独山子石化公司乙烯厂净化水联合车间、独山子石化公司炼油厂储运联合车间、天利高新股份公司聚丙烯厂、新北区街道办、北京路派出所、第一小学、晟通热力公司 | 市委、市政府 |
| | 2020年度市级党报党刊发行工作先进集体 | 区委宣传部、独山子石化公司 | 市委宣传部 |
| | 市工人先锋号 | 区公共就业服务中心、晟通热力公司热力车间 | 市总工会 |
| | 2019年度市三八红旗集体 | 区疾病预防控制中心、金山路街道办事处、西宁路街道办事处、新北区街道办事处、区人力资源和社会保障局 | 市妇联 |
| | 2020年度市最美楼栋(单元) | 第三社区31幢三单元、第九社区公路管理分局36幢 | 市妇联 |

续表13

| 荣誉级别 | 荣誉名称 | 荣誉获得单位 | 颁发部门 |
| --- | --- | --- | --- |
| 厅局级 | 2020年度市民族团结进步示范区 | 独山子区、新北区街道办 | 市创建全国民族团结进步示范市领导小组办公室 |
| | 2020年度市民族团结进步示范单位 | 独山子石化公司炼油厂、第十社区居委会、晟通热力公司 | 市创建全国民族团结进步示范市领导小组办公室 |
| | 中国建设银行系统新疆区分行先进基层党支部 | 建行独山子支行 | 中共中国建设银行新疆区分行委员会 |
| | 中国移动系统克拉玛依分公司优秀党员先锋队 | 中国移动独山子分公司党支部 | 中共中国移动克拉玛依分公司委员会 |
| | 平安财险系统克拉玛依中心支公司先进集体 | 平安财险独山子区支公司 | 平安财险新疆分公司克拉玛依中心支公司 |
| | 华融证券系统新疆分公司扎实奋进奖 | 华融证券独山子营业部 | 华融证券新疆分公司 |

## 个人荣誉

### 2020年独山子区个人荣誉统计表

表14

| 荣誉级别 | 荣誉名称 | 荣誉获得个人 | 颁发部门 |
| --- | --- | --- | --- |
| 国家级 | 全国劳动模范 | 独山子石化公司乙烯厂乙烯一联合车间曾飞鹏 | 中共中央、国务院 |
| 省部级 | 第20届全国青年岗位能手标兵 | 独山子石化公司乙烯厂一联合车间罗灵力 | 共青团中央、人力资源和社会保障部 |
| | 2020年度全国优秀少先队辅导员 | 区园林绿化中心吴强 | 共青团中央、教育部、中国少工委 |
| | 全国科普工作先进工作者 | 第一小学教师刘宝龙 | 科技部、中宣部、中国科协 |
| | 全国抗击新冠肺炎疫情优秀城乡社区工作者 | 第十六社区居委会迪罗热·乌马尔江 | 民政部 |
| | 2020年度全国敬老爱老助老模范人物 | 区为老服务中心张华 | 国家卫健委、全国老龄办 |
| | 2018—2019年度全国无偿献血奉献奖铜奖 | 区委史志办马志 | 国家卫健委、中国红十字总会、中央军委后勤保障部卫生局 |
| | 2020年度全国“安康杯”竞赛安全文化宣传活动先进个人 | 独山子石化公司公共服务公司公寓宾馆管理中心陈斌、独山子石化公司乙烯厂马英贵 | 全国“安康杯”竞赛组委会 |

续表14

| 荣誉级别 | 荣誉名称 | 荣誉获得个人 | 颁发部门 |
| --- | --- | --- | --- |
| 省部级 | 自治区劳动模范 | 独山子石化公司研究院合成橡胶所宋玉萍、乙烯厂聚烯烃一联合车间张全军、炼油厂催化裂化联合车间党总支书记蒽永龙 | 自治区党委、自治区政府 |
| | 自治区抗击新冠肺炎疫情先进个人 | 独山子人民医院鲍静、崔晨迪、刘珍珍;第九社区居委会孙煜东、第十六社区居委会张茜;第五社区志愿者阿力吞古力·努肉 | 自治区党委、自治区政府 |
| | 自治区优秀共产党员 | 独山子人民医院徐春梅 | 自治区党委 |
| | 2020年度自治区"民族团结一家亲"和民族团结联谊活动先进个人 | 区人社局董芹、区法院何青、第七小学蒙小花、独山子人民医院牙生巴克、区公安分局交警大队尚永红、独山子石化公司乙烯厂公用工程联合车间杨春伟、独山子石化公司热电厂燃料化学部美丽旦·麦麦提江、独山子石化公司炼油厂重整加氢联合车间王东辉 | 自治区"民族团结一家亲"活动领导小组 |
| | 中石油集团公司特等劳动模范 | 独山子石化公司乙烯厂乙烯一联合车间曾飞鹏 | 中石油集团公司 |
| | 中石油集团公司劳动模范 | 独山子石化公司炼油厂王艳雄、炼油厂第一联合车间王晓强、乙烯厂聚烯烃一联合车间郭牡丹、乙烯厂乙烯一联合车间蒋鹏飞、热电厂发电运行部程志军、研究院韩明哲、塔里木石化分公司张锡德 | 中石油集团公司 |
| | 中石油集团公司技术能手 | 独山子石化公司李秀花、王旭亮、权翻 | 中石油集团公司 |
| | 中石油集团公司史志工作先进个人 | 独山子石化公司总经理办公室郭楷 | 中石油集团公司 |
| | 中石油集团公司《集团年鉴》工作优秀个人 | 独山子石化公司总经理办公室汤志斌 | 中石油集团公司 |
| | 中国寰球公司优秀共产党员 | 新疆寰球公司华东、张晔、徐杰 | 中共中国寰球工程有限公司委员会 |
| | 中国寰球公司优秀党务工作者 | 新疆寰球公司谢荣 | 中共中国寰球工程有限公司委员会 |
| | 中国寰球公司先进工作者 | 新疆寰球公司吴伟东、陈默 | 中共中国寰球工程有限公司委员会 |
| | 中国寰球公司优秀园丁 | 新疆寰球公司张前智 | 中共中国寰球工程公司委员会 |
| | 中国寰球公司疫情防控突出贡献个人 | 新疆寰球公司刘庆华、史飞、王诚 | 中共中国寰球工程公司委员会 |

续表14

| 荣誉级别 | 荣誉名称 | 荣誉获得个人 | 颁发部门 |
|---|---|---|---|
| 省部级 | 中石油集团公司直属优秀共产党员 | 新疆寰球公司王坚 | 中石油集团公司直属党委 |
| | 中石油集团公司直属优秀党务工作者 | 新疆寰球公司孙忠岭 | 中石油集团公司直属党委 |
| | 中石油集团公司青年岗位能手 | 新疆寰球公司樊圆圆 | 中石油集团公司直属党委 |
| 厅局级 | 中国寰球公司第二届十大杰出青年 | 新疆寰球公司樊圆圆 | 共青团中国寰球工程公司委员会 |
| | 2019年度中石油集团公司信息工作先进个人 | 独山子石化公司总经理办室曲文新 | 中石油集团公司办公室 |
| | 2019年度中石油集团公司车载应急通信系统先进个人 | 独山子石化公司消防支队赵峻 | 中石油集团公司办公室 |
| | 中石油集团公司档案工作先进个人 | 独山子石化公司信息网络公司情报档案中心徐玲、邓瑾 | 中石油集团公司办公室 |
| | 中石油集团公司政策研究工作先进个人 | 独山子石化公司总经理办公室张朝君、郑林峰 | 中石油集团公司思想政治工作部 |
| | 集团公司抗击新冠肺炎疫情先进个人 | 独山子石化公司白继晨、李天炜、章小明、秦军 | 中石油集团公司思想政治工作部 |
| | 2019年度中石油集团公司《中国石油报道》优秀一线记者 | 独山子石化公司新闻传播中心李志强 | 中石油集团公司思想政治工作部 |
| | 2018—2019年度中石油集团公司优秀共青团干部 | 独山子石化公司炼油厂团委张希波 | 共青团中石油集团公司委员会 |
| | 2018—2019年度中石油集团公司优秀共青团员 | 独山子石化公司炼油厂重整加氢联合车间王旭亮、乙烯厂乙烯二联合车间哈力米热·卡热木拉提、新疆炼建集团公司天利检修分公司刘涛 | 共青团中石油集团公司委员会 |
| | 2018—2019年度中石油集团公司最美青工 | 独山子石化公司乙烯一联合车间罗灵力 | 共青团中石油集团公司委员会 |
| | 中石油集团公司“十三五”统计工作先进个人 | 独山子石化公司周全、郑毅 | 中石油集团公司规划计划部 |
| | 2019年度中石油集团公司研发费加计扣除工作先进个人 | 独山子石化公司张春秀、李明珠、杨波、刘广宇、安小江、夏洁、赵泽鹏、蒋芳、高利平、刘宏伟、马晶、宋丽江 | 中石油集团公司财务部 |
| | 2020年度中石油集团公司护网行动先进个人 | 独山子石化公司叶自力、秦德明、李书 | 中石油集团公司信息管理部 |

续表14

| 荣誉级别 | 荣誉名称 | 荣誉获得个人 | 颁发部门 |
| --- | --- | --- | --- |
| 厅局级 | 2019年度中石油集团公司质量管理先进个人 | 独山子石化公司邵卫国、杨昌辉、郑成 | 中石油集团公司安全质量环保部 |
| | 2019年度中石油集团公司安全管理先进个人 | 独山子石化公司于新强 | 中石油集团公司安全质量环保部 |
| | 2019年度中石油集团公司安全监督先进个人 | 独山子石化公司何超、仲宏伟 | 中石油集团公司安全质量环保部 |
| | 2019年度中石油集团公司安全生产先进个人 | 独山子石化公司高宗良、黄秉刚、赵红斌 | 中石油集团公司安全质量环保部 |
| | 2019年度中石油集团公司环境保护先进个人 | 独山子石化公司令雄、马俊峰 | 中石油集团公司安全质量环保部 |
| | 2019年度中石油集团公司节能节水先进个人 | 独山子石化公司赵鹏、鲁明 | 中石油集团公司安全质量环保部 |
| | 2019年度中石油集团公司HSE管理体系审核优秀审核员 | 独山子石化公司曹志阳、崔正军、韩文辉、李素勇、吕志明、马胜利、孙辽东、杨鹏、张良、赵勇 | 中石油集团公司安全质量环保部 |
| | 2019年度中石油集团公司HSE管理体系审核先进审核员 | 独山子石化公司范永勤、蒋贵文、孔令荣、刘文君、盛世、孙斌、王春路、席龙、赵永山、仲宏伟 | 中石油集团公司安全质量环保部 |
| | 中石油集团公司离退休系统宣传思想工作优秀通讯员 | 独山子石化公司离退休管理处石福政、张蓓 | 中石油集团公司老干部局 |
| | 2019年度中石油集团公司优秀外事专办员 | 独山子石化公司侯红英 | 中石油集团公司国际部 |
| | 国家粮食和物资储备系统抗击新冠肺炎疫情优秀个人 | 穗丰粮贸公司王海燕 | 国家粮食和物资储备局 |
| | 2020年度石油和化工行业新闻宣传十佳编辑 | 独山子石化公司新闻传播中心许家华 | 中国化工报社 |
| | 2018—2019年度自治区"安康杯"竞赛活动优秀个人 | 区城市建设开发公司冒飞 | 自治区总工会、自治区应急管理厅、自治区卫健委 |
| | 2017—2019年度自治区优秀共青团干部 | 团区委白琼、第七小学孙田甜 | 自治区团委 |
| | 2017—2019年度自治区优秀共青团员 | 第七社区居委会安卡拉·阿尔肯、克职院学生李渊 | 自治区团委 |
| | 自治区第二次全国污染源普查表现突出个人 | 独山子石化公司令雄 | 自治区生态环境厅 |
| | 2018—2019学年自治区南疆学前教育优秀支教干部 | 区应急管理局曹伟 | 自治区南疆学前教育干部支教工作领导小组 |
| | 新疆油气田及输油管道安全保护工作先进个人 | 独山子石化公司保卫处呼峰、黄晓菲 | 自治区油气田及输油管道安全保护工作领导小组办公室 |

续表14

| 荣誉级别 | 荣誉名称 | 荣誉获得个人 | 颁发部门 |
|---|---|---|---|
| 厅局级 | 自治区交通运输厅系统优秀共产党员 | 奎屯公路管理局独山子分局抢险保通专业队宋雪岭 | 自治区交通厅党委 |
| | 2019年度自治区专职消防队伍建设先进个人 | 独山子石化公司消防支队徐彪 | 自治区消防工作联席会议办公室 |
| | 2019年度自治区防雷安全生产先进个人 | 独山子石化公司曹海清、王小龙 | 自治区气象局 |
| | 2019年度市“民族团结一家亲”和民族团结联谊活动先进个人 | 区人社局董芹、区法院何青、区公安分局交警大队尚永红、区民宗局周晓晨、第七小学蒙小花、独山子人民医院牙生巴克、第七社区居委会黄亮、第十二社区居委会汪小溪、第十七社区居委会文宾、天利高新股份公司阿依努尔·哈木拉提、炼建公司工程项目管理公司杜亮、晟通热力公司马蕾、独山子石化公司炼油厂加氢联合车间纳赛尔·热依木、独山子石化公司炼油厂重整加氢联合车间王东辉、独山子石化公司热电厂燃料化学部美丽旦·麦麦提江、独山子石化公司乙烯厂公用工程联合车间杨春伟、独山子石化公司信息网络公司刘喆 | 市委、市政府 |
| | 2019年度市“民族团结一家亲”和民族团结联谊活动先进对子 | 第七社区居委会安卡拉·阿尔肯与罗皓、第八社区居委会郑家玲与爱苏早餐店乔丽潘·图拉克、第九社区居委会赫晓莉与退休职工巴依拉·依明亥力、第十二社区居委会张文宝与退休职工马合苏提·马木提、第十五社区居委会李杨与天利高新股份公司海米提·吐鲁洪、第十六社区居委会部海姣与独山子石化公司炼油厂保卫处迪力木拉提·乌苏尔、第十九社区居委会周艺与退休职工付振华、第六小学李蓉与鼎城建材公司李四清、第六小学王薇与第十四社区居民李英、第六小学陈春燕与退休职工帕提古丽·牙生、第五幼儿园王芳与城建开发公司努尔阿米娜穆·依马穆、区民宗局阿合麦提江·铁木尔与区委统战部高秀丽、区政务服务中心王丹与独山子石化公司乙烯厂储运联合车间米热古力·肉孜、区委宣传部王惠颖与第十八社区居民也尔扎提·吉克松巴依、独山子石化公司乙烯厂中心化验室乃学惠与阿依夏木·艾麦提、独山子石化公司热电厂热工车间刘芳与锅炉车间古力米拉·杜山、独山子石化公司信息网络公司乙烯厂仪表车间吕绍峰与阿依波拉提·沙吾林 | 市委、市政府 |

续表14

| 荣誉级别 | 荣誉名称 | 荣誉获得个人 | 颁发部门 |
| --- | --- | --- | --- |
| 厅局级 | 2019年度市民族团结“细胞工程”先进对子 | 独山子石化公司退休职工李玉珍与比力克孜·阿吉、奎屯河流域管理处吴慧明与独山子区阿不拉镶房阿力木·买买提、天利高新股份公司刘丽娜与第四社区居民吾加合买提·皮达、独山子石化公司生活公司退休职工郭淑菊与独山子人民医院退休职工任秀芳 | 市委、市政府 |
| | 第一届市文明家庭 | 刘秀峰与时峰、刘梁与陈和兵、黄青与金寅戌、钦枫与胡刚、田景阳与田艳茹、王文与杜鹏、马丁与朱琳、王丽与王占鹏、纳赛尔·热依木与买迪娜·亚森、克力木江·依布拉依木与努尔古丽·巴依艾合买提 | 市精神文明建设指导委员会 |
| | 2020年度市级党报党刊征订工作先进个人 | 区委宣传部王惠颖 | 市委宣传部 |
| | 2020年度市级优秀互联网领域党建指导员 | 区政府办李雅琪 | 市委网信工委 |
| | 2020年市优秀网络文明监督员 | 区应急管理局李秋岑 | 市委网信工委 |
| | 2020年度市三八红旗手 | 金山路街道社区卫生服务中心肖楠、西宁路街道社区卫生服务中心焦洋、第十六社区居委会部海姣、区政务服务中心梁毅、西宁路街道办张玲玲、第一社区居委会许启美、第十二社区居委会汪小溪、第十八社区居委会王映霏、独山子石化公司工程造价管理部张璐璐、穗丰粮贸公司王晓燕、独山子人民医院徐春梅、独山子人民医院李金秀、独山子人民医院刘珍珍、独山子人民医院刘玥、独山子人民医院崔晨迪、独山子人民医院张欣 | 市妇联 |
| | 2020年度市最美家庭 | 玉素甫·买买提与阿勒图克孜·阿不来提、赵佳与赵越、李雅琪与黄龙、杨明与褚璐、孙永清与吴军、毕肆军与陈丽娟、邹艳与钟志强、鲍静与杨帆、吴苏河与安幸、张新艳与牛敬元、宁德兵与朱华丽、邵鹏康与张云、李波与张倩、徐筠英与杨春蕾、阿力米来·热合木江与哈里木别克·居马哈孜 | 市妇联 |

# 附　录

## 组织机构及领导名录

### 中国共产党独山子区委员会及所属机构

【区委】 领导名单　书记：张建彬，副书记：李旭升、刘广智；常委：张建彬、李旭升、刘广智、张震、吴雷、马军、蔡国标、程飞（壮族）、刘进夫、何金洲（7月任职，挂职）

基本情况　2020年，中国共产党独山子区第十届委员会设纪委监委、巡察办巡察组、办公室、机要保密局、组织部、编办、老干部局、宣传部、统战部、政法委、区直机关工委、网信办12个行政机构，设史志办（区档案馆）、党校（区行政学校）、维稳指挥中心、群众工作服务中心、经济发展服务中心5个直属事业机构，设11个事业机构。年初有常委9人、委员20人、候补委员4人，由于工作变动、个人因素等原因，任免常委1人、委员1人；年末有常委10人、委员20人、候补委员3人。（石志霞）

【区委办】 领导名单　主任（局长）：薛金玲（女），副主任（副局长）：刘永东、胡明毅、陈振新（兼任区委保密委员会专职副主任）；专用通信局局长：姜子进（4月任职）

基本情况　2020年，中国共产党独山子区委员会办公室（档案局）内设秘书室、信息室、督查室、文书室、综合室5个职能办公室，下设专用通信局，归口管理区委机要保密局，区委国家安全委员会办公室、全面深化改革委员会办公室、财经委员会办公室设在区委办公室。有工作人员20人（行政编人员11人、事业编人员4人、事业性岗位人员5人），男性18人、女性2人，平均年龄33岁，硕士研究生学历2人、大学本科学历16人、大专学历2人，中共党员15人。（石志霞）

【区纪委监委】 领导名单　纪委书记：程飞（壮族），副书记：张健文（1月离任）、杨晋伟、王德华（6月任职）；常委：徐崇蓉（女）、杨晋伟、胡刚（11月离任）

监委主任：程飞（壮族，1月任职），副主任：程飞（壮族，1月离任）、张健文（1月离任）、杨晋伟、王德华（6月任职）；委员：刘成立、祝秀健

区委巡察工作领导小组办公室主任：徐崇蓉（女），副主任：安应德（11月任职）

基本情况　2020年，中国共产党独山子区第十届纪律检查委员会、独山子区第一届监察委员会内设办公室、组宣部、党风政风监督室、第一纪检监察室、第二纪检监察室、案件审理室、案件监督管理室7个职能部室，归口管理区委巡察办，下设第一纪检监察组（驻区委办）、第二纪检监察组（驻区政府办）、第三纪检监察组（驻区教育局）、第四纪检监察组（驻区财政局）、第五纪检监察组（驻区农业和水务局）、第六纪检监察组（驻区委政法委），派出区委直属机关纪检监察工委、金山路街道纪工委（监察办公室）、西宁路街道纪工委（监察办公室）、新北区街道纪工委（监察办公室）。有工作人员54人（行政编制人员53人、事业性岗位人员1人），男性37人、女性17人，平均年龄36岁，硕士研究生学历2人、大学本科学历52人，中共党员34人。（李玲玲）

【区委组织部】 领导名单　部长：马军，常务副部长：白洁（4月任职），副部长：王德华（6月离任）、

董芹（女，兼）、吴艳（女）、徐婷（女）；公务员局局长：吴艳（女）；区城市基层党建指导中心主任：廖兵（11月任职）

基本情况　2020年，中国共产党独山子区委员会组织部（公务员局、非公有制经济组织和社会组织工作委员会）内设办公室（干部监督室）、组织科、干部科（绩效办）、人才培训科（远教中心）、公务员科、人事档案办6个职能科室，下设区党员教育中心（区党员干部远程教育中心）、区城市基层党建指导中心、区党群服务中心，归口管理区委编办、区委老干部局，区“访惠聚”驻村工作办公室设在区委组织部。有工作人员20人，男性14人、女性6人，平均年龄36岁，硕士研究生学历1人、大学本科学历18人、大专学历1人，中共党员18人。（刘清瑞）

【区委宣传部】领导名单　部长（局长、主任）：刘进夫，常务副部长（副局长、副主任）：王继军（11月任职），副部长（副局长、副主任）：白洁（4月离任，兼）、牙合甫江·牙生（维吾尔族）、申洁、周剑（4月任职，兼）

基本情况　2020年，中国共产党独山子区委员会宣传部〔新闻出版局（版权局）、人民政府新闻办公室、精神文明建设指导委员会办公室〕内设综合办、理论教育办、宣传办、精神文明办4个职能办公室，下设区新闻宣传中心，归口管理区有线电视台，与社会科学界联合会合署办公，未成年人思想道德建设工作办公室设在区委宣传部。有工作人员14人（正式在编人员10人、事业性岗位人员4人），男性7人、女性7人，平均年龄34岁，硕士研究生学历2人、大学本科学历12人，中共党员9人。（李星娥）

【区委统战部】领导名单　部长：吴雷，常务副部长：陈敏（9月任职），副部长：周江（4月离任）；民族团结事务中心主任：马木提·阿不都吉里（维吾尔族，11月任职）

基本情况　2020年，中国共产党独山子区委员会统一战线工作部（人民政府侨务办公室）内设综合办、党外人士管理办、民族宗教办3个职能办公室，下设民族团结事务中心。有工作人员9人，男性6人、女性3人，平均年龄46岁，大学本科学历8人、大专学历1人，中共党员7人。（刘浩）

【区委政法委】领导名单　书记：刘广智，副书记：时峰（1月离任）、杨国胜、周江（4月任职）、郭庆（7月离任，兼）、刘建江（兼）；治理非法宗教活动办公室主任：杜金辉；流动人口服务管理办公室主任：李锦涛（4月离任）、潘星昊（12月任职）

基本情况　2020年，中国共产党独山子区委员会政法委员会内设综合办、执法监督室、基层社会治理科、综治督查科4个职能办公室，下设区治理非法宗教活动办公室（法学会）、区流动人口服务管理办公室、区网格化管理办公室，归口管理区培训学校。有工作人员27人（行政编制人员5人、事业编制人员9人、事业性岗位人员13人），男性19人、女性8人，平均年龄31岁，大学本科学历20人、大专学历7人，中共党员9人。（曲凯丽）

【区委网信办】领导名单　区委网络安全和信息化委员会办公室（互联网信息办公室）主任：白洁（4月离任）、周剑（4月任职，兼），副主任：朱希钢、朱邦柱（9月任职）；区信息化办公室主任：范红永（9月离任），副主任：朱希钢（9月离任）

基本情况　2020年，中国共产党独山子区委员会网络安全和信息化委员会办公室（互联网信息办公室）内设综合办（互联网党建）、举报中心（舆情办）、网评中心（网宣）、网络安全4个职能办公室。有工作人员14人，男性12人、女性2人，平均年龄28岁，硕士研究生学历1人、大学本科学历13人，中共党员6人。（龚露丽）

【区委编办】领导名单　主任：吴艳（女），副主任：李阳

基本情况　2020年，中国共产党独山子区委员会机构编制委员会办公室内设综合办公室、机构编制办、事业单位登记办3个职能办公室，归口区委组织部管理。有工作人员4人，男性1人、女性3人，平均年龄33岁，硕士研究生学历2人、大学本科学历2人，中共党员3人。（赵婧文）

【区直机关工委】领导名单　书记：马军（兼），常务副书记：李鸿欣，副书记：田艳茹（女，9月离任）、李国荣（女，9月任职）；区直机关纪检监察工委书记：刘建；区直机关工会主席：田艳茹（女，9月离任）、李国荣（女，9月任职）

基本情况　2020年，中国共产党独山子区直属

机关工作委员会内设综合办、党建办、纪工委3个职能办公室。有工作人员5人，男性3人、女性2人，平均年龄38岁，硕士研究生学历1人、大学本科学历4人，中共党员5人。（杜雪根）

【区委机要保密局】 领导名单 局长：陈振新，副局长：安应德（12月离任）

基本情况 2020年，中国共产党独山子区委员会机要保密局（区国家保密局、密码管理局）内设机要办、保密办、综合办3个职能办公室，下设区保密技术服务中心，归口区委办公室管理。有工作人员9人，男性5人、女性4人，平均年龄39岁，大学本科学历8人、大专学历1人，中共党员9人。（董岚）

【区委老干部局】 领导名单 区委老干部局副局长：段劲松、韩宁；区关心下一代工作委员会名誉主任：马军（兼），副主任：段劲松（兼）；办公室主任：段劲松（兼）

基本情况 2020年，中国共产党独山子区委员会老干部局内设1个职能办公室，下设区老干部活动中心（老年大学、关心下一代工作委员会办公室），归口区委组织部管理。有工作人员4人（自治区挂职1人），男性2人、女性2人，平均年龄36岁，均为大学本科学历，中共党员3人。（张玲玲）

【区委史志办】 领导名单 主任（馆长）：刘文英（女），副主任（副馆长）：房静（女）

基本情况 2020年，中国共产党独山子区委员会史志办（区档案馆）内设史志办、档案办2个职能办公室。有工作人员11人（正式在编人员5人、借调人员1人、聘用人员1人、返聘退休人员4人），男性3人、女性8人，平均年龄50岁，硕士研究生学历2人、大学本科学历7人、大专学历2人，中共党员5人。（杨光明）

【区委党校】 领导名单 校长：马军（9月任职，兼），副校长：刘浩（9月任职）、张铁军（9月任职）

基本情况 2020年，中国共产党独山子区委员会党校（独山子区行政学校）内设1个综合职能办公室。有工作人员4人，男性3人、女性1人，平均年龄40岁，硕士研究生学历1人、大学本科学历3人，高级职称3人、初级职称1人，中共党员3人。

（王思慧）

【区经济发展服务中心】 领导名单 副主任：何梦婷（女，9月任职）

基本情况 2020年，独山子区经济发展服务中心内设综合业务办、企业服务办、经济发展办3个职能办公室。有工作人员11人，男性6人、女性5人，平均年龄29岁，大学本科学历10人、大专学历1人，中共党员6人。（卢秀）

【区老干部活动中心】 领导名单 区离退休管理站（区机关老干部活动中心）站长：陈小梅（女，9月离任）

区老干部活动中心主任：陈小梅（女，9月任职）

基本情况 2020年，独山子区老干部活动中心（老年大学、关心下一代工作委员会办公室）内设党政综合办、文体办2个职能办公室，归口区委老干部局管理。有工作人员6人（正式在编人员5人、事业性岗位人员1人），男性3人、女性3人，平均年龄46岁，大学本科学历4人、大专学历2人，中共党员4人。（赵媛）

## 独山子区人民代表大会

【区人大常委会】 领导名单 党组书记:泉体民，党组副书记：焦凤辉，党组成员：张芳（女，1月离任）、王珏（1月任职）、薛金玲（女，1月任职）；主任：焦凤辉，副主任：泉体民、张芳（女，1月离任）、王珏（1月任职）、薛金玲（女，1月任职）

基本情况 2020年，独山子区第十四届人民代表大会常务委员会机关设办公室、法制工作委员会、财经工作委员会、教科文卫工作委员会、代表人事工作委员会5个工作机构，派出人大金山路街道工作委员会、人大西宁路街道工作委员会、人大新北区街道工作委员会3个工作机构。年初常委会组成人员16人，由于工作变动、个人因素等原因，辞去副主任职务1人、委员职务1人，补选副主任2人、委员3人；年末常委会组成人员19人。（张静）

【区人大专门委员会】 领导名单 法制委员会主任委员：焦凤辉，副主任委员：魏红江，委员：王浩、田景阳、刘文英（女）、陈敏、周剑（以上人员均1月任职）

财政经济委员会主任委员：王珏，委员：马志刚

(回)、王芳(女)、尤拉(俄罗斯族)、华伦松、花宏宇、黄新梅(女)(以上人员均1月任职)

教育科学文化卫生委员会主任委员：薛金玲(女)，副主任委员：刘利(女)，委员：王英(女)、王立冬、庄建江、刘阿虎、贺彩雯(女)(以上人员均1月任职)

城乡建设环境与资源保护委员会主任委员：王珏，副主任委员：马志刚(回)、王玉霞(女)、尤拉(俄罗斯族)、花宏宇、沈琛、黄新梅(女)(以上人员均1月任职)

社会建设委员会主任委员：泉体民，副主任委员：彭健(女)，委员：马地那·茹先(女，哈萨克族)、刘秀峰(女)、张晓辉、赵志强、赵亮(以上人员均1月任职)

基本情况　2020年，区人大设法制委员会、财政经济委员会、教育科学文化卫生委员会、城乡建设环境与资源保护委员会、社会建设委员会5个专门委员会。有组成人员28人，男性18人、女性10人，平均年龄49岁，硕士研究生学历3人、大学本科学历23人、大专学历2人，中共党员26人。(张静)

【区人大常委会工作机构】 领导名单　办公室主任：任婕(女，满族)，副主任：吐尔洪·马木提(维吾尔族)

法制工作委员会主任：魏红江

财经工作委员会主任：魏献华

教科文卫工作委员会主任：刘利(女)

代表人事工作委员会主任：彭健(女)

基本情况　2020年，区人大常委会机关设办公室、代表人事工作委员会、法制工作委员会、财经工作委员会、教科文卫委工作委员会5个工作机构。有工作人员12人，男性8人、女性4人，平均年龄48岁，硕士研究生学历2人、大学本科学历7人、大专学历3人，中共党员12人。(张静)

## 独山子区人民政府及所属机构

【区政府】 领导名单　党组书记：李旭升，党组成员：蔡国标、王珏(1月离任)、张群发(1月离任)、王晓佳(女，朝鲜族)、王红安、周峰(1月任职)、阿力木江·艾则孜(维吾尔族)、戴震坤(7月任职、挂职)、徐烽；区长：李旭升，副区长：蔡国标(常务)、王珏(1月离任)、张群发(1月离任)、王晓佳(女，朝鲜族)、王红安、周峰(1月任职)、阿力木江·艾则孜(维吾尔族)、戴震坤(7月任职、挂职)

基本情况　2020年，独山子区第十四届人民政府设办公室、发改委、工信局、教育局、财政局、国资委、审计局、人社局、住建局、应急管理局、民政局、司法局、城市管理局、民宗局、科技局、文体广电和旅游局、卫健委、市场监督管理局、统计局、农业和水务局、医保局、信访局、退役军人事务局23个行政机构，设政务服务中心、工程项目建设中心、机关事务局、地震局4个直属事业机构，设69个事业机构，派出金山路街道办、西宁路街道办、新北区街道办3个工作机关，设社区居委会19个。(李雅琪)

【区政府办】 领导名单　党组书记：胡刚(11月任职)，党组成员：梁毅(女)、白雪龙(4月离任)、冯猛、严兵、王朝强；主任：胡刚(11月任职)，副主任：白雪龙(4月离任)、冯猛、严兵、程涛

基本情况　2020年，独山子区人民政府办公室内设综合办、秘书室(政务公开办)、督查办(外事办)、文书(保密)室、文印(收发)室5个职能办公室，下设政策研究室，归口管理政务服务中心。有工作人员18人(行政编人员8人、事业编人员3人、工勤编人员1人、聘用人员2人、事业性岗位人员4人)，男性8人、女性10人，平均年龄34岁，大学本科学历15人、大专学历2人、高中及以下学历1人，中共党员8人。(李雅琪)

【区发改委】 独山子区发展和改革委员会(统计局)领导名单　党组书记：李霞(女，4月离任)，党组副书记：徐烽(4月离任)，党组成员：张德莲(女，4月离任)、王瑾(女，4月离任)；主任(局长)：徐烽(4月离任)，副主任(副局长)：李霞(女，4月离任)、张德莲(女，4月离任)

独山子区发展和改革委员会领导名单　党组书记：李霞(女，4月任职)，党组副书记：徐烽(4月任职)，党组成员：王瑾(女，4月任职，11月离任，退休)、刘相东(4月任职)、薛凯(4月任职)；主任：徐烽(4月任职)，副主任：李霞(女，4月任职)、刘相东(4月任职)；价格认证中心主任：薛凯(4月任职)

基本情况　2020年，独山子区发展和改革委员会内设综合办、项目办、投资办(节能监察办)、价

格监测办（价格认证办能源办）、诚信办（安全生产办）、财务办（粮食管理办）、救灾物资管理办7个职能办公室，下设价格认证中心，归口管理军粮供应站。有工作人员18人，男性11人、女性7人，平均年龄36岁，硕士研究生学历2人、大学本科学历14人、大专学历2人，中共党员9人。（柳燕）

【区工信局】 领导名单　党组书记：张力虎（1月离任），党组副书记：葛本亮，党组成员：毕春蕾（女）、赵林峰（9月任职）；局长：葛本亮，副局长：张力虎（1月离任）、毕春蕾（女）、赵林峰（9月任职）；区信息化中心主任：范红永（9月任职）

基本情况　2020年1月，独山子区工业和信息化局（商务局）内设综合办、经济运行（企业服务）办、商务市场（招商引资）办3个职能办公室，下设区信息化中心。有工作人员8人（行政编制人员5人、事业性岗位人员3人），男性5人、女性3人，平均年龄36岁，均为大学本科学历，中共党员6人。（黄继虎）

【区教育局】 教育工委领导名单　书记：刘进夫（兼），副书记：庄建江，委员：潘晓斌、李建新、贺彩雯（女）、甫拉提·祖马洪（维吾尔族）

教育局领导名单　党组书记：庄建江，副书记：潘晓斌，党组成员：李建新、郭红（女）；局长：潘晓斌，副局长：庄建江、李建新；教育事业发展服务中心（招生考试中心）主任：金庚戌

基本情况　2020年，独山子区教育局（民族语言文字工作委员会）内设党办、行政办、教育管理办、思想政治办（团工委）、组织人事办、财务管理办、社区学校办（含语言文字工作委员会办公室）7个职能科室，下设教育督导室、教学研究室、教育事业发展服务中心（招生考试中心），管理高中1所、初中2所、小学5所、公立幼儿园9所、社会力量办学机构2所、社区学校19所、监督管理22家民办教育机构。有工作人员25人，男性9人、女性16人，平均年龄45岁，大学本科学历18人、大专学历7人，高级职称3人、中级职称6人、初级职称6人，中共党员15人。（张楠楠）

【区财政局】 领导名单　党组书记：刘克勤（女），党组成员：邓剑桥、尚静（女，9月任职）、杨峰涛（11月任职）、韩梅（女，4月离任）、李小恩（11月离任）；局长：刘克勤（女），副局长：邓剑桥、尚静（女，4月任职）、韩梅（女，4月离任）；国库集中支付中心主任：刘克勤（女，兼），副主任：孙丽（女，11月任职）

基本情况　2020年，独山子区财政局内设预算、经建、国库、非税、国有资产、监察、会计事务、政府采购、综合、核算10个职能办公室，下设区国库集中支付中心、区财政投资审核中心、区金融服务中心。有工作人员26人，男性4人、女性22人，平均年龄32岁，硕士研究生学历1人、大学本科学历24人、大专学历1人，高级审计师1人，经济师4人，中共党员10人。（奴尔沙拉·叶尔克巴依）

【区国资委】 领导名单　党委书记：蔡国标（9月离任）、周峰（9月任职），党委副书记：王芳（女，9月离任）、王尚峰（9月任职）；副主任：王芳（女，9月离任）、王红超

基本情况　2020年，独山子区国有资产监督管理委员会内设党建办、综合办、业务办、财务办4个职能办公室。有工作人员5人，男性1人、女性4人，平均年龄35岁，大学本科学历3人、大专学历2人，中级职称1人，中共党员1人。（周思萌）

【区审计局】 领导名单　党组书记：贾龙宽（4月任职），党组成员：韩梅（女，4月任职）；局长：贾龙宽（4月任职），副局长：贾龙宽（4月离任）、韩梅（女，4月任职）

基本情况　2020年，独山子区审计局内设固定资产投资审计室、法制监察与综合室、财政审计室、经济责任审计室4个职能办公室，下设区固定资产投资审计中心。有工作人员9人，男性5人、女性4人，平均年龄31岁，均为大学本科学历，中级职称3人，一级建造师1人，中共党员6人。（夏浩东）

【区人社局】 领导名单　党组书记：董芹（女），党组成员：王利华（女）、王浩、赵汝新（11月任职）；副局长：董芹（女）、王浩、赵汝新

基本情况　2020年，独山子区人力资源和社会保障局内设办公室、党政办、工资福利办、就业管理办、社会保险办、事业单位管理办、政策法规办、财务办8个职能办公室，下设劳动监察大队、劳动人事争议仲裁院，归口管理区社会保险中心、区公共就业服务中心。有工作人员34人，男性15人、女性19

人，平均年龄32岁，硕士研究生学历3人、大学本科学历30人、大专学历1人，中共党员16人（含区委常委蔡国标和区社保中心党员）。（谷玉环）

【区住建局】 领导名单 党组书记：邓卫国（4月离任）、徐峰（4月任职），副书记：周涛，党组成员：闫海峰，陈洪斌（9月任职）、于忠强（11月任职）；局长（主任）：周涛，副局长（副主任）：邓卫国（4月离任）、徐峰（4月任职）、沈琛；市政公用行业中心（城市节约用水中心）主任：陈洪斌（9月任职）；房产服务中心主任：于忠虎（11月任职）

基本情况 2020年，独山子区住房和建设局（交通运输局、人民防空办公室）内设局办公室、财务办公室、建设行业办公室、物业管理办4个职能办公室，下设区建设工程质量安全监督站（公路工程质量监督站）、区客运管理办公室、区房产服务中心、区市政公用行业中心（城市节约用水中心）、区污水处理厂，归口管理区出租汽车协会。有工作人员72人，男性57人、女性15人，平均年龄42岁，硕士研究生学历3人、大学本科学历42人、大专学历10人、中专学历2人、高中及以下学历15人，中共党员39人。（王立娟）

【区应急管理局】 领导名单 党组书记：金冠平（9月离任），党组成员：翟军虎（9月离任）、窦嵩然（9月离任）

党委书记：金冠平（9月任职），党委委员：翟军虎（9月任职）、窦嵩然（9月任职，11月离任）、宋文龙（11月任职）；局长：金冠平，副局长：翟军虎、窦嵩然（11月离任）、宋文龙（11月任职）；安全生产执法监察大队大队长：李剑

基本情况 2020年，独山子区应急管理局内设局办公室、综合业务办、安委办3个职能办公室，下设区安全生产执法监察大队（安全生产应急指挥中心）。有工作人员19人（行政编人员7人、事业编人员6人、事业性岗位人员6人），男性18人、女性1人，平均年龄为31岁，均为大学本科学历，中共党员5人。（蔡进前）

【区民政局】 领导名单 党组书记：刘鹏（女），副书记：曾宪东，党组成员：艾力·阿力甫（维吾尔族）、谭俊（9月任职）；局长：曾宪东，副局长：刘鹏（女）、艾力·阿力甫（维吾尔族）；社会组织党工委书记：曾宪东，副书记：艾力·阿力甫（维吾尔族）；养老服务管理中心主任：谭俊（9月离任）；为老服务中心主任：谭俊（9月任职）

基本情况 2020年，独山子区民政局（扶贫开发办公室）内设党政办公室、社会福利办、扶贫办公室、社会组织管理办、基层政权和社区指导建设办公室、区划地名办公室、社会事务办公室、财务办公室8个职能办公室，下设区殡葬管理所和区为老服务中心。有工作人员21人，男性12人、女性9人，平均年龄37岁，硕士研究生学历1人、大学本科学历19人、大专学历1人，中共党员12人。（喻蓉）

【区司法局】 领导名单 党组书记：杨彦勋（6月离任，退休），党组副书记：杨国胜（4月离任）、李瑞荣（4月任职），党组成员：秦毅、汪洪星（9月任职）；局长：杨国胜（4月离任）、李瑞荣（4月任职），副局长：杨彦勋（6月离任，退休）、秦毅、汪洪星（9月任职）、古伟强（挂职）

基本情况 2020年，独山子区司法局内设综合办、社区矫正和安置帮教办、普法办、人民调解办、行政执法监督办5个职能办公室，下设区法律援助中心、区公证处，派驻金山路、西宁路、新北区3个街道司法所。有工作人员25人（正式在编人员13人、挂职人员1人、借用事业性岗位人员10人、聘用人员1人），男性22人、女性3人，平均年龄35岁，大学本科学历20人、大专学历5人，中共党员10人。（宋海落）

【区城市管理局】 领导名单 党组书记：肖军，党组成员：胡世文（女，4月离任）、马琳纳（女）、王进臣（4月任职）、董林泉（9月任职）、雷涛（9月任职）；局长：肖军，副局长：胡世文（女，4月离任）、马琳纳（女）、董林泉（9月任职）；城市管理综合执法队队长：肖军（4月任职，兼），城市管理综合执法队副队长：马琳纳（女，4月任职，兼），城市管理综合执法队专职副队长：王进臣（4月任职）；金山路街道城市管理综合执法队队长：胡新文（4月任职），西宁路街道城市管理综合执法队队长：秦梓瑞（11月任职），新北区街道城市管理综合执法队队长：木合塔尔·阿不都拉（维吾尔族，4月任职）；区园林绿化中心主任：雷涛（9月任职）

基本情况 2020年，独山子区城市管理局（城市管理行政执法局、城市管理综合执法队）内设综合

办、法规办、业务办、城管办4个职能办公室，下设城市管理综合行政执法队、区市容环境卫生中心、区园林绿化中心、金山路街道城市管理综合执法队、西宁路街道城市管理综合执法队、新北区街道城市管理综合执法队。有工作人员112人（正式在编人员47人、事业性岗位人员15人、聘用人员46人、“西部计划”志愿者4人），男性50人、女性62人，平均年龄38岁，大学本科学历51人、大专学历35人、高中及以下学历26人，中共党员24人。（张黎）

【区科技局】 领导名单 局长：胡新明，副局长：王媛（女）

基本情况 2020年，独山子区科学技术局（外国专家局）内设发展规划与政策法规办、高新技术与社会发展办、成果转化与合作交流办3个职能办公室，与区科协合署办公。有工作人员6人，男性4人、女性2人，平均年龄41岁，均为大学本科学历，中共党员3人。（王媛）

【区文体广电和旅游局】 领导名单 党组副书记：邢剑，党组成员：李锦涛（4月任职）、王尚峰（10月离任）、王明（11月任职）；局长：邢剑，副局长：王尚峰（10月离任）、李锦涛（4月任职）、王明（11月任职）；文体活动管理中心主任：高鸿婧翔（女，9月离任），文体活动中心主任：高鸿婧翔（女，9月任职）；文化市场综合执法队队长：邢剑（4月任职，兼）

基本情况 2020年，独山子区文化体育广播电视和旅游局（文物局、文化市场综合执法队）内设综合办、旅游业务办、项目办3个职能办公室，下设文体活动中心（青少年活动中心、影剧院）、文化市场综合执法队、旅游发展服务中心，归口管理文化馆、展览馆（博物馆）、独库公路博物馆、图书馆。有工作人员22人，男性13人、女性9人，平均年龄32岁，硕士研究生学历2人、大学本科学历20人，中共党员12人。（徐剑锋）

【区卫健委】 领导名单 党组书记：张峰，党组成员：刘月华（女，9月离任）、陈磊、吴苏河（4月任职）、赵旭（9月任职）；主任：张峰，副主任：刘月华（女，9月离任）、陈磊；卫生监督所所长：赵旭；疾病预防控制中心（健康教育中心）主任：吴苏河（4月任职）

基本情况 2020年，独山子区卫生健康委员会内设综合办、计生办、人事财务办、康养办、规划信息办5个职能办公室，下设区疾病预防控制中心（健康教育中心）、区卫生局卫生监督所，归口管理社区卫生服务管理中心及19家民营医疗机构。有工作人员53人（正式在编人员28人、事业性岗位人员25人），男性17人、女性36人，平均年龄32岁，硕士研究生学历6人、大学本科学历29人、大专学历18人，高级职称2人、中级职称5人、初级职称10人，中共党员14人。（张家瑄）

【区市场监管局】 领导名单 党组书记：徐峰（4月离任）、任士才（4月任职），党组成员：张广宏、杨怀文（9月任职）、安幸（9月任职）、杨明（11月任职）；局长：徐峰（4月离任）、任士才（4月任职）；副局长：任士才（4月离任）、张广宏、杨明（11月任职）；市场监管综合执法队队长：徐峰（4月离任）、任士才（4月任职），副队长：任士才（4月离任）、张广宏，专职副队长：杨怀文（9月任职）；金山路街道市场监督管理所所长：安幸（9月任职）、新北区街道市场监督管理所所长：马艳（女，9月任职）

基本情况 2020年，独山子区市场监督管理局（知识产权局、市场监管综合执法队）内设综合办公室、法规信用监督管理科、注册登记管理科、食品安全监督管理科、药械（化妆品）安全监督管理科、质量技术安全监督管理科、执法稽查监督管理科7个职能科室，下设区市场监管综合执法队、金山路街道市场监督管理所、西宁路街道市场监督管理所、新北区街道市场监督管理所，指导区消费者协会工作。有工作人员47人，男25人、女22人，平均年龄39岁，硕士研究生学历3人、大学本科学历31人、大专学历8人、中专学历1人、高中及以下学历4人，中共党员18人。（罗易文）

【区统计局】 领导名单 局长：徐烽（4月离任）、张德莲（女，4月任职），副局长：李霞（女，4月离任）

基本情况 2020年，独山子区统计局内设综合办公室、统计业务办公室2个职能办公室，下设区社会经济调查中心，归口管理3个街道社会事务（统计）服务中心。有工作人员5人，男性1人、女性4人，平均年龄35岁，大学本科学历4人、大专学历1人，初级职称1人，中共党员4人。（张德莲）

【区民宗局】 领导名单 局长：陈敏，副局长：阿合麦提江·铁木尔（维吾尔族）

基本情况 2020年，独山子区民族宗教事务局内设民族工作、宗教工作2个职能办公室，归口管理五区宗教活动场所，创建全国民族团结进步示范市领导小组办公室设在区民宗局。有工作人员7人，男性4人、女性3人，平均年龄41岁，均为大学本科学历，中共党员4人。 （周晓晨）

【区退役军人事务局】 领导名单 局长：王兴平（9月任职），副局长：王兴平（9月离任）、刘红军

基本情况 2020年，独山子区退役军人事务局内设1个综合业务办公室，下设区退役军人服务中心、街道和社区退役军人服务站22个。有工作人员5人，男性3人、女性2人，平均年龄44岁，均为大学本科学历，中共党员3人。 （薛新萍）

【区信访局】 领导名单 局长：严兵，副局长：王云沛（11月任职）

基本情况 2020年，独山子区信访局内设综合办公室、领导接访室、联合接访室、接访大厅4个职能办公室。有工作人员4人，男性3人、女性1人，平均年龄39岁，硕士研究生学历1人、大学本科学历3人，中共党员2人。 （周妍）

【区农业和水务局】 领导名单 党组书记：金玉谦，党组成员：张君慧（女，11月离任）、刘寒燕（女，蒙古族）；局长：李鹏，副局长：金玉谦、刘寒燕（女，蒙古族）；农业综合行政执法大队队长：李鹏，副队长：金玉谦、刘寒燕（女，蒙古族）

基本情况 2020年，独山子区农业和水务局（畜牧兽医局、农业综合行政执法大队）内设综合办公室、农机安全监理站、农产品质量安全检测站3个职能部门，下设区动物卫生监督所（农产品质量安全检测站、畜牧兽医站）、农业综合行政执法大队。有工作人员18人（行政编制人员5人、事业编制人员9人、事业性岗位人员4人），男性12人、女性6人，平均年龄35岁，大学本科学历17人、大专学历1人，中共党员8人。 （孙新华）

【区医疗保障局】 领导名单 局长：甘衡，副局长：刘月华（女，9月任职）

基本情况 2020年，独山子区医疗保障局内设综合办、医保办、财务办3个职能办公室。有工作人员10人，男性3人、女性7人，平均年龄32岁，硕士研究生学历1人、大学本科学历8人、大专学历1人，高级职称1人，中共党员4人。 （毛芮）

【区政务服务中心】 领导名单 主任：梁毅（女），副主任：王丹（女）、高德康

基本情况 2020年，独山子区政务服务中心内设综合管理办、政务服务办、督察管理办、窗口业务办4个职能办公室，归口区政府办管理。有工作人员12人（正式在编人员6人、聘用人员6人），男性2人、女性10人，平均年龄40岁，大学本科学历7人、大专学历5人，中共党员5人。 （王静）

【区工建中心】 区工程建设管理局领导名单 党组书记：孙云鹏（4月任职，9月离任），党组副书记：崔栋林（4月离任），党组成员：楚中宝（9月离任）、邵鹏康（9月离任）、郑军伟（4月任职，9月离任）；局长：崔栋林（4月离任）、孙云鹏（4月任职，9月离任），副局长：孙云鹏（4月离任）、邵鹏康（9月离任）、楚中宝（9月离任）

区工程项目建设中心领导名单 党组书记：孙云鹏（9月任职），党组成员：楚中宝（9月任职）、邵鹏康（9月任职）、郑军伟（9月任职）；主任：孙云鹏（9月任职），副主任：楚中宝（9月任职）、邵鹏康（9月任职）、郑军伟（9月任职）。

基本情况 2020年，独山子区工程项目建设中心内设办公室、项目管理一部、项目管理二部、项目管理三部4个职能科室部门。有工作人员27人，男性22人、女性5人，平均年龄32岁，硕士研究生学历3人、大学本科学历24人，高级职称7人、中级职称9人、初级职称6人，中共党员9人。（王少轩）

【区地震局】 领导名单 无

基本情况 2020年，独山子区地震局内设办公室、地震监测台网中心2个职能办公室。有工作人员3人（正式在编人员2人、事业性岗位人员1人），男性2人、女性1人，平均年龄34岁，均为大学本科学历。 （杨芳馨）

【区机关事务局】 领导名单 党组书记：黄晓斌（4月任职），党组副书记：黄晓斌（4月离任）、崔栋林（4月任职），党组成员：郭有江（9月离任）；局长：

黄晓斌（4月离任）、崔栋林（4月任职），副局长：黄晓斌（4月任职）、郭有江（9月离任）；机关后勤服务中心主任：张琳琳（女，9月任职）

基本情况 2020年，独山子区机关事务局内设党政综合办、总务办、财务办、公房管理办、退休人员管理办5个职能办公室，下设区机关后勤服务中心，归口管理区机关车队。有工作人员26人（管理岗人员9人、工勤岗人员13人、事业性岗位人员4人），男性21人、女性5人，平均年龄43岁，大学本科学历14人、大专学历6人、中专学历1人、高中及以下学历5人，高级职称10人、中级职称1人、初级职称1人，高级技师1人，中共党员10人。（崔佳）

【区社保中心】 领导名单 主任：王利华（女）

基本情况 2020年，独山子区社保中心内设征缴办、待遇支付办、综合办3个职能办公室，归口区人力资源和社会保障局管理。有工作人员13人，男性5人、女性8人，平均年龄33岁，硕士研究生学历2人、大学本科学历10人、大专学历1人，中共党员6人。（周春霞）

【区公共就业服务中心】 区人力资源服务中心领导名单 党组书记：郭晓刚（9月离任），党组成员：王涛（9月离任）、阿不力米提·阿不都热合曼（维吾尔族，9月离任），副主任：郭晓刚（9月离任）、王涛（9月离任）、阿不力米提·阿不都热合曼（维吾尔族，9月离任）

区公共就业服务中心领导名单 党组书记：王涛（9月任职），党组成员：阿不力米提·阿不都热合曼（维吾尔族，9月任职）、郭有江（9月任职）；主任：王涛（9月任职），副主任：阿不力米提·阿不都热合曼（维吾尔族，9月任职）、郭有江（9月任职）

基本情况 2020年，独山子区公共就业服务中心内设求职登记、职业培训、创业指导、档案管理、外来劳动力就业5个职能办公室，归口区人力资源和社会保障局管理。有工作人员39人（正式在编人员14人、事业性岗位人员11人、借调人员8人、“三支一扶”人员6人），男性24人、女性15人，平均年龄32岁，大学本科学历26人、大专及以下学历13人，中共党员9人。（冯凯）

【区社区卫生服务管理中心】 领导名单 副主任：迟峰丽（女）、刘玮（女）、李文新（11月离任）、高晶（女，11月任职）、梁玉丹（女，11月任职）；西宁路街道社区卫生服务中心主任：冯燕（女）；金山路街道社区卫生服务中心主任：李峰；新北区街道社区卫生服务中心主任：李文新（11月任职）

基本情况 2020年，独山子区社区卫生服务管理中心内设办公室、药事管理办、财务核算办3个职能办公室，下设金山路街道社区卫生服务中心、西宁路街道社区卫生服务中心、新北区街道社区卫生服务中心，管理第一、第四、第十、第十三、第十五5个社区卫生服务站，归口区卫健委管理。有工作人员144人（正式在编人员103人、事业性岗位人员24人、劳务派遣人员14人、返聘退休人员3人），男性17人、女性127人，平均年龄37岁，硕士研究生学历5人、大学本科学历78人、大专学历48人、中专学历12人、高中及以下学历1人，高级职称8人、中级职称19人、初级职称101人，中共党员38人。（马宁）

【第一幼儿园】 领导名单 园长：张伟（女），副园长：张晶（女）

基本情况 2020年，独山子区第一幼儿园内设综合办、医财办2个职能办公室。有教职工36人（专任教师30人），均为女性，平均年龄35岁，大学本科学历21人、大专学历13人、中专及高中学历2人，高级教师1人、一级教师7人、二级教师18人，中共党员11人。（王景秀）

【第二幼儿园】 领导名单 园长：乌云其门格（女，蒙古族）

基本情况 2020年，独山子区第二幼儿园内设园长办、财务办、保健办、人事办4个职能办公室。有教职工40人（专任教师25人），均为女性，平均年龄37岁，大学本科学历23人、大专学历8人、中专学历9人，一级教师7人、二级教师13人，高级工1人、中级工3人，中共党员11人。（刘芮芮）

【第三幼儿园】 领导名单 园长：副园长：谢春花（女）

基本情况 2020年，独山子区第三幼儿园内设总务办、医务室、核算室、工会办4个职能办公室。有教职工48人（专任教师43人），男性2人、女性46人，平均年龄36岁，大学本科学历31人、大专学历 13 人、中专及以下学历 4 人，高级教师 1 人、一级教师 9 人、二级教师 15 人，中共党员 12 人。（寇云）

【第四幼儿园】 领导名单 园长：张彤焱（女），副园长：马文君（女，回族）

基本情况 2020 年，独山子区第四幼儿园内设广播室、资料室、保健室、财务室 4 个职能办公室。有教职工 38 人（专任教师 27 人），均为女性，平均年龄 32 岁，大学本科学历 24 人、大专学历 3 人、中专学历 5 人、高中及以下学历 6 人，高级教师 1 人、一级教师 7 人、二级教师 15 人，高级工 4 人、初级工 3 人，中共党员 14 人。（高云筱）

【第五幼儿园】 领导名单 园长：马翠玲（女）

基本情况 2020 年，独山子区第五幼儿园内设工会办公室、党建室、核算室、医务室、资料室 5 个职能办公室。有教职工 22 人（专任教师 17 人），均为女性，平均年龄 35 岁，大学本科学历 17 人、大专学历 4 人、高中及以下学历 1 人，一级教师 1 人、二级教师 14 人，中共党员 8 人。（王娟）

【第六幼儿园】 领导名单 园长：岳义娟（女）

基本情况 2020 年，独山子区第六幼儿园内设综合办、财务室、保健室 3 个职能办公室。有教职工 42 人（专任教师 31 人），男性 1 人、女性 41 人，平均年龄 35 岁，本科学历 26 人、大专学历 13 人、中专学历 3 人，高级教师 1 人、一级教师 5 人、二级教师 23 人，高级工 1 人、初级工 5 人，中共党员 9 人。（李月）

【第七幼儿园】 领导名单 园长：孟丽丽（女）

基本情况 2020 年，独山子区第七幼儿园内设园办、保健办、总务办、财务办 4 个职能办公室。有教职工 25 人（专任教师 17 人），女性 24 人、男性 1 人，平均年龄 38 岁，大学本科学历 13 人、大专学历 6 人、高中及以下学历 6 人，一级教师 5 人、二级教师 11 人，高级工 1 人，中共党员 8 人。（陈晓凤）

【第八幼儿园】 领导名单 园长：谭红岩（女），副园长：薛菲（女）

基本情况 2020 年，独山子区第八幼儿园内设园办、核算办、保健观察室 3 个职能办公室。有教职工 44 人（专任教师 37 人），均为女性，平均年龄 31 岁，大学本科学历 22 人、大专学历 22 人，一级教师 9 人、二级教师 25 人，高级工 2 人，中共党员 13 人。（马伟英）

【第九幼儿园】 领导名单 园长：刘洋（女）

基本情况 2020 年，独山子区第九幼儿园内设教研办、园办，安全办、人事办、财务办 5 个职能办公室。有教职工 36 人（专任教师 32 人），男性 2 人、女性 34 人，平均年龄 32 岁，大学本科学历 21 人、大专学历 13 人、高中及以下学历 2 人，高级教师 2 人、一级教师 4 人、二级教师 11 人，中级工 2 人、初级工 1 人，中共党员 10 人。（陈思霖）

【第一小学】 领导名单 党支部书记：吴涤洁（女）；校长：连莲（女），副校长：刘利、马媛（女，回族）

基本情况 2020 年，独山子区第一小学内设教务办、德育办、总务办、团支部、工会 5 个职能办公室。有教职工 113 人（专任教师 107 人），男性 18 人、女性 95 人，平均年龄 39 岁，大学本科学历 85 人、大专学历 26 人、中专学历 2 人，高级教师 7 人、一级教师 46 人、二级教师 33 人，中共党员 38 人。（刘宝龙）

【第二小学】 领导名单 党支部书记：刘涛；校长：常鸣（女），副校长：刘涛、王琼（女），校长助理：董永明（2 月任职）

基本情况 2020 年，独山子区第二小学内设德育处、教导处、总务处、教科研室、网络管理中心、工会、团支部 7 个职能办公室。有教职工 89 人（专任教师 78 人），男性 17 人、女性 72 人，平均年龄 37 岁，大学本科学历 76 人、大专学历 12 人、高中及以下学历 1 人，高级教师 6 人、一级教师 25 人、二级教师 35 人，中共党员 28 人。（常鸣）

【第五小学】 领导名单 党支部副书记：蒋红（女）；校长：季建强，副校长：杜娟（女）、刘浩（9 月离任）

基本情况 2020 年，独山子区第五小学内设教导处、德育处、工会、团支部、少先队、总务处 6 个职能办公室。有教职工 74 人（专任教师 65 人），男性 11 人、女性 63 人，平均年龄 39 岁，大学本科学历 58 人、大专学历 16 人，高级教师 8 人、一级教师

28人、二级教师23人，中共党员30人。（高旭锐）

【第六小学】 领导名单 党支部书记：姜伟；校长：顾萍（女），副校长：姜伟、周敏（女）

基本情况 2020年，独山子区第六小学设德育、教务、思政办、总务、工会、团支部、少先队7个职能部门。有教职工119人（专任教师114人），男性20人、女性99人，平均年龄38岁，大学本科学历92人、大专学历21人、中专学历6人，副高级教师3人、一级教师43人、二级教师50人，中共党员38人。（葛亚丽）

【第七小学】 领导名单 党支部副书记：张爱民（女）；校长：付立红（女），副校长：刘晓霞（女）、夏维、张爱民（女）

基本情况 2020年，独山子区第七小学内设教务、总务、工会、团支部、少先队5个职能办公室。有教职工82人（专任教师77人），男性18人、女性64人，平均年龄36岁，硕士研究生学历3人、大学本科学历70人、大专学历8人，高中及以下学历1人，副高级职称5人、中级职称24人、初级职称31人，中共党员31人。（侯文利）

【第一中学】 领导名单 党总支书记：潘晓斌，副书记：宋宇鹏、刘德；校长：宋宇鹏，副校长：刘德、杨文强、程森（女）；校长助理：艾尼瓦尔·伽马力（维吾尔族）、刘江英（女）

基本情况 2020年，独山子第一中学内设党政办、教务处、德育处、内初办、宿管办、总务处、安全办、教研室、人事办、工会10个职能办公室。有教职工180人（专任教师143人），男性61人、女性119人，平均年龄35岁，硕士研究生学历9人、大学本科学历159人、大专学历7人、中专学历1人、高中及以下学历4人，高级教师25人、一级教师38人、二级教师42人，中共党员64人。（王娟 郭慧）

【第二中学】 领导名单 党总支书记：贺彩雯（女）；校长：贺彩雯（女），副校长：秦显明；校长助理：曾陈桥、纪学博、李元玲（女）

基本情况 2020年，独山子区第二中学内设教务处、德育处、总务处、党政办、团委、工会、人事、财务、安全、文印、医务、实验室、电教室13个职能办公室。有教职工195人（专任教师165人），男性78人、女性117人，平均年龄39岁，硕士研究生学历18人、大学本科学历172人、大专学历3人、高中及以下学历2人，自治区级特级教师1人，高级教师25人、一级教师51人、二级教师89人，中共党员92人。（石德光）

【第三中学】 领导名单 党总支书记：甫拉提·祖马洪（维吾尔族），副书记：黄文（瑶族）；校长：黄文（瑶族），副校长：任楷；校长助理：马良、古剑

基本情况 2020年，独山子第三中学内设德育处、教务处、总务处、教研室、党政办、团队活动室6个职能办公室。有教职工159人（专任教师142名），男性34人、女性125人，平均年龄36岁，硕士研究生学历10人、大学本科学历147人、大专学历2人，高级教师24人、一级教师38人、二级教师62人，中共党员64人。（刘华荣）

## 中国人民政治协商会议独山子区委员会

【区政协】 领导名单 党组书记：樊拥军（1月任职），副书记：樊拥军（1月离任）、古丽加娜提·吉尔吉斯（女，维吾尔族，1月任职），党组成员：吴军、米吉提·玉山（维吾尔族）、徐烽（1月任职，不驻会）；主席：樊拥军（1月离任）、古丽加娜提·吉尔吉斯（女，维吾尔族，1月任职），副主席：樊拥军（1月任职）、徐烽（1月任职，不驻会）

基本情况 2020年，中国人民政治协商会议独山子区第七届委员会设提案、经济科技、民族宗教侨务、教文卫体、人口资源与环境、社会和法制、文史和学习7个专门委员会，机关设办公室、专门委员会工作科2个职能科室。年初有常委14人、委员97人，由于工作变动、个人因素等原因被免去委员资格15人、撤销委员资格2人，增补委员17人；年末有常委14人、委员97人。（钱齐惠子）

【区政协工作机构】 领导名单 办公室主任：吴军，副主任：冯永宏；

专门委员会工作科科长：米吉提·玉山（维吾尔族）

提案委员会（兼）主任：冯永宏，副主任：吴玉喜、马木提江·吉力力（维吾尔族）

经济科技委员会（兼）主任：李建辉，副主任：徐烽

民族宗教侨务委员会（兼）主任：司马义·斯比克（维吾尔族），副主任：段劲松

教文卫体委员会（兼）主任：王勇，副主任：许秀江

人口资源与环境委员会（兼）主任：韩梅（女），副主任：王红超

社会和法制委员会（兼）主任：陈振新，副主任：齐予河、阿不力米提·阿不都热合曼（维吾尔族）

文史和学习委员会（兼）主任：吴军，副主任：毕鸿彬（女）、顾伟

基本情况 2020年，区政协机关设办公室、专门委员会工作科2个职能科室。有工作人员8人，男性5人、女性3人，平均年龄47岁，均为大学本科学历，中共党员6人。（钱齐惠子）

## 区政府派出机关

【金山路街道办】 领导名单 党工委书记：赵志强，副书记：王云沛（11月离任）、雷志慧（女）、王风磊、窦嵩然（11月任职），党工委委员：徐辉、刘婷婷（女）、邓菲（女）、阿力木江·吾买尔（维吾尔族，4月任职）；纪工委书记：刘婷婷（女）；政法委书记：王风磊（兼），政法委委员：徐辉（7月任职）；主任：雷志慧（女），副主任：徐辉、邓菲（女）、阿力木江·吾买尔（维吾尔族、4月任职）；人武部部长：董林泉（9月离任）、阿力木江·吾买尔（维吾尔族、9月任职）；综治办主任：王风磊（兼）

基本情况 2020年，独山子区金山路街道办事处内设党建办公室、综合协调办公室（综合执法办公室）、党群服务中心、社会事务（统计）服务中心（退役军人服务站）、综治中心、城市网格化服务中心6个职能部门，下辖第一、第二、第三、第四、第五、第七、第八社区居委会。有工作人员203人（街道办47人、居委会156人），男性67人、女性136人，平均年龄34岁，硕士研究生学历4人、大学本科学历100人、大专学历91人、中专学历5人、高中及以下学历3人，中级社会工作师16人、初级社会工作师17人，初级心理咨询师1人，中共党员99人。（鲜继蓉）

【西宁路街道办】 领导名单 党工委书记：赵亮，副书记：阿克赞·拜祖拉（哈萨克族）、欧阳军、白雪龙（4月任职）、任晓燕（女，9月任职），党工委委员：陈胜、王横（4月任职）、任晓燕（女，9月任职）、于美丽（女，11月任职）、杨怀文（9月离任）、廖兵（11月离任）、凌迎新（女，9月离任）；主任：阿克赞·拜祖拉（哈萨克族），副主任：王横（4月任职）、于美丽（女，11月任职）、廖兵（11月离任）、杨怀文（9月离任）、凌迎新（女，9月离任）；政法委书记：欧阳军，政法委委员：凌迎新（7月任职）；人大工委主任：任晓燕（女，9月任职）、赵亮（9月离任）；纪工委书记：陈胜；人武部部长：王横（9月任职，兼）、杨怀文（9月离任）

基本情况 2020年，独山子区西宁路街道办事处内设党建办公室、综合协调办公室（综合执法办公室）、党群服务中心、综治中心、城市网格化管理中心和社会事务（统计）服务中心（退役军人服务站）6个职能部门，下辖第六、第九、第十、第十一、第十二、第十三、第十四社区居委会。有工作人员250人（街道办46人、居委会204人），平均年龄33.3岁，硕士研究生学历4人、大学本科学历113人、大专学历127人、中专学历6人，中级社会工作师19人、助理社会工作师18人，中共党员109人。（廖菊香）

【新北区街道办】 领导名单 党工委书记：刘祥东，副书记：白玉（女）、马地那·茹先（女，哈萨克族）、田艳茹（女，9月任职）、赵林峰（9月离任），委员：张绿海、陈俊杰（9月任职）、郑旭丽（女，4月任职）、马健（9月任职）；主任：白玉（女），副主任：张绿海、马健、陈俊杰、郑旭丽（女，4月任职）；人武部副部长：张绿海；政法委（综治办）书记（主任）：潘杰，政法委委员：陈俊杰（7月任职）；社会管理综合治理工作中心（治理非法宗教活动办公室）主任：陈俊杰（1月任职）；纪工委书记：张燕（女）；人大工委主任：马地那·茹先（女，哈萨克族）

基本情况 2020年，独山子区新北区街道办事处内设党建办公室、综合协调办公室（综合执法办公室）、党群服务中心、综治中心、城市网格化管理中心和社会事务（统计）服务中心（退役军人服务站）6个职能部门，下辖第十五、第十六、第十七、第十八、第十九社区居委会。有工作人员171人，男性74人、女性97人，平均年龄31岁，硕士研究生学

历 4 人、大学本科学历 92 人、大专学历 72 人、高中及以下学历 3 人，中级社会工作师 7 人、助理社会工作师 13 人，中共党员 67 人。（郭源）

## 人民（群众）团体及协会

【区总工会】 领导名单 主席：马军（9 月任职，兼），副主席：郑玉华（女）；困难职工帮扶中心主任：郑玉华（女，11 月离任，兼）、郭靖雯（女，11 月任职）

基本情况 2020 年，独山子区总工会内设 1 个职能办公室，下设区困难职工帮扶中心。有工作人员 5 人，均为女性，平均年龄 35 岁，硕士研究生学历 1 人、大学本科学历 3 人、大专学历 1 人，中共党员 3 人。（王敏）

【共青团独山子区委】 领导名单 团区委书记：白琼（女），副书记：车灵子（女，朝鲜族，兼）、孟琦（女，兼）、刘佩鹭（女，4 月任职，挂职）；区直机关团委书记：白琼（女，兼）

基本情况 2020 年，中国共产主义青年团独山子区委员会内设 1 个职能办公室。有工作人员 6 人，平均年龄 27 岁，男性 3 人、女性 3 人，大学本科学历 5 人、大专学历 1 人，中共党员 3 人。（李昊泽）

【区妇女联合会】 领导名单 副主席：任晓燕（女，9 月离任）、凌迎新（女，9 月任职）、陶红（女，挂职）、张芸（女，兼）、白琼（女，兼）、何青（女，兼）、郑爱华（女，兼）、胡琚华（女，兼）

基本情况 2020 年，独山子区妇女联合会常务委员会有 15 人，执行委员会有 25 人。机关内设 1 个职能办公室，有工作人员 4 人，均为女性，平均年龄 47 岁，均为大学本科学历，中共党员 3 人。

（马莺飞）

【区工商业联合会】 领导名单 党组书记：周江（4 月离任，兼），党组副书记：王珏（4 月离任，兼）、樊拥军（4 月任职，兼）、马斌（4 月任职），党组成员：李建辉（9 月离任）、马木提·阿不都吉里（维吾尔族，11 月离任）；主席（会长）：王珏（4 月离任，兼）、樊拥军（4 月任职，兼），专职副主席（副会长）：马斌（4 月任职），兼职副主席（副会长）：周江（4 月离任，）、马木提·阿不都吉里（维吾尔族，11 月离任）、姜海（12 月离任）、王瑛（12 月任职）、王林、王立冬、王恩波、车东英（12 月任职）、白玉（12 月任职）、任士才（12 月任职）、刘杰（12 月任职）、阿克赞·拜祖拉（12 月任职）、陈敏（12 月任职）、葛本亮（12 月任职）、雷志慧（12 月任职）、王瑞清（12 月任职）、刘世东（12 月任职）、闫红海（12 月任职）、张容杰（12 月任职）、罗颖（12 月任职）、胡蜀江（12 月任职）、席伟（12 月任职）；秘书长：马斌（12 月任职，兼）

基本情况 2020 年，独山子区工商业联合会（商会）内设 1 个职能办公室。有工作人员 4 人，均为男性，平均年龄 34 岁，均为大学本科学历，中共党员 3 人。（聂智凯）

【区科学技术协会】 领导名单 主席：蔡国标（9 月离任）、周峰（9 月任职），专职副主席：王成刚（9 月离任）、郭晓刚（9 月任职），副主席：卢光明（兼）、吴永强（兼）、陈科（兼）、古剑（兼）

基本情况 2020 年，独山子区科学技术协会内设 1 个职能办公室，与区科技局合署办公。有工作人员 2 人，均为男性，平均年龄 46 岁，硕士研究生学历 1 人、大学本科学历 1 人，中共党员 2 人。

（王成刚）

【区社会科学界联合会】 领导名单 副主席：王惠颖（女）

基本情况 2020 年，独山子区社会科学界联合会有委员 24 人，下属学会、协会、研究会等社科团体 9 个，会员 2 万多人。机关内设 1 个职能办公室，与区委宣传部合署办公。有工作人员 2 名，均为女性，平均年龄 31 岁，均为大学本科学历，中共党员 1 人。（王惠颖）

【区残疾人联合会】 领导名单 名誉主席：麦麦提·伊力（维吾尔族，兼），名誉副主席：王学锋（兼），主席：热西提·艾力（维吾尔族），副主席：谢斌；执行理事会理事长：谢斌

基本情况 2020 年，独山子区残疾人联合会内设综合业务办公室、劳动就业服务所、区专门协会（辅具、维权）办公室 3 个职能办公室，下设肢体、精神、智力、听力言语、视力 5 类残疾人专门协会，管理 3 个街道办事处残联、19 个社区残疾人协会。有工作人员 7 人（正式在编人员 3 人、事业岗位人员

1 人、聘用人员 3 人），男性 4 人、女性 3 人，平均年龄 46 岁，大学本科学历 6 人、高中及以下学历 1 人，中共党员 4 人。　（陈一波）

【区慈善协会】　领导名单　会长：王晓佳（女，朝鲜族，兼），常务副会长：吴玉喜，副会长：艾力·阿力甫（维吾尔族，兼）；秘书长：吴玉喜

基本情况　2020 年，独山子区慈善协会（区慈善捐助中心、区红十字会）内设 1 个职能办公室。有工作人员 3 人，男性 2 人、女性 1 人，平均年龄 38 岁，大学本科学历 2 人、大专学历 1 人，中共党员 2 人。　（张硕昌）

【区出租汽车协会】　领导名单　会长：刘秀芳（女），副会长：王文献（1 月离任，兼），常务理事：刘秀芳（女）、王文献、廉照维（12 月离任）、张军全、袁郭红

基本情况　2020 年，独山子区出租汽车协会内设业务办公室、财务办公室 2 个职能办公室，归口区住建局管理。有理事 17 人，常务理事 5 人；有工作人员 5 人，男性 3 人、女性 2 人，平均年龄 48 岁，大专学历 2 人、高中及以下学历 3 人，中共党员 5 人。　（刘秀芳）

【区消费者协会】　领导名单　名誉会长：王珏；顾问：杨彦勋、李鸿欣；会长：徐峰，常务副会长：张广宏，副会长：宋敏（女）、李鹏；秘书长：田立忠；常务理事：董芹（女）、邢剑（以上人员均为兼职）

基本情况　2020 年，独山子区消费者协会内设 1 个职能办公室（设在区行政服务中心大楼 618 房间），设理事 37 人。有工作人员 1 人，女性，52 岁，大专学历。　（罗易文）

【区私营个体经济协会】　领导名单　会长：车东英，常务副会长：车东英（12 月离任）、胡蜀江，副会长：胡蜀江（12 月离任，兼）、刘寒春（12 月离任，兼）、王瑛（女，12 月离任，兼）、杨文河、刘杰、王恩波、刘世东、胡培峰、王立冬、罗颖（女）、王林、张娟（女）、何春霞（女）、张容杰、封华、郭永军、席伟、苗青莉（女）、闫红海（12 月任职，兼）

基本情况　2020 年，独山子区私营个体经济协会有常务理事 20 人、理事 44 人，内设 1 个职能办公室，有工作人员 1 人，女性，41 岁，大专学历。

（刁秋琳）

## 公检法机关及所属机构

【区公安分局】　领导名单　党委书记：王红安，党委委员：苏恺、张有发、张春鹏、白洁（4 月离任，兼）、海拉提·阿不都克里木（哈萨克族）、周剑、王瀚文、庞俊（1 月任职、11 月离任）、李涛（7 月任职）、王玮（11 月任职）；政委：苏恺（4 月离任）；局长：王红安（4 月离任），副局长：张有发、张春鹏、白洁（4 月离任）、海拉提·阿不都克里木（哈萨克族）、周剑、庞俊（1 月任职、11 月离任）、李涛（7 月任职）、王玮（11 月任职）；督察长：王红安

基本情况　2020 年，克拉玛依市公安局独山子区分局内设法制大队、政工监督室、纪检监察室、指挥中心（办公室）、警务保障室 5 个职能队室，下设国内安全保卫大队、刑事侦查大队、治安管理大队（爆炸危险物品管理大队、油田保卫大队）、出入境管理大队、公共信息网络安全保卫大队、巡逻防控大队，归口管理交通管理大队、中心派出所、西宁路派出所、北京路派出所、看守所、拘留所。有工作人员 1372 人，男性 1335 人、女性 37 人，平均年龄 36 岁，硕士研究生学历 2 人、大学本科学历 157 人、大专学历 219 人、中专学历 49 人、高中及以下学历 945 人，中共党员 161 人。　（朱琳）

【区检察院】　领导名单　党组书记：郭庆（7 月离任）、贾志茵（女，7 月任职），党组副书记：贾志茵（女，7 月离任）、王震（7 月任职），党组成员：阿斯卡尔·阿布都克力木（维吾尔族）、王炜、吴伟；检察长：贾志茵（女，1 月任职、7 月离任），副检察长：郭庆（7 月离任）、王震（7 月任职，代理检察长）、贾志茵（女，7 月任职）、阿斯卡尔·阿布都克力木（维吾尔族）、王炜；政治部主任：吴伟

基本情况　2020 年，独山子区人民检察院下设办公室、政治部、第一检察部、第二检察部、第三检察部 5 个部室。有工作人员 40 人（员额检察官 10 人、检察官助理 10 人），男性 28 人、女性 12 人，平均年龄 40 岁，硕士研究生学历 1 人、在读法律硕士 6 人、大学本科学历 31 人、大学专科学历 2 人，中共党员 24 人。　（王艺）

【区法院】 领导名单 党组书记：路向东，党组副书记：杨铁军，党组成员：董锋、王宏涛、刘爱梅（女，4月任职）；院长：杨铁军，副院长：路向东、董锋；政治部主任：王宏涛（5月任职）；执行局局长：刘爱梅（女，4月任职）；政工科长：王宏涛（5月离任）；办公室主任：葛华君（女）

基本情况 2020年，独山子区人民法院内设立案庭（诉讼服务中心）、刑事审判庭、民事审判庭、行政审判庭（综合审判庭）、执行局、审判管理办公室（研究室）、政治部、综合办公室（司法警察大队）等8个职能部门。有工作人员73人（政法专项编制人员46人、工勤事业编制人员3人、聘用制书记员16人、劳务派遣人员8人），男性41人、女性32人，平均年龄37岁，硕士研究生学历5人、大学本科学历45人、大专学历17人、中专学历2人、高中及以下学历4人，中共党员33人。 （王文玫）

【区交通管理大队】 领导名单 教导员：谢骞（4月任职，代理）；大队长：尚永红，副大队长：买合木提·买买提（维吾尔族，4月离任）、曹锐（4月离任）、张涛、徐增涛、何银

基本情况 2020年，克拉玛依市公安局独山子区分局交通管理大队内设道路交通秩序、案管、内勤、车管4个职能办公室，下设警组4个（北京路以西片区为第一警组、北京路以东至青岛路以西片区为第二警组、青岛路以东片区为第三警组、国道217线管控中队为第四警组），归口区公安分局管理。有工作人员83人（民警14人、事业性岗位人员4人、独山子石化公司员工7人、辅警58人），男性61人、女性22人，平均年龄34岁，大学本科学历18人、大专学历34人、中专学历13人、高中及以下学历18人，中共党员16人。 （冯慧）

【西宁路派出所】 领导名单 副教导员：房辉（4月任职）；所长：欧阳军，副所长：马丁（4月任职）、木拉地力（维吾尔族，4月任职）

基本情况 2020年，克拉玛依市公安局独山子区分局西宁路派出所设综合指挥室、社区警务队、巡逻防控队、党建考核部、法制监督部、户籍室6个职能部门，综合指挥室下设指挥调度部、情报研判部、信息化作战部，社区警务队下设社区警务中队3个、社区警务室7个（第六社区、第九社区、第十社区、第十一社区、第十二社区、第十三社区、第十四社区），巡逻防控队下设便民服务警务站15个；归口区公安分局管理。有民警20人（其中事业编制人员2人），男性19人、女性1人，平均年龄36岁，硕士研究生学历1人、大学本科学历12人、大专学历6人、中专学历1人，中共党员11人。 （欧阳军）

【中心派出所】 领导名单 教导员：刘海江；所长：王风磊（4月任职），副所长：王风磊（4月离任）、木合亚提·吐苏甫汗（哈萨克族）、郝倩疆、曹锐（4月任职，12月离任）

基本情况 2020年，克拉玛依市公安局独山子区分局中心派出所内设户籍室、内勤室、案管室、党建室、综合指挥室、社区警务队、巡逻防控队7个职能部门，下设社区警务室8个（第一社区、第二社区、第三社区、第四社区、第五社区、第七社区、第八社区、大峡谷警务室）、便民服务警务站19个，城南检查站1个，归口区公安分局管理。有民警24人（其中事业编制人员2人），男性22人、女性2人，平均年龄40岁，大学本科学历16人、大专学历8人，中共党员19人。 （王强）

【北京路派出所】 领导名单 副教导员：杨洪甫（4月任职）；所长：潘杰（4月任职），副所长：潘杰（4月离任）、刘斌（4月离任）、马利新、杜浩（4月任职）

基本情况 2020年，克拉玛依市公安局独山子区分局北京路派出所内设户籍、国保、案管、内勤、党建、大警长6个职能办公室，下设社区警务室5个（第十五社区、第十六社区、第十七社区、第十八社区、第十九社区）、便民服务警务站14个，归口区公安分局管理。有民辅警60人（民警18人，辅警42人），男性47人、女性13人，平均年龄34岁，硕士研究生学历1人、大学本科学历11人、大专学历39人、中专学历2人、高中及以下学历7人，中共党员18人。 （涂新娟）

## 非独山子区直管机构

【独山子人民医院】 领导名单 党委副书记：姜玉强，党委委员：王勇、吴兴锋、石青（女）；副院长：王勇、吴兴锋、石青（女）；纪委书记：姜玉强；工会主席：姜玉强

基本情况 2020年，克拉玛依市独山子人民医院内设临床科室18个、医技科室7个、机关科室10

个，下设急救中心、门诊、发热门诊、体检中心、中医中心、发热留观医院。有工作人员 1010 人，男性 265 人、女性 745 人，平均年龄 37 岁，博士研究生学历 1 人、硕士研究生学历 17 人、大学本科学历 497 人、大专学历 350 人、中专学历 51 人、高中及以下学历 94 人，正高职称 33 人、副高职称 127 人，医疗专家 25 人，中青年医学专家 32 人，中共党员 152 人。（张帆）

**【区税务局】** 领导名单 党委书记：高澍，党委委员：王海波、潘忠利、陈龙、苏国华、樊成龙、崔照东、廖渝；局长：高澍，副局长：王海波、潘忠利、陈龙、苏国华、樊成龙、崔照东；纪检组长：廖渝

基本情况 2020 年，国家税务总局克拉码依市独山子区税务局内设局办公室、法制股、税政股、社会保险和非税收入股、纳税服务股、征收管理股、收入核算股、税源管理股、风险管理股、人事教育股、机关党委、纪检组 12 个职能股室。有工作人员 81 人，男性 49 人、女性 32 人，平均年龄 45 岁，硕士研究生学历 3 人、大学本科学历 57 人、大专学历 18 人、中专学历 1 人、高中及以下学历 2 人，中共党员 46 人。（曹雪莹）

**【区自然资源分局】** 领导名单 党组书记：耿炜；局长：耿炜，副局长：韩泽东（11 月离任）、李琦、江水（土家族，9 月任职）

基本情况 2020 年，克拉玛依市自然资源局独山子区分局内设国土空间规划办（国土空间规划研究中心）、综合项目办、林业和草原办、确权登记办（不动产登记中心）、财务核算室、综合办（党建办）6 个职能办公室，下设区草原林业监管站、区规划编制研究中心、区林业有害生物防治检疫局。有工作人员 21 人（行政编制人员 8 人、参公编制人员 3 人、事业编制人员 9 人、工勤人员 1 人），男性 15 人、女性 6 人，平均年龄 39 岁，硕士研究生学历 1 人、大学本科学历 16 人、大专学历 3 人、高中及以下学历 1 人，中共党员 16 人。（黄咏梅）

**【区生态环境分局】** 领导名单 局长：许斌，副局长：轩庆国、王钟平（女）；环境监察大队队长：李小秋；环境科研监测站站长：刘伟（11 月任职）；气象站站长：刘平

基本情况 2020 年，克拉玛依市生态环境局独山子区分局内设局办公室、环境管理办公室 2 个职能办公室，下设区生态环境保护综合行政执法大队、区环境科研监测站、区气象站。有工作人员 17 人，男性 12 人、女性 5 人，平均年龄 37 岁，大学本科学历 14 人、大专学历 3 人，中共党员 14 人。（窦春伟）

**【交通运输独山子区（运管）执法大队】** 领导名单 独山子运管分局党组书记：朱亮（6 月离任），副书记：陈长松（6 月离任）；局长：陈长松（6 月离任），副局长：朱亮（6 月离任）；执法大队大队长：陈长松（6 月离任），副大队长：李政（蒙古族，6 月离任）

基本情况 2020 年，克拉玛依市交通运输综合行政执法局独山子执法大队内设业务大厅、安全办、外勤组 3 个职能部门。有工作人员 8 人，男性 3 人、女性 5 人，平均年龄 45 岁，大学本科学历 6 人、大专学历 1 人、中专学历 1 人，中级职称 2 人，中共党员 7 人。（崔晶）

**【交通运输独山子区（路政）执法大队】** 领导名单 独山子路政管理局党组副书记：包海玉（12 月离任），党组成员：马磊（回族，12 月离任）；局长：包海玉（12 月离任），副局长：马磊（回族，12 月离任）；奎屯超限检测站党务负责人：石伟（6 月离任）；行政负责人：吕东（6 月离任）；奎屯高速路政大队队长：宋喆（6 月离任）

自治区交通运输综合行政执法局克拉玛依执法支队独山子执法大队大队长：丁维（12 月任职）

基本情况 2020 年，自治区交通运输综合行政执法局克拉玛依执法支队独山子执法大队内设 1 个综合业务办公室，下设高速公路路政大队和奎屯超限检测站。有工作人员 14 人，男性 10 人、女性 4 人，平均年龄 40 岁，大学本科学历 11 人、大专学历 3 人，中共党员 10 人。（张艳）

**【住房公积金管理中心】** 领导名单 主任：高小凤（女）；管委会成员：曾凡忠（12 月任职）、阿力木江·艾则孜（维吾尔族）、李小伟（12 月离任）

基本情况 2020 年，克拉玛依住房公积金管理中心独山子分中心设公积金综合岗、业务复核岗、主任 3 个岗位。有工作人员 9 人，男性 1 人、女性 8 人，平均年龄 46 岁，大学本科学历 6 人、大专学历 3 人，中共党员 2 人。（高小凤）

【区烟草专卖局】 领导名单 副局长：王晓琴（女）

基本情况 2020年，独山子区烟草专卖局内设专卖监督管理股、客户服务股2个职能部门，下设独山子区、五五新镇和共青镇3个烟草专卖管理和营销服务点。有工作人员9人，男性4人、女性5人，平均年龄35岁，硕士研究生学历1人、大学本科学历4人、大专学历4人，高级职称2人、中级职称3人、初级职称4人，中共党员4人。 （鲁燕）

【消防救援大队】 领导名单 副大队长：李远波（代理大队长）、尚志新（代理教导员）

基本情况 2020年，克拉玛依市独山子区消防救援大队下设消防救援支队特勤大队三站，设战斗班4个。有工作人员69人（消防指战员45人、政府专职消防员21人、事业编制消防文员3人），男性66人、女性3人，平均年龄24.6岁，大学本科学历16人、大专学历44人、中专学历2人、高中及以下学历7人，中共党员25人。 （王震震）

【新华书店】 领导名单 经理：高广庆

基本情况 2020年，克拉玛依市新华书店独山子书店设教材、购书中心、物流3个职能部门。有员工10人，男性4人、女性6人，平均年龄47岁，大学本科学历2人、大专学历8人，中共党员2人。

（刘远芳）

【邮政独山子分公司】 领导名单 总经理：朱全有（7月离任）、孔科（7月任职）

基本情况 2020年，中国邮政集团有限公司克拉玛依市独山子区分公司内设综合办、市场部2个职能部门，下设大庆路、大庆西路、大庆东路、南京路邮政支局，设西宁路自办点1处。有员工68人，男性22人、女性46人，平均年龄33岁，大学本科学历14人、大学专科学历18人、高中及以下学历36人，技师2人，中共党员23人。 （王雪）

【电信独山子分公司】 领导名单 总经理：陈刚，副经理：张遵琳（女）、陈亮；工会主席：张遵琳（女，3月离任）、陈亮（3月任职）

基本情况 2020年，中国电信股份有限公司独山子分公司内设销售服务部、维护部、政企部、管控支撑4个职能部门，销售部下设营业厅、西宁路支局、金山路支局3个班组，维护部下设维护站、管道维护2个班组，管控支撑下设办公室、安全保卫、业务支撑3个班组。有员工24人，男性15人、女性9人，平均年龄44岁，硕士研究生学历1人、大学本科学历6人、大专学历16人、高中及以下学历1人，中级职称5人、初级职称16人，中共党员12人。

（孙敏）

【移动独山子分公司】 领导名单 经理：惠晓光（1月离任）、刘美云（女，1月任职），副经理：付丽佳（女）、刘岩（1月任职）；经理助理：刘岩（1月离任）

基本情况 2020年，中国移动通信集团新疆有限公司独山子分公司内设支撑中心、网格运营中心2个部门，有员工27人，男性12人、女性15人，平均年龄34岁，硕士研究生学历1人、大学本科学历18人、大专学历6人、高中及以下学历2人，中共党员11人。 （梁旭蕙）

【工行独山子支行】 领导名单 行长：李继，副行长：李小珍（女）、王博（5月任职）；行长助理：王博（5月离任）、肖刚（12月任职）。

基本情况 2020年，中国工商银行股份有限公司克拉玛依独山子支行内设市场营销部、综合管理部2个部室，下设营业室1个、二级支行1个。有员工60人，男性22人、女性38人，平均年龄44岁，硕士研究生学历1人、大学本科学历26人、大专学历24人、中专学历4人、高中及以下学历5人，中级职称8人、初级职称25人，中共党员20人。

（闫照宏）

【农行独山子支行】 领导名单 行长：李立红（女）

基本情况 2020年，中国农业银行股份有限公司克拉玛依独山子支行下设营业部1个、营业网点1个，在驻区部队和区行政服务中心设离行式自助银行2个。有员工18人，男性8人、女性10人，平均年龄38.9岁，大学本科学历12人、大专学历6人，初级职称7人，高级技师1人，中共党员13人。

（李立红）

【中行独山子区支行】 领导名单 行长：朱晓麒，副行长：李娜（女，5月离任）、周晓霞（女，10月离任）、李莹（女，5月任职）、郝者强（12月任职）

基本情况 2020年，中国银行股份有限公司独山子区支行内设1个综合管理部，下设支行营业部、安庆路支行，布放银行自助设备8台。有员工37人，男性12人、女性25人，平均年龄41岁，大学本科学历28人、大专学历7人、中专学历1人、高中及以下学历1人，中共党员14人。（兰东红）

**【建行独山子支行】** 领导名单　行长：吉祥，副行长：蒲宏鸣

基本情况　2020年，中国建设银行股份有限公司克拉玛依石油分行独山子支行内设综合部1个职能部门，下设独山子支行营业部、明珠支行，在第十一社区、第十三社区、驻区部队、独山子人民医院、独山子大庆路等地设银行自助设备15台。有员工33人，男性10人、女性23人，平均年龄46岁，大学本科学历21人、大专学历12人，中级职称9人、初级职称24人，中共党员16人。（孙建玲）

**【昆仑银行】** 领导名单　大庆路支行行长：刘志强（11月离任）、石永革（女，11月任职）

准南路支行行长：胡桂琴（女）

南京路支行行长：周桂庭（女）

基本情况　2020年，昆仑银行股份有限公司克拉玛依分行在独山子区设立大庆路支行、准南路支行、南京路支行。有员工46人，男性10人、女性36人，平均年龄39岁，大学本科学历35人、大专学历11人，经济师3人，中共党员14人。（马晓慧）

**【邮政储蓄银行独山子支行】** 领导名单　行长：张遵伟

基本情况　2020年，中国邮政储蓄银行股份有限公司克拉玛依市独山子区支行内设综合（党建）办公室，下设自营营业网点1个、邮政代理网点4个、在行式自助银行5个。有员工15人，其中男性4人、女性11人，平均年龄41.6岁，大学本科学历11人、大专学历4人，中共党员4人。（崔丽洁）

**【华融证券独山子营业部】** 领导名单　副总经理：任军芳（女）；总经理助理：姚文莉（女）

基本情况　2020年，华融证券股份有限公司克拉玛依独山子证券营业部内设综合管理部、财富管理部、对公业务部3个职能部门，有员工12人，男性3人、女性9人，平均年龄35岁，均为大学本科学历，中共党员3人。（裴娟娟）

**【中国人寿独山子支公司】** 领导名单　经理：闫海玲（女，9月离任）、代仲（9月任职），副经理：赵莅、王婷婷（女）

基本情况　2020年，中国人寿保险股份有限公司克拉玛依市独山子石油支公司内设客户服务中心、个险销售部、团险销售部、银行保险部4个职能部门。有员工14人，男性2人、女性12人，平均年龄40岁，大学本科学历8人、大专学历6人，中共党员6人；有代理制销售人员120多人。

（努尔斯曼·阿布力孜）

**【新华寿险独山子支公司】** 领导名单　总经理：张林娜（女，7月离任）、杨进（7月任职）；柜面主管：李静（女）

基本情况　2020年，新华人寿保险股份有限公司独山子支公司内设业务管理、个险管理、收展服务、团险业务4个职能部门。有员工7人，男性2人、女性5人，平均年龄32岁，大学本科学历6人、大专学历1人；有代理制保险业务从业人员280人。（李静）

**【人保财险独山子支公司】** 领导名单　经理：王红霞（女），副经理：孙红祝（女）、王新麟（女）

基本情况　2020年，中国人民财产保险股份有限公司克拉玛依市独山子支公司内设承保、理赔2个中心分部，管理营销服务部1个、销售团队2个。有员工30人，男性12人、女性18人，平均年龄42岁，大学本科学历5人、大专学历18人、中专及以下学历7人，中级职称1人、初级职称1人，中共党员4人。（孙红祝）

**【太保财险独山子支公司】** 领导名单　总经理：王永斌（女）

基本情况　2020年，中国太平洋财产保险股份有限公司克拉玛依市独山子支公司内设行政办公室、业务管理部、理赔部及新渠道业务部4个职能部门。有员工6人，男性1名、女性5名，平均年龄39岁，大学本科学历3人、大专学历3人。（付晓英）

**【中华财险独山子支公司】** 领导名单　经理：刘永明（6月离任）、李晓燕（6月任职）

基本情况　2020年，中华联合财产保险股份有限公司独山子支公司内设内勤岗、个渠、团渠3个职

能部门，有员工 13 人，男性 4 人、女性 9 人，平均年龄 40 岁，大学本科学历 2 人、大专学历 11 人。
（胡超雯）

【平安财险独山子支公司】 领导名单　经理：李娜（女）

基本情况　2020 年，中国平安财产保险股份有限公司独山子区支公司下设团体道路运输分部、线上客户业务分部、综合管理部、车险部、个代业务分部、理赔部 6 个职能部门。有员工 11 人，男性 2 人、女性 9 人，平均年龄 35 岁，大学本科学历 2 人、大专学历 7 人、中专学历 1 人、高中及以下学历 1 人，中共党员 1 人。
（彭媛媛）

## 地方企业

【天利集团】 领导名单　董事长：赵宝国；总经理：赵宝国；党委书记：孙伟，党委副书记：赵宝国、买买提·阿不都热合曼（维吾尔族）、吕小军；纪委书记：买买提·阿不都热合曼（维吾尔族）；副总经理：孙伟、买买提·阿不都热合曼（维吾尔族）、刘军、吴永强、吕小军、徐栓华；总工程师：吴永强；安全总监：吴永强；总会计师：史勇军；安全副总监：王先武；副总工程师：王先武、雷友贵；副总机械师：贺方斌

基本情况　2020 年，新疆天利石化控股集团有限公司内设办公室（党委办公室）、财务管理部、企划营销部、人力资源部（党委组织部）、技术生产质量部、安全环保部、机动设备部、审计监察部（纪委）、规划发展部 9 个机关职能部门，下设生产调度中心、招投标造价办公室、HSE（健康安全环保管理体系）监督中心 3 个机关附属机构，管理采购中心、家属管理中心，下辖化工一厂、化工二厂、化工三厂、橡树厂、加氢树脂厂、分析检测中心、天利天元化工厂、综合管理中心、综合服务中心、销售公司 10 个基层单位；有参控股公司 14 个，其中全资子公司 5 个（新疆天利恒信化工科技开发有限公司、克拉玛依市天力达劳务有限责任公司、新疆炼化建设集团有限公司、克拉玛依市独山子创通安全环境技术服务有限公司、北京玛依塔柯酒店有限公司），控股公司 4 个（新疆天利石化股份有限公司、克拉玛依市独山子天利天元化工有限公司、新疆克拉玛依市天利得源化工有限公司、新疆天利高新石化股份有限公司）、参股公司 5 个〔独山子石油化工公路运输有限公司、中国石油集团工程股份有限公司、新疆蓝山屯河化工股份有限公司、昆仑银行股份有限公司、五环（集团）股份有限公司〕。有员工 1058 人，男性 719 人、女性 339 人，平均年龄 34 岁，研究生学历 8 人、大学本科学历 451 人、大专学历 392 人、中专学历 80 人、高中及以下学历 127 人，高级职称 20 人、中级职称 110 人、初级职称 366 人，技师 2 人，高级工 248 人、中级工 128 人、初级工 306 人，中共党员 273 人。
（孙士博）

【天利高新】 领导名单　董事长：赵宝国；党委书记：曲平，党委副书记：徐安利；监事会主席：曲平；纪委书记：徐安利；副总经理：刘朝军、王嘉春、林震宙、李忠；工会主席：徐安利；安全副总监：张保军（8 月任职）；副总工程师：张保军、陈科、刘玉元（11 月离任）；总会计师：胡卫国；总经理助理：宋乐军

基本情况　2020 年，新疆天利高新石化股份有限公司内设办公室（党委办公室）、生产运行部、安全环保部、机动部、技术质量部、财务资产部、人力资源部（党委组织部）、企业管理部、审计监察部（纪委办公室）、控制部、工程项目管理部 11 个业务部室，下设己二酸厂、甲乙酮厂、顺丁橡胶厂、聚丙烯厂、输气厂、包装制品联合厂、密封产品服务部 7 个生产单位和公用工程中心、分析测试中心、检维修中心、保安中心 4 个辅助生产单位，拥有供应公司、销售公司 2 个独立供销系统，设 20 万吨/年 EVA 项目部。有员工 2820 人（含参控股公司），男性 1447 人、女性 1373 人，平均年龄 41 岁，硕士研究生学历 7 人、大学本科学历 752 人、大专学历 1010 人、中专学历 341 人、高中及以下学历 710 人，高级职称 14 人、中级职称 216 人、初级职称 332 人，高级技师 1 人、技师 18 人，高级工 419 人、中级工 350 人、初级工 380 人，中共党员 529 人。
（曹宪富）

【炼建公司】 领导名单　董事长：王启明，副董事长：张帆；总经理：王启明，副总经理：张帆、方敏兰、麦麦提亚生·萨吾提（维吾尔族，6 月离任）；党委书记：张帆，党委副书记：王启明、曹军；纪委书记：曹军；工会主席：曹军；安全总监：方敏兰；总工程师：方敏兰（4 月离任）；总会计师：孙晨亮（9 月任职）；副总工程师：潘瑞、崔建保、柴园国

（4月任职）、倪江华（4月任职）；副总经济师：寸学军；副总会计师：孙晨亮（9月离任）；总法律顾问：寸学军（6月任职）

基本情况　2020年，新疆炼化建设集团有限公司内设办公室（党委办公室）、人力资源部（党委组织部）、项目管理部、生产设备部、经营管理部、企管法规部、财务部、安全环保部、质量管理部、审计监察部（纪委办公室）10个职能部室，下设物资采购中心1个机关直属机构及炼油检修分公司、乙烯检修分公司、天利检修分公司、工程项目管理公司、国际事业部、金属结构厂、综合服务公司7个基层单位。有员工1070人，男性785人、女性285人，平均年龄42岁，大学本科学历223人、大专学历341人、中专学历133人、高中及以下学历373人；高级技术职称28人、中级技术职称103人、初级职称84人，技术员6人，高级技师8人、技师24人，高级工321人、中级工189人、初级工143人，中共党员239人。

（秦琳）

【天鼎集团公司】　领导名单　党委书记：程为民；董事长：程为民；总经理：程为民，副总经理：马志刚（11月离任）

基本情况　2020年，克拉玛依市独山子区天鼎投资集团有限责任公司内设资产部、工程部、综合部、财务部4个职能部门。下辖克拉玛依市独山子区城市建设开发有限责任公司、克拉玛依市独山子区晟通热力有限责任公司、独山子区泥火山大峡谷旅游产业开发有限责任公司、克拉玛依市天源水务有限公司4家全资子公司及新疆诺克元商贸有限公司、独山子红有智联信息技术有限责任公司、克拉玛依市独山子区中油天能能源有限责任公司3家参股公司。有员工25人，男性12人、女性13人，平均年龄35岁，大学本科学历18人、大专学历7人，高级职称3人、中级职称5人、初级职称4人，中共党员5人。

（生斌）

【城建开发公司】　领导名单　党总支书记：马志刚（回族），副书记：陈浩；董事长：马志刚（回族，11月任职）；执行董事：马志刚（回族，11月离任）；总经理：张忠虎，副经理：刘光龙、陈浩、谢强、刘元敏（女）；财务总监：刘元敏（女）；工会主席：张丽（女），工会副主席：冒飞；办公室主任：张丽（女）；安全总监：冒飞；建筑工程部经理：谢强；市政园林工程部经理：胡瑞

基本情况　2020年，克拉玛依市独山子区城市建设开发有限责任公司内设建筑工程部、市政园林工程部、绿化保洁部、安检部、财务部、党（公司）办、机械班、招标采购办公室8个职能部门，下设预制厂、拌合厂2个生产部门。有员工221人，男性166人、女性55人，平均年龄41岁，大学本科学历59人、大专学历65人、中专学历17人、高中及以下学历80人，高级职称6人、中级职称38人、初级职称43人，一级建造师3人、二级建造师31人，中共党员43人。

（李佩佩）

【晟通热力公司】　领导名单　党总支书记：杨振君；执行董事：杨振君；总经理：李卫国，副经理：曹建忠、苏兵；安全总监：曹建忠

基本情况　2020年，独山子区晟通热力有限责任公司内设生产运行部、安全环保部、财务部、综合管理部4个职能部室，下设热力车间、水暖维护车间、收费管理中心、660物业服务中心4个基层单位，隶属克拉玛依市独山子区天鼎投资集团有限责任公司。有员工251人（石化公司身份员工248人，聘任制人员3人），男性149人、女性102人，平均年龄42岁，大学本科学历75人、大专学历82人、中专学历24人、高中及以下学历70人，高级职称1人、中级职称32人、初级职称39人，技师4人，高级工119人、中级工38人、初级工6人，中共党员92人。

（张蓉）

【穗丰粮贸公司】　领导名单　党总支书记：王晓燕（女）；董事长：王晓燕（女）；总经理：王晓燕（女），副总经理：魏强、高江、刘秀峰（女）；工会主席：李荣国；总工程师：韩建伟；产销部部长：李卫疆；储检部部长：董风江；安全科科长：钟浩；总经理助理兼企管部部长：师璐；行政办副主任：马斯婷（女）；康景物业服务有限责任公司经理：刘秀峰（女）；信达劳务有限责任公司经理：李子剑；万晟商贸有限责任公司经理：魏强；御诚保安公司经理：李荣国；独山子宾馆经理：杨金文；天晓物联网有限责任公司经理：韩李娟（女）；独山子殡葬服务中心馆长：郭伟（1月任职），副馆长：郭伟（1月离任）；白碱滩殡葬服务中心副馆长：曲艺伟

基本情况　2020年，独山子区穗丰粮油贸易有限责任公司内设人事科、财务科、企管部、行政办、

安全科、车队、产销部、储检部8个职能部门，管理面粉厂，下辖康景物业服务有限责任公司、信达劳务有限责任公司、万晟商贸有限责任公司、御诚保安公司4家全资子公司及独山子殡葬服务中心、白碱滩殡葬服务中心2个民办非企业机构，有天晓物联网有限责任公司1家控股合资公司。有员工1981人，男性842人、女性1139人，平均年龄41岁，硕士研究生学历1人、大学本科学历194人、大专学历354人、中专学历149人、高中及以下学历1283人，中级职称8人，高级工18人、中级工16人、初级工125人，中共党员41人。 （许林梅）

【永兴公交公司】 领导名单 经理助理：曹敬东

基本情况 2020年，独山子区永兴公共交通有限公司内生产办、财务办、综合办3个职能办公室。有员工73人，男性64人、女性9人，平均年龄45岁，大学本科学历3人、大专学历8人、中专学历10人、高中及以下学历52人，中级工3人、初级工1人，中共党员9人。 （石克奇）

【鑫捷安公司】 领导名单 董事长：欧阳力；总经理：欧阳力，副总经理：赵永军；总经理助理：张玉新（11月离任）；工会主席：陈炯；人力资源综合部总监：邹华萍（女）；财务部总监：王晓红（女）；冰峰旅行社经理：杨军燕（女）；冰峰滑雪场经理：杨军燕（女）

基本情况 2020年，克拉玛依市独山子鑫捷安旅客运输有限公司内设人力资源综合办、安全生产办、财务办3个职能办公室，下辖区客运站、长途客运分公司、乾安石油化工有限公司、捷安大酒店、冰峰旅行社、冰峰滑雪场、冰峰自驾车营地接待中心、安馨健康服务公司、安馨母婴家政公司、寰球工程公司食堂、乾安大酒店11家生产经营单位。有员工110人，男性40人、女性70人，平均年龄41岁，大学本科学历18人、大专学历42人、中专学历8人、高中及以下学历42人，中共党员22人。 （赵平利）

【绿丰农牧公司】 领导名单 董事长：张忠虎（7月任职）；总经理：田清文（7月任职）；厂长：阿里木·朱马别克（哈萨克族，7月离任）

基本情况 2020年，独山子绿丰农牧发展有限公司内设1个职能办公室。有员工23人，男性20人、女性3人，平均年龄47岁，大学本科学历2人、大专学历5人、高中及以下学历16人，中共党员7名。 （帅萍萍）

【天联旅行社】 领导名单 总经理：张生娅（女），副经理：胡红山、伊力哈木·阿地力（维吾尔族）

基本情况 2020年，克拉玛依市独山子天联国际旅行社内设计调部、销售部、机票部3个职能部门。有员工14人，男性4人、女性10人，平均年龄32岁，大学本科学历11人、大专学历3人，中共党员5人。 （于海波）

【天北能源】 领导名单 总经理：胡忠，副总经理：万幸忠、吐尔迪·麦麦提（维吾尔族）；财务总监：段智慧

基本情况 2020年，新疆天北能源有限责任公司内设公司办公室、生产管理部、安全质量环保部、企管人事部、财务资产部、市场工程部、物资供应部7个职能部室，下辖独山子城市燃气分公司、奎屯分公司、乌苏分公司、乌苏车排子分公司，管理独山子天然气门站、独山子韶山路加气站、独山子昆山路加油加气站、独山子东九公里加气站。有员工149人，男性65人、女性84人，平均年龄41.66岁，硕士研究生学历1人、大学本科学历27人、大专学历60人、中专学历14人、高中及以下学历47人，中级职称11人、初级职称14人，技术员5人，中级工3人、初级工6人，中共党员22人。（况晓曼 钱悦）

【吉利化工集团】 领导名单 总裁：刘强；总经理：郭军，副总经理：刘艳（女，兼）、孙华忠；工会主席：郭军（5月离任，兼）、孙华忠（5月任职、兼）；财务总经理：殷亚玲（女）；安全总监：孙华忠（兼）；办公室主任：曹静（女，兼）；安全环保办公室主任：史忠东；国际物流总经理：谷正方（1月离任）、刘成（1月任职）

基本情况 2020年，吉利化工集团内设党群工作部、营销管理部、办公室、财务资产部、安全（HSE）环保办公室5个职能部门，下辖充装站、国际物流、检验检测、国际贸易、西北地区公司等11个公司。有员工240人，男性194人、女性46人，平均年龄45岁，大学本科学历14人、大专学历40人、中专学历3人、高中及以下学历183人，高级职称4人、中级职称12人，专业技术人员40人，中共党员25人。 （曹静）

【民生商贸公司】　领导名单　董事长：王立冬；执行监事：张建军；总经理：王立冬；财务主管：李智红；工会主席：张广智；安全主管：张广智

基本情况　2020年，独山子民生商贸有限责任公司下设民生超市总店、民生超市众鑫店、民生超市十六区店、独山子库管部、乌鲁木齐配送中心5个部门。有员工83人，男性10人、女性73人，平均年龄32岁，大学本科学历4人、大专学历12人、中专学历10人、高中及以下学历57人，中共党员4人。（张玲）

【顺奥汽车公司】　领导名单　总经理：车东英，副总经理：金向虎

基本情况　2020年，新疆顺奥汽车销售服务有限责任公司内设行政部、财务部、销售部、售后部、保险客服部、汽车美容装潢部6个职能部门。有员工31人，男性21人、女性10人，平均年龄31岁，大学本科学历2人、大专学历7人、中专学历10人、高中及以下学历12人，中共党员1人。（陆萍）

【天地农牧公司】　领导名单　董事长：姜海；总经理：姜海，副总经理：马琳（女）、毛友良；工会主席：李菲（女）

基本情况　2020年，克拉玛依市天地农牧实业有限公司内设财务部、经营部、工程部、行政办4个职能办公室，下设棉花加工厂、园林分公司、物业公司、包装制品厂4个分公司及天农养殖专业合作社、康源农副产品专业合作社。有员工52人，男性31人、女性21人，平均年龄46岁，大学本科学历7人、大专学历14人、中专学历3人、高中及以下学历36人，高级职称2人、中级职称7人、初级职称2人，中共党员12人。（李菲）

【安居乐物业公司】　领导名单　经理：冯强（5月离任）、陶平（6月任职），副经理：鲁兰英（女，7月任职）；工会主席：鲁兰英（女，7月离任）、何丽（女，9月任职）

基本情况　2020年，独山子安居乐物业服务有限公司内设人事部、财务部、市场部、客服办4个职能部门，管理办公楼宇管理处、小区管理处2个基层单位。有员工41人，男性33人、女性8人，平均年龄50岁，大学本科学历1人、大专学历4人、中专学历1人、高中及以下学历35人，中级职称1人、初级职称2人。（鲁兰英）

【安泉物业公司】　领导名单　董事长：王龙康；总经理：王龙康

基本情况　2020年，克拉玛依市安泉物业服务有限公司内设总经理办、企管部、行政人力资源部、财务部、物业管理项目部5个职能部门，下设客服中心、绿化班、保洁班、维修班、设备维护班5个班组。有员工193人，男性124人、女性69人，平均年龄45岁，大学本科学历5人、大专学历4人、中专学历5人、高中及以下学历179人，中共党员4人。（陈丽丽）

【至信物业公司】　领导名单　总经理：蔚立辉

基本情况　2020年，独山子至信物业服务有限责任公司内设综合办公室、财务部、人力资源部、住宅物业项目管理部、餐饮项目管理部、市场运营管理部（下设维修班组）6个职能部室。有员工220人，男性130人、女性90人，平均年龄45岁，大学本科学历10人、大专学历35人、中专学历50人、高中及以下学历125人，中共党员1人。（刘凯）

【天睦物业公司】　领导名单　经理：韩玉珍（女）；主任：吴智敏

基本情况　2020年，克拉玛依市天睦物业管理有限公司内设财务部、人事部、安全部、绿化保洁部4个职能部门。有员工36人，男性13人、女性23人，平均年龄57岁，大专学历5人、高中及以下学历31人。（韩玉珍）

## 驻区单位

【独山子石化公司】　领导名单　总经理：任立新，副总经理：任军革、吕蔷、白继晨、林震宇、徐文清（9月任职）、于强（5月任职）；党委书记：任军革，党委副书记：任立新、麦麦提·伊力（维吾尔族），党委委员：吕蔷、陈荣灿、白继晨、范芒、林震宇、徐文清（9月任职）、于强（5月任职）、何军（12月任职）；工会主席：麦麦提·伊力（维吾尔族）；纪委书记：陈荣灿；安全总监：任立新（5月离任）、于强（5月任职，11月离任）、徐文清（11月任职），安全副总监：于强（5月离任）；总会计师：范芒；

总工程师：何军（12 月任职），副总工程师：于强（5 月离任）、何军（12 月离任）、吴利平（3 月任职）、李冀（3 月任职）、陆军（7 月任职）、闵文晖（12 月任职）；副总经济师：白云仙、陈继南；总法律顾问：白云仙；总经理助理：董泰斌（12 月任职）、李虎（12 月任职）；塔里木石化分公司经理：于强（12 月任职，兼），塔里木石化分公司常务副经理：董泰斌（12 月任职，兼）；塔里木石化分公司党委书记：于强（12 月任职，兼），塔里木石化分公司党委常务副书记：李虎（12 月任职，兼）；炼油厂厂长：何军，乙烯厂厂长：李冀，热电厂厂长：李建军

基本情况　2020 年，中石油天然气股份有限公司独山子石化分公司内设总经理办公室（党委办公室）、生产运行处、规划计划处、财务处、人事处（党委组织部）、企管法规处、安全质量环保处、科技信息处、机动设备处、审计处、纪委办公室、企业文化处（党委宣传部）、工会（团委）、维稳信访办公室 14 个机关处室，有营销调运部、工程项目管理部、物资采购部、工程造价管理部 4 个直属机构，下设炼油厂、乙烯厂、热电厂、研究院、铁路运输公司、信息网络公司、供水供电公司、设备检修公司、质量检验中心（环境监测与管理中心）、仓储运输中心、保卫处、公共服务公司、新闻传播中心、工程质量监督站、消防支队、职工培训中心、离退休管理处、社会保险中心、塔里木石化分公司 19 个二级单位。有员工 11598 人，男性 8106 人、女性 3492 人，平均年龄 42.4 岁，博士研究生学历 10 人、硕士研究生学历 106 人、大学本科学历 4364 人、大专学历 3979 人、中专学历 1434 人、技校学历 848 人、高中及以下学历 857 人，高级职称 814 人、中级职称 1780 人、初级职称 755 人，技术员 37 人，高级技师 123 人、技师 390 人，高级工 4033 人、中级工 1390 人、初级工 341 人，中共党员 4091 人。（郭楷）

**【寰球公司】**　领导名单　党委书记：杨虎彪，党委副书记：孙德亮（9 月离任）、王禹（9 月任职）；总经理：杨虎彪，常务副总经理：李现和，副总经理：温纪岗（9 月离任）、邵春宇（7 月离任）、李峰成、王革、刘庆华（9 月任职）；纪委书记：孙德亮（9 月离任）、王禹（9 月任职）；工会主席：孙德亮（9 月离任）、王禹（9 月任职）；安全总监：李现和；总工程师：邵春宇（7 月离任，兼）、刘庆华（9 月任职，兼）；总会计师：王革（兼）

基本情况　2020 年，新疆寰球工程公司内设办公室（党委办公室）、人力资源部（党委组织部）、财务资产部、技术管理与开发部、质量安全环保部（质量安全监督站）、纪委办公室（审计部）、党群工作部（企业文化部）、经营管理部（企管法规部）8 个职能部门；管理市场开发部、生产运行部、采购中心、信息中心、行政管理部、项目管理部、工艺室、系统室、土建室、设备室、仪电室、费控室、总工室 13 个部室；设独山子、乌鲁木齐石化两个办公区，企业注册地在独山子。有员工 483 人，男性 308 人、女性 175 人，平均年龄 43 岁，硕士研究生学历 29 人、大学本科学历 356 人、大专学历 68 人、中专学历 10 人、高中及以下学历 20 人，高级职称 101 人、中级职称 138 人、初级职称 244 人，中共党员 197 人。

（史飞）

**【润滑油分公司】**　领导名单　党委书记：耿保忠，副书记：谢耀德；经理：耿保忠，副经理：张春辉；安全总监：张春辉；工会主席：谢耀德

基本情况　2020 年，中国石油天然气股份有限公司新疆润滑油分公司下设综合办公室（党委办公室）、财务部、市场营销部（下设快速换油中心）、生产运行部（下设调合装置、包装装置、成品装置）、质量安全环保部（下设化验室）5 个职能部门。有员工 157 人，男性 97 人、女性 60 人，平均年龄 47.2 岁，大学本科学历 69 人、大专学历 49 人、中专学历 17 人、高中及以下学历 22 人，高级职称 4 人、中级职称 53 人、初级职称 14 人，技师 1 人，高级工 45 人、中级工 13 人、初级工 2 人，中共党员 65 人。

（张文雷）

**【西部管道独山子分公司】**　领导名单　经理：汪开雄；党委书记：谢岭，副书记：汪开雄；副经理：谢岭、梁宏、马亮（回族）、马成福、葛建刚；纪委书记：谢岭；工会主席：谢岭；安全总监：马亮（回族）

基本情况　2020 年，国家管网集团西部管道有限公司独山子输油气分公司内设经理办公室（党委办公室）、财务科、人事科（党委组织科）、管道科（保卫科）、生产科、安全科、党群工作科、经营计划科和工程科 9 个职能科室。有员工 329 人，男性 285 人、女性 44 人，平均年龄 40 岁，硕士研究生学历 6 人、大学本科学历 160 人、大专学历 128 人、中专学

历 16 人、高中及以下学历 19 人，高级职称 12 人、中级职称 87 人、初级职称 49 人，技师 8 人，高级工 113 人、中级工 59 人、初级工 47 人，中共党员 138 人。（杨浩镭）

**【西北销售公司】** 领导名单　经理：张杰；党委书记：周玉兴；纪委书记：林朝阳；副经理：林朝阳；安全总监：林朝阳；经理助理：周彦国

基本情况　2020 年，中国石油天然气股份有限公司西北化工销售独山子分公司内设调运科、业务科、财务科、综合科 4 个科室。有员工 47 人，男性 38 人、女性 9 人，平均年龄 48 岁，硕士研究生学历 2 人、大学本科学历 29 人、大专学历 9 人、高中及以下学历 7 人，高级职称 7 人、中级职称 21 人，中共党员 28 人。（李学寨）

**【克职院】** 领导名单　党委书记：王和，副书记：扎克・司马义（维吾尔族）、付梅莉（女）；党委委员：周刚、刘旭莹（女）；院长：付梅莉（女），副院长：王和、周刚、刘旭莹（女）；纪委书记：扎克・司马义（维吾尔族）

基本情况　2020 年，克拉玛依职业技术学院内设办公室（党委办公室）、组织人事处（纪检监察室）、计划财务处、教务处、安全保卫处、资产管理处、群工部、学生工作部、招生就业指导中心、独山子校区综合办 10 个职能处室；下设石油工程系、石油化学工程系、电子与电气工程系、机械工程系、信息工程系、经济管理系、汽车工程系、基础教学部、思想政治教学与科研部 9 个教学系部；科研规划处、评估督导办、图书馆、信息中心、技能鉴定所、总务处、离退休管理处 7 个辅教机构。有教职工 495 人（专任教师 293 人），男性 260 人、女性 235 人，平均年龄 41 岁，博士研究生学历 5 人、硕士研究生学历 160 人、大学本科学历 274 人、大专学历 25 人、中专学历 10 人、高中及以下学历 21 人，正高级职称 2 人、副高级职称 66 人、中级职称 216 人、初级职称 57 人，中共党员 282 人。（李纳）

**【联通独山子分公司】** 领导名单　总经理：李冬梅（女）；经理助理：王春利（女，4 月离任）；行业总监：张兰（女，4 月离任）、王春利（女，4 月任职）

基本情况　2020 年，中国联合网络通信有限公司克拉玛依市独山子区分公司内设集行、渠道、营业厅 3 个班组，有员工 12 人，男性 2 人、女性 10 人，平均年龄 36 岁，大学本科学历 6 人、大专学历 5 人、中专学历 1 人，中共党员 4 人。（谢荣）

**【国网独山子区供电公司】** 领导名单　经理：孙庆忠；副经理：于华（女）、蒋勇（1 月任职）

基本情况　2020 年，国网新疆电力有限公司独山子区供电公司内设综合管理部、配电营销管理部、党建部 3 个职能部门，配电营销管理部下设中心供电所、西区供电所、营业班 3 个一线班所。有员工 46 人，男性 35 人、女性 11 人，平均年龄 34.58 岁，硕士研究生学历 1 人、大学本科学历 35 人、大专学历 5 人、高中及以下学历 5 人，高级职称 2 人、中级职称 6 人、初级职称 27 人，中共党员 22 人。（王圆圆）

**【奎屯公路管理独山子分局】** 领导名单　党组成员：徐萍（女）、肉仙古力・乌马尔（女，维吾尔族，5 月任职）；局长：高建全（9 月离任），副局长：徐萍（女）、肉仙古力・乌马尔（女，维吾尔族，5 月任职）

基本情况　2020 年，奎屯公路管理局独山子分局综合管理办公室、生产管理办公室、财务管理办公室 3 个职能办公室，下设独山子、毛留沟和乌兰萨德克养护站 3 个；组建巡道、路面保洁、路面病害修补、冬季除雪保通专业化养护队 4 个。有工作人员 73 人，男性 51 人、女性 22 人，平均年龄 45 岁，硕士研究生学历 1 人、大学本科学历 20 人、大专学历 15 人、中专学历 11 人、高中及以下学历 26 人，高级技师 2 人、技师 8 人，高级工 21 人、中级工 6 人、初级工 4 人，中共党员 16 人。（董君颖）

**【北方建设集团独山子分公司】** 领导名单　经理：宋貌麟，副经理：程磊（4 月离任）、委宗宝（6 月离任）、苏永鹏（3 月离任）、仝刚（4 月任职）、郭宇（7 月任职）

基本情况　2020 年，新疆北方建设集团有限公司独山子分公司内设财务材料科、综合科、经营科 3 个职能科室。有员工 42 人，男性 30 人、女性 12 人，平均年龄 41 岁，大学本科学历 8 人、大专学历 18 人、高中及以下学历 16 人，高级职称 2 人、中级职称 15 人、初级职称 12 人，技术员 4 人，中共党员 18 人。（杨霞）

**【康辉旅行社独山子分公司】** 领导名单　总经理：欧

冰涛

基本情况　2020 年，新疆康辉大自然旅行社有限公司独山子分公司内设业务、销售与导游 2 个职能部门，有员工 5 人，男性 2 人、女性 3 人，平均年龄 38 岁，大学本科学历 1 人、大专学历 3 人、中专学历 1 人。（欧冰涛）

【太平洋寿险独山子支公司】　领导名单　经理：朱红英（女）

基本情况　2020 年，中国太平洋人寿保险股份有限公司独山子支公司内设业务管理、保险核准、保险理赔、续期服务 4 个职能部门。有员工 3 人，男性 1 人、女性 2 人，平均年龄 38 岁，均为大学本科学历，有外勤保险业务代理人员 29 人。（郝小辉）

## 社区居民自治组织

【第一社区居委会】　领导名单　党总支书记：张雪松（4 月离任）、马正瑞（4 月任职），副书记：王京兰（女，12 月离任）、顾闫（女，12 月任职）；主任：许启美（女），副主任：高丙鹏、顾闫（女）、赵卫婷（女，12 月任职）

基本情况　2020 年，金山路街道第一社区居民委员会内设党建办公室、综合协调办公室、综治中心、党群服务中心 4 个职能部门。有工作人员 19 人，男性 5 人、女性 14 人，平均年龄 35 岁，硕士研究生学历 1 人、大学本科学历 9 人、大专学历 8 人、中专学历 1 人，中级社会工作师 2 人、初级社会工作师 2 人，中共党员 12 人。（李小雪）

【第二社区居委会】　领导名单　党总支书记：图苏江·苏莱曼（维吾尔族，2 月离任）、李显坤（2 月任职）；党支部书记：史晓微（女），副书记：王秀娟（女）；主任：焦银峰，副主任：张伟锋（4 月离任）、林欢（女，12 月离任）、张超（6 月任职）、再努热·麦麦提伊力（女，维吾尔族）

基本情况　2020 年，金山路街道第二社区居民委员会内设党建办公室、综合协调办公室、综治中心、党群服务中心 4 个职能部门。有工作人员 27 人，男性 11 人、女性 16 人，平均年龄 36 岁，大学本科学历 12 人、大专学历 12 人、中专学历 3 人，中级社会工作师 1 人、助理社会工作师 5 人，中共党员 11 人。（再努热·麦麦提伊力）

【第三社区居委会】　领导名单　党总支书记：周江（4 月离任），邓赟（女，4 月任职），副书记：阿茹赞·依斯干德（女，维吾尔族，4 月任职）；党支部书记：邓赟（4 月离任），副书记：阿茹赞·依斯干德（女，维吾尔族，4 月离任）；主任：赵莲苗（女），副主任：彭珊珊（女）、冯娜（女）、朱晓婷（女，4 月任职）

基本情况　2020 年，金山路街道第三社区居民委员会内设党建办公室、综合协调办公室、综治中心、党群服务中心 4 个职能办公室。有工作人员 20 人，男性 7 人、女性 13 人，平均年龄 35 岁，硕士研究生学历 2 人、大学本科学历 8 人、大专以上学历 10 人，中级社会工作师 1 人、助理社会工作师 4 人，中共党员 13 人。（王京兰）

【第四社区居委会】　领导名单　党总支书记：姜韬（4 月离任）、王海波（4 月任职）；党支部书记：于美丽（女），副书记：张要；副主任：王雪梅（女）、闫婷（女），买吉丽（女，回族）、于海壮（5 月任职）

基本情况　2020 年，金山路街道第四社区居民委员会内设党建办公室、综合协调办公室、综治中心、党群服务中心 4 个职能办公室。有工作人员 30 人，男性 8 人、女性 22 人，平均年龄 35 岁，大学本科学历 9 人、大专学历 20 人、中专学历 1 人，社会工作师 1 人，中共党员 9 人。（罗涵宇）

【第五社区居委会】　领导名单　党总支书记：万里春；党支部书记：艾力扎提·吾索尔（维吾尔族），副书记：杨亚利（女，12 月离任）、郑家玲（女，12 月任职）；主任：陈娟（女），副主任：李敏（女）、史飞月（女，12 月任职）、桑燕（女，蒙古族，12 月离职）

基本情况　2020 年，金山路街道第五社区居民委员会内设党建办公室、综合协调办公室、综治中心、党群服务中心 4 个职能办公室。有工作人员 20 人，男性 3 人、女性 17 人，平均年龄 33 岁，大学本科学历 9 人、大专学历 10 人、高中及以下 1 人，中级社会工作师 2 人、助理社会工作师 2 人，中共党员 10 人。（李敏）

【第六社区居委会】　领导名单　党总支书记：潘晓斌；党支部书记：王横（2 月离任）、张薇（女，7 月任职），副书记：薛磊；主任：茹菲娅·阿扎提（女，

维吾尔族），副主任：鲜红萍（女，回族）、徐凤艳（女）、李媛媛（女）

基本情况 2020年，西宁路街道第六社区居民委员会内设党建办公室、综合协调办公室、综治中心、党群服务中心4个职能办公室。有工作人员15人，男性5人、女性10人，平均年龄35岁，大学本科学历5人、大专学历10人，中级社会工作师3人、助理社会工作师2人，中共党员13人。（文霞）

【第七社区居委会】 领导名单 党总支书记：古灵江（4月离任）、陈新（4月任职，9月离任）、周军（9月任职），副书记：吴翠敏（女）；主任：艾尔江古丽·库尔曼拜（女，哈萨克族），副主任：李媛（女）、马君（女，回族）、侯谚（女）

基本情况 2020年，金山路街道第七社区居民委员会内设党建办公室、综合协调办公室、综治中心、党群服务中心4个职能办公室。有工作人员27人，男性13人、女性14人，平均年龄32.5岁，大学本科学历14人、大专学历13人，中级社会工作师1人、助理社会工作师2人，初级心理咨询师1人，中共党员15人。（艾尔江古丽·库尔曼拜）

【第八社区居委会】 领导名单 党总支书记：李锦涛（4月离任）、谭文胜（4月任职）；党支部书记：邓丽（女），副书记：张琳（女）；主任：于兰（女），副主任：郑家玲（女）、白宁娟（女）、王娜（女，4月任职）。

基本情况 2020年，金山路街道第八社区居民委员会内设党建办公室、综合协调办公室、综治中心、党群服务中心4个职能办公室。有工作人员18人，男性6人、女性12人，平均年龄32岁，大学本科学历11人、大专学历6人、高中学历1人，社会工作师1人、助理社会工作师2人，中共党员12人。（李艳艳）

【第九社区居委会】 领导名单 党总支书记：田毅（12月离任）；党支部书记：陈小燕（女，12月任职）、柴传新（12月离任），副书记：李晓梅（女）；主任：赫晓莉（女，12任职）、张薇（女，7月离任），副主任：王乾、古丽米娜（女，维吾尔族）、孙煜东（9月任职）、赫晓莉（女，12离任）

基本情况 2020年，西宁路街道第九社区居民委员会内设党建办公室、综合协调办公室、综治中心、党群服务中心4个职能办公室。有工作人员19人，女性11人、男性8名，平均年龄35岁，大学本科学历7人、大专学历12人，社会工作师1人，中共党员6人。（王乾）

【第十社区居委会】 领导名单 党总支书记：刘龙飞（9月任职），副书记：闫维宽（9月任职）；党支部书记：刘龙飞（9月离任），副书记：闫维宽（9月离任）；主任：耿红霞（女，12月任职）、苏莉娜（女，回族，12月离任），副主任：郎伟（4月任职）、刘迪（女）、陈琳琳（女）

基本情况 2020年，西宁路街道第十社区居民委员会内设党建办公室、综合协调办公室、综治中心、党群服务中心4个职能办公室。有工作人员35人，男性12人、女性23人，平均年龄为30岁，大学本科学历15人、大专学历20人，中级社会工作师2人、助理社会工作师2人，中共党员10人。

（林妍君）

【第十一社区居委会】 领导名单 党总支书记：徐崇蓉（女，9月离任）、李俞铭（9月任职），副书记：梁晶（女，9月任职）；党支部书记：李俞铭（9月离任），副书记：梁晶（女，4月任职，9月离任）；主任：陈小燕（女），副主任：杨航（4月任职）、苏鑫（5月任职）、毛小燕（女，10月任职）、郑金丹（女）、耿红霞（女，10月离任）

基本情况 2020年，西宁路街道第十一社区居民委员会内设党建办公室、综合协调办公室、综治中心、党群服务中心4个职能办公室。有工作人员23人，男性8人、女性15人，平均年龄38岁，大学本科学历8人、大专学历15人，初级社会工作师1人，中共党员9人。（马锐）

【第十二社区居委会】 领导名单 党总支书记：石宝民（9月离任）、王文（女，9月任职），副书记：李宗徽（9月任职）；党支部书记：王文（女，9月离任），副书记：李宗徽（9月离任）；主任：张文宝，副主任：卡力比奴尔·马吉提（女，维吾尔族，9月离任）、王志强、马琳琛（女）、汪小溪（女）

基本情况 2020年，西宁路街道第十二社区居民委员会内设党建办公室、综合协调办公室、综治中心、党群服务中心4个职能办公室。有工作人员25人，男性9人、女性16人，平均年龄28岁，大学本

科学历15人、大专学历10人，中级社会工作师1人、助理社会工作师1人，中共党员8人。（郭姝丽）

【第十三社区居委会】 领导名单 党总支书记：贺双喜（9月离任）、李革祥（9月任职），副书记：李静（女，9月任职）、秦凤瑞（女，9月任职）；党支部书记：李革祥（9月离任），副书记：李静（女，7月任职，9月离任）、秦凤瑞（女，9月离任）、赵春艳（女，4月离任）；主任：秦凤瑞（9月离任），副主任：郑楠（女）、杨凤妮（女）、张夏璐（女，9月任职）、帕尔哈提·吐尔洪（维吾尔族，9月离任）

基本情况 2020年，西宁路街道第十三社区居民委员会内设党建办公室、综合协调办公室、综治中心、党群服务中心4个职能办公室。有工作人员23人，其中男性5人、女性18人，平均年龄36.8岁，大学本科学历6名、大专学历16名、中专学历1名，中级社会工作师2人、助理社会工作师2人，中共党员10人。（包秀珍）

【第十四社区居委会】 领导名单 党总支书记：阿布力米提·阿不都热合曼（维吾尔族，9月离任）、宋文龙（9月任职），副书记：徐晓婷（女，达斡尔族，9月任职）；党支部书记：宋文龙（9月离任），副书记：徐晓婷（女，达斡尔族，9月离任）；主任：李园园（女，回族）副主任：许晓萍（女）、王丽娜（女）

基本情况 2020年，西宁路街道第十四社区居民委员会内设党建办公室、综合协调办公室、综治中心、党群服务中心4个职能办公室。有工作人员41人，男性15人、女性26人，平均年龄31岁，大学本科学历14人、大专学历27人，中级社会工作师1人、助理社会工作师4人，中共党员16人。

（王丽娜）

【第十五社区居委会】 领导名单 党委书记：李杨（12月离任）、张绍明（女，12月任职），副书记：王晶（女，12月离任）、张国庆（女，12月任职）；主任：肖静（女，9月离任）、刘丹（女，11月任职），副主任：梁天安、杨建刚（11月任职）、庄冬梅（女，11月任职）、王敬（女，3月任职，11月离任）、郑蕾蕾（女，3月任职，7月离任）、李慧（女，3月离任）

基本情况 2020年，新北区街道第十五社区居民委员会内设党建办、综合协调办、综治中心、党群服务中心4个职能办公室。有工作人员31人，男性10人、女性21人，平均年龄32岁，大学本科学历15人、大专学历14人、高中及以下学历2人，中级社会工作师2人、助理社会工作师3人，中共党员13人。

（张国庆）

【第十六社区居委会】 领导名单 党委书记：卫艳飞（9月任职），副书记：迪罗热·乌马尔江（女，9月任职）；党总支书记：杨宗江（9月离任）、卫艳飞（9月离任），副书记：张绍明（女，3月离任）、郭源（女，3月任职，9月离任）；主任：郜海姣（女），副主任：任臣、张明、李昊沅（5月任职）、张茜（女，10月任职）

基本情况 2020年，新北区街道第十六社区居民委员会内设党建办公室、综合协调办公室、综治中心、党群服务中心4个职能办公室。有工作人员24人，男性7人、女性17人，平均年龄33岁，大学本科学历11人、大专学历12人、高中及以下学历1人，中级社会工作师2人、助理社会工作师2人，中共党员15人。

（朱伟）

【第十七社区居委会】 领导名单 党委书记：邓平（9月任职）；党总支书记：王炜（4月离任）、邓平（4月任职，9月离任），副书记：陈圆圆（女，3月离任）；主任：文宾（女），副主任：张春华（女）、扎梅拉·哈布德力（女，哈萨克族）、刘丹（女，10月离任）、刘燕（女，11月任职）

基本情况 2020年，新北区街道第十七社区居民委员会内设党建办公室、综合协调办公室、综治中心、党群服务中心职能办公室4个。有工作人员23人，男性6人、女性17人，平均年龄33岁，大学本科学历13人、大专学历10人，中级社会工作师2人、助理社会工作师2人，中共党员11人。

（李佳欢）

【第十八社区居委会】 领导名单 党委书记：徐玲玲（女，12月任职），副书记：陈素丽（女，9月任职）；党总支书记：崔栋林（9月离任）；党支部书记：王玉宇（12月离任），副书记：陈素丽（女，9月离任）；主任：李颖（女，蒙古族），副主任：杜晓玉（女）、艾拉努尔·亥瓦（女，维吾尔族）、戴新艳（女）

基本情况 2020年，新北区街道第十八社区居民委员会内设党建办公室、综合协调办公室、综治中心、党群服务中心4个职能办公室。有工作人员24人，男性7人、女性17人，平均年龄35岁，大学本科学历12人、大专学历12人，中级社会工作师1人、助理社会工作师3人，中共党员17人。

（李文祥）

【第十九社区居委会】 领导名单 党委书记：汪晓东（9月任职），副书记：于燕（女，哈萨克族，12月任职）；党总支书记：胡新文（9月离任）；党支部书记：汪晓东（9月离任），副书记：杨俊杰（女，3月离任）、张绍明（女，3月任职，12月离任）；主任：周艺（女），副主任：孙琴波（女，4月离任）、于燕（女，哈萨克族，3月任职，12月离任）、艾尔兰·哈巴台（哈萨克族）、张铁诚（11月任职）

基本情况 2020年，新北区街道第十九社区居民委员会内设党建办公室、综合协调办公室、综治中心、党群服务中心4个职能办公室。有工作人员24人，男性9人、女性15人，平均年龄33岁，大学本科学历11人、大专学历13人，中级社会工作师1人、助理社会工作师1人，中共党员9人。（刘玉娟）

# 文 献

## 在中共独山子区第十届委员会第八次全体会议上的讲话（摘要）

区委书记 张建彬

（2020年10月20日）

贯彻落实好第三次中央新疆工作座谈会精神、特别是习近平总书记重要讲话精神，贯彻落实好自治区党委九届十次全会和市委十一届十次全会精神，统筹做好常态化疫情防控和经济高质量发展、脱贫攻坚、维护稳定各项工作要做好以下几点：

一是深刻领会第三次中央新疆工作座谈会精神、特别是习近平总书记重要讲话精神，要把贯彻新时代党的治疆方略作为一项政治任务，在完整准确贯彻上下功夫，确保独山子各项工作始终沿着正确方向前进。我们要始终绷紧反分裂斗争这根弦，推进反恐维稳法治化、常态化，保持独山子社会大局持续稳定、长期稳定。我们要切实抓好干部队伍建设，研究采取行之有效的措施，稳定独山子干部人才队伍。我们必须坚定信心，坚持底线思维，发扬斗争精神，推动独山子工作再上新台阶。

二是认真学习宣传第三次中央新疆工作座谈会精神、特别是习近平总书记重要讲话精神，推动总书记重要讲话精神在独山子家喻户晓、深入人心。区四套班子领导、各级党员领导干部要充分发挥表率作用，先学一步、学深一层，带头学习领会、带头深化认识、带头宣传宣讲、带头调查研究、带头贯彻落实，切实用会议精神武装头脑、指导实践、推动工作；各级党组织要列出学习专题，集中时间、集中精力，认真学习、交流研讨，做到学思用贯通、知信行统一；区委组织部要把第三次中央新疆工作座谈会精神，特别是习近平总书记重要讲话精神列入教育培训必修课，通过举办培训班、学习班等形式，集中一段时间分期分批对党员干部进行专题培训；各基层党组织要以“三会一课”、主题党日等形式组织党员认真学习，明确学习目标、学习方式、学习要求，做到人员、时间、内容、效果“四落实”，同时抓好离退休人员、“两新”组织从业人员、流动人口中党员的学习，确保党员干部学习全覆盖。

要精心策划，统筹新闻媒体力量和资源，营造全方位、全时段、多层次的宣传阵势，深入开展主题宣传、形势宣传、成就宣传、典型宣传，大力宣传总书记、党中央对新疆工作的高度重视和对新疆的成功实践，大力宣传在党中央坚强领导下新疆社会稳定的大好局势、人民安居乐业的幸福生活，大力宣传各部门、各单位学习贯彻第二次、第三次中央新疆工作座谈会精神，特别是习近平总书记重要讲话精神的生动实践和推动独山子稳定发展的新进展新成效新气象。

要精心组织宣讲，协调骨干力量组成宣讲团，深入机关、企业、校园、街道社区进行宣讲，增强宣讲的针对性、生动性、思想性、时效性，切实把第三次中央新疆工作座谈会精神，习近平总书记重要讲话精神讲清楚、讲明白，让老百姓听得懂、能领会、可落实。要充分发挥基层党组织、“访惠聚”工作队、驻村管寺干部、“草根”宣讲员 “红细胞”党员等的作用，面对面向群众宣传解读。

要结合独山子实际，逐条逐项分解任务、抓好落实，切实把目标变为结果，把蓝图变为现实，把党中央、自治区党委的决策部署和市委的工作要求变为推动独山子社会稳定和长治久安的实际成效。

三是以贯彻落实第三次中央新疆工作座谈会精神，特别是习近平总书记重要讲话精神为契机为动力，按照自治区党委九届十次全会和市委十一届十次全会的安排部署，增强责任感、紧迫感、使命感，激发奋进力量，强化担当作为，扎实做好常态化疫情防控和经济高质量发展、脱贫攻坚、维护稳定等各项工作。

（一）扎实抓好疫情防控工作

要始终绷紧疫情防控这根弦，坚决克服麻痹思想、侥幸心理、松劲心态，树牢底线思维，坚定必胜信念，牢牢坚持“外防输入、内防反弹”，守好“三道防线”。指挥部各专业组要根据防疫形势和最新要求，及时开展研判，协调解决问题困难，公安检查站、街道社区、行业主管部门等要健全并落实及时发现、快速处置、精准管控、有效救治的常态化防控机制，集中精力抓好防范、预警、处置等工作，切实做到早发现、早报告、早隔离、早治疗。坚持依法防控、科学防控、精准防控，认真落实落细 8 项监测预警机制和预案，加强“预演练战”，不断完善防控体系、提升防控能力。加强核酸检测、流调、消杀等专业队伍建设，建立健全公共卫生应急物资保障体系，着力打造医疗防治、物资储备、产能动员“三位一体”保障体系。加强公共卫生应急专用设施建设，建成投用独山子区生活物资应急保障库，建设平战两用多功能医学观察宾馆，切实提高突发公共卫生事件应急能力。积极引导群众做好科学防护，深入开展新时代爱国卫生运动。全面落实属地、部门、单位、个人疫情防控“四方责任”，坚决确保措施责任细化落实到位，工作扎实有效。

（二）扎实抓好经济高质量发展工作

培育壮大特色优势产业。石化产业方面，全力支持石化主业发展，用好企地联系机制，积极协调解决存在问题，确保石化主业平稳运行。围绕 20 万吨/年 EVA 等石化重点项目，支持企业通过开展项目建设优化产品结构，提高市场竞争力。依托石化主业，以产业园区为载体，进一步延伸下游产业链，大力发展精细化工，争取实现产业集群。物流产业方面，依托石化主业和区位优势，以智能物流港项目为抓手，大力推动物流产业发展。进一步完善园区基础配套设施，推动设立园区开发公司，与中冶基金洽谈，争取合作开发运营，促进物流业向标准化和专业化方向发展。旅游产业方面，依托独库公路旅游营销联盟，深化“独库公路旅游风景道”共建共享机制。发挥旅游协会、文旅公司和旅行社作用，加强与自治区及周边县市旅游协会合作，推出“旅游从独山子出发”系列精品线路，努力实现资源共享、优势互补、客源互送、品牌共建、线路互联，做强旺季、做大淡季旅游市场。完善国营牧场、泥火山等区域旅游基础设施，新建大峡谷至 G217 道路及大峡谷景区内部环路。做好航空小镇规划编制和落地实施，按期建成投用两湖旅游、红色旅游基础设施建设项目。推进独库大本营文创商业街、康养小镇等项目建设。做好泥火山、老炼油厂工业遗址公园等旅游规划和建设，积极申报独山子区旅游产业园项目。

激活各类市场主体。切实发挥经济发展服务中心职能，全面落实自治区党委和市委出台的各项财政金融、减税降费、纾困惠企、稳岗就业等一揽子政策措施，全面加强要素保障，切实打通政策落实的“最后一公里”。提高“千人入千企”工作实效，推动政策落地落实落细，切实降低企业生产经营成本，持续增强市场信心、社会信心、企业信心，全面释放市场活力。

加快推进投资项目建设。认真落实区领导包联项目工作机制，压实项目工作专班和部门责任，全力推动各项目踏点运行。重点做好中央预算内投资项目的监管，确保项目按进度实施。要结合实际和准备条件，推动成熟度较高的储备项目转化开工。抓好在谈招商项目落地服务工作，对在建的天利高新 20 万吨/年 EVA、康养小镇、“天山牧歌”旅游风情园等重点落地招商项目实施专班跟踪服务。要结合“十四五”规划编制，紧紧围绕打造“一主多元”产业结构，加强项目的谋划和储备，积极向上沟通汇报，争取更多项目纳入国家或自治区“十四五”规划，为今后的发展奠定坚实基础。

聚焦聚力招商引资。重点围绕石化、物流和旅游开展对外招商，细化优化产业链地图和产业规划，不断拓展招商平台，全力争取更多丰链、强链、补链项目落户独山子。结合自身资源禀赋及产业基础，形成有梯队、有支撑的招商引资滚动项目库，用好市级投贸中心和驻外机构，积极开展精准招商。

持续优化营商环境。推进“放管服”改革，实现50%以上的联审联办政务服务事项“一件事、一次办”。开展容缺受理，缩短事项审批时限。深化事中事后监管改革，大力推进“互联网+信用+监管”和“双随机、一公开”跨部门联合监管，着力解决涉企现场检查事项多、频次高、随意性大等问题，切实做到有求必应、无事不扰，进一步推进项目落地和投资建设。

持续保障改善民生。坚持以人民为中心的发展思想，推进重点惠民工程。围绕“稳就业”“保民生”，紧盯形势变化和重点群体就业，通过减负稳岗、扩大增量、促重点群体等，精准落实上级稳就业促就业政策“组合拳”，确保就业局势稳定。重点做好高校毕业生就业工作，确保零就业家庭动态为零。加大职业培训力度，引导施工企业规范用工管理，努力满足企业用工需求。坚持教育优先发展。积极推进教育体制改革，完善教育系统绩效考核，加强教师教育体系建设，提升教学教研水平。加快推进托幼一体化幼儿园项目建设。继续做好自治区内初中班工作。深入开展爱国卫生运动，倡导健康文明生活方式，有效预防控制重大疾病。持续做好各类传染病防控工作；推进妇幼保健三级网络体系建设；理顺医联体建设体制机制，健全社区卫生服务中心职能；全力组织好第七次全国人口普查，不断提升人口健康服务水平。提高社会保障水平。不断完善城市低保标准动态调整机制，进一步提升社会保障兜底能力。加强政策宣传，帮助小微企业和个体工商户享受社保“减免”优惠政策。持续开展重特大疾病医疗救助工作，加强医疗救助托底保障。关心关注残疾人、低保户等弱势群体，严格落实特困群体救助。大力提升城市品质。坚持以高水平规划引领城市发展，统筹推进城区基础设施建设，把民生工程打造成高质量暖心工程。推进智慧城市建设，加快信息平台的功能扩展与资源整合，探索推进智慧城管、智慧环卫和智慧园林，提高城市管理科学化、精细化、智能化水平。深入推进生活垃圾分类，建成试运行垃圾综合处理场。深化党建引领，提升物业服务质量。将城市精细化管理与文明城市建设有机结合，不断巩固“自治区文明城区”创建成效。抓好安全生产管理。严格落实安全生产责任制，深化重点行业领域安全生产专项整治，全面强化隐患排查治理，坚决杜绝重特大事故，有效遏制较大事故，努力减少一般事故。深入推进应急预案体系建设，提升危化品综合治理能力，健全完善应急救援联动机制，全面提升应对处置突发事件能力。

（三）扎实抓好脱贫攻坚工作

持续开展中央脱贫攻坚巡视“回头看”，整改2019年脱贫攻坚成效考核、大排查、挂牌督战等反馈和发现问题。加大帮扶力度，开展消费扶贫行动，引导社会组织参与帮助疏勒县巩固脱贫攻坚成果。努力做好南疆富余劳动力转移就业安置工作，不折不扣完成自治区下达的安置任务。

（四）扎实抓好全面从严治党

全面加强党的政治建设。坚决贯彻落实新时代党的建设总要求，全面落实新时代党的组织路线，不断强化理想信念教育，突出政治训练，切实增强“四个意识”，坚定“四个自信”，做到“两个维护”，在思想上政治上行动上同以习近平同志为核心的党中央保持高度一致，一切行动听从党中央的号令和指挥。

加强干部队伍建设。持续改善干部考察机制和方法，树立面向基层用人导向，分类分层开展各种形式培训，加大干部内外交流力度。持续优化各级领导班子结构，有针对性地储备、培养一批“女少非”干部（女干部、少数民族干部和非党员干部），提高领导班子配备的科学性、合理性。加大对党务、经济、旅游等领域急需紧缺类人才引进和各领域“特聘专家”工作力度。

持续夯实基层基础。加强基层组织和基层政权建设，深化街道“大工委”、社区“大党委”和党群服务中心建设，按照“四帮代一聚力”要求，持续开展好“访惠聚”驻村工作。以项目化推进城市基层党建为抓手，加快智慧党建工作平台建设，推进党建工作提质增效。探索退休党员分类管理机制，提升社区服务管理水平。持续深化“红细胞”工程，整顿软弱涣散基层党组织，不断建强基层战斗堡垒。

加强对小微权力监督，继续开展作风建设专项整治工作。建立容错纠错机制，不断加强干部关心关爱，正向激励干部勇担当善作为。继续精简文山会海，减少和规范督查检查考核，最大限度为基层减负松绑。

持续加强反腐倡廉教育，加大审查调查力度，用好“信、访、网、电”举报平台，把严的主基调长期坚持下去。加强内部管理，强化审计监督，扎紧制度“笼子”。用好监督执纪“第一种形态”，健全纪律监督、监察监督、派驻监督、巡察监督体系，高质量完成本届区委巡察工作，推动形成风清气正的政治生态。

# 在独山子区第十四届人民代表大会第六次会议上的政府工作报告（摘要）

区长 李旭升

（2021 年 2 月 2 日）

## “十三五”及 2020 年工作回顾

### 一、“十三五”主要工作

综合实力得到稳步提升。初步测算，地区生产总值比“十二五”末减少 1.2 亿元，按可比价计算年均下降 0.1%。固定资产投资由 2016 年的 10 亿元增长至 2020 年的 35.32 亿元，年均增长 34%。一般公共预算收入由 2016 年的 8.6 亿元增长至 2020 年的 10.09 亿元，年均增长 5.75%。社会消费品零售总额由 2016 年的 10.09 亿元增长至 2020 年的 14.93 亿元，年均增长 9.6%。招商引资项目 260 个，到位资金 69.93 亿元。独山子石化公司累计加工原油 3540 万吨、生产乙烯 647 万吨，实现销售收入 2032 亿元，上缴税费 486 亿元，实现利润 153 亿元。文化旅游等产业发展势头良好，“一主多元”产业发展格局初步构建，经济结构持续优化，高质量发展深入推进。

三大攻坚战取得全面胜利。始终严守政府债务风险红线，累计化解区级一般债务 0.43 亿元。累计投入 3087 万元扶贫资金，实施扶贫项目 44 个，助力深度贫困县疏勒县脱贫摘帽。累计接收安置南疆转移就业人员 1025 名。高质量完成中央环保督察反馈意见整改工作，严格落实“奎—独—乌”区域大气污染联防联控工作，持续开展挥发性有机物（VOCs）综合治理，主要污染物排放指标大幅下降，天蓝、地绿、水清已经成为独山子的靓丽名片。

城市功能品质不断提升。城市基础设施不断完善，投资 25.79 亿元实施项目 215 项。城投大厦、城市公园、市民服务中心等建成投用。城区 23 条主副道路完成改扩建。“三供一业”维修改造完成。天然气入户率 100%。生态环境持续改善，饮用水水源地水质达标率 100%，土壤质量保持清洁（安全）级，建成区绿地率达 42%，连续五年获评国家园林城市。城市面貌、人民群众生产生活条件不断改善。

民生事业得到全面发展。坚持以人为本，持续增加民生投入，累计支出 72 亿元，占地方财政支出的 79%。2020 年末，预计城镇居民人均可支配收入 4.6 万元，年均增长 5%。社会保障和救助体系更加完善，弱势群体援助工作成效明显。就业保障不断强化，累计实现就业 4912 人，城镇登记失业率控制在 1.5% 以内。教育质量稳步提升，完成民汉统一编班，实现十五年免费教育。医疗卫生保障到位，形成“基层首诊、双向转诊、急慢分治、上下联动”分级诊疗模式。人民医院与北京、上海、浙江、湖南及自治区内 50 多家知名医院建立远程会诊机制。先后获得国家卫生城市、国家级慢病综合防控示范区等称号。

### 二、2020 年主要工作

实现地区生产总值 191.3 亿元，同比增长 4%。实现工业增加值 153.6 亿元，同比增长 6%。固定资产投资同比增长 45.8%（含央企）。一般公共预算收入 10.09 亿元，同比下降 15.99%。一般公共预算支出 16.19 亿元，同比增长 15.83%。实现社会消费品零售总额 14.93 亿元，同比下降 21.5%。

疫情防控取得阶段性胜利。面对新冠肺炎疫情，成立疫情防控工作领导小组，下设 19 个专项工作组、守好“三道门”和“八项监测预警机制”工作专班。强化协调联动，深入细致落实常态化疫情防控措施，做到“外防输入、内防反弹”。动态调整中高风险地区来独山子区返独山子区政策。加强社区网格化管理，校园、监所、养老院等重点场所实行封闭式管理，坚持扫码、测温、戴口罩，严防聚集性疫情发生。完成人民医院发热门诊、定点留观医院改造，强化各医疗机构预检分诊职责，组建专家梯队，充分发挥好医疗机构的哨点作用。常态化落实消杀工作，实施冷链食品“四定”“五专”全流程、无缝隙闭环管理，确保安全可控。制订重点人群和全民核酸检测计划，确保重点人群循环不漏、全民检测覆盖不漏。建立疫情防控采购和国库集中支付“绿色通道”，累计安排疫情防控资金6398万元。积极采购、储备防护物资和医疗救治药品。动态储备粮油、蔬菜、肉、蛋等生活必需品。选派31名优秀骨干医务人员逆行出征，奔赴武汉、乌鲁木齐、和田等地抗击疫情。

紧扣“六稳”“六保”，复工复产有力有序。开展“千人入千企”活动，为企业协调解决人员返岗轮岗、物资供应、道路运输等困难诉求。完善商业区配套设施，开设“跳蚤市场”，发放电子消费券57.95万张，价值451万元，拉动消费2300多万元。深入贯彻落实纾困惠企政策，减税降费4.82亿元、减免房屋租金2180万元，累计发放企业贷款204笔20.42亿元，个人无抵押小额信贷461笔3400多万元，帮助中小微企业和个体工商户提振信心、渡过难关。

“一主多元”产业体系持续推进。面对疫情，石化企业克服困难，全力保障生产运行，提质增效取得巨大成效。石化公司紧急生产医用口罩和防护服原材料43万吨，有力支援全国抗疫，国务院联防联控机制专门致信感谢。石化公司全年累计加工原油710万吨，生产乙烯141万吨，销售收入350亿元，上缴税费86亿元，实现利润20.9亿元，44项重点指标中9项排名炼化板块第一、16项排名前三，炼油厂老区被认定为第四批国家工业遗产。“三天一炼”整体实现盈利，天利股份上市稳步推进。强化地企沟通，实施干部双向挂职交流。独山子产业园区获得市级批复，其中综合物流产业区和高新技术产业区分别投入2.4亿元、1.9亿元完善基础设施，园区初步具备入驻条件。

旅游产业发展逆势而上。稳步推进独库大本营、大峡谷景区（二期）、红色旅游、两湖旅游等项目。独库公路博物馆、独山子展览（博物）馆被评为国家AAA级景区，独库公路博物馆被命名为自治区红色旅游经典景区和市级爱国主义教育基地。强化区域旅游协作，与库车市签订《独库公路旅游产业发展友好合作协议》。旅游促进服务业发展成效初现，带动就业471人，全年新增宾馆酒店13家，新增床位数1464张，接待游客同比恢复62.98%，旅游收入同比恢复38%。

物流产业有序推进。打造智能物流园项目，累计投入2.4亿元完善基础配套设施，建设普货及一般化学品停车场和标准化厂房5000平方米，智能物流园列入市级“十四五”规划，成为自治区级物流体系重要节点。

固定资产投资成效显著。建立项目工作专班，抓好项目建设。南京路、北京路等道路实现提质改造，新装更换路灯1860盏，沿线商业街亮化美化不断改善。妇幼保健及精神康复综合楼、基层政权基础设施等项目建设完成，天利高新EVA、产业园区基础配套设施、污水处理厂改扩建等项目稳步实施。全年安排投资项目95项，总投资35.32亿元，其中地方投资25.26亿元，创造了历年新高，首次成为拉动投资的主力军。

招商引资扎实推进。制定2020年招商引资工作方案和“强招商、促投资、稳增长措施四十三条”等政策文件，落实招商引资项目区领导联系机制，确保项目踏点建设。组建招商专班，推介宣传我区发展优势和项目。慧洋康养小镇、辉煌世纪SOHO综合楼、盛淮固废处理等一批项目顺利落地。

科技工作稳步向前。出台科技创新服务券管理办法，落实补贴政策。深化川克科技合作，签订战略合作协议。汇翔激光获国家“科技助力经济2020”重点专项项目，利丰智能空气监测与溯源系统的应用与推广项目获自治区区域协同创新专项项目。重质油悬浮床加氢项目在我区中试成功，打破了国外核心技术垄断。举办“第七届新疆创新创业大赛（克拉玛依赛区）暨第五届克拉玛依创新创业大赛”，我区3家企业入围第九届中国创新创业大赛国家行业赛（占全市50%），取得历史最好成绩。高新技术企业数量达9家，增长80%。

就业形势持续向好。支出就业、创业补贴资金2951万元，累计发布就业岗位3460个，实现就业1081人，城镇登记失业率控制在1.5%以内，“零就业家庭”动态为零。新接收的550名南疆转移就业人员实现稳定就业。挂牌成立独库旅游创业园，配套支持政策，小微企业孵化基地被评为“国家小型、微型企业创业创新示范基地”，有效发挥旅游及创业创新带动就业作用。

教育质量稳步提高。教育教学工作做到线上线下教学有效衔接。第二批内初班346名学生顺利入学。与常熟市教育局、兵团二中等加强学科教研，开展课堂教学研讨活动，149人次获国家级、省部级、市级奖项，7所学校在市质量监测中获得“8A+”，中考成绩全市领先，高考本科上线率83.4%，内初班在全市统一命题考试中成绩位居榜首。

公共卫生水平加速提升。医疗基础设施加快完善，建成妇幼保健及精神康复综合楼，投用人民医院和疾控中心PCR实验室。为疾控中心招录29名专业人员，加大社区基本医疗建设，持续推进分级诊疗和双向转诊工作，30种药品下沉基层医疗卫生机构。推进医养结合，独山子人民医院、盛元康复医院纳入市级定点残疾人康复机构名录。打造智慧医疗，实现“互联网医院”上线服务，人民医院成为首批自治区互联网医院。

社会保障落实到位。积极推进全民参保，社保、医保扩面进展顺利。加强医保基金监管，推进跨省实时结算，落实托底保障。国有企业退休人员社会化管理有序推进，6000多名国有企业退休人员平稳交接。多举措保障“菜篮子”“肉案子”，投放蔬菜1598吨、储备肉279.6吨。制定临时救助备用金实施方案，全年发放各类救助金、帮扶金和物价补贴500多万元。完善养老基础设施，养老院床位增加至414张。依托机构、居家和日托养老，累计服务5000多人次。弘扬慈善精神，社会各界累计向疏勒县捐赠物资287箱、各类捐款143万元。

文体事业稳步发展。文化中心推进市场化运营。筹建群众艺术团，招募学员200多名，《最美独库人》《天山筑路兵》《馕儿香香》等3部作品纳入市文艺创作重点名录。足球协会代表新疆参加第十四届全国冬季运动会雪地足球赛获得男子丙组第五名。举办“线上猜灯谜、网上看花灯”和送文艺下基层等活动20多场次。

城市功能日趋完善。运用城管信息化平台，解决各类城市管理问题，解决率99.82%。实行物业服务市场化，提升物业服务水平。完成违建治理五年行动。建成33个便民服务用房，完善社区生活服务体系，公共区域新增停车位5000多个。推进“奎—独—乌”区域大气污染联防联控，大力开展生活垃圾分类，建成生活垃圾填埋场（二期），种植各类乔灌木62万株，新建绿地101万平方米，全年空气质量优良率85.2%。

安全应急体系不断强化。安全生产形势总体平稳可控。全年发生生产安全事故1起，无人员伤亡，经济损失下降90.02%。发生生产经营性道路交通事故6起，未发生火灾亡人、农机安全事故。持续开展安全生产专项整治三年行动和打通“生命通道”集中治理行动，累计检查单位、场所5万多家次，整改隐患5964项。完善应急物资保障机制，修订自然灾害、防汛抗旱等5个专项应急预案和救灾物资储备管理办法，补齐应急避难场所设备设施，开展地震综合应急演练。加强食品安全监管，实施餐饮质量提升工程，开展食用农产品、农药残留、餐饮具等监督检测，抽检2030批次，合格率94.38%。

## “十四五”目标任务和2021年工作安排

### 一、“十四五”主要目标任务

“十四五”期间，政府工作指导思想是：坚定不移贯彻创新、协调、绿色、开放、共享的新发展理念，坚持稳中求进工作总基调，积极培育新增长点，打造宜居宜业高品质城市，推进经济社会高质量发展，增强人民群众获得感、幸福感、安全感，为率先在全疆基本实现社会主义现代化开好局、起好步。

总体思路是：依托独山子区产业基础和区位优势，积极融入丝绸之路经济带核心区建设，坚持“一主多元”产业发展思路，加快推进产业结构转型升级，做大做强石化主业，做精做优多元产业，打造国际一流石化产业基地、中亚石化物流中心和新疆重要商贸物流基地、区域性旅游集散中心、区域创新示范高地。

主要奋斗目标是：加快产业转型升级，坚持“一主多元”产业发展方向，推进石化产业链现代化，打造石化千亿产业集群；大力推进商贸物流、文化旅游、数字经济、环保、装备制造等产业发展，推动经济结构优化升级，形成多元产业发展新格局。实施创新驱动战略，着力加强区域创新体系建设，改善创新基础设施，积极构建高效的科技创新网络和良好的政策制度环境，推动经济发展由要素驱动向创新驱动转变，实现高质量发展。

深化改革开放，激发市场主体活力，落实各项改革任务。注重需求侧改革，提高全要素生产率，充分发挥市场在资源配置中的决定性作用，持续推进要素配置市场化、国有企业、行政管理体制等重点领域改革，大力支持民营经济健康发展，进一步优化提升营商环境。积极融入新发展格局，坚定不移扩投资、促消费、优供给，深度参与国内大循环，积极融入国际国内双循环新发展格局。

进一步完善城市功能，推进市政基础设施建设，提升城市品位，打造产城融合发展示范区，努力建设宜居宜业城市。坚持生态环保优先，提高能源资源利用效率，促进经济社会发展全面绿色转型。切实保障和改善民生，继续围绕就业、教育、医疗、社会保障等重点领域，实施惠民工程，进一步提升群众的幸福感、获得感、安全感，增强群众满意度。

## 二、2021 年工作安排

坚持稳中求进工作总基调，统筹推进疫情防控和经济社会发展工作，做好“六稳”工作，落实“六保”任务，确保“十四五”开好局。全力服务好石化主业，发挥好油地协作机制作用。完成独山子区产业发展与项目实施规划编制，形成产业发展地图。设立园区管委会和园区开发公司，借助资源禀赋和比较优势，合理规划石油石化、高新技术等产业。

加快发展特色文旅产业。按照“六个好”思路；发挥好优势、打造好品牌、规划好线路、发展好业态、开发好产品、组织好活动。引进全国越野跑比赛、全国羽毛球城市巡回赛等有影响力的赛事。

发展现代物流业。主动融入丝绸之路经济带核心区建设，抢抓自治区“三基地一通道”能源产业发展机遇，充分利用独山子区国家能源资源陆上大通道关键节点区位优势，依托大石化、立足大交通、构建大物流，以危化品专业物流为特色，进一步完善智能物流园基础配套设施，争取独库高速公路在智能物流园开设进出道口。与石化公司合作，利用企业现有铁路专用线和货场实现物流园区公铁联运。

发展战略性新兴产业。瞄准高端装备、新材料、新能源、节能环保、信息产业等为代表的战略性新兴产业，加大产业研究规划力度，利用高新科技产业园区空间载体，以招商引资为抓手，建立科技成果转化平台，以国企、大企业为主力军，以园区企业之间成为产业链上下游企业为目标，形成若干园区主导产业。同时，依托石化、旅游、物流等龙头产业，带动我区检维修、运输、商贸、餐饮、住宿、物业等传统生产性和生活性服务业提质升级，继续加大对小微企业孵化基地的扶持力度。

推进国资国企改革。实施国企改革三年行动，对产业类似、功能雷同、市场重叠的区属国企进行整合重组，打造城市投资运营、城市开发建设、文化旅游、人力资源、商贸物流五大业务板块，增强国企竞争力、创新力、影响力和抗风险能力。引入民营资本，稳妥推进混合所有制改革，推动国有资本向能源化工、全域旅游等重点领域进军，成立专门贸易公司，积极发展对外贸易，做大做优做强国企。

发展民营经济。落实支持民营经济发展的各项政策，构建亲清政商关系。实施民营企业培优工程，重点扶持一批市场前景好、成长性高、带动作用强的民营企业。搭建中小微企业与石化企业合作平台，助力民营企业参与石化企业各项生产性服务。

持续优化营商环境。以建设服务型政府为目标，深化“放管服”改革，做好前期服务工作，加强事中事后监管，推进“互联网+信用+监管”和“双随机、一公开”跨部门联合监管，切实做到对企业有求必应、无事不扰。加快梳理事项目录，实现 50% 以上的联审联办政务服务事项“一件事、一次办”。

开展招商引资。推动我区“一主多元”发展格局的重要作用，全域、全时、全员开展招商引资活动。开展驻外招商，与驻区央企开展联合招商，利用好区域产业合作联盟等开展委托招商，借助区属企业资源开展以商招商，跟进再谈项目开展感情招商，用好网上招商平台网上招商。围绕石化、旅游和物流等重点发展产业，形成有梯次、有支撑的滚动项目库，进行精准招商。

推动科技创新。实施创新驱动发展战略，充分利用沪、川援克机遇，推动天利股份与四川大学、天云公司和中国石油大学产学研合作，提升科技成果转化水平，积极申报科技项目。支持天利股份智能工厂建设。加大科普宣传工作力度，力争专利项目申报 3 个，新增高新技术企业 3 家。

做好财税金融工作。加强政策研究和企业调研，大力培植和挖潜税源，提升重点税源管理水平，做到应收尽收。盘活国有资产资源，增加财政收入。树立过紧日子的思想，严控新增支出，全面实施预算绩效管理，提高财政资源配置使用效率。部门预算和公务接待经费只减不增，政府采购节省资金不低于 8%，加强政府债务管理、严禁新增政府隐性债务。

坚持经济发展就业导向。通过稳住就业存量、扩大就业增量、兑现就业奖补、实施技能培训等，进一步完善公共就业服务体系，突出抓好高校毕业生、退役军人等重点群体就业。加大公益性岗位开发力度，妥善做好就业困难人员安置。开展职业技能提升专项行动，鼓励社会力量开办职业培训学校。拓宽服务企业用工途径，努力满足企业用工需求。

持续提升教育品质。统筹推进教育领域综合改革，继续推进校长职级制，加大教师绩效考核力度。强化学校思想政治工作，确保意识形态领域绝对安全。大力营造全社会学习使用国家通用语言文字氛围。做好第三批内初班学生接收和日常管理服务。搭建人才梯队，建强教研队伍，选聘骨干教师兼任学科教研员，继续加大与常熟市教育局、兵团二中、石河子大学等合作力度。

不断提高公共卫生水平。持续完善医联体体制机制，推进社区卫生服务机构能力提升工程，促进基本公共卫生服务均等化。完成妇幼保健院挂牌审批。稳步推进妇幼健康基本和重大公共卫生服务项目。完善医疗救治体系，加强卒中中心、重症孕产妇、重症儿童救治中心建设。健全完善心理健康体系，加快建设社会心理健康服务网络，积极鼓励民营医疗机构参与公益医疗服务。

增强社会保障能力。推动“菜篮子”工程建设，落实补贴政策，健全产品储备制度。持续实施全民参保计划，推进社保、医保扩面。继续落实失业保险、工伤保险阶段性降费政策，减轻企业负担。推进“互联网+社保”功能应用，提升社保服务水平。不断完善城市低保标准动态调整机制。持续开展重特大疾病医疗救助，推进跨省门诊实时结算，加强医疗救助托底保障。加快养老服务体系建设，建立1所综合养老服务机构，引进其他省市优质连锁养老企业，探索养老机构公办民营运营模式。

稳步提升城市品质。规划推进智慧教育、智慧医疗、智慧社区。实现网格化服务管理“多网合一”。建立物业服务信用评价制度，不断完善考核标准，加强物业服务行业监管。完成垃圾分类设施全覆盖，建成投用“四废”协同处理项目。落实大气、水、土壤污染防治行动计划，强力推进“奎—独—乌”区域联防联控，持续提升生态环境质量。推进园林绿化自动化灌溉控制，逐步将城区内漫灌区域改造为滴灌方式，实现节水灌溉。大力开展义务植树，全年新增城区绿地30万平方米。常态化抓好违建治理。

做好规划编制和项目建设。编制综合交通体系、人口发展等专项规划，统筹推进城区基础设施建设高质量发展。完成生活垃圾无害化处理厂、劳动力市场及实训基地、产业园标准化厂房、三区土地储备等项目建设。完成南环路西段、奎河路、二四五区绿化及暖通等老旧设施项目改造，积极推进城市老旧小区设施整体提升改造。推进泰和佳苑（二期）（三期）、晶都花苑（二期）等项目建设。持续关注将军庙水库、独库高速公路等项目进展情况。

进一步提升公共安全管理能力。发挥专家库资源作用，鼓励企业自主开展专家查隐患行动，用好“风险分级管控和隐患排查治理”双重预防体系成果。完善应急预案，科学组织抗震救灾等应急演练，提升防灾减灾救灾能力。强化药品和医疗器械监管，开展化妆品专项整治。切实提升食品安全日常监管、专项整治。

# 在独山子石化公司四届四次职工代表大会暨2021年工作会议上的工作报告（摘要）

独山子石化公司总经理 任立新

（2021年1月30日）

2020年，独山子石化公司在新一届党组领导下，聚焦高质量发展，坚持产销优化、成本优秀、指标优异“三优”方向，克服新冠疫情突如其来、国际油价断崖式下跌、市场需求低迷不振等困难，取得疫情防控阻击战、效益实现保卫战双胜利。全年加工原油709万吨，生产乙烯141万吨、化肥72.3万吨。实现销售收入362.9亿元，上缴税费86.8亿元。

## 一、公司取得非凡成绩

新冠疫情防控到位。先后召开15次领导小组会议、109次疫情防控工作会，建立公司、分厂、车间三级防控体系，从严管理操作室、员工食堂等一级区域，严格落实防护措施，实现生产、办公和生活场所零疫情。在一季度，面对极少人数上岗、极低负荷生产、极高库存运行的挑战，全员奋勇担当，骨干住厂值守，保持装置安全平稳运行，生产医用料 43 万吨。

生产优化成果丰硕。坚持减油增化，优化加工方案，成品油比例同比下降 3.2%，高标号汽油、自产乙烯原料同比增长 13% 和 2.9%。乙烯突出满负荷长周期运行，乙烯负荷达到 104.5%，创历史新高。三烯收率 58.4%、同比提高 1.5%，乙烯产量突破 140 万吨、同比增长 27.2%。全密在全球范围，首次实现不同催化剂茂金属产品连续转产。聚苯乙烯 HIPS 线优化操作调整，产能提高 24.3%。高密、全密、顺丁的负荷率达 110%、120%、115%，化工商品总量同比增长 30%。电厂汽机实现“三年一修”，动力站锅炉运行周期突破 15 个月。化肥保持平稳生产，连续三年盈利。

安全环保总体受控。启动安全专项整治三年行动，推进“防泄漏、防着火爆炸”和罐区、装卸栈桥等专项整治。推行“无作业日”“集中动火日”，有效运行双重预防机制，识别风险 21.2 万个、治理隐患 9600 个。储煤、储焦场封闭完成，废水减排项目完成 88%。$SO_2$、COD、氨氮、烟尘同比分别减排 36%、42%、84%、57%。

提质增效成效显著。实施 11 类 170 项提质增效措施，存货周转次数同比提高 2.5 次，修理费比上一运行周期最低年度下降 8.3%。全年增收降费 16.1 亿元，炼油、化工、化肥完全加工费月度最低 139 元/吨、1157 元/吨、310 元/吨，均创历史最好水平。

改革管理积极推进。稳妥推进机构重组，整合化验分析、行政后勤、仓储运输业务，移交离退休管理，压减机构 21 个。推进“1+18”对标提升方案。44 项重点指标中，30 项同比提升，25 项达到近三年最好，16 项排名板块前三，9 项第一。蒸馏和高密装置达到国际先进，新区乙烯燃动能耗持续领跑行业榜单，首获全国“水效领跑者”称号。

研发营销量效齐升。大力开发适销对路产品，全年开发茂金属聚丙烯 mPP35S、赛车轮胎专用料 RC3840S 等 11 个新产品，比年初计划增加 5 个。燃气管材料、地暖管材料销量同比增加 6000 吨和 1 万吨。实施专项营销策略，茂金属聚乙烯与埃克森公司产品价差由 1223 元/吨缩至 475 元/吨，注塑料 DMDA8008H 售价比一般通用料高出近 2000 元/吨，三元共聚膜料 TF1007、锂电池隔膜料 T98G 推价 400 元/吨。优化产品流向，高效市场配置率 70%，同比提高 0.6 个百分点。

结构调整多点发力。去年 9 月，集团公司将塔里木化工业务划转石化公司管理，公司迅速做好业务对接，管理体系有序延伸，文化理念快速融合。化肥保持平稳运行，乙烯建设提速推进，累计完成投资 41.9 亿元，总体形象进度 83%。大力推进“短平快”项目，新增 GPPS 生产线当年开工建设、当年建成投产，投产当月创效 2000 万元。金沟河引水工程建成通水，提升了系统保障能力。着眼长远发展，完成“十四五”规划编制。

经过五年持续奋斗，“十三五”规划目标任务圆满完成。生产运行平稳优化，运营绩效逆势上扬，行业影响与日俱增，公司发展呈“六新”：综合实力迈上新台阶；管理水平实现新提升；科技创新取得新突破；转型升级迈出新步伐；脱贫攻坚取得新胜利；政治文化形成新优势。

## 二、工作任务及目标

围绕建设国际一流现代化石化基地目标，突出高质量发展，奋力建设创效、强身、筑梦“三大工程”，始终坚持产销优化、成本优秀、指标优异“三优方向”，落实“三步走”安排：

到 2025 年，低成本、高端化“创效工程”建成，基本实现高质量发展。1000 万吨/年原油加工能力优化完善，200 万吨/年乙烯产能充分释放，80 万吨/年化肥持续优化。南北疆业务两翼发力，炼油、乙烯、化肥全产业链突破。业务发展的战略纵深、回旋余地显著扩展，行业影响力、话语权显著增强，成为从容应对市场的大型“石化航母”。

到 2030 年，全面实现高质量发展。乙烯生产大型化、工厂管理智能化、资源利用集约化，产业集聚发展、机制科学高效，公司成为规模大型、技术一流、管理现代的石化企业，创效能力、竞争能力、可持续发展能力国内领先、国际一流。

到 2035 年，世界一流示范企业“强身工程”、国际一流现代化石化基地“筑梦工程”相继建成。治理体系和治理能力基本实现现代化，减油增化、转型升级取得重大突破，乙烯产能超过 400 万吨/年，公司成为清洁能源和新材料的杰出供应商，产品清洁低碳、安全高效。

## 三、公司发展的指导思想

以高质量发展为主题，以建设“三大工程”为主线，加快改革创新，做实“四精”“三优”，推进低成本、高端化。北疆业务围绕减油增化，积极筹建 80 万吨/年乙烯，进行加工高硫高酸原油适应性改造；南疆业务围绕支撑油田增储上产，推进资源就地转化，建好开好60万吨/年乙烯，谋划新建140万吨/年乙烯，提高功能复合肥生产能力。

坚持统筹协调。从全局和长远角度，强化顶层设计、微观引领，系统谋划推进。统筹党的建设与业务发展，推进党建工作与生产经营深度融合；统筹疫情防控与生产经营，做到两手抓、两抓好；统筹推进企业与员工的发展，关心员工身心健康、事业进步、收入增长，关注员工获得感、幸福感、安全感提升，员工与企业一起成长、同创价值、互相成就；统筹构建和谐企地关系，打造利益相关共同体。

坚持从严管理。公司当前发展阶段，从严是最基本、也是最根本的要求。“宽松软”是祸患之源，要弘扬严、细、实作风，通过严抓细管，着力解决“严肃不起来，落实不下去”的问题。

## 四、2021年重点工作

今年是公司推动高质量发展、建设国际一流现代化石化基地的关键之年。各项工作要围绕开好局、起好步展开，坚持产销优化、成本优秀、指标优异“三优”方向，做到靶心不散、力度不减。重点在六个方面持续发力：

（一）保持平稳生产，在提高运行质量上持续发力

各生产单元坚持“大平稳就是大效益”，“稳”字为主、突出“长”字，不断增强安稳长运行能力；提高与市场的契合度，聚焦价本利，提质量、增产量、降成本、控库存，不断增强生产创效能力。

保持“两个”平衡。关注资源平衡，充分利用系统内外资源，互为补充、互为调节，争取数量、质量、价格“最优解”。关注库存平衡，要从“管库存”向库存经营“管价值”转变，保持原料、组分、产品低库存运行，减少资金占用，增加运行弹性，留出调节余地。

优化“三个板块”运行。炼油要突出做精，按照“分子炼油”思路，坚持“宜油则油、宜烯尽烯”，进一步增强加工多种原油、低负荷运行的适应能力，吃粗粮产精品的生产优化能力、炼化相互转换的调节能力。优化乙烯、丙烯、碳四产品路线，进一步挖掘聚合装置产能效能，科学排产、高负荷生产。化肥要突出做强，抓好平稳生产，经济技术指标保持行业领先，装置运行周期向“三年一修”靠拢。

强化生产保障。信息网络、供水供电、设备检修要进一步发挥专业化管理优势，深化设备全生命周期管理，加强大型关键机组、重要核心设备特护。继续推进免洗混大列运营，提高铁路运输效率。发挥“大仓储、大配送、大物流”优势，构建一站式综合物流园。用心用情做好公共服务。质检中心要进一步提高效益效率，强化对南疆业务的指导、支持。

加强市场营销。落实集团公司市场营销工作会精神，坚持“市场导向、客户至上，以销定产、以产促销，一体协同、竞合共赢”的营销工作方针，着力蹋好产业链价值实现的“临门一脚”。坚持以销定产、以产促销、快产快销，加强与大区销售的合作，强化市场引领，变革产品运输，做好专项营销，扩大市场份额，高效市场配置率70%以上。

（二）强化风险防控，在提升安全环保业绩上持续发力

推进安全生产专项整治三年行动，突出抓好重点领域安全专项整治，做强长板、补齐短板、加固底板；持续加强一体化管理体系、双重预防机制和安全文化“三项建设”；推进“大反思、大讨论、大排查”“防泄漏、防着火爆炸”、工艺管理提升、装置长周期运行攻关“四个专项活动”；坚持狠抓平稳运行、风险防控等“六个不动摇”；严肃工艺、操作、劳动“三大纪律”；严守装置设备零泄漏、施工作业零伤害、生产指挥和操作零违章“四项要求”，实现“四零”目标。坚持绿色低碳发展，对标国家标准和行业最佳实践，超前研究碳达峰、碳中和实现路径，加大污染治理、节能降耗、温室气体排放管控力度。

坚持“生产安全与员工健康并重”，创建健康企业；慎终如始精准抓好疫情防控，完善常态化防控机制，细化属地、部门、单位、个人“四方责任”，落实“外防输入、内防扩散”措施，确保生产经营场所、施工作业场所和办公场所“零疫情”。

（三）推进管理创新，在提高治理效能上持续发力

加强基础管理。开展“夯实基础年”活动，狠抓“三基”工作，做实工艺、设备基础管理。持续完善一体化管理体系，做到覆盖全面、简洁高效。强化遵章守纪、担当尽责。推进精细精益管理，强化预算管理，事前算够、事前算赢；强化对标先进，紧盯收率、损失、费用等核心指标；强化质量管理，打造品牌工程；强化合规管理，加强重大事项法律论证，严格合同管理，规范招投标。

打造提质增效“升级版”。落实“四精”要求，坚持“三优”方向，深挖产业链、供应链、价值链潜力，寻求提质增效的新突破。提高公开招标率，加强

财务管理、“三剂”管理和检维修管理，进一步压减专项费用。

持续深化改革。继续完善公司治理体系、提升治理能力，在激发各业务、各单元和各族干部员工积极性上下功夫，为推动高质量发展注入动力活力。全面落实改革三年行动方案，研究“大部门制”改革要求，推进扁平化管理方案，压减层级提升效率；深化全员绩效考核，一岗一薪、易岗易薪。公开选聘技术攻关、产品开发、产品销售项目经理，建立“揭榜挂帅”公平竞争机制，“谁能干谁干”。彻底完成国有企业办社会职能剥离，合理推进生活后勤服务及低端低效业务外包。

（四）加快技术进步，在打造科技利器上持续发力

发挥科技创新“支撑当前、引领未来”作用，奋力攻克“卡脖子”核心关键技术，坚持“差别化、高端化、规模化”方向，大力开发新产品。加强与科研院所、专利商合作，超前布局新一代高性能、高附加值合成材料研究。开发国家重点项目高性能合成橡胶产业化关键技术，形成官能化溶聚丁苯、窄分布稀土橡胶产品技术创新。

要把握数字化、智能化发展方向，细化完善公司信息化建设规划，统筹推进系统集成、应用提升、网络安全。加快推动物联网、大数据、区块链等创新技术的融合应用，搭建智能炼化框架，提升全面感知、安全受控、生产智能、全厂优化、高效经营的信息化能力，推动数字化转型、智能化发展。

加强人才培养。强化直线培训，深化履职评估，增强培训的针对性、实效性。优化培训方式、培训内容，领导干部和专业管理人员、优秀人才要登台授课，劳动模范、工匠人才创新工作室要成为员工技能提升的“练兵场”，着力培养一批善于解决现场棘手问题的“能工巧匠”，打造一支具有较高技术素养和职业化水准的“专家团队”。

（五）加快重点工程建设，在推进转型升级上持续发力

加快“十四五”规划项目方案研究等前期工作，谋划好本部新建80万吨/年乙烯、塔里木新建140万吨/年乙烯两个项目，推进减油增化，支撑油气上产，要加快可研编制，具备随时报审、快速启动条件。

要按照党组今年“建成投运”的要求，推进60万吨/年乙烷制乙烯工程建设。推进现有140万吨/年乙烯结构优化，开展乙烯脱瓶颈、聚丙烯235线改造、苯乙烯扩能、新增化工固体产品散装线项目前期工作，加快抗冲级聚苯乙烯扩能改造项目批复，启动新建6万吨/年溶聚丁苯橡胶生产线建设、年内建成。废水减排及回收利用项目上半年投用，二代功能尿素项目、炼油三苯罐区项目、新建220KV变电站项目年内投用。

# 在独山子石化公司四届四次职工代表大会暨2021年工作会议上的讲话（摘要）

独山子石化公司党委书记 任军革

（2021年1月30日）

实现“十四五”发展目标，完成今年任务，必须聚焦、聚神、聚力抓落实。各部门、各单位要对照年初下达的安全环保责任书和今天签订的绩效合同，全面分解任务指标，细化保证措施，分项目、分阶段加强督查，严格滚动考核兑现，确保各项工作部署落实到位。各级领导干部要以身作则，带好队伍，当好表率；全体党员要发挥先锋模范作用，带头攻坚啃硬、勇挑重担；广大员工要立足岗位，紧盯目标，履职尽责。上下同心，力保各项决策部署落到实处，宏伟蓝图化为现实。

## 一、强化思想武装，以更加坚定的信心和决心推动公司高质量发展

“十四五”是公司做强中国石油在疆乙烯业务，加快推进炼化业务转型升级、高质量发展关键五年。进入新发展阶段，国内外环境变化深刻、形势错综复杂，要把握新机遇，迎接新挑战，解决新问题，需要

新思维新行动。我们要把形势分析透彻、将目标解读清楚，把全体员工的思想和行动，统一到今天会议的部署上来，凝聚智慧和力量，全力以赴保安全、提效益、抓改革、促发展，确保完成全年各项目标任务，为“十四五”开好头、起好步。

## 二、巩固基层组织建设，为推进高质量发展打造坚强堡垒

各级党组织要牢固树立“抓好党建是本职，不抓党建是失职，抓不好党建不称职”观念，持续完善党建工作责任制，扎实推进党建目标考核，坚持基层书记抓党建专项述职和考核问责，形成责任明确、领导有力、运行高效党建工作机制。以“听党话、跟党走，构建公平公正、健康向上的政治文化”为目标，全面抓好党的基本组织、基本队伍、基本制度“三基本建设”和党支部书记、党务工作者和党员“三支队伍”建设。充分发挥信息化党建优势，采取“互联网+培训”模式开展党员日常教育，规范“三会一课”等党内政治生活。围绕安全环保、效益效率，创新党建工作课题，丰富标准化党员活动室建设内容，做实党员先锋岗、责任区等创先争优活动，推广“三高一流”“543221”党建品牌，精心组织开展“转观念、勇担当、高质量、创一流”主题教育活动，发挥好基层组织的政治引领力和号召动员力。

## 三、提升干部队伍建设质量，为推进高质量发展提供组织保障

推进企业高质量发展，严格落实《党政领导干部选拔任用工作条例》，建立完善素质培养、知事识人、选拔任用、从严管理和正向激励“五个体系”，为更多优秀干部脱颖而出、干事创业提供体制机制保证。在强化班子整体功能上下功夫，围绕公司核心主业和改革发展，落实“一厂一策”合理搭配领导班子，大力选用经过重大工程、急难险重任务历练的优秀骨干。在培养优秀年轻干部上下功夫，淡化身份界限，打通职业发展和晋升通道，用3~5年时间，重点培养一批政治素质好、业务能力强、发展潜力大的优秀年轻干部，建立“预备队”和“战略预备队”，牢牢把握企业发展人才优势。在激励干事创业上下功夫，落实习近平总书记“三个区分开来”重要指示，完善激励约束和容错纠错机制，让想干事、能干事、干成事的干部有机会、有舞台。坚持“三个不吃亏”用人导向，让能吃苦的人吃香、肯实干的人实惠、愿有为的人有位。

## 四、狠抓党风廉政建设和反腐败工作，为推进高质量发展营造风清气正干事创业氛围

要持之以恒正风肃纪、坚定不移反腐惩贪。全面查找党风廉政建设存在的薄弱环节，紧盯项目建设、物资采购、招投标等重点领域，加强监督监管。严格落实党风廉政建设党委主体责任、纪委监督责任和业务部门的监管责任，推进完善“大监督”格局，打通公司内部监督体系，健全权力约束机制。充分运用监督执纪“四种形态”，及时处置倾向性、苗头性问题，开展经常性谈心谈话、相互提醒，“红红脸、出出汗”要成为常态，避免小错酿成大错；对突破纪律底线、触犯法律的“极少数”，以“零容忍”态度坚决清除，不断强化党风廉政建设和反腐败工作。

## 五、加强思想文化建设，为推进高质量发展凝聚强大力量

加强思想文化引领，对提振队伍士气、提升企业形象尤为重要。要从严抓好意识形态管理，加强网络舆情监控，强化敏感问题引导，旗帜鲜明批驳错误观点和言论。大力组织正面宣传，高唱主旋律、传播正能量，树典型立样板，凝练独山子石化特色文化，不断赋予企业文化新的时代内涵。

弘扬“抓思想从生产出发、抓生产从思想入手”的优良传统，坚持解决思想问题与解决实际问题相统一，准确掌握员工思想动态，健全激励关怀帮扶机制，深入细致做好一人一事的思想政治工作，有的放矢化解矛盾问题。工青妇组织要发挥各自优势，积极构建和谐的劳动关系，依法保障员工基本权益。创新思路，围绕中心多层次多样性开展工作，在促进青年成长、丰富员工生活、关爱员工健康、维护和谐稳定等方面发挥更大作用。重组整合单位要加强思想和文化融合，强化大局意识，消除成见，形成合力，不断增强队伍凝聚力和员工归属感。

## 六、强化队伍作风历练，为推进高质量发展担当作为

各级领导干部要习惯用行动发号令，以身示范，才能理直气壮地指出部属问题。好作风是练出来的，党员干部要在深化改革和提质增效中勇担重任，在处理复杂局面和棘手问题中主动担当，在千辛万苦和成败得失中锤炼作风品格。好作风是管出来的，强化对“抓作风建设手软，就是对公司事业不负责”的认识，抓早抓小，真管真严、敢管敢严，抓出常态、抓出长效。

### 七、抓好和谐稳定，为推进高质量发展创造良好环境

继续组织好“访惠聚”驻村和对口扶贫工作，加强与当地政府衔接，巩固拓展成果。要慎终如始抓好新冠肺炎疫情防控，增强风险意识，充分评估偶发和局部反弹疫情对公司的影响，细化落实防控方案，加强人员管控和物资保障，不厌战、不松懈，保持生产、经营、工作场所“零疫情”。

要集中精力抓好安全生产。完成今年各项任务，为“十四五”开好局、起好步责任重大、使命光荣。上下同欲者胜，风雨同舟者兴。让我们集众智、汇众力、聚同心，认真落实今天会议部署，扎实做好各项工作，为建设国际一流现代化石化基地而努力奋斗！

# 调研报告选录

## 独山子区“深化街道机构改革，提升管理服务效能”调研报告

独山子区结合城市基层党建工作，将“深化街道机构改革，提升管理服务效能”作为创新示范项目进行探索与实践。一是以深化乡镇和街道机构改革推进基层综合行政执法政策为引领，规范有序推进综合治理体制改革。二是优化组织结构，理顺职能职责。三是合理划分事权，推动行政管理权限下放。四是创新社会治理机制，提升街道综合管理效能。五是强化公共服务，推进街道综合服务便利化。通过改革，有效提升公共服务质量和水平，提升社会建设和管治水平，促进经济发展，提升街道自治能力。

### 一、独山子区基本情况

2020 年，独山子区总面积 400.34 平方千米，建成区面积 26 平方千米，辖 3 个街道办事处、19 个社区，总人口近 9 万人。围绕转变街道职能，夯实城市发展基础，大力实施街道机构改革。结合打造国际一流现代化石化基地目标，按照“条块结合，以块为主”的指导思想，加快推进街道职能综合治理体制改革。

### 二、街道改革中存在的主要问题

1. 街道“两办四中心”运行机制不完善，职责不明确，“前后台”关系没有理顺，存在整体协调不足，各自为战的现象。

2. 派驻街道的执法力量薄弱，有的街道甚至没有下沉执法力量；基层综合执法改革没有进展，与实现基层一支队伍管理执法还有差距。

3. 街道精准服务居民群众能力有待提升，个别服务事项还没有实现“最多跑一次”，群众办事过程中仍存在“人难找、路难跑、事难办”的现象。

### 三、街道改革措施

1. 加强组织领导。一是制定《深化街道机构改革提升管理服务效能工作实施方案》，明确街道办“两办四中心”职责，完成市场监管、城市管理执法力量向街道社区下沉，94 项政务服务事项下沉各街道目标任务；二是成立街道机构改革提升管理服务效能领导小组，确定项目负责区领导为组长，统筹推进项目建设；三是定期召开协调会，协调解决项目推进中存在的问题和困难。确定城市管理、市场监管执法力量下沉，创新管理服务新模式，探索推行基层治理指挥调度机制，建立“街道吹哨、部门报到”工作模式，形成街道说了算、部门必须办工作格局。以信息化为支撑，提高便民政务服务水平。将服务居民工作线上线下相结合，作为提升服务居民质量、提升基层治理水平的有效载体，以西宁路街道“红色家园”App 为试点，为居民点对点提供便捷服务、个性服务。

2. 对“两办四中心”职责进行优化梳理。一是制定街道机构改革方案，对“两办四中心”职责进行优化完善；二是优化街道内设机构，设置“两办四中心”（党建办、综合协调办、党群服务中心、综治中心、社会事务服务中心、城市网格化管理中心）。三是强化“前后台”运行机制，突出“两办”后台统筹职能，强化“四中心”面向群众开展服务的前台作用。通过规范派工、基层治理、服务群众的机构和力量统筹，提升街道内在动力。

3. 实现城市管理、市场监管执法力量下沉。制定城市管理行政执法局执法大队、市场监督管理局、监督管理所下沉街道工作方案，确定城市管理、市场监管“人、财、物”下沉具体细节内容，通过力量下沉，街道和职能部门职责权限划分，为街道相关服务工作提供便利。

4. 完成高频便民政务服务事项下沉，提高便民服务水平。制定《推进基层整合审批服务力量的工作方案》，梳理高频便民政务服务事项并形成《街道受理政务服务事项目录清单》，推动民政、残疾人管理、城管、社保、卫健等 94 项服务事项下沉街道，有序组织对街道办综合窗口接件人员业务培训。

### 四、亮点工作

1. 探索推行基层治理指挥调度机制，提升社会管理水平。通过“大数据+指挥调度”模式，归类各类民生诉求，形成“困难诉求接办单”，街道指挥调度中心在线派单，城市管理、市场监管等职能部门在线接单，以“首派负责制”“限时办结制”“线上联席会议制”等制度为支撑，限时办结群众诉求，实时跟踪查询进度，采用一键直达扁平化管理模式，推动民生问题第一时间进入解决通道，有效缓解了执法部门下沉力量不足问题。

2. 深化“最多跑一次”改革，提升公共服务质量和水平。在街道建立党群服务中心，社区建立党群服务站，网格建立党群服务点，将区级职能部门职责赋权的便民服务事项下沉到试点社区，以信息化为支撑，打造规范化线上服务平台。推广运行“红色家园”小程序，打通区、街道、社区三级服务居民通道，发挥互联网线上服务便捷优势，为居民点对点提供个性服务。采取在线咨询、不见面办理、预约代办等方式，从“最多跑一次”到“一次也不跑”，居民足不出户即可办理事项。

3. 优化调整“两办四中心”，提升工作效率。通过优化组织结构，整合和优化组织资源，积聚新的组织资源，理顺各方面职能关系，实现组织资源价值和组织绩效最大化。优化“两办四中心”，做到“能统则统，能简则简”，通过规范派工、督办、反馈、考核等运行制度，街道各中心定位更加准确、功能更加完备。

### 五、启示和思考

推进街道综合治理体制改革是转变政府职能、建设服务型政府的必然要求，也是一项系统工程，要在推进改革过程中积极探索、大胆实践，取得初步成效。

1. 深化城市街道综合治理体制改革要注重协调性。坚持统筹推进街道“两办四中心”职能优化、城市管理和市场监管执法力量下沉、便民服务事项下沉等改革，着力解决长期以来形成的街道重稳定、轻社会管理与公共服务，街道与区级部门之间责、权、利不够明确，基层人员配置不够合理、作用发挥不够充分等问题，确保街道权力与责任相一致、财力与事权相匹配、人力与任务相适应。针对改革配套性强的特点，建立健全推进改革的协调机制，完善基层社会管理、公共服务体制、目标考核等配套政策，确保各项改革目标任务完成，

2. 深化城市街道综合治理体制改革要找准着力点。建立新型社会工作机制，通过街道治理体制改革，逐步恢复非政府社会组织应有的角色和地位，使政府的职能实现归位。要培育引导社会团体、民间组织和居民群众参与公共事务的服务和管理，使社区中介组织成为居民参与社区建设的重要渠道，不断增强社区自治功能。

3. 深化城市街道综合治理体制改革要激发民主自治活力。要加快推进社区工作社会化，培育和发展社区服务实体、中介组织和专业性社会工作机构，还自治职能于社区。要通过“公开招贤，定岗竞争，择优入围，民主选举，选聘录用”办法，体现“居民自治”治理精神，更有利于社区居委会引导和组织居民实行自我管理、自我教育、自我服务、自我监督；通过综合治理体制改革，使社区居民的民主自治意识进一步增强，社区居委会作用得到充分发挥。

## 独山子区社区党组织退休职工党员服务管理调研报告

社区作为党和国家在城市中的最基层组织，其职责越来越重。目前有相当数量退休职工党员转入社区，如何服务好、管理好、发挥好这支队伍的“夕阳作用”，对于党的建设、社区建设和社会建设有着特殊重要意义。

本项目课题研究以第十八社区为试点，在退休职工党员中开展党建工作专题调研，多次前往街道、社区、退休职工党员家中实地了解情况，开展各类调研343次，与相关单位开展推进会12次、座谈会19次，召开项目小组联席会议10多次，发放调查问卷798份，收集困难诉求28件，意见建议55条。全面梳理分析当前社区党组织服务管理退休职工党员现状，深入查找存在问题和不足，结合实际提出加强和改进工作的对策建议。

### 一、退休人员中党员服务管理工作基本情况

独山子区有序推进国有企业退休人员社会化管理，退休职工党员进社区，以整体素质优势带来了社区治理资源规模和人才存量。随着社会化移交工作顺利开展，社区党组织管理的退休人员中的党员从577人增加到2757人，社区党组织面临服务管理跟不上等问题，且退休职工党员在原体制内形成的“单位习性”制约其向社会化管理的转型，在社会身份与社会

利益群体分化同质的趋势下，产生了由“单位人”转换为“社会人”的压力输入和心理变化问题，增加了社区党组织服务管理退休职工党员工作的难度。

## 二、社区党组织服务管理退休职工党员做法和实践

要提升全区基层党建工作治理能力，必须明确社区党组织对退休职工党员服务管理内容，提升社区党组织服务管理能力，增强退休人员中党员的归属感、获得感、幸福感。

1. 强基固本，加强网格党支部规范化建设。一是有序接收退休职工党员，实施网格化管理。独山子区于4月21日正式启动国有企业退休人员管理职能移交、接收工作，各社区接收国有企业退休人员6000多人，其中党员2000多人。移交档案（不含身故人员）6000多卷，移交“五站一所”资产570项，实现“交得稳、接得住、管得好”目标。完善组织架构，在区委组织部指导下完成组织架构调整，建立“社区党委—网格党组织—楼栋党支部”三级组织体系。成立16个社区党委，3个社区党总支，14个网格党委，8个网格党总支，105个网格党支部。二是选优配强党支部书记。结合网格组织架构，为更好发挥退休职工党员作用，社区党组织在研究讨论支委人选时充分考虑退休职工党员，有退休职工党员5人担任网格党总支书记，21人担任楼栋党支部书记。

2. 多措并举，着力加强退休党员活动场所建设。一是优化接管国有企业“五站一所”设施及功能，提升资源利用率。专门供退休职工党员学习、娱乐活动的场馆有老干部活动中心、老年大学、国有企业管理站（五站一所）和各街道社区办公楼以及各级党群服务中心等阵地30处。二是依托各级“党群服务中心”开展教育、文化活动，丰富退休职工党员精神生活。各级党组织重视网格党支部活动阵地建设，以社区为依托，各单位联动，相关部门齐抓，多渠道、多轮次、逐步解决问题，将每一位退休职工党员编入社区网格党支部。

3. 精准服务，强化退休职工党员服务保障工作。一是依托智慧平台建设提供精细化服务。将新媒体作为退休职工党员教育管理的重要工具，把促进新媒体运用作为线上服务退休职工党员日常教育管理的重要手段。将时事政治、防疫知识、安全防范等内容上传到智慧社区电视模块和红色家园小程序，让退休职工党员足不出户就能参加学习；结合城市基层党建“智慧社区”平台，为生活困难老党员和试点单位退休职工党员安装烟感报警器285个，智能家庭无线摄像头15个，智能闪光门铃1个。二是以街道、社区党群服务中心为阵地、社区党群活动室为实体平台，为退休职工党员提供便民、医疗、养老、助老等服务和活动场所。定期组织退休职工党员开展初心课堂、座谈交流、先模故事、文化艺术、志愿服务等活动，通过开展“欢迎回家”“您好！党员”“邻里守望红色凝聚”“大走访”等主题活动，了解掌握退休职工党员的思想状况、实际困难和诉求，加强与退休职工党员交流，调动参与社区治理的积极性，采取多种方式鼓励对社区治理建言献策。三是整合辖区社工站、志愿者等社会资源，为年老体弱、行动不便的退休职工党员提供全方位服务。社区党组织坚持“四上门”制度（老党员生日必上门祝贺；生病必上门看望；重要节日必上门慰问；辞世必上门料理后事）。坚持结对帮扶（支部委员和退休党员结对、年轻党员和年长党员结对、在职党员和退休党员结对），把服务工作做实做细做到位，定期上门走访，了解生活情况，帮助解决生活中遇到的困难110件；建立日托站4个，组建应急服务队，随叫随到为退休职工党员免费提供应急服务102次。提供法律援助，社区党组织与司法部门共建，先后举办法律教育大课堂37期；提供就医服务，强化街道、社区、医疗机构联动，聚焦就医难点、痛点和堵点，推动为老服务；发挥基层医疗卫生机构兜底作用，持续开展家庭医生签约服务，形成“片区包干、团队合作、责任到人”服务模式，在试点十八社区，退休党员签约服务率达100%。

4. 积极引领，充分发挥退休职工党员作用。一是引导退休职工党员积极发挥余热。通过“智慧社区”“红色家园”等线上平台发布志愿服务岗，吸引退休职工党员自愿参与活动，发挥其政治优势、经验优势、威望优势。二是引领退休职工党员示范带动作用。发扬退休职工党员“退休不褪色”精神，表彰和宣传在志愿服务岗位上为居民送政策、送服务、送温暖的先进事迹，不断扩大社会影响力。如红色驿站·党群服务中心、“老鱼调解室”、14社区“古力工作室”、17社区以谷刚为代表的“同心管家”志愿服务队、18社区热心的“马扎爷爷”、1社区“草根”宣讲员马志，疫情防控优秀志愿者陆显明等，赢得广大党员和居民群众的支持和拥护。

## 三、社区党组织服务管理退休职工党员存在的问题及原因分析

社区党组织服务管理能力还需加强。因社区工作

人员年轻缺乏党建工作经验，未经过系统的专业培训，专业化程度不高，面对退休职工党员移交社会化管理出现“本领恐慌”，致使服务管理跟不上。

对退休职工党员服务管理内容界定不清。社会化移交转入社区的企业退休人员，是党建工作管理中一个新群体，因社区党组织对退休职工党员服务管理认识不足、重视不够，部分社区党组织认为退休职工党员参加组织生活可有可无，与退休职工党员联系少、沟通少，存在着“一重一轻”倾向，即重视对在职党员管理、监督、教育，忽略对退休老党员服务、管理、教育。

退休职工党员普遍存在“退休即全退”思想。从原单位党组织转入社区党组织后，有人放松自我要求，自律、自警意识下降，且对社区党组织缺乏归属感，不愿意承担退休职工党员之外的角色。在生活中遇到困难时，首先选择寻求原单位帮助，对单位的归属感和依附感很强，心理上不愿意接受由“单位人”变成“社会人”，担心社会化管理后会取消或减少原来在企业单位管理时享受的各种福利和待遇。参与支部组织活动积极性不高。

社区退休职工党员年迈体弱比例大，流动性大，组织工作较难开展。在退休职工党员中，70岁以上的有1103人，占比40%，因行动不便、长期卧床等原因不能正常参加组织生活的有754人，占比27.3%。退休职工党员与外界沟通少，影响对新理论、新观点的接受和理解。还有近1/4的退休职工党员随子女带孩子、“冬避寒、夏避暑”，自治区内其他省市流动较多，给网格党支部日常管理带来困扰。

党组织活动缺乏特色和针对性。社区党组织开展党内活动的方式沿袭传统套路，缺乏创新，开展活动方式不灵活、缺乏吸引力、针对性不强。活动场地受限，退休党员参与积极性不高。

## 四、加强社区党组织对退休职工党员服务管理的对策及建议

加强服务管理队伍建设。社区按一定比例配备并有针对性储备、培养一批专职党务工作者，提高社区党组织服务管理能力和政策运用能力。坚持业务提升，抓好党务知识和专业技能的培训，制订年度培训计划，采取把区外优势资源“请进来”“送学上门”和“走出去”等形式，进行各类培训交流。

强化服务管理工作指导。明确街道社区退休职工党员社会化服务管理工作主要内容，赋予街道党工委和社区党委社会化管理服务机构相应职权及资源，推进课题项目深入开展，提高街道和社区管理服务能力。提高社区党组织服务意识，以社工站、家庭医生、法律顾问为主导，积极推进居家为基础、社区为依托、机构为补充、医养相结合的养老服务体系建设。

构建“党建+网格治理”工作模式。根据退休职工党员需要，按照小型、分散、务实原则坚持“三会一课”制度，以线上“微信群”、线下楼宇“恳谈会”等形式传达党的方针政策，挖掘、树立退休职工党员中的先进典型，发挥示范引领作用。协助退休职工党员落实医保、社保、暖气费、统筹外费用办理，享受地方政府“最多跑一次”成果。发挥退休职工党员作用，建立“银龄先锋队”，建立“银龄人才”信息数据库，组建技能组、宣讲组、法律调解组、文体艺术组等，赋予退休职工党员“三权”（决策权、监督权、评议评定权），聘请退休老党员担任社区工作顾问、廉政建设监督员，对社区工作进行监督、指导，让退休职工党员有权可用、有责可担、有事可干。

建立健全退休职工党员信息库，做好分类服务管理。一是网格化管理。以住宅楼为依据设网格党支部，制定“1+2+X”日常考核表，细化奖惩机制，实现退休职工党员服务管理与社区党建工作良性互动；借助微信“红色家园”小程序，搭建发挥余热平台，通过认领任务，积分兑换奖励形式，鼓励退休职工党员积极参与社区治理活动；采取结对帮扶、志愿服务、重要节日慰问等形式，让退休职工党员感受到党组织的关心和关怀。二是对流动性大的退休职工党员灵活管理，登记办理《流动党员活动证》。以信函、邮寄、电子通信等方式，实行“远程服务”，并联合居住地基层党组织建立流动党员服务管理站，提供精准服务。三是对年龄较大、身体较差、行动不便的退休职工党员，支部定期派人走访，上门传达重要会议精神和活动情况，听取意见和建议，并在生活上给予更多的关心和照顾。

保障党组织工作经费和党员教育经费。选拔发挥作用好、工作认真负责的退休党员担任支部书记和委员，提供一定经费保障，提高退休职工党员参与积极性，实现社区和退休职工党员双向促进，推进和谐社区建设。

退休职工党员服务管理工作是一项长期、复杂的工作，在今后工作中面对新情况、新问题，应具体问题、具体分析、具体解决。不断规范和完善各项服务管理制度，积极探索服务管理新模式。

# 独山子区公共文化服务体系相关建设工作视察报告

区人大常委会组织教科文卫工作委员会部分委员及人大代表，听取了区文体旅游局、石化公司公共服务公司、天云公司等单位关于公共文化服务体系建设相关情况的汇报，就全区公共文化服务体系建设总体设计、资源配置、服务提供、队伍建设和资金保障等方面分三组到天鼎集团、教育局、民政局、住建局、工建局和各街道社区进行视察和座谈交流。

## 一、基本情况

区政府及相关职能部门重视公共文化服务体系建设工作，以促进全国文明城市创建为抓手，完善公共文化设施，拓宽文化惠民途径，打造文艺精品，丰富群众文化活动，挖掘非物质文化遗产，公共文化服务体系建设稳步推进，区、街道、社区三级公共文化体系已基本建成。

## 二、存在的不足

1. 公共文化服务体系制度保障不够。科学全面的文化建设机制和考核评估机制还未成型；政府主导、市场化运作、社会参与的文化服务运营机制尚未成熟；整合优势资源，盘活现有场馆，开展公共文化服务互联互通不够；有关单位和社会力量主动参与文化事业发展的积极性有待激发。

2. 公共文化服务建设经费有待增加。政府资金有限，满足公共文化服务体系建设激励政策不足，多元化文化投入体系未完全形成。文化事业发展经费除添置书刊及基层党建和宣传广告外，开展文化活动经费所剩无几。

3. 公共文化服务专业能力有待提高。文化服务方式、专业服务队伍规模、结构和素质尚有发展空间。

## 三、几点建议

1. 加强对公共文化服务体系建设的领导。提升对公共文化服务体系建设的认识，处理好文化事业与文化产业的辩证关系，促进全区大众文化素养、文体活动、身心全面健康发展相统一，提升独山子文明程度和地域软实力。成立公共文化服务体系建设、基层基本公共服务功能建设等领导小组；制定具有地域特色文化服务实施标准，形成区、街道、社区既有共性又有特色、上下衔接的文化标准指标体系，依据全区经济发展实情建立动态调整机制；加大文化建设在文旅工作中的考核比重，特别是文化设施运行、维修经费保障、专业人员配备、指导作用发挥及文化活动开展情况考核。

2. 改善公共文化服务体系建设的保障环境。全区公共文化服务体系建设与推动文化产业成为经济增长点要放在一起发展和保障。建立稳定增长的公共文化财力保障机制，加大财政对公共文化服务体系建设、管理、使用扶持力度；加大关注公共基础文化设施运作，开放公益或优惠的群众文化活动场所，对文化活动设施添置与更新进行适当持续的财政补助；健全政府向社会购买公共文化服务机制。通过委托承办、购买服务、项目外包、招商合作开发等健全全区现代文化产业体系，促进文化服务提供主体和方式多元化。

3. 提升公共文化建设的管理和服务水平。规范各级各类活动项目和流程，提高服务资源共享和文化资源整合利用率。坚持规模适当、功能优先、经济适用、节能环保原则，合理建设公共文化设施和文旅项目；统筹街道社区公共服务设施，推进建设集党员教育、宣传、科技、普法、文体活动等基层党建、公共文化服务站及群众文体活动于一体的多功能场所；满足不同人群的文化需求，明确责任，健全运行管理机制，改善“重建轻管”现状，保障持续投入。

4. 推动全区公共文化事业全面和跨越式发展。树立“文化为魂、产业为基、活动为桥”原则，宣传、挖掘和利用独山子传统文化品牌、石油特色文化和民间文化资源；规整、优化、建立文化体育艺术各领域专家库，制订队伍建设规划和人才激励机制；繁荣文化产业市场，立足独山子知识分子较多，人员基本素质较高，做活做精文化产业。

# 独山子区“最多跑一次”改革情况调研报告

区人大常委会调研组对全区“最多跑一次”改革工作进行调研。调研组对市民服务中心办事大厅、西宁路街道社会事务（统计）服务中心采取实地走访、征集部分代表意见、听取汇报、现场交流、查阅资料等方式，详细了解相关部门工作情况。

## 一、“最多跑一次”改革工作取得实效

随着“最多跑一次”“一件事、一次办”等改革工作不断推进，政府各职能部门优化营商环境、服务企业群众的意识不断提升，服务群众和企业办事方法得到不断改进，取得明显实效。

1. 多举措提升政务服务水平。户籍业务集中在市

民服务中心办事大厅办理，避免办事群众在三个派出所来回跑；便民政务服务事项进驻街道事务服务中心，通过服务“下沉”，实现民生事项就近办；增设维修基金收缴窗口，实现不动产登记与维修基金、水电气暖过户等关联业务一站式办理，群众办事更加便捷；实现房产系统与不动产系统互联，信息共享，数据实时交换。

2. 多领域实现联办事项便利化。投资创业环境进一步优化，通过流程再造减环节、信息共享减材料、并联办理减时间等多项措施，积极推行企业和个体工商户登记全程电子化，为企业开办提供便利化服务。企业申办时间由原先的15个工作日压缩至1.5个工作日。重要领域和关键环节取得新突破，涉及多环节、多部门、面广量大的不动产交易登记基本实现全程“最多跑一次”，房产、税务、自然资源分局三部门业务办理模式由串联办理调整为并联办理，办事群众只需在一个窗口、排一次队、提交一份材料、一次缴纳税费即可完成不动产登记事项的办理。办结时限从30个工作日压缩为3个工作日。

## 二、存在的问题及困难

1. 群众对“最多跑一次”改革知晓率不高，存在携带材料不齐全、办事流程不清楚等原因来回跑、跑多次情况。有些审批事项、办事流程、提交材料清单信息公开不够全面，宣传形式不够丰富，影响群众在“最多跑一次”改革中的获得感。

2. 个别政务服务事项不能实现“一窗受理、一次办结”。如在办理医保（医疗保险、生育保险）和社保（养老金、失业金和工伤保险）缴费业务时，虽然两项业务使用同一网络系统但业务办理不互通，服务对象需往返两处。

3. 专网信息对接难。如公共服务类的公安、税务、社保及医保、民政等专网，涉及事项多，办件数量大，影响人群广，业务数据无法共享，制约政务服务“一网通办”的推进。

4. 街道、社区一站式办理服务事项存在问题。如下移街道的94项政务服务事项中，在街道能一次办结的只有24项；部分服务事项使用“天山云谷”政务服务系统进行接件、上传资料，最终办结权限仍在各职能部门；还有部分服务事项社区、街道只能接件、初审，还需向有关部门报送才能办理。

## 三、改进建议

1. 加大宣传引导力度。通过门户网站、网上审批系统、微信公众号、宣传栏、社区等多种途径，及时准确发布改革信息，提升企业和群众对改革的知晓率，掌握网上办事流程，确保人民群众及时了解政务服务的相关规范。

2. 进一步优化流程，减少办事环节，提高服务便民化水平。坚持从群众和企业找政府办“一件事”角度出发，在已经按照部门权力清单梳理、公布事项基础上，对涉及多事项、多环节、多部门的“一件事”进行再梳理，实现“一件事情”“最多跑一次”。

3. 进一步完善数据平台建设。加强顶层设计，统筹推进各专网与“互联网+政务服务”平台有效对接，打通信息孤岛，实现数据共享，努力让群众和企业办事“跑最少的路、交最少的材料、用最少的时间、获最高效的服务”。

4. 持续深化基层“一网通办”。在推进基层整合审批服务力量的同时，打通各职能部门与街道、社区网上经办程序，减少环节，真正做到“一网通办”。同时，加大对街道社区工作人员培训力度，定期组织相关专业人员现场指导，进一步提高其办事效率。

# 独山子区养殖基地及东园相关情况调研报告

区政协办公室组织部分政协委员先后9次到养殖基地、东园开展调研，走访各类养殖户10家、东园居民4户，对养殖基地及东园现状、存在问题和群众意愿等进行深入了解，听取部分群众意见建议。

## 一、基本情况

（一）养殖基地现状

1. 养殖基地位于独山子城区东北，占地面积约2.43平方千米，划分为生猪、牛羊、禽类三个养殖区域。除8家养殖企业入驻外，还有129户个体养殖户，政府给每户划分土地7亩，主要用于养殖设施建设和饲草料种植。目前，养殖基地实际从事养殖的有61户（生猪养殖48户、牛羊养殖9户、禽类养殖3户、毛驴养殖1户），其余75户划分的养殖用地或闲置，或转为其他用途。为防疫需要基地养殖户采取自繁自养方式，不许外来畜禽进入。目前，基地年生猪存栏量约1.6万头、出栏约1万头；牛、羊、禽类存栏量分别为307头、460只、1.6万羽，出栏量分别为220头、1000只、0.7万羽。

2. 基地建有一座小型污水处理站（设计处理能力为500立方米/天），采用吸污车定期从养殖户污水沉淀池抽取污水运往污水站处理方式，主要处理养殖基地内的养殖污水和生活污水（只有养猪区域的污水排入管网），污水处理合格的就地排放，不合格的通过罐车运往区生活污水处理厂二次处理，达标后排入中水库。

3. 养殖基地新水由合计 1600 立方米的两个新水蓄水池供应；供电分别由动力公司、兵团七师电力公司、国家电网公司三家提供，国家电网公司正在进行供电设施改造，计划全面接收养殖基地供电业务。生猪养殖区域道路已硬化，其他区域道路是沙石路，道路两侧树木已种植。

（二）东园现状

20 世纪 80 年代，乌苏县巴音沟牧场以建立饲草料基地为名，未经独山子区政府同意，安排牧工在独山子区东园区域放牧和开荒种地，逐步形成现在的东园（乌苏市称其为："阔克塔拉村"），造成独山子行政辖区内有乌苏县设立的行政村的历史遗留问题。东园多数村民在乌苏市、奎屯市有住房，农忙时种地、农闲时在城内生活，现由乌苏市白杨沟镇管辖，日常事务由村主任负责。目前，东园常住户有 10 户，8 户从事种植和养殖劳动，有在册耕地 735 亩，主要种植棉花、葡萄、桃子、蔬菜等农作物。有一口 1998 年建成投用的 160 米深的水井，为全村提供生产生活用水，年法定取水量为 20 万方（目前，取水许可证取水单位注册为新北区街道办），由于地下水位变化导致出水量减少，耕地灌溉方式由漫灌改为滴灌。村内道路为沙石路。

## 二、存在的问题

（一）养殖基地方面

1. 养殖基地面临严重的环保压力。一是养殖废水处理难度大、成本高。养殖废水未经三级沉降、直接外排，导致通往污水处理厂的管线投用不久就被粪便堵塞，因清理难度大而被迫废弃。同时，养殖废水中杂物多、COD 浓度严重超标，废水排放源头难管理。二是污水处理装置设计标准低。污水处理设计指标与实际工况出入大，污水进口 COD 浓度设计指标为 1000mg/L 以下，而污水实际浓度较设计值大 10 倍左右，造成废水处理结果难以达标，且装置设备、管线易被腐蚀。三是养殖粪便随意堆放，处置难度大。有些养殖户在自家院内堆放不下时，将其堆放在院外公共区域，除时常免费让附近的农户拉走使用外，粪便综合利用渠道不畅通，粪便长时间大范围堆放的情况较为普遍。未经处理的猪粪造成大量蚊蝇聚集，周边居民苦不堪言，投诉情况时有发生。

2. 基础设施不完善，管理不规范。一是养殖基地内牛羊养殖区道路还未硬化，坑洼不平，车辆行驶时扬尘较大。二是绿化保洁维护不到位。仅雇佣两人进行日常绿化维护和卫生保洁，绿化管护不到位，行道树有枯死情况。三是供水保障不到位。养殖基地供水管线管径小、水压低，管线年久失修，随着用水需求增加，供水管网跑冒滴漏和偷水现象严重，导致水站供水能力不足，夏季经常停水。四是电力供应不统一。目前给养殖基地供电的三家单位中，供电价格不统一，供电电压不稳、维修保障不及时；因电压不稳造成养殖户电机烧坏近百台次，修理费用高达 10 多万元。五是安防设施建设、维护不到位。养殖基地北门监控设施相对完善，但基地中部和南侧围墙区域监控设施安装相对较少，南门附近无监控设施，南门外水站和两个水池监控损坏、无人维护。

3. 养殖规模小，产业链短，抗风险能力弱。一是养殖规模小，成本较高。禽畜养殖都是以家庭为单位开展，就生猪养殖而言，存、出栏量 150—1000 头不等，养殖规模均有限，造成防疫、饲料采购及销售等养殖成本增加。二是无龙头企业带动，产业发展受限。曾经成立的养猪协会、养殖合作社因利益多元、分配不均而先后解散。没有养殖合作社或协会牵头，养殖户面临外调生猪防疫证明无法开具、农补政策不能享受、病死家畜无害化处理无法进行等问题。三是产业分工不够，品种改良困难。目前，养殖基地养殖模式均为自繁自养，造成畜种品质下降，幼畜成活率低等问题。而从外引种专业性较强、监管严格、审批复杂，养殖基地缺少隔离圈场，非专业公司难以操作，从而影响养殖基地畜种品质改良进程。四是生猪屠宰环节缺失，制约特殊时期肉品保障。因全区生猪屠宰市场量小（每日只需 20 头左右），没有开拓周边市场，屠宰成本过高，生猪屠宰环节缺失与物流不畅相叠加，导致独山子区虽有养殖基地、有生猪出栏，但肉品供应却受制于人的情况。

4. 养殖基地土地利用率不高，部分土地用途改变。养殖基地成立之初，相关部门与养殖户签订协议约定：分给养殖户的土地只能用于养殖或种植饲草料，不能改作他用，2024 年合同到期后，所有土地应无条件退还。因土地使用监管不到位，目前部分土地用途已违背初衷。据统计，当初 137 个养殖户中只有 61 户土地实际用于养殖，其余 76 户土地基本闲置或转为他用。

（二）东园方面

1. 基层政权薄弱，居民无归属感。东园地处独山子行政区内，却属乌苏市管辖，居民游离于两地之间，一些惠民政策无法落实、一些具体问题无法解决，常常两头落空，居民幸福感获得感不强。目前，东园户籍人口移居外地比例较高，23 户居民中有 13 户常住乌苏、奎屯等地，有 3 户居民将该村原有房屋出售。

2. 基础设施不完善。一是村内道路建设严重滞后。乌苏市乡村道路建设项目无法落地东园，村内道路为沙石土路。二是供水不足。即使目前农业用水全部改为滴灌，但到夏季用水高峰期，农作物浇灌用水仍存在较大缺口，而新水井建设无论在资金筹集还是用地审批上都存在困难。此外，东园收取的水资源费约 3 万元（农用水按 5 分/方收取）一直存放在私人手中，无单位收取。

3. 生产生活环境存在安全隐患。目前，有 4 条油气管线从东园居民住房附近或耕种的土地上通过，不符合油气管道法规定的安全要求，存在安全隐患。

## 三、意见建议

（一）养殖基地方面

1. 科学规划全区养殖业发展。一是聘请畜牧业专业机构编制全区养殖基地发展规划，用规划指引养殖产业发展，使之与环境承载能力相适应。二是积极申报上级有关畜牧业发展扶持项目，协调推动项目落地，保障全区肉食品在特殊时期能自给自足、安全供应。

2. 强化环保设施建设和粪污综合利用。一是对现有污水处理厂提标改造，提升污水处理能力。二是引进并推广新的养殖方式，减少养殖污水排放量。同时，要求养殖污水必须经过养殖户的三级沉降池沉降后方可排放。三是合理收取排污费和污水处理费。明确粪污治理方式和粪污排放责任，既不大幅增加养殖成本，也要有效约束养殖户随意排放。四是打通养殖粪污综合利用通道。与周边农业单位合作，引进有机液态肥（无臭味）和固态肥生产工艺，将养殖粪污加工成农户所需的有机液态肥和固态肥。五是将生产的有机液态肥用于城区绿化，同时将城区树木修剪的树枝、树叶等有机物拉运到养殖粪污处理中心粉碎，作为有机复合肥的辅料，变废为宝。六是对全区废弃砖场周围的土地进行复垦。

3. 加强养殖基地基础设施建设和管理。一是做好养殖基地道路整修和建设。对养殖基地内损坏路面进行修缮，对沙石路面道路进行硬化，提升道路两侧绿化管护水平。二是加强养殖基地物业管理。通过招标方式引进物业管理公司，明确基地绿化维护、卫生保洁，完善监督管理机制。三是引入水电专业化管理和保障队伍。将绿化用水与生活养殖用水管线分别敷设，便于用水保障和调节。加强供水管网和设施设备日常维护，实行分户计量收费，促进供水保障管理专业化；协调国家电网加快电网改造，推动养殖基地全部由国家电网供电，解决目前供电主体、保障水平、收费标准不统一问题。四是完善养殖基地安防设施，合理布设养殖基地监控系统，将视频信号接入养殖基地门岗、公安派出所或街道综治中心。

4. 以产业联盟提升全区养殖业竞争力。成立或引进经验丰富的养殖龙头企业带动养殖户发展，建立企业+合作社（协会）+养殖户或公司+养殖户等形式的产业发展联盟；行业主管部门参与建立运行章程，加强监管和指导。按照引种、繁育、育肥、销售、加工等环节进行产业分工，优化资源配置和利益分配，形成养殖全产业链条。克服小规模养殖中出现的品种退化、养殖效益下滑等问题。投用天地农牧业公司现有生猪屠宰厂，盘活闲置资产，既服务养殖基地，又服务周边县市。

5. 加强养殖基地土地管理。针对养殖基地土地使用中存在的问题，土地行政主管部门要根据相关土地管理法律法规和当初签订的协议，将未从事养殖业务的用地户土地全部收回，以利于今后统一规划使用。对正在从事养殖业务的用地户，依照养殖基地长远发展规划，督促其按照新规划重新进行标准化圈舍建设，否则，待协议到期后，依法收回土地，由接手养殖基地的企业统一规划建设。对圈地不用或私自改变土地用途的，依法注销用地手续，并收回土地。

（二）东园方面

1. 协调乌苏市将东园居民划归独山子区管辖。独山子区委、区政府与乌苏市委、市政府沟通协商，将东园乌苏户籍居民转为独山子户籍，同时将其相应草场划归独山子区，做到行政区划与行政管辖的统一。

2. 将东园纳入全区整体发展规划。完善东园基础设施。积极争取相关涉农惠农资金，规划、完善东园供水、供电、道路等基础设施，提升东园居民获得感和幸福感。

3. 对东园和养殖基地区域进行统一规划。将东园目前距离油气管线较近的房屋重新规划建设到符合安全距离的区域；整合东园与养殖基地功能，形成种养一体化新型区域。

4. 将东园发展成独山子区农业观光区和有机蔬菜

瓜果供给地。推动东园发展观光农业和有机蔬菜瓜果种植，在促进村民增收基础上，保证独山子区蔬菜瓜果供应。

## 名词解释

1.“五个认同”：对伟大祖国的认同、对中华民族的认同、对中华文化的认同、对中国共产党的认同、对中国特色社会主义的认同。

2.“三个离不开”：汉族离不开少数民族、少数民族离不开汉族、各少数民族之间也互相离不开。

3.“五观”：国家观、历史观、民族观、文化观、宗教观。

4.新疆“四史”：新疆历史、新疆民族发展史、新疆宗教演变史、新疆文明融合史。

5.“两新”组织：新经济组织、新社会组织。

6.访惠聚：访民情、惠民生、聚民心。

7.两个维护：坚决维护习近平总书记在党中央的核心、在全党的核心地位；坚决维护党中央权威和集中统一领导。

8.廉政工作“三不腐”：不敢腐、不能腐、不想腐。

9.五个不放松：安全工作强化理念意识不放松、强化责任落实不放松、强化能力建设不放松、强化专业管理不放松、强化体系建设不放松。

10.八防：冬季安全防冻凝、防滑、防交通事故、防工伤、防火、防爆、防井喷、防中毒窒息。

11.放管服：简政放权、放管结合、优化服务。

12.“两委”：支部委员会、居民委员会。

13.“四微”：微党课、微故事、微朗读、微分享。

14.“两代表一委员”：党代表、人大代表、政协委员。

15.三供一业：供水、供电、供气、物业管理。

16.“三废”：废水、废气、固体废物。

17.三进两联一交友：进班级、进宿舍、进食堂，联系学生、联系家长，与学生交朋友。

18.内初班：自治区内初中班。

19.国免孕优：国家免费进行孕前优生健康检查。

20.“8+”型学校：道德发展、学业成绩、心理健康状况、学生负担状况、师德师风、教学方式、师生关系、学生学习方式指标型学校。

21.“8+1”护导模式：2名保安、4名护导老师、2名值班老师，1名值班领导护导模式。

22.“358”：教龄满3年、满5年、满8年青年教师过关考核，经过考核达到3年站稳讲台，5年成为骨干，8年成为专家目标。

23.NICU：新生儿重症监护病房。

24.App：互联网应用软件。

25.GPS：全球定位系统。

26.MEK：甲乙酮。

27.MTBE：甲基叔丁基醚。

28.EVA：乙烯—醋酸乙烯共聚物。

29.PTA：精对苯二甲酸。

30.PC：采购、施工总承包。

31.RAP系统：风险评估许可证系统。

32.HSE：健康、安全、环保体系。

33.QHSE：质量、健康、安全、环境体系。

34.GPPS：聚苯乙烯。

35.PSSR：启动前安全评审。

36.KPI：关键业绩指标。

37.PM10：可吸入颗粒物。

38.PM2.5：可入肺细颗粒物。

39.VOCs：挥发性有机物。

40.COD：化学需氧量。

41.LDAR：泄漏检测与修复。

42.HAZOP：危险与可操作性研究。

43.FMEA：故障模式和影响分析。

44.APC：高级过程控制。

45.LEC：事故发生的可能性、人员暴露于危险环境中的频繁程度、一旦发生事故可能造成的后果评价法。

46.CEMS：烟气在线分析。

47.CEB：超低排放燃烧装置。

48.CO：一氧化碳。

49.TO：热氧化。

50.ERP：整合企业管理理念、业务流程、基础数据、人力物力、计算机硬件和软件于一体的企业资源管理系统。

51.MES：制造执行系统。

52.DCS：集散控制系统。

53.SIS：安全仪表系统。

54.EPC：工程总承包。

55.pH酸碱度：氢离子浓度指数，也称酸碱值。

# 索 引

## 说 明

一、本索引采用主题分析法编制，范围内包括类目、分目、二级分目、三级分目、条目，专记、大事记、先进人物·荣誉、附录不作索引。

二、本索引按主题词首字汉语拼音音序排列，若首字拼音相同，按第二个字拼音音序排列，以此类推。

三、分目、二级分目、三级分目字体用黑体，条目字体用正文字体。

### A



### B

## C

## D

## F

## G



## H

## J

## K



## L

## M



## N



## P



## Q

## R



## S

## T



## W

## X

## Y

## Z